数字经济与网络法治研究

主　编　申卫星
副主编　吕艳丰　庞小妹　李小武

Research on Digital Economy and Network Rule of Law

中国人民大学出版社
·北京·

让法治助力数字经济
——代序

法学作为一门社会科学,应始终以解决社会问题为导向和使命。社会问题永远是法学研究的思想源泉,而社会问题总是随着科技、经济和社会的发展而不断变化的。这就要求法学研究者不断地运用现有规则、传统理论去解释新现象,解决新问题,甚至在现有规则、传统理论不足时,创造出必要的新规则、新理论。法学研究需要与时俱进,也需要做实证分析。也许有观点认为:这会动摇法学本身的科学性。德国法学家耶林在1868年发表的题为《法学是一门科学吗》的著名演讲中,就已经指出:"真理也并非位于世界之外,它是存在于世界之中。法学不是在抽离了现实的自然法的领域中去寻找。"

清华大学法学院一直重视前沿科技问题的法律研究。自2016年7月以来,法学院进一步推进新兴学科建设,在既有的互联网法律研究的基础上,着力培养、打造以大数据和人工智能、金融科技为核心的前沿科技与法律的交叉学科,并将其作为"双一流"建设的重点。为了支持新兴学科的发展,法学院与国家科技、互联网等行业主管部门及企业、组织加强合作,积极承担国家有关部门委托的课题,并举办了一系列的学术研讨活动。

《数字经济与网络法治研究》一书第一编到第六编的内容,是第一届明理互联网法治论坛优秀成果的选编。该论坛是由清华大学法学院互联网法律与政策研究中心、搜狐集团法律事务中心共同举办的。论坛于2016年12月9日在清华大学隆重举行,以"数字经济与网络法治"为主题,邀请了国家网信办、工信部、文化部、国家工商总局、国家版权局等政府主管部门领导、最高人民法院和北京市各级人民法院等司法机关代表、国内顶尖专家学者、互联网企业代表等,约200人参会。论坛追踪互联网最新立法动态,聚焦互联网发展中的热点难点问题,兼顾理论与实务,旨在加强学界、政界和产业界的沟通交流,汇聚智慧、凝聚共识,促进互联网行业的规范运行和健康发展,为国家建立网络治理新体系建言献策。

本书根据不同主题划分为七个部分。

网络服务提供商(ISP)包括互联网接入服务提供商和互联网内容服务提供商,网络用户在互联网上的行为必须依赖各种各样的网络服务提供商,网络服务提供商在民事权利救济和行政监管执法中发挥着不可替代的作用。第一编以"网络服务提供商的法律责任"为题,收录了冯晓青、邵树杰撰写的《网络服务提供者帮助侵权注意义务之认定:"最佳审查者"标准》;朱冬撰写的《我国网络服务提供者侵权责任的移植与变异》;沈伟伟撰写的《网络人身权侵权平台责任解析》;韩旭至撰写的《搜索引擎对侵扰性自动提示内容的责任》;黄美容、张文友撰写的《网络平台中立行为行政责任的司法认定》;王晓锦、王洁玉撰写的《"互联网+"时代自媒体侵权的平台主体责任》。

"数据"正在成为经济发展的"新石油"、社会变革的"助推剂",同时也使每个人的信息安全岌岌可危。第二编以"个人数据保护"为题,分别收录了张阳撰写的《数据的权利化困境与契约式规制》;李小武撰写的《公法先行还是私法先行?个人信息保护立法定位前瞻》;廖磊撰写的《搜索引擎服务商的个人信息保护义务研究》;王萍撰写的《个人数据保护立法模式比较研究》。

"互联网+"已经成为世界的变革趋势,法律与新技术、新现象碰撞出的法律问题,已经成为学界关注的热点。第三编以"'互联网+'相关产业治理中的法律问题"为题,分别收录了刘金瑞撰写的《网络食品交易第三方平台法律责任研究》;殷守革撰写的《网络预约出租车本地牌照和户籍限制的审查与规制》;张素华、李雅男撰写的《网络交易平台的法律地位分析及风险防范》。通过"互联网+"食品,"互联网+"交通等示例,促进读者对"互联网+"其他领域的思考。

信息技术的发展促进了知识的广泛传播，提高了知识的平等获取水平，但是这种技术也给知识产权的保护带来了巨大的挑战和冲击。第四编以"网络环境下的知识产权保护"为题，收录了华劼撰写的《数字出版视域下的反规避技术保护措施规则研究》；张子健撰写的《新兴技术对著作权集体管理组织的挑战：亦敌亦友？》；孙阳撰写的《网络环境下的版权合作治理》；阮开欣撰写的《域名与商标的合理使用问题研究》；陈耿华撰写的《互联网新型不正当竞争行为的认定理念：反思与重塑》；韩强、朱培撰写的《商业方法的可保护性研究》。

网络并非法外空间，随着人们对网络安全的需求日益突出，加强网络犯罪治理成为维护网络空间公共秩序的必要手段。第五编以"网络犯罪治理"为题，收录了刘静、郭泽强撰写的《海峡两岸窃取网络虚拟财产刑法规制之比较研究》；敬力嘉撰写的《"信息网络安全管理义务"的刑法教义学展开》。

第六编"网络空间治理"，对网络空间治理的基础命题和特殊的专业命题作了探讨。其中，既有宏观的思考，如崔文波撰写的《刍议"网络空间主权"》；也有具体的解读，如郑厚哲撰写的《评述〈电影产业促进法〉背景下的电影审查制度》，苏今撰写的《网络第三方账号登录活动中的法律关系及用户协议适用问题刍议》。

本书第七编"立法建议"中的《〈中华人民共和国互联网信息服务法〉学者建议稿及立法理由》，是国家互联网信息办公室委托课题"互联网信息服务立法"的阶段性成果，它是清华大学法学院数位教授历时一年集体努力的成果，也是不断与国家网信办、特别是政策法规局李长喜副局长反复讨论的结果。希望这项研究成果的发布，会引起社会各界对于网络信息产业发展的根本法缺失的重视，并以此为基础提出更好的建议，使我国的网络信息管理有法可依，网络参与各方的权利义务得以明确。

在信息技术迅猛发展的时代背景下，《数字经济与网络法治研究》一书与读者们见面了。它不是应景之作，而是让我们更多地回归理性思考，彰显法治精神。互联网的发展带给我们的惊喜与挑战总是相互交错的，入选本书的学术论文和立法建议，可以为读者了解互联网法律问题提供一个参考框架。随着网络的现代化发展，大数据、云计算、区块链和人工智能所引发的一系列问题，都需要我们从法理和法律的角度，以深入而慎密的研究，做出更有针对性的回应，从而在促进行业发展的同时，引发法律制度、法学思想和法学范式的变革，对此我们充满期待和信心！

申卫星

2018 年 4 月 24 日于清华大学法学院明理楼

目录

1 第一编　网络服务提供商的法律责任

网络服务提供者帮助侵权注意义务之认定："最佳审查者"标准 / 3
我国网络服务提供者侵权责任的移植与变异 / 24
网络人身权侵权平台责任解析 / 42
搜索引擎对侵扰性自动提示内容的责任 / 58
网络平台中立行为行政责任的司法认定 / 85
"互联网＋"时代自媒体侵权的平台主体责任 / 104

2 第二编　个人数据保护

数据的权利化困境与契约式规制 / 129
公法先行还是私法先行？　个人信息保护立法定位前瞻 / 153
搜索引擎服务商的个人信息保护义务研究 / 165
个人数据保护立法模式比较研究 / 182

3 第三编　"互联网＋"相关产业治理中的法律问题

网络食品交易第三方平台法律责任研究 / 203
网络预约出租车本地牌照和户籍限制的审查与规制 / 222
网络交易平台的法律地位分析及风险防范 / 238

4 第四编　网络环境下的知识产权保护

数字出版视域下的反规避技术保护措施规则研究 / 261
新兴技术对著作权集体管理组织的挑战：亦敌亦友？ / 277
网络环境下的版权合作治理 / 297
域名与商标的合理使用问题研究 / 316
互联网新型不正当竞争行为的认定理念：反思与重塑 / 325
商业方法的可保护性研究 / 348

5 第五编　网络犯罪治理

海峡两岸窃取网络虚拟财产刑法规制之比较研究 / 367
"信息网络安全管理义务"的刑法教义学展开 / 386

6 第六编　网络空间治理

刍议"网络空间主权" / 411
评述《电影产业促进法》背景下的电影审查制度 / 427
网络第三方账号登录活动中的法律关系及用户协议适用问题刍议 / 441

7 第七编　立法建议

《中华人民共和国互联网信息服务法》学者建议稿及立法理由 / 463

第一编

网络服务提供商的法律责任

网络服务提供者帮助侵权注意义务之认定："最佳审查者"标准

冯晓青　邵树杰[①]

"通知—删除"规则是对具体操作步骤的描述，其合理性仅限于特定技术阶段，而无法适应互联网行业的飞速发展，故不应出现在《著作权法》中，但可由灵活的司法解释予以规定。"理性人"标准赋予法官过多的自由裁量权，不仅无法向网络服务提供者（以下简称"平台"）提供明确的行为预期，而且产生了不可忽视的法官误判风险；加之法官与平台之间的知识不对称，该标准很可能引起法官与平台相互猜忌，并加剧裁判结果的不可预测性。为克服"通知—删除"规则的僵硬性和"理性人"标准的不确定性，应采取"最佳审查者"标准来认定平台的注意义务，即法院以"最佳审查者"的注意能力作为其他平台的注意标准。"最佳审查者"，是指同类平台中拥有最强审查能力的主体。"最佳审查者"标准引入了审查强度方面的竞争机制，兼顾了法的秩序价值与公平价值，同时克服了技术的多变性和裁判结果的波动性，还能促使平台提升审查能力，因此是理想的平台过错认定标准。

在信息化社会，网络服务提供者无疑有着举足轻重的地位。其中，以第三方身

[①] 冯晓青，中国政法大学知识产权研究中心主任，教授。邵树杰，中国政法大学民商经济法学院硕士研究生。

份为各类在线活动提供交易平台、搜索引擎等技术服务的网络平台，如淘宝网、百度搜索等，更是密切影响着普通人的日常生活乃至国家的经济发展。当网络平台上出现侵权作品时，由于找寻直接侵权人的成本较高，权利人更倾向于以平台未尽合理注意义务为由要求其承担赔偿责任。知识产权人和互联网企业均属于国家大力扶持的对象，双方利益高低难判，因而若著作权法不对网络平台的"注意义务"予以明确规定，则法官势必在个案中面临棘手难题。

《中华人民共和国著作权法（修订草案送审稿）》（以下简称《送审稿》）第73条第3款便试图回应这一问题："网络服务提供者知道或者应当知道他人利用其网络服务侵害著作权或者相关权，未及时采取必要措施的，与该侵权人承担连带责任。"而其中"应当知道"的具体内涵，却是一个值得研究的问题。本文旨在讨论如何界定网络服务提供者的"应当知道"的标准，也即如何认定其注意义务。为行文方便，下文中的"平台""网络平台""服务提供者"和"第三方平台"均指代《送审稿》第73条第3款中的"网络服务提供者"。

另外，需要说明的是，本文中"审查"的含义很广，泛指平台用于防止侵权的各类措施（例如，"通知—删除"也属于一种用于防止侵权的"审查"手段），而《送审稿》第73条第1款则对"审查"进行狭义解释，其仅指事先的数据监控。①

一、对著作权法中引入"通知—删除"规则的重新审视

《送审稿》第73条第2款采用了"通知—删除"规则："他人利用网络服务实施侵犯著作权或者相关权行为的，权利人可以书面通知网络服务提供者，要求其采取删除、断开链接等必要措施。网络服务提供者接到通知后及时采取必要措施的，不承担赔偿责任；未及时采取必要措施的，对损害的扩大部分与该侵权人承担连带责

---

① 《中华人民共和国著作权法（修订草案送审稿）》第73条第1款："网络服务提供者为网络用户提供存储、搜索或者链接等单纯网络技术服务时，不承担与著作权或相关权有关的审查义务。"主流学者一般也认为网络服务提供者无监视网络活动的义务。参见王迁：《网络环境中的著作权保护研究》，179页，北京，法律出版社，2011。

任。"笔者认为,"通知—删除"规则只是在特定技术阶段对注意义务的认定规则,不宜在《著作权法》等立法文件中予以规定。

有必要事先回应的是,可能读者有疑问:"通知—删除"规则处理的是"明知"问题,而与注意义务无关。但笔者认为,"通知—删除"规则无法解决对"明知"的判定问题。由于在线的作品比对具有一定难度,平台可能无法仅依据一纸"侵权通知"就"明知"其用户侵犯了他人的著作权,故对该规则的合理解读是:若收到"侵权通知",平台是否有义务相信权利人的陈述,或是否有义务对用户进行深入调查。同时,因可能存在的恶意投诉,刘家瑞博士就反对将侵权通知与"知悉"完全等同起来。[①] 所以,"通知—删除"规则仍然涉及对注意义务的判定。

(一)"通知—删除"规则因过于形式化而不宜出现在立法文件中

所谓"形式化",指的是法律不再秉持用语的抽象性,而对其规范内容作具体的行为描述。在"通知—删除"规则中,"形式化"表现为:法律将抽象的"注意义务"概念,转化为"网络服务商收到权利人通知('通知')并删除侵权信息('删除'),则未违反注意义务"[②] 这一详尽的操作流程——下文因此也用"行为主义"一词来描述此特点。

因此,即便认为现阶段将"通知—删除"这一技术形式作为平台的法律义务是合理的,我们也很难确定该制度的合理性能存续多久,因为法律难以预测技术的变化:若出现了可广泛应用的侵权信息过滤技术,则平台的注意义务理所当然应有所变化,而"通知—删除"规则却未必能对此做出回应。尤其是在目前著作权法修改的大背景下,更不宜将如此形式化的规定写入法律当中,具体原因有三。

第一,"通知—删除"规则完全忽略了不同类型平台之间的差异性,使个案认定变得异常僵化。不同类型的网络服务商有着不同的技术和商业资源来降低侵权信息的出现概率,而"通知—删除"规则却迫使所有的平台都接受同一套游戏规则,其

---

① 参见刘家瑞:《论我国网络服务商的避风港规则》,载《知识产权》,2009(2)。
② 王迁:《网络环境中的著作权保护研究》,251页,北京,法律出版社,2011。

结果很可能是：某些平台根本无法应付"通知—删除"规则，而某些平台纵有余力采取进一步的侵权防范举措，也没有动力去实施。崔国斌教授就认为，立法者很难事先为各种类型的网络服务商设定具体的注意义务内容。① 而基于对搜索技术的分析，黄武双教授甚至要求搜索引擎采取积极措施以预防侵权发生。② 在司法实践层面，陈锦川法官也认为：如果相关过滤技术更加成熟，而且成本合理，则可以规定网络服务提供者负有法定监控义务。③ 笔者同样持类似观点：在处理个案时，法官应基于裁判时的不同平台主体的具体技术条件来认定过错；但在立法中，为了保持较为长期的妥适性，法律在设定注意义务时，应避免将法律与特定技术背景捆绑。

第二，行为主义的"通知—删除"规则固然实现了法律的秩序价值，但有损于法律的合理性。该规范虽然能够保障平台对其行为后果的可预见性，但因描摹了违反注意义务的详细样态，而导致平台的规避难度很低：若互联网技术稍有变化，"通知—删除"的行为规则就可能跟不上技术现状而不恰当地减轻平台的注意义务。④ 易言之，该规则有违"技术中立原则"，而该原则是用于应对新技术发展的立法原则，其含义是：法律对行为的定性不能仅因技术表象不同就发生变化，而应当以行为效果为标准，具有相同效果的行为应受到相同的法律评价。⑤ 结合这一原则，"通知—删除"规则以某一具体的操作流程作为判断有无过错的标准，而忽视了其所体现的实质，即平台负有适当照顾他人利益的法定义务，故有违"技术中立原则"。而在哈耶克看来，一项真正合理的秩序必须依赖"抽象性"规则，即这种规则"只会限制而不会完全支配我们的决策"⑥。但是"通知—删除"规则直接写明了具体的行为模式，几乎没有留给平台任何调整变通的空间，所以其形成的法秩序未必合理。

---

① 参见崔国斌：《网络服务商共同侵权制度之重塑》，载《法学研究》，2013（4）。
② 参见黄武双：《论搜索引擎网络服务提供商侵权责任的承担——对现行主流观点的质疑》，载《知识产权》，2007（5）。
③ 参见陈锦川：《网络服务提供者过错认定的研究》，载《知识产权》，2011（2）。
④ See Jane C. Ginsburg："Separating the Sony Sheep from the Grokster Goats：Reckoning the Future Business Plans of Copyright-Dependent Technology Entrepreneurs"，50 *Ariz. L. Rev.* 577（2008），p.587.
⑤ 《贸易法委员会电子商业示范法（1996年）颁布指南》第16段。转引自王迁：《超越"红旗标准"——评首例互联网电视著作权侵权案》，载《中国版权》，2011（6）。
⑥ ［英］哈耶克：《法律、立法与自由》，邓正来等译，2卷、3卷，15页，北京，中国大百科全书出版社，2000。

第三,"通知—删除"规则的引入与我国立法体制不相匹配。诚如王迁教授指出的,由于"间接侵权"的认定影响产业发展,因而"间接侵权"规则应与促进信息服务业发展等公共政策相协调,并应进行"形式化的认定"①。可是笔者必须指出的是:上述侵权规则形式化的现象,与欧美各国的立法机制(国会或议会的立法权很广,而我国常设立法机关全国人大常委会的立法权则不包括知识产权法等"基本法律")密切相关,但我国立法和修法的成本高、周期长,法律无法过分迁就某一行业,而必须保持一定程度的抽象性和原则性,否则将过分滞后于社会发展。另外,我国的司法解释制度具有较强的灵活性和权威性②,因此"通知—删除"类的形式化、具有产业政策色彩的规则,可通过司法解释予以确立和变更。

(二)"通知—删除"规则的"证据性规则"色彩较为浓重,不宜进入实体法③

作为实体法的《著作权法》不应含有证据性规则,而"通知—删除"规则只是用于认定主观过错的证据手段。

首先,作为一种实然状态,"通知—删除"规则只是起到"证据性规则"的作用。在司法实践层面,当适用"通知—删除"规则可能导致不公平的结果时,法官就会越过形式层面而直接判断平台当事人的实际注意程度。在实定法层面,执行了"通知—删除"规则未必免责(例如"红旗规则"④),而没有完成此流程也不一定承担责任。⑤ 如此一来,"通知—删除"规则的实体(权利/义务)法律效果并不是确定的,其仅起到认定主观状态的参考作用,并不从根本上决定过错与否的判断。

其次,作为一种应然状态,"通知—删除"规则也只应当起到"证据性规则"的

---

① 王迁:《论版权"间接侵权"及其规则的法定化》,载《法学》,2005(12)。
② 参见陈甦:《司法解释的建构理念分析——以商事司法解释为例》,载《法学研究》,2012(2)。
③ 笔者深知此观点的争议性及其所需的论证量,故在此仅稍做介绍,笔者将另行撰文进行详细论述。
④ 红旗规则,指当侵权行为像红旗一样醒目时,纵使权利人未通知网络服务提供者,其也"应知"平台上的侵权行为。See US Senate Report on the Digital Millennium Copyright Act of 1998, Report 105-190. 105th Congress, 2nd Session, p. 44.
⑤ 如果平台并没有满足"通知—删除"规则,它只是不能根据"避风港"免责,而它最终是否承担责任要根据《民法总则》和《侵权责任法》的过错认定标准看。参见王迁:《〈信息网络传播权保护条例〉中"避风港"规则的效力》,载《法学》,2010(6)。

作用。"通知—删除"的规范目的本是二元的，即降低网络上出现侵权行为的概率，同时兼顾平台对裁判结果的合理信赖。但笔者观察到，现在的"通知—删除"制度已一味地强调对平台行为预期的保护：无论是主张该规则太宽松还是太严苛，大部分论者的关注点其实都落在平台身上。笔者认为：出现此现象的原因就在于，行为主义的"通知—删除"规则遮蔽了基础性的实体法，也就是侵权成立的一般条款，进而将人们的注意力都局限在平台如何应对线上侵权行为，而忽视了"过错"的另一端，即作为被侵权人的著作权人。所以，为了纠正异化的"通知—删除"制度，必须重申其"证据性规则"的色彩。

综上，"通知—删除"规则虽然实现了法的秩序价值，但其合理性仅限于某一技术阶段，此类形式化的"证据规则"应由相对灵活的司法解释予以规定。由于我国的立法成本较高，故该规则不宜出现在《著作权法》当中。

二、"理性人"标准之不足：裁判结果的不确定性及其影响

除了"通知—删除"规则，另一种平台注意义务的认定规则是"理性人"标准。崔国斌教授在否弃了"通知—删除"规则之后，认为网络技术日新月异的发展注定了法官在个案中应享有相当的弹性空间，以具体确定网络环境下的"正常合理人"标准。① 按照民法理论，判断过错的标准就是将一个普通而谨慎的"理性人"（reasonable person）置于当事人的地位进行判断。② 简而言之，理性人标准是普通市民的标准。③

但笔者认为，在认定平台过错时适用"理性人"标准有以下不足。

（一）裁判结果的不确定性

"理性人"概念赋予法官过大的裁量权，无法保护平台的合理信赖利益，并可能

---

① 参见崔国斌：《网络服务商共同侵权制度之重塑》，载《法学研究》，2013（4）。
② 参见叶金强：《信赖合理性之判断：理性人标准的建构与适用》，载《法商研究》，2005（3）。
③ See B. S. Markesinis & S. F. Deakin, *Tort Law*, Clrendon Press. Oxford, 4th. Ed 1999, p. 155, p. 158. 转引自叶金强：《信赖合理性之判断：理性人标准的建构与适用》，载《法商研究》，2005（3）。

诱使其放任侵权行为。

在古典侵权法时代，过失与否的判断主要采用主观标准，但随着社会成员交往的日益紧密，以一个抽象的、同质化的、带有共同体烙印的"理性人"作为过错参照的客观过失理论便应运而生。① 但是抽象的"理性人"标准仍无法满足信赖利益的保护，因为不同法官对于什么是带有共同体烙印的"理性人"的判定是难以统一的。

具体到知识产权法领域，自由裁量权诱发的司法越位也已引起了学界的注意。刘明博士发现，过分严重的侵权责任会让网络平台因不堪重负而产生对法定"合理注意义务"的反向逃离。② 另外，网络平台须经常性地参加诉讼并依照可能的胜败结果进行提前布局，而如果对注意义务的裁判结果无法被有效预测，则不仅其信赖利益无法得到保护，事先的商业安排必将被打乱，而且平台甚至可能干脆放任其用户的侵权行为：既然避免因帮助侵权而赔偿著作权人是不可控的，那么，控制成本的唯一办法就是自行削减用于防止用户侵权的费用。

（二）误判风险

除了判决结果的不可测，仅依靠"理性人"标准的法官也难以准确认定注意义务。原因如下。

1. 法官难以获得客观化"理性人"所需的必要信息，而互联网环境则加剧了此种难度

即使法官将"理性人"标准客观化为汉德公式③或者欧陆学者提出的基于侵权后果、侵权概率和侵权防止措施三者的利益衡量④，也必须承认的是，法官并不是处理事实问题的能手：准确认定注意义务的前提是法院拥有所需的所有信息，而实际情

---

① 参见屈茂辉：《论民法上的注意义务》，载《河北法学》，2007 (1)。
② 参见刘明：《网络服务提供者间接侵权责任研究》，167-168 页，北京，对外经济贸易大学 2013 年博士学位论文。
③ 该公式由美国法官 Learned Hand 提出：如果损害发生的盖然性是 P，可能发生的损害的严重程度为 L，行为人避免损害的负担为 B，那么当 B<PL 而行为人未能采取避险措施时，行为人未尽到合理注意义务，行为人有过失。
④ 参见［德］马克西米利安·福克斯：《侵权行为法》，齐晓琨译，103 页，北京，法律出版社，2004。

况是，法官能了解的信息永远是不完全的。① 而在互联网环境下，对侵权后果、概率和防止成本等信息的捕捉更是困难重重。首先，注意义务客观化所需的数据通常储存在互联网公司自己的服务器上，也就是说，只有侵权案件的被告才可能较为完整地知晓上述信息；其次，即便迫使平台开示上述数据，法官、著作权人也基本无法真正理解这些数据的实质意义，因为他们二者对互联网技术和数据的理解力根本不足以与平台相匹敌——而在传统侵权案件中，如此程度的知识悬殊是很少出现的。所以，即使采用将"理性人"标准拆解为若干待查事项的方法，法官最终误判注意义务的概率也不可谓不大。

2. 知识产权案件的专业性与"理性人"标准的经验性和主观性不相适应

"理性人"标准被民法学者认为是"设身处地地移情性思考"，这就涉及社会交往中的主体间认识问题，而此问题在实践中充满了不确定性。② 依据叶金强教授的洞见，法官判定过错的"认知图式"是经由长期的学习与实践逐渐形成的③，这类似于费孝通先生所说的"摸熟"既有社会规则的过程。④ 对于处理平台著作权纠纷的法官，他们所面临的技术情况多是前所未见的，此时前述经验法则便不敷使用，故法官所判定的注意义务很可能也不符合技术或商业现状。因此，在纷繁复杂、高度专业化的知识产权案件中，若缺乏具体信息的帮助，法官很难克服相应的智力挑战——而"理性人"标准显然给不出太过详细而可行的知识指引。

（三）无力应付平台的知识垄断力，也无法克服其不利后果

对平台注意义务的讨论往往会涉及审查技术及其商业可行性的认定，显然，平台自身对技术手段的了解要远远好于作为潜在原告的权利人，也要好于法官——这便出现了信息不对称的情形。在此情况下，法官的判断很可能仅受到平台的知识影

---

① 参见张卫平：《事实探知：绝对化倾向及其消解——对一种民事审判理念的自省》，载《法学研究》，2001（4）。
② 例如，在认定商标混淆可能性之时，法官必须模拟消费者的认知能力，而且被普遍接受的是，对混淆可能性的侵权判定，是商标法司法实践中最常见的争议点。
③ 参见叶金强：《私法中理性人标准之构建》，载《法学研究》，2015（1）。
④ 参见费孝通：《乡土中国 生育制度》，49页，北京，北京大学出版社，1998。

响而偏袒平台，或者与平台相互猜忌，进而对平台和著作权人都造成无法预测的影响。

1. 具有知识垄断力的平台将单方塑造法官的知识背景[①]

基于以下两个原因，法官很可能受到平台单方面的知识影响，并不自觉地做出有利于平台的判断。

首先，平台的知识垄断力。从知识社会学的角度来说，对于"什么是合理的注意义务"，平台与著作权人的话语能力是不对等的，因为平台具有信息生产方面的知识垄断力。在从立法到个案的各层次博弈中，几大互联网平台都掌握着强有力的发声渠道（比如各大网络巨头各自的研究中心和新闻门户网站），法官能很容易感受到来自平台的知识压力和利益诉求。而且基于笔者的有限经验，互联网公司的法务人员常出席各种法学学术会议，并发表数量可观的专业书籍和论文，他们的观点自然多多少少会影响法官对注意义务的看法。相比之下，处于诉争另一造的著作权人却鲜有自己的代言人。故就现实情况而言，因在行业与地理上过分分散，权利人无法有效地与网络平台进行话语竞争和舆论抗衡。

其次，知识塑造的无意识性。在平台不断的话语实践（例如，参加学术会议、发表论文著作）中，其知识垄断力得以持续加强，进而成为福柯意义上的"权力"[②]。而更重要的是，正如知识社会学的创始人舍勒所言，知识都是以人的"本能—内驱力"作为预设前提的[③]：平台和法官在本能性的知识生产/灌输过程中，很难认识到上述知识嵌入机制。换言之，平台对法官的知识渗透是"润物细无声"的：当平台的法务和研究人员以学术交流的方式，基于公司立场真诚地希望法官体谅平台负担的繁重成本时，法官很可能无法拒绝他们的观点；当脱下法袍进入日常生活，面对网络信息的海量输入时，法官几乎不可能对它们作知识来源方面的反思。最终，法

[①] 有必要事先说明的是，本文有关"知识垄断"的分析，仅试图客观描述言论市场上的话语权力结构，而不涉及平台和法官的主观动机。

[②] 福柯指出："权力与知识是直接地彼此包含的；权力关系是以相应的知识领域为前提的，与此同时任何知识都预定了并建构着权力关系。"转引自夏光：《后结构主义与后现代社会理论》，200页，北京，社会科学文献出版社，2003。

[③] 参见［德］马克斯·舍勒：《知识社会学问题》，艾彦译，4页，北京，华夏出版社，2000。

官对"注意义务"的知识背景基本完全由平台塑造，加之这种塑造往往是不自知的，故法官对注意义务的判定很可能会不自觉地倾向平台一方。

2. 法庭的"囚徒困境"：裁判的不确定性与误判风险的死循环

平台展示其知识垄断力的场合有两处：在法庭外，平台作为科技企业塑造着人们（包括法官）对审查技术等方面的认识；在法庭上，平台将以被告的身份试图说服法官接受自己对"合理注意义务"的理解。显然，在后一场景中，法官能够实实在在地感受到平台的信息优势，因为作为审判另一方的著作权人几乎无法对注意义务的具体内容发表实质性意见。此时，法官若试图抹平信息不对称，就极可能导致法官和平台的互相猜忌。

当原告权利人对注意义务等专业事项无话可说时，法官无疑将意识到双方知识能力的不对称，以及平台借优势地位虚报审查成本的可能性。若法官尝试矫正此信息偏差，他多半会倾向于质疑平台揭示的审查水平并提高其注意标准，纵然这种负面判断往往带着"莫须有"的色彩。而同时，既然难以取得法官的信任，为抵消调高注意义务所带来的损失，平台只能夸大审查难度，隐瞒其实际注意能力。如果法官、平台循环上述博弈，则将进一步加深双方的猜忌，最终使得说谎与不信任变得在所难免，进而提高法官判定注意义务的难度。是为博弈论上的"囚徒困境"。

更为不利的是，由于彼此的底线不可知，平台不确定法官会在多大程度上重判注意义务，法官也不确定平台会在多大程度上虚报其注意能力——双方此时均无足够信息以建构并达成新均衡所需的"判断依据链"（chain of justification），他们唯一能确定的仅是一个大致的倾向：说谎和不信任。同时，一旦出现猜疑，尊为裁判者的法官可能会觉得平台"不老实"，进而做出带有感情色彩的认定。上述因素都将加剧裁判结果的不可预测性。

综上，"理性人"标准的最大问题在于，该标准很可能因无法克制对实质正义的追求（而下文还将指出，对于作为商主体的平台，温和宽容的"理性人"标准也未必是"正义"的），而使法官不顾其认知能力的局限而进行大胆的、颇具个案波动性的司法裁量，进而牺牲了法律的秩序价值——这种专断气质恰恰忘记了法律秩序的确定性是一切实质正义的基石。① 若采取"理性人"标准认定平台的注意义务，则平台的行为预期难以得到满足，法官的误判成本也得不到限制，而且信息不对称还将使本该势均力敌的庭审变成一言堂或陷入"囚徒困境"。

因此，"理性人"标准未必能得出"理性"的结果。

三、"最佳审查者"标准：定义、合理性及其功能

为解决"通知—删除"规则的僵化性和"理性人"标准的不确定性与误判风险，笔者认为，在平台帮助侵权案件中应采取"最佳审查者"标准。下文将论述"最佳审查者"标准的定义、合理性和功能。

（一）"最佳审查者"的两个要件：同类平台、审查强度

"最佳审查者"标准是指，在平台帮助侵权案件中，对于第三方平台注意义务的认定，应以同类平台所拥有的最强审查能力作为标准，若该平台不能证明其审查水平达到此标准，则认定其构成过错。简而言之，应以同类平台所拥有的最高注意能力，作为其他平台的注意义务。

具体而言，"最佳审查者"标准有两个要件：同类平台和审查强度。

1. 为什么是"同类平台"？避免"强者通吃"

强调"同类"一词的目的在于：在界定何为"同类平台"时，应综合考虑平台的服务模式与经营规模。由于"最佳审查者"标准是以他人的注意能力要求平台的，故应考虑注意标准的迁移是否合理，以免"最佳审查者"的注意能力波及所有网络服务提供商。

就服务模式而言，由于网络服务提供者的类别很广（包括"网络接入和信息传播服务""信息存储空间服务"和"信息定位服务"②），在确定"最佳审查者"的作

---

① 参见高鸿钧：《现代法治的困境及其出路》，载《法学研究》，2003（3）。
② 王迁：《网络环境中的著作权保护研究》，168-169页，北京，法律出版社，2011。

用半径时需要进行一定限制,否则会出现"强者通吃"的情形:这相当于某一"最佳审查者"向整个网络服务提供行业进行"罚款"。例如,提供储存空间的电子商务平台和仅仅提供信息定位服务的搜索引擎就不能被视为"同类平台"。另外,即便是在电商平台内部,笔者认为仍可对其进行细分:比如,B2B 平台(认证商人之间的交易平台,如阿里巴巴网)、B2C 平台(认证商人与匿名消费者之间的交易平台,如淘宝网)和 P2P 平台(向匿名主体开放的交易平台,如 58 同城网),三者对各自用户的控制力不同,分别面临的审查压力有差异,故相应的注意标准也应有所变化。

至于经营规模,有的观点主张严格遵循优胜劣汰的逻辑,在认定平台"理性人"标准时,应忽略不同竞争者之间的规模、经验、能力差异,都科以相同的注意义务。① 笔者认为此观点有两处不妥。首先,"一刀切"的标准可能有违"扶持中小企业"的产业政策。由于大小平台能投入侵权防治中的财力、所承载的信息流量不同,以大平台的审查水平要求小平台可能强人所难,又或者恰恰相反。其次,如果让某一"最佳审查者"的影响范围扩及所有网络服务提供者,那么著作权人就有动因不当利用此规则。例如,为提高全体平台的"最佳审查者"标准,某知识产权运营公司可能自行设立一个小型电商平台,在不考虑效益的前提下进行高强度的知识产权审查。而如果将某一"最佳审查者"的参照作用限定于"同类平台",则权利人的投机概率将大大下降,因为权利人为拉高某平台注意标准所耗费的成本,必须非营利地运作一个与目标平台规模相当的平台。

2. 什么是"审查能力"？一个结果导向的评价

在评估"审查能力"时,笔者认为不应拘泥于具体的审查或防止手段,而应以结果为导向,即直接对网站数据流进行抽样调查,以每一件侵权作品被检测到的可能性为准。通俗地说,"审查能力"的考评对象就是"正品率"。

"审查能力"的判断不仅涉及狭义的信息过滤技术,而且须考虑企业的各项禀赋,比如治理效率、财务成本等。平台的侵权防止手段很多,其中包括以非技术手段防范用户的侵权风险。例如,在阿里巴巴网的《知识产权侵权处理规则》中,基

---

① 参见宋哲:《网络服务商注意义务研究》,109 页,北京,北京大学出版社,2014。

于用户的累计扣分数，网站采取了从警告、限权到关闭账号的处罚措施。① 此类规则虽不涉及信息过滤技术，但是同样起到了对用户侵权的防范作用。笔者欲借此说明的是，侵权防治措施的种类难以穷尽，且不具可比性（例如，F公司通过最先进的算法排除大部分侵权信息；而G公司则依靠聘用大量在线客服来应对权利人的投诉，我们很难判断两者审查水平的优劣），但其最终目的都是降低侵权风险。而作为一个反例，"通知—删除"规则就是行为导向的，无法回应其他类型的防止手段，局限性较大。所以，"审查能力"的考评对象也应当是"降低侵权风险"的效果，即"正品率"。

"最佳审查者"标准的直接效果就是限制法官的自由裁量权：法官只需要找到被告同类平台中有最强审查侵权能力的主体。相较于抽象的"理性人"标准，该标准为法官指明了待查证的事项，并规范了之前几乎是"拍脑袋"式的自由裁量权。而"最佳审查者"标准的合理性和功能并不限于此。

（二）"最佳审查者"标准的合理性：作为商事主体的网络平台

由于只有审查能力最强的网络平台才能免于赔偿责任，"最佳审查者"标准无疑将每一个平台都抛入竞争残酷的茫茫大海中，但商业规则本来就无仁慈可言。"最佳审查者"标准的合理性恰恰在于：网络服务提供行为属于商事行为而非普通的民事行为，故对其施以较高的注意义务既不违背正义，又符合商业规律。

需要指出的是，传统民法之所以仅以"中等偏上"的"理性人"作为过错参照②，有三点原因。其一，民法不仅涉及行为相对人在社会交往中的合理信赖，而且必须顾忌行为人本人的行动自由。换句话说，为了保护社会共同体中的弱者，民法只能部分牺牲行动相对人的合理预期。其二，传统民法具有较强的伦理性，"理性人"只是一般伦理标准的践行者，而非一个精明的商人。③ 其三，自由权亦属于宪法

---

① 见 https://rule.1688.com/rule/detail/939.htm?spm=a26go.7662369.0.0.azirF9，2016-11-20。

② 参见［德］克雷斯蒂安·冯·巴尔：《欧洲比较侵权行为法》，下卷，焦美华译，296页，北京，法律出版社，2001。

③ 参见冯珏：《汉德公式的解读与反思》，载《中外法学》，2008（4）。

性基本权利,如果法院认定的注意义务对大部分公民过于严苛,公民动辄违法,则如同限制了行为自由乃至人格发展,会造成实质的不正义。①

相比而言,电商显然不同于民法意义上的"人"。平台是个商人,而且互联网营业活动不属于个体必须参与的行为,所以笔者认为平台的行为也属于商事行为。商行为法的公示主义、强制主义、外观主义都体现出对效率的追求,并且以较高的法律标准要求商人进而促使其提高效率,故对于以雇主责任为典型的商事侵权行为,法律直接采取了严格责任。②另外,法经济学的分析也表明严格责任是有效率的。首先,严格责任会促使行为人将所有侵权成本内部化,进而达致社会总效益的最大化③;其次,严格责任降低了交易成本,因为一旦发生损害,侵权人就必须支付赔偿金,而无法与权利人讨价还价,这减少了交易费用和不确定性。④但由于严格责任可能打击作为新兴行业的互联网平台,一定意义上有违发展电子商务的产业政策,因而无论是在立法层面还是司法层面,严格责任都是不可取的。

既然政策层面的约束使严格责任无法被接受,那么合理的应对方式就是退而求其次,对平台施以较重的注意义务。对同业竞争者而言,"最佳审查者"的侵权防止水平更胜一筹,所以任何非"最佳审查者"的电商都必须承担赔偿责任——相较于"中等偏上"的"理性人"注意标准,他们的义务当然是"较重"的。如果一个平台因与其同类型的"最佳审查者"审查能力相距过大而不堪承受巨额赔偿金,它可以选择退出网络服务领域,法律没必要像保护民法上的弱者一样迁就平台,因为经营平台的行为并不涉及基本人权,而淘汰低效商人也是市场经济的当然逻辑。同时,相较于严格责任,"最佳审查者"标准至少会让拥有最强审查能力的平台存活下来,从而缓解了平台侵权责任对落实国家政策的阻力。

简而言之,"最佳审查者"标准采取了一条"中间道路":既避免传统过错责任对平台商主体懈怠行为的纵容,又避免严格责任将平台全部打倒。

---

① 若认为前述宪法权利与作为私法的民法和知识产权法无涉,可参见张千帆:《比较宪法——案例与评析(下)》,580-586页,北京,中国人民大学出版社,2011。
② 参见赵旭东:《商法学教程》,19页,北京,中国政法大学出版社,2004。
③ 参见凌斌:《法律的性质:一个法律经济学视角》,载《政法论坛》,2013(5)。
④ See Roberta Romanno, *Foundation of Corporate Law*, Foundation Press, 1993, p.12.

(三) 功能一：引入竞争机制，激励平台提高审查能力

一旦某平台被认定为"最佳审查者"，其竞争对手就很可能在帮助侵权诉讼中因未尽注意义务而败诉——这等于法律变相地将侵权赔偿的成本施加给其他平台，并为"最佳审查者"赢得了竞争优势。作为回应，不甘心的竞争者会加大控制侵权风险的投入，以超越现有"最佳审查者"的审查能力，从而使自身成为新的"最佳审查者"。

而在传统的注意义务认定中，并没有促使平台提升审查水平的类似机制，因为只要审查能力达到某种水平，平台就免于侵权责任，进而导致以下局面：平台一旦符合法院设定的注意标准，便再无动力去改进自己的审查技术，直到法院提出新的标准。该机制实际上是由法官督促平台提高审查能力，然而毕竟法官不是网络行业的专业人士，其判定的审查程度往往合理性有限。"最佳审查人"标准则将判定注意义务的权力赋予竞争主体，不再由法官迫使电商改进审查水平，而是让一个个市场主体进行相互督促。需要指出的是，若采取严格责任，即将所有损害内部化，平台也有动力去改进审查技术以减少侵权赔偿额；但因为实行严格责任不切实际，故而必须引入外部竞争机制来刺激平台提高监督水平。

简言之，"最佳审查者"能取得成本优势，这将激励平台通过提高审查水平来争夺这一地位，而此类功利性竞争必定是永不停息的，所以"最佳审查者"标准最终会取得诱使网络平台主动升级审查技术的持续性效果。

(四) 功能二：促进网络平台与法官、著作权人合作

相较于前文中平台与法官所陷入的"囚徒困境"，"最佳审查者"标准还会促使平台自行提供其审查水平的真实信息，从而减少平台与法官、著作权人之间不必要的猜忌。

若采用"最佳审查者"标准，拥有较强审查能力的平台在应诉时很可能将网站内部的侵权风险管控机制向法官公开，以使自己成为"最佳审查者"。而法官也没有理由不相信平台的陈述，因为平台选择隐瞒审查强度对自己没有好处；如果该平台

是最佳审查者,那么"保持低调"将错失取得市场优势的良机;如果平台不是最佳审查者,那么它隐瞒与否的意义都不大,因为只要它无法证明自己的审查水平达标,就免不了承担赔偿著作权人的法律责任。

同样,"最佳审查者"标准还将促使平台与权利人合作。可以想见的是,平台为了提升自己的审查水平会主动与著作权人联络,甚至邀请其共同对平台流量进行监控,因为权利人往往对潜在侵权作品的样态有更准确的认识与预判。

从上述分析可见,通过把矛盾转向案外的其他竞争平台,"最佳审查者"标准缓和了平台与法官、权利人的利益冲突,并避免了传统注意义务认定模式中的非合作博弈。

(五)功能三:降低司法误判的风险

司法错判是难以纠正的,所以在不确定该如何裁判时,法官应保持克制而减少干预。但苏力教授同时指出,司法克制很难得到贯彻,自身的职业考量和社会压力,使得法官往往不再遵守该原则。① 可是如果注意义务的内容并非完全依自由裁量权决定,而是以行业内的某一企业作为过错参照,那么不仅法官不必承受各方面的压力,而且被告也难以将败诉归咎于法官:令平台承担法律责任的并非法官,而是它的竞争对手,既然它逊色于"最佳审查者",自当忍受不利后果。显然,外部压力的减小有助于法官中立裁判。

另外,根据维也纳学派的观点,中心化的政府难以准确掌握市场信息,唯有个人通过在市场上的不断试错才能达致真知。② 在以往的过错认定模式中,对注意义务的判断基本完全由"中心化"的法官做出,而在"最佳审查者"模式下,法官的裁量权得到了限制,其必须依据市场上现存的作品侵权审查水平来认定合理的审查强度。也就是说,法官对注意义务的具体界定,不是依靠其粗浅的技术知识,而是直接从市场上发现并予以揭示的。哈耶克还指出:"抽象规则会有助于维护一种同样抽

---

① 参见苏力:《"海瑞定理"的经济学解读》,载《中国社会科学》,2006(6)。
② 参见[英]哈耶克:《个人主义与经济秩序》,邓正来译,147-148页,北京,生活·读书·新知三联书店,2003。

象但其特定表现形式则在很大程度上是不可预见的秩序……（该）规则有助益于人们对一种秩序的维护，然而这种秩序的存在却常常是运用那些规则的人们意识不到的。"① "最佳审查者"正是这样一种抽象规则。它只有在个案当中才显示出其面目，且这一"显示面目"的过程不是由法官任意决定的，而是经由一个概念操作过程（判定并比较同类平台的审查能力）而获得的。同时，该标准最终导致的审查水平的整体性提升，也未必是竞争参与者所意欲的。

四、对可能质疑的回应

笔者冒昧地猜想，"最佳审查者"标准可能面临以下几点质疑。但笔者认为，下述质疑有的未必经得起推敲。

（一）关于平台串通的风险

如果几大主要平台经过串通，相互约定保持同样的审查强度以共同应付"最佳审查者"标准的检验，则该标准可能反而会为平台的故意不作为或怠于提升审查能力提供庇护。笔者认为的确存在这样的风险，但其并非难以克服，原因有二。

其一，互联网技术的快速进步很容易使并未加入串通协议的平台在诉讼中展示出更强的注意能力，进而迫使串通平台提升审查水平。徐炎博士的研究就表明垄断行为在网络市场上似乎很难见效。② 换言之，互联网产业的低准入门槛将不断催生新的竞争者，进而打破协同平台的垄断格局。

其二，互联网市场的变动难以预期，串通者内部的协同意愿很可能随着市场格局的变化而不再牢固，毕竟成为"最佳审查者"就意味着其他竞争者需要承担额外的费用，从而为企业自身的生存创造更好的条件。

---

① ［英］哈耶克：《法律、立法与自由》，邓正来等译，2卷、3卷，23页，北京，中国大百科全书出版社，2000。

② 参见徐炎：《互联网领域相关市场界定研究——从互联网领域竞争特性切入》，载《知识产权》，2014（2）。

（二）关于责任过重的风险

可能存在下述担忧：实行"最佳审查者"标准是否会对其他平台施加过重的法律责任？毕竟"最佳审查者"标准只有达标与否的二元评价，其是否使其他平台"破罐子破摔"：反正赔偿在所难免，未达标的平台不如彻底放任平台上的侵权行为。但笔者认为此观点低估了法官和平台的智慧。

对于法官而言，过错程度可以影响赔偿额大小的认定。虽然在传统民法中，赔偿的金额仅由因果关系和损害两个要件决定[①]，但是，在裁决平台帮助侵权案件中，法院可以类推适用《关于贯彻执行〈中华人民共和国民法通则〉若干问题的意见（试行）》第150条的规定以削减赔偿数额，即法院可以根据侵权人的过错程度，确定其侵害相关人格权的赔偿责任。笔者认为此规则可类比适用到著作权侵权赔偿金额的认定上：因为人格权和著作权都具有无体性，损害的金钱评价不易于计算，故可通过过错程度的浮动来进行柔性的价值判断。据笔者与部分法官的交流，这在著作权侵权的审判实践当中也得到了验证。

对于平台而言，可以通过分配审查资源来控制赔偿额度。即使法院不将过错程度作为认定损害赔偿额的考量因素而坚持全额补偿原则，平台也可据此调整自己的审查策略。如果某平台的审查能力只有"最佳审查者"的80％，在审查成本不变的情况下，为了减少可能的赔偿额，它可以在潜在侵权数据流中挑选出80％的数据流量进行高强度监控，以保证对这80％的数据流的审查符合"最佳审查者"标准，如此一来，平台就只需承担另外20％流量所导致的侵权赔偿额。笔者相信，在商业实践中，第三方平台的技术人员还会提出更具智慧的解决方案。

（三）对"最佳审查者"的认定并不简单

或许有观点认为"最佳审查者"标准的操作难度很大。"最佳审查者"是具有最强"审查能力"的"同类平台"，但各个平台的商业形态千差万别，法官很可能对如何认定"同类平台"和评估"审查能力"莫衷一是。但是相比于"理性人"标准，

---

① 参见叶金强：《论过错程度对侵权构成及效果之影响》，载《法商研究》，2009（3）。

这两个要件的认定成本还是比较低的。

首先讨论"同类平台"的认定问题。笔者承认，相较于传统上对注意义务的直接界定，"最佳审查者"标准只不过是以法官对商业问题的判断来替换法官对技术问题的判断，似乎没有实质性区别。但是"最佳审查者"标准的比较优势却在于：与直接理解审查技术相比，法官对竞争平台进行准确分类的难度是更低的。原因有三。其一，商业模式的认知成本较低。法官置身于商业社会之中，其商业常识乃至商业直觉均好于其对技术的了解。比如，对于一个使用过网购网站的人而言，淘宝、京东、当当和亚马逊无疑是"同类电商平台"，因为它们的目标用户是一致的；可是若想直接从技术上回答"什么样的注意义务是合理的"，则显然得不到如此明确的答案，或许技术人员自己都没有很确切的想法。其二，对商业模式的认定不可避免。即便法官通晓技术知识，其也需要对技术实施的商业成本有所知悉，方能决定"合理注意义务"的实质性内容，因此，法官无法逃避对平台商业模式的理解与判断。其三，"同类平台"概念的精确度要求较低。在认定"同类平台"时，法官的工作只是在有限选项中找出与被告类似的平台；而"理性人"标准则需要法官直接识别审查技术的具体形态——一个是选择题，一个是问答题，两者难度显然不可同日而语。

其次，"审查强度"属于结果导向型，而行为导向的"理性人"标准却要求对审查手段本身做出认定——审查技术的表现形式千变万化，但作为审查结果的"正品率"，内容却相对固定，故"审查强度"的认定成本也是较低的。

所以，"最佳审查者"标准固然有认定成本，但该认定成本是目前所知的注意义务认定标准中最低的。当然，若"最佳审查者"标准想在概念外延上有所完善，则必须仰赖司法经验的积累，而司法界的助力对任何法学概念的成熟都是必不可少的。

另外，从解决实际问题的角度而言，即使不对"同类平台"作严格的概念界定，在大多数案件中，法官也能够凭借日常经验对某平台是否属于"同类平台"做出直观判断。经验法则在个案中的作用是不容忽视的。[①] 即使我们不知道"同类平台是什么"，我们通常也会知道"什么是同类平台"。再退一步说，只要法官能够采纳"最佳审查者"标准的基本思路，即将类似平台的审查水平进行比较，其认定的平台注

---

① 参见张卫平：《认识经验法则》，载《清华法学》，2008（6）。

意义务的合理性就会提升。

五、"最佳审查者"标准的缺点及其克服

必须承认,"最佳审查者"标准亦有缺点。

首先,在某平台一支独大的情况下,由于没有竞争者能被视为其"同类",那么它将缺乏提升自身审查水平的动力。此问题的确不易克服,因为正如前文所言,只有严格责任才能在真正意义上驱使平台将审查能力提升到可欲的水平,但在必须贯彻过错责任的前提下,能保证审查程度尽可能合理的办法是引入市场竞争机制,而当竞争机制失灵时,就只能指望法官通过自身知识储备来判断何为"理性人"了。简而言之,在无法认定"最佳审查者"时,抽象的"理性人"标准才作为次优选择而被法官采用。

其次,"最佳审查者"的审查强度可能被事后证明过大,那么其他的竞争者就不得不支付不合理的审查费用或侵权费用。质疑者可能据此认为,如果"最佳审查者"是不理性的,那么所有平台都将为此埋单,并陷入无效率的竞争。笔者承认"市场失灵"现象的不可控性,但同时认为这是作为"有限理性人"的我们必须接受的后果,否则情况将更糟糕。

一是理性行为不是竞争的前提,而恰恰是竞争产生了理性行为,因为利用分散性知识的方式只有自由竞争。① 对于平台的注意义务问题,也唯有引入审查水平方面的竞争机制,才能确保平台的注意程度是最为理性的。二是上述质疑的潜在判断是法官比平台更具理性,而这显然是经不住推敲的②,并且会导致更大的风险:如果某"最佳审查者"的审查强度过大,它将因成本过高而难以为继,进而退出市场;但如

---

① 参见［英］哈耶克:《法律、立法与自由》,邓正来等译,2卷、3卷,379-380页,北京,中国大百科全书出版社,2000。
② 早有学者指出最合理的网络规则是"无数个体自由决策的综合结果"（aggregate outcome of uncoerced individual decisions）。See David G. Post, "What Larry Doesn't Get: Code, Law, and Liberty in Cyberspace", 52 *Stan. L. Rev.* 1439 (2000), p. 1458.

果法官认定的注意义务过高,它不仅会普遍影响整个网络平台行业,而且很难被检验出来并得到矫正。一个可资比较的例子就是:市场上同样会出现不合理的低价,但以不合理低价销售产品的商家最终会被淘汰——换句话说,合理注意义务和合理价格的性质是类似的,它们都是竞争主体经过不断试错和修正而得出的结果。

六、 结论:"最佳审查者"标准兼顾了法秩序的确定性与正当性

　　法律应当保持一定的抽象性以确保其足以涵摄纷繁的社会现象,进而帮助法官在个案中做出公平的判决;但法律还应当保持一定的具象性以满足民众的合理预期,进而维护社会运行的整体秩序。在《著作权法》修法的背景下,我们应当兼顾法律的上述公平价值和秩序价值。本文认为,"通知—删除"规则因过于具体而失之公平,"理性人"标准则因极尽抽象而有损秩序。相较两者,"最佳审查者"标准为平台帮助侵权的认定提供了一条中间道路:一方面,该标准引入市场竞争机制,不仅提升了判决结果的可接受度,而且客观上促使平台提升审查水平;另一方面,该标准指引法官寻找拥有最强审查能力的平台,限制了其自由裁量权。最根本的是,无论对于"通知—删除"规则还是"理性人"标准,由于缺少相应的技术知识和市场信息,司法者的误判风险均较高,而改正成本则更高;与之相反,经由市场竞争来筛选可行的注意程度,"最佳审查者"标准能最大限度地保证注意义务的合理性。总的来说,"最佳审查者"标准平衡了法秩序的确定性和正当性,该标准在具体适用时虽然可能具有一定缺陷,但并非不可预防和解决。

我国网络服务提供者侵权责任的移植与变异

朱 冬[①]

目前,关于我国网络服务提供者侵权责任的基础为帮助侵权已经成为通识。但是,现行法律规则与帮助侵权原理仍发生龃龉。这表明我国网络服务者侵权责任在对美国模式进行法律移植的过程中出现了变异。这些变异主要表现在将责任排除条款作为责任构成条款,并将有理由知道替换为应当知道。上述变异使我国网络服务提供者侵权责任更加强调注意义务和必要措施两个要件,从而导致我国网络服务提供者侵权责任已经脱离了帮助侵权的基本框架。其后果是网络服务者侵权责任在法律适用中具有较大的灵活性,淡化了"避风港"对网络服务提供者侵权责任的限制效果,为适当加重网络服务提供者侵权责任提供了空间。同时,对在该模式下过分扩张网络服务提供者侵权责任的危险亦须加以警惕。

我国的网络服务提供者侵权责任规则主要移植自美国。受其影响,网络服务提供者侵权责任主要建立在帮助侵权基础之上这一基本认识,在我国学术界和实务界

[①] 朱冬,厦门大学法学院、知识产权研究院助理教授。
项目基金:2016年度福建省社会科学规划项目"'互联网+'背景下网络交易平台商标侵权责任研究"(FJ2016C007)。

似乎已经成为通识。① 然而，我国在移植美国网络服务提供者侵权责任的过程中发生了一定程度的变异，导致我国现行的立法和司法实践在实质上已经开始脱离帮助侵权的基本原理。在名实不符的情形下，帮助侵权原理无法再为已经发生变异了的网络服务提供者侵权责任规则提供任何理论支撑。遗憾的是，上述变异及其带来的相关问题并没有引起人们足够的重视。为此，本文对现行网络服务提供者侵权责任规则与帮助侵权进行比较，通过追溯美国模式的基本特点，探寻我国网络服务提供者侵权责任在法律移植过程中发生变异的逻辑路径，弄清我国现有规则的基本特点，进而讨论这些变异呈现出的基本特点及其影响，以期有助于理解学术界和实务界相关分歧意见产生的机理，并能够对现行规则的完善提出有针对性的建议。

一、帮助侵权模式下的不和谐之音

在我国，网络服务提供者侵权责任的构成要件被表述为，其知道他人利用网络服务从事侵权行为而未采取必要措施避免侵权行为的发生。② 尽管学术界和实务界的主流意见认为网络服务提供者侵权责任的基本模式为帮助侵权，但是仔细分析之后不难发现事实并非如此。尤其是在主观状态和客观行为两个方面，现行网络服务提供者侵权责任的具体规则均与帮助侵权相去甚远。

（一）过失并非帮助侵权的主观要件

在我国，网络服务提供者侵权责任的主观要件被表述为其知道网络用户利用网

---

① 参见吴汉东：《论网络服务提供者的著作权侵权责任》，载《中国法学》，2011（2）；张新宝：《侵权责任法》，2版，168页，北京，中国人民大学出版社，2010；陈锦川：《著作权审判：原理解读与实务指导》，230页，北京，法律出版社，2014。

② 参见最高人民法院《关于审理侵害信息网络传播权民事纠纷案件适用法律若干问题的规定》第7条第3款；"衣念（上海）时装贸易有限公司诉浙江淘宝网络有限公司、杜国发侵害商标权纠纷案"，上海市第一中级人民法院（2011）沪一中民五（知）终字第40号民事判决书。该案被作为典型案例在《中华人民共和国最高人民法院公报》2012年第1期上公布。

络服务从事侵权行为。所谓知道,包括明知和应知两种情形。① 一般认为,与明知相对应的主观心态是故意,与应知相对应的则是过失。② 要求网络服务提供者知道网络用户侵权行为存在,实际上是对主观过错的具体表述。网络服务提供者侵权责任与一般侵权责任在主观要件方面并无不同,均采过错责任原则。上述认识在广义的共同侵权规则下并不会产生任何疑义。因为通说认为行为人在主观上具有共同故意或者共谋,仅仅是广义共同侵权行为的一种表现形式,过失亦可能构成共同侵权。③ 概括地以共同侵权规则作为网络服务提供者侵权责任的基础,并不要求网络服务提供者与网络用户之间形成共同故意或者共谋。④ 上述观点具有一定的合理性,尤其是在网络用户主观上仅仅出于过失而从事侵权行为的情形下,网络服务提供者无论如何不能与之形成共谋,此时承认过失亦可构成共同侵权与我国网络服务提供者侵权责任的现有规则是一致的。

将网络服务提供者侵权责任具体定位为帮助侵权则面临较大问题。与共同加害行为不同,帮助侵权是一种拟制的共同侵权行为。通说认为,帮助侵权人在主观上应以故意为限⑤,即须为已经认识到他人侵权行为的存在而积极地为其提供便利或者支持,过失并非帮助侵权的主观要件。对于主观上为过失的帮助行为而言,只有在该行为与加害行为形成客观关联的情形下方能构成共同侵权。⑥ 此时应当构成客观关联的共同侵权,而不再构成帮助侵权。将过失作为网络服务提供者侵权责任的主观状态,与学界对帮助侵权的基本原理的认识存在冲突。在我国少数认识到该问题的学者中,存在两种对立的观点:一种观点坚持帮助侵权模式,主张将网络服务提供

---

① 参见王胜明主编:《中华人民共和国侵权责任法解读》,185页,北京,中国法制出版社,2010。上述观点亦得到司法实践的承认,参见最高人民法院《关于审理侵害信息网络传播权民事纠纷案件适用法律若干问题的规定》第8条第1款。

② 参见王迁:《网络环境中的著作权保护研究》,276页,北京,法律出版社,2011。

③ 参见王利明:《侵权责任法研究》,上卷,511页,北京,中国人民大学出版社,2010。

④ 参见吴汉东:《论网络服务提供者的著作权侵权责任》,载《中国法学》,2011(2);陈锦川:《著作权审判:原理解读与实务指导》,230页,北京,法律出版社,2014;王迁:《网络环境中的著作权保护研究》,511页,北京,法律出版社,2011。

⑤ 参见王利明:《侵权责任法研究》,上卷,539页,北京,中国人民大学出版社,2010;王泽鉴:《侵权行为》,365页,北京,北京大学出版社,2009;杨立新:《侵权责任法论》,3版,601页,北京,人民法院出版社,2005。

⑥ 参见王泽鉴:《侵权行为》,366页,北京,北京大学出版社,2009。

者的主观状态仅仅限于故意①；另一种观点则承认将过失引入网络服务者侵权责任，主张放弃帮助侵权模式。②

（二）强调不作为会脱离帮助侵权框架

所谓帮助行为，是指为他人的加害行为提供助力，在客观上使得加害行为易于实施的行为。③ 在帮助侵权的框架下，网络服务提供者的何种行为构成对网络用户侵权行为的帮助，在我国对这一问题亦存在不同意见。一种观点认为，网络服务是网络用户侵权行为得以进行的重要条件，主张提供网络服务的行为本身即构成帮助。④ 这种观点与美国模式是一致的，却可能面临无法解释要求网络服务提供者采取必要措施这一要件的地位这个难题。另一种观点则认为，网络服务提供者在知道网络用户利用其提供的网络服务从事侵权行为后，没有采取必要措施的消极不作为构成帮助。⑤ 这种观点在解释论上兼顾了要求采取必要措施这一构成要件的地位，但是又引出了不作为能否构成帮助行为的理论难题。⑥ 更重要的是，对网络服务提供者不作为的强调可能会导致理论研究和司法实践关注的焦点逐渐脱离帮助侵权的框架。

在刑法理论上，不作为能否构成帮助犯是一个相当有争议的问题，因为在刑法上，正犯和共犯的处断原则并不相同。⑦ 然而在民法上，帮助侵权人须与实际侵权人就损害承担连带责任，二者均需就所有损失承担赔偿责任。将帮助侵权规则引入网络服务提供者侵权责任中，其目的在于利用连带责任机制解决网络服务提供者的行

---

① 参见杨明：《〈侵权责任法〉第36条释义及其展开》，载《华东政法大学学报》，2010（3）。
② 参见徐伟：《网络服务提供者连带责任之质疑》，载《法学》，2012（5）。
③ 参见王泽鉴：《侵权行为》，366页，北京，北京大学出版社，2009。
④ 参见王迁：《网络环境中的著作权保护研究》，410页，北京，法律出版社，2011；崔国斌：《著作权法：原理与案例》，728页，北京，北京大学出版社，2014。
⑤ 参见吴汉东：《论网络服务提供者的著作权侵权责任》，载《中国法学》，2011（2）。
⑥ 关于不作为能否构成帮助侵权的问题，民法上的研究并不充分。在少数涉及该问题的研究中，有人持肯定的态度，参见王利明：《侵权责任法研究》，上卷，539页，北京，中国人民大学出版社，2010；奚晓明主编：《〈中华人民共和国侵权责任法〉条文理解与适用》，76页，北京，人民法院出版社，2010。有人则持否定态度，认为帮助行为通常是积极的作为，消极的不作为只能成立典型的共同加害行为。参见张铁薇：《共同侵权制度研究》，198页，北京，法律出版社，2007。
⑦ 关于刑法学界对不作为帮助犯问题的争论，参见赵秉志、许成磊：《不作为共犯问题研究》，载《中国刑法学杂志》，2008（5）。

为无法被归入知识产权专有权的控制范围,进而无法追究其侵权责任的问题。① 如果通过科以网络服务提供者作为义务的方式追究其不作为侵权责任亦能达到相同的目的,则似乎没有必要再将该问题诉诸帮助侵权规则。正因为如此,学界有观点主张网络服务提供者的侵权责任并非帮助侵权:从责任性质上看,其应当是一种特殊的不作为侵权责任,其法律构造与违反安全保障义务的侵权行为十分类似②;从责任形态上看,网络服务提供者所承担的是部分连带责任,与帮助侵权规则下的典型连带责任亦不相同。③

我国网络服务提供者侵权责任与帮助侵权之间存在一定的差异,因而导致利用帮助侵权解释相关问题时出现了一系列难题。这表明那种简单地以美国——现行规则的来源国——亦采帮助侵权模式为由,不加分析地确认我国亦采取了上述模式的观点并不可取。为此,需要对美国模式及其基本特点进行回溯,弄清到底是美国模式本身即存在特殊性难以与传统大陆法上的帮助侵权相协调,还是我国在法律移植过程中因出现偏差而导致上述差异。

二、美国模式的基本特点

在美国法上,处理网络服务提供者侵权责任的帮助侵权规则和"避风港"在构成要素和基本属性等方面均与我国的存在很多不同。④ 通过考察可以发现,在美国,帮助侵权的主观方面并不包括应当知道这种过失状态,构成帮助的仅是提供网络服

---

① 参见王迁、王凌红:《知识产权间接侵权研究》,3页,北京,中国人民大学出版社,2008。
② 参见王利明:《侵权责任法研究》,下卷,137页,北京,中国人民大学出版社,2011;刘文杰:《网络服务提供者的安全保障义务》,载《中外法学》,2012 (2)。
③ 参见杨立新:《网络平台提供者的附条件不真正连带责任与部分连带责任》,载《法律科学》,2015 (1)。
④ 在美国法上,适用于网络服务提供者侵权责任的法律规则不仅涉及帮助侵权,还涉及引诱侵权和替代责任。一般认为引诱侵权可以对应于我国侵权责任法上的教唆侵权。而对于替代责任,学者指出其与我国侵权责任法上的雇主替代责任差别很大,无法为我国直接移植。参见吴汉东:《论网络服务提供者的著作权侵权责任》,载《中国法学》,2011 (2)。但是如后文所述,我国司法实践已经通过注意义务引入了替代责任中的考量因素。

务的行为，采取必要措施则属于责任排除要件。

（一）帮助侵权的构成要件

美国法上的帮助侵权是一种起源于普通法的规则。[①] 所谓帮助侵权，是指行为人知道他人的行为构成侵权而仍然引诱、促成或者给予实质性帮助的行为。[②]

在主观心态方面，帮助侵权人须知道或者有理由知道他人侵权行为的存在。[③] 所谓知道，是一种纯粹的主观标准，即实际知道，是指被控侵权人已经知晓他人侵权行为存在的一种事实状态；有理由知道则引入了一种客观标准，属于推定的知道，即虽然行为人实际上并不知道，但是根据一定的事实，以一个具有平均智力水平的理性人的标准来看，其完全能够认识到他人侵权行为的存在。[④] 如果说实际知道包含某种主观恶意，有理由知道则并不关注帮助行为人是否具有主观恶意。[⑤] 有理由知道考察的是认识因素，至于帮助侵权人是否积极追求或者放任他人的侵权行为，并非其关注的重点。此外，网络服务提供者对网络用户的侵权行为故意视而不见应当视同知道[⑥]，该规则虽然考虑了行为人的意志因素，但其关注的重点依然是认识因素。可见，美国法上的帮助侵权在主观要件方面仅关注帮助侵权人对他人侵权行为的认知状态，并不关注其是否具有主观恶意，这与大陆法系的故意概念不同。

值得强调的是，美国法上帮助侵权的主观要件并不包括应当知道。在美国法上，有理由知道与应当知道是两个完全不同的概念。有理由知道是一种依据特定事实对知道的推定，其本身并不为行为人预设任何认知义务[⑦]；应当知道并不考虑行为人实

[①] See Charles W. Adams, Indirect Infringement from a Tort Law Perspective, 42 *U. Rich. L. Rev.* 635, 636 (2007).

[②] See Gershwin Publ'g Corp. v. Columbia Artists Mgmt., Inc., 443 F. 2d 1159, 1162 (2d Cir. 1971); Inwood Labs., Inc. v. Ives Labs., Inc., 456 U. S. 844, 854 (1982).

[③] See eg., Ellison v. Robertson, 357 F. 3d 1072, 1077 (9th Cir. 2004); Fonovisa, Inc. v. Cherry Auction, Inc., 76 F. 3d 259, 265 (9th Cir. 1996).

[④] Restatement (Second) of Torts § 12 (1965).

[⑤] See Sverker K. Högberg, The Search for Intent-Based Doctrines of Secondary Liability in Copyright Law, 106 *Colum. L. Rev.* 909, 927 (2006).

[⑥] See eg., In re Aimster, 334 F. 3d 643, 650 (7th Cir. 2003); Tiffany v. eBay, 600 F. 3d 93, 109 (2nd Cir. 2010).

[⑦] Restatement (Second) of Torts § 12 (1965) Comment a.

际上是否知道的事实,而是赋予行为人一定的认知义务,违反该种认知义务在本质上则属于过失的范畴。① 两种标准在行为人主观心态的认定方法上有本质区别。排除应当知道表明过失并不属于美国法上帮助侵权主观要件的内容。

在客观行为方面,帮助侵权者须为他人的侵权行为提供实质性的帮助。所谓实质性的帮助,是指它须为引起或者导致他人侵权行为的实质因素。② 尽管网络服务提供者并不直接参与侵权行为,但是离开网络服务提供行为,互联网上大量的侵权行为将难以发生③,网络服务是用户在网络上实施侵权行为的必要条件。因此,网络服务提供者在知道网络用户侵权行为存在时继续为其提供网络服务的行为本身,即构成对侵权行为的实质性帮助。④ 只不过,美国法院通常并不单独对该问题进行讨论,而是假定网络服务提供行为构成帮助。在该前提下,网络服务提供者侵权责任案件的重点主要被放在了对其主观状态的考察上。除单纯地向用户提供网络服务之外,如果网络服务提供者还积极地引诱网络用户从事侵权行为,或者为网络用户的侵权行为提供其他便利条件,则当然需要承担侵权责任。⑤

(二)"避风港"的引入及其影响

"避风港"在美国的引入有其特殊背景。20世纪末,美国法院就网络服务提供者版权侵权的法律基础存在不同意见,有些法院甚至适用版权直接侵权规则处理该类案件。⑥ 为减少法律适用的不确定性,减轻网络服务提供者的版权侵权责任,维护互联网产业的发展,美国国会于1998年颁布了《千年数字版权保护法》。该法针对不同类型的网络服务提供者设定了"避风港"。"避风港"并非从正面对网络服务提供者版权侵权责任的构成要件做出规定,亦非针对帮助侵权而专门设定,而是直接免除网络服务提供者可能构成直接侵权、替代责任或者帮助侵权责任而需承担的损害

---

① See Farmer v. Brennan, 511 U. S. 825, 860 (1994).
② Restatement (Second) of Torts § 876 (1979) Comment b.
③ See eg., Fonovisa, Inc. v. Cherry Auction, Inc., 76 F. 3d 259, 264 (9th Cir. 1996); Tiffany v. eBay, 600 F. 3d 93, 106 (2nd Cir. 2010).
④ See A&M Records, Inc. v. Napster, Inc., 239 F. 3d 1004, 1022 (9th Cir. 2001).
⑤ See Metro-Goldwyn-Mayer Studio Inc. v. Grokster, Ltd., 545 U. S. 913, 936 (2005).
⑥ 参见王迁:《网络环境中的著作权保护研究》,209页,北京,法律出版社,2011。

赔偿责任。① 从实际效果来看，"避风港"基本排除了直接侵权规则在网络服务提供者版权侵权领域的适用，同时在基本上保留间接侵权规则的基础上减轻了网络服务提供者的责任。② 这表明"避风港"中的相关要素与版权间接侵权的构成要件具有一定的契合性。但是二者并非仅仅是简单的对应关系。

在主观心态方面，"避风港"要求网络服务提供者并不实际知道网络用户存在侵权行为，或者没有意识到任何能够显示侵权行为十分明显的事实。③ 关于实际知道，"避风港"与帮助侵权规则的区别仅仅在角度不同，版权人发出的侵权通知是认定网络服务提供者实际知道侵权行为存在的重要方式。④ "避风港"并未采用有理由知道标准，而是规定了所谓的"红旗标准"，即当网络用户的版权侵权行为昭然若揭，以至于一般的理性人均能够感知到时，网络服务提供者不得主张其不知道侵权行为存在而免责。⑤ 与应知相同，"红旗标准"亦采用一种客观标准来认定网络服务提供者的主观状态。⑥ 通过以特定事实为基础推定网络服务提供者是否知道网络用户侵权行为存在，"避风港"免除了网络服务提供者的主动审查义务。⑦ 所不同的是，"红旗标准"仅强调网络用户侵权行为是否明显这一因素，排除了其他可以推定网络服务提供者知道网络用户侵权行为的事实因素，从而压缩了有理由知道的空间，减轻了网络服务提供者的版权侵权责任。⑧

在客观行为方面，"避风港"虽然没有明确网络服务提供者的侵权行为为何，但是却通过规定其适用对象预设了如下前提，即提供网络服务行为本身构成对网络用户版权侵权的实质性帮助。⑨ 同时，"避风港"进一步要求网络服务提供者在知道侵

---

① 《美国版权法》第 512 条（c）、(d) 两款是针对信息存储空间提供者和信息定位提供者责任排除要件的规定，其主要是对金钱救济的限制，对禁令救济的限制则专门规定在第 512 条（j）款。

② See R. Anthony Reese, Relationship between the ISP Safe Harbors and the Ordinary Rules of Copyright Liability, 32 *Colum. J. L. & Arts* 427，429（2008）.

③ 《美国版权法》第 512 条（c）款（1）(A)（i）& (ii) 和（d）款（1）(A) &（B）.

④ 《美国版权法》第 512 条（c）款（1）(C) 和（d）款（3）。通知—删除规则是对实践中处理网络版权侵权问题的惯常做法的规范化和细化，在本质上是一种免责条款。S. Rep. 105-190, at 45（1998）.

⑤⑥ S. Rep. 105-190，at 44（1998）.

⑦ 《美国版权法》第 512 条（m）款（1）.

⑧⑨ 参见 R. Anthony Reese, Relationship between the ISP Safe Harbors and the Ordinary Rules of Copyright Liability, 32 *Colum. J. L. & Arts* 427，429（2008）；崔国斌：《网络服务商共同侵权制度之重塑》，载《法学研究》，2013（4）.

权行为存在时及时采取删除、断开链接等措施，以免除其责任。① 该规定的基本逻辑是，如果网络服务提供者主动中止了为网络用户的特定版权侵权行为提供帮助，帮助行为已经不复存在，侵权责任当然无法成立。然而不再提供网络服务并非仅有采取删除、断开链接等措施一种方法，关闭账户同样能够起到终止提供网络服务的效果，只不过"避风港"并未将其作为免除网络服务提供者赔偿责任的条件，而是将关闭账户作为禁令的内容加以规定。②

"避风港"在减少网络服务提供者版权侵权案件中法律适用的不确定性以及减轻网络服务提供者侵权责任等方面取得了成效，促进了美国互联网产业的发展。③ 但是随着技术的进步和商业模式的发展，"避风港"的僵化性逐渐暴露出来。后续的判例表明，"避风港"的适用受到了一定的限制。例如，网络服务提供者的范围被限制，从而使"避风港"无法适用，引诱侵权规则和替代责任被用于在"避风港"之外追究网络服务提供者版权侵权责任等。④ "避风港"作为一种责任限制规则，并不是要放弃帮助侵权规则。⑤ 如果网络服务提供者不能进入"避风港"，法院仍然可以适用帮助侵权等版权间接侵权规则来判断责任是否成立。⑥ "避风港"作为责任排除规则，远非美国网络服务提供者侵权责任规则的全部，将法律移植的眼光仅仅放在"避风港"上的做法是极为不妥的。

三、 变异发生的逻辑路径

将我国的网络服务提供者侵权责任规则与美国的规则进行对比之后，不难发现

---

① 《美国版权法》第 512 条（c）款（1）(A)（iii）和（d）款（1）(C)。
② 《美国版权法》第 512 条（j）款（1）(A)（ii）。
③ 参见李明德：《美国知识产权法》，2 版，446 页，北京，法律出版社，2014。
④ 关于美国法院在司法实践中如何对"避风港"进行突破的研究，参见崔国斌：《网络服务商共同侵权制度之重塑》，载《法学研究》，2013（4）。
⑤ See In re Aimster Copyright Litig., 334 F. 3d 643, 655 (7th Cir. 2003).
⑥ See Lori L. Jones, The Online Copyright Auction: How High will the Bidding Go?, 2 J. *High Tech. L.* 45 (2003).

两国在网络服务提供者侵权责任的主客观要件的设定方面均存在较大区别。这些不同正是在法律移植过程中发生变异的表现，这些变异影响到了网络服务提供者侵权责任的基本构造，也是理论和实践上诸多争论的重要来源。那么，上述变异是如何发生的呢？

（一）将责任排除规则转换为责任构成要件

我国网络服务提供者侵权责任规则移植的蓝本恰恰是美国版权法上的"避风港"。与美国模式不同，我国将上述规则进行了角度转换，将美国法上的责任排除规则从反面进行表述，进而设定了网络服务提供者侵权责任的构成要件。2000年最高人民法院《关于审理涉及计算机网络著作权纠纷案件适用法律若干问题的解释》即采取了上述观点，明确规定网络服务提供者"明知网络用户通过网络实施侵犯他人著作权的行为，或者经著作权人提出确有证据的警告，但仍不采取移除侵权内容等措施以消除侵权后果的"，构成共同侵权。① 上述规定确立了将"避风港"作为网络服务提供者著作权侵权责任构成要件的基本逻辑。以至于尽管2006年《信息网络传播权保护条例》坚持将"避风港"作为责任排除规则的基本模式②，但是学者仍然坚持在中国的民事责任立法框架下，相关条款应当被看作对责任构成要件的反面表述。③ 2009年《侵权责任法》奠定了网络服务提供者侵权责任的法律基础。该法从责任构成要件的角度对网络服务提供者侵权责任做了专门的规定，并将之扩张适用于所有类型的民事权利保护。其中，第36条第2款规定了"通知—删除"规则；第3款则是中国版的"红旗标准"。④

将责任排除规则转换为责任构成要件的做法，与中美两国法律框架的差异有关，其暗含的则是对二者之间具有的对应和可转换关系的基本认识。但是如前文所

---

① 最高人民法院《关于审理涉及计算机网络著作权纠纷案件适用法律若干问题的解释》第5条。该司法解释现已被废止。
② 参见《信息网络传播权保护条例》第22、23条。第23条后半段并没有坚持责任排除规则的模式，而是从责任构成的角度规定"明知或者应知所链接的作品、表演、录音录像制品侵权的，应当承担共同侵权责任"。
③ 参见王迁：《网络环境中的著作权保护研究》，224页，北京，法律出版社，2011。
④ 参见杨立新：《侵权责任法》，243页，北京，法律出版社，2011。

述，作为责任排除规则的"避风港"与帮助侵权的构成要件之间是存在差异的。这些差异未能得到应有的重视，导致我国网络服务提供者侵权责任构成要件表现出特殊性。首先，权利人通知这种认定网络服务提供者在主观上知道网络用户侵权行为存在的重要方式，在我国被作为责任的构成要件①，导致通知规则成为网络服务提供者侵权责任的一般规则，而知道规则成为例外。② 其次，"红旗标准"中网络用户侵权事实是否明显这一重要的客观因素被省略，仅仅被代之以网络服务提供者是否明知或者应知侵权行为存在这种更为宽泛的主观标准。再次，是否采取必要措施制止侵权发生被作为网络服务提供者侵权责任中的客观行为构成要件看待。在美国模式下原本构成帮助的提供网络服务的行为则被忽视。"网络用户利用网络服务实施侵权行为"的表述，表明网络服务仅仅是网络用户侵权行为发生的条件之一③，网络服务提供者只有因为没有采取措施避免网络用户利用网络服务侵害他人权利，才应当承担责任。④

（二）将有理由知道混同为应当知道

我国网络服务提供者侵权责任的主观心态要件经历了一个变化的过程。2000年最高人民法院《关于审理涉及计算机网络著作权纠纷案件适用法律若干问题的解释》仅采用了明知标准。⑤ 2006年《信息网络传播权保护条例》就搜索链接服务提供者的责任在明知标准以外，首次引入了应知标准⑥；而对于提供信息存储空间的网络服务提供者的主观心态则采用了"有合理理由应当知道"的标准。⑦ 这种表述上的区别导致在如何认识有合理理由应当知道与应知的关系问题上的分歧。争论的焦点并非

---

① 参见杨明：《〈侵权责任法〉第36条释义及其展开》，载《华东政法大学学报》，2010（3）；王竹：《侵权责任法疑难问题专题研究》，41页，北京，中国人民大学出版社，2012。
② 参见张新宝：《侵权责任法》，175页，北京，中国人民大学出版社，2010。
③ 参见《侵权责任法》第36条第2、3款。
④ 参见王利明：《侵权责任法研究》，下卷，137页，北京，中国人民大学出版社，2011。
⑤ 最高人民法院《关于审理涉及计算机网络著作权纠纷案件适用法律若干问题的解释》第5条。该司法解释现已被废止。
⑥ 《信息网络传播权保护条例》第23条。
⑦ 《信息网络传播权保护条例》第22条。

如何认识应知，而是如何解释"有合理理由应当知道"。有人强调"有合理理由"，主张将其解释为美国法上的有理由知道①；主流意见则强调"应当知道"，主张将其解释为应知，理由是对于两类网络服务提供者不应适用不同的主观标准。②《侵权责任法》起草过程中，关于网络服务提供者侵权责任主观要件的争议，已经不涉及是否引入有理由知道标准，而是是否引入应知标准的问题。起初几个版本的草案仅仅采用了明知标准，2009年颁布的《侵权责任法》第 36 条第 3 款却采用了知道标准。根据官方的意见以及后续的司法实践，知道应当包括明知和应知两种状态。③ 自此，明知和应知作为网络服务提供者侵权责任的主观要件得到了确认。

尽管在术语选择上与美国法存在差异，但是在解释应知的含义时，我国学术界和实务界则倾向于认为应知在本质上是一种依据特定事实而推定的知道。④ 这实际上是用美国法上的有理由知道的内涵来解释应知。上述认识可能是由于将"红旗标准"解读为依据客观事实而应当知道侵权行为存在而造成的。⑤ 单纯地以"红旗标准"作为法律移植样本的做法，没能注意到有理由知道与应知在美国法上是完全不同的两个概念的事实。即使认识到了二者的区别，由于立法上已经采用了应知的表述，学者仍然明确地反对采用美国法上应知的含义⑥，主张我国的应知就是一种推定的知道。在司法实践中，亦有法院明确指出，应当知道就是指"虽无证据证明其明确知晓，但依据现有证据可以合理推知链接服务提供者应当知晓被链接网站的传播行为应属于未经权利人许可进行的传播"⑦。可见，坚持将有理由知道放在应当知道的概念之下的做法，起初可能产生于对两个概念的混淆，或对美国法"避风港"中"红

---

① 参见刘家瑞：《论我国网络服务商的避风港规则——兼评"十一大唱片公司诉雅虎案"》，载《知识产权》，2009（2）。
② 参见王迁：《网络环境中的著作权保护研究》，283 页，北京，法律出版社，2011；孔祥俊：《网络著作权保护法律理念与裁判方法》，203 页，北京，中国法制出版社，2015。
③ 参见王胜明主编：《中华人民共和国侵权责任法释义》，194-196 页，北京，法律出版社，2010。
④ 参见吴汉东：《论网络服务提供者的著作权侵权责任》，载《中国法学》，2011（2）；孔祥俊：《网络著作权保护法律理念与裁判方法》，203 页，北京，中国法制出版社，2015。
⑤ 将"红旗标准"解释为应知的典型观点，参见管育鹰：《美国 DMCA 避风港规则适用判例之研究》，载《知识产权》，2013（11）。
⑥ 参见陈锦川：《著作权审判：原理解读与实务指导》，269 页，北京，法律出版社，2014。
⑦ 《阿里云计算有限公司与北京盛世骄阳文化传播有限公司侵害作品信息网络传播权纠纷案》，北京知识产权法院（2015）京知民终字第 2430 号民事判决书。

旗标准"的误读，而后则可能是出于现行法已经采用了应知的标准而不得不采取的权宜之计。

然而，利用有理由知道的含义解释应知概念的做法，虽然在术语变换的情况下坚持了美国模式的实质精神，却面临着被应知概念的固有含义所淹没的危险。在我国，应当知道一般被归入过失的范畴。按照大陆法系侵权法理论，过失是指行为人对特定或者可以特定的损害结果的发生应当预见且具有预见的可能，却未预见的心理欠缺。① 按照这种理解，应知的本意是指因过失而不知。② 在应知概念固有含义的引导下，过失的概念便悄无声息地进入网络服务提供者侵权责任之中。网络服务提供者侵权责任在归责原则方面与一般侵权责任在主观要件方面并无不同，均适用过错原则。网络服务提供者的主观状态既可以是故意，又可以是过失。③ 对网络服务提供者侵权责任的主观要件进行考察的重点也随之发生了转移。

四、变异的后果及其影响

我国网络服务提供者侵权责任在该法律适用的基本逻辑和思考方向上，均与美国模式存在较大差异，最终撼动了帮助侵权作为网络服务提供者侵权责任基础的地位。这些变异产生了实质影响，使我国网络服务提供者侵权责任表现出不同的特点。唯有认识到这种变化，方能发现现有规则和实践的缺陷与不足，亦能在借鉴域外经验的过程中有所鉴别。

（一）从注意义务入手认定主观过失

应知标准引入的过失概念，使得我国网络服务提供者主观状态的认定方式发生了改

---

① 参见程啸：《侵权责任法》，2 版，271 页，北京，法律出版社，2015。
② 参见刘晓海：《〈侵权责任法〉"互联网专条"对网络服务提供者侵犯著作权责任的影响》，载《知识产权》，2011（9）。
③ 参见程啸：《侵权责任法》，448 页，北京，法律出版社，2015；张今：《版权法中私人复制问题研究——从印刷机到互联网》，216 页，北京，中国政法大学出版社，2009。

变。在美国法上，无论是有理由知道还是"红旗标准"，均强调依据特定事实推定网络服务提供者是否知道网络用户侵权行为存在，并不对网络服务提供者科以任何义务。而作为侵权责任主观要件的过失则通常被看作对注意义务的违反①，这是过失客观化的重要表现。以注意义务的违反认定过失的方法，被引入网络服务提供者是否应知网络用户侵权行为存在的判断之中，常见的审判逻辑是考察网络服务提供者是否对网络用户的侵权行为尽到合理的注意义务的，没有尽到注意义务的则认定其主观上具有过错。②

受传统侵权法的影响，对网络服务提供者的注意义务认定亦开始采用善良管理人标准。③ 但是，善良管理人标准是抽象的，我国司法实践逐渐明确了认定网络服务提供者注意义务时应当考虑的主要因素。例如，在网络服务提供者著作权侵权案件中，法院考虑的因素包括网络的特点及网络传播作品的特点、所提供的服务及其行为、所涉及的作品，以及技术现状等。④ 在注意义务概念的引导下，司法实践中网络服务提供者是否构成应知的认定标准变得较为灵活，除了"避风港"中网络用户侵权行为是否显而易见的因素之外，很多其他因素，例如网络服务提供者的经营模式、信息管理能力、是否有反侵权措施以及是否从中获利等，均被纳入考量范围。⑤ 这种宽泛的应知认定标准，不但保留了帮助侵权中的相关因素，还使那些原本属于美国法上的引诱侵权和替代责任的考量因素亦被纳入对注意义务的考察中来。⑥ 以注意义务

---

① 参见王泽鉴：《侵权行为》，241页，北京，北京大学出版社，2009；John C. P. Goldberg, Benjamin C. Zipursky, *Torts*, Oxford University Press, 2001, p. 72.

② 例如，《北京中青文文化传媒有限公司等著作权权属、侵权纠纷案》，北京市高级人民法院（2014）高民终字第2045号民事判决书。根据笔者的初步检索，截至2016年9月底，中国裁判文书网上公布的2009年以来我国各级法院做出的涉及网络服务提供者注意义务的判决书已接近1 500件。

③ 参见吴汉东：《论网络服务提供者的著作权侵权责任》，载《中国法学》，2011（2）；陈锦川：《著作权审判：原理解读与实务指导》，244页，北京，法律出版社，2014。

④ 《浙江泛亚电子商务有限公司与北京百度网讯科技有限公司、百度在线网络技术（北京）有限公司侵犯著作权纠纷案》，最高人民法院（2009）民三终字第2号民事判决书。

⑤ 参见最高人民法院《关于审理侵害信息网络传播权民事纠纷案件适用法律若干问题的规定》第9条至第12条；最高人民法院《关于审理利用信息网络侵害人身权益民事纠纷案件适用法律若干问题的规定》第9、10条。

⑥ 例如，管理能力和经济利益两个标准即是美国法上替代责任关注的重点；而经营模式则为美国法上的引诱侵权规则所关注。参见王迁：《网络环境中的著作权保护研究》，295页，北京，法律出版社，2011。美国法上的替代责任并不以行为人主观上存在过错为要件。将替代责任的构成要件纳入网络服务提供者注意义务的认定，体现了我国现有模式的特殊性。

作为认定应知标准的做法,使我国网络服务提供者侵权责任的主观方面在较大程度上脱离了"红旗标准",从而摆脱了"避风港"的僵化性缺陷。有学者专门指出,过分强调利用"红旗标准"的原有含义来解释应知,反而会限制对网络服务提供者注意义务的认定。①

引入注意义务带来的另外一个显著影响是,对注意义务标准的倚重导致司法实践中对美国模式下免除网络服务提供者审查义务规则的突破。我国在移植"避风港"的过程中亦引入了免除网络服务提供者审查义务的基本原则。② 而注意义务的引入则带来了课以认知义务与免除审查义务之间是否存在矛盾的问题。尽管有学者极力主张审查义务与注意义务存在本质区别③,但是在通过注意义务为网络服务提供者设定某种认知义务的情况下,课以认知义务与免除审查义务之间是存在冲突的。④ 在司法实践中,我国法院没有完全遵循"避风港"中免除网络服务提供者审查义务的思路,而是已经开始沿着注意义务的思路,根据特定案件事实超出"红旗标准"要求网络服务提供者在一定程度上承担审查义务。⑤ 在特定案件中对网络服务者课以审查义务的做法,打破了"避风港"对网络服务提供者侵权责任的严格限制,一定程度上加重了网络服务提供者的侵权责任。

(二) 从作为义务入手考察相关措施的必要性

将是否采取必要措施这一责任排除要件作为网络服务提供者侵权责任的客观构成要件,实际上是课以网络服务提供者一定的法定作为义务。⑥ 网络服务提供者在明

---

① 参见崔国斌:《著作权法:原理与案例》,761页,北京,北京大学出版社,2014。
② 参见最高人民法院《关于审理侵害信息网络传播权民事纠纷案件适用法律若干问题的规定》第8条第2款。
③ 参见王迁:《网络环境中的著作权保护研究》,314页,北京,法律出版社,2011;冯术杰:《论网络服务提供者间接侵权责任的过错形态》,载《中国法学》,2016(4)。
④ 参见徐伟:《网络服务提供者"知道"认定新诠——兼驳网络服务提供者"应知"论》,载《法律科学》,2014(2)。
⑤ 例如,《北京慈文影视制作有限公司与中国网络通信集团公司海南省分公司侵犯著作权纠纷案》,最高人民法院(2009)民提字第17号民事判决书;《阿里云计算有限公司与北京盛世骄阳文化传播有限公司侵害作品信息网络传播权纠纷案》,北京知识产权法院(2015)京知民终字第2430号民事判决书。
⑥ 参见张新宝:《侵权责任法》,172页,北京,中国人民大学出版社,2010;王利明:《侵权责任法研究》,下卷,137页,北京,中国人民大学出版社,2011。

知或者应知网络用户侵权行为存在时未能及时采取必要措施制止侵权发生的,应当承担不作为侵权责任。这种将采取必要措施看作法律课以网络服务提供者作为义务的观点,使网络服务提供者侵权责任关注的客观行为要件不再是提供网络服务的行为,而是转向了事后是否履行了作为义务,即是否采取必要措施制止侵权行为发生。由于现行规则在条文表述上使用了"等"字,表明法律仅仅是列举了可能构成必要措施的情形,对于网络服务提供者采取的具体措施是否必要,法院可以根据案件实际情况进行判断。

遗憾的是,对必要措施的考察并没有引起我国学术界和实务界的足够重视。一般认为,只要网络服务提供者在知道网络用户利用其网络服务从事侵权行为后及时采取删除、屏蔽、断开链接等措施,就不必承担侵权责任。[①] 司法实践中关注更多的是网络服务提供者采取上述措施是否及时的问题。[②] 当然,目前已经有少数法院开始沿着作为义务的逻辑,尝试对必要措施进行审查。典型的例子是,在涉及网络交易平台商标侵权责任的案件中,有法院对淘宝在接到侵权通知后所采取的删除侵权信息措施的实际效果进行了分析,认为商标权人不断地发出侵权通知的事实表明,网络交易平台运营商删除侵权信息的做法已经无法有效地减少网络交易平台上大量商标侵权行为的发生,因此,单纯地删除侵权信息不足以满足采取必要措施的要求。[③] 据此,所谓措施的必要性,不仅需要考察网络服务提供者是否中止了为特定侵权行为提供网络服务,还需要考虑这些措施能否有效地防止未来侵权行为的发生。

与"避风港"中作为免责条件的必要措施相比,在强调网络服务提供者作为义务的情况下,考察其采取的措施是否足以制止侵权发生并且能够有效防止侵权的再次发生,可以起到适当加重网络服务提供者的侵权责任的效果。需要警惕的是,片面地强调措施的有效性则可能导致法院过分关注对权利人的保护,过分加重网络服

---

① 关于我国司法实践中网络服务者商标侵权责任中"避风港"适用的绝对化趋势,参见朱冬:《网络交易平台商标侵权中避风港适用的适用与限制》,载《知识产权》,2016(7)。
② 参见最高人民法院《关于审理侵害信息网络传播权民事纠纷案件适用法律若干问题的规定》第14条。
③ 《衣念(上海)时装贸易有限公司诉浙江淘宝网络有限公司、杜国发侵害商标权纠纷案》,上海市第一中级人民法院(2011)沪一中民五(知)终字第40号民事判决书。

务提供者的责任。就这一点，欧盟法院关于网络交易平台商标侵权责任案件判决中的相关经验可资借鉴：在考察措施的必要性时，除了衡量其能否有效遏制侵权行为发生之外，亦需要结合网络服务提供者的技术能力以及该措施对商业模式的影响进行衡量。① 这样才能使必要措施的认定体现平衡产业利益的政策导向。

从逻辑上讲，我国网络服务提供者侵权责任移植过程中的变异，对法院在司法判决中的法律推理产生了实质性的影响，导致网络服务提供者侵权责任逐步脱离了帮助侵权的基本框架，逐渐地向侵权法上的一般不作为侵权的方向发展。在实际效果上，这些变异使得我国网络服务提供者侵权责任摆脱了"避风港"的僵化性，反而具有了较大的灵活性，为强化网络服务提供者侵权责任提供了空间。这种灵活性的获得是以削弱帮助侵权和"避风港"本应具有的限制网络服务提供者责任的作用为代价的，因此，应当警惕过分强化网络服务提供者侵权责任的危险。

五、结论和启示

网络服务提供者侵权责任的移植和变异，是我国法治现代化进程中英美法具体制度与大陆法传统相互碰撞的又一典型例证。由于对美国模式的认识存在偏差，加之受传统大陆法系思维的影响，我国网络服务提供者侵权责任在法律移植过程中发生了变异。通过将作为责任排除规则的"避风港"转换为责任构成要件，以及将有理由知道替换为应当知道，我国网络服务提供者侵权责任已经脱离了帮助侵权的基本框架。那种继续坚持现有规则建立在帮助侵权模式之上的观点，无疑会陷入名不符实的困境，利用帮助侵权原理说明相关问题或者直接援引美国法上的经验的做法，亦不能有的放矢地解决我国面临的现实问题。我国网络服务者侵权责任已经转向关注网络服务提供者是否履行了适当的注意义务以确定其在主观上是否具有过失，以

---

① See L'Oreal v. eBay, C-324/09（2011）. 欧盟法院重申了"避风港"规则仅适用于损害赔偿领域的观点，并明确指出在网络交易平台商标侵权案件中禁令救济的内容不应仅仅限定于删除侵权信息，还应当包括要求侵权人采取合理措施防止侵权再次发生。欧盟法院要求对禁令的内容进行一定的限制，即要求禁令首先是有效、适当、劝阻性的，其次是不能给合法的交易造成障碍。

及是否采取了必要措施来判断其在客观上是否履行了作为义务。上述变异在造成网络服务提供者侵权责任基本模式和法律推理的基本逻辑变化的同时,冲淡了美国法上"避风港"对其责任的限制,赋予了法院在法律适用过程中更大的灵活性。我国法院在司法实践中已经开始通过强化网络服务提供者的注意义务以及对其制止侵权措施的有效性的考察,适当加重了网络服务提供者的侵权责任。与网络服务提供者侵权责任灵活性相对应的,则是应当警惕毫无限制地强化网络服务提供者侵权责任的倾向。网络服务提供者侵权责任的适用如何能够符合我国经济社会发展状况,有效平衡保护权利和促进互联网产业发展,仍然是我国法院在未来司法实践中无法回避的重大课题。

网络人身权侵权平台责任解析

——从美国《传播风化法》第230条款切入

沈伟伟[①]

今日美国的平台责任体系是一个混合制度,它包括声势渐涨的互联网公司、掌握知识产权的大公司和少数公民权利机构的权力博弈,宪法第一修正案对网络言论自由的有力保障,技术的规制与反规制策略,富于弹性的普通法判例制度,联邦和各州立法机关的民主决策,以及一个相对放任的行政监察体系。而美国《传播风化法》第230条款所确立的"绝对豁免原则",在其生效二十年后,面临着理论上和实务上的双重挑战。在网络人身权侵权方面,我国的平台责任制度设计,应该汲取美国经验,并结合当前的技术水平和商业模式,更好地平衡被侵权人和网络服务提供者之间的权益,将维护公共利益的立法目的落到实处。

近年来,随着我国网络侵权事件的不断发生,关于互联网平台责任的讨论逐步丰富和深入,相应的法律法规和部门规章也陆续出台。现有的关于民事侵权中互联网平台责任的研究,很多是针对著作权、商标权和反不正当竞争等网络财产权侵权。不少研究从保护财产权权利人的角度出发,并以此为互联网平台责任的正当性提供

---

① 沈伟伟,宾夕法尼亚大学法学院法律科学博士候选人。

了有力论证。①

随着互联网的大众化和商业化,与著作权、商标权和反不正当竞争等财产权领域类似,侵犯公民隐私权、名誉权、肖像权、姓名权等人身权的案件数量也迅速增加。较之前者,现行法律在实际运行中的问题与矛盾更加突出。在业界层面,主要的声音和行规来自互联网服务提供者的利益诉求和表达。而网络人身权侵权的受害人,却一直未能在这场权力博弈中有所作为,其权益也未能得到有效保障。在实际案例中,不乏财力殷实、声名显赫的受害人,可以积极寻求公关公司、删帖服务等私力救济;然而,大多数受害人都是普通公众,他们迫于财力、技术能力的限制,只得息事宁人,饱尝私力救济遥不可及、公力救济无门可告的无奈。

目前,学术界和司法界对于网络人身权侵权的互联网平台责任的认定标准,仍然存在不少的争议。其中一种建议是移植美国的平台责任体系,尤其是《传播风化法》第230条款的"绝对豁免原则"。这个被称作美国互联网行业基石的条款,到底具备怎样的历史意义,对此我们需要谨慎评判,但毫无疑问的是,它是各种力量博弈和互联网技术演变的结果,同时也是透视这一博弈和演变过程及其后果的重要线索。因此,本文将美国《传播风化法》第230条款作为一个切入点,梳理互联网人身权保护和平台责任的基本理论问题,对上述建议予以回应。本文从互联网技术沿革对平台责任的影响和比较法视野下的平台责任理论这两个层面,探讨网络人身权侵权的平台责任的制度背景、内在逻辑与正当性基础,希望对思考中国互联网规制的相关问题有所助益。

本文认为,多种历史条件、网络文化和技术政策塑造了当前美国经验背景下的互联网平台责任体系,即以美国《传播风化法》第230条款所规定的"绝对豁免原则"为基准、以"通知—删除"制度的限制性责任制度为例外的责任体系。二十多年来的实践表明,"绝对豁免原则"并不能很好地平衡受害人与网络服务提供者的权益,也引发了越来越多理论和实务上的争议。本文认为,如果把美国的"绝对

---

① 参见刘晓海:《〈侵权责任法〉"互联网专条"对网络服务提供者侵犯著作权责任的影响》,载《知识产权》,2011(9)。

豁免原则"强行移植到中国，不仅会破坏互联网社会的秩序，影响互联网信息服务的健康发展，更会加重少数互联网企业与多数社会公众之间的权力失衡，对业已式微的网络人身权保护产生更为不利的影响，与维护公共利益的立法目的背道而驰。

本文分四个部分。第一部分讨论美国《传播风化法》第230条款的立法背景和实施现状。第二部分梳理美国平台责任的特点。第三部分将讨论提升到理论层面，分析互联网平台责任的内在逻辑与现实挑战，并通过与著作权平台责任制度进行的比较，反思第230条款，辨析人身权侵权平台责任的正当性基础。第四部分总结全文，并尝试结合我国司法实践和互联网技术的特性，厘清我国互联网人身权保护之平台责任的制度意涵。

一、美国《传播风化法》 第230条款的前世今生

二十多年前，美国时任总统克林顿签署了《传播风化法》（Communications Decency Act of 1996），当时没人料想到，这部法案竟然会对互联网平台责任的确定，乃至整个美国互联网行业的发展产生如此大的影响。1996年，互联网在美国已有一定的发展，大量低俗内容充斥其中。从法案的名称我们不难猜出其立法初衷，简言之，就是规制当时充斥互联网的有伤风化的内容，尤其是儿童色情类低俗内容。[①] 整部法案的绝大多数条文，也是围绕此初衷而制定的。然而，"低俗言论"本身并非美国宪法传统中的言论类别，其具体的反低俗规定模糊（Vagueness），导致言论规制过于宽泛，简直是逆宪法第一修正案而行。无怪乎劳伦斯·莱斯格（Lawrence Lessig）

[①] 《传播风化法》最直接的回应对象，就是当时激起很大反响的瑞姆报告（Rimm Report）。See Marty Rimm, Marketing Pornography on the Information Superhighway: A Survey of 917, 410 Images, Descriptions, Short Stories, and Animations Downloaded 8.5 Million Times by Consumers in Over 2000 Cities in Forty Countries, Provinces, and Territories, 83 *Geo. L. J.* 1849 (1995). 基于实证研究，该报告发现当时 Usenet 上 83.5% 的网络图片都属于色情内容。

称之为"极端愚蠢的法案"（A law of extraordinary stupidity）①。

果不其然，《传播风化法》生效不到一年，美国联邦最高法院便在网络言论自由第一案——雷诺诉美国公民自由联盟案②中，以宪法第一修正案之名，驳回大部分的反低俗条款。然而，第230条款却侥幸被保留了下来。

的确，第230条款埋藏在洋洋洒洒的《传播风化法》之中，即便是当时联合提出该条款法案的共和党众议员考克斯与民主党众议员瓦登，恐怕也未能意识到它对未来二十多年美国互联网发展乃至整个全球互联网格局产生的深远影响。

1996年，彼时苹果的乔布斯还在制作《玩具总动员》，维基百科的威尔斯还在运营色情网站，谷歌的佩奇和布林尚未从斯坦福退学，脸书的扎克伯格还在等待他13岁的犹太成年礼。谁能料想二十多年后，他们的公司都成了主宰美国乃至全球互联网的巨擘，其影响力不亚于大多数政府。而对于这一切，第230条款功不可没。有学者指出，第230条款是美国硅谷崛起的核心保障③，极大地促进了互联网行业的创新④，引领互联网走向"诺齐克式"的乌托邦。⑤ 巴尔金教授甚至直呼《传播风化法》为"一部完美的立法"，并强调它极大地推动了互联网文化的发展。⑥ 第230条款最核心的规定便是：当信息由第三方提供时，不得将网络服务提供者视为该信息的出版者（publisher）或发言者（speaker）；同时，对于淫秽、色情、过分暴力、网络骚扰等不当言论，当网络服务提供者对其做出规制或向第三方提供规制技

---

① [美]劳伦斯·莱斯格：《代码2.0》，李旭、沈伟伟译，249页，北京，清华大学出版社，2009。
② 521 U. S. 844 (1997).
③ Anupam Chander, How Law Made Silicon Valley, 63 *Emory L. J.* 639, 650 (2014) (Section 230 "proved central to the rise of the new breed of Silicon Valley enterprise."). Eric Goldman, The Best and Worst Internet Laws, http: //www. informit. com/articles/article. aspx? p=717374 (Apr. 20, 2007).
④ Adam Thierer & John Palfrey, Dialogue: The Future of Online Obscenity and Social Networks, Ars Technica, http: //arstechnica. com/tech-policy/news/2009/03/a-friendly-exchange-about-the-future-of-online-liability. ars (May. 5, 2009).
⑤ Posting of Adam Thierer to The Technology Liberation Front, http: //techliberation. com/2009/01/13/web-20-section-230-and-nozicks-utopia-of-utopias (Jan. 13, 2009) (arguing that "Section 230 has been instrumental in fostering and protecting" the development of Web 2.0).
⑥ See Jack M. Balkin, The Future of Free Expression in a Digital Age, 36 *Pepp. L. Rev.* 427, 434 (2009). (Section 230 "has had enormous consequences for securing the vibrant culture of freedom of expression we have on the Internet today... Section 230 is by no means a perfect piece of legislation; it may be overprotective in some respects and under protective in others. But it has been valuable nevertheless.")

术支持时，免于民事责任。① 为什么这么不起眼的一个条款，会在后来带来如此深远的影响呢？

要回答这个问题，我们有必要对比该法案通过前后的网络平台责任制度。在第230条款颁布之前，美国法院对平台侵权责任的划分，是借由传统的"出版者（publisher）—传播者（distributor）"模式来界定的。② 无论出版的内容是由本机构发表，还是由他人发表，包括报社、出版社、电视台在内的出版者为其所出版的内容负责。③ 比如，在纽约时报诉苏利文案中，联邦最高法院就认定报社对他人发布的广告所承担的责任，等同于其对自行发表的新闻报道所承担的责任。④ 与出版者不同，诸如书店、图书馆、报刊亭等传统的传播者仅仅在"明知或者应知"的情况下，才对自己散播的侵权内容承担责任。⑤

既然法律限制了传播者责任，那么，传播者有没有必要对其传播的内容逐一进行事前审核呢？联邦最高法院在史密斯诉加州案中，给出了否定的答案。⑥ 背后的法理逻辑不难理解：出版者有权决定言论的内容，其理应承担更严格的侵权责任；而传播者对言论的控制能力不足，若要求其过度承担责任，就会导致其对言论的自行限制，因此，对于传播者，应适用相对宽松的侵权责任。

对于网络服务提供者而言，早期的法院判决似乎只需套用此二元模式，换汤不

---

① 英文原文："(1) Treatment of publisher or speaker：No provider or user of an interactive computer service shall be treated as the publisher or speaker of any information provided by another information content provider. (2) Civil liability：No provider or user of an interactive computer service shall be held liable on account of——(A) any action voluntarily taken in good faith to restrict access to or availability of material that the provider or user considers to be obscene, lewd, lascivious, filthy, excessively violent, harassing, or otherwise objectionable, whether or not such material is constitutionally protected；or (B) any action taken to enable or make available to information content providers or others the technical means to restrict access to material described in paragraph (1) . See：47 U. S. C. § 230 (c) ."

② 20世纪中叶，美国法院通过一系列判决，为以电话公司为代表的"通道"（Conduit）提供者确立了免责先例，"通道"提供者属于"出版者（publisher）—传播者（distributor）"之外的特例。

③ 在20世纪下半叶，联邦最高法院通过一系列第一修正案案件，认定报社、出版社、电视台，它们都应以"媒介"（intermediary）而非"发言者"（Speaker）的身份进入言论自由思考领域，而"出版者"便是"媒介"最典型的形式之一。参见左亦鲁：《"基于媒介"模式》，载《北大法律评论》，2012 (2)。

④ N. Y. Times Co. v. Sullivan, 376 U. S. 254, 265-66 (1964).

⑤ Restatement (Second) of Torts § 581 (1977).

⑥ Smith v. California, 361 U. S. 147 (1959).

换药,厘清权责关系并不难。最典型的两个判例是库比案①和斯特顿·奥克蒙案。②

在库比案中,被告 CompuServe 公司来头不小,作为网络服务提供者的开路先锋,它是 20 世纪 80 年代和 90 年代初全球最火爆的网络社区。树大招风,CompuServe 公司因为其用户在其网络论坛上发布诽谤言论,被原告库比一纸诉诸纽约州南区法院。有意思的是,当时 CompuServe 公司出于商业考量,将内容审查和编辑业务外包给了另一家公司。法院便就此一事实,认定 CompuServe 公司对言论没有实际控制权,其功能与图书馆、书店或报刊亭无异,进而将其归类为传播者。由于受现实条件和宪法第一修正案的限制,法律不能强求图书馆、书店或是报刊亭对图书和报纸的内容进行审查和过滤。因而,根据传统"出版者—传播者"模式,法院最终判定,作为传播者的 CompuServe 公司无须承担侵权责任。③

在很长一段时间内,库比案确立的、将网络服务提供者定性为传播者的这一原则,都没有遭到挑战。然而,互联网迅猛的发展最终把我们带到 1995 年的斯特顿·奥克蒙案。正是这个案件,为第 230 条款的横空出世,埋下伏笔。

斯特顿·奥克蒙案的被告 Prodigy 公司是 20 世纪 90 年代初第二大网络服务提供者,规模仅次于前述的 CompuServe 公司。④ 在该案中,一位匿名用户在 Prodigy 公司所提供的网络平台上散布诽谤言论,捏造原告斯特顿·奥克蒙公司的管理层存在证券欺诈行为。这些诽谤言论随后被网民浏览并大规模地传播,最终导致斯特顿·奥克蒙公司的经营业绩在短时间内急速下跌,公司蒙受巨大经济损失。斯特顿·奥克蒙公司要求 Prodigy 公司提供散布谣言的用户信息,遭到被告拒绝,遂诉诸法庭。⑤

然而,这一次法院没有将网络服务提供者定性为图书馆、书店或报刊亭之类的传播者,而是将其定性为出版社、报社之类的出版者。纽约最高法院之所以作出与

---

① Cubby, Inc. v. CompuServe, Inc., 776 F. Supp. 135 (S. D. N. Y. 1991).
② Stratton Oakmont, Inc. v. Prodigy Services Co., 1995 WL 323710 (N. Y. Sup. Ct. 1995).
③ Cubby, Inc. v. CompuServe, Inc., 776 F. Supp. 135 (S. D. N. Y. 1991).
④ Shapiro, Eben. "THE MEDIA BUSINESS; New Features Are Planned By Prodigy", *The New York Times*, September 6, 1990. "Prodigy has become the second-largest and fastest-growing computer-information company since it was introduced in 1988. It has 465,000 subscribers, compared with more than 600,000 for Compuserve Information Services, a unit of H & R Block Inc."
⑤ Stratton Oakmont, Inc. v. Prodigy Services Co., 1995 WL 323710 (N. Y. Sup. Ct. 1995).

库比案截然不同的认定,主要是基于如下事实:Prodigy公司对网络平台上的内容实施了"编辑控制"(Editorial Control)。为了支持这一论证,法院搬出了20世纪70年代联邦最高法院认定新闻出版自由的著名案件——迈阿密先驱报诉托罗尼案。① 在该案中,美国联邦最高法院认定,报社在刊载内容的选择上并不是处于完全被动地位,实际上,报社向来都是主动选择其所刊载的文章、评论和广告。基于Prodigy公司利用技术和人力手段管理其网络平台上的文章和评论,纽约最高法院认为Prodigy公司与传统的报社性质无异,属于出版者,而非仅仅是传播者。在适用出版者责任的情形下,纽约最高法院认定Prodigy公司侵权成立。②

按照纽约最高法院的逻辑,Prodigy公司既然选择履行"编辑控制"职能,就应尽职尽责,如果其网络平台上涉嫌诽谤的帖子未能被及时删除,那么Prodigy公司就应承担责任。换言之,Prodigy公司为了维护其网络平台,耗费人力审核、引进技术过滤,而其承担的法律责任(出版者责任)却比放任无为的其他网络平台(比如CompuServe公司)更重。在网络内容过滤技术和地域屏蔽技术尚未成熟精进的1995年,若按此标准,理性的网络服务提供者很容易选择放弃"编辑控制"职能,将鸵鸟头埋进沙子里,以免被归为Prodigy公司这样的"出版者",承担不必要的法律风险。

正是在这一背景下③,第230条款应运而生。众议员考克斯的国会陈述很好地说明了第230条款的两个立法目的:其一,它规定了"善良的撒玛利亚人法"(Good Samaritan Laws)④,目的是确保网络服务提供者在对平台言论实施积极清理和管制之后,不应被定性为出版者而承担更严苛的侵权责任;其二,它进一步明确联邦政府不针对新兴的互联网行业施加内容管制。⑤

然而,在1996年《传播风化法》通过之初,所有人的目光都聚焦在其反低俗条

---

① Miami Herald Publishing Co. v. Tornillo, 418 U. S. 241, 258.
② 颇具讽刺意味的是,斯特顿·奥克蒙公司在此案发生一年之后便宣告倒闭。公司创始人乔丹·贝尔福特(Jordan Belfort)因证券欺诈罪和洗钱罪锒铛入狱,其在狱中书写的自传《华尔街之狼》,被马丁·斯科西斯搬上荧屏。现在回过头来看,匿名用户在Prodigy网站上所散布的言论,也未必全是捕风捉影。
③ 141 Cong. Rec. H8470(August 4, 1995).
④ 典故出自《新约》。当一个犹太人遭遇抢劫,身负重伤时,祭祀和利未人路过却均未施以援手,而一个善良的撒玛利亚人(犹太人仇敌)救其性命并予以照顾。善良的撒玛利亚人法借此隐喻,特指在紧急状态下,施救者因其无偿的救助行为,应当被免除责任的法律条文。
⑤ 141 Cong. Rec. H8469-8470(August 4, 1995).

款上。第230条款最初也仅仅被解读为是针对互联网服务提供者规制色情内容的一种回应。① 第230条款的平台责任规则，就像一处隐秘的宝藏，而第一次撬开这处宝藏的，便是1997年的泽兰案。②

泽兰案的被告是美国20世纪90年代另一个火爆的网络平台——美国在线公司（American Online，以下简称"AOL"）。1995年4月19日为大多数美国人所铭记，因为这一天发生了"9·11"事件之前、美国本土最为严重的恐怖主义袭击事件——俄克拉荷马城爆炸案。该事件导致近千人伤亡，包括联邦大厦在内的城区多栋建筑被毁。爆炸案仅仅过去六天，AOL的一位匿名用户盗用原告泽兰的身份，在AOL经营的网络社区上兜售一件T恤衫。这件T恤衫上印着有关爆炸案的羞辱性标语，并附上泽兰的个人电话作为卖家联系方式。此举引发了AOL网络社区对泽兰的一致声讨。接下来的一段时间里，泽兰平均每两分钟就接到一个电话，电话的另一端充斥着辱骂和人身威胁的言语。祸不单行，几天后，俄克拉荷马城当地的广播电台未经核实，便转发了AOL上的这则诽谤言论。于是，针对泽兰的电话风暴变本加厉。

无奈之下，泽兰求助AOL，要求其删除其平台上的T恤衫广告链接。AOL作出了简单回应，却并未及时清除其平台上的诽谤言论。于是，泽兰便起诉AOL，理由有三：AOL未及时删除第三方发布的诽谤言论，AOL拒绝公告澄清诽谤言论，AOL未能合理过滤后续的诽谤言论。③ 其中，泽兰提出一个非常中肯的主张，即第230条款仅仅免除了互联网服务提供者作为出版者的责任，而并没有免除互联网服务提供者作为传播者的责任。由于泽兰已经明确告知AOL侵权事实，然而同样的侵权内容还是一再出现在AOL的平台上，因而AOL必须承担起与书店或者报刊亭一样的传播者责任。本案经地区法院审判后，被上诉到了美国联邦第四巡回法院。④

主笔此案法庭意见的哈维·威尔金森（J. Harvie Wilkinson）法官生于纽约，成长在美国南方。他的履历亮点与20世纪80年代美国保守主义复兴的两位重要人物密切相关：1972年法学院毕业之后，他来到联邦最高法院，成为保守派中坚力量鲍威

---

① 141 Cong. Rec. H8469-8470（August 4，1995）．
②③④ Zeran v. America Online, Inc.，129 F. 3d 327（4th Cir. 1997）．

尔法官的助理；1984年，他又被里根总统提名为联邦第四巡回法院法官。[1]上任巡回法院法官之后，威尔金森法官的判决也一直以保守主义色彩浓厚而著称，泽兰案也不例外。

威尔金森法官认为，第230条款立法本意就是要免除网络服务提供者对于第三方内容的责任，将网络服务提供者的责任与传统的出版商责任区分开来。沿着这一思路，威尔金森法官对第230条款进行了扩大解释，拒绝适用传播者责任、将网络服务提供者主观过错作为判断其是否侵权的要件。除了援引第230条款促进互联网发展的立法原则之外，威尔金森法官还继续论述了AOL不应当承担责任的另外两个理由。第一个理由涉及互联网的实际运作。互联网用户众多、言论庞杂。如果众多网民都向网络服务提供者发送删帖请求，而每一个请求都要求网络服务提供者作出仔细而高效的审核，那么网络服务提供者根本无力处理如此海量的请求。换句话说，"通知—删除"这样的制度设计，对于网络服务提供商而言，可谓"不可承受之重"（impossible burden）。第二个理由涉及言论自由。威尔金森法官认为，如果"通知"成为认定标准，那么网络服务提供者为了规避法律风险，势必会在收到通知之后不加区别地执行大面积"删除"，这将会导致"寒蝉效应"（Chilling Effect），给网络言论自由带来威胁。[2]

泽兰案所采用的"三板斧"式分析，也成为后续网络平台责任案件的经典论证模式：首先，认定被告是不是网络服务提供者；其次，认定原告的主张是不是将被告认定为侵权信息的发布者；最后，认定侵权信息是不是由第三方提供。[3] 这个经典论证模式可以衍生出各种变化，只要我们将其中的任意一个环节稍加改动，就可以作出相应判断。比如，第一个要件，被告是不是网络服务提供者。现如今，网络服务提供者的类型之庞杂，已非二十多年前所能想见。以下的一些网络服务提供者，都可以被纳入第230条款的保护范围：个人网站、在线聊天室、网上博客、网络书店、网络交友平台、社交网站、二手交易网站、杀毒软件、搜索引擎等。

---

[1] 关于美国20世纪80年代法律领域的保守主义复兴，See Steven Teles，*The Rise of the Conservative Legal Moment：The Battle for Control of the Law*，Princeton University Press，2012.
[2] Zeran v. America Online，Inc.，129 F. 3d 327（4th Cir. 1997）.
[3] Schneider v. Amazon.com，Inc.，31 P. 3d 37，39（Wash. Ct. App. 2001）.

于是，在如下一些网络侵权的案例中，网络服务提供者到底是否需要承担责任呢？

——不法分子偷拍裸照在网络上散布和兜售。①

——网站或用户转发第三方发布的、含有侵权内容的电子邮件。②

——在线聊天室的群主纵容聊天室内第三方的侵权言论。③

——博主引用道听途说的不实信息，侮辱他人。④

——个人网站捏造、散播诽谤性言论。⑤

——网络书店纵容其买家在商品评论中大放厥词、吐槽作品。⑥

——第三方冒充他人在交友平台上发布交友信息。⑦

——社交网站迟迟未能删除其用户发布的侵权内容⑧，甚至宣扬种族仇杀的内容。⑨

——交友网站监管不力，未成年女子注册使用后，遭遇性骚扰。⑩

——二手交易网站未及时删除其平台上的危险品交易信息。⑪

——拍卖网站的高分卖家销售假冒的明星签名。⑫

——网民在网络聊天室或讨论组散布儿童色情内容。⑬

——杀毒软件过滤和屏蔽第三方软件。⑭

---

① Doe v. GTE Corp., 347 F. 3d 655 (7th Cir. 2003).
② Jane Doe One v. Oliver, 46 Conn. Supp. 406. (Super. Ct. 2000); Batzel v. Smith, 333 F. 3d 1018, 1020 (9th Cir. 2003).
③ Marczeski v. Law, 122 F. Supp. 2d 315 (D. Conn. 2000).
④ Sinclair v. TubeSockTedD, 596 F. Supp. 2d 128 (D. D. C. 2009).
⑤ Jones v. Dirty World Entertainment Recordings, LLC, 755 F. 3d 398 (6th Cir. 2014).
⑥ Schneider v. Amazon. com, Inc., 108 Wash. App. 454 (Wash. Ct. App. 2001).
⑦ Carafano v. Metrosplash. com, Inc., 339 F. 3d 1119, 1121 (9th Cir. 2003).
⑧ Barnes v. Yahoo!, Inc., 570 F. 3d 1096 (9th Cir. 2009).
⑨ Klayman v. Zuckerberg, 753 F. 3d 1354 (D. C. Cir. 2014).
⑩ Doe v. MySpace, Inc., 629 F. Supp. 2d 663 (E. D. Tex. 2009); Doe II v. MySpace Inc., 175 Cal. App. 4th 561 (2d Dist. 2009).
⑪ Gibson v. Craigslist, Inc., 2009 WL 1704355 (S. D. N. Y. 2009).
⑫ Gentry v. eBay, Inc., 99 Cal. App. 4th 816, 121 Cal. Rptr. 2d 703 (4th Dist. 2002).
⑬ Doe v. Bates, 35 Media L. Rep. (BNA) 1435, 2006 WL 3813758 (E. D. Tex. 2006).
⑭ Zango, Inc. v. Kaspersky Lab, Inc., 568 F. 3d 1169 (9th Cir. 2009).

——搜索引擎投放电信诈骗广告，导致用户财物被骗。①

答案都是否定的。泽兰案后的这些鲜活的网络侵权案例，美国法院判决几乎一边倒地站在网络服务提供者这边：网络服务提供者免责。泽兰案就像一把打开了潘多拉魔盒的钥匙，在随后的多个案件中，美国法院（尤其是审理互联网案件最密集的联邦第九巡回法院和加州各地区法院）纷纷援引第230条款以及泽兰案的扩大解释，确立了针对网络服务提供者的"绝对豁免原则"（Absolute Immunity）②。

有原则就有例外，第230条款尚有两处对绝对豁免原则的限制。第一处是第230条款区分了网络服务提供者和网络内容提供者。网络服务提供者在某些情况下，可能会被视为网络内容提供者，从而丧失免责权。

这种情况最具代表性的案例，便是住房平权委员会诉Roommates网站案（以下简称"Roommates案"）。③ 审理此案的是联邦第九巡回法院首席法官亚历克斯·柯辛斯基（Alex Kozinski）。原告住房平权委员会主张，房屋租赁中介网站Roommates要求用户在注册账户时，主动提供性别、性取向、有无子嗣等个人信息，违反了当地住房管理条例中的反歧视条款。Roommates网站援引第230条款抗辩。柯辛斯基法官认为一个网站根据具体侵权事实，可以分饰两角——既可以是网络服务提供者，也可以是网络内容提供商。法院认定，Roommates网站设计个人信息的问卷和问卷答案选项，并将其作为注册账户时的必填项目，这本身就属于提供内容的方式。同时，用户在Roommates网站搜索房源时，Roommates网站根据其偏好输出搜索结果，这些搜索结果也属于Roommates网站提供的内容。因此，就这些内容而言，Roommates网站应当被认定为网络内容提供者，而非网络服务提供者。④ 进而，Roommates网站就这些内容，不能享受第230条款所提供的免责优待。这一判决从某种程度上释放了联邦第九巡回法院意欲加强平台规制的信号。事实上，按照柯辛斯基法

---

① Goddard v. Google, Inc., 2008 WL 5245490（N.D.Cal.2008）（unreported opinion）.

② 截至2016年9月，美国司法系统已经有272份判决援引泽兰案，高居同类案件榜首（历史更长的斯特顿·奥克蒙案也仅有44份引用判决）。

③ Fair Housing Council of San Fernando Valley v. Roommates.Com，LLC，521 F.3d 1157，36 Media L.Rep.（BNA）1545（9th Cir.2008）.

④ 柯辛斯基法官也同时判定，对于Roommates网站上的用户评论，属于第三方提供的内容，因此，Roommates网站就这一部分内容仅仅属于网络服务提供者，享有第230条款所给予的免责优待。

官的标准，网络服务提供者向网络内容提供者的角色转变存在于很多情况下，如果其他美国法院采取这个标准，那么前述不少案件可能会被翻案。

第二处对免责权的限制，是第230条款自身的限制性条款：当本条款与刑法（尤指淫秽内容和儿童色情内容）、知识产权法和1986年《通信隐私法》相抵触时，不适用本条款。① 在实际的案例中，除了刑事案件和著作权案件之外，法院在审理其他各类案件时，至今尚未形成统一的司法裁判规则。② 刑事责任凌驾于绝对豁免原则自不待言。③ 著作权责任压倒绝对豁免原则，主要是得益于1998年美国国会通过的《千禧年数字著作权法》（"Digital Millennium Copyright Act"，以下简称"DMCA"）。DMCA第512条款所规定的"通知—删除"规则，为包括中国在内的全球很多国家和地区的网络著作权规制，提供了范本。

二、美国互联网平台责任的特点

在第230条款的背景下，我们可以梳理一下美国网络侵权之平台责任的几个特点。

首先，美国的平台责任规则对于网络服务提供者和网络内容提供者的区分相对模糊，从现有的判决来看，美国法院更倾向于将平台认定为网络服务提供者。第230条款对于网络服务提供者的定义与欧盟的列举式定义有所不同。欧盟规定的网络服务提供者的受限制免责权，只被赋予提供纯通道、缓存和服务器的网络服务提供者

---

① 47 U.S.C.A. § 230 (e).
② 例如，在原告主张适用1986年《通信隐私法》案件中，美国法院倾向于赋予网络服务提供者免责权。[举例参见：Doe v. GTE Corp., 347 F.3d 655 (7th Cir. 2003)] 其原因有二：第一，1986年《通信隐私法》本身就是刑事责任和民事责任兼备的法案，涉及刑事责任可以直接适用刑事责任条款；第二，1986年《通信隐私法》的规制客体主要是指通信基础设施运营商（如电话运营商、网络接入商等），其民事责任承担标准主要适用于运营商主动实施非法窃听或非法披露个人信息的情况（参见美国联邦最高法院审理的著名案件Bartinicki v. Vopper, 532 U.S. 514），而非像网络服务提供者被动承担第三方的侵权责任。
③ 例如，在人民诉博拉尔特案中，博拉尔特一边运营爆料诽谤"前任"恋人的网站，一边定向收费删除前述爆料内容，左右互搏，不法牟利。美国法院推翻了其根据第230条款的免责权主张，认定其侵权。See People v. Bollaert, 248 Cal. App. 4th 699, 732, 203 Cal. Rptr. 3d 814, 842 (2016).

(mere conduit，caching，and hosting providers)。而在法律条文上，第230条款对于网络服务提供者作出非常宽泛的定义。虽然第230条款的绝对豁免原则针对的仅仅是网络服务提供者，但相对宽泛的定义，给予绝对豁免原则以很大的空间。而在实际的普通法判例中，只要原告主张网络服务提供者施加了过多的"编辑控制"（Editorial Control）或者对内容给予了"实质贡献"（Substantial Contribution），而要求网络平台承担网络内容提供者责任（归责标准适用传统出版商标准），美国法院就大多选择驳回这一主张。也许也只有像柯辛斯基这样特立独行的法官，才敢为人先地判定"设定问卷和选项"和"回馈搜索结果"也属于发表内容，进而认定网络平台不得享受第230条款的豁免。

其次，与欧盟不同，美国法院从泽兰案开始，在解读第230条款时，对于不同类型的网络侵权，给予网络服务提供者较为宽泛的免责权。也正是在此意义上，我们可以看到，美国法院在解读第230条款时，延续了里根时期遗留下的新自由主义传统，融入了对美国互联网行业发展的思考，最终绘制了上述对网络服务提供者相对宽容的规制图景。发生在网络上的包括隐私权、名誉权、肖像权、姓名权等大部分的网络人身权侵权，除非触及刑事红线，网络服务提供者都可以从容地掏出第230条款这一"免责金牌"。而人身权侵权案件中的受害人多为普通网民，他们既缺乏技术能力和对信息的控制能力，又缺乏足够的财力，相较网络服务提供者，其在调查取证方面更是劣势凸显，因此在与网络服务提供者的诉讼中，普通网民很难获得满意的裁判结果。

再次，对于涉及刑事责任、涉及财产权的侵权，美国法律倾向于要求网络服务提供者承担一定责任。对于著作权侵权案件，尤其是对涉及电影作品和音乐作品的侵权案件，DMCA第512条款给予了强有力的保护，超越了第230条款的免责权，适用"通知—删除"规则。换句话说，对于网络著作权侵权案件，美国法律似乎已回归传统出版商责任，对于"明知或者应知"侵权而未采取有效手段"制止"的网络服务提供者，认定其帮助侵权责任。第230条款通过的时间较早，而后续撼动第230条款免责权的，集中在政治游说力量更强的财产权侵权领域，尤其是著作权侵权领域。电影作品集体管理组织和音乐作品集体管理组织早早地在1998年就完成了重要的立法提案（即 DMCA），而商标权所有人也正在通过各种方式，一方面督促司法机关明确网络服务提供者商标侵权责任的定性，另一方面推动与网络服务提供者在网络打假方面的合作。①

也许，就像本文开头叙述的那样，20 世纪的最后 5 年，正是美国互联网产业发展的初期，相关的政治游说团体和强大的利益集团尚处于形成过程中。跨进 21 世纪的门槛后，这些羽翼丰满的互联网公司就开始参与网络领域的诸多决策过程。平台责任的规则制定便是这一进程的"桥头堡"。棋局有"争先"，法律政策游说同样有"争先"。支持网络著作权保护的著作权权利人先下手为强，抢占有利地形，居高临下，以逸待劳。互联网行业处于守势，要攻克被先占的著作权"高地"阻力很大，还时不时要提防著作权权利人的反击。② 在这种相对均势的情势下，有些互联网服务者尝试引入与著作权方合作共赢的模式，比如应用广泛的数字权利管理集技术（Digital Rights Management）。甚至，一些实力比较雄厚的互联网企业采取垂直并购或者打造自主著作权作品，扮演这一商业模式中的双重身份。

然而，相较于著作权侵权的鏖战，互联网行业要守住第 230 条款划出的人身权侵权免责这块领地，要相对容易许多。大部分权利人没有实际能力，也没有固定组织，无法像网络著作权保护一般，保持对互联网行业的均势抗衡。不可否认，联邦贸易委员会（Federal Trade Commission）、联邦通信委员会（Federal Communications Commission）和相关公民权利机构（比如 ACLU、EFF 和 EPIC）在网络隐私权方面作出了不少努力，但这些反击，囿于其他利益集团的阻力和下文要谈到的宪法第一修正案的限制，鲜有成效。现实的图景是，网络人身权侵权状况仍然没有得到有效控制，受害人仍然很难找到行之有效的法律救济方式。③

最后，值得一提的是，美国法院对于第 230 条款的宽泛解读，与美国宪法第一

---

① 对于网络金融谣言，相比于针对普通人的网络谣言的宽松标准，更有着拔高到刑法层面的特殊照顾。

② 为了提升网络著作权保护水平，美国国会在 2011 年先后提出两个议案——《禁止网络盗版法案》和《保护知识产权法案》，此举激发了业已成熟的互联网行业的一次集体反抗，最终这两个法案还未到达参议院便告夭折。See http：//world. huanqiu. com/roll/2012-01/2365736. html，http：//www. nytimes. com/2012/01/18/technology/web-wide-protest-over-two-antipiracy-bills. html.

③ http：//www. pewinternet. org/2014/10/22/part-1-experiencing-online-harassment/.

修正案密切相关。如果说第 230 条款是宽松平台责任的"面子",那么美国宪法第一修正案就是它的"里子"。如果没有宪法第一修正案,第 230 条款就只能是一个虚招,不可能对此后的互联网行业变迁产生重大影响。这里有两层原因。第一层原因较为明显。在美国法院解读第 230 条款时,嵌入了对宪法第一修正案的考量,即要求网络服务提供者承担传统的传播者责任,可能会促使网络服务提供者为规避法律风险而执行严格的审查和过滤,侵犯网民的言论自由权利。第二层原因相对隐晦。相对于美国司法系统的宽松态度,美国立法和行政机构本着公共利益诉求,也不断尝试规制互联网平台内容。可是就像瞄准低俗言论的《传播风化法》一样,很多法案和行政措施尚未真正收到成效,就早早地被宪法第一修正案推翻。比如,《传播风化法》被联邦最高法院裁定违宪后,美国国会卷土重来,于 1998 年颁布《儿童在线保护法》(Child Online Protection Act)。相较《传播风化法》,该法案对低俗言论范围和法案适用对象加以限缩。然而,在阿什克罗夫特诉美国公民自由联盟一案中,该法案在联邦第三巡回法院和最高法院接连受挫,依然没有逃脱被宪法第一修正案狙击的命运。① 而最近美国各州立法机关关于网络言论规制和相关平台责任的一些尝试,在研究宪法第一修正案的学者尤金·沃洛克(Eugene Volokh)看来,也属于直奔第一修正案枪眼的法案。② 可以说,宪法第一修正案对于网络言论自由的有力保护,埋下了美国平台责任规制屡屡受挫的因子。反过来看,宪法第一修正案在打造传统言论自由在网络新世界的连续性的同时,也为立法机关和行政机关规制网络平台提供了基本的格局。在这一格局里,宽泛的、基于内容的(Content-based)的言论规制将很难找到出路,而这类言论,恰恰是网络人身权侵权案件中最常出现的。

上述诸多因素综合在一起,在现实上确立了美国的平台责任制度:普通网络侵权方面适用第 230 条款,在特殊领域(诸如著作权侵权)适用"通知—删除"归责原

---

① Ashcrof tv. American Civil Liberties Union,542 U.S. 656(2004)322 F.3d 240, affirmed and remanded.

② Eugene Volokh, "Utah 'anti-doxxing' bill would outlaw mentioning a person's name online 'with intent to offend'". See https: //www.washingtonpost.com/news/volokh-conspiracy/wp/2016/02/08/utah-anti-doxxing-bill-would-outlaw-mentioning-a-persons-name-online-with-intent-to-offend/? utm_term=.1b25a06d2211.

则。换言之,美国的平台责任制度是以"绝对豁免原则"为基准,以"通知—删除"规则的限制性责任制度为例外。而对于网络人身权侵权,美国法院大多都采取"绝对豁免原则",判定互联网服务提供者免责。

三、结　论

综合上述诸多因素,美国在现实上确立了带有强烈本土特色的互联网平台责任制度；普通网络侵权适用第230条款,在特殊领域(诸如著作权侵权领域)适用"通知—删除"归责原则。换言之,美国的平台责任制度是以"绝对豁免原则"为基准,以"通知—删除"规则的限制性责任制度为例外。

二十多年来的实践表明:"绝对豁免原则"并不能很好地平衡受害人与网络服务提供者的权益,也引发了越来越多理论和实务上的争议。远隔大洋一端的中国,有着不同的技术变革轨迹、法律制度背景和网络文化理念。但站在互联网发展的风口浪尖,中国和美国都面临着类似的平台责任问题。中国应该从美国互联网平台责任规制的经验和教训中,探索出符合自身特色的互联网平台责任制度。

搜索引擎对侵扰性自动提示内容的责任

——兼评北京市第一中级人民法院（2015）一中民终字第09558号民事判决

韩旭至[①]

搜索引擎对侵扰性自动提示内容的责任问题，应分别从搜索引擎的属性与相关内容是否侵权两个方面进行考察。首先，搜索引擎对自动提示内容具有相当的控制力。其主动向用户提供相关内容，基于对自动提示内容的信赖，用户也受相关自动提示的词汇组合的影响、引导。因此，搜索引擎应界定为网络内容提供者而非网络服务提供者，其应对内容具有一般性的审查义务并承担责任。其次，自动提示内容应视为搜索引擎具有语义内涵的表达。相关表达是否针对特定个人，应以作为一般理性人的用户的标准进行判断。其内容是否侵权应以是否符合侵权构成要件进行分析。在涉及个人信息时，应通过对保护的正当性与必要性进行分析来判断相关自动提示内容是否侵权。

[①] 韩旭至，武汉大学法学院民商法学2015级博士研究生。

一、 基本案情及相关问题

近年来,随着搜索引擎自动提示功能的诞生,搜索引擎服务提供商对该基于计算机算法自动生成的特定文字序列组合是否应承担责任、应承担何种责任的问题,在全世界范围内均引起了讨论。通过 2015 年"任甲玉与北京百度网讯科技有限公司名誉权纠纷"一案(以下简称"任甲玉案"),北京市第一中级人民法院(2015)一中民终字第 09558 号民事判决揭示了相关问题。

(一) 案情简介

任甲玉系人力资源管理、企事业管理等管理学领域的从业人员,曾于 2014 年 7 月至 11 月间在无锡陶氏生物科技有限公司从事过相关的教育工作。2015 年 1 月,任甲玉发现通过百度搜索其姓名时,"相关搜索"处将其与"陶氏教育"相连,显示"陶氏教育任甲玉"等内容。2015 年 1 月至 3 月间,任甲玉三次发邮件要求百度公司删除"相关搜索"中的链接。百度公司认为,其没有按照"使用百度前必读"的规定在页面中进行投诉,故未对任甲玉的投诉进行处理。

任甲玉认为,"陶氏教育"在业界口碑不好,在百度上搜索"陶氏教育","相关搜索"处即显示"陶氏教育骗局"等字样。百度"相关搜索"将其姓名与"陶氏教育"相连,对其工作、生活造成影响,并直接导致北京某商贸公司于 2015 年 3 月与其解除劳动合同。

因此,任甲玉向北京市海淀区人民法院起诉百度公司侵犯其姓名权、名誉权及一般人格权中"被遗忘"的权利,主张百度公司应删除相关内容、向其赔礼道歉并进行损害赔偿。

百度公司辩称,"关键词搜索"和"关键词相关搜索",客观体现了网民的搜索状况和互联网信息的客观情况,具有技术中立性和正当合理性。根据搜索引擎的机器算法法则,"相关搜索"是自动的、实时的、动态的。任甲玉此前确与陶氏教育有过现实的业务合作与媒体宣传关系,与任甲玉名字同时出现的"陶氏教育"相关信息,不构成对任甲玉的侮辱或诽谤。另外,本案的关键词本身不具有独立的表达意义。

北京市海淀区人民法院作出(2015)海民初字第17417号民事判决书,驳回任甲玉全部诉讼请求。一审法院认定:百度公司并未针对任甲玉的个人信息在相关搜索词推荐服务中进行特定的人为干预。"相关搜索"内容是广大网络用户检索与"任甲玉"这一词条相关内容的客观反映,也是对任甲玉从事与陶氏相关企业教育工作的历史情况的客观反映,并没有对任甲玉的权利造成侵害。

任甲玉不服,向北京市第一中级人民法院提起上诉。2015年12月9日,北京市第一中级人民法院作出(2015)一中民终字第09558号民事判决书,驳回上诉,维持原判。二审法院认为:首先,搜索栏中"任甲玉"一词是百度搜索引擎经过相关算法的处理过程,显示的客观存在于网络空间的字符组合,并非百度公司针对"任甲玉"这个特定人名的盗用或假冒,百度公司并未侵犯任甲玉的姓名权。其次,相关内容明显不存在对任甲玉进行侮辱的言辞,亦未捏造事实对任甲玉进行诽谤。相关关键词是对特定时间内网络用户所使用的检索词的客观情况的反映,百度公司并不存在主观过错,百度公司并未侵犯任甲玉的名誉权。再次,任甲玉依据一般人格权主张的"被遗忘权"应属一种人格利益,该人格利益若想获得保护,任甲玉必须证明其在本案中的正当性和应予保护的必要性,但任甲玉并不能证明上述正当性和必要性。①

(二)搜索引擎自动提示及其问题

"任甲玉案"为国内由搜索引擎自动提示内容所引发的第一案。该案首次在中国法意义上提出了搜索引擎自动提示功能的责任承担问题。

搜索引擎自动提示来源于搜索引擎智能化的探索。为了更加方便用户搜索,实

---

① 参见北京市第一中级人民法院(2015)一中民终字第09558号民事判决书。

现搜索引擎的智能化，2008年8月谷歌美国率先推出"自动完成"的搜索提示功能。① 谷歌"自动完成"的搜索提示内容是基于个性化、搜索范围、流行度这三个核心因素，经由特定计算机算法对相关内容进行排序后预测得出的。② 其一方面基于那些用户自身曾经在搜索栏中输入的词汇，另一方面又基于普遍用户搜索的大数据采集，根据先前其他用户的搜索内容进行预测。③

2014年，中国最大的搜索引擎百度也推出了与谷歌"自动完成"功能类似的"实时预测功能"。另外，目前百度还有"相关搜索""为你推荐""其他人还搜"等功能。搜索引擎通过这些功能在用户没有完全输入相关内容时，就根据用户的输入内容自动补全、预测、扩展、提示相关搜索词。这些相关关键词即属于本文所称的搜索引擎自动提示内容。

然而，某些自动提示内容带有一定的侵扰性。如搜索一个人名时，自动提示其犯罪、诈骗、卖淫等，由此极易引起误会，导致名誉受损、隐私受侵害。④ 2012年，德国前总统的夫人Bettina Wulff在德国汉堡法院起诉谷歌名誉侵权，正是由于通过谷歌搜索其姓名时会自动提示"Bettina Wulff 三陪女""Bettina Wulff 妓女""红灯区"等关键词。⑤

由于自动提示内容，谷歌在国外已经卷入了不胜枚举的诉讼。通过一些判例，欧美地区关于自动提示内容上搜索引擎的责任也逐渐明晰。在中国，由于一方面百度推出的相关服务时间不长，另一方面百度实行较为严格的审查制度，因而由搜索引擎自动提示内容所引发的诉讼目前仍较为少见。

随着"任甲玉案"等案件的出现，在可预见的将来，我国范围内也必将涌现一

---

① See Michael L. Smith, Search Engine Liability for Autocomplete Defamation: Combating the Power of Suggestion, 2013 *Journal of Law, Technology & Policy* (2013), p. 316.

② See Seema Ghatnekar, Injury By Algorithm, 33 *Loyola of Los Angeles Entertainment Law Review* (2013), p. 180.

③ See Seema Ghatnekar, Injury By Algorithm, 33 *Loyola of Los Angeles Entertainment Law Review* (2013), p. 172.

④ See Stavroula Karapapa, Maurizio Borghi, Search engine liability for autocomplete suggestions: personality, privacy and the power of the algorithm, 23 *International Journal of Law and Information Technology*, (2015), p. 262.

⑤ 该案以和解告终。See Stavroula Karapapa, Maurizio Borghi, Search engine liability for autocomplete suggestions: personality, privacy and the power of the algorithm, 23 *International Journal of Law and Information Technology*, (2015), p. 284.

批自动提示内容所引起的人格权侵权责任纠纷。因此，通过借鉴国外先进经验，结合我国本土特点，探讨"任甲玉案"中所反映的相关法律问题具有积极的意义。

"任甲玉案"判决书具有一定的说理性，法院从搜索引擎对自动提示内容缺乏控制力出发，通过对姓名权、名誉权、一般人格权侵权构成要件的分析，判定百度公司胜诉。然而，法院的相关分析却值得推敲。搜索引擎对这些内容真的缺乏控制力吗？难道计算机算法产生的内容就是客观的？这些提示内容有无误导搜索用户的可能？什么样的字符组合才能被认为是指代特定自然人？自动提示内容是否构成特定表达？什么样的侵扰性内容才具有删除的必要？

归根结底，上述疑问可以归结为以下两个关于搜索引擎对侵扰性自动提示内容的责任问题：第一，对于自动提示内容，搜索引擎应被视为网络服务提供商还是网络内容提供者？第二，哪些自动提示内容属于侵扰性内容应予以删除？

二、搜索引擎的属性及责任

对于网络服务提供者与网络内容提供者分别适用不同的责任规则。前者能享受到"避风港"规则下的责任限制，后者应作为信息发布者承担责任。二者以提供者对于相关内容的控制力作为区分标准。对于自动提示内容，搜索引擎应被视为网络内容提供者。

（一）网络服务提供者与网络内容提供者的区分标准

传统侵权法上，信息的出版者和散布者的责任有别。出版者对信息具有编辑的控制力，如报纸，若向公众展示的信息具有最低的过失便需承担责任。而信息的散布者只是使得信息对其他人而言可获取，如公共图书馆，可能知道也可能不知道信息内容侵权。散布者只有当表明其对不当内容具有确切的认知或者合理地了解不当内容时，才承担责任。[1]

---

[1] See Seema Ghatnekar, Injury By Algorithm, 33 *Loyola of Los Angeles Entertainment Law Review* (2013), p. 185.

在网络侵权中，出版者与散布者的区分则体现为网络服务提供者（ISP）与网络内容提供者（ICP）的区分。所谓网络服务提供者，即无法完全控制信息内容，处于被动地位的服务提供商。如同公路不能决定路面上的车辆是否具有行驶资格一样，网络服务提供者的地位类似于传统信息散布者。而网络内容提供者则完全控制网页上的信息，其地位类似于传统出版者，应对相关信息承担出版者的责任。[①] 对相关信息内容的控制力即二者的区分标准。

对于自动提示内容而言，主要应考察搜索引擎有无能力控制相关自动提示内容，有无能力避开相关侵扰性内容，其对相关内容具有多大的影响力等方面。具体而言，美国法上的"中立工具"与"实质贡献"标准，对搜索引擎控制力的判断具有参考意义。

2002年，美国第九巡回法院通过"Carafano v. Metrosplash.com"一案的判决确立了"中立工具"标准。该案中某人在"matchmaker.com"网站上传了演员Carafano的形象、照片、家庭地址等内容，导致演员受到骚扰。第九巡回法院认为，由于网站自身并没有提供任何信息，只是向用户提供了中立的工具，因而网站应作为网络服务提供者，在"避风港"规则下享有责任限制。[②]

2008年第九巡回法院在"Fair Housing Council v. Roommates.com"一案中进一步提出"实质贡献"标准。该案中，住房平权委员会起诉一家搜索租房信息的网站"Roommates.com"。该网站要求用户披露"性别、性取向、是否带小孩"等信息。此外其还有一个评论区，允许用户评论自己的室友。根据《公平住房法案》，基于性、性取向和父母状态选择房客是违法的。第九巡回法院认为，被告要求用户填写相关信息，对相关材料的非法用途作出实质贡献，因此被告本身可被视为内容提供者而承担责任。至于评论部分，由于被告并无鼓励或要求任何违法内容，并未对这些内容作出实质贡献，因而享有网络服务提供者的责任限制。[③]

美国法上关于"中立工具""实质贡献"的这两起判决在世界范围内影响深远。

[①] 参见邱业伟：《信息网络与民法前沿问题研究》，47-61页，北京，法律出版社，2009。
[②] See CarafanoI, 339 F. 3d at 1124.
[③] See LLC Roommates.com, 521 F. 3d at 1167-68.

在搜索引擎对其提供内容的责任争议中，也常借用这样的标准说明其对相关内容的控制力。如"任甲玉案"中，百度便坚持以"技术中立性"作为主要的抗辩理由，一审判决也以相关自动提示"属于客观、中立、及时的技术平台服务"为由，驳回了任甲玉的诉讼请求。

（二）作为网络服务提供者的搜索引擎

为寻求责任限制，搜索引擎常将其自身定位为网络服务提供者，该定位也常得到司法机关的认可。在"任甲玉案"中，法院即认可百度的抗辩，将其视为网络服务提供者，法院认为"搜索与链接服务只是一种中介服务，目的是方便网络用户搜寻想要的信息，搜索引擎服务的提供者本身并不对所链接的内容进行改动，对信息内容的合法性不负有审查义务"[①]。

在国外，谷歌对于其自动提示内容也声称缺乏完全控制。[②] 谷歌多次指出，相关内容仅仅是根据反映用户搜索的流行度的算法自动得出的，并不表达谷歌的意志。另外，要求主动审查、移除内容对其而言负担过重，并侵犯其信息自由。[③] 因此，自动提示内容时，其应被视为网络服务提供者。

美国学者 Seema Ghatnekar 亦认为，搜索引擎本质上是一个中立的工具。就自动提示内容而言，应归类为"基于算法的再发布者"（Algorithm-Based Republisher），其责任本应介于传统的散布者与出版者之间。由于其对信息发布仍缺乏完全控制，最好将自动提示功能视为中立工具。[④]

国外不少判例亦支持这一观点。在"X c. Google"一案中，意大利米兰某法院指出，即便原告姓名在谷歌自动提示中与"邪教""洗脑""诈骗"自动相连组成搜索

[①] 参见北京市第一中级人民法院（2015）一中民终字第 09558 号民事判决书。

[②] See Seema Ghatnekar, Injury By Algorithm, 33 *Loyola of Los Angeles Entertainment Law Review* (2013)，p. 171.

[③] See Stavroula Karapapa, Maurizio Borghi, Search engine liability for autocomplete suggestions: personality, privacy and the power of the algorithm, 23 *International Journal of Law and Information Technology*，(2015)，p. 275.

[④] See Seema Ghatnekar, Injury By Algorithm, 33 *Loyola of Los Angeles Entertainment Law Review* (2013)，pp. 201-203.

词，也不能将谷歌视为网络内容提供者。法院明确指出，谷歌不应对基于算法生成不受其影响的内容负发布者责任。① 另外，法国法院亦通过"Albert Tanneur Institut & Co c. Google Inc.""Cour de cassation"等案件指出，谷歌不应对自动提示的内容负出版者责任。②

1. "避风港"规则下网络服务提供者的责任限制

搜索引擎在网络服务提供者的定位下享有"避风港"规则的责任限制。网络服务提供者的责任限制源于美国1996年《通信礼仪法》（CDA）第230条的规定。该条第c（1）款规定，"交互计算机服务提供者或用户不应被视为由其他信息内容提供者所提供给的任何内容的出版者或发布者"③。美国1998年《数字千年版权法》（CDMA）第512条更是在知识产权侵权上确立了"避风港"规则，即"通知—删除"责任规则。④ 在世界范围内，"通知—删除"责任规则在司法实战中也被用于网络服务提供商的一般侵权行为之中。⑤ 这一规则亦被我国《侵权责任法》第36条第2款移植到一般侵权情形中。

若将搜索引擎视为自动提示内容的网络服务提供者，其对于相关内容则不具审查义务。根据《侵权责任法》第36条第2款以及2014年最高人民法院《关于审理利用信息网络侵害人身权益民事纠纷案件适用法律若干问题的规定》（以下简称《网络人身侵权司法解释》）的有关规定，即便是自动提示的内容确实违法，也仅仅在收到

---

① X c. Google, Tribunale Ordinario di Milano. See Stavroula Karapapa, Maurizio Borghi, Search engine liability for autocomplete suggestions: personality, privacy and the power of the algorithm, 23 *International Journal of Law and Information Technology*, （2015）, p. 280.

② Albert Tanneur Institut & Co c. Google Inc. See Stavroula Karapapa, Maurizio Borghi, Search engine liability for autocomplete suggestions: personality, privacy and the power of the algorithm, 23 *International Journal of Law and Information Technology*, （2015）, p. 280. Cour de cassation, civile, Chambre commerciale, 29 January 2013, 11-21. 011-11-24. 713. See Corinna Coors, Reputations at Stake: The German Federal Court's Decision concerning Google's Liability · for Autocomplete Suggestions · in the International Context, 5 （2） *Journal of Media Law*, （2013）, p. 328.

③ §230, c （1）, Communications Decency Act.

④ See §512, Digital Millennium Copyright Act.

⑤ See Corinna Coors, Reputations at Stake: The German Federal Court's Decision concerning Google's Liability · for Autocomplete Suggestions · in the International Context, 5 （2） *Journal of Media Law*, （2013）, pp. 326-330.

侵权通知后具有及时删除、屏蔽、断开链接的义务。

"任甲玉案"中，尽管任甲玉三次发邮件要求百度删除相关链接，但百度公司认为由于其没有按照百度规定的程序进行投诉，所以没有进行任何处理。虽然最终法院认定相关内容不构成侵权，百度公司并不承担责任，但是百度对于通知形式的抗辩并不符合相关规定。根据《网络人身侵权司法解释》第5条，只要通知同时包含通知人姓名、联系方式、侵权内容相关信息、要求删除的理由，该通知即为有效的通知。

有学者认为，收到通知只是判断是否违反合理注意义务的一个因素，不能单单以此认定主观过错。① 笔者并不同意这一观点。有效的通知使搜索引擎知悉相关内容涉嫌侵权，由此其对相关内容开始具有审查义务，需要对相关内容是否侵权作出合理判断。若搜索引擎拒不删除相关内容，这些内容将来又被法院判定为侵权，这个判断便成为认定主观过错的依据。同理，《侵权责任法》第36条第2款还要求，网络服务提供商在收到通知后采取必要措施应是及时的。这也是"通知—删除"规则的内在逻辑。收到侵权通知后，搜索引擎即知道了相关侵权事实，本质上也与《侵权责任法》第36条第3款所述的知道不法内容存在而应承担连带责任的网络服务提供者是一致的。

2. 知道侵权事实而未及时采取必要措施的连带责任

关于《侵权责任法》第36条第3款"知道"的含义，曾经众说纷纭。曾有学者认为，该条款所述的"知道"并非"明知或应知"，不应以"应知"课的网络服务提供者审查义务。② 2014年最高人民法院通过公布"蔡继明与百度公司侵害名誉权、肖像权、姓名权、隐私权纠纷案"这一典型案例指出，不宜仅以侵权信息的出现，即认定网络服务提供者知道侵权事实的存在。该案中，海淀区法院一审裁判指出：法律并未课以网络服务商对电子公告服务进行逐一审查的义务，网络服务商仅需对其电子公告平台上发布的涉嫌侵害私人权益的侵权信息承担"事前提示"及"事后监管"的义务，提供权利人方便投诉的渠道并保证该投诉渠道的有效性。③ 同年，

---

① 参见吴伟光：《网络与电子商务法》，90－92页，北京，清华大学出版社，2012。
② 参见吴伟光：《网络与电子商务法》，86页，北京，清华大学出版社，2012。
③ 参见《最高人民法院公布8起利用信息网络侵害人身权益典型案例》，见 http://legal. people. com. cn/n/2014/1009/c42510－25796066. html，2014－10－10。

《网络人身侵权司法解释》第 9 条列举了综合考虑、判断"知道"的七项因素。① 该司法解释的起草者指出,这一规定是为了避免网络服务提供者责任的过轻或过重,相关因素必须综合考虑。②

其中,侵权内容明显与否是一个重要的判断因素。这源于美国知识产权法领域的"红旗规则"。所谓"红旗规则",即某些侵权事实如红旗一样明显,网络服务提供商不能视而不见。美国联邦第二巡回法院曾指出,真实认知表明的是网络服务提供商明知的主观状态,而"红旗规则"下的红旗认知则是对某些客观明显的应被理性人知晓的侵权事实的认知,这种认知推定网络服务提供商应对侵权事实知晓。③ 美国联邦第九巡回法院也指出,"网络服务提供商不能自愿地将头埋在沙子里以避免获得特定认知"④。

参照《网络人身侵权司法解释》第 9 条的规定,当相关自动提示内容明显地具有侵扰性时,搜索引擎应被认定为是知道自动提示内容的。首先,自动提示服务并非一般意义上的电子公告平台服务,自动提示内容是搜索引擎以自动方式对相关信息以推荐、排名、选择、编辑、整理的方式作出处理的。其次,搜索引擎也具备管理这些信息的能力,搜索引擎根据相关法律法规屏蔽色情、暴力等违法犯罪信息的处理,亦表明其具有相应的技术手段。再次,若相关信息涉及个人姓名并将其与"诈骗""卖淫"等明显具有侵扰性的词语进行自动提示,更是具备相当的明显程度。综合这些因素判断,可以认为搜索引擎知道相关侵权内容。

然而,《侵权责任法》第 36 条第 3 款规范的是"网络服务提供者知道网络用户利

---

① 最高人民法院《关于审理利用信息网络侵害人身权益民事纠纷案件适用法律若干问题的规定》第 9 条规定:"人民法院依据侵权责任法第三十六条第三款认定网络服务提供者是否'知道',应当综合考虑下列因素:(一)网络服务提供者是否以人工或者自动方式对侵权网络信息以推荐、排名、选择、编辑、整理、修改等方式作出处理;(二)网络服务提供者应当具备的管理信息的能力,以及所提供服务的性质、方式及其引发侵权的可能性大小;(三)该网络信息侵害人身权益的类型及明显程度;(四)该网络信息的社会影响程度或者一定时间内的浏览量;(五)网络服务提供者采取预防侵权措施的技术可能性及其是否采取了相应的合理措施;(六)网络服务提供者是否针对同一网络用户的重复侵权行为或者同一侵权信息采取了相应的合理措施;(七)与本案相关的其他因素。"

② 参见杨临萍、姚辉、姜强:《〈最高人民法院关于审理利用信息网络侵害人身权益民事纠纷案件适用法律若干问题的规定〉的理解与适用》,载《法律适用》,2014(12)。

③ See Viacom Int'l, Inc. v. YouTube, Inc., 676 F. 3d 19, 30-32 (2d Cir. 2012).

④ See UMG Recordings, Inc. v. Shelter Capital Partners LLC, 718 F. 3d 1006, 1023 (9th Cir. 2013).

用其网络服务侵害他人民事权益"的情形。但自动提示内容与一般的搜索页面链接并不一样，其并非由其他网络用户所提供，而是由搜索引擎自身提供的。用户要搜寻到相关侵权链接还需通过相关关键词进行点击搜索。其实质上起到的是引导、帮助、便于用户搜索到相关侵权内容的作用。因此，当搜索引擎被认定为知道相关自动提示内容侵权时，应直接适用《侵权责任法》第9条第1款关于教唆、帮助侵权的规定。

笔者认为，与其通过上述复杂的法律推理将搜索引擎在某种情形下视为教唆、帮助侵权的网络服务提供商，不如从控制力的判断标准出发，直接将搜索引擎判断为自动提示内容的网络内容提供者更为恰当。

（三）作为网络内容提供者的搜索引擎

谷歌前 CEO Larry Page 曾经声称谷歌是一个"完美的搜索引擎"，"明白你说的是什么并向你准确地反馈你所想要的内容"[①]。搜索引擎自动提示功能本身即旨在"明白你想要说什么"，然后进一步指引。搜索引擎对这些指引、建议具有相当的控制力。搜索引擎应被作为网络内容提供者看待，对相关内容具有同信息最初发表者一致的发表者责任。[②]

1. 搜索引擎应作为网络内容提供者

首先，从搜索引擎的运营上来看，实际上，国内外的搜索引擎均对自动提示内容进行一定的内部控制。以百度为代表的国内搜索引擎常根据我国相关法律法规，对特定搜索内容作出屏蔽处理。其自动提示内容事先已过滤了相关淫秽、色情等违法内容。以谷歌为代表的国外搜索引擎也采用了过滤技术，防止搜索结果和自动提示内容中出现色情、暴力、仇恨言论以及知识产权侵权内容。[③] 不管先前用户搜索统

---

① See Seema Ghatnekar, Injury By Algorithm, 33 *Loyola of Los Angeles Entertainment Law Review* (2013), pp. 171-172.

② See Michael L. Smith, Search Engine Liability for Autocomplete Defamation: Combating the Power of Suggestion, 2013 *Journal of Law, Technology & Policy* (2013), p. 318.

③ See Matthew Bernstein, Searching for More Efficient Piracy Protection, 43 *AIPLA Quarterly Journal* 655 (2015).

计的流行度有多高,谷歌自动提示上绝不会出现"bittorrent"之类的侵害知识产权的非法搜索提示。① 对于搜索引擎而言,关掉自动提示是轻而易举的事情。② 因此,搜索引擎对自动提示内容缺乏控制力的抗辩是无力的。搜索引擎既然能预防自动提示展示特定的组合,即表明其对自动提示内容具有控制力。

其次,从信息论的视角而言,搜索引擎自动提示改变了传统搜索的信息流动模式。传统搜索包括四个信息流动步骤。先是搜索引擎收集信息,然后用户请求搜索,再接着搜索引擎发送搜索结果,最后用户收到相关信息。搜索引擎自动提示则在用户点击请求搜索之前多加一个步骤,使得提示内容在搜索栏中根据先前收集的数据进行提示。③ 这一步骤不是必要的搜索步骤,只是搜索引擎基于其商业考虑决定加速搜索的手段。并且这一提示的内容也并非直接指向相关链接,而是由搜索引擎作出的检索词建议。搜索引擎显然对相关进程具有关键的控制力。

再次,由于相关自动提示内容为搜索引擎主动向用户提供的,搜索引擎已对自动提示内容作出实质贡献,因而无法以中立工具抗辩。搜索引擎自动提示具有使相关内容向其他用户传播的作用。通过自动提示,搜索引擎主动地限缩了搜索,向对相关信息毫无认知的用户主动地提示相关搜索信息。其不仅仅是展示第三方的违法内容,而且是当用户试图搜索合法内容时向用户展示提示性违法信息,不当地扩大了侵权内容的影响。④ 如在德国前总统夫人 Bettina Wulff 的案件中,当用户为了解 Bettina Wulff 而输入其姓名时,谷歌便通过自动提示暗示用户 Bettina Wulff 从事性工作的不实信息。通过自动提示内容,相关侵权信息被搜索引擎主动提供给用户。此时,搜索引擎已变为一个内容提供者。

上述理由也得到了一些国外判例的采纳。如 2011 年意大利米兰某法院在 "AB

---

① See Seema Ghatnekar, Injury By Algorithm, 33 *Loyola of Los Angeles Entertainment Law Review* (2013), pp. 196-197.

② See Frank Pasquale, Reforming the Law of Reputation, 47 *Loyola University Chicago Law Journal* (2015), p. 522.

③ See Seema Ghatnekar, Injury By Algorithm, 33 *Loyola of Los Angeles Entertainment Law Review* (2013), pp. 175-179.

④ See MichaelL. Smith, Search Engine Liability for Autocomplete Defamation: Combating the Power of Suggestion, 2013 *Journal of Law, Technology & Policy* (2013), pp. 326-327.

v. Google"一案中指出,搜索引擎自动提示内容基于客观的计算机算法得出这一抗辩不能成立。相关算法基于用户的搜索习惯等因素是搜索引擎基于商业考虑进行的商业决策。由于相关算法本身便是被搜索引擎发明出来的,其应对自动提示内容负责。①

2. 德国"R.S.案"及其启示

2013年,德国联邦最高法院在"R.S.案"中亦指出,搜索引擎应被界定为自动提示内容的提供者。该案被认为是德国法上关于搜索引擎对侵扰性自动提示内容责任的标志性案例。② 该案中,两名原告分别是R.S.及其创立的一家以其姓名命名的化妆品公司。谷歌自动提示功能将R.S.与"基督教科学派""欺诈"相关联,并且谷歌在收到原告通知后亦没有移除相关内容。2010年原告就该案起诉至科隆地区法院请求损害赔偿。2011年12月原告的诉讼请求被科隆地区法院一审驳回,随后其上诉至科隆高级法院。2012年5月,科隆高级法院二审宣判,亦驳回其全部诉讼请求。2013年5月14日,最终德国联邦最高法院经审理认为,科隆高级法院判决有误,因此判决发回科隆高级法院重审。③ 德国联邦最高法院判决理由大致如下:

首先,即便谷歌并非旨在采取一个针对个人的侵害行动,相关内容只是计算机算法基于用户行为预测产生的,被告的行为本质上也不是纯粹技术性的、自动的和消极的。亦正是由于该算法具有预测功能,用户才得出一个合理预期,认为这些结果具有一定关联性。这些自动提示内容对于用户而言具有信息的含义。用户获得信息受相关自动提示的词汇组合影响、引导,但该词汇组合并不是对客观事实的真实描述,且具有内在的侵犯性的含义。因此,该自动提示内容构成对人格权的侵害。④

同时,谷歌对相关自动提示内容具有控制力。生成相关词汇组合的算法是由谷

---

① AB v Google, Tribunale Ordinario di Milano, 24 March 2011. See Stavroula Karapapa, Maurizio Borghi, Search engine liability for autocomplete suggestions: personality, privacy and the power of the algorithm, 23 *International Journal of Law and Information Technology*, (2015), p.275.

② See German Federal Court of Justice, Liability of search engine operator for autocomplete suggestions that infringe rights of privacy- "Autocomplete" function, 8 (10) *Journal of Intellectual Property Law & Practice* (2013), p.797.

③④ See BGH Case VI ZR 269/12 of 14 May 2013.

歌提供的，谷歌应对其结果负责。因此，该案不能适用《电信媒体法》第10条（即网络服务提供者责任限制条款），应适用《电信媒体法》第7条（对自己所提供的信息负责）的相关规定。①

其次，为了防止责任的无限扩大，必须考虑责任限制的合理性。谷歌不应被认为对其搜索引擎的所有侵害人格权结果承担责任，其没有检查搜索结果是否侵害第三方权利的一般义务。这种义务只能当其意识到存在侵权事实的时候才能被施加。谷歌使用计算机算法进行预测实质上不具可归责性。这种预测被言论自由与商业自由的基本权利价值所保护。预防相关侵害的可能性和合理性是案件归责中非常重要的方面。另外，为了加强对被侵权人的保护，在有可能预防该相关侵害时，搜索引擎具有预防将来类似侵害的义务。该案中，由于在知悉相关内容存在后，谷歌仍没有采取合理的措施去阻止、预防自动提示内容侵害第三方权利，因而具有可归责性。②

总的来说，"R. S. 案"判决明确了搜索引擎对自动提示内容的责任承担为：搜索引擎运营者需采取恰当的预防措施去防止所谓自动提示功能所产生的结果侵犯他人的人格权。运营者知晓相关情况而没有采取相关措施的，以及在将来没有采取预防措施预防类似事件的，需对损害承担责任。③

笔者认为，由于德国法上的人格权立法与理论对我国影响很大，故"R. S. 案"的裁判及其理由对我国相关司法实践具有借鉴意义。

---

① See BGH Case VI ZR 269/12 of 14 May 2013. 《电信媒体法》第7条（一般原则）规定：（1）服务提供者依法对自己所提供的信息负责。（2）本法第8～10条所涉及的服务提供者不负有监控或根据显示有违法行为的情况研究其传输、存储的信息的义务。服务提供者在根据本法第8～10条不负有责任的情况下，仍然负有依法移除或屏蔽违法信息的义务。《电信法》第88条规定的电信秘密应当得到保护。《电信媒体法》第10条规定，信息的存储存在下列情形时，服务提供者对于为使用者存储的他人信息不负有责任：（1）对于违法行为或信息并不知晓，以及在存在损害赔偿请求权时，也并不知晓使违法行为或信息得以显现的事实或情况。（2）一旦得知这一情况，即毫不迟延地采取行动，以移除信息或屏蔽链接。使用者隶属于服务提供者或受其监管的，本款第1句不适用。参见中共中央宣传部政策法规研究室：《国外网络法律文件选编》，北京大学互联网法律中心译，572-573页，北京，学习出版社，2014。

② See BGH Case VI ZR 269/12 of 14 May 2013.

③ See German Federal Court of Justice, Liability of search engine operator for autocomplete suggestions that infringe rights of privacy- "Autocomplete" function, 8 (10) *Journal of Intellectual Property Law & Practice* (2013), p. 797.

第一,虽然对于一般的检索结果而言,搜索引擎原则上无疑应被视为网络服务提供者,但对于自动提示内容而言,应将其视为网络内容提供者。德国联邦最高法院对于搜索引擎地位的论证十分翔实,从搜索引擎的控制力、用户对自动提示内容的预期信赖、自动提示的引导功能几个方面,论证了搜索引擎应被视为自动提示内容的网络内容提供者。反观"任甲玉案"中,一审法院仅仅以相关自动提示内容"非百度公司针对任甲玉主观控制或创造的负面词汇"为由,即判断百度公司提供的是"属于客观、中立、及时的技术平台服务"①,其理由是不充分的。

第二,虽然德国联邦最高法院将搜索引擎界定为网络内容提供者,但其并没有承认搜索引擎对自动提示内容的一般性的审查义务。搜索引擎仅具有一种合理的监督义务,适用"通知—保持删除"的规则。② 不少学者赞同德国联邦最高法院的判定,认为构成发表者责任的前提是有发表的意图以及了解相关发表内容,搜索引擎原则上不应承担这种责任。③ 搜索引擎没有义务去事先检查预测结果,否则快速的搜索将无法实现。④ 然而,笔者并不赞同这一分析。在"通知—删除"规则下,对于网络服务提供者在接到通知进行删除前所造成的损害由直接侵权人即内容上传者承担责任。然而,对于自动提示内容而言,相关内容删除前造成损害的责任由哪一方承担呢?若对于内容提供者也借鉴"通知—删除"规则,这必然形成先前的损害无人负责的结果。由此不仅不恰当地减轻了作为网络内容提供者的搜索引擎的责任,更使权利人先前的损害无法得到弥补。作为内容提供者,对内容具有一般性的审查义务并承担责任是由内容提供的根本属性所决定的。内容提供者不知晓其所提供的内

---

① 参见北京市第一中级人民法院(2015)一中民终字第 09558 号民事判决书。
② 这种"通知—保持删除"规则是对传统"通知—删除"规则的发展,其来源于知识产权领域的司法实践,2012 年法国最高法院在"SNEP vs. Google France"一案中即判定,谷歌自动提示中将原告与"torrent"等非法下载有关的词汇相连,属于侵权。谷歌具有预防或终止类似侵权的义务,其不仅仅要履行"通知—删除"的义务,更要遵循"通知—保持删除"的做法,即在删除相关内容后,仍需采取适当手段预防类似侵权。See John R. Schmertz, Mike Meier, French Supreme Court Rules on Intermediary Liability for Copyright Infringement, 19 *International Law Update* 2(2013).
③ See Seema Ghatnekar, Injury By Algorithm, 33 *Loyola of Los Angeles Entertainment Law Review* (2013), p. 271.
④ See Dieter Dörr, Juliane Stephan, *The Google Autocomplete Function and the German General Right of Personality*, in Dieter Dörr, Russell L. Weaver, Perspectives on Privacy,(De Gruyter, 2014), p. 94.

容，这一论断是不足为据的。

综上所述，在我国相关司法实践中，应将搜索引擎界定为自动提示内容的网络内容提供者，其并不存在适用《侵权责任法》第 36 条的空间，应直接适用《侵权责任法》第 6 条第 1 款关于一般侵权行为的规定。

三、侵扰性内容的判断及"被遗忘权"的影响

自动提示内容属性的判断对是否构成侵权具有重要意义。自动提示内容只有构成特定的表达，搜索引擎才需要对相关侵扰性言论负责。侵扰性言论指的是相关言论含有虚假性、毁损性的信息或涉及个人信息。这些侵扰性言论侵害了相关人格权并造成了相关损害后果。另外，从个人信息权保护的视角而言，搜索引擎应充分尊重个人信息自决权、"被遗忘权"等个人信息权。

（一）构成特定表达的自动提示内容

相关自动提示内容不构成特定表达，是搜索引擎常提出的抗辩理由之一。如在"任甲玉案"中，百度公司辩称："针对本案的关键词，本身不具有独立的表达，例如，陶氏任甲玉，想要知道具体内容一定要点开链接看，不能说看见这个关键词，就认为任甲玉现在陶氏工作"。二审法院亦指出，"'任甲玉'是百度搜索引擎经过相关算法的处理过程后显示的客观存在于网络空间的字符组合"[①]。百度公司这一抗辩及法院裁判的分析其实涉及两个层面的问题：第一是自动提示内容能否被认为是搜索引擎的表达，第二才是相关表达是否指涉特定自然人。

1. 自动提示内容应构成表达

关于自动提示内容是否构成表达，这一问题在国外也多有争议。以涉及谷歌的相关诉讼为例。在面对与自动提示相关的侵权诉讼时，谷歌多次表示，其自动提示功能旨在使搜索更快、更精确、更可重复以及更有利于用户，而不是推行一个表达

[①] 参见北京市第一中级人民法院（2015）一中民终字第 09558 号民事判决书。

样本。① 该抗辩也获得了不少司法判例的支持。法国最高法院在"Pierre B. 案""Lyonnaise de garantie 案"中均认为，谷歌的自动提示不是一种思想表达，其只是一种促进搜索的技术手段。自动提示的搜索建议词本身没有意义且不代表任何判断或意见，仅仅是一个搜索工具。② 在"R. S. 案"中，德国科隆高级法院最初判决驳回原告诉讼请求的关键理由，即相关词组自身并没有观念上的含义。科隆高级法院认为，相关词组并非 R. S. 是一名基督教科学派成员或从事欺诈行为的一个陈述，而是基于用户对搜索引擎的使用而提出的一个答案未定的疑问。③

然而，以搜索引擎对相关内容是否构成表达的立场却是随着案件性质改变的。在面对搜索结果排序和删除的相关诉讼时，谷歌曾多次以言论自由作为抗辩理由并获得美国法院支持。在 2003 年"Search King v. Google"一案中，关于谷歌在搜索结果中恶意地重新排列特定网页，美国法院认定谷歌对搜索结果进行排列属于言论自由的范畴，受美国宪法第一修正案保护。④ 在 2007 年"Langdon v. Google, Yahoo! and Microsoft Corp."一案中，美国法院认为，展示特定搜索结果的自由以及不展示特定搜索结果的自由都是一种受宪法保护的自由。⑤ 可见，所谓不构成特定表达的这一抗辩理由仅仅是搜索引擎为了规避特定责任而作出的。美国学者 Frank Pasquale 将谷歌的这一做法称为"第一修正案机会主义"⑥。

笔者认为，自动提示内容应属于搜索引擎的表达内容。正是因为自动提示内容

---

① See MichaelL. Smith, Search Engine Liability for Autocomplete Defamation: Combating the Power of Suggestion, 2013 *Journal of Law, Technology & Policy* (2013), p. 333.

② Pierre B. /Google Inc (n 5); and Google/Lyonnaise de garantie (n 4). Google/Lyonnaise de garantie (n 4) 5 – 6. See Stavroula Karapapa, Maurizio Borghi, Search engine liability for autocomplete suggestions: personality, privacy and the power of the algorithm, 23 *International Journal of Law and Information Technology*, (2015), p. 278.

③ GRUR-RR 2012, 486, and ZUM 2012, 987. See German Federal Court of Justice, Liability of search engine operator for autocomplete suggestions that infringe rights of privacy- "Autocomplete" function, 8 (10) *Journal of Intellectual Property Law & Practice* (2013), p. 797.

④ See Search King, Inc. v Google Technology, Inc., Inc No 02-1457, 2003 (WD Oklahoma, 27 May 2003).

⑤ See Langdon v Google, Yahoo! and Microsoft Corp., 474 F Supp 2d 622 (D Del 2007).

⑥ Frank Pasquale, Reforming the Law of Reputation, 47 *Loyola University Chicago Law Journal* (2015), p. 524.

是计算机算法根据先前用户数据分析得出的,这使用户认为搜索词和建议词之间具有真实的联系。因此,自动提示内容应被认为是一个具有特定含义的表达内容。① 诚如德国联邦最高法院在"R.S.案"中所陈述,是否构成表达并非取决于作者的主观意图,也不受影响者的主观感受影响,而是要从一个公正的、合理的读者的角度考察相关内容的客观含义。该案中,谷歌将 R.S 的姓名与"基督教科学派""欺诈"关联,暗示两者之间具有联系。一般互联网用户并不会将这种联系理解为犯罪,但是至少会认为原告涉及一种在道德上值得谴责或违法的行为。该自动提示的内容具有一种准确的观念上的含义,应被视为谷歌的陈述。②

2. 相关表达是否指涉特定自然人的判断标准

由于自动提示内容较短,并不在一个较大的网页或文章语境中展示相关信息,这使原告往往难以论证相关表达是针对其本人而言的。③ 在"Guy Hingston v. Google Inc."一案中,一名叫 Guy Hingston 的医生在谷歌中搜索其名字时发现自动提示 Guy Hingston 破产。然而,实际上其从未破产,该信息导致其客户流失。美国法院认为,"网络用户应该知悉搜索中的名字可能是其他同名的人的信息。另一个同名人破产是合理的不该被拒绝的信息"④。

2014 年最高人民法院在公布的典型案例"范冰冰与毕成功、贵州易赛德文化传媒有限公司侵犯名誉权纠纷案"(以下简称"范冰冰案")中指出,对于相关表达是否指涉特定自然人应从信息接收者的角度判断,该判断标准"实质性地把握了损害后果、损害后果与侵权信息之间的因果关系"。该案中,毕成功通过微博转发一则关于章子怡的负面报道,并评论该报道是"Miss F"组织实施的。易赛德公司根据该微博内容刊登关于影星范冰冰的负面报道。北京市朝阳区人民法院和北京市第二中级人民法院认为:"在一定情况下,毁损性陈述有可能隐含在表面陈述中(即影射)。

---

① See Dieter Dörr, Juliane Stephan, *The Google Autocomplete Function and the German General Right of Personality*, in Dieter Dörr, Russell L. Weaver, Perspectives on Privacy, (De Gruyter, 2014), p. 88.

② See BGH Case VI ZR 269/12 of 14 May 2013.

③ See MichaelL. Smith, Search Engine Liability for Autocomplete Defamation: Combating the Power of Suggestion, 2013 *Journal of Law, Technology & Policy* (2013), p319.

④ Guy Hingston v Google Inc. US District Court, SACV 12-02202 JST(AN x).

这时并不要求毁损性陈述指名道姓,只要原告证明在特定情况下,具有特定知识背景的人有理由相信该陈述针对的对象是原告即可。"法院根据该微博的时间、背景、评论认定"Miss F"所指的就是影星范冰冰,遂判决毕成功和易赛德公司赔礼道歉并赔偿精神抚慰金。①

笔者赞同"范冰冰案"中信息接收者的判断标准。相关表达是否针对特定个人,应以作为一般理性人的用户的标准进行判断。若用户合理地认为相关提示内容是指示、引导、暗示关于特定个人的有关事实的,则该自动提示内容应构成针对特定个人的表达。

一般来说,相关公众人物或与行业相关的知名人士的姓名较易判断。以百度为例,通过百度检索相关词组后,百度会根据该检索词在右侧栏目中提示"相关网站""相关地名"或"相关人名"。另外,搜索具有一定社会影响或知名度的人名时,搜索结果的第一栏通常为"百度百科"的相关人名词条。相关自动提示内容是否指代特定个人,应结合"相关人名""百度百科"等搜索引擎自身提供的其他内容进行判断。尤其是百度的"相关人名"功能,其实质上已承认检索栏上出现的人名不是字符的无意义组合,而是有意义的,并且很可能指代与"相关人名"栏目中出现的姓名相关的特定个人。

具体到"任甲玉案",根据百度页面现存内容,已难以对"任甲玉"一词是否特指作出判断。笔者通过百度检索"任甲玉"一词后发现,目前关于"任甲玉"的"相关搜索""相关人名"等链接已被百度屏蔽,但搜索页面第一页的搜索结果均指向"任甲玉案"原告本人。②

(二)具体人格权中受保护的内容

自动提示内容有无造成不法损害还应从人格权的相关规定中考察。具体人格权

---

① 参见《最高人民法院公布 8 起利用信息网络侵害人身权益典型案例[5]》,见 http://legal.people.com.cn/n2014/1009/c42510-25796066-5.html,2014-10-10。

② 参见百度搜索"任甲玉"结果页,见 https://www.baidu.com/s?ie=utf-8&f=8&rsv_bp=0&rsv_idx=1&tn=baidu&wd=%E4%BB%BB%E7%94%B2%E7%8E%89&rsv_pq=a226685700017fe3&rsv_t=c988UoFkQxaPtd22ZQyp6mUxzXCyaQ85mK6QYmPp3bnV1CPy8i%2FwgXW%2FPy0&rsv_enter=1&rsv_sug3=8&rsv_sug1=8&rsv_sug7=100&rsv_sug2=0&inputT=1394&rsv_sug4=1395&rsv_sug=1,2016-03-11。

可分为物质性人格权、标表性人格权、评价性人格权、自由性人格权。其中，侵扰性自动提示内容只可能侵害评价性人格权中的名誉权与自由性人格权中的隐私权。

1. 自动提示不可能侵害物质性人格权与标表性人格权

自动提示内容作为一种言论表达，是无法对自然人的生命、健康、身体、肖像等客体构成侵害的。另外，也不能认为自动提示内容指涉了特定自然人的姓名就是侵害了其姓名权。姓名权是指自然人决定、使用和依照规定改变自己的姓名，并维护其姓名利益的具体人格权。① 涉及姓名的自动提示内容是一个"姓名＋关键词"的词组，这样一个词组不可能侵害姓名权。

在"任甲玉案"中，法院关于自动提示不可能构成干涉姓名权行使、拒不使用他人姓名、故意混同他人姓名的判断是正确的。值得辨析的是，二审法院以"任甲玉"是经算法得出的字符组合为由，判定并无针对特定姓名的盗用或假冒。② 所谓盗用、假冒指的是未经他人同意以该人名义进行活动以及冒名顶替的行为。③ 因此，即便自动提示能指涉特定个人，也没有任何理由认为自动提示的词组足以构成盗用、假冒行为。

2. 侵犯名誉权的自动提示内容

这是指特定自然人的自动提示内容若与客观事实不符，具有侮辱、诽谤性质的，便涉嫌对自然人名誉权的侵害。是否构成侵权，取决于其是否符合侵害名誉权的构成要件。

在国外，谷歌自动提示所涉及的人格权侵权诉讼中，几乎所有的起诉者均诉称谷歌自动提示内容侵害其名誉权。④ 在"任甲玉案"中，任甲玉也主张百度自动提示内容侵害其名誉权。该案中，法院认为，自动提示"陶氏教育"不具有侮辱、诽谤性质，仅仅是任甲玉个人在主观评价上认为该内容不妥，并不符合名誉侵权构成要件。⑤ 法院该项判决理由符合《民法通则》第101条以及最高人民法院关于审理名誉权案件两个司法解释中对名誉侵权构成要件的有关规定。名誉权保护的是自然人所

---

① 参见杨立新：《人格权法》，177 页，北京，法律出版社，2015。
② 参见北京市第一中级人民法院（2015）一中民终字第 09558 号民事判决书。
③ 参见杨立新：《人格权法》，180 页，北京，法律出版社，2015。
④ See Seema Ghatnekar, Injury By Algorithm, 33 *Loyola of Los Angeles Entertainment Law Review* (2013), p. 174.
⑤ 参见北京市第一中级人民法院（2015）一中民终字第 09558 号民事判决书。

获的社会评价,只有以不当方式造成权利方社会评价降低方可构成名誉侵权。

值得注意的是,将相关自动提示内容理解为陈述或者疑问,将直接影响名誉侵权是否构成。诚如王泽鉴教授所指,名誉权侵权中应区分事实陈述与意见表达。对事实的不实陈述可能侵害名誉权,但正常的意见表达即便存在错误也属于言论自由所保护的范畴。发问、推测或推论便属于意见表达的一种。① 若将自动提示内容视为一个疑问,则无法认为其侵害了名誉权。前述"X c. Google"案米兰某法院的判决以及"R. S. 案"德国科隆高级法院的最初判决均否定相关自动提示内容构成侵权,并认为自动提示的词组并不是一个陈述,而应被认为是一个疑问。②

笔者认为,自动提示内容应被视为一个陈述而非疑问。相关表达要构成一个疑问,应在表达形式上明显地使人知悉是在发问。搜索引擎通过自动提示发出疑问,是一般用户所难以想象的。诚如德国联邦最高法院在"R. S案"的判决中所指,自动提示内容还影响、引导着用户,让用户误以为特定自然人与相关贬损性事实具有联系。③因此,若相关自动提示内容不符合客观事实,造成特定自然人社会评价降低,便侵害了特定自然人的名誉权。

3. 侵犯隐私权的自动提示内容

传统上,我国隐私权理论认为,"个人隐私为个人私生活中不愿公开的私密空间"④。我国司法实践中,隐私一般被认为是阴私或其他会导致他人名誉受损的私密信息,私密性是隐私的根本属性。自动提示内容为计算机算法根据先前用户搜索数据统计分析作出。即便自动提示内容涉及相关自然人私生活信息,这些信息也必然

---

① 参见王泽鉴:《人格权法:法释义学、比较法、案例研究》,158 页,北京,北京大学出版社,2013。

② X c. Google, Tribunale Ordinario di Milano. See Stavroula Karapapa, Maurizio Borghi, Search engine liability for autocomplete suggestions: personality, privacy and the power of the algorithm, 23 *International Journal of Law and Information Technology*, (2015), p. 280. GRUR-RR 2012, 486, and ZUM 2012, 987. See German Federal Court of Justice, Liability of search engine operator for autocomplete suggestions that infringe rights of privacy-"Autocomplete" function, 8 (10) *Journal of Intellectual Property Law & Practice* (2013), p. 798.

③ See Frank Pasquale, Reforming the Law of Reputation, 47 *Loyola University Chicago Law Journal* (2015), p. 522.

④ 参见尹田:《民法典总则之理论与立法研究》,330 页,北京,法律出版社,2010。

是大量存在于网络公开环境之中。原则上，传播已为不特定公众所知悉的信息，是无法构成隐私侵权的。

然而，根据《网络人身侵权司法解释》第12条，法院应将"基因信息、病历资料、健康检查资料、犯罪记录、家庭住址、私人活动等"视为个人隐私加以保护，同时也保护"其他个人信息"。该司法解释通过将个人信息权益解释为受隐私权所保护的内容，赋予了隐私权更广的内涵和外延。

从个人信息保护的角度而言，并不以信息具有私密性为前提。隐私权制度的重点在于保密，而个人信息权的重点则在于信息的控制与利用。① 因此，自动提示内容涉及个人信息时，权利人可依《网络人身侵权司法解释》第12条的有关规定通过隐私权寻求救济。

（三）"被遗忘权"：由一般人格权到个人信息权

在"任甲玉案"中，任甲玉的主张之一即自动提示内容侵害其一般人格权中的"被遗忘权"。② "被遗忘权"源于欧盟的相关立法及司法实践，应属个人信息权的一部分。在我国欠缺相关个人信息权立法的今天，应通过对保护的正当性与必要性进行分析，从一般人格权的民事权益保护视角考察相关自动提示内容是否侵权。

1. "被遗忘权"及其影响

"被遗忘权"的概念及相关问题首先在欧盟法层面被提出。2012年欧盟对数据保护体制进行改革，《通用数据保护条例》草案（GDPR）第17条即为"被遗忘权和删除权"。③ 2014年3月，欧盟议会对该草案进行局部修正，将第17条修正为"删除权"。④ 2014年5月，欧洲法院就备受关注的"谷歌诉西班牙数据保护局案"（Google Spain SL, Google Inc. v. Agencia Española de Protección de Datos，以下简称"被遗忘

---

① 参见王利明：《隐私权概念的再界定》，载《法学家》，2012（1）。
② 参见北京市第一中级人民法院（2015）一中民终字第09558号民事判决书。
③ See Proposal for a Regulation of the European Parliament and of the Council, (General Data Protection Regulation) 2012/0011(COD), https://polcms.secure.europarl.europa.eu/cmsdata/upload/01597b70-59c3-43f3-bcbd-93c719e41773/att_20130508ATT65776-5185875040188538204.pdf, 2015-11-15.
④ See Protection of individuals with regard to the processing of personal data, http://www.europarl.europa.eu/sides/getDoc.do?type=TA&reference=P7-TA-2014-0212&format=XML&language=EN, 2015-11-15.

权案")作出预先裁决,在司法领域内回应了"被遗忘权"的相关问题。

"被遗忘权案"源于2010年冈萨雷斯向西班牙数据保护局投诉称,当他在谷歌通过其姓名进行搜索时,搜索结果中包含了一条其曾于1998年因拖欠社会保险费而导致不动产拍卖的链接。他认为该信息应该"被遗忘",并要求删除或不再显示这些信息。西班牙数据保护局作出决定,要求谷歌采取必要的手段从其搜索结果中撤除相关数据。谷歌对该决定不服遂向西班牙高等法院提起诉讼,西班牙高等法院将该案提交欧洲法院。经审理,欧洲法院在1995年《数据保护指令》(95/46/EC)的基础上作出裁决指出:搜索引擎应被视为个人信息的控制者;在处理相关个人信息时,"即便信息在最初处理信息时是合法的,随着时间的流逝,信息也会变得与《数据保护指令》不相容,在各种情形下,数据的出现将可能是不恰当的、不相干的、不再相关的或超出其最初处理目的(inadequate, irrelevant or no longer relevant, excessive)";"如果基于一个人名字的搜索结果包括存在问题的个人信息的相关链接,数据主体可以要求搜索引擎经营者予以删除"[1]。

由此可见,"被遗忘权"是在个人信息保护的基础上提出的,属于个人信息权的一部分,其指的是数据主体要求删除相关网上个人信息的请求权。相关个人信息是否应"被遗忘"是一个利益平衡的问题。其中,时间是判断数据可进入性和使用的重要因素,信息随着时间的流逝可能变得脱离语境、扭曲、过时和不再真实。[2] 另外,表达自由、商业自由、公众人物、新闻用途、公共健康、历史、统计和科学研究等,也是"被遗忘权"利益平衡中的重要砝码。

个人信息权,是指本人依法对其个人信息所享有的支配、控制并排除他人侵害

---

[1] Court of Justice of the European Union, PRESS RELEASE No 70/14, Judgment in Case C-131/12 Google Spain SL, Google Inc. v Agencia Española de Protección de Datos, http://curia.europa.eu/jcms/upload/docs/application/pdf/2014-05/cp140070en.pdf, 2015-11-15.

[2] See Paulan Korenhof, Jef Ausloos, Ivan Szekely, Meg Ambrose, Giovanni Sartor, and Ronald Leenes, Timing the Right to Be Forgotten: A Study into "Time" as a Factor in Deciding About Retention or Erasure of Data, in Serge Gutwirth, Ronald Leenes, Paul de Hert, Reforming European Data Protection Law, 172 (Springer Science+Business Media Dordrecht, 2015).

的人格权。① 人格权是一个不断发展的权利范畴。随着数字时代的发展，个人信息权中的人格利益与财产利益均日益凸显。从范围上看，一切能识别特定自然人的信息均属于个人信息。从内容上看，与传统意义上的人格权不同，个人信息权既有消极的权能，亦有积极的权能。参照《数据保护指令》的相关规定，数据主体应具有知情权、进入权、修改权、反对权、删除权、不受完全自动化决定约束权等权利。② 其中，"被遗忘权"即为"删除权"的体现。

"被遗忘权"及个人信息保护权的视角，对搜索引擎自动提示是否侵权的判断有着重要影响。诚如英国学者Stavroula Karapapa所指，"被遗忘权案"对自动提示的影响是显而易见的。若搜索引擎能被视作个人信息控制者，提示信息经相关计算机算法运算的过程无疑也属于个人信息处理过程。个人信息权保护的规定对搜索引擎自动提示也同样适用。③

搜索引擎在处理相关个人信息时，必须尊重个人信息权，未经权利人同意或具有合法理由，不得对相关个人信息进行处理，更不得公开、泄露个人信息。并且，当信息的出现是不恰当的、不相干的、不再相关的或超出其最初处理目的的时候，个人有权要求搜索引擎删除或屏蔽相关信息。

2. 以一般人格权为视角

个人信息权系由一般人格权发展而来的。德国著名法学家拉伦茨曾经指出，德国1977年《联邦资料保护法》等立法中所赋予个人的同意权、知悉权、消除权等个人信息权利，就是一般人格权在法律中的具体化表现。④ 1983年德国联邦宪法法院在"人口普查案"的经典判决中指出："在现代资料处理之条件下，应保护每个人之个人资料免遭无限制之收集、储存、运用、传递，此系《基本法》第1条第1款（一般人格权）及《基本法》第2条第1项（人性尊严）保护范围。该基本人权保障每个

---

① 参见齐爱民：《拯救信息社会中的人格——个人信息保护法总论》，137页，北京，北京大学出版社，2009。
② 参见刘德良：《论个人信息的财产权保护》，55页，北京，人民法院出版社，2008。
③ See Stavroula Karapapa, Maurizio Borghi, Search engine liability for autocomplete suggestions: personality, privacy and the power of the algorithm, 23 *International Journal of Law and Information Technology*, (2015), p.282.
④ 参见［德］卡尔·拉伦茨：《德国民法通论》，王晓晔等译，171页，北京，法律出版社，2003。

人原则上有权自行决定其个人资料之交付与使用。"① 德国联邦宪法法院在该案中正式提出了"个人信息自决权"（a right to informational self-determination）的概念，认为个人原则上有能力决定其个人信息的披露或使用。② 自此以后，个人信息权的权能逐渐丰富，在权利属性上也愈显独立性。2000年，《欧洲基本权利宪章》第8条更是明确将个人信息权规定为基本权利。③

然而，在国内民事立法层面，仍缺乏明确将个人信息权界定为具体人格权的国家。同时，不少学者仍认为，个人信息权应属于一般人格权的范畴。马俊驹教授曾经指出，"个人资料所体现的利益是人格尊严、人性自由、人身完整等基本利益，属于一般人格权范畴"④。

在"R.S.案"中，德国联邦最高法院即认为相关自动提示侵害的是原告的一般人格权。⑤ 历史上，德国联邦宪法法院通过对德国《基本法》第1条第1款（保护人格尊严）以及第2条第1款（保护个人自由）的解释发展出一般人格权的概念。德国联邦宪法法院发展出的一般人格权包括保护人格尊严、肖像权、个人信息自决权、重新融入社会的权利等几个部分。其中，对一般人格权的保护并非绝对的。法院必须进行利益衡量，合乎比例的干涉并不必然违法。在民事司法裁判上，应优先适用《德国民法典》第823条第1款关于一般侵权行为的规定。⑥

我国目前仍缺乏个人信息保护的相关民事立法，"被遗忘权"问题应通过对保护的正当性与必要性进行分析，从一般人格权的民事权益保护视角考察相关自动提示内容是否侵权。在法律适用上，应适用《侵权责任法》第2条第2款人格权保护的规定和《侵权责任法》第6条第1款关于一般侵权行为的规定进行判断。在"任甲玉

---

① Bundesverfassungsgericht［BVerfBE］(Federal Constitutional Court)，Nov. 15，1983. 转引自李震山：《电脑处理个人资料保护法之回顾与前瞻》，载《中正大学法学刊集》，2000（14）。
② 参见郭瑜：《个人数据保护法研究》，87页，北京，北京大学出版社，2012。
③ See Charter of Fundamental Rights of the European Union（2000/C 364/01）.
④ 马俊驹：《个人资料保护与一般人格权（代序）》，载齐爱民主编：《个人资料保护法原理及其跨国流通法律问题研究》，1页，武汉，武汉大学出版社，2004。
⑤ See BGH Case VI ZR 269/12 of 14 May 2013.
⑥ See Dieter Dörr, Juliane Stephan, *The Google Autocomplete Function and the German General Right of Personality*, in Dieter Dörr, Russell L. Weaver, Perspectives on Privacy，(De Gruyter, 2014)，p83.

案"中,一审及二审法院便是据此对任甲玉的"被遗忘"请求展开分析的。①

笔者认为,在"任甲玉案"中,法院关于"被遗忘权"的分析是恰当的。"被遗忘权"的相关判例与理论提出的是,相关信息经过一段较长的时间后变得不再恰当而需要被删除。该案中,任甲玉要求删除的是其半年前任职并曾公开宣传的工作经历,显然与"被遗忘权"大不相符。也诚如一审法院所指,任甲玉在"陶氏教育"任职的工作经历虽然确实属于其个人信息,但"涉诉工作经历信息是任甲玉最近发生的情况,其目前仍在企业管理教育行业工作,该信息正是其行业经历的组成部分,与其目前的个人行业资信具有直接的相关性及时效性"②。因此,相关删除请求不具有受保护的正当性与必要性。

四、总　结

搜索引擎被称为"互联网新的关键点"③。其作为广大互联网用户获取资讯的窗口,在今天的影响绝不亚于 20 世纪 90 年代的电视、报纸。④ 截至 2014 年年底,中国网民规模已达 6.5 亿人,其中搜索引擎用户规模即达 5.22 亿人。⑤ 随着大数据时代的到来,搜索引擎对人们日常生活的影响将不断加深,其自动提示可能带来的侵权问题不容忽视。该问题需分别从搜索引擎的属性与相关内容是否侵权两个方面进行回答。

一是从搜索引擎的属性来看,为寻求责任限制,搜索引擎常将其自身定位为网络服务提供者;然而,从控制力的判断标准出发,就自动提示内容而言,应将其界定为网络内容提供者。首先,其能对自动提示内容进行内部控制,预防自动提示内

---

① 参见北京市第一中级人民法院（2015）一中民终字第 09558 号民事判决书。
② 北京市第一中级人民法院（2015）一中民终字第 09558 号民事判决书。
③ James Grimmelmann, The Structure of Search Engine Law, 93 *IOWA Law Review* 3 (2007).
④ See Frank Pasquale, Reforming the Law of Reputation, 47 *Loyola University Chicago Law Journal* (2015), p. 526.
⑤ 参见中华人民共和国国务院新闻办公室：《2014 年中国人权事业的进展》,北京,人民出版社,2015。

容展示特定的词语组合。其次,其改变了传统搜索的信息流动模式,在用户搜索前主动向用户提示相关内容。另外,这种自动提示具有向用户展示、传播特定信息的作用。因此,搜索引擎是自动提示内容的提供者,其并不存在适用《侵权责任法》第 36 条的空间,应直接适用《侵权责任法》第 6 条第 1 款关于一般侵权行为的规定。

二是对于相关内容是否侵权应做以下分析:首先,从一个理性的用户的视角来看,自动提示并非仅仅是字符的堆砌,其表达了一定内容,至少有合理理由相信搜索词与建议词之间存在一定联系。因此,自动提示内容应被视为搜索引擎具有语义内涵的表达。若用户合理地认为相关提示内容是指示、引导、暗示关于特定个人的有关事实的,该自动提示内容即为针对特定个人的表达。其次,侵扰性自动提示有可能侵害名誉权与隐私权,是否侵权应以是否符合侵权构成要件进行分析。另外,涉及个人信息时,搜索引擎必须尊重个人信息权。所谓"被遗忘权"即属于个人信息权的一部分。当下,我国欠缺相关个人信息权立法,应通过对保护的正当性与必要性进行分析,从一般人格权的民事权益保护视角,考察相关自动提示内容是否侵害个人信息权益。

网络平台中立行为行政责任的司法认定

——兼论对当前司法民刑两极回应模式的检讨

黄美容　张文友[①]

　　为应对逐渐严峻的网络安全威胁，我国对网络平台进行严格的行政规制。民事领域"管理式"立法和刑事领域"情绪化"立法，导致平台行政责任模糊不清，呈现出向民刑入侵且无边界约束的司法现状。司法的民刑两极化推演，使大量针对网络平台规制的行政行为未得到司法回应，导致司法审查功能失效。当下有关网络平台中立行为的行政规制出现异化，政府通过扩大平台责任和模糊规制界限，使监管机关遁于幕后，而背离技术规则的义务更是加重了平台负担，限制网络经济的发展。行政诉讼的缺位，使平台及用户都丧失了通过行政诉讼评价监管政策及决定合法性的机会。为实现网络安全的规制目的，需要进行行政义务与民事义务的法理剥离，保持刑法谦抑性，明确中立行为行政责任来源，即政府第三方义务责任机制的构建和社会责任的法律化。重视行政诉讼在网络规制体系中的重要性，补足司法的短板。通过司法裁判适用比例原则来有效阻止行政权僭越滋生的状态，避免网络创新与行政规制的冲突。

[①] 黄美容，湖南麻阳人，麻阳苗族自治县人民法院书记员。张文友，湖南芷江人，麻阳苗族自治县人民法院院党组书记。

引 言

在互联网 2.0 时代,网络服务的法律责任扩展至网络平台。网络平台在丰富民众生活的同时,引发了一系列的伦理和法律问题。大量人肉搜索、名誉侵权、个人信息泄露在网络平台上轮番上演。为保障网络安全,政府要求平台对其行为不加区分地承担类政府责任。立法呈"重秩序、轻创新、重管制、轻保护"的现状,司法实践的民刑两极化推演模式使行政诉讼呈"沙漏罗马柱"状态,明显与大量的行政规制态势不符。当前涉及网络平台责任的立法及司法实践仍存在不少盲点,因而需要对司法回应模式是否合理做进一步探讨。

一、民刑两极化的司法回应模式

为应对逐渐严峻的网络安全威胁,近年来我国开始制定、实施网络安全战略,从立法、司法、行政多个角度净化网络环境,逐渐形成司法民刑两极化推演模式。如表1所示,司法民刑两极化推演模式表现为,涉网络平台民事侵权案呈井喷态势,刑事立法将民事违法行为不断引入刑法制裁领域,而大量针对网络平台行为进行规制的行政行为却未得到司法回应。行政诉讼在网络平台规制体系中处于"沙漏罗马柱"的尴尬境地,这一方面源于权利人畏于公权力的强压,另一方面源于立法过于追求刑法一元化,导致司法审查功能失效。

表1 有关网络规制的法律回应

	实 体		诉 讼
民事	1.《侵权责任法》第36条;	民事诉讼	1. 最高人民法院《关于审理涉及计算机网络著作权纠纷案件适用法律若干问题的解释(2004年修正)》(失效);

续前表

	实　体		诉　讼
民事	2.《著作权法》； 3.《广告法》	民事诉讼	2.《最高人民法院副院长熊选国在"2007国际版权论坛"上的发言——为网络版权保护营造法治环境》； 3. 最高人民法院《关于审理侵害信息网络传播权民事纠纷案件适用法律若干问题的规定》； 4. 最高人民法院《关于审理利用信息网络侵害人身权益民事纠纷案件适用法律若干问题的规定》； 5. 最高人民法院《关于贯彻实施国家知识产权战略若干问题的意见》
行政	1.《信息网络传播权保护条例（2013修订）》； 2.《互联网信息服务管理办法》； 3. 中央网络安全和信息化领导小组办公室、国家质量监督检验检疫总局、国家标准化管理委员会《关于加强国家网络安全标准化工作的若干意见》	行政诉讼	无
刑事	《刑法修正案（九）》	刑事诉讼	1. 最高人民法院、最高人民检察院《关于办理利用信息网络实施诽谤等刑事案件适用法律若干问题的解释》； 2. 最高人民法院、最高人民检察院《关于执行〈中华人民共和国刑法〉确定罪名的补充规定（六）》； 3. 最高人民法院、最高人民检察院、公安部《关于办理网络犯罪案件适用刑事诉讼程序若干问题的意见》

我国于2000年才开启互联网立法大门，在2009年的《侵权责任法》中才确定网络服务提供者的侵权责任，2010年，政府启动"剑网行动"，鼓励民众选择法律工具进行维权。2010年作为分水岭，网络服务提供者民事侵权案件呈井喷态势，仅2015年全年已达1 070件，与网络平台有关的案件数为589件。① 其中典型案例有赵某强

---

① 信息来源于中国裁判文书网的统计数据。

与温州市仙人球文化传媒有限公司网络侵权责任纠纷一案①,该案基本案情为原告被侵权人在被告网站上恶意诽谤,在被告删除、断开链接后,原告要求被告提供侵权人网络地址及个人信息,最终法官裁判被告向原告披露侵权人网络地址及信息。而在上海岛戈宠物公司诉大众点评网名誉侵权案中②,被告网站未删除评论,法官仍依据《侵权责任法》的"避风港"规则认为平台无须承担侵权责任。通过分析法官裁判思路和裁判依据可知,虽然侵权责任法对网络平台侵权责任进行了规定,但适用条件与判断标准并不明确,导致同案不同判的情况较多。民事侵权案的井喷态势,也可能是"管理式"立法不足的体现。

为加大网络秩序规制力度,我国在《刑法修正案(九)》中增设拒不履行信息网络安全管理义务罪、非法利用信息网络罪和帮助信息网络犯罪活动罪,加大了网络安全刑事保护力度。针对以上立法,学界阐述了不同的见解。有学者认为此举弥补了刑事法网不严、责任认定失位的缺陷,是实现网络平台帮助行为刑事制裁体系科学化的必然选择。③ 但同样有学者提出,这是情绪化立法的典型,这种突破违法相对论的立法观念,导致刑法自洽性削弱,过于追求违法一元论,使行政违法的司法回应在规制体系中的生存空间被压制和遗忘。④ 立法的自信所对应的是实践中对网络服务提供行为入罪的乏例可陈,司法机关的观望心态凸显了困惑,即对民刑界限的标准不知如何把握。

2016年是"剑网行动"执行的第六个年头,政府每年都会进行打击成果阶段性展示。而通过笔者在"中国裁判文书网"及北大法宝数据库中对裁判文书的检索查询,除快播对2.6亿元天价罚款不服起诉深圳市市场监督管理局行政违法一案外,无其他案件可供参考。与行政机关庞大的网络规制成果性数据形成鲜明对比的是,网络平台并未选择利用司法救济手段表达不满,颇令人困惑。可见,一方面因为网络平台的"相对优势地位"使其备受舆论关注,其怯于与公权力强劲的规制力度对

---

① 参见温州市乐清市人民法院(2015)温乐民初字第159号民事判决书。
② 参见上海市第一中级人民法院(2016)沪01民终5468号民事判决书。
③ 参见于志刚:《网络空间中犯罪帮助行为的制裁体系与完善思路》,载《中国法学》,2016(2)。
④ 参见孙万怀:《违法相对性理论的崩溃——对刑法前置化立法倾向的一种批评》,载《政治与法律》,2016(3)。

抗，而最终选择妥协，放弃司法救济；另一方面令人担忧的原因是，网络平台承担更多的监管责任，使监管部门循于幕后，监管部门的责任被弱化，用户也丧失了通过行政诉讼评价监管政策和决定合法性的机会。

目前网络中立行为规制的法律困境在于司法割裂式两极单轨回应，各领域缺乏有效衔接和行政诉讼缺位。而行政诉讼在网络规制体系中被重视，将有利于明确网络平台中立行为的行政责任。司法实践才是对立法与执法的最好回应，而缺乏司法对抗的行政权力只会处于没有边界把控的僭越滋生状态。目前政府过于强调结果的执法方式，反迫网络平台不计成本地自律，反映出行政诉讼缺位的负面效果。

二、 网络平台中立行为行政规制的异化

风险重生的网络时代，在极端事件的推波助澜下，政府视网络违法犯罪如洪水猛兽，不除不快。而网络平台所起的"关键性"连接作用，更让政府认为"中立帮助"行为的危害性已经超越侵权行为本身。对中立行为作用的过度阐释导致行政规制的异化，影响私权自由。

（一）扩张平台责任

随着公众要求整饬网络环境呼声的增大，政府再借民粹情绪重走"沉疴用猛药"的治理思路，对网络平台进行责任扩张，让其代替自身对海量信息进行审查，以减轻监管压力。从表2可知，散见各法的规定对网络平台施加了原则性、主动性的监管义务，概括论述便是，如果平台"发现"或"明知或应知"平台内容违法时，需要采取行动予以处理，否则面临行政处罚。这些原则性规定经过行政部门的解释，成为要求平台承担主动监控义务的内容。政府将网络平台作为执法目标，源于此举可节约对海量用户监控所花费的巨额成本，同时通过责任机制简便地转移监管责任，也极具诱惑。

表 2　与提供网络服务有关的立法一览表

序号	法规名称	生效时间	制定主体	法规内容简列
1	《互联网信息服务管理办法》	2000.9.25	国务院	第14条:"从事新闻、出版以及电子公告等服务项目的互联网信息服务提供者,应当记录提供的信息内容及其发布时间、互联网地址或者域名;互联网接入服务提供者应当记录上网用户的上网时间、用户账号、互联网地址或者域名、主叫电话号码等信息。 互联网信息服务提供者和互联网接入服务提供者的记录备份应当保存60日,并在国家有关机关依法查询时,予以提供。"
2	《信息网络传播权保护条例》	2013.3.1	国务院	第23条:"网络服务提供者为服务对象提供搜索或者链接服务,在接到权利人的通知书后,根据本条例规定断开与侵权的作品、表演、录音录像制品的链接的,不承担赔偿责任;但是,明知或者应知所链接的作品、表演、录音录像制品侵权的,应当承担共同侵权责任。"
3	《规范互联网信息服务市场秩序若干规定》	2012.3.15	工业和信息化部	第14条:"互联网信息服务提供者应当以显著的方式公布有效联系方式,接受用户及其他互联网信息服务提供者的投诉,并自接到投诉之日起十五日内作出答复。"
4	《侵权责任法》	2010.7.1	全国人民代表大会常务委员会	第36条:"网络用户、网络服务提供者利用网络侵害他人民事权益的,应当承担侵权责任。 网络用户利用网络服务实施侵权行为的,被侵权人有权通知网络服务提供者采取删除、屏蔽、断开链接等必要措施。网络服务提供者接到通知后未及时采取必要措施的,对损害的扩大部分与该网络用户承担连带责任。 网络服务提供者知道网络用户利用其网络服务侵害他人民事权益,未采取必要措施的,与该网络用户承担连带责任。"

续前表

序号	法规名称	生效时间	制定主体	法规内容简列
5	全国人民代表大会常务委员会《关于加强网络信息保护的决定》	2012.12.28	全国人民代表大会常务委员会	第5条:"网络服务提供者应当加强对其用户发布的信息的管理,发现法律、法规禁止发布或者传输的信息的,应当立即停止传输该信息,采取消除等处置措施,保存有关记录,并向有关主管部门报告。"
6	《刑法修正案(九)》	2015.11.1	全国人民代表大会常务委员会	第28条:"在刑法第二百八十六条后增加一条,作为第二百八十六条之一:网络服务提供者不履行法律、行政法规规定的信息网络安全管理义务,经监管部门责令采取改正措施而拒不改正,有下列情形之一的,处三年以下有期徒刑、拘役或者管制,并处或者单处罚金: (一)致使违法信息大量传播的; (二)致使用户信息泄露,造成严重后果的; (三)致使刑事案件证据灭失,情节严重的; (四)有其他严重情节的。 单位犯前款罪的,对单位判处罚金,并对其直接负责的主管人员和其他直接责任人员,依照前款的规定处罚。 有前两款行为,同时构成其他犯罪的,依照处罚较重的规定定罪处罚。"
7	《互联网广告管理暂行办法》	2016.9.1	国家工商行政管理总局	第11条:"为广告主或者广告经营者推送或者展示互联网广告,并能够核对广告内容、决定广告发布的自然人、法人或者其他组织,是互联网广告的发布者。"

但网络平台的行政责任并不明确,同时对义务履行的边界没有限制,存在法理上的困惑。政府的粗放式管理是建立在不对平台行为进行性质区分的基础上,这导致中立行为被包含在非中立行为中而遭受处罚。我国类似《信息网络传播权保护条例》所确定的"通知—删除"规则与《侵权责任法》的"避风港"规则"红旗规则"并不一致。"避风港"规则的实质是免责条款,"红旗规则"是其例外,主要用于判定网络平台的主观过错,一旦符合便无法适用"避风港"规则。而类似的行政规定将其转变为归责条款,加之适用条件及判断标准不明确,增加了网络平台的法律义

务。一系列的规定使平台的行政责任进一步强化,如国务院要求的对网络信息进行记录备份和保存60日;国家工商行政管理局将网络服务提供者责任导向广告发布者责任等。这些附加的强制性法律义务,不仅弱化了监管部门的责任,更可能诱发平台侵犯公民言论自由事件。

(二) 模糊规制界限

平台行为复杂多样,用户可通过平台进行信息的交流与共享,同时平台自身亦可提供内容用于营利。有学者指出,因中立行为的日常属性,将其纳入法律处罚范畴,将会导致网络秩序的瘫痪。[①] 以百度为例,通过图1对比可知,百度自然搜索的原理是服务商通过爬虫程序把信息所在的网址抓贴在自己的服务器上,然后根据搜索请求将用户导向信息所在的网址进行访问。[②] 而竞价排名是服务商通过特意干预排名将用户导向特定信息所在的网址。对比两种行为,自然搜索属于引导资源交换的中立行为,竞价排名则利用技术优势影响搜索结果,其中立性不复存在。区分两种行为的关键在于技术功能使用的主观干预,中立行为无人为干预,所起的是客观性帮助作用,而无主观意识参与。

根据权利义务相一致原则,行为区分有利于权利义务的划分,以及避免责任结果"一刀切"。而当前行政规制以管理为中心,模糊规制的边界,不进行行为区分或者区分并不明确,这就方便了监管部门选择性执法。因魏则西事件受网民广泛关注,相关部门成立的联合调查组进驻百度公司,对此事件进行调查并依法处理。类似"管理式"执法和"平息式"执法并不少见,如"饿了么"因平台商家违法而被食药监部门处罚,监管部门的管制并未对行为进行区分。

(三) 背离技术规则

政府通过强化网络平台的行政责任,以维护网络秩序。但网络平台是否处于最佳监管位置和能否达到监控效果?用户面对平台的审查管控,如何寻求法律保障?

---

① 参见孙万怀、郑梦凌:《中立的帮助行为》,载《法学》,2016 (1)。
② 参见杨青松:《爬虫技术在互联网领域的应用探索》,载《电脑知识与技术》,2016 (15)。

自然搜索：

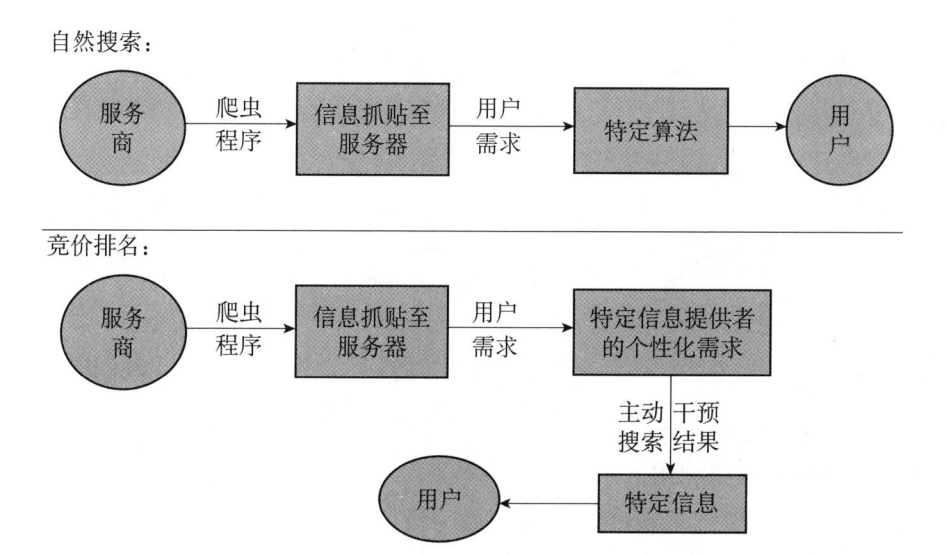

```
服务商 --爬虫程序--> 信息抓贴至服务器 --用户需求--> 特定算法 --> 用户
```

竞价排名：

```
服务商 --爬虫程序--> 信息抓贴至服务器 --用户需求--> 特定信息提供者的个性化需求
                                                    |主动搜索 干预结果
                                                    ↓
用户 <-- 特定信息
```

图 1　中立行为与非中立行为的举例分析

政府对自己的治理思路又如何担保？以上问题都需要进一步探讨。

网络服务提供行为带有明显技术属性，并不能完全以传统违法犯罪理论加以阐述。域外网络规制的立法与实务对行为进行区分，如美国《电信法》采用二元分类方式，将提供交换与传输的功能定义为基本服务，其余则为加值服务，加值服务才受政府管制。[①] 德国法规定，从传输接入服务到缓存服务，再到内容提供，其承担的责任逐渐加重，免责条件也逐渐严格。[②] 以上立法出发点为，中立行为与非中立行为相比，缺乏事先接触和事前甄别的机会，要求两者承担相同的法律责任，明显有违法律公平。[③]

让网络平台承担网络数据的审查义务，容易走向形式审查，远离实质审查，严密的信息过滤实则侵害合法信息的生存空间。如图 2 所示，对违法的判定，并非简单的技术性行为，而是在复杂的高度情景化模式下的合法性判断，网络平台无法满

[①] See Telecommunications Act of 1996，Pub. LA. No. 104-104，110 Stat. 56，codified in 47 U.S.C. 157（1996）.

[②] 参见王华伟：《网络服务提供者的刑法责任比较研究——功能性类型区分之提倡》，载《环球法律评论》，2016（4）。

[③] 参见刘文杰：《网络服务提供者的安全保障义务》，载《中外法学》，2012（2）。

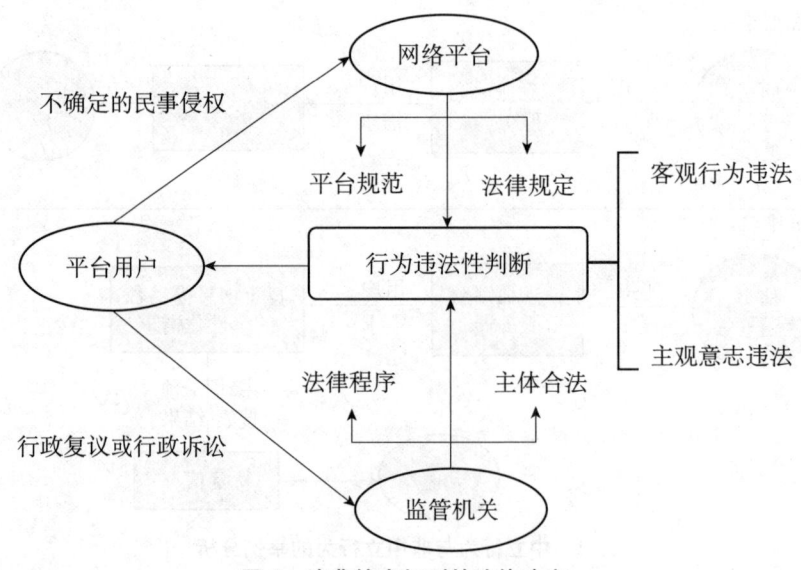

图 2　违背技术规则的法律冲突

足该种判断需求。又因网络平台在前承担了监管责任，行政部门在后进行二次把控，用户就无法适用行政诉讼这一司法救济途径来维权，同样，行政机关也卸除了接受法律监督的"枷锁"。面对平台侵权案件，司法裁判的难度增加。因平台监管以法律规定和平台规范为准，无须满足行政机关执法所具备的实体与程序的基本要求，所以用户本可获得的正当程序保护被弱化。

三、中立行为行政责任的出发点：是否具备可罚性？

目前我国对中立行为要求承担的类政府责任，学者认为是由中立行为在网络违法中所起的关键传输作用，以及行政机关独木难支的现状所导致的。[①] 但平台行政责任不明和行政诉讼的缺位，使平台面临大量的合规风险。那么，中立行为是否具备可罚性？其行政责任源自何处？责任边界在哪里？

---

① 参见赵鹏：《网络平台行政法律责任边界何在》，载《财经杂志》，2016（4）。

（一）民事义务与行政义务的法理分离

有关网络平台行政责任的规定与侵权责任的相关规定看似极其相似，实则大相径庭。《信息网络传播权保护条例》第20~23条规定了类似《侵权责任法》"避风港"规则的"通知—删除"的义务，同时要求在"明知或应知"用户内容违法时，需要采取行动予以处理，否则将被给予行政处罚。"避风港"规制源于美国《数字千年版权法》的规定，以网络服务提供者是否尽到法定义务为标准进行免责。而我国行政规范却将其转为归责条款，并要求平台针对海量信息承担普遍性主动审查义务，造成民事与行政责任混淆的法理困惑。侵权责任对受害者的保护比政府对违法行为的规制更为紧迫，这一点从域外对平台追究行政或刑事责任的条件更为严格便可看出。行政规制过度侵入私领域，会对私主体的司法救济产生冲击。

Web2.0时代，中立行为使网络平台成为群体性活动组织者、空间管理者。因此，行政法规中有要求网络平台承担安全保障义务的规定，如"保障交易安全、消费者权益保护"。有学者提出网络平台需要尽到安全保障义务，因为其承担了"纽带组织"的角色。[①] 但安全保障义务来源于平等主体之间的交往，始终关注的是民事权利在网络空间的安全，义务的履行要保证不会对言论自由产生损害。[②] 安全保障义务是对私权利的补偿防控，与行政责任不可混为一谈。政府公权力过度强侵民事领域，会让平等主体丧失主张权利的空间，对市场经济产生负面效应。

（二）行政违法与刑事犯罪的分界检视

有学者指出违法与犯罪的二元立法模式不可取，将治安违法行为直接纳入刑法规制，单方面扩张犯罪圈，将导致重刑化。[③]《刑法修正案（九）》增设的"拒不履行信息网络安全管理义务罪"便是典型，正在构建的以刑法为中心的网络治理模式受

[①] 参见谢君泽：《网络平台的法律责任界定——兼评"快播"案与百度贴吧事件》，载《网视焦点》，2016（2）。

[②] 参见刘文杰：《网络服务提供者的安全保障义务》，载《中外法学》，2012（2）。

[③] 参见李怀胜：《刑法二元化立法模式的现状评估及改造方向——兼对当前刑事立法重刑化倾向的检讨》，载《法学论坛》，2016（6）。

到高度关注。

刑事处罚与金融管制并非直接接触的关系,刑法应作为最后手段,而行政监管必须发挥过渡作用。国家自 2010 年开始定期开展打击网络侵权的"剑网行动",力度颇大,尤以 2013 年为甚,发布的十大案例备受关注①(见表 3)。当前采取刑法威慑的思路,易使执法超出可控范围,对互联网经济造成毁灭性打击。刑法在网络领域的研究不如民法与行政法,与两法的沟通不够是目前衔接所面临的最大问题。② 当下刑事立法走在民法及行政法之前,但三大法对中立行为的法律认知不一,易引发司法裁判冲突。加上我国实行附属刑法,类似"违反某法构成犯罪的追究刑事责任"的规定,导致附属刑法"附而不属"。突破一元制为二元制,使行政违法与刑事犯罪分界清晰、衔接有序,方能解决"皮之不存,毛将焉附"的问题。

表 3　2013 年"剑网行动"十大案件

1. 百度公司、快播公司侵犯著作权案	6. 浙江"爆米花"网传播侵权影视作品案
2. 北京"思路网"盗版数字高清作品案	7. 江苏扬州"动漫屋"传播盗版漫画案
3. 上海王某等利用互联网销售侵权盗版 ISO 标准案	8. 安徽"音扑网"侵犯著作权案
4. 江苏国泰新点软件被侵犯著作权案	9. 山东康某等侵犯"热血传奇"网络游戏案
5. 北京"阳光教育"网店销售盗版少儿出版物案	10. 上海某音乐移动软件侵犯著作权案

(三) 中立行为行政责任的来源分析

1. 社会责任法律化的处罚底线

20 世纪 70 年代,西方社会意识到企业为追求利润最大化会铤而走险损害公益,从而开始要求企业承担社会责任。为保障企业社会责任的实现,公权力对企业社会责任进行法律化。网络平台具备公共服务性质,立法为公益考量,确可要求网络平台对其中立行为承担社会责任。

社会责任法律化源于社会的普遍认同和遵守,具备法律实施的社会基础,更利

---

① 参见孙万怀:《慎终如始的民刑推演——网络服务提供行为的传播性质》,载《政法论坛》,2015 (1)。

② 参见童春荣、赵宇:《网络犯罪的刑罚边界——以刑法不得已原则为视角》,载《四川师范大学学报》,2016 (1)。

于公益的保护。通常立法通过制定强行法规范和软法规范来实现社会责任，强行性规范要求的是最低道德，软法则是对社会更好发展的呼吁。① 强行性规范必须具备现实可行性，如果无视义务主体的接受能力，法律遵守情况必然令人失望。社会责任柔性较大，试图将社会责任都通过法律化来实现，只会阻碍经济发展。中立行为在网络空间虽起关键性连接作用，但通过行政责任强迫其承担过多社会责任，只会打击创新。

2. 我国第三方义务制度的设定情况

有学者提出在违法基数与行政资源冲突时，引入第三方义务制度促进行政机关与私主体合作，可以实现有效规制。② 第三方义务制度指，"政府指定违法行为人、受害人之外的第三方，承担防止违法行为发生的相关义务"。虽然我国未规定第三方义务制度，但在网络管制中却存在大量设定第三方义务的情况。如表4所示，现有法规中"记录备份应当保存60日"，"保存有关记录，并向有关部门报告"等规定，并不属于网络平台的业务范围，而是使平台参与政府发现、阻止或惩治违法行为的行政过程，同时通过责任机制保证监管责任落实到了平台身上。

表4　中国网络规制的第三方义务制度

第三方	法律义务	行政责任
网络服务提供者	记录备份应当保存60日，并在国家有关机关依法查询时，予以提供。 发现法律、法规禁止发布或者传输的信息的，应当立即停止传输该信息，采取消除等处置措施，保存有关记录，并向有关主管部门报告。 应当接受投诉并在15日内作出答复。	责令改正；责令停业整顿或者暂时关闭网站。③ 警告、罚款、没收违法所得、吊销许可证或取消备案、关闭网站、禁止有关责任人员从事网络服务业务。④ 处以警告，可以并处1万元以上3万元以下的罚款，向社层公告。⑤

---

① 参见［美］富勒：《法律的道德性》，郑戈译，7—8页，北京，商务印书馆，2005。
② See Jeffrey Manns, "Private Monitoring of Gatekeepers: The Case of Immigration Enforcement", 2006 *U. Ill. L. Rev.* 887（2006）.
③ 参见《互联网信息服务管理办法》。
④ 参见全国人大常委会《关于加强网络信息保护的决定》。
⑤ 参见《规范互联网信息服务市场秩序若干规定》。

续前表

第三方	法律义务	行政责任
提供网络服务平台	应当建立交易规则、交易安全保障、消费者权益保护、不良信息处理等规章制度。	警告，责令限期改正，处以罚款。①
网络运营平台	发现法律、行政法规禁止发布或者传输的信息的，立即停止传输该信息，采取消除等处置措施，防止信息扩散，保存有关记录，并向有关主管部门报告。	责令改正、警告、没收违法所得、罚款、暂停相关业务……②

3. 法律语境下责任机制与第三方合作的实现

通过第三方义务与其他概念的辨析可知，其他规制方式多从市场生存必需、自身利益关切、可获利等因素出发帮助政府进行规制，而第三方义务制度是政府通过行政责任强迫第三方合作，以弥补专业知识的贫乏和资源的不足（见图3）。第三方义务制度的关键在于能否产生有效威慑，而有效威慑的实现取决于以下几个方面：私主体有足够知识技术优势，可以预测及阻止风险；对第三方的规制比对违法者的规制成本更低，更有成效；第三方能够以可接受的成本履行义务；第三方行为受到有效监督，可避免市场变形；利益相关者可通过司法救济途径对抗违法行政行为。

让网络平台承担第三方义务，虽弥补了行政规制的不足，但对平台来说却是负担，因此让平台愿意负担该种义务成为制度建设的核心。有学者认为平台出于声誉考量会履行第三方义务③，但同样有学者提出，网络平台出于成本考量会选择消极履行或者逃避履行第三方义务。④ 因此，制度设计需要围绕比例原则确定责任承担的范围及制定具体规则，在打击违法行为与保护私权利间进行平衡。

---

① 参见《网络商品交易及有关服务行为管理暂行办法》（已失效）。

② 参见《网络安全法》。

③ See Richard A. Posner, *Economic Analysis of Law*, 1986, 201-27; Gary S. Becker, Crime and Punishment: AnEconomic Approach, 76 J. Pol. Econ. 169 (1968); George J. Stigler, The Optimum Enforcement of Laws, 78 *J. Pol. Econ.* 526 (1970).

④ See Eugene Bardach & Robert A. Kagan, Going by the Book: The Problem of Regulatory Unreasonableness, 1982, pp. 64-66.

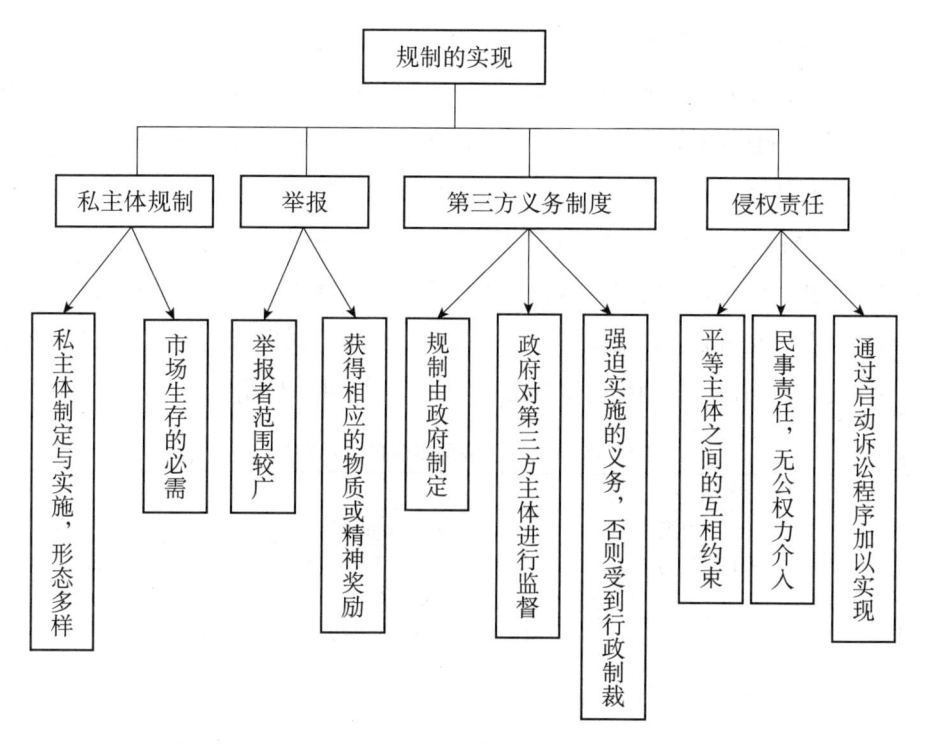

```
                    规制的实现
          ┌──────────┬─────────┬──────────┐
       私主体规制   举报   第三方义务制度  侵权责任
       ┌───┬───┐  ┌───┬───┐ ┌───┬───┬───┐ ┌───┬───┬───┐
```

图3　第三方义务制度与其他概念辨析图

四、网络平台中立行为行政责任的司法认定

政府往往倾向于以最低廉成本达到最佳规制效果，扩大网络平台行政责任便是"捷径"之一。但该"捷径"实则有违比例原则。虽然司法裁判处于理论供给不足的窘境，但法官主动适用比例原则对政府规制行为作出法律评价，可避免网络创新与秩序行政的冲突。

（一）比例原则的司法认定逻辑：谨防公权力的肆意扩张

应当认识到，互联网法律问题并非单纯的网络技术问题，其背后有着复杂的社会背景，如恐怖活动犯罪和网络谣言，"毕其功于一役"的规制理念难以维系。政府规制无法及时回应，很多技术或市场能解决的问题，政府的过度干预不仅徒增成本，还可能阻碍互联网健康发展。

通过表5的优劣势对比可知，网络平台专业特性过强，政府受成本及技术之困，只能选择适用一般性条款执法。有学者指出，政府的一般性条款必须通过法官在救济程序中进行解释和裁量予以明确，并依靠法官的判断和甄别转化为可救济的权利或义务。[①] 法官常易陷入"有法可依"的误区，而忘却司法审查的本质在于谨防公权力的肆意扩张。因此，在网络平台行政责任不明的现状下，法官需适用比例原则衡量行政行为是否超出必要限度，不可只关注违法情形，同样需要关注行政规制手段与目的的合法正当性，在网络创新与秩序行政间寻找利益平衡点。

表5 政府进行互联网规制的优劣对比

优势	劣势
1. 强制执行手段，威慑力度大	1. 成本高，增加财政和纳税人负担
2. 受公法约束，公开透明力度大	2. 缺乏技术和专业知识，无法准确把握发展趋势
3. 更容易主导合作	3. 官僚体制弊端
4. 代表公益，全局视角	4. 受主权范围限制，全球性协调易遇障碍

（二）社会责任法律化的比例原则：对政府规制的边界把控

域外社会责任立法现状表明，强行法规定的都是有关保护环境、消费者权益及公司参与者利益的道德底线要求，本质上是对企业发展和社会公益适用比例原则进行权衡的结果。如表6所示，英国在公司法中规定，公司运作不得对社会及环境造成侵害，否则需要承担法律责任，同样美国萨班斯奥克斯利法案对忽视社会责任的企业规定了处罚力度。但我国政府对平台社会责任进行法律转化的标准不明，导致执法混乱，司法需要适用比例原则进行定分止争。

表6 域外企业社会责任强行性法律规范表

国家	法规名称	具体内容
德国	《股份公司法》	必须追求股东的利益、公司雇员的利益和公共利益。
英国	《公司法》	公司运作对社区及环境的影响。
日本	《公司法典》	公司债权人利益保护制度。

---

① 参见谢晓尧、吴思忏：《论一般条款的确定性》，载《法学评论》，2004（3）。

续前表

国家	法规名称	具体内容
美国	《2002年萨班斯—奥克斯利法案》	对忽视社会责任、侵害相关利益者的企业的处罚力度。

深圳市中级人民法院审理快播一案，并未给予行政处罚过多法律评价，令人反思法官裁判时过于拘泥行政规章制度。网络平台中立行为的大数据集成虽能为网络秩序管理出力，但其承担的社会责任超出接受限度，也会导致法律的遵守难以令人满意。强制性规范比例过多容易限制互联网产业发展，而软法柔性大，往往能发挥同强制性法律责任同等的行为效果，甚至更好。① 如《清洁生产促进法》建立的清洁生产表彰奖励制度及《环境保护法》对保护和改善环境有显著成绩的单位及个人给予奖励的规定，都很好地发挥了软法的激励作用，实现了企业社会责任。

司法裁判对新生事物过于强硬只会打压其积极性甚至阻碍其成长，法官在案件审理过程中需要适用比例原则对法律进行解释以回应社会演变的新趋势。为推动社会责任的实现，法官可通过裁判说理激励网络平台担责，说理可借鉴我国其他领域社会责任软法化的具体规定，如借鉴 2002 年颁布的《中小企业促进法》第 9 条（已被修订）中应当提高职业道德，恪守诚实信用原则，增强自我发展能力的规定，参考美国《商事公司的社会责任》中所列举的 58 种涉及 10 个方面的企业社会行为，以鼓励形式提出要求和指导意见，推动网络平台社会责任的实现。②

（三）第三方义务的比例原则：公权规制走向合作治理的义务承担

当下政府对网络平台构建的第三方义务表现在，政府以行政责任为威慑手段要求网络平台对其中立行为进行改进，同时不进行担保补偿，网络平台须对用户信息及平台内容承担事前审查及事后留存义务，以实现对网络秩序的监管。因为第三方会围绕法律义务与法律制裁进行成本衡量，如果违反法律义务的成本低于履行法律义务的成本，便会选择不遵从法律。③ 在亓某孔起诉莱芜在线侵权纠纷案中，原告在被告论坛

---

① See Jacob E. Gersen and Eric A. Posner, "Soft Law: Lessons from Congressional Practice", *Stanford Law Review*, December, 2008, p. 579.

② 参见朱慈蕴：《公司的社会责任：游走于法律责任与道德准则之间》，载《中外法学》，2008 (1)。

③ See Janet A. Gilboy, "Compelled Third-Party Participation in the Regulatory Process: Legal Duties, Culture, and Noncompliance", 20 *Law & Policy* 135, 136 (1998).

被禁言七天，其全部跟帖均被提示"该用户发帖不文明，内容被屏蔽"，而具体理由为空白，原告因此诉至法院。上诉案例并非个例，现实中网络用户常遭受网络平台无理由的删帖、禁言和封号，却只能起诉平台，无法起诉幕后的监管机关。而平台的删帖、禁言和封号等行为正是源于相关规定制定的规则，如《微信个人账号使用规范》。疯狂删帖源于网络平台为规避详细审查所带来的高昂成本付出及严厉的行政责任，结果导致市场变形，甚至侵犯公民权利。

在加拿大 P. v. Spencer 案中，加拿大最高法院在判决中说明国家机关要求网站披露注册人信息时，通常会使公民个人敏感信息泄露，注册人拥有对此类信息的合理隐私期待。① 加拿大判例显示，第三方义务的履行必须关切公民私权。联合国《表达自由特别报告》指出，国家不得利用或强制网络平台来替代国家对与人权保护相关的信息进行审查，可知第三方义务的适用范围不宜扩大。如表7所示，域外在网络数据强制存留方面构建的第三方义务制度，要求政府只可在特定范围进行义务转移，并需围绕比例原则考虑第三方的成本付出。根据德国经济公法的有关内容，所有服务于国家的私主体享有报销及补偿请求权，否则不符合比例原则。② 当下我国关于第三方义务的适用范围没有明确定论，公权力规制的肆意扩张使网络创新受到压制，并不断诱发侵犯公民权利事件。

表7 域外犯罪侦查中网络平台的强制数据留存义务

1	欧盟对1995年出台的要求所有通信服务商在数据不符合其商业目的时予以删除的指令进行矫正。③
2	加拿大《侦查与预防电子交流犯罪法案》规定了对网络服务商的经济赔偿问题。④
3	欧盟《数据保护指令》规定该义务必须限定在针对严重犯罪的侦查起诉活动中。⑤
4	2014欧洲法院在判决中对《数据保护指令》未能对不同数据类型加以区分并设置程序性保障，逾越比例原则进行批判。⑥

---

① See R. v. Spencer. 2014，2014 SCC 43（S. C. R）.
② 参见［德］乌茨·施利斯基：《经济公法》，喻文光译，149页，北京，法律出版社，2006.
③ Directive 95/46/EC of the European Parliament and of the Council of 24 October 1995.
④ 参见吴伟光：《大数据技术下个人数据信息私权保护论批判》，载《政治与法律》，2016（7）。
⑤ 参见杨惟钦：《价值维度中的个人信息权属模式考察——以利益属性分析切入》，载《法学评论》，2016（4）。
⑥ See ECJ judgment in Joint Cases C-293/12 and C-594/12 Digital Rights Ireland and Seitlinger and Others，issued on 8 April 2014.

续前表

5	《〈网络犯罪公约〉说明报告》明确强调比例原则在侦查犯罪案件与保护个人隐私之间寻求平衡。
6	德国学者建议,法律应规定服务于国家的私主体享有报销和补偿请求权,否则不符合比例原则。①
7	英国《调查权规则法案》要求信息获取必须具备必要性,在授权获取信息前,必须对比例性进行审查。②

解决以上问题,需要通过比例原则来把控。在法律空白的情形下,司法裁判通过适用比例原则对政府规制行为作出法律评价,以对第三方义务制度进行改进。司法裁判应区分网络平台自身责任及政府转嫁的责任,结合案件具体情况,对政府转移行政规制作出限制,要求政府付出相应成本,即进行经济补偿或给予奖励。当下因行政资源不足,政府对网络平台施加第三方义务具有现实意义,但必须坚持比例原则。司法天然拥有对行政行为监督的职能,要求政府对网络平台进行补偿或给予奖励,可以降低网络平台中立行为履行义务的成本支出,避免限制网络平台发展,防止司法裁判无法服众。

五、结 语

网络空间并非法外之地,其中的罪恶并不少于现实世界。当下网络平台日益壮大,开启的网络社交空间更是提供了全新的违法犯罪乐园,但其中立行为并非恶的本源,对其规制的力度不能过于严苛。科技进步在带来便利的同时也给法律和政府管理带来新的风险和挑战,而这种风险亦是改革的新机遇。为增进公共秩序和保障公益,对网络平台中立行为施加行政责任具备正当性,但为了维护互联网的自由创新,亦需对行政责任的内容及程度予以规范化,否则易陷入"毕其功于一役"的误区。

---

① 参见[德]乌茨·施利斯基:《经济公法》,喻文光译,149 页,北京,法律出版社,2006。
② 参见李本灿:《企业犯罪预防中国家规制向国家与企业共治转型之提倡》,载《政治与法律》,2016(2)。

"互联网+" 时代自媒体侵权的平台主体责任

王晓锦　王洁玉[①]

自媒体是互联网技术条件下产生的一种新型信息沟通手段，其具有非营利性、技术性、迅捷性和传播的普遍性等特点。在自媒体侵权行为中，平台责任在现行的法律框架下无法得到解释。但是实践证实在自媒体领域发生的大量侵权行为亟须法律规则对之进行调整。互联网时代的自媒体侵权多是以平台为介质或者手段，因此平台治理具有必要性、现实性和有效性。在立法设计上要考量网络平台自身的属性，当前经济发展业态中的平台经济特征以及平台的发起者、设计者或者提供者与平台的关系等因素，充分考虑平台责任设计中的各种利益关系，以符合规则的体系性、科学性和合理性要求。

当今时代已经进入互联网时代，世界各国也都认识到互联网对于社会经济发展的重要价值，并将其作为经济发展、技术创新和社会治理转型的重要支撑。在我国，随着近几年互联网经济的高速发展，"互联网+"成为我国经济新常态、新动力的核心形态，它使人们的生活方式和社会结构发生巨大变革，其中尤其值得关注的是以

---

① 王晓锦，女，河北乐亭人，中国工商银行法律部研究人员，主要研究侵权责任法。王洁玉，女，山东潍坊人，北京工商大学法学院研究生。

网络信息技术为动力和基础的自媒体行业的发展。从目前国际国内自媒体发展的现实来看,其发展十分迅猛,已经成为人们日常生活中不可或缺的交流表达工具。不容忽视的是,伴随着自媒体的广泛传播和运用,人们在自媒体平台上的行为日渐复杂,现实世界中的侵权行为也映射到自媒体领域。由于自媒体侵权不同于传统的侵权行为特征,其侵权行为多是以自媒体媒介平台为介质或者手段而发生,因而理论上就产生了关于自媒体侵权责任的理论基础、自媒体侵权责任中平台是否承担责任以及承担何种责任等重大问题。鉴于这些问题在现有的立法中没有规定,而理论界对这些问题又多有分歧,因此本文对此问题展开研究,对规则的设计提出自己的意见,以期为互联网领域的法治化建设作出贡献。

一、自媒体的内涵界定和特征分析

(一) 自媒体概念与发展

"自媒体"这一概念最早是在 2002 年由丹·吉摩尔(Dan Gillmor)提出,他在其"新闻媒体 3.0"概念定义中,认为"新闻媒体 3.0"指自媒体(We Media),并于 2003 年 1 月在《哥伦比亚新闻评论》这份著名的新闻学期刊上发表了一篇题为"News For The Next Generation: Here Comes 'We Media'"的论文,指出由于网络讨论区、博客等互联网新生事物风起云涌,许多对电脑技术娴熟的受众,已经迫不及待却又自然地参与了新闻对话,成为整个新闻传播流程中主要且有影响力的一环,"We Media"将是未来的主流媒体。[①] 美国新闻业研究所属结构"媒体中心",在 2003 年 7 月发布了由谢因·波曼(Shein Bowman)与克里斯·威理斯(Chris Willis)两位联合提出的"自媒体(We Media)"研究报告,里面对"自媒体(We Media)"下了一个相对更为严谨的定义:自媒体(We Media)是普通大众经由数字科技与全球知识体系相连之后,一种开始理解普通大众如何提供与分享他们自身的事实、新

[①] See Dan Grillmor, "News For The Next Generation: Here Comes 'We Media'", 2003 (1).

闻的途径。① 当前，我国自媒体平台以博客、微信、微博、百度官方贴吧、人人网等最具代表性，在这些平台中信息交互性明显增强，普通民众参与度也极高。"这一次，新闻是由那些想要讲述和展示自己的所见所闻的普通人来创造的，而不再仅仅是依靠那些传统的决定历史的最初印象应如何呈现的所谓'官方新闻组织'。这一次，历史的最初印象，至少在部分上，是由普通大众来谱写的"②，人民大众通过传播、交流信息不自觉地成为了新闻的生产者和制造者。从上述观点可以看出，自媒体是指由社会公众普遍参与的、以现代互联网技术和电子信息手段自主地与不特定的主体进行信息传递、相互社交或者其他沟通交流的新媒体的总称。笔者认为，自媒体不是指特定某一交流平台，而是指能进行信息传播和交互的一类平台，这一界定更为强调的是社会公众普遍参与的进行信息传播、交互的这样一种模式。

（二）自媒体的特征分析

自媒体是网络信息技术发展的产物，其不同于传统媒体，有其自身独特特征：

1. 自媒体的非营利性特征。自媒体也是凭借互联网基础而发展起来的一种新型媒体，与其他以互联网为基础而发展起来的产业相比，自媒体不为谋取经济利益而存在，不具有经营性质。而与同类行业的其他媒体相比，自媒体也不具有营利性。当然，这也是与自媒体本身的本质属性相关，因为自媒体就是凭借自媒体平台进行信息发布和社会交往，除了利用自媒体进行广告宣传之外，所有行为都与商业交易无关。

2. 传播主体平民化、普遍化。传统媒体的传播主体单一化，一般只是官方机构，而自媒体突破这一官方界限。在自媒体平台上，只要一般普通公民提供一定的信息就可注册一个自媒体账号，以这个账号所属的平台为门户，利用互联网信息技术，不但可以浏览信息，被动地接收信息，还可以自主发布信息，对信息进行加工、转载，向不特定的多数和个人传递信息。而在任何自媒体平台进行注册时，公众不需要过多成本，只需要提供一定的个人信息便可获得平台自媒体账号。也就是说，自媒体账号的取得，即

---

① 参见美国新闻业研究所"媒体中心"：《互媒体：受众如何塑造新闻和信息的未来》，2013年7月。
② Dan Grillmor, *We The Media*: *Grassroots Journalism By The People*, *For The People*, Okenny, 2004, posted, p. X.

成为自媒体主体是基本没有门槛的，这就使只要公众有意愿就能成为自媒体主体，自媒体主体在平台上传播信息就成为传播主体，因此，自媒体传播主体就具有普遍化特征。

3. 信息种类多样性。传统媒体传播的信息都是经过媒体筛选、精细加工的信息，是媒体想向社会公众传达的部分。自媒体平台所传播的信息来源于自媒体主体，自媒体主体具有普遍化特征，也就是说任何社会公众都有可能成为自媒体信息传播的主体，来自各行各业形形色色的传播主体势必会使原创性信息来自社会方方面面。在信息传播的过程中，其他自媒体主体对同一信息进行加工、编辑甚至是再创造，加入每一个传播主体的主观意思表示，也会使同一信息表达出不同意思、不同方面，这就使得传播信息种类具有多样性特征。

4. 信息传播具有即时性。在自媒体出现以前，传统媒体发布的每一条信息都要遵循信息采集、制作、传播一整套严格的流程，还要经过精心编写和严格审批才能出现在公众面前，而这一整套流程是需要时间的，但自媒体在进行信息传播时则是由社会公众自主地、即兴地对信息进行采集，而且不需要任何审批就可以发表的，因此，信息能够凭借迅捷的网络快速传播。目前，我国很多有重大社会影响的事件尤其是突发性事件，比如说南京工厂爆炸事件、河南航空 VD8387 航班在伊春失事事件、上海"11·15"火灾事件以及温州动车追尾事故，作为自媒体平台之一的微博都是最早的信息来源，而且自媒体信息传播的速度远快于传统媒体的报道速度。

5. 受众具有不特定性。自媒体信息传播方式不再是单向的传统的点、面传播，而是通过自媒体平台，通过互联网传送向世界各个角落使用此自媒体平台的各个用户，是呈网状传播的。在自媒体中，每个人既是信息的传播者，也是信息的受众，而且各个自媒体平台也不是孤立存在的，比如说微信、QQ、微博等总会有信息交互的节点。这就会使得信息点对点、点对面、面对点的呈网状传播开来，这种网状的信息传播方式使受众具有不特定性。

（三）自媒体平台的概念界定

自媒体平台是指自媒体和受众之间的媒介，"媒介即讯息"[①]，"任何媒介（即人

[①] ［加］马歇尔·麦克卢汉：《理解媒介：论人的延伸》，何道宽译，南京，译林出版社，2011。

的任何延伸）对个人和社会的任何影响，都是由于新的尺度产生的；我们的任何一种延伸（或曰任何一种新的技术），都要在我们的事务中引进一种新的尺度"，也就是说，自媒体平台是为自媒体提供信息服务的"尺度"，是自媒体和信息受众之间信息传递的中间环节。在具体的实践和运营中，自媒体平台是提供网络传播资源服务的以自媒体用户为服务对象的，具有经营性和营利性特征的网络社会的一种组织形式：

1. 自媒体平台是以提供网络传播资源服务为内容的。所有平台的共性是：首先，它们提供的往往是一种综合而非单一的服务；其次，它们都是高度依托互联网的新型服务模式，是一种交互的、跨地域的服务；再次，从表面看，这些平台只是一个网站，但网站的背后是个性化的服务、完善的规则体系、多样化的功能和海量用户之间的互动，也就是说，平台最大的特点或优势，就在于它可以成为一个生态圈的"土壤"①。自媒体平台作为信息发布与受众的中间环节，其为发布信息和接收信息的自媒体用户提供信息服务，平台依托互联网信息技术集散内容丰富的海量信息，对发布者和受众提供交互的、跨地域的、开放的、传播多元的服务，是以信息传播为中心环节的综合性媒介。

2. 自媒体平台以自媒体用户为服务对象。自媒体平台利用网络信息技术提供网络传播资源服务的对象是自媒体用户即利用平台发布信息和接收服务的网络用户，也就是说，只有成为自媒体平台的用户才能享受自媒体平台所提供的服务即自媒体平台只为自媒体用户服务。

3. 自媒体平台经营的商业化和营业性。自媒体平台的经营具有明显的商业化的特征，为用户提供网络传播资源服务，通过广告业务和非广告业务来实现营利。自媒体平台的设立者设立自媒体平台往往都是以营利为目的的，比如说微博、微信等自媒体平台都是通过广告收入等进行营利实现持续经营的。

在学界对于自媒体侵权责任的研究中，有观点认为自媒体侵权责任实质上是平台责任，有必要从自媒体平台责任完善的角度来对自媒体侵权行为加以调整。值得注意的是，阿里巴巴的支付宝近期推出"校园日记"等社交媒体，有意推出一些特别的"平台"，备受社会关注，其中有观点认为平台要有责任约束，"平台有多大，

---

① 阿里研究中心：《平台化治理——2011年网规发展报告》，2011-06-01。

责任就有多大"。

二、自媒体侵权的特征和类型

(一) 自媒体侵权的特征

自媒体所具有的非营利性，传播主体平民化、普遍化，信息种类多样性，信息传播具有即时性，信息受众具有不特定性等特征就使得自媒体侵权具有自媒体侵权主体复杂、侵权类型多样的特征。

自媒体侵权主体复杂。正如上文所提及，学界关于自媒体侵权主体的探讨，本身争议较大，如关于自媒体与自媒体平台的区分的争议。自媒体传播信息的参与者主要有自媒体、自媒体平台、自媒体平台实际控制商三类。在自媒体传播信息的过程中，平台实际控制商控制平台后台，为平台建立、维护、运行管理提供设施、资金、技术等，维持平台的正常运行。平台是自媒体的载体，是自媒体的直接运营者。因此，自媒体信息传播与自媒体平台、平台的实际控制商都有关系。在自媒体侵权时，自媒体、自媒体平台、自媒体平台的实际控制商都应根据具体情形依据相关法律承担相应的责任，这就造成了实践中不同的侵权情形，责任主体认定复杂。

主体的复杂样态也决定了自媒体侵权类型的多样化。自媒体在传播信息的过程中，由于信息种类多样，涉及社会生活的方方面面，自然也就涉及民事权利的各个领域，而且信息呈网状传播，受众又不确定，因此，不当的信息传播方式和不实信息的传播必然会构成对各类民事权利的侵害。这里的民事权利既包括传统的人格权和财产权，也包括随着互联网技术的发展和互联网世界各类关系的复杂化而日渐出现的呈独立趋势的虚拟人格权和虚拟财产权，当然还包括对知识产权权利的侵害。

(二) 自媒体侵权的类型

1. 自媒体侵害人格权的侵权类型

在自媒体领域，对自媒体用户没有任何门槛限制，只要具有网络使用常识就可以成为用户传播信息,而且一般都是匿名操作,脱离了现实世界身份限制。自媒体用户首次由信息、新闻的受众转变为信息、新闻的主动制造者、传播者,表现出极大的主动性。用户充分发挥自己的主动地位,充分行使自己的公民权利,言论和表达自由发挥得淋漓尽致,但这种权利行使的过分自由势必会突破个人权利的边界侵犯他人的合法权利,这就使得以隐私权、名誉权、荣誉权、信用权等权利为内容的人格权,在自媒体领域被侵害更为突出。隐私权是人格权的核心权利,但是在"互联网+"时代下在自媒体领域信息交互频繁的情况下,其保护面临着越来越大的挑战。比如说最早起源于猫扑网的"人肉搜索",所谓"人肉搜索"就是以自媒体用户广泛参与和互动的寻找人或事情真相的群众活动。虽然人肉搜索在一定程度上有利于还原事件真相,体现社会的道德要求,甚至有利于惩治犯罪,比如说"华南虎事件"① 中"拍照人"周正龙因涉嫌诈骗罪被逮捕。但是人肉搜索也往往伴随着对人肉搜索受害人隐私权的侵害,比如著名的"铜须门"事件②,自媒体用户在不知事情真伪的情况下人肉"铜须",暴露其隐私,给其工作生活造成极大的影响。还有网络暴

---

① 2007年10月3日,陕西农民周正龙称在巴山拍到华南虎照片;同月12日,陕西省林业厅召开发布会展示。数小时后,质疑"虎照"真伪的帖子即出现在色影无忌论坛,此后网民不断从光线、拍摄角度、现实年画搜索等角度提出质疑。2007年11月15日,网民"攀枝花xydz"称虎照中的虎和自家所挂年画极其相似;此后几天,全国各地网民不断报告发现"年画虎",遂引发了虎照真假的网上讨论,认为造假的声音逐渐占据了上风。曾在"虐猫事件"中发挥重要作用的"西方不败",通过百度"华南虎吧"仔细分辨了年画照片左下角的商标,并分辨出一个繁体的"龙"字。纸是包不住火的,在2008年6月29日,所谓"华南虎照片"终于被认定为假照片,"拍照人"周正龙因涉嫌诈骗罪被逮捕。

② 2006年4月13日,"猫扑网"旗下《魔兽世界中国》主题论坛,一男子发帖称妻子沉迷《魔兽世界》,并在一次玩家聚会后与网名为"铜须"的男子发生一夜情。悲情丈夫的帖子引来网友同情和对"第三者"的声讨,他们利用网络工具,搜寻铜须在现实中的资料。此帖在猫扑网、天涯等引起强烈反响,网友纷纷跟帖声讨铜须。4月15日至17日,网友们集中搜索铜须的资料。搜到铜须曾在河北获奖的经历后,有网友找到了他的真实姓名。随后,网友又在铜须QQ的个人空间找到了他的昵称"稀帅",并找到了铜须的照片。4月17日,《魔兽世界丑闻男主角铜须资料照片全曝光》一文将铜须的资料集中公布。之后,铜须所在学校论坛、网络游戏的公会论坛中到处是讨伐声。与此同时,网友也在追查幽月儿的(悲情丈夫的妻子)的信息,有网友称查到她的年龄、姓名,并有网友公布"幽月儿照片"。曾"示威"的一名玩家说:"当时城里至少有500人同时在线示威。因为在线人太多,服务器几近崩溃。"关于"铜须门"的真伪,有人指出:所谓的当事女主角其实是台湾某模特,甚至当时台湾综艺节目《康熙来了》还请了当事人,在电视前讲述了这个新闻。大家如果看了那集《康熙来了》就知道是怎么回事,实际上媒体使用的铜须门女主角图片是台湾一个网拍模特的,并不关系到铜须门事件的真伪。因此这个事件的真伪仍然有待考证。

力第一案——"死亡博客事件"①，自媒体用户暴露当事人王菲婚外情及其详细个人信息等隐私，自媒体平台进一步扩大影响，严重干扰了王菲的正常工作生活，使其遭受了舆论压力带来的较大的精神痛苦。根据最高人民法院《关于审理利用信息网络侵害人身权益民事纠纷案件适用法律若干问题的规定》第12条的规定，网络用户或者网络服务提供者利用网络公开自然人基因信息、病历资料、健康检查资料、犯罪记录、家庭住址、私人活动等个人隐私和其他个人信息，造成他人损害，被侵权人请求其承担侵权责任的，人民法院应予支持。从最高法的态度来看，人肉搜索确已侵犯公民的隐私权。在自媒体领域，侵犯隐私权的案件很多情况都是公民在行使其所理解的言论自由权，这到底算不算侵权？这涉及一个极为复杂的权利冲突的问题。

隐私权具有明显的私权的性质，但在自媒体侵权领域中，侵害隐私权总是以公共利益或公众知情权为抗辩事由。一旦公民个人信息因公众关注或公共利益成为已被公开的事实，那么，隐私权就会在公众知情权面前显得无力对抗。② 这里说的是隐私权的保护是以维护社会公共利益为前提的，"法律作为一种包含政治因素的社会治理模式，它是对法律利益的分配。其取决于政治力量的博弈，表现为对公共政策的取舍"③。在隐私权保护中，如果事涉更高位阶的权利④和社会公共利益，那么法律就应倾向于保护公众知情权。但并不是说鼓励自媒体去维护社会公共利益，"人人都可

---

① 2008年1月9日，天涯论坛一位网友在浏览到姜岩的MSN空间后，在天涯八卦义愤发帖，标题为《看到一个MM自杀前的博客 因为小三……她从24楼跳下去了好惨》，帖子全文转载了姜岩自杀前的博文。1月10日晚，一个自称姜岩的朋友的朋友的网友发了题为《哀莫大于心死，从24楼跳下自杀MM最后的BLOG日记，是我朋友的朋友》的帖子。帖子中写道，"从张美然3377事件，到年底张斌、胡紫薇事件，再到自杀的姜岩，小三的话题一次一次出现在视野里。而我们，除了谴责之外，再也无能为力。"2008年的第一场网络风暴由此展开。网友在漫骂谴责之后，动用了所谓的"人肉搜索"。公布了王菲和第三者的详细资料，在网上号召其所在行业驱逐他们，激动的网友甚至找到了王菲父母的家，在其门口用油漆写下了"逼死贤妻"等字样。很多网友将此事闹到王菲的单位，王菲因此遭到辞退，其他单位一接到王菲的求职申请也退避三舍。王菲父母的住宅被人多次骚扰，门口被贴满诬陷恐吓的标语。王菲请求法院判令大旗网、天涯社区、北飞的候鸟3家网站停止侵害自己的名誉权，消除不良影响，公开赔礼道歉，并承担自己的工资损失、精神损失共计13.5万元。
② 参见朱巍：《互联网＋时代被遗忘权的保护》，第六届两岸民商法论坛论文集。
③ 梁志文：《论通知删除制度——基于公共政策视角的批判性研究》，载《北大法律评论》，2007年第8卷第1辑。
④ 参见张翔：《基本权利冲突的规范结构与解决模式》，载《法商研究》，2006（4）。

以作道德评价,但是不能人人都来当警察",在公民的言论自由权、公众知情权和公民的隐私权发生冲突时,法律总会有所取舍。

自媒体侵害公民名誉权、荣誉权的案件也是层出不穷,在邱少云烈士之弟邱少华诉孙杰、加多宝(中国)饮料有限公司一般人格权纠纷案中,被告孙杰于2013年5月22日利用其用户名为"作业本"的新浪微博账号发布博文:"由于邱少云趴在火堆里一动不动最终食客们拒绝为半面熟埋单,他们纷纷表示还是赖宁的烤肉较好。"加多宝(中国)饮料有限公司于2015年4月16日以该公司新浪微博账号"加多宝活动"发博文称:"多谢@作业本,恭喜你与烧烤齐名。作为凉茶,我们力挺你成为烧烤摊CEO,开店10万罐,说到做到,多谢行动。"孙杰用其微博"作业本"账号于2015年4月16日转发并公开回应:"多谢你这10万罐,我一定会开烧烤店,只是没定哪天,反正在此留言者,进店就是免费喝!!!"该互动微博在互联网上传播,反响强烈,影响恶劣,对烈士邱少云的荣誉和名誉造成严重侵害。此类侵犯公民名誉权、荣誉权的事件不胜枚举。

但不论是自媒体对公民隐私权的侵害还是对名誉权的侵害抑或对公民其他人格权的侵害,都面临着跨地域起诉难、当事人不适格、举证困难等司法维权困境。所谓当事人不适格就是自媒体虚拟人格与现实人格有差异。值得一提的是,有关"互联网+"时代自媒体侵犯虚拟人格人格权的争议一直比较大。

随着互联网的发展,虚拟人格概念产生,其是相对于现实人格而言的,目前只是一种理论上的研究。在自媒体领域,自媒体虚拟人格就是指自媒体账号所表现出的人格。在自媒体侵权中,有虚拟人格是侵权"受害人"的案件,但由于实务界普遍认为虚拟人没有具体人格,没有享有权利承担义务的现实基础,因而自媒体侵权案件的"受害人"是虚拟人格时,法院也是以虚拟人格相对应的现实人格为当事人作出判决。

但随着"互联网+"时代的到来,互联网行业飞速发展,现实社会的生活形态映射到网络世界,虚拟人格的"独立化"趋势越来越明显。在互联网侵权当然也包括自媒体侵权案件中,侵犯虚拟人格人格权的情形越来越普遍,很多情形下很难把侵犯虚拟人格的人格权对照到相应的现实人格人格权加以救济,这不利于受侵害者权利的保护。而虚拟人格拥有虚拟权利义务关系,虽然当前对虚拟财产的定义主要局限于网络游戏领域,但是在虚拟财产纠纷的判例中,如果承认网络账号也是虚拟财产的一种,那么每个自媒体账号都有虚拟财产的属性,这就为虚拟人格承担责任提供了条件。

针对这一情况,新浪微博社区率先对虚拟人格人格权的侵害实施了线上救济的制度。该社区通过"社区公约"的民事契约,通过虚拟裁判的方式,以减损虚拟信用、禁言、封号等形式做到了"线上问题、线上解决"。这种"自律公约"的形式可以在互联网内部"消化掉"大多数纠纷,更为快捷、有效地维护当事人合法权益,减少司法诉讼成本的浪费,达到利国利民的息诉和谐目的。[①] 这种对虚拟人格人格权被侵害的线上救济制度如果能有效地解决互联网领域的侵权纠纷,无疑会减轻现实社会中法院司法的压力;但也会造成在虚拟人格人格权被侵害或者现实人格人格权被侵害或者说无法明确侵犯的是虚拟人格人格权还是现实人格人格权的情形下,权利救济途径不明确、当事人求助无门的困境;还会带来当线上救济难以对被侵害的虚拟人格人格权进行有效救济时,满足怎样的条件才可以进行线下救济的制度问题。如果没有这种相关制度,必然会导致侵权损害得不到有效的救济。

2. 自媒体侵害财产权的侵权类型

自媒体归根到底只是一种传播、分享信息的途径,自然不会对公民的财产权造成直接侵害。但是当自媒体从事网络交易时,比如说现在普遍存在的微商,就具有了明显的商主体的特征,极有可能发生自媒体侵犯公民财产权的情形。

3. 自媒体侵害知识产权的侵权类型

自媒体传播信息自发性、即时性的特点,使自媒体所发布的信息毫无审查就得到快速的广泛传播,这就给知识产权的保护带来很大的挑战,尤其体现在著作权上。随着互联网技术的发展,文学、艺术、科学等作品利用互联网技术进行传播越来越便利,这就很容易导致作品被抄袭、剽窃和未经著作权人同意被擅自使用。复制传播的快捷使自媒体平台中未经著作权人同意擅自复制传播他人作品来牟利的情形已变得稀疏平常。甚至有些自媒体对著作权人著作权的侵犯简单粗暴、毫不掩饰,比

---

① 参见朱巍:《互联网自律的一个里程碑》,载《光明日报》,2015-05-03。

如腾讯《大家》原创栏目每篇文章都会注明："版权声明：本文系腾讯《大家》独家稿件，未经授权，不得转载，否则将追究法律责任。"一些微信公众号还是有恃无恐地擅自转载，甚至有一些微信公众号总是抄袭他们的文章，其中悦读馆（微信号：ydg6988）之前曾用另一个微信号（ydg1388）多次抄袭，遭网友举报封号后注册新号继续抄袭。①

由于自媒体平台更新速度快，传播速度快，传播范围广，这就会扩大侵权后果，给取证带来一定难度，使本来就面临困境的我国知识产权保护雪上加霜。

三、自媒体侵权行为责任主体的分析

人们在使用自媒体时，可以根据是否利用自媒体进行商业行为而有所不同。正如前文所述，自媒体本身不具有营利性特征，但是实践中有很多人利用自媒体进行各种广告宣传或者产品销售，在这种情况下，自媒体侵权行为的责任主体可能相对复杂。但是本文探讨的自媒体侵权行为的责任主体是在纯粹的情形下来研究的，即仅考虑利用自媒体进行信息沟通交流的情形。

自媒体在传播信息时主要有三类参与者：自媒体、自媒体平台、自媒体平台实际控制商。他们之间是什么关系，在发生自媒体侵权时这三个参与者是否都应该承担侵权责任？根据民事主体理论的相关观点，他们之间的关系应该如何准确定位？

（一）关于三方主体责任主体地位的争论述评

目前关于自媒体、自媒体平台和自媒体平台实际控制商（或"自媒体平台服务提供商"）三方在主体地位确认方面，理论界和实务界的认识并不一致。理论界多数观点认为自媒体平台实际控制商具有民事主体地位，而自媒体平台不具有民事主体地位。但是实务部门多数观点认为自媒体平台也应该具有民事主体地位。笔者认为，

---

① 见http://www.360doc.cn/article/15585660_370288761.html。

自媒体平台具有民事主体地位更加科学合理。

一般来说，侵权责任的承担首先要考虑主体条件，即具有民事主体资格。根据我国《民法总则》的规定，民事主体包括自然人、法人和非法人组织。毋庸置疑，自媒体平台实际控制商一般具有法人资格，一定是民事主体。但是多数学者从民事主体理论分析认为，将自媒体平台作为一种独立的主体资格没有必要，有平台服务提供者作为主体已经足够，不需要叠床架屋。更为重要的是，如果将平台作为主体，那么在理论上它的意思机关和行为机关如何设计将成为一个难题。

事实上，根据传统民法基本理论，民事主体资格设立的目的，一是表明民事主体地位的平等性，二是通过对民事行为能力的强制要求，凸显民事主体在责任能力方面的差别，进而调整在具体的民事法律关系中的权利义务关系。传统民事主体资格理论的设计是在技术相对落后、以农业经济为特征的条件下产生的，跟当下互联网技术时代具有很大的不同。更值得注意的是，当前以互联网为支撑的各种经济发展形态与传统的经济形态具有极大不同，营销模式也迥然不同，平台经济蔚然兴起。在这种情况下，如果不考虑平台主体的主导地位和独特性，不但不能适应现代数字经济快速发展和复杂性的要求，而且对保护市场参与主体不利。

理论上如果承认自媒体平台的主体地位，会产生另外一个问题，即其为民事主体还是商事主体？笔者认为，自媒体平台应该是商事主体。从目前我国立法上对商事主体的立法要求来看，商事主体应该符合法定主义原则，自媒体平台在设立时要进行工商注册登记。

（二）赋予自媒体平台主体地位的正当性分析

赋予自媒体平台法律主体地位，这是由自媒体平台自身的技术性、匿名性、传播的迅捷性等特征所决定的。针对自媒体平台信息运行模式特点，设计以平台独立主体资格为基础的平台责任能够解决现实中的很多问题，也具有必要性和有效性。

第一，自媒体平台具有独立民事主体的地位和条件。一般认为，民事主体的成立条件有意思主义和责任主义两种不同的学说。笔者认为，从现代市场经济的要求出发，私法主体应该兼具意思能力和责任能力方可成为私法上的主体。自媒体平台具有民事主体能力，其可以享有权利，也能够承担义务。另外，在私法领域，赋予私权主体资格具有自由性，其更多地体现了私权自治和私法主体行为自由的要求。反之，如果否认自媒体平台的主体地位，否定其作为独立民事主体的资格，就不仅否定了民事主体理论的基础，也与当前民商事主体制度的发展趋势背道而驰。

第二，自媒体平台的商业经营性特征和营利性特征决定了其独立主体地位。正如上文所述，自媒体本身不是经营组织，自媒体也不具有经营性，不以营利为目的，但是自媒体平台则是为营利而设立的，具有明显的商业经营性和营利性的特征。

第三，自媒体平台的独立主体地位符合商业外观原则要求。商业外观原则是指商事交易行为的效果是以交易当事人行为的外观为准来认定。① 外观原则是商事法制的基石。一方面，外观原则体现了商法交易安全和效率的价值，另一方面，外观原则又与法律责任密切联系在一起。自媒体平台在运行过程中，用户直接以平台为媒介，如果侵害了其他主体的合法权益，侵权行为人也是以平台为媒介而作出侵权行为。受害人得以平台为责任主体而请求损害赔偿。"行为人对于成文法规或交易观念上之一定的权利、法律关系、其他法律上视为重要因素之外部要件事实为信赖，以致为法律行为时，如其要件由于其信赖保护不受利益人之协助而成立者，其信赖应受法律保护。"② 当今处于互联网经济时代，经济行为被进一步数字化、电子化，人们对交易效率和交易安全的要求更高，市场主体对外观的要求会更高，正如耶林所说，"形式乃是反复无常之行为的不共戴天之敌——亦即自由的孪生姐妹……确定的形式乃是有关纪律和秩序的基础，据此也是有关自由本身的基础。它们是抵御外部进攻的堡垒，因为它们只会断裂，而不会弯曲……它们所拥有的和所坚持的并不是某种纯粹外部性的东西，而是对自由的保障"③。

第四，自媒体平台具有独立主体地位，即能够独立于平台提供商，防止其利用自媒体平台规避法律，侵害他人合法权益，也符合商业经营投资的风险隔离要求。

---

① 参见张国健：《商事法论》，45页，台北，三民书局，1981。
② ［日］喜多了佑：《外观优越の法理》，第109页，转引自丁南：《论民商法上的外观主义》，载《法商研究》，1997（5）。
③ ［美］罗斯科·庞德：《法理学》，邓正来译，第3卷，400页，北京，中国政法大学出版社，2004。

以支付宝推出的社交平台"校园日记"为其适例。

第五，赋予自媒体平台的主体地位，符合市场经济条件下公平有序、充分竞争的要求。从当前自媒体平台运营的实际来看，自媒体平台的搭建者都是一些实力相当雄厚的大型企业组织如腾讯、百度等。如果自媒体平台没有主体地位，只有平台运营商具有主体地位，那么在很多情况下都会形成垄断局面，这对自媒体市场的充分竞争显然不利。各个不同的自媒体平台具有独立的私法主体地位，不仅能够实现市场的充分竞争，而且有利于互联网领域公平有序的市场经济秩序的建立。

另外，从国外的立法经验来看，对自媒体平台如Facebook、Twitter的规范也是从确立其主体地位开始。

四、自媒体平台承担责任的规定及相关问题分析

（一）对《侵权责任法》第36条的评析

目前我国法律对互联网侵权的规制少之又少，只有《侵权责任法》第36条，这个被称为"网络专条"的法律条款来对互联网侵权的相关责任主体的责任进行划分。《侵权责任法》第36条具体规定如下：

"网络用户、网络服务提供者利用网络侵害他人民事权益的，应当承担侵权责任。

网络用户利用网络服务实施侵权行为的，被侵权人有权通知网络服务提供者采取删除、屏蔽、断开链接等必要措施。网络服务提供者接到通知后未及时采取必要措施的，对损害的扩大部分与该网络用户承担连带责任。

网络服务提供者知道网络用户利用其网络服务侵害他人民事权益，未采取必要措施的，与该网络用户承担连带责任。"

从条文来看，法律规定的互联网侵权的担责主体主要是网络用户和网络服务的提供者。网络用户这个概念比较单一，但多个环节环环相扣的互联网网络服务提供者，其形态则复杂多样。网络服务的提供者主要有网络信息传输基础服务提供者、

网络接入服务提供者、网络内容服务提供者、网络信息搜索服务提供者、网络链接服务提供者以及综合服务提供者等。实践中，最容易发生侵权的网络服务提供者主要是网络接入服务提供者和网络内容服务商。① 很明显的是，在自媒体侵权的三类参与者中，自媒体是个体主体，而自媒体平台和自媒体平台服务提供者则属于网络内容服务商的范畴。其中，自媒体平台又是最为直接的为自媒体提供服务的主体。在自媒体侵权案件中自媒体作为主体承担直接责任是毋庸置疑的，那么作为直接为自媒体提供服务的自媒体平台和属于网络内容服务商范畴的自媒体平台服务提供商是否应该承担责任，承担怎样的责任，尤其是针对自媒体平台是否承担责任，目前法学界争论不一，主要有两种观点：

有观点认为自媒体平台不应当为自媒体侵权承担责任，主要原因有三：

1. 从违约责任来说，自媒体用户在自媒体平台注册账号时所同意的条款书都是程式化条款（或者说一些程序设置性规则），并不是自媒体平台和自媒体用户签订的合同，其中也没有对他们之间的权利义务关系作出规定。自媒体平台仅仅为自媒体用户提供免费的网络内容服务，自媒体用户没有支付任何对价。既然自媒体平台和自媒体用户之间没有合同关系，那么自媒体平台就没有对自媒体用户权利被侵害承担责任的基础。

2. 从当前法律规定来说，根据《侵权责任法》第36条第2款——"通知条款"，自媒体平台只有在接到被侵权人要求采取删除、屏蔽、断开链接等必要措施通知后，未及时采取必要措施的，对损害的扩大部分与该自媒体用户承担连带责任。也就是说，在自媒体侵权案件中，对自媒体平台仅仅有"通知—删除"这一法律要求，而没有要求其主动审查自媒体用户所发布的消息的义务。也就是说在自媒体侵权案件中，自媒体平台可以以不知情进行抗辩。

3. 关于自媒体被诉侵犯虚拟人格人格权的问题，反对的观点认为，虚拟人格未"独立"，其没有承担责任的现实条件，也就不应当有现实的权利义务关系，也就是说诉请侵犯虚拟人格人格权是不成立的。

---

① 参见张新宝、任鸿雁：《互联网的侵权责任：〈侵权责任法〉第36条解读》，载《中国人民大学学报》，2010（4）。

(二) 平台承担民事责任的基础

也有观点认为自媒体平台应该为自媒体侵权承担责任，也是笔者所持观点，主要原因有：

1. 自媒体平台作为商主体其能够实现持续经营，其盈利主要来源于广告业务，在非广告业务中最主要动力来自数据业务。以新浪微博为例，其首次实现盈利是因为已经建立起面向品牌客户、中小企业和淘宝商家的完整广告产品体系，尤其是对中小企业和淘宝商家市场的开拓，使新浪微博的广告收入和广告主数量都实现了成倍增长，非广告业务中的数据业务也实现快速增长。① 而这些广告的受众和数据的来源就是千千万万的自媒体用户，自媒体平台以强制的方式让用户浏览广告、在后台收集数据。也就是说，自媒体平台并不是免费为用户提供服务，用户是以个人信息和时间支付了对价的。

2. 基于经营者的安全保障义务和注意义务。最高人民法院在 2003 年 12 月颁布的《关于审理人身损害赔偿案件适用法律若干问题的解释》第 6 条规定："从事住宿、餐饮、娱乐等经营活动或者其他社会活动的自然人、法人、其他组织，未尽合理限度范围内的安全保障义务致使他人遭受人身损害，赔偿权利人请求其承担相应赔偿责任的，人民法院应予支持。因第三人侵权导致损害结果发生的，由实施侵权行为的第三人承担赔偿责任。安全保障义务人有过错的，应当在其能够防止或者制止损害的范围内承担相应的补充赔偿责任。安全保障义务人承担责任后，可以向第三人追偿。赔偿权利人起诉安全保障义务人的，应当将第三人作为共同被告，但第三人不能确定的除外。"这里首次明文提到安全保障义务。

《侵权责任法》第 37 条规定："宾馆、商场、银行、车站、娱乐场所等公共场所的管理人或者群众性活动的组织者，未尽到安全保障义务，造成他人损害的，应当承担侵权责任。因第三人的行为造成他人损害的，由第三人承担侵权责任；管理人或者组织者未尽到安全保障义务的，承担相应的补充责任。"这在法律层面明文规定了安全保障义务。

虽然法律条文中明确提到安全保障义务，但安全保障义务的概念在学术界定义

---

① 参见廖丰：《新浪微博首次实现盈利》，载《京华时报》，2014-02-26。

不一。笔者认为在众说纷纭的安全保障义务中,张民安教授认为的"所谓的安全保障义务,是指行为人如果能够合理地预见他人的人身或者财产正在或者将要遭受自己或者与自己有特殊关系的他人实施的侵权行为或者犯罪行为的侵害,即要承担合理的注意义务和采取合理的措施,预防此种侵权行为或者犯罪行为的发生,避免他人人身或者财产遭受损害"①,对经营者应承担的安全保障义务的具体要求作了比较合理的界定,那就是要承担合理的注意义务和采取合理的措施,否则就要承担他人侵权所带来的责任。

在莫衷一是的经营者承担的安全保障义务是因侵权还是违约的观点中,大多数学者持法定义务说即经营者承担安全保障义务是因侵权,是法定责任——要求经营者对不因他们的过错造成的损失承担责任,这是否合理和公平呢?

安全保障义务始于德国,我国学者习惯称德国的安全保障义务为"一般注意义务"。安全保障义务最早被提出是在德国法院审判的"枯树案"的判例中,该案件经过三审审判,法院最终认为树的所有人或占有人一般应具有注意义务,应管理树木避免其对他人造成损害,任由树木倒下而导致他人损害是一个违法的不作为。

在德国著名的"兽医案"中,屠夫因为宰杀患病的牛而感染了病毒,他以兽医没有在他宰杀患病的牛时警告可能存在感染病毒的风险为诉讼理由将兽医诉至法院。帝国法院的判决理由认为:"任何从事特殊职业活动并服务于公众者,承担一种责任,即当行使职务时,应担保一个事物井然有序地进行。通过这种职业活动或营业活动,将促使产业具有特殊的一般法律上的义务,人们可以统一称之为'一般安全注意义务'。"② 自"枯树案"以来,一般安全注意义务的内容和含义已随着社会的发展不断更新和扩展,成为侵权法上的一项重要义务。③

---

① 张民安:《人的安全保障义务理论研究——兼评〈关于审理人身损害赔偿案件适用法律若干问题的解释〉第六条》,载《中外法学》,2006(6)。
② 温世扬、廖焕国:《侵权法中的一般安全注意义务》,载王利明主编:《民法典责任法研究》,101页,北京,人民法院出版社,2003。
③ 参见温世扬、廖焕国:《侵权法中的一般安全注意义务》,载王利明主编:《民法典责任法研究》,101-104页,北京,人民法院出版社,2003。

古罗马法的报偿理论认为"谁享受利益谁就应当承担风险",按照收益与风险一致的原则,从危险源中获取经济利益者也常常被视为具有制止危险义务的人。① 因为事故是在追逐利益的过程中产生的,而获取利益就应当对形成的风险负责。② 经营者积极履行安全保障义务,使消费者更多地停留在已建立的消费环境中,经营者是最终的受益者,而支出的成本通常是通过保险或提高服务费用的方式转嫁到消费者身上,经营者并没有受到损失。并且,从实际出发,相比消费者这个弱势群体,经营者确实更有能力借助对服务设施、服务场地以及相应管理法规的了解规避风险。③ 基于此,经营者为了自身的持续经营,立法者为了社会公平正义,都在要求经营者承担安全保障义务。

经营者在传统领域应该承担安全保障义务,那么随着"互联网+"时代的发展,经营者是否在互联网领域也要承担安全保障义务(或一般注意义务)呢?

答案是肯定的。在互联网的自媒体领域,自媒体平台是经营者,理应在其经营场所——整个自媒体网络平台承担安全保障义务。但自媒体网络领域又不同于传统领域,因为在自媒体平台上自媒体发布信息具有自发性、即时性的特点,使自媒体平台对信息无法像传统的报纸、杂志、广播、电视节目一样进行事先审查,对损害的发生做到防患于未然。很显然,如果要求自媒体平台负这样一种事先审查义务也是不公平的,但自媒体平台应负有一种"治理义务",这也是与《侵权责任法》第36条第3款——"知道条款"的要求相符合的。

《侵权责任法》第36条第3款规定:"网络服务提供者知道网络用户利用其网络服务侵害他人民事权益,未采取必要措施的,与该网络用户承担连带责任。"对该条款"知道"的含义学术界有不同的理解,主要有三种观点:多数学者主张将"知道"

---

① 参见[德]克雷斯蒂安·冯·巴尔:《欧洲比较侵权行为法》,下卷,26-27页,北京,法律出版社,2002。转引自宋宗宇、冉睿:《论经营者的安全保障义务——由"哭泣的上帝和尴尬的仆人"引发的法律思考》,载《上海经济研究》,2008(1)。

② 参见王利明:《侵权行为法归责原则研究》,140页,北京,中国政法大学出版社,1996。转引自宋宗宇、冉睿:《论经营者的安全保障义务——由"哭泣的上帝和尴尬的仆人"引发的法律思考》,载《上海经济研究》,2008(1)。

③ 参见屈茂辉、杨欢:《旅馆安全注意义务若干问题研讨》,载《民主与法制》,2005(5)。

解释为"明知"①;也有学者认为"知道"包括"明知"和"应知"两种情况,但是需要法官在操作层面区分不同的标准予以判定②;还有学者提出将"知道"解释为"推定知道"或者"有理由知道"③。笔者认为,这里有关"知道"的解释可以参照美国"红旗原则"中的规定:如果侵犯信息网络传播权的事实是显而易见的,就像是红旗一样飘扬,网络服务商就不能装作看不见,或以不知道侵权事实为理由来推脱责任。如果在这样的情况下,不移除链接的话,就算权利人没有发出过通知,我们也应该认定这个设链者知道第三方是侵权的④,这个原则更好地保护了权利人的权利,保护了社会的普遍正义。"红旗原则"在保护权利方面产生的巨大有利作用说明,法律对自媒体平台不应该只有"通知—删除"义务的要求,还对其有"治理义务"的要求。如果法律要求自媒体平台承担"治理义务",那么《侵权责任法》第36条第3款"知道"的含义就蕴含着"应知"的意思。

(三) 自媒体平台承担责任的积极意义

1. 自媒体平台具有"治理义务",承担责任是社会公共利益的要求。大约17世纪始,公共利益即取代"共同善"成为法律和政治共同体讨论中的关键词,其主要含义有:一是将它作为平衡多方利益关系、实现和平公共秩序的一种诉求;二是对个体私人利益的促进和保护,即主观为己,客观利公。⑤ 自然法学派法学家们提出"社会契约论",人具有自然权利,但为了维护权利,每个人需让渡出部分权利,形成社会契约,协议组成国家。著名的自然法学家霍布斯说,自由本来是人类的天然状态。而最自由的人,就是伊甸园中的亚当和夏娃。但是,霍布斯又说,根据"自由"的这一定义就会知道它基本上是不可能的。因为没有一种人的自由不会受到某种限制,无论这种限制是天然的还是人为的。他说,就连最自由的亚当和夏娃事实

---

① 参见王利明主编:《中华人民共和国侵权责任法释义》,135页,北京,中国法制出版社,2010。
② 参见王利明主编:《中华人民共和国侵权责任法释义》,185页,北京,中国法制出版社,2010。
③ 参见奚晓明主编:《〈中华人民共和国侵权责任法〉条文理解与适用》,北京,人民法院出版社,2010。
④ 美国1998年制定的《数字千年版权法》。
⑤ 参见郑传东:《现代行政伦理视角下的公共利益探析》,载《前沿》,2005 (5)。转引自余少祥:《论公共利益的行政保护——法律原理与法律方法》,载《环球法律评论》,2008 (3)。

上也受到了上帝的限制，因为上帝不许他们吃知识之树的果子。也就是说，国家为了社会公共利益，会把社会的普遍利益要求上升为法律来维护大多数人的利益，就如我国学者张千帆说："公共利益是包括私法在内任何法律的追求目标，因为法律作为一种由公权力产生的统治社会的'公器'，必然以公共利益为归属""在现代民主国家，任何具有正当性的法律都必须是为了社会的'公共利益'，而不是为了任何特定私人的利益而制定的。"① 而社会成员不能背离其在国家形成之初所缔结的"社会契约"，应该维护这种公共利益。

那么，作为社会成员和法律主体的自媒体平台，也就应该来维护社会公共利益，在其所经营的平台上承担"治理义务"这样一种社会责任，维护社会普遍的公平和正义。这样建立一个公正有序的社会环境，也有利于自身权益的维护。

2. 自媒体平台具有"治理义务"，承担责任是互联网法治体系构建的必然要求。随着"互联网+"时代的发展，人类的经济结构和社会结构也在发生变革，新的社会问题的产生就会对传统的法律制度造成极大的冲击，带来新的法律问题。面对社会发展提出的这一新的挑战，"如何加强网络法制建设和舆论引导，确保网络信息传播秩序和国家安全、社会稳定，已经成为摆在我们面前的现实突出问题"②，互联网法治体系构建势在必行。

要构建互联网法治体系，就要充分认识到，"随着互联网特别是移动互联网发展，社会治理模式正在从单向管理转向双向互动，从线下转向线上线下融合，从单纯的政府监管向更加注重社会协同治理转变。……要强化互联网思维，利用互联网扁平化、交互式、快捷性优势，推进政府决策科学化、社会治理精准化、公共服务高效化，用信息化手段更好感知社会态势、畅通沟通渠道、辅助决策施政"③，在互联网法治体系构建时要注重线上治理，将政府监管和平台治理责任相结合，才能有效地解决大规模网络侵权等互联网发展带来的问题。

针对营造良好的网上舆论氛围的问题，习近平强调"网上信息管理，网站应负

---

① 张千帆：《"公共利益"的构成》，载《比较法研究》，2005（5）。
② 习近平：《关于〈中共中央关于全面深化改革若干重大问题的决定〉的说明》。
③ 《习近平在中共中央政治局第三十六次集体学习时强调　加快推进网络信息技术创新　朝着建设网络强国目标不懈努力》。

主体责任，政府行政管理部门要加强监管"①。不论是对互联网发展中因网上言论自由、信息传播而引起的网上舆论氛围问题，还是因网上言论自由、信息传播而引起的侵权等其他问题，在公法层面上有综合性义务的网络平台，都有治理的必要性和有效性。

自媒体平台作为网络平台的一种，其承担"治理义务"的意义是不言而喻的。做好自媒体平台责任制度设计，有利于互联网平台责任制度的建立健全，也就有利于互联网法治体系的构建。

3. 借鉴欺诈行为侵权救济的立法经验，治理互联网领域遍地欺诈的现象。现代民法中，通常将法律行为制度中的欺诈与侵权法上的欺诈进行区别。法律行为制度中的欺诈行为是指故意陈述虚假事实或隐瞒真实情况，使他人陷于错误认识而为意思表示的行为。这一法律抽象表明：损害后果及其补救问题并不在法律行为制度的考虑之列，此种欺诈行为并不产生民事责任。而侵权法上的欺诈行为本质上属于一般侵权行为。② 在多数大陆法系国家，侵权法上的欺诈行为是指行为人"通过欺骗或隐瞒等手段"故意从事的"不法侵害他人生命、身体、健康、自由、所有权或其他权利者，对被害人负赔偿损害"责任的行为。③ 由此可见，侵权法上欺诈的构成比法律行为制度中的构成要严格，而且行为人在法律后果上需承担相应的赔偿责任。从司法实践来看，侵权法上的欺诈行为在内容上具有更广泛的包容性。④ "构成侵权行为之法律事实，得为事实行为或为意思表示。然侵权行为，非以意思表示为不可缺之要素，而意思表示亦非以侵权行为之效力为其内容。侵权行为之效力，非基于行为人之意思表示，乃依法律之规定而发生，故此时侵权行为并非法律行为，不过包含法律行为之法律事实而已"⑤，也就是说，侵权行为法所规定的欺诈不需要以当事人意思表示为成立要件，而是着眼于受害人权利的救济、侵权人责任的承担。

---

① 习近平：《在网络安全和信息化工作座谈会上的讲话》。
② 参见董安生：《民事法律行为》，110页，北京，中国人民大学出版社，2002。
③ 参见《德国民法典》第823条；[德]科勒：《德国民法典·总则》，145-149页，转引自董安生：《民事法律行为》，110页，北京，中国人民大学出版社，2002。
④ 参见董安生：《民事法律行为》，北京，中国人民大学出版社，2002。
⑤ 史尚宽：《债法总论》，119页，北京，中国政法大学出版社，2000。

在匿名言论、遍地欺诈的互联网领域完全可以借鉴这种欺诈行为侵权救济的立法经验，不需要当事人之间的意思表示互动，只关注受害人权利的救济、相关责任主体责任的承担。这种立法经验在缺乏意思表示互动的自媒体领域对被侵权人权利的救济尤其适用。

五、代结语：自媒体平台责任设计中的利益平衡

值得说明的是，自媒体平台责任的设计是一个十分复杂的法律问题，其中核心的问题是相关利益方的利益平衡。当前，商业主体出于市场竞争的考虑以及对成功的商业模式的借鉴，各种虚拟的自媒体平台如雨后春笋般出现，政府应当如何在发展新型产业、保护人们交往自由和言论自由以及保护受害人等方面作出恰当的平衡殊非易事。在自媒体平台责任的设计中，我们首先要考虑具体当事人的个体利益、社会群体利益、社会公共利益等不同的利益需求。其次，我们要从制度层面分析制度设计本身的利益特征，正如有学者所指出，法律制度是理性构造的产物，也是利益平衡的产物。法律是社会中各种利益冲突的表现，是人们对各种冲突的利益进行评价后制定出来的，实际上是利益的安排和平衡。

因此，在对自媒体平台责任设计中，要兼顾个体利益、社会群体利益、社会公共利益，也要兼顾自媒体产业的创新和发展，让自媒体侵权领域的各主体承担合理适度的责任。

第二编
个人数据保护

数据的权利化困境与契约式规制

张 阳[①]

大数据时代背景下数据价值日益凸显,数据交易渐趋普遍,对数据赋权的主张多有显现。然而,数据客体特定性、独立性的缺失及主体分散化、多元化的杂糅使得数据财产权难以证成。再加上高昂的数据权利界定成本和数据权利化后面临的诸多窘况更加剧了数据权上升为法定权利的难度。现实复杂的数据纠纷急需法律的因应调适,既有数据利益亟待制度的稳定保障。在数据无法权利化的情形下,从事前"权利范式"规制转向事后"关系范式"调整,逐步构建起以契约式规制为核心、以代码技术调整和侵权责任法救济为辅助的数据纠纷化解路径,未尝不是一种可行选择。

随着信息技术的革新及财产观念的变迁,信息的数据化表达成为可能,数据价值日益凸显。近年来"云计算""物联网"和"大数据"的迭出交融,更为数据发展勾勒出美好前景。数据的财产化趋势加紧,交易发展势头迅猛。然而,喜人态势的背后却暗含法律调适的两难困境。数据法律属性不清、权属模糊、交易失范等问题使得数据危机四伏,亟待法律回应与规范。当前数据纠纷主要存在三种类型,即与

[①] 张阳,山东日照人,武汉大学法学院经济法专业2014级硕士研究生,研究方向:金融法。

数据生成、转译、传输、存储相关的内在纠纷;第三人侵入、复制、传播、删除数据所引发的侵权纠纷;以及数据权属交割不明导致的交易纠纷。现有立法对数据属性缺乏明确界定,对纠纷解决力有不逮。《中华人民共和国民法总则(草案)》对数据信息写入又移除的矛盾态度也昭示数据定性上的困境。学术界对于数据纠纷解决提出了以"数据=信息+信息赋权"为核心的事前调适机制。但数据并不等同于信息,且对数据赋权的模式极易限制数据交易模式创新,不利于大数据交易产业的创新发展。莫不如从事后调整角度出发,构建起以契约式规制为核心、以代码技术及侵权救济为辅助的数据纠纷化解路径。

一、数据与信息:媒介与本体的二维剖析

20世纪40年代以来,计算机的出现与普及使人类社会逐步进入网络时代。在现实物理世界之外,又出现了平行的虚拟网络空间。然而囿于法律的滞后属性,诸多新型网络财产在法律上难以得到适当解释。当前互联网领域权益保护主要沿信息脉络展开,拓展出网络隐私权、个人信息权、信息财产权等多个热点领域。现有的立法[①]及理论研究[②]大多将数据等同于信息,信息的财产化讨论极为热烈,但是作为计算机和网络技术基石的数据却鲜有人问津,脱离人格权或个人信息保护语境下的数据更是面临法律调整的真空窘境。数据的本质被漠视,然而数据不能简单地等同于信息,在对数据进行权利推演之前,需要厘清其与信息的差异,避免落入同质化分析的窠臼。

[①] 国内立法尚未出现"数据"题文的法规文件,即使涉及电子数据,也多为信息他称或证据形式。境外立法虽名含"数据",实为"信息"立法,如欧盟议会95/46/EC号《数据保护指令》(*The Data Protection Directive*)、英国《数据保护法》(*Data Protection Act*)、我国香港地区《个人数据条例》(*Personal Data Ordinance*)、我国台湾地区"计算机处理个人数据保护法"(*Computer Processed Personal Data Protection Law*)。

[②] 学术研究中大多用"信息"取代"数据",少数文章题为"数据",实际内容也多为"信息"分析。如肖冬梅:《数据权谱系论纲》,载《湘潭大学学报》(社科版),2015(6)。即使数据一词贯穿全文,但实际仅为信息权利的谱系划分。

(一) 数据的界定：内涵及特征

数据并非法学词汇，目前业界尚未对其内涵达成统一共识。网络语境下的数据，实际上应限于电子数据（*electronic data*），即在计算机及网络中流通的以二进制数字代码"0"和"1"组合而成的比特流。[①] 一方面，电子数据不同于纸面数据。纸面数据依托物理介质，电子数据则存在于计算机系统内；纸面数据可显示为任意的数字、文字、符号组合，电子数据则必须用"0"和"1"数字表示。另一方面，电子数据又与文字、声音、图画、视频、多媒体等形式显现出的信息（*information*）不同。数据是信息传播的媒介，信息则是数据的价值所在。不同信息均可在计算机系统内以电子数据的形式予以表达。以数据生成、传输流程为例，如图1所示，首先在计算机终端设备（PC、手机、平板等）的应用层输入形式各异的信息，信息经代码转译以电子数据报文的形式在计算机系统内逐级传递，经表示层、会话层、传输层、网络层、数据链路层层层加密、分拆，完整的数据被依次切割为数据段、数据包、数据帧，最终在物理层以比特流的形式加以呈现，进而通过电子信号经网络传输介质（如光纤、电缆、电磁波等）以单一比特的形式逐一发送至对方终端设备，经对方计算机物理层接收后，逐级逆向拼接、组合、封装及解压，最终在接收方应用层以信息形式展现。这种"人（信息）→机（数据）→人（信息）"的转换链条，实现了信息在发送方及接收方间的无缝对接。

由于计算机技术和网络架构原理的特殊性，流通于网络空间的数据有其独特属性。具体而言，较于纸面数据及信息，电子数据有如下四方面特征：首先，数据必须是计算机能够识别的形式（*computer-processable*）。[②] 计算机利用电压变化形成的电信号进行指令传输，而电压有正（用"1"表示）负（用"0"表示）之分，因而数据组合只有用"0"和"1"数字进行表示方可被计算机解译。其次，数据必须依赖物理载体而存在。数据以比特流形式显现，本身是无形的，只能依附于电脑终端、

[①] See Joshua Fairfield, "Virtual Property," *Bosten University Law Review*, 2005, pp. 1049-1050; 梅夏英：《数据的法律属性及其民法定位》，载《中国社会科学》，2016（9）。

[②] See Jerry Kang, "Information Privacy in Cyberspace Transactions," *Stanford Law Review*, Vol. 50, 1998, p. 1206.

服务器、存储设备等通信介质进行生成、流动和存储,一旦脱离相关载体,数据将无法显现。再次,数据仅能在计算机系统和网络中"闭环式"(closed-loop)流动。数据无法与其他媒介发生物理性关联,如运行于计算机中的电子数据无法与纸张介质发生直接接触,其只可在"封闭"[①]的计算机环境中进行同质性数据传输与交换。最后,数据依靠代码进行内部自我规制以及外在信息的转换。从系统内部看,代码是互联网架构的中心支柱。因为代码的存在,计算机系统可实现有序地自动运行。从系统外部看,数据以代码为转译桥梁实现相应的信息显示功能。如果代码缺失,数据将只是工具,仅是中立性载体,难以实现其所蕴含的信息价值。[②]

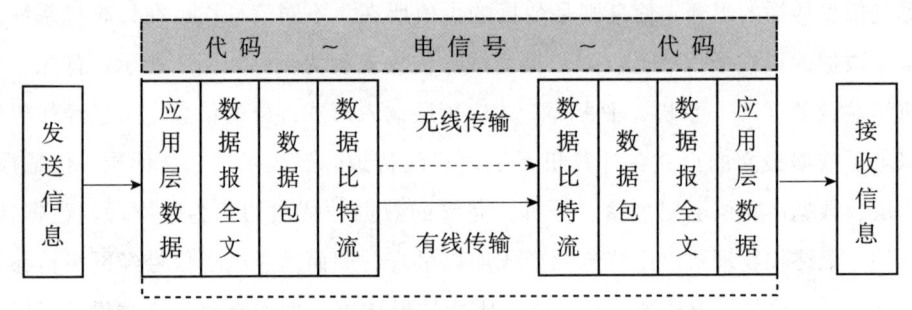

图1 信息与数据在计算机系统中的转换过程

(二)数据与信息的区辨:形似而质异

虽然数据的特征很明显,但由于网络时代信息传输依赖电子数据,二者高度融合,无论学术研究抑或实践立法,"信息"与"数据"极易发生混同。究其原因:一方面,数据与信息虽客观存在,但不具可触可感的物质形态,只能通过抽象的思维方式予以认识。不具质量、不占空间的特性使对二者的利用不是通过物理控制,而是通过获知认识,这无疑为二者的区辨增加了难度。另一方面,数据与信息在二进制代码联结下可一一对应。不同于传统纸媒与信息本身的割裂,以电子形式存在的

---

① 此"封闭"意在说明数据运行存有界限。封闭并不意味内在空间狭小,实际上在信息技术高度发展的当下,计算机网络体系几乎可以覆盖一切生活空间。

② See Jeanne Carstensen, Berkeley Group Digs in to Challenge of Making Sense of All That Data, N.Y. (Apr. 7, 2012), archived at http://perma.cc/8E2J-994K/.

数据与信息具有高度对应性。计算机电子传输与逐级转译的技术特性使得数据既可为信息数字化媒介同时又可直接显现为信息本身，数据和信息在内容层面上的交织进一步增加了二者混淆的可能性。

然而，信息与数据物理形态的相近并不意味着二者的趋同。实际上无论从形式抑或实质层面考量，双方差异都较为明显。形式上，信息显现方式渐趋多样，既可通过传统纸质媒介（图书、报纸、杂志）表现，亦可通过电子数据方式（广播、电视、网络）传播；不仅有声音、文字的呈现，还有图像、视频等多媒体形式的表达。数据作为技术媒介，只是信息表达的方式之一，其外延远小于信息。信息可以穿梭于物理世界与虚拟空间，而数据只能在计算机网络系统中存在。[1] 实质上，信息的核心要义是本体内容，而数据则更多地指向表现媒介。[2] 法律意义上的信息是满足特定条件的符号系统，其作为人类认识的独立对象，必须是具体的、可被描摹的存在，而不仅仅是对物理世界的表征。[3] 实现信息价值需要借助于载体，但信息内容与载体无关，不会因传送媒介的不同而发生任何改变。例如《俄罗斯信息、信息化和信息保护法》就在其第2条中明确界定"信息是关于人、物、事件、事实、现象和过程的与表现形式无关的知识"[4]。此外，美国传播学研究者Ogden和Richards提出的"信符关系"理论更为我们厘清数据与信息的差异提供了思路。他们认为，认识信息问题离不开"能指"（*reference*）、"所指"（*referent*）和"符号"（*symbol*）。"能指"是信息的内容，即信息中蕴含的意义或思想；"所指"是信息表征的客观事物；"符号"是用于将"能指"与"所指"联系起来的信息表现形式。[5] 信息本身由"能指"和"所指"组成，数据则是"符号"的一种。进言之，内容才是信息的根本所在，数据仅仅是信息的物理依托。

---

[1] See Vigo, R., Complexity over Uncertainty in Generalized Representational Information Theory (GRIT): A Structure-Sensitive General Theory of Information. *Information*, Vol. 4 (1), 2012, pp. 1-30.
[2] 参见张阳：《大数据交易的权利逻辑及制度构想》，载《太原理工大学学报》（社会科学版），2016 (5)。
[3] 参见李晓辉：《信息权利研究》，16-17页，北京，知识产权出版社，2016。
[4] 陆小华：《信息财产权——民法视角中的新财富保护模式》，61页，北京，法律出版社，2009。
[5] 以"桌子"这一语言信息为例，它的"能指"是抽象的桌子；它的"所指"是一种有腿支撑的、上面是平板、可以放置物品的家具；它的符号则就是"桌子"这两个汉字。参见李晓辉：《信息权利研究》，25页。

(三) 数据的价值实现方式

数据只是一种传播媒介，其本身没有独立的经济价值，但是数据所承载的信息或者说数据与信息的结合则使数据具有一定的利用价值。数据的价值体现为其所承载的信息所蕴含的使用价值与有效流通带来的交换价值。① 首先，数据持有人可通过对所掌握的数据进行挖掘、整理，产生有效统计结果或带有个人偏好的结论，进而通过数据再利用、重组和拓展，指导网络经营商进行后续商业决策、精准投资。② 其次，该利用价值也可体现为"他用"交易，即将数据作为"财产"在数据交易中实现信息与货币的交换。

在20世纪中叶网络尚未产生前，信息生成与数据转译存有时间差。只有先生成信息，才可凭借媒介予以显现、传输。互联网技术的出现则打破了传统信息先于数据（媒介）存在的状态，网络具有通过数据产生信息的功能，使得载体意义上的数据与本体层面的信息可转瞬"相互转换"。数据与信息能同步转译，例如，在网上购物时，消费者的目的是购买商品，但基于计算机及时存储和记录分析的特性，购物行为记录在消费者点击鼠标的同时产生。这些数据仅是计算机网络同步技术使然，出乎消费者的主观目的。随着网络和计算机技术应用的普及，海量行为数据得以产生并被记录，基础数据量呈指数级扩张，数据利用价值日益凸显。③ 2013年以来大数据产业链的兴起更是将数据的价值利用推向新高潮。2015年国务院出台的《促进大数据发展行动纲要》和党的十八届五中全会在"十三五规划"中提出实施"国家大数据战略"的举动，又从政策层面为数据发展提供了稳定背书和远期利好。市场的巨大需求和政策的因应保障为数据的价值实现提供了良好契机。据《2016年中国大数据交易产业白皮书》不完全统计，2015年我国大数据相关交易规模为33.85亿元，预计到2016年国内大数据交易市场规模将达到62.12亿元，2020年将实现550亿元

---

① See Amy Affelt, "Big Data, Big Opportunity", *Australian Law Librarian*, Vol. 21, No. 2, 2013, p. 78.

② 参见 [英] 维克托·迈尔-舍恩伯格、肯尼思·库克耶：《大数据时代——生活、工作与思维的大变革》，盛杨燕、周涛译，127-128页，杭州，浙江人民出版社，2013。

③ 据《2015年中国大数据交易白皮书》称，2013年全球数据达到3.5ZB，2020年将增至44ZB。

的目标。① 数据已成为现实生活中重要的"财产"形态,为数据赋权的声音逐渐显现。

二、权利化困境:数据财产权的证成掣肘

对数据的利用能够产生巨大的经济利益,但经济利益未必来自财产权,权利和经济利益并没有必然对应关系。② 当前我国市场经济处于深入转型期,新型财产形态层出不穷,罗纳德·德沃金(Ronald·M·Dworkin)所称的权利泛化问题在我国渐趋显现,其中以财产权泛化问题最为突出。③ 具体到数据领域,数据权利化观点居主流,其中尤以数据财产权化最为普遍。大多学者从数据利益出发论证数据财产权的正当性,部分学者甚至构建起了数据权谱。④ 然而,在对数据法律属性尚未提炼和澄清前就过分追求数据权利化的理论自洽,短期内貌似因应了实践问题,实则不利于数据交易秩序的建立和数据相关人利益的保护。数据能否权利化,要进行审慎的逻辑证成。实际上,无论是正向演绎论证,抑或反向假设推演,数据权利化进路障碍重重。

(一)客体特定性和独立性的实质缺失

"民事权利是一种国家保障的可能性,依这种可能性,权利主体可以进行一定的行为或要求别人为一定的行为,以满足自身的利益需求。"⑤ 权利的本质是主体的自由意志。但自由意志过于抽象,有必要从外部引入客体要素使权利予以显现。权利客体就是权利的外部体现,它以一个相对固定的方式将权利确定下来。探讨数据的权利化问题,可从权利客体角度切入。按照我国通说,民事法律权利包括物权、债

---

① 《2016 年中国大数据交易产业白皮书》,见 http://www.gbdex.com/website/,2016-11-09。
② 参见梅夏英:《数据的法律属性及其民法定位》,载《中国社会科学》,2016(9)。
③ 参见钟丽娟:《德沃金权利论解读》,载《山东社会科学》,2006(7)。
④ See Thomas M. Lenard, Paul H. Rubin, "Big Data, Privacy and the Familiar Solutions", *Journal of Law, Economics & Policy*, vol. 11. 1, 2015, pp. 1-15;王玉林:《大数据的财产属性研究》,载《图书与情报》,2016(1);肖冬梅:《数据权谱系论纲》,载《湘潭大学学报》(社科版),2015(6)。
⑤ 佟柔:《中国民法学·民法总则》,66 页,北京,中国人民公安大学出版社,1990。

权、知识产权和人格权，其客体分别为物、行为、智力成果与人格利益。① 就数据而言，数据所承载的信息可能涉及人格权利益，但是数据本身作为"0"和"1"的组合并不涉及人格利益，更不可能涉及行为给付。从现有权利客体架构来看，数据最可能被契入物权或知识产权体系。

那么，何谓物权的客体，数据能否成为物权的客体呢？王泽鉴先生认为，"法律将特定物归属于某权利主体，由其支配享受其利益并排除他人对其支配领域的侵害或干预，此为物权本质所在"②。物权以"物"为客体，一般认为"物"系指"人的身体之外，能为人力所支配，具有独立性，能满足人类社会生活需要的有体物及自然力"③。作为物权客体的"物"必须具备物权的权利特征，即具备基本"物格"，满足特定性、支配性及排他性特点。④ 此外，依据我国《物权法》第2条第3款，物权是指权利人依法对特定的物享有直接支配和排他的权利，该法条所定义的"物"也具备上述三大特性。因此，数据若要成为物权客体，也必须满足特定性、支配性和排他性特点。

"物权作为一种支配权，必须以特定的物作为其支配的客体。这就要求作为物权客体的物必须是独立的、特定的。"⑤ 数据是由"0"和"1"所构成的二进制数字组合，形式上具备一定的特定性。但是二进制形式下的计算机数据缺乏辨识度，极易被复制或删除，稳定性的不足侵蚀了其特定性。并且数据只能存储于计算机网络系统，其价值实现依赖于代码、载体和其他诸多要素的配合，这种依附性特点决定其难以与他物划清边线，独立性不足。物权的支配性及排他性则是指"物权人得依自己意志享受物的利益，无待他人介入"⑥。数据具有无形的特点，民事主体对其支配主要体现为"感知"，支配力极为有限，难以实现完全控制。并且数据具有不可完全交割的特征，交易过程中在各个节点都可能有所留存，难以实现完全排他。因此，

---

① 参见温世扬：《民法总则中权利客体的立法考量——以特别物为重点》，载《法学》，2016 (4)。
② 王泽鉴：《民法物权》，37 页，北京，中国政法大学出版社，2001。
③ 王泽鉴：《民法物权》，52 页，北京，中国政法大学出版社，2001。
④ 参见杨立新：《物权法》，44-48 页，北京，法律出版社，2013。
⑤ 王利明：《论物权法中物权和债权的区分》，载《法学论坛》，2007 (1)。
⑥ 王泽鉴：《民法物权》，36 页，北京，中国政法大学出版社，2001。

数据难以满足物权特定性、支配性及排他性要求，无法成为物权客体的"物"。

那么，数据能否成为知识产权的客体呢？知识产权是指"人们对于自己的智力创造成果和经营标记、信誉所依法享有的专有权利"①。从宏观来看，数据与知识产权中的"智力创造成果"都是"非物质形态"的存在，都无法被"占有"，只可被"感知"②。智力成果的无形性、可复制性和非排他性等特征都可适用于数据，两者具有一定的相似性。但是，形似并不代表两者本质相同。数据的低辨识度和独特的价值实现方式决定其无法成为知识产权客体。③ 首先，数据辨识度较低，二进制的"0"和"1"数字组合确实可因段位区分和代码差异具有不同含义，但无论如何变化，相较于智力成果的创造性和新颖性，数据的可识别性较低。低辨识度的数据一旦被不法利用，难以被及时发现并给予有效的救济。"无救济则无权利"，救济的乏力使数据即使被赋权也难以得到有效的保护。其次，知识产权的价值在于对经济利用或流通的独占和垄断效益。④ 而数据价值则更多地表现为对潜在信息的挖掘分析，是帮助实现收益的价值工具，是"取得财产的资格和手段"⑤。知识产权客体价值在于智力创造"结果"，其本身就是价值所在，而数据价值在于工具性"利用"，其本身并无价值，价值在于操作控制及内容分析。数据与智力成果的内在差异决定了其无法成为知识产权的客体，即"智力成果"。

除了传统物权和知识产权外，近年来新型财产权利的提法层出不穷⑥，那么数据有无可能成为一种新型财产权利的客体呢？实际上，新型财产权仍属于财产权范畴，所谓的新型财产需要满足财产的基本属性，不能为了把一个新兴事物纳入现有法律体系而盲目扩大原有的权利客体范围。权利客体作为法学理论的基石，是由法律规

---

① 吴汉东主编：《知识产权法》，15 页，北京，北京大学出版社，2007。
② Jerry Kang, "Information Privacy in Cyberspace Transactions," *Stanford Law Review*, Vol. 50, 1998, p. 1204.
③ See Spinello, Richard A. "Intellectual Property Rights," *Library Hi Tech*, Vol. 25, no. 1, 2007, pp. 12-22.
④ 参见吴汉东主编：《知识产权法》，12 页，北京，法律出版社，2014。
⑤ Michael L Cargano, Bel G. Raggad, "Data mining - a powerful information creating tool", *OCLC Systems & Services*, Vol. 15, no. 2, 1991, pp. 82-91.
⑥ 新型财产权利只是概说，讨论大多集中于信息财产权、排污权、矿业权、虚拟财产权等权利的证成。较为全面的介绍详见周亮：《新型商事交易标的物的商法调整》，30-59 页，北京，法律出版社，2016。

范明文规定的，或包含在法律规范逻辑中的，或至少可从法律精神中推定出来的。新型权利客体主张不能与法律原则相左，与法律精神相悖。① 无论时代如何变迁，财产形态怎样变化，确定性、独立性和价值性是新型财产权客体必须具备的基本属性，三者缺一不可。② 数据是信息社会的重要资源形式，是对社会关系主体具有价值的"有用之物"，其虽基本满足客体价值性要求，但表征的无形性和载体的依赖性导致其客体确定性和独立性缺失，难以成为新型财产权利客体。

（二）主体分散化和多元化的杂糅迷思

权利主体是民法上权利的归属者，权利的主体为人，包括自然人及法人。数据赋权理论主张数据的权利化，尤其是财产权化。传统财产权理论的基石为物债两分法，物权指向特定的物，债权则指向特定人的给付，后续又出现了知识产权等无体财产。③ 无论是物权、债权抑或知识产权，权利主体的确定性都是基本要求。主体的确定对于权利的积极行使、利益的及时变现和责任的有效追究有着重要作用，可以有效避免公地悲剧。但就数据而言，数据以无形比特流的形式在网络空间交互流通，从其生成、传输到接收、存储，在各个站点与终端均有沉淀留存。且基于数据无形性和不可绝对交割性的特点，数据经复制、下载、传播后，会出现控制状态的"多元化"，数据发送方与数据接收方等相关利益主体均可控制同一数据，数据无法被"独自占有"④。数据的利益主体显现出分散化、共享化特点，难以契合权利主体的确定性要义。

在这种多主体"共享"数据的情形下，学术界关于"数据"归属争议颇多。有学者认为数据基础来源于原始信息人，信息与数据的对应关系决定了数据权利不能脱离信息权属范畴，数据权应赋予原始信息权利人。⑤ 部分学者认为在网络封闭环境中流通的数据，是控制人通过资本投入获得的，其价值在于"控制"本身，已与初

---

① 参见张文显：《法哲学通论》，227页，沈阳，辽宁人民出版社，2009。
② 参见刁芳远：《新型权利主张及其法定化的条件》，载《北京行政学院学报》，2015（3）。
③ 参见吴汉东：《论财产权体系——兼论民法典中的"财产权总则"》，载《中国法学》，2005（2）。
④ 梅夏英：《数据的法律属性及其民法定位》，载《中国社会科学》，2016（9）。
⑤ 参见张新宝：《从隐私到个人信息：利益再衡量的理论与制度安排》，载《中国法学》，2015（3）；史宇航：《个人数据交易的法律规制》，载《情报理论与实践》，2016（5）；王融：《关于大数据交易核心法律问题——数据所有权的探讨》，载《大数据》，2015（2）。

始信息并无瓜葛,数据权属应归控制人或数据投资人。① 个别学者则认为网络空间数据多样化,除个人数据外还有大量公共数据。公共数据兼具非竞争性与非排他性。从产权经济学视角出发,为促进公共数据利用、整合数据价值,应将公共数据的"数据权"赋予国家,权利主体则为"全体国民"②。上述争议观点集中反映了数据主体的不确定性。在此权利主体不明的情况下,若强行对数据赋权,不但不利于争议解决,反而可能引发更大的危机。

此外,数据还有原始数据(raw data)和衍生数据(derived data)之分。大数据环境下,更有单一数据(single data)和复合数据(compound data)之别。③ 数据在开放的网络空间跨国界流动,更是产生了"数据主权"的问题。随着计算机和网络信息技术的持续发展,数据量和数据类都将更为丰富。原始、单一的数据,其"权利"主体尚且难以确定,在衍生、复合数据面前,主体的不确定性更为凸显,数据的跨国流动更是进一步增加了数据权属界定的难度,因此,目前谈数据赋权未免为时过早。

(三)效率成本视角下权利界定的困局

从法学视角看权利构成要件,数据难以契合权利客体和主体要求。而从经济学效率成本角度分析,数据依旧面临权利界定的困局。囿于数据法理和法规的缺乏,数据法律定位不明,相关纠纷频频发生。在矛盾已陷入僵局的情形下,法律的积极"干预"是界定"产权"、化解纠纷的必要路径。事前的"财产确权"和事后的"责任规制"均为可选方案。④ "财产确权"方案强调立法预先明确数据权利主体、客体及内容。科斯(Coase)理论论证了财产权制度存在的必要性。科斯认为,当交易成本为零时,不论财产法对财产权是如何规定的,私人间的磋商可使资源得到有效利

---

① 参见王玉林:《信息服务风险规避下大数据控制人财产权利与限制研究》,载《图书情报知识》,2016(5)。
② E. Rose, "Data Users versus Data Subjects", *HICSS*, 2005, pp. 2-3.
③ See Austin Griffin, "Shy Godiva: Digital Likeness and the Personal Data Protection and Breach Accountability Act," *Wake Forest Journal of Business and Intellectual Property Law*, Vol. 15, No. 2, 2015, pp. 315-318.
④ 参见魏建、宋微:《财产规则与责任规则的选择》,载《中国政法大学学报》,2008(5)。

用。但是因为交易费用的存在，不同的权利界定和分配，会带来不同效益的资源配置，产权制度的设置是优化资源配置的基础，"权利界定是市场交易的前提，没有权利的初始界定，就不存在权利转让和重新组合的市场交易"①。但是，科斯定理片面强调产权界定的效益，却忽略了产权界定自身的成本问题。科斯之后，经济学家德姆塞茨初步揭示了产权界定的发生机理，他认为"新的产权的形成和界定是相互作用的，是人们对新的收益—成本的可能渴望进行调整的回应。当产权界定的收益大于界定的成本时新的产权就会得到界定"②。安德鲁及希尔则构建起了产权界定的成本收益模型，并认为只有在边际成本函数（MC）和边际收益函数（MR）交点之前，产权界定行为才是有效益的。③ 对于数据赋权，同样需要考虑成本效率问题。数据权利主体（权属）、客体（权体）和内容（权限）的模糊使得其权属界定本身将耗费巨大成本，且可能使确权成本趋近收益甚至大于收益。④

首先，确定数据权利主体需耗费高成本。"传统物"权利主体较易确定，且相关主体较少，利益较好协调，权属确定成本不高；而网络环境下的数据（尤其是大数据）主体难以明确，且人数众多，主体间利益权衡困难，权属界定成本较高。其次，界定数据这一权利客体也要承受高成本。"传统物"有体可触，且具备独立性和特定性属性，与其他权利客体极易区辨。然而，作为无形物的数据欠缺独立性和特定性，需凭借载体、代码的配合方可显现，进而被主体"感受认识"。低辨识度的数据极易与其他客体发生交织混同，客体范围的界定较为复杂烦琐。最后，明确数据权利内容需投入高成本。数据权利内容是"数据权"的核心，是"数据权"所指向的利益所在。"传统物"权利内容已被既有体系所囊括，如物权的占有、使用、收益及处分权能，调整"传统物"只需要在现有法律规范中选择适切内容即可。而"数据权"由于无法适应传统"财产权"的调整范式，其权利内容需要结合网络和计算机技术

---

① ［美］罗纳德·哈里·科斯：《企业、市场与法律》，盛洪等译，104页，上海，上海人民出版社，2009。
② 袁庆明：《新制度经济学的产权界定理论述评》，载《中南财经政法大学学报》，2008（6）。
③ See Anderson, T. L., Hill, P J. The Evolution of Property Rights: A Study of the American West, *Journal of Law and Economics*, Vol. 18, No. 2 1975, pp. 163-179.
④ 参见乔洪武、李新鹏：《权利界定、人性自私与交易成本约束》，载《天津社会科学》，2015（1）。

的特点,在传统权利内容的基础上进行"择取"和"新设",另辟新径无疑需要耗费更多成本。(详见表1)

表1 "数据"与"传统物"权利界定的成本比较

	主体(权属)		客体(权体)		内容(权限)	
传统 ("物")	确定、 人少	a ○	特定、有体 独立、可触	b □	清晰、完整 选择、已定	c □
新型 (数据)	不确定、 人多	na ○ ●	非特定、无形 非独立、感知	nb □ ■	模糊、残缺 组合、新设	nc □ ■

注:●+■+(■+■)="数据权"在主体、客体、内容界定时增加的成本。

从成本效益角度来说,数据赋权较"传统物"难度更大,需要付出的成本可能更多,"界定数据的成本甚至可能超出数据控制者受侵犯而承受的损失"①,轻谈数据赋权而罔顾成本效益也是不可取的。

(四)反向推演:数据赋权后相关问题检视

即使不考虑权利界定成本,排除其他法律争议,对数据进行赋权,那么赋权后仍然面临诸多棘手问题。

其一,赋权将导致真正网络虚拟财产与仅具网络化形态的不真正网络虚拟财产发生混同。② 真正网络虚拟财产仅存在于计算机网络,现实中并无对应物。而不真正网络虚拟财产则将网络作为工具,现实中存有对应物。前者如电子邮箱账号,后者如电子邮件。虽然账号和电子邮件均显现于计算机网络,本质是二进制代码"0"和"1"组合成的数据。但账号在现实中并无对应物,其价值实现来源于相关协议及操作行为;而电子邮件只是物理邮件在网络空间中的表达形式,其价值与权属由既有法律《宪法》《邮政法》等直接规定。二者差异明显,如果漠视其差异,仅依外在形式而断然赋予"数据权",会造成财产权属及权能混乱的局面。在本例中,一旦赋予数据权,电子邮箱提供者将对用户邮件享有控制式"所有权",而用户权利人仅对电子邮件具有阅读、转发、删除等具体权利。这种物化思维下的数据赋权将扰乱既有

---

① 梅夏英:《数据的法律属性及其民法定位》,载《中国社会科学》,2016 (9)。
② 参见刘明:《网络虚拟财产权利客体研究》,载《社会科学研究》,2015 (2)。

的法律体系和基本认知，不利于财产权的实质性保护。

其二，赋权无益于协调数据各方利益。法律对数据权的明定，并不一定利于数据纠纷的有效化解。当前我国数据产业初步发展，态势良好，但尚未稳定成熟，交易各方的合意安排可较为灵活地处理相关数据争议。在时机并不成熟的情形下，强行推出数据财产权，反而会压缩当事人交易的合意空间。这种以"法律先知"的姿态强行干预现实利益分配的做法，并不利于协调各方利益诉求，反而会激化矛盾，甚至酿成更多现实纠纷。

其三，赋权将不当扩大侵权责任的适用范围。从法律价值理念看，侵权责任法属于救济法，强调对受害人给予充分的救济。[1]数据财产权的确定可为受害方遭到第三人侵犯数据（如复制、删除数据）后的救济提供基本法律依据。然而，数据确权背后暗含"责任泛化"的危机。数据的无形、可复制和不可绝对交割的特点决定了其具有极高流动性。数据在计算机网络空间主要受代码控制进行相关传输，数据安全主要靠控制人的自我保障，较容易被他人有意或无意[2]地获知。而基于数据特性，获知即意味着获取，就有可能对数据权利人造成直接或间接损害，进而被追究责任。数据确权后，第三人"侵权"的法律风险大为增加。为免受追责，数据产业运作者不得不谨小慎微，减少数据挖掘和分析行为。长此以往，不利于互联网数据产业进一步创新发展。

三、契约式规制：数据交易纠纷化解路径

数据的权利化路径困难重重，以权利构造为基本进路的事前纠纷化解机制难以奏效。但随着数据经济的深入发展，数据纠纷必将增多，以大数据交易为代表的数

---

[1] 参见［德］克雷斯蒂安·冯·巴尔：《欧洲比较侵权行为法》，上卷，张新宝译，1页，北京，法律出版社，2001。

[2] 无意获取主要是"黑客"利用系统序列外的代码在计算机网络中游走，其在执行特定程序外"无意"获取系统内的相关数据。See Lawrence Lesser, *Code: And Other Laws of Cyberspace*, Version 2.0, New York: Basic Books, 2006, pp. 23-25.

据产业亟待制度规范。事前、事后规制均为纠纷解决路径，在此"权利缺失"的背景下，莫不如对传统契约式规制进行一定的理念调适及制度重构，使其产生新效用。

（一）契约调整数据交易纠纷的优势解构

"权利式规制"关注对客体"核心"和"边界"的严格界定，"契约式规制"则不再纠结于"客体"能否厘清，而是更为关注民商事纠纷中主体之间形成的法律关系，并通过一种"条件—后果"式的表述方式，描述在特定行为或状态条件下民商事主体间的强制分配关系。[①] 这种关注"法律关系"的调整路径在数据交易纠纷中有以下相对优势：一方面能够描述数据交易方复杂的交互关系，妥善处理各方利益诉求，寻得利益平衡的适切状态。数据交易一般涉及数据提供方、数据接收方和数据交易平台。除数据提供方与数据接收方存在数据买卖或数据许可等法律关系外，数据平台与数据提供方、数据接收方也分别存有委托、保管、居间等多层次法律关系。此外，数据提供方与数据源控制人、数据接收方与数据使用人亦存在利益分歧和纠葛。如前文所述，在数据价值日益显现、数据需求渐趋多样的情形下，脱离现实的断然赋权并不利于各方利益协调。通过契约安排使各方当事人在自愿协商基础上回到利益博弈的制度平台，在相对性法律关系中合理界定彼此权利义务，以对价支付的方式灵活化解利益冲突。另一方面，契约调整可以及时适应技术和市场环境变化，有效涵盖各种新型数据类型，规范日益多样化的数据交易行为。目前各种信息技术的叠加交融使得数据类型日益多样，交易模式不断创新。虽然赋权范式可以"通过权利标准化来减少交易信息成本"[②]，增强数据交易稳定性预期，但权利"核心"和"保护界"的确定会排挤概念边缘的存在，诸多新型数据无法被有效囊括到权利保护范围之内。而通过契约调整视野的转换，无论数据形态发生何种变化，数据交易行为都可被规范，以数据服务合同为核心的契约群能有力调试相关纠纷，具有较强的理论伸缩性和概念外延包容性。

[①] 参见申晨：《虚拟财产规则的路径重构》，载《法学家》，2016（1）。

[②] Tomas W. Merrill & Henry E. Smith, "Optimal Standardization in the Law of Property: The Numerus Clausus Principles." *The Yale L. J.* Vol. 110, 2000, p. 51.

(二）数据交易契约式规制的具体进路

数据交易架构既包括一般简明的基础性法律关系，又包括复杂灵活的衍生性法律关系。前者可依有名合同进行充分调整，后者则需要适当创新的契约解释予以规范。

1. 进路一：有名合同语境下数据交易的法律关系构建

当前实务中数据交易模式大致可分为离线交易、在线交易和托管交易三种。离线数据交易（*off-line transaction*）又称数据包交易，是指卖方将数据拷贝到交易平台，由平台转移给买方的交易形式。在线数据交易（*on-line transaction*），也称 API（*Application Programming Interface*）交易，是指卖方以数据调用接口的形式向买方提供所需数据。托管数据交易（*trusteeship transaction*）则指卖方将数据拷贝到交易平台，买方在交易平台提供的环境内使用数据，原始数据不发生转移的交易形式。① 三类交易模式均涉及三方主体，分别为数据提供方、数据需求方、数据交易平台。通过不同契约联结，三方主体能够有机共存。如图 2 所示，在交易平台的介入下，数据从"卖方"向"买方"流动，货币从"买方"向"卖方"转移。数据交易顺利开展至少需要三种基础性法律关系的构建。

数据提供方（卖方）与数据接收方（买方）之间权利义务在现有的民事合同体系内，应适用何种合同呢？有学者认为数据交易应被定性为买卖合同，只是买卖标的物为"特殊的数据"②；现实中数据交易所交易规则也多倾向于如此定性③，如《华中大数据交易平台规则（意见稿）》第 19 条规定中将数据提供方称为"卖方"，数据接收方称为"买方"，将数据交易定性为"数据与货币的交易行为"。然而，这种定性并不恰当。根据《合同法》第 130 条的规定，"买卖合同是出卖人转移标的物的所有权于买受人，买受人支付价款的合同"。买卖合同以特定的标的物为交易对象，这

---

① 结合实际交易规则《中关村数海大数据交易平台交易规则》《华中大数据交易所交易规则》整合归纳。
② 齐爱民、周伟萌：《论计算机信息交易的法律性质》，载《法律科学》，2010（3）。
③ 笔者统计了贵州大数据交易所、华中大数据交易所、长江大数据交易所、数据堂大数据交易平台、中关村数海大数据交易平台等数十家数据交易平台，这些交易平台均将数据交易定性为"买卖合同"。

种"物"需具备特定性与排他性特征，而数据无形性和低辨识度的属性使其无法被特定化。并且数据的非排他性导致数据交易的核心内容在于数据控制者的传送行为而非数据公示，数据分享行为不具有买卖合同中物的交付特点。此外，也有观点主张数据交易是一种许可使用①，数据提供方与数据接收方之间存在许可使用合同。该观点认识到数据不可绝对交割及主体分散多元的特点，具有一定合理性。但是如前所述，数据的本质是以"0"和"1"组合形成的二进制比特流，其缺乏创造性、新颖性，无法构成知识产权客体，并不具有"专属权"特征。故将数据交易定性为许可使用合同并不合适。

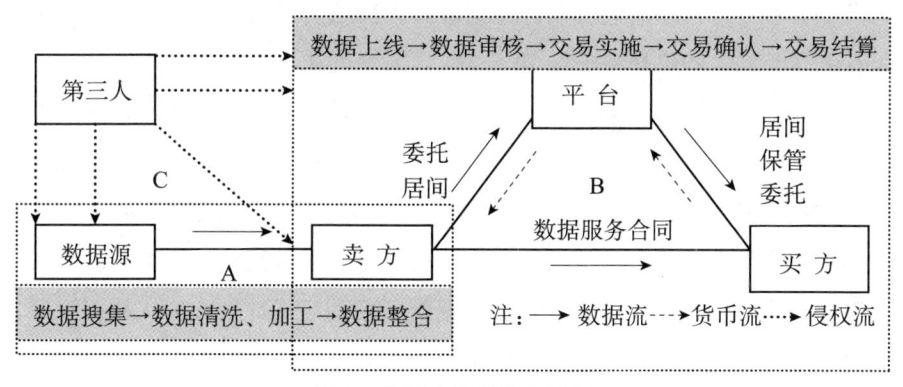

图 2　数据交易的核心链条

实际上，数据交易的核心不在于数据本身的"转让"或"排他性使用"，而在于数据控制者的数据传送行为，即数据控制者通过各种方式告知对方数据内容。笔者认为，数据提供方与接收方之间的权利义务关系应通过数据服务合同来调整，提供方提供数据服务、接收价金，接收方接受数据服务、支付价金。由于合同法分则中未有与之对应的有名合同，在具体适用时，这种"无名合同"应为合同法总则部分调整。同时，因为数据交易为有偿合同，根据《合同法》第 174 条，"法律对其他有偿合同有规定的，依照其规定；没有规定的，参照买卖合同的有关规定"。在数据服务合同在法律上尚付阙如时，数据交易行为可参照买卖合同予以调整。但"总则＋买卖合同参照适用"仅是权宜之计，建议在编纂民法典分则时，对服务合同进行体

---

① 参见秦珂：《大数据法律保护浅谈》，载《图书馆学研究》，2015（12）。

系漏洞填补,以"小服务主义"①为基本原则,在合同法分则中增加一类新型合同类型,即"数据服务合同",进而为数据交易相关方利益保护提供更为准确的法律依据。

数据提供方与交易平台之间应适用居间合同、委托合同的相关规定。依据《合同法》第424条,"居间合同是居间人向委托人报告订立合同的机会或者提供订立合同的媒介服务,委托人支付报酬的合同"。数据交易中,交易平台是联结提供方与接收方的信息中介,通过及时、动态地发布及传播各类数据,有效解决数据提供方与接收方信息不对称等问题。提供方与交易平台存在居间关系之事实,但是在现实交易中却未必会签订正式的居间合同。另据最高人民法院《关于适用〈中华人民共和国合同法〉若干问题的解释(二)》第2条,"当事人未以书面形式或者口头形式订立合同,但从双方从事的民事行为能够推定双方有订立合同意愿的,人民法院可以认定是以合同法第十条第一款中的'其他形式'订立的合同。但法律另有规定的除外"。根据数据提供方与平台之间的实质关系可以推定两者之间适用居间合同的相关规定。另外,在托管数据交易模式下,数据提供方与平台约定,提供方将数据包拷贝到交易平台进行展示,在接收方发起数据交易要约后,提供方确认数据要约,并向交易平台发出交易确认,交易平台遂向接收方开放相应数据端口使用权限,提供方向平台支付一定委托费用。在该模式下,提供方与接收方实质上存在委托关系,可以适用委托合同的相关规定。

数据接收方与交易平台之间应适用居间合同、保管合同及委托(支付)合同的相关规定。交易平台作为信息集散中心,为接收方与提供方合同的签订提供媒介服务,接收方按照约定向平台支付相应报酬,两者间存在居间关系之实质。在具体交易中,接收方可委托交易平台对价金按照约定方法进行保管,并在条件成就时将价金支付给提供方。② 这种价金托管支付行为涉及两种合同:一是保管合同,数据接收方将价金交付给交易平台后,由平台对该价金实施受托保管;二是委托支付合同,

---

① 小服务主义指在不改动现有合同法基本架构的情况下,对难以纳入现有服务合同类型或者纳入非常困难的服务类型作出具体规定。参见周江洪:《服务合同研究》,18-20页,北京,法律出版社,2010。

② 现有交易规则大多如此规定,如《中关村数海大数据交易平台规则》第31条规定:"买方……进行付费,交易平台对费用进行保管……交易确认后,平台向卖方支付相应费用。"

平台按照约定，在提供方将数据传输至接收方并经接收方确认后，将价金支付给提供方，或者未完成数据交易行为而将价金返还接收方。因此，平台与数据接收方之间的资金交割行为可以适用保管合同及委托合同的相关规定。

在现有《合同法》及其司法解释范畴内，数据交易三方主体间可以进行契约解构，适用委托合同、居间合同、保管合同等有名合同规定。数据提供方与数据接收方关系相对特殊，现有合同法分则没有对应规定，但可以适用合同法总则并参照买卖合同相关规定进行认定。从事后规制角度，当数据交易纠纷走上法律途径，法院可以适用现有《合同法》及其司法解释的相关规定对交易实质进行认定并解决相关争议。

2. 进路二：有名合同语境外数据交易关系的契约解释

随着数据交易的发展，交易结构将日益复杂，交易契约也将渐趋多样，既有的有名合同可能无法完全因应实践创新需求。在此情形下，需要对典型有名合同谱系之外的漏洞进行填补。理论上，具体填补路径有两条：一是在"类推适用"理念下，用契约法上的典型契约与任意规定加以套用；二是以"假设的当事人意思"为突破口，考虑交易过程与商业习惯等来做补充的契约解释。①

类推适用是"模拟推理"的法律解释范式，在大陆法体系主要是指法条的类推，即指将法律的明文规定，适用于该法律规定未直接加以规定但其规范上的重要特征与该明文规定者相同的类型。② 这种"类推适用"可在一定程度上填补法律空隙，为利益协调和纠纷化解提供法律依据。我国《合同法》亦有类似的"模拟推理"范例，例如《合同法》第124条规定"本法分则或者其他法律没有明文规定的合同，适用本法总则的规定，并可以参照本法分则或者其他法律最相类似的规定"。该法分则部分第174条、175条亦有有偿合同及互换合同参照买卖合同的表述。

但是"模拟推理是表明结论的方式，而非获取结论的途径"③，"类推适用"并非严格的推理形式，其既不像演绎的结论必然涵盖于前提之内，也不像归纳的命题之

---

① 参见崔建远：《合同法》，372-373页，北京，法律出版社，2010。
② 参见黄茂荣：《法学方法与现代民法》，393页，北京，中国政法大学出版社，2001。
③ Ronald Dworkin, *Justice in Robes*, Belknap Press of Harvard University Press, 2006, pp.69-70.

间带有某种规律。"类推适用"依相似特征提出类似处理方法，但何谓"相似"却难以准确界定，该方法存在内在局限性。就数据交易而言，数据交易相关方多元，利益多样，交易方式变化多端，契约安排相当丰富，不仅有上文所述的无名合同的解释问题，还存在一种交易合同兼具多种特性的情况，难以直接援引有名合同进行类比。在数据交易日益复杂的情况下，如果仅仅执着于模拟推理的思维，以"比对"有名契约预设的权利义务关系与当事人所约定的权利义务关系之方式来理解利益风险分配均极为复杂的数据交易契约，就只能是治丝益棼。①

"假设的当事人意思"强调"契约解释"应尊重当事人意思自治，参酌契约的缔约目的、交易过程、商业习惯，将各种无名契约视为单独的契约类型，置于广义的交易脉络下理解。② 我国《合同法》第125条第1款规定，"当事人对合同条款的理解有争议的，应当按照合同所使用的词句、合同的有关条款、合同的目的、交易习惯以及诚实信用原则，确定该条款的真实意思。"我国台湾地区"民法"第98条亦规定"解释意思表示，应探求当事人之真意，不得拘泥于所用之辞句"。但是该类规定均为原则性安排，缺乏具体的操作指引，难以为契约解释提供可操作性的可行方案。对此，美国契约法上的"假设性协议"（hypothetical bargaining）理论或可为数据交易的契约解释提供明晰指引。美国法律经济学家 Rorbet Cooter 和 Thomos Ulen 教授在2012年发表的《法律与经济学》一文中对"假设性协议"进行了充分论证，他们认为法院在进行契约解释的漏洞填补时需秉承两条"充分且必要"的原则：一是在该解释下契约当事人交易成本最小或趋于最小；二是上述方式是当事人在自行协商下会选择的漏洞填补方式。③ 这种思路不再纠结于当事人内在"意思表示"与外在"文义表达"何以优先考量，而是重点关注契约双方间利益的平衡。数据交易本身不涉及人格利益，其更多意义上乃"财产利益"的竞逐。契约方之间利益的平衡不能仅仅围绕法学概念作"凭空想象"，需适当引入经济分析工具，回归数据"商事交易"的实质，以"成本最小化"和"利益最大化"为契约解释的突破口。以"信

---

① 参见王文宇：《商事契约的解释——模拟推理与经济分析》，载《中外法学》，2014（5）。
② 参见王文宇：《非典型商业契约的漏洞填补——论任意规定与补充解释的择用》，载《月旦法学杂志》，2009（164）。
③ Robert Cooter & Thomas Ulen, Law and Economics, Pearson Prentice Hall, 2012, pp. 221-223.

息不对称"的经济学工具适用为例,无论是标准化数据交易还是定制数据交易,数据提供方往往掌握更多的与交易有关的信息,拥有话语优先权和操作引导的优势。处于信息劣势的数据接收方往往担心提供方利用信息优势损害其利益,或提供方数据不符合要求(如提供方数据不实、样本不全、来源不明),或接收方为适应提供方数据传输要求而被动投入过多"沉没成本"(如在数据 API 交易中,数据接收方需具有相应端口接入技术和设备支持)。即使双方达成看似"合意"且"文义清晰"的协议,但囿于彼此"信息力量"的悬殊,数据接收方往往被提供方"技术性隐瞒"或"选择性遗漏",进而导致后续经济利益受损。在此情形下,纠纷一旦发生,提供方不能以"营业自由"和"买者自负"为避责托词,契约解释要着眼于双方特殊的利益分配和风险规划,从双方预设利益出发,将更多的风险和责任划至数据提供方,进而减少双方交易成本,追求双方利益最优化状态。

总之,数据交易模式在不断创新,契约架构亦日益复杂。在既有的《合同法》有名合同无法因应实践创新需求的情况下,可以考虑相似法律关系的"类推适用"。但是"类推适用"有其局限性,鉴于数据交易的差异性特征,契约的选择与解释应当结合交易双方的交易目的及利益进行全面考量,在尊重当事人意思自治的基础之上,追求商事契约利害关系权衡后的最大经济利益,以完整诠释数据交易关系谱系。

(三)拓扑机制:代码技术与侵权法调适

除数据交易纠纷外,数据争端还涉及数据"本身"规范及数据"侵权"问题。单靠契约发力并不能有力化解数据交易外的其他类型纠纷,具体还需要代码技术的规范和侵权法的有机配合。

数据本身的生成、转译、传输及存储均依赖代码。数据天然地受代码控制,不服从任何脱离代码的人为干预。正如美国信息法学先驱乔尔·雷登伯格(Joel Reidenberg)所说,"在网络世界,代码就是法律"[①]。数据秩序的权利设计或利益分配,

---

① [美]劳伦斯·莱斯格:《代码2.0:网络空间中的法律》,李旭、沈朝伟译,6页,北京,清华大学出版社,2009。

都需要合适的代码来实现。法律并不能直接干预数据运行本身,在计算机网络空间,合同的明示约定远不及代码的自动调节有效。代码仿佛为网络空间设置了一道无形边界,现实法律对其望而却步,难以破界而入。事实上,代码并非完全不可控制,其编写修改受人的行为主导。而行为又为法律所调节,如此数据和法律也就有了联系的桥梁,即通过"法律—行为—代码—数据"这种间接联结关系来彼此影响。所以,在面对数据本身致使的争议(如数据传输进路差异、数据保密性欠佳、数据代码难以转译等)时,首先应尊重网络技术规则,以代码规范数据秩序。在代码亦存在问题时,再通过法律调整代码、设定行为来解决相关数据纠纷。

此外,数据被第三人不正当地复制、传播、删除等问题也多有发生,这些涉及第三方侵犯数据利益的行为(见145页图2C区),需从侵权法角度进行规范。由于数据兼具本体与载体的特性,对数据的侵犯往往涉及两个层面的损害救济。一方面,数据本体工具性与中立性的特征决定了数据本身只有"经济价值",数据侵"权"仅造成纯粹经济损失[①];另一方面,数据又是信息载体,其与信息一一对应的关系使数据上附着信息,对数据的复制、删除等行为同时也会损坏信息,进而造成其他损失。如数据被非法传播既可导致数据经济价值难以实现,又会造成数据上附着的信息被泄露,一旦信息涉及个人隐私,则会侵犯相关方个人隐私权。对于后者可依现行《侵权责任法》等相关法规予以救济,然而对于前者"纯粹经济损失"的追偿则面临诸多障碍。由于数据无法权利化,数据被侵犯后能否适用《侵权责任法》仍有待明确。《侵权责任法》第2条规定"侵害民事权益,应当依照本法承担侵权责任",依照通说,民事权益包括权利与利益。数据虽非权利,但亦属利益,看似纯粹经济损失也整体上被划入到法律保护的范围。但由于过于宽泛的文义表述,使可保护的纯粹经济损失范围缺乏明确的界限。在缺乏法律明文规定的情形下,利益界定依赖于法官解释,易致使法官滥用职权;同时,缺乏权利基础的"侵犯利益"导致纯粹经济损失范围过大,实际上易造成诉讼泛滥。[②] 随着网络争端日益高发,造成纯粹经济损

[①] 一般认为,纯粹经济损失是指"行为人的行为给他人造成的人身伤害和有形财产损害之外的经济损失",即它"并非由被害人所享有的人权或财产权受到侵犯而引起的"。

[②] 参见满洪杰:《论纯粹经济利益损失保护——兼评侵权责任法第2条》,载《法学论坛》,2011(21);梅夏英:《侵权法一般条款与纯粹经济损失的责任限制》,载《中州学刊》,2009(4)。

失的数据纠纷越发普遍。为了因应实践问题,亟须对《侵权责任法》进行解释性补充,以适应数据时代社会变迁的需求。具体而言,可参照《德国民法典》第823条第2款的规定,"违反以保护他人为目的法律,对所生之损害应负赔偿责任"①。通过其他法律对抽象的违法行为的界定,"利益"保障便有了法律依据的支撑。如此敞口式的规范既有法律的严格解释限制,又有义理的开放性考量,从而为"纯粹经济损失"等利益的保护提供了兜底性法律依据。当前《网络安全法》已由全国人大常委会决议通过,其中第 27 条规定,任何个人和组织不得从事非法侵入他人网络、干扰他人网络正常功能、窃取网络数据等危害网络安全的活动。如果《侵权责任法》有进一步的立法解释或司法解释将"违法以保护他人为目的的法律"纳入考量,数据被侵犯所导致的损失救济将会有合法的请求权基础,造成纯粹经济损失的数据纠纷也将有相应的化解之道。

四、 结语: 大数据时代权利泛化下的契约审思

大数据开启了一次重大的时代转型,信息社会 2.0 版本已拉开序幕。如英国互联网研究专家维克托·迈尔-舍恩伯格教授所言,"未来国家、企业之间的竞争将主要围绕'大数据资源'进行角逐……更多的改变正蓄势待发"②。数据利用正日益广泛,数据价值也渐趋凸显。对数据赋权的主张更是呼声阵阵,"信息财产权""虚拟财产权""数据权"等新型权利架构理念层出不穷。然而现实中的新型财产能否被法律赋予财产权仍有待商榷。在权利泛化将经济价值等同于财产权的观念下,我们应审慎而行。匆忙"赋权"虽看似因应社会棘手问题,但我们更应思考,赋权有无必要、有无可能,赋权能否解决既有问题,其优劣各有几分。只有在充分考虑理论构建与实践需求的基础上,方可作出"赋权"之决定。在对数据属性并未充分理解前,

---

① 王冠玺:《〈侵权责任法〉第二条(一般条款)的立法模式检讨》,载《浙江社会科学》,2010 (8)。
② [英] 维克托·迈尔-舍恩伯格、肯尼思·库克耶:《大数据时代——生活、工作与思维的大变革》,盛杨燕、周涛译,1—2 页,杭州,浙江人民出版社,2013。

不能过于追求理论的自洽，盲目赋权无益于纠纷化解，回归问题本身才是正途所在。在权利之路难以成行时，我们不妨转向契约，在契约主导下化解既有数据纠纷。但同时需要谨记，契约式规制只是权宜之计，其并不能化解所有纠纷，涉及数据侵权问题与数据本身规范时，尚需要代码技术与侵权法的调适予以配合。

公法先行还是私法先行? 个人信息保护立法定位前瞻

李小武[①]

对于个人信息的保护可以从公法和私法两个角度进行法律配置。尽管欧美等发达国家现在的保护方式已经进入私权为主的保护状态,中国也希望在民法体系中体现中国的私权保护,但借鉴欧盟的立法经验以及对比版权法的发展,可以发现,由于个人信息的特殊属性,以及中国现阶段的发展情况,应该优先考虑从公法角度进行法律配置,在市场和技术条件成熟之后,也即在中国的大数据产业已经发展到一定程度、个人信息利用带来高额的产业利润之后,才考虑私权的保护。

在中国,个人信息保护并不是一个新问题。只是因为近期电信诈骗比较猖獗[②],而行骗屡屡得手的一个重要原因在于犯罪分子掌握了受害人的个人信息,个人信息保护不力的状况才引起广泛的忧虑。

然而,重视问题只是解决问题的起点,中国的个人信息保护向何处去,其保护模式是以公法为主还是以私法为主都存在争议。放眼全球依然如此。据不完全统计,

---

[①] 李小武,现为美团法律研究中心高级研究员、清华大学法学院互联网法律与政策研究中心兼职研究员。

[②] 比如徐玉玉案件,见 http://www.1qyl.com/film/huayuyingtan/78497.html,比如清华教师被骗千万的案件,见 http://edu.qq.com/a/20160904/009805.html。

全球至少有 60 个国家进行了相应的个人信息立法，立法称谓包括隐私保护法、个人信息保护法、个人数据保护法等①，但效果并不尽如人意。以美欧为代表的发达国家的个人数据立法思路各不相同，实践操作也各有利弊。本文首先梳理中国的法律保护现状，通过借鉴欧美他国的经验，总结个人信息保护立法及执法中的困难，并对于中国未来立法保护的定性及前景予以展望。

一、 中国的保护现状

中国的现行法律框架并非不能保护个人信息。例如，通过《民法通则》第五章第四节中的人身权的规定②，以及最高人民法院《关于确定民事侵权精神损害赔偿责任若干问题的解释》（法释〔2001〕7 号），中国公民的个人隐私权可以在名誉权下受到保护，而尽管个人信息的范围更广，但个人隐私与个人信息具有相当程度的重叠。同样，第十一届全国人大常委会第七次会议审议通过的《刑法修正案（七）》第 7 条增补了侵犯公民个人信息安全的犯罪③，对可能涉及大量处理个人数据的单位和个人的违法行为进行刑事处罚。

中国的行政法规中，例如身份证法④、护照法⑤等，也有相应的个人信息保护的条款。至于更低位阶的一些部门规章以及规范性文件中，还有一些专门的个人信息保护的规定。比如 2005 年中国人民银行出台的《个人信用信息基础数据库

---

① 参见高志明：《域外个人信息保护立法进路分析》，载《西安电子科技大学学报》（社会科学版），2016（2）。
② 尤其是《民法通则》第 99 条到第 102 条，分别规定了公民的姓名权、肖像权、名誉权、荣誉权。
③ 《刑法修正案（七）》规定："七、在刑法第二百五十三条后增加一条，作为第二百五十三条之一：'国家机关或者金融、电信、交通、教育、医疗等单位的工作人员，违反国家规定，将本单位在履行职责或者提供服务过程中获得的公民个人信息，出售或者非法提供给他人，情节严重的，处三年以下有期徒刑或者拘役，并处或者单处罚金。窃取或者以其他方法非法获取上述信息，情节严重的，依照前款的规定处罚。单位犯前两款罪的，对单位判处罚金，并对其直接负责的主管人员和其他直接责任人员，依照各该款的规定处罚。'"
④ 如《中华人民共和国身份证法》（2011 年修订）第 6 条、第 11 条的规定。
⑤ 如《中华人民共和国护照法》（2006 年通过）第 12 条第 3 款的规定。

管理暂行办法》，2012年年底国家质量监督检验检疫总局和国家标准化管理委员会通过的《信息安全技术—公共及商用服务信息系统个人信息保护指南》等，显示出有个人信息搜集实践的国家相关部门和机构对于个人信息保护非常重视。2016年11月7日通过的《网络安全法》，则更是在第四章中，从第40条到第45条专门限制网络运营服务商对于个人信息的滥用行为。中国现行的法律框架能够对于公民的个人信息提供一定程度的保护，而且保护正在逐步加强，这是一个不争的事实。

在《网络安全法》出台之前，如同诸多专家所指出的一样，中国有关个人信息保护的立法零散而且法律位阶较低，可能需要在专门的法律中进行统一，而《网络安全法》第四章的相关规定弥补了这一不足。在这一立法的背后，从2003年开始，至少两个全国性的专家课题组就在起草《个人信息保护法》，一个由中国社会科学院法学所周汉华教授牵头，一个由广西大学法学院齐爱民教授牵头。十年之前，两个人在这方面的研究就可以说已经成绩斐然。周汉华教授在2006年就出版了作为课题研究成果的三本著作，对于个人信息保护已经作了全面的论证和分析。[1] 即使到现在，这些成果也很难被超越，各国的利弊也论述得很分明。现实的问题是，借鉴发达国家的经验，中国应该如何作出自己的选择。特别是，个人信息保护立法应以行政规制法为主导，还是以强化公民私权为主导？

二、 发达国家的一些经验

中国的法治发展相对缓慢，也正因为如此，西方的立法及司法实践为我们提供了丰富的经验。为了进行高质量的立法，中国学者对各国的个人信息保护相关立法都进行了跟踪和研究。大体上，在保护模式上欧盟和美国是两个典型代表，而全球

---

[1] 参见周汉华主编：《个人信息保护前沿问题研究》，北京，法律出版社，2006；周汉华主编：《域外个人数据保护法汇编》，北京，法律出版社，2006；周汉华主编：《中华人民共和国个人信息保护法（专家建议稿）及立法研究报告》，北京，法律出版社，2006。

比较有特色的国家还有德国和日本。①

欧盟的保护模式是将个人信息保护与人权相挂钩，认为在大数据时代，公民对个人信息的最终决定权是确保个人尊严的基础，从而在对个人信息进行搜集、整理、处分、删除的整体过程中，个人具有主导地位，只有在个人的同意下，才能对其个人数据进行使用。这一精神充分体现在1995年欧盟制定的《个人数据处理及自由流动保护指令》（Directive 95/46/EC）中。欧盟认为在他国的个人数据保护未达到标准的情况下，商业往来中的个人数据将被禁止跨境传输。由于其对于个人数据的保护要求高，而美国保护模式相对自由，该指令直接催生了2000年的《欧美安全港协议》（Decision 2000/520）。2015年Schrems案②之后，该协议被废除。③ 取而代之的是2016年7月正式生效的更强的欧美跨境个人数据保护协议《隐私盾牌（Privacy Shield）协议》。④ 整体而言，欧盟的个人数据保护上升到人权的高度，并在欧盟与其他国家的商贸活动中，逐渐影响到全球。

而在美国，受实用主义与重商主义的影响，个人数据保护并未上升到人权的高度。美国对于个人数据的保护主要采取的是行业自律的模式。一方面政府希望企业严格禁止和控制个人数据采集和使用过程中的数据滥用行为，另一方面政府又担心过于严苛的管理会打击企业的商业活动，甚至影响技术创新。所以美国并不存在对于各行各业都进行统一模式监管的个人信息保护法，而是本着行业自治的精神把这一任务交给了各行业协会。美国普通法上的隐私权概念对个人信息保护也发挥了一定的作用，但美国的隐私权概念相对狭窄，需在个案中凭借"社区标准"来判断侵权与否，远没有欧洲大陆法系的国家保护得严格——在德国，个人数据权甚至上升

---

① 参见齐爱民：《德国个人资料保护法简论》，载《武汉大学学报》（人文科学版），2004（7）；周汉华：《域外个人信息保护立法概况及主要立法模式》，载《中国经济时报》，2005-01-13；齐爱民：《论个人信息保护基本策略的政府选择》，载《苏州大学学报》，2007（7）。

② Case C362/14, Maximillian Schrems v. Data Protection Commissioner, Opinion of Advocate General BOT, delivered on 23 September 2015.

③ 关于该协议被废除始末，参见拙作：《欧美数据安全港协议被废意味着什么？》，载《中国信息安全》，2016（3）。

④ European Commission launches EU-U. S. Privacy Shield: stronger protection for transatlantic data flows, Brussels, 12 July 2016, 见http：//europa.eu/rapid/press-release _ IP-16-2461 _ en.htm, 2016-10-14。

为一般人格权,成为和个人姓名权、肖像权具有同等地位的权利。① 这一学说甚至影响了中国。在中国民法典的制定过程中,中国的民法学者也认为应该仿此在民法中确立进行个人信息保护的立法。

三、 中国未来向何处去?

大凡立法,应该面对亟须解决的问题。舍此而谈域外经验,大抵毫无意义。

(一) 实践中的问题

中国实践中的问题何在?实践中中国的问题大抵有两类:第一类是个人信息不实且被滥用。这种不实的原因,可能是数据操作人员(机关工作人员或者企业管理人员)的故意或者过失。由此导致了负面后果(比如身份证与他人重号而导致的各种不便,或是当事人无法应聘其他单位),个人如何获得救济?传统的民事权利可能无能为力。第二类是个人信息被大规模的商业利用,当事人对此却一无所知。电信诈骗中的很多细节都显示,这种幕后的数据转售已经成了一条产业链,被掌握了信息的个人面临潜在的危险。从社会治理角度而言,进行行业规范从而减少社会不安定的情况是必要的。

对上述第一类问题,赋予公民知情权以及对于不实信息的修改权是妥当的,因为当事人有必要清楚地知道自己的利益受到损害。当然,这种权利也可以通过数据搜集和管理方必须维护数据的真实和更新的义务来进行配置。《网络安全法》第43条正是从公民的权利和网络运营商的义务这两个方面进行了规定,从而弥补了之前的漏洞。对第二类问题,由于当事人并不清楚个人信息如何被利用,规制应该主要针对网络运营服务商,《网络安全法》第42条也是这种思路。在信息完全不对称,当事人并不清楚其数据如何从源头被转售和利用的情况下,赋予公

---

① 也有不同观点认为这是对于德国学说的误读。参见杨芳:《个人信息自决权理论及其检讨——兼论个人信息保护法之保护客体》,载《比较法研究》,2015(6)。

民所谓的个人信息自决权并不能解决问题。哪一个网络运营商不是郑重承诺对客户的个人信息将以妥善的方式处置，但同时又以格式合同的方式规避可能的诉讼风险？而且，根据《网络安全法》，实名制将成为网络空间的常态，对于用户个人数据的搜集和保留将成为网络运营商的法定义务。在此背景之下，难道一个公民还可以依据信息自决权而拒绝登记个人信息？环境权的保护给予了我们同样的启示，环境权当然要落实到个人私权才可谓实至名归。但是环境权的立法进程恰恰是从限制企业排污、规范政府行政作为开始的，而不是赋予公民个人环境权。[1] 这是因为，环境权是否受到侵害，受到何等伤害，都是专业技术问题，普通民众无从判断，而只有排污企业、环境保护民间组织、技术专家和政府监管部门才具备这样的判断能力。在这种信息不对称的情况下，恰恰是先从公法的角度，明确监管机关的职责以及排污企业的义务，才是环境权私权生成的可行路径。因而，从公法的角度，即行政管理法的角度，先规范行政管理机关、非行政机关以及网络运营企业对于数据使用过程中的谨慎处置义务，进而演进成未来可能的个人信息处决权，是中国个人信息保护立法的明智之举。从中国的立法实践看，在既有的民法体系不足以保护个人信息权的情况下，先是在行政法体系中出现个人信息保护的专门条款，然后是在作为公法的刑法中出现专门的违法出售个人信息罪，现在是在《网络安全法》中出现对于企业的保护个人信息的义务性条款，无形之中也是在因循这一路径。

实际上，美国和欧盟代表的恰恰是当今最典型的两种立法模式，美国是自下而上的通过司法将私权逐渐确立的路径，政府在其中并无强势地位，其更多的是相信市场的力量，因而立法模式零散。而欧盟则相信立法者的智慧，采取了自上而下的统一立法模式。尽管其以人权作为根基，但其在立法和执法过程中都注意规范数据接触企业的合规义务。当然，诸如德国一类的国家也确实赋予公民在个人信息处理方面以类似人格权一样的权利。尽管因为同属成文法，中国与欧盟的立法模式更为接近。但美欧这两种模式，都不大可能自发地在中国生效。中国的市场，尤其是信息产业相关市场，是政府主导下的市场，政府在其中处于强势地位，政府机关频繁

---

[1] 当然，中国现在已经在向这个方向迈进，即具有一定资质的环保组织具有诉权。

地参与个人数据的搜集和处理，而其本身又是监管者，因而规范政府的行为，在个人信息保护方面无可回避。对政府机构的行为进行规范恰是周汉华教授当年的立法建议稿的中心要旨。这一建议稿倾向于通过行政监管的模式，规范政府部门和非政府部门的个人信息搜集和使用行为。欧盟立法进程中所看重的个人信息的权利归属并不是建议稿的重点。①

（二）公法先行的理由

中国应遵从既有的立法实践经验，更多地从公法角度，而非私法的角度确立对于个人信息的保护，除了上述提及的环境权的绝佳范例之外，还有如下理由。

1. 个人信息的特殊属性

普遍认为，个人信息是指最终可以指向特定个人的所有相关信息。包括个人敏感信息与非敏感信息，也包括直接信息与间接信息，甚至有的学者认为还包括个体自身都可能不知道的信息。比如，只有母亲知道的个人脑后的胎痣。有些信息孤立地看并不构成个人信息，但如果进行匹配，联合起来就构成了个人信息。比如"女性""某某的朋友""某某年入学"等，组合起来就指向了某一特定的个人。由于个人不断地和社会发生联系，个人信息也在不断地生产和累积之中，因而个人信息的范围并不固定。在这种情况下，赋予公民个人信息以某种私权，不仅范围难以界定，而且在相当多的场合下可能也会受到信息公开（比如事实信息）或者他人享有知情权（比如二手车买卖中的违章记录）等限制。如此，在现阶段以私权进行个人信息立法配置就要打一个问号。

2. 大数据产业的需要

在全球信息化普遍加速，大数据产业已经与国家竞争力直接挂钩的背景之下，各国在大数据产业领域的规制事实上也形成了一种竞争关系。公民的个人信息，只有融入整个大数据产业中，通过统计意义上的分析，作为整体有价值的大数据的一部分，才能显示其价值。将个人信息的处置权分散到个体手中，由其决定该数据的

---

① 参见周汉华主编：《中华人民共和国个人信息保护法（专家建议稿）及立法研究报告》，北京，法律出版社，2006。

命运,除了上述提及的这些数据的内容连主体本人都可能不知道,以及权利的行使受到诸多限制以外,更为致命的是其会造成大数据形成过程中的障碍,从而无法挖掘大数据背后的价值。这种权利配置模式只会使得大数据产业尚未形成即面临高额准入成本。① 法律规制到底是想促进个人信息的价值,还是削弱它? 是要促进大数据产业,还是要扼杀它? 在大数据产业尚未形成,个人数据的价值尚未得以充分挖掘之前,对个人信息进行私权配置恐怕是南辕北辙。

3. 欧盟的历史经验

从历史进程看,欧盟的个人信息保护也同样因循了公法先行的道路。有文章指出,欧洲个人信息保护从 20 世纪 70 年代开始到现在,经历了五个保护阶段。② 而在 20 世纪 90 年代之前的两个阶段,个人信息保护立法并非以个人的权利为中心进行,而主要是满足社会对信息处理的实际要求,以及规范个人信息管理者的实际操作。普通民众并不清楚自己的信息处理过程,最多可以依据个人隐私对于自己的个人信息享有有限的保护。③ 只是在 20 世纪 90 年代以后,个人信息保护立法才转向个人权利的实现,个人参与个人信息处理的权利才得到明显加强并逐步制度化。而以欧洲议会和欧盟理事会于 1995 年发布的《个人数据保护指令》④ 为代表,立法者逐渐意识到个人在信息处理过程中的弱势地位。之后的个人数据保护立法更是完全以私权为中心,到 2016 年通过的《一般数据保护条例》(General Data Protection Regulation)⑤,个人信息保护力度得到空前增强,增加了数据可携带权、被遗忘权、限制数据处理权等内容。尽管该条例到 2018 年才正式生效,但将此条例称为史上最严格的数据保护条例并不为过。

对于时下的中国而言,此一进程中先规范个人信息管理者、后强调个人对于其

---

① 吴伟光先生从大数据发展的角度对于个人信息私权论也进行了批判。参见吴伟光:《大数据技术下个人数据信息私权保护论之批判》,载《政治与法律》,2016 (7)。

②③ 参见《欧盟个人信息保护法的发展及其全球影响》,见 http://www.yinhang123.net/guojicaijing/176847.html,2016 - 11 - 29。

④ Directive 95/46/EC of the European Parliament and of the Council of 24 October 1995 on the protection of individuals with regard to the processing of personal data and on the free movement of such data, OJ 1995 L 281/31.

⑤ Regulation (EU) 2016/679.

个人信息的权利的事实值得深思。固然，中国的信息产业发展迅猛，现阶段的中国不可能与20世纪70年代的欧盟同日而语。但法律的实施需要适宜的社会环境，在普通大众对于数据处理过程一无所知的情形下，规范数据处理机构的行为仍应该是立法重点。

4. 中国的国情考察和历史传统

中国的权利形成很难有类似美国的普通法体系下的自下而上的空间，进行权利设定应该自上而下，几为定论。而且，中国长期以来行政权力处于强势地位，而司法权力和立法权力都相对薄弱。如果进行私权立法，赋予公民相应的个人信息处分权，最终要依赖强有力的司法裁断。这在时下的中国显然过于理想。相比之下，对行政机关以及处理数据的准行政机关或团体进行义务限定，从公法角度，即行业监管角度规范实际处理数据的行政部门与非行政部门的行为正当性，比赋予公民个人私权来间接对抗和监督行政权力更为可取。因为在个人进行维权的过程中，由于信息不对称，个人相对于信息搜集主体而言处于弱势地位，甚至类似于行政相对人与行政机关之间的关系，因而诉讼程序的设定以及行政力量或者民间团体的帮助至关重要。即使在欧洲有统一的数据指令立法以及上升至人权乃至人格权的严密保护，其实施仍然需要专门的信息保护专员（Data Protection Commissioner）辅助维权，而对企业的数据处理行为，仍然需要经常的监管和指引。因而，即便配置了个人私权，其权利的维系仍然要从行政执法乃至行政专员代理诉讼的角度进行安排。这样的个人私权的配置与普通的民事程序中双方力量对等完全不同。在欧盟这样一个行政权力不那么强势的成文法地区都如此，何况中国？

5. 传统私权体系本身面临变革

以上指出通过公法模式优先立法来确立个人信息保护，并非否认私权的配置。而是指在新型权利生成之初，譬如个人信息的保护以及环境权保护，由于权利仍处于演进之中，权利的边界并不清楚，私法只能起辅助作用，而非解决问题的根本。而且，随着大数据时代的来临，私权体系本身也在面临变革。中外学者都已指出，在信息时代，财产权面临挑战，所有权已经变得不那么重要，使用权日益处于更为重要的地位。分享带来价值，分享经济已经成为我们日常生活的一部分，在这种大背景下，以私权来明确个人信息的归属可能引发更多的纠纷，甚至与社会潮流背道而驰。

个人信息保护的立法目的，是促进信息共享，挖掘由个人信息所构成的大数据库的可能的价值，并实现可能的产业创新。因而，在起始阶段，不是设定私权，而是制止数据处理过程中的可能的滥用和危害，成为立法重点。至于未来随着大数据产业的发展，权利的边界逐渐明朗，是否需要再根据情势变化来加强私权保护，并非我们现在面临的主要问题。

四、 版权法的历史进程的对比

现代意义上的版权法，经历了漫长的发展变化阶段。在很长的一段时间里，版权并非以作者的私权的方式而存在。

在纸张与印刷术还没有被发明，或者技术上已经被发明但出版行业的成本居高不下之时，盗版无利可图，版权的概念不被承认。无论是在古希腊的雅典，还是中国繁华的京都，宗教的或者世俗的赞助或赞誉是对作者的最佳奖赏。[1]

只有当媒体技术以及市场条件使得盗版的获益成为可能时，法律才开始考虑应对盗版问题。这实际上是版权制度发展的起点。但是法律应对这一盗版风险的最初的方法是政府为主的行业垄断以及内容审查制度，而不是私权意义上的作者的版权。法律最初关注的重点是打击盗版活动。[2]

围绕着全球第一部近代意义上的版权法——英国《安娜法令》出台的前前后后的历史已经为知识产权界所熟知。在当时，英国皇室操纵着整个出版行业，打击盗版以及清除非法出版物是英国皇室及其授权的文印公司（the Stationers' Company）

---

[1] See Paul Edward Gelleral: "Copyright History and the Future: What's Culture Got to Do with It?" 47 *Journal of the Copyright Society of the U.S.A*, pp. 209, 212-213 (2000).

[2] See Paul Edward Gelleral: "Copyright History and the Future: What's Culture Got to Do with It ?" 47 *Journal of the Copyright Society of the U.S.A*, pp. 209-210 (2000).

的最主要任务。① 在欧洲的其他国家诸如法国,可能还存在宗教势力与世俗的国王的权力之争②,但普遍而言,由政府牵头形成的垄断势力把持着出版业,以行业监管的方式打击盗版和非法印制行为。这种以公法为主的规制模式,为版权发展奠定了基础。在此之后,随着欧洲文艺复兴运动以及对于个人权利的尊重,作为私权的版权才开始得到发展和演进,政府的垄断地位逐渐让位于参与该行业的诸多企业,此时才演进出现代意义上的版权法。当然,版权法的立法功绩不可抹杀,没有版权法立法,"作者"的概念可能都难以形成。③ 直到今天,这一进程仍然在进行之中,版权的权利内容仍然在不断地进行着调整和校正,以满足信息社会文化市场的需求。

版权法的发展历史表明,私权体系的萌生需要一定的市场和技术条件。映射到个人信息保护领域,只有当个人信息处理已经成为可营利行业,并且这种处理行为并非为特殊的信息处理机构所专享时,才有必要考虑个人信息保护的私权体系的构建。在此之前,防止信息的被滥用是立法的重点。

五、余 论

中国是否需要在形式上进行个人信息保护的统一单独立法,其实并不重要。很大的原因在于,现行的松散立法模式只要延续逐渐加强的路径,强调公法维权为主,私权为辅,就可以逐步走上正轨。尤其在新通过的《网络安全法》中已经有专章进行集中规定的情况下,单独立法就更无必要。

中国在 2003 年就开始的个人信息立法之所以迟迟不能出台,还有一个重要原因是当时的条件并未成熟。当时网络安全法、政府信息公开条例都没有出台,个人信息保护如果是为了防止政府以及非政府团体在数据搜集和处理过程中的滥用,那么

---

①② See State Control of the Press in Theory and Practice: "the Role of the Stationers' Company before 1640", *Censorship and the Control of Print in England and France*, pp. 1600-1910, 1 (Robin Myers & Michael Harris eds., 1992).

③ See Martha Woodmansee, The Genius and the Copyright: Economic and Legal Conditions of the Emergence of the "Author", 17 *Eighteenth-Century Studies* 425 (1984).

没有这两部法律将可能引发更大的安全隐患。如今，政府信息公开条例已经实施多年，网络安全法也顺利通过并于 2017 年 6 月 1 日开始实施，个人信息保护立法可以说是水到渠成，尽管未必需要单独立法。

除了立法的时机以及立法的模式要仔细考量，我们不应指望立法能解决一切问题。立法只是在一定程度上反映出对特定问题的共识以及解决问题的共同意愿。但是否可行还需要在实践中进行检验。以为通过立法进行权利宣示就可以解决问题，这种想法不仅错误，而且危险。反之，在现阶段将个人信息立法确立为针对数据处理机关的行为规范之法，在市场发育到一定阶段后辅之以赋予个人维护其个人数据真实有效的权利，不仅正视了现实的问题，而且提供了相对可行的解决路径，或不失为明智之举。

搜索引擎服务商的个人信息保护义务研究

——以被遗忘权为中心

廖 磊[①]

在互联网时代,遗忘与记忆的反转为生活带来无限便利的同时,也平添了几分尴尬。对于部分过时个人信息,人们要求删除的呼声愈加强烈。被遗忘权在历经"欧美之争"后,其成立路径清晰呈现。作为一般人格权,其权利的客体应为人格利益,删除仅仅是手段。搜索引擎服务商具有信息控制者地位,虽然搜集、处理、利用信息的行为兼具公共利益与私人营利,但其本质上仍是一种私行为,理应肩负更多的个人信息保护义务。在被遗忘权的本土化中,对搜索引擎服务商进行合理的义务配置是必要之举,具体包括构建通道义务、审查义务、披露义务以及删除义务。

一、问题的提出

自古以来,书籍对于人类历史的记录和传承发挥了重要作用,凡未被书籍记载

[①] 廖磊,四川达州人,法学博士,现为重庆邮电大学讲师,主要从事民法学、网络信息法学研究。

之人和事皆被时间的车轮所湮没。就生物规律而言，遗忘应当是必然，记忆才是偶然。然而，随着科技的长足发展与互联网应用的广泛普及，这样的规律逐渐被扭转。如今，遗忘已成为例外，记忆却成了常态。① 在现代计算机科技和互联网技术的帮助下，关涉个人信息的事实或事件一旦呈现在互联网上，哪怕仅仅几秒钟，都极有可能被永久记录，就像刺青一样深深地刻在当事人的"数字皮肤"上。② 这不禁使人们苦恼，因为某些特殊的尴尬信息不会随时间的消逝而被人们淡忘，相反，互联网清楚地记录着关于你曾经出现在互联网上的一切。据2014年7月谷歌公司公布的全球数据显示③：

- 法国大概有17 500个数据删除请求，包括大概58 000URLs（互联网址）。
- 德国大概有16 500个数据删除请求，包括大概57 000URLs。
- 英国大概有12 000个数据删除请求，包含大概44 000URLs。
- 西班牙大概有8 000个数据删除请求，包含大概27 000URLs。
- 意大利大概有7 500个数据删除请求，包含大概28 000URLs。
- 荷兰大概有5 500个数据删除请求，包含大概21 000URLs。

这一组惊人的删除请求数据恰好体现了以上记忆规律的转变过程，以及这一过程附加给人们的不适感。人并非一成不变，随着时间的流逝，人需要挥别过去、甚至尘封过去，开始新的生活。

2014年5月13日，"Google Spain And Inc v. Agencia Española De Protección De Datos（AEPD）And Mario Costeja GonzÁlez"（以下简称"谷歌西班牙案"）获得欧盟法院（CJEU）最终裁决，并于同年11月26日通过《第29条信息保护工作组指引》对前述案件进行具体解释。④ 欧盟法院最终裁定，谷歌西班牙败诉，责令立即删

---

① 参见［英］维克托·迈尔—舍恩伯格：《删除：大数据取舍之道》，袁杰译，6页，杭州，浙江人民出版社，2013。
② See J. D. Lasica, *The Net Never Forgets*, Salon, Nov 26, 1998.
③ Paul Lanois: "Time to Forget: EU Privacy Rules and the Right to Request the Deletion of Data on the Internet", *Journal of Internet Law*, October 2014, Vol. 20. 27.
④ See Artice 29 Data Protection Workong Party, Guidelines on The Implementation of The Court of Justice of The European Union Judgment on "Google Spain And Inc v. Agencia Española De Protección De Datos（AEPD）And Mario Costeja GonzÁlez" C-131/12, 26 November 2014.

除相关包含个人信息的搜索链接，并建立长期机构受理被遗忘权删除申请。①

至此，被遗忘权的概念因欧盟法院第 C131/12 号裁决而引起世界范围内学者的广泛关注。② 尽管，从某种程度上，可以假想欧盟公民试图通过法院裁决限制互联网上过度分享信息和无限制地使用信息的渴望，却没有人能够真正厘清搜索引擎服务商与被遗忘权之间的所有关联。面对困惑，我们不禁要追问，被遗忘权在权利谱系中究竟是否具有独立的地位？欧盟与美国对其的处理态度为何差异如此之大？搜索引擎服务商在保护个人信息的案件中该被如何定性，承担什么样的义务才具有合理性？我国应该如何应对被遗忘权等问题？

二、被遗忘权的成立路径

倘若司法实践中要践行被遗忘权，明确搜索引擎服务商的义务边界，就有必要对被遗忘权的成立路径进行交代。

（一）欧盟与美国的"被遗忘之争"：删除与不删除

1. 欧盟立场

欧盟对被遗忘权的推进可谓积极。2014 年 5 月，"谷歌西班牙案"落下帷幕，其裁决等同于将被遗忘权在欧盟层面进行司法确认，时任欧盟信息与媒体委员会专员雷丁女士就称其为一场"个人信息保护的伟大胜利"③。

---

① See Case C-131/12, "Google Spain And Inc v. Agencia Espaňola De Protección De Datos (AEPD) And Mario Costeja González".

② 一方面，有学者断言该裁决的内容对于拓展欧盟基本权利具有里程碑意义，甚至可称为"宪法性事件"；另一方面，被遗忘权是对言论自由的违背，是极其不道德的体现。See Indra Spieker genannt Dohmann and M. Steinbles: "Der EuGH erfinder Sich garadeneu", *Verfassungsblog*, May 24, 2014; See Stewart Baker: "Contest! Hacking the Right to Be Forgotten", *The Washington Post*, June7, 2014.

③ See Andreea Seucan: "The EU 'Right to Be Forgotten'", *Perspectives of Business Law Journal*, Volume 3, Issue 1, November 2014, Vol. 336. 343.

被遗忘权的缘起应追溯到法国。① 最初，法国法上的被遗忘权仅适用于刑满释放的罪犯，这一理论的基础是：这些罪犯已经偿还了对社会所负的债务，那么他们有权重新生活，而不受之前犯罪经历的影响。正因为如此，他们的犯罪记录应当被消除。受此理论影响，20世纪90年代，英国和荷兰相继出台的《数据保护法》都对数据删除权进行了确认。② 随后，欧盟于1995年出台的《欧盟数据保护指令》第14条规定欧盟成员国的公民可以拒绝资料控制者（如搜索引擎）以营利为目的对其个人信息进行处理③，但符合本《欧盟数据保护指令》第8条第1款所描述的内容例外。这一内容的确定为2012年欧盟委员会就个人信息保护议题的改革奠定基础，并于同年提出的草案 GDPR④第17条首次对被遗忘权进行准立法确认。雷丁女士也对此予以肯定，这里提及的被遗忘权并不等同于历史数据的完全删除，它强调了三个特性：部分删除权、数据移植和数据控制。⑤

然而，欧盟关于被遗忘权的立法推进过程并非毫无阻力。欧盟的法律顾问 Niilo Jääskinen 并不认为欧盟法上应该确认被遗忘权。他在一份不具约束力的建议书中写道："像谷歌这样的搜索引擎，并非如将被遗忘权成文法化的 GDPR 第17条所规定的那样，搜索引擎应当不属于数据控制者范畴。而在信息社会，通过搜索引擎搜索公布在网络上的信息，这一权利是实现基本权利的最重要的方式之一。这一权利除包括搜寻与其他个人相关的信息之外，原则上也包含商业或政治人士的个人信息（甚至包含其私生活）。"⑥ 以上结论的理据应为：如果用户在搜索相关个人信息时没有获得真实反映相关网页内容的普遍搜索结果，取而代之的是一个"删减"的版本，

---

① See Cayce Myers：" Digital Immortality vs. 'The Right to be Forgotten'"，*Romanian Journal of Communication and Public Relations*. Volume 4，April 2015，Vol. 47-60.

② 参见郑志峰：《网络社会的被遗忘权研究》，载《法商研究》，2015（6）。

③ Directive 95/46/EC at at Article 14.

④ 其全称为：Proposal for a Regulation of the European Parliament and of the Council on the protection of individuals with regard to the processing of personal data and on the free movement of such data。

⑤ 强调部分删除，是指若没有正当的理由保存个人数据，则该数据当事人可以要求将其数据进行删除；数据的移植，是指数据具有可移植性，这意味着数据在各数据提供者之间可以相互传送；数据的获得，是指处理数据需要获得数据当事人的明确同意。Viviane Reding： "The EU Data Protection Reform 2012：Making Europe the Standard Setter for Modern Data Protection Rules in the Digital Age"，Speech 12/26（January 22，2012），at 5.

⑥ Niilo Jääskinen Opinion of Advocate General. 25 June，2013.

那么互联网用户获取信息的权利就是不完整的。尽管法律顾问官的态度对欧盟的立法有所影响,但终究未被采纳。

综上,从上述立法过程及司法立场可推知,欧盟对个人信息保护的态度是相当坚持的,这也是欧盟所致力于创建的"布鲁塞尔效应"① 的一个分支。

2. 美国立场

反观,美国对待被遗忘权的态度则与欧盟截然相反。在政府层面,联邦发言人就曾言辞激烈地表示,被遗忘权的承认会阻碍对罪犯的管控,甚至波及经济发展。②在学术层面,美国著名的法学家杰弗里·罗森教授认为,抽象的被遗忘权固然是吸引人的,但是将之放在搜索引擎的大影响力和网站维护的大背景下考量,将会威胁整个数字化时代。③ 麦克尼利更是直言,被遗忘权或与之相近的删除权在美国法上从未存在,美国法学似乎更倾向于披露符合新闻价值标准的信息。例如,美国最高法院认为,如果媒体采用合法的途径发现信息,它们就可以将这些信息刊印,即便这些信息属于个人敏感信息,如一个强奸案受害者的姓名或一个被控谋杀的未成年人姓名。④ 在企业层面,许多将总部设在美国的跨国互联网公司(如谷歌、脸书、You to be)都将被遗忘权视为噩梦,正如谷歌首席法务官所言,他们认为被遗忘权是欧盟立法者的"胡作非为",与美国宪法第一修正案的基本价值(言论自由)相违背。⑤

3. 欧美之争

如上所述,欧盟与美国对待被遗忘权的巨大分歧,源于二者对个人信息保护的差异。进言之,欧盟更注重对个人信息的保护,美国则更为倚重言论自由。在立法上,则更加直观地体现为:欧盟将隐私权写入《欧盟基本权利宪章》,美国则通过

---

① 欧盟法最重要的影响力在于它的法律被一些非欧盟国家或民族采用和效仿,这就是由占大型国际经济交易主导地位的欧盟所创建的所谓的"布鲁塞尔效应"。See Cayce Myers:"Digital Immortality vs. 'The Right to be Forgotten'", *Romanian Journal of Communication and Public Relations*. Volume 4,April 2015,Vol. 47-60.

② See Ella Ornstein:"US Lobbyists Face Off with EU on Data Privacy Proposal", *Spiegel Online*, Oct. 17,2012.

③ Jeffrey Rosen:"The Right To Be Forgotten", 64 *Stan. L. Rev. Online*, Vol. 61, Feb. 13, 2012, pp. 88-90.

④ See Florida Star v. B. F. J., 1989; Smith v. Daily Mail Publishing, 1979.

⑤ See Peter Fleischer:"Foggy Thinking About The Right To Oblivion", *Blogspot*, Mar. 9, 2011.

宪法第一修正案彰显言论自由的基本地位。通过更为细致的研究，我们可以发现欧盟与美国对待被遗忘权的差异，本质上是由各自所历经的历史与文化的积淀所决定的。欧洲国家经历了"盖世太保"和"东德秘密警察"事件，在这两场事件中，个人信息都发挥了举足轻重的作用①，然而，美国并没有类似的历史。欧盟与美国对待被遗忘权的差异，在制度上体现为——是否提供删除互联网上的个人信息的救济方式。具体而言：欧盟在立法及司法上都确认了被遗忘权，并赋予个人信息权利主体要求搜索引擎对相关内容进行删除的权利；而美国对个人信息侵犯的补救措施都是金钱性质的，个人信息不可能从社会中删除。正如麦克尼利所言，这些近似美国版的被遗忘权，然而，其不同于欧盟的被遗忘权，因为它不提供删除信息这一补救措施。②

值得特别留意的是，欧盟与美国对待被遗忘权的差异可能不仅源自历史与文化的不同，还有可能产生于二者对信息掌控权的争夺。欧盟作为政治经济联合体，其在 GDP 总量上并不逊色于美国，但其在信息掌控权的争夺中自始至终处于下风，其中一个很重要的原因是：与信息有关的互联网巨头无一例外具有美国标签。然而，被遗忘权的确立对于互联网企业，特别是谷歌搜索引擎而言，影响深远。因此，被遗忘权的确立不排除具有政治因素。

（二）被遗忘权的理论基础：个人信息自决权理论（Right ro Informational Self-determination）

被遗忘权的产生虽然深深地烙印着互联网发展的时代特征，但同时，也像极了一种应对搜索引擎巨头跨越式发展的法锁，其产生及发展并非无据可循。从权利的客体、价值与功能、权利内容及其行使来看，被遗忘权和个人信息自决权理论密切关联。

美国法的发展虽与被遗忘权背道而驰，却对个人信息自决权关注较多。20 世纪

---

① 参见郑志峰：《网络社会的被遗忘权研究》，载《法商研究》，2015（6）。

② See McNealy. JE: "The Emerging Conflict Between Newsworthiness and the Right to be Forgotten", *Northern Kentucky Law Review*, 39, 2012, pp. 119-135.

60年代，伴随着互联网的普及和对隐私权的过度侵犯，美国不仅将保护个人隐私权纳入宪法范畴，更是将隐私保护理念拔高到一个前所未有的高度，个人信息自决权也随着隐私权概念的不断发展而受人关注。在美国，隐私最初被视为一种"不被别人管束的权利"①，学者认为这一学说恰好是个人信息自决权的消极表达。此后，学者更为倾向于将此提法更改为"个人信息的自我控制权"②。

德国的个人信息自决权理念产生于一次偶然的"宪法事件"③。1982年，德国联邦政府颁布《人口普查法》，该法律的主要任务是在全国范围内对公民的个人信息进行全面的采集和收录，具体包括性别、职业、出生年月、住所、指纹等全部个人数据。后来，德国联邦宪法法院宣布《人口普查法》违宪，并将个人使用自身个人信息的权利确认为宪法权利。

综上，无论是对被遗忘权持保守态度的美国法，还是在欧盟积极推行被遗忘权的主要参与者德国的国内法，都在20世纪较早时候认识到个人信息自决权的重要性。以下笔者试图将被遗忘权与个人信息自决权在权利客体、价值与功能、权利内容及其行使等多个维度进行比较，以期得出结论。

从权利客体来看，被遗忘权针对脱离情景的个人信息④，也有人将其解释为一种因时光流逝而脱离情景并歪曲信息主体人格的信息；而个人信息自决权的客体则更为广泛，一般指与自然人相关联的、具有个体特征的信息片段⑤，包括但不限于姓名、出生年月、身份证号码、护照、指纹、职业状况、健康状况、有无犯罪史等信息，也有论者将其概括为能被识别的个人数据。⑥

从价值和功能角度出发，被遗忘权重在维护信息主体不受过时信息的羁绊，以

---

① ［美］文森特·R.约翰逊：《美国侵权法》，赵秀文译，167-168页，北京，中国人民大学出版社，2004。
② 周云涛：《论宪法人格权与民法人格权：以德国法为中心考察》，94页，北京，中国人民大学出版社，2010。
③ 贺栩栩：《比较法上的个人数据信息自决权》，载《比较法研究》，2013（2）。
④ 参见罗浏虎：《被遗忘权：搜索引擎上过时个人信息的私法规制》，载《重庆邮电大学学报》，2016（3）。
⑤ 参见王利明：《隐私权概念的再界定》，载《法学家》，2012（1）。
⑥ 参见贺栩栩：《比较法上的个人数据信息自决权》，载《比较法研究》，2013（2）。

及重新开始生活的希望；而个人信息自决权则在更高的维度关怀人之为人的、对自身信息的控制需要。

从权利内容及其行使来看，被遗忘权主要涉及信息主体请求删除过时个人信息的权利，侧重于要求权利相对人主动遗忘或不提及的消极行为；而个人信息自决权则表现为对自身信息的主动掌控以及对侵犯个人信息行为的主动追偿。

通过上述几个方面的比较，我们不难发现，在某种程度上，被遗忘权其实是个人信息自决权的一种消极延伸，它主要关乎权利相对人对他人过时个人信息的不当利用和删除的行为。

三、搜索引擎服务商的信息控制地位及义务边界

被遗忘权实际是一种互联网上的期待利益。就搜索引擎服务商而言，当不特定公众以某人的姓名及其相关词条为关键词进行搜索时，搜索引擎服务商对信息掌控的地位应该如何界定，以及其承担的义务边界成为研究的重点。

（一）搜索引擎服务商的信息控制者地位

欧盟于1995年出台的《欧盟数据保护指令》第2条明确规定："信息控制者，是指能够单独或与他人共同决定处理个人信息的方法和目的，并对保管和使用这些信息负责的自然人、法人或公共机构；信息处理者，是指代表控制者处理数据的自然人、法人或公共机构。"[①] 区别于信息控制者，信息处理者在《欧盟数据保护指令》中负担有限的责任，但绝非没有责任。同时普遍适用于两类主体的义务如：信息控制者和信息处理者都负有安全保障义务且必须"采取适当的技术和组织手段来保护个人资料免受意外或非法的损毁、意外丢失、篡改、未经授权的披露和储存"[②]。

---

① Directive 95/46/EC at Art. 2.
② Directive 95/46/EC at Art. 17.

根据以下判断标准，搜索引擎服务商的信息控制者地位得以确立：

1. 搜索引擎服务商对信息的处理过程

搜索引擎服务商通过自动、不间断、系统地搜索网上公布的信息，不仅可以在《欧盟数据保护指令》规定的方法内"收集"信息，也可以"记录"和"组织"信息，并在其服务器上"储存"这些信息，最终在"披露"的同时通过呈现搜索结果的方式使它的用户可以查看、利用这些信息。欧盟法院在处理"谷歌西班牙案"中认为，因为每种操作方式都在《欧盟数据保护指令》中有明确界定，所以谷歌的行为等于是"处理个人信息的方法和目的"。鉴于搜索引擎服务商是一个可以决定数据处理方法和目的的实体，欧盟法院进一步指出搜索引擎服务商作为决定数据处理的目的及方式的主体，其在处理信息方面就是一个"控制者"，当然，处理的方法必须在《欧盟数据保护指令》的框架下进行。

2. 搜索结果对个人评价的影响

当搜索是以个体的姓名进行时，与个人相关的网上信息可能包含大量的隐私生活，搜索引擎服务商处理信息的活动很容易显著地影响到信息主体的个人信息及隐私，因为上述的信息处理过程可使任何网络用户通过搜索结果的列表对该个体形成大致的判断。如果没有搜索引擎，这些信息不会相互关联或很难相互联系起来，因此，通过在网上找到的个体的所有信息，可以基本建立起对相关个体的个人档案。进一步讲，信息主体的权利受到干涉的后果会随着互联网和搜索引擎在现代社会中扮演着越来越重要的角色而有所加重，因为个人信息包含在无处不在的搜索结果的列表之中。

3. 搜索引擎在利益平衡关系中的窗口效应

除了美国和欧盟关于隐私保护与言论自由的基本价值冲突，在保护被遗忘权的过程中，还有众多利益冲突，例如，信息主体的权利与搜索引擎的商业利益之间的利益冲突、信息主体权利与不特定公众通过搜索引擎获取相关信息的权利之间的利益冲突等。在平衡利益冲突中，搜索引擎发挥着至关重要的窗口作用，承担着向不特定公众传递利益衡量结果的重任。在"谷歌西班牙案"的裁决中，信息主体的权利在一般意义上要优于搜索引擎的商业利益，这是考虑到该信息的处理过程会对个人信息及隐私保护构成潜在威胁。① 同样，这些权利也在一般意义上优于网络用户通过搜索引擎搜索信息主体姓名的权利，但这一利益平衡过程需特别注重个案考量，理由是"自由接收并传递信息和想法的权利"②同样被《欧洲基本人权宪章》所确认。

综上，基于搜索引擎服务商在信息处理、个人评价以及利益衡量三个维度发挥的关键作用，毫无疑问应当肯定其信息控制者地位。

（二）搜索引擎服务商的义务界分

在明确搜索引擎服务商占据信息控制者的地位之后，本文研究的重心将转移至搜索引擎服务商所应承担的义务——这个分论点上来。需要指出的是，这里所指的搜索引擎服务商的义务不同于积极义务，而是在面临信息主体行使被遗忘权的过程中所被动履行的一系列保障个人信息的义务。

1. 建立长效、稳定的被遗忘权申请通道

搜索引擎服务商作为以营利为目的的信息控制者，在处理因个人信息产生的纠纷时，理应承担更多的社会责任，这也是欧盟立法所一直秉持的观点。③ 从另一个角度观察，建立长效、稳定的沟通渠道，对于减少、疏导被遗忘权纠纷也大有裨益。被遗忘权申请通道一旦畅通，信息主体可通过点击、上传等步骤与搜索引擎服务商进行良性沟通，避免信息主体投诉无门或只可去法院起诉的窘境。

2. 搜索引擎服务商的审查义务

实践中，由谁来负责审查被遗忘权之信息主体的删除请求是一个重要问题，也是最富有争议的问题。就一般国家的法律体系而言，被遗忘权主要涉及五类主体，他们分别是：信息主体、原出版者（也可能是原网页内容发布者）、搜索引擎服务商、搜索引擎使用者（不特定公众）以及国家司法机关。但在欧盟国家，还可能新

---

① See Artice 29 Data Protection Workong Party, Guidelines on The Implementation of The Court of Justice of The European Union Judgment on "Google Spain And Inc v. Agencia Española De Protección De Datos（AEPD）And Mario Costeja González" C-131/12，26 November 2014，Part1.

② 参见《欧洲基本人权宪章》第11条。

③ Rolf H. Weber：" On the Search for an Adequate Scope of the Right to Be Forgotten"，*Jipitec*，June2015，pp. 2-3.

增两个主体，即国家数据保护机构和欧盟法院。学理上，针对不同的审查主体，主要存在三种观点：

（1）少部分学者认为，承担审查义务及最后执行删除行为的主体应该是原始出版者（或原始网页内容发布者）。原因在于，搜索引擎服务商即使对删除申请作出审查，它的删除行为效力仅仅及于呈现的搜索结果链接，并不能达到根本删除的目的。加之，可有效避免产生"史翠珊效应（$Streisand\ effect$）"①，因此，他们认为应由原出版者（或原网页内容发布者）来承担审查义务。

（2）大多数学者认为，被遗忘权的申请审查不应对某一个主体施加过重的审查义务，大可引入一个分级审查机制，既能够确保信息主体的个人信息不受侵犯，又能够避免某一主体负过重的义务。这一派观点以牛津大学教授卢西亚诺·佛罗里迪为代表，他认为②：第一层级，信息主体可向原出版者（或原网页内容发布者）提出申请，由其完成第一步骤的审查；第二层级，若第一步骤申请审查失败，则由信息主体向搜索引擎服务商提出申请，由其完成第二步骤的审查；第三层级，若第二步骤仍然失败，则可向国家司法机关提出起诉。对此，国内有年轻学者也表达过类似观点。③ 其理由是：被遗忘权的申请审查是相当专业的，过程中面临诸多利益冲突的衡量，这一工作由一个营利性质的搜索引擎服务商来完成，过于沉重，也过于草率。

（3）第三种观点认为，被遗忘权的申请审查应由搜索引擎服务商来完成，欧盟司法实践中也是这么操作的。笔者也较为认同此种审查义务配置，理据中至少有以下几点是值得关注的：第一，被遗忘权的删除并非绝对删除④，绝对删除在现有技术条件下是无法完成的；第二，搜索引擎服务商的信息掌控优势⑤，决定了被遗忘权申请审查义务由其他主体履行是不经济的，也是不效率的；第三，搜索引擎服务商具有私人营利性质，且大多在行业内部占据绝对市场份额，这恰好是其为社会承担更

---

①② See Luciano Floridi：" Right to Be Forgotten：Who May Exercise Power，over Which Kind of Information？"，*The Guardian*，Oct，2014.

③ 参见贺栩栩：《比较法上的个人数据信息自决权》，载《比较法研究》，2013（2）。

④ 被遗忘权的删除并非绝对删除，从"谷歌西班牙案"的最后裁决能看出，谷歌只是删除了欧盟境内的搜索链接，互联网用户仍可通过美国站点找到相关内容。

⑤ 所谓信息掌控优势，是指搜索引擎服务商作为信息汇集者，在处理被遗忘权审查申请的时候，等同于为信息主体提供点到点服务，而其他主体不具备这样的条件。

多责任的理由。至于有学者担忧,赋予搜索引擎以"法官"的角色,会有"专业失准"或"被遗忘权过度操纵"之嫌,然而,他们似乎忽略了此处的审查环节并非一审终局,信息主体若对审查结果不予接受,仍可继续向法院提起诉讼。在比较法上,不仅欧盟的司法实践肯定了这个观点,阿根廷初级法院的判决①以及俄罗斯关于被遗忘权的最新立法动向②也在不同程度上对此进行了肯定。

3. 删除、披露及通知义务

搜索引擎服务商的删除义务,是指自收到信息主体关于被遗忘权的审查申请及相关证据的规定期间,通过衡量多方利益冲突而作出的对搜索结果中关联链接的删除决定。关于如何判断信息主体的删除请求是否合理,笔者总结出以下几条供判断时作为参考:

(1) 搜索结果中,相关链接的出现是否以键入某人姓名为限。可以明确的是,被遗忘权的保护并非阻止互联网用户通过一切途径获知相关信息,在搜索引擎领域,其合理边界应以键入某人姓名所呈现的搜索链接为限。

(2) 相关当事人是否具有公众人物属性。判断是否属于公众人物,除了应当关注其在公众生活中的地位,还应当特别注意两个要素:其一,虽不属于公众人物,但其在某一行业或领域具有突出知名度和影响力;其二,既不属于公众人物,也不具有某一领域的知名度,但互联网上存在众多与其相关的个人信息,如"网红"现象。

(3) 未成年人的识别。搜索引擎服务商识别未成年人的标准,应以事件发生的节点为准,而非提交删除请求的时间。这也是欧盟法院发布的《第 29 条信息保护工作组指引》关于未成年人倾斜保护的精神体现。

(4) 个人信息的有效性。搜索引擎服务商在审查删除请求时,应特别注重个人信息的有效性。《第 29 条信息保护工作组指引》强调,个人信息应具有真实性与时

---

① Opinion of Judge Simari (Y Considerando, Ⅱ. a, para. 30, Ⅳ, para. 2).

② 在"搜索引擎系统管理者处理申请的程序方面,所不同的是最终的立法将法律提案中相关问题处理的期限一律从 3 个工作日延长为 10 个工作日。"参见张建文:《俄罗斯被遗忘权立法的意图、架构与特点》,载《求是学刊》,2016 (5)。

效性①，质言之，搜索链接所关涉的个人信息应当是真实而非捏造的，并且应当是过往的而非当下的。

（5）这些信息是否属于"风险信息"。"风险信息"既包括敏感或私人信息，也包括会对信息主体造成"偏见"的信息。

（6）这些信息被放到互联网是否具有合法性。这条标准涉及的内容甚广，包括这些信息是否是媒体放到互联网上的，是否涉及公共利益，以及这些信息是否涉及刑事犯罪。如果涉及，犯罪行为侵害客体是否关涉公共利益，这些都与合法性判断密切相关。

关于披露义务，具体而言，是指搜索引擎服务商通过以上标准的衡量，对信息主体被遗忘权的审查申请进行否定的评价，并将决定内容及理由一并披露给信息主体的行为。简言之，披露义务的主体是搜索引擎服务商，披露对象是信息主体，内容是审查决定及理由，在此披露的内容可作为之后起诉的依据。

关于搜索引擎服务商的通知义务，目前仍是饱受争议，难以取舍。《欧盟数据保护指令》（Directive 95/46/EC）并未直接规定搜索引擎服务商的通知义务，但其又认为与原始发布者保持联系是合情合理的。一般而言，通知义务的对象包含不特定第三方和不特定公众。一方面，之所以饱受争议，是因为搜索引擎服务商在肯定删除申请之后，应当立即通知所有关涉该个人信息的第三方主体，但这一环节恐遭技术上的"滑铁卢"②。另一方面，令人难以取舍的是，以发布声明的形式告知不特定公众某些信息已经被删除链接的事实，至少可以让公众知道某些信息自己是无法获知的，但是这样又会陷入"此地无银三百两"的谜团，那就是某人通过各种努力，让搜索引擎服务商删除某些信息，但此举反而更激发了公众对这些信息的好奇，诱发二次关注。

---

① See Artice 29 Data Protection Working Party, Guidelines on The Implementation of The Court of Justice of The European Union Judgment on "Google Spain And Inc v. Agencia EspaÑola De ProtecciÓn De Datos (AEPD) And Mario Costeja GonzÁlez" C-131/12, 26 November 2014, Part2.

② 现代计算机与互联网技术的应用，仍然无法追逐和锁定所有对原始网页进行浏览和转载的链接，这是由大数据本身所决定的。此观点也得到"民主与技术中心"的证实。See The Center for Democracy and Technology: CDT Analysis of the Proposed Data Protection Regulation, Mar. 28, 2012.

四、被遗忘权的本土化：基于一种新型一般人格权的配置

近几十年来，在虚拟世界愈发重要的情景下，被遗忘权正在对信息主体关于他或她"自己的个人信息"的权利尝试维护。据中国互联网络信息中心（CNNIC）统计，截至2015年12月，中国网民数量超过6.88亿，互联网普及率达到50.3%，这标志着互联网对中国社会的影响进入新阶段。[①] 此外，随着有"中国被遗忘权第一案"之称的"任甲玉诉北京百度网讯科技有限公司名誉权纠纷案"（以下简称"任甲玉案"）[②] 的产生，也在某种程度上昭示：中国对被遗忘权的应对——被遗忘权的本土化，将成为未来中国不可避免的问题。

（一）概念界定

迄今为止，有关被遗忘权的讨论仍是非常的模糊和抽象。[③] 在欧盟范围内，被遗忘权（right to be forgotten）的表达并不固定，它常常与"right to delete""right to erasure""right to forget"混淆使用，这也从侧面反映出：在被遗忘权的发展史中，其并非一个自始的、固定的清晰概念。有学者认为应当将被遗忘权更改为删除权[④]，理由是被遗忘权的核心不在遗忘，而是删除，且欧盟新草案将其表述为"the right to be forgotten and erasure"。但笔者认为，从被遗忘权肯定的基本价值和权利内容来看，这个观点是值得商榷的。因为被遗忘权的基本价值在于保护信息主体不受过时个人信息的羁绊，得以重新开始新生活的希望，其核心恰恰在于遗忘，删除只是实

[①] 2016年1月22日，由中国互联网络信息中心发布的最权威的数据报告（第37次报告）显示，截至2015年12月，中国网民规模达6.88亿，互联网普及率达到50.3%，半数中国人已接入互联网。同时，移动互联网塑造了全新的社会生活形态，"互联网+"行动计划不断助力企业发展，互联网对于整体社会的影响已进入到新的阶段。见 http://www.cnnic.net.cn/hlwfzyj/hlwxzbg/.

[②] 参见北京市第一中级人民法院（2015）一中民终字第09558号判决书。

[③] Rolf H. Weber："On the Search for an Adequate Scope of the Right to Be Forgotten"，*Jipitec*，June 2015，pp.2-3.

[④] 参见郑志峰：《网络社会的被遗忘权研究》，载《法商研究》，2015（6）。

现遗忘的方式，故而，沿用被遗忘权的称谓比删除权更为贴切。因此，笔者建议将被遗忘权的概念暂时界定为信息主体请求删除与其个人相关的、不合情境的、不再需要用于合法目的的个人信息的权利。

（二）法律性质

被遗忘权既是一种独立的个人信息权，更是一种新型的一般人格权。在比较法上，学者们对此分歧较大。其中，俄罗斯学者认为，被遗忘权保护的深远目的就是公民的人格[1]，即名誉、尊严和业务信誉，瑞士和意大利学者更是直接将其归入人格权的调整范畴，美国学者则更多地认为其是一种隐私权[2]，且权利内容多以财产赔偿为主，而不提供删除救济。国内学者更多地将被遗忘权视为一种新型的个人信息权[3]，否定其人格权属性。其实，在传统大陆法系国家，新型的个人信息权并不与人格权相冲突，相反，类似被遗忘权等具有明显人格利益指向的权利应该纳入人格权的调整范畴。早在20世纪80年代，德国的法学家们就预言数据保护的相关权利会发展成为新型的人格权。[4] 联邦最高法院的判例指出，在一些情况下，一般人格权制度用来避免当事人因错误或者不适当的言论影响自身形象及声誉[5]，这已然与被遗忘权的权利内容高度吻合。确认被遗忘权的最大作用在于，确保信息主体可以请求相对人删除过时个人信息，以维护个人声誉，甚至重新开始生活的权利。因此，从功能角度来看，被遗忘权应该纳入一般人格权保护领域。

（三）权利的行使

毫无疑问，权利的行使将是被遗忘权本土化最为核心的部分。当然，这一切都

---

[1] 参见张建文：《俄罗斯被遗忘权立法的意图、架构与特点》，载《求是学刊》，2016（5）。
[2] See Robert G. Larson Ⅲ: "Forgetting the First Amendment How Obscurity-Based Privacy And Aright To Be Forgotten Areincompatible With Free Speech", *Communication Law and Policy*, Jan2013, pp. 92-94.
[3] "被遗忘权应定性为个人信息权，不宜纳入人格权，"郑志峰：《网络社会的被遗忘权研究》，载《法商研究》，2015（6）。"被遗忘权是一种独立的个人信息权。"罗浏虎：《被遗忘权：搜索引擎上过时个人信息的私法规制》，载《重庆邮电大学学报》，2016（3）。
[4] 参见［德］迪特尔·梅迪库斯：《德国民法总论》，邵建东译，802页，北京，法律出版社，2013。
[5] 参见联邦宪法法院判决，载《新法学周报》，1980：2070。

以获得立法者的确认为前提。

1. 信息主体

信息主体是信息的所有者，它决定了被遗忘权最终由谁主张的问题。在信息主体上，应作以下几个区分。第一层级是区分自然人和法人。自然人可行使被遗忘权，排除法人的适用，这是由被遗忘权的人格权属性所决定的。第二层级是在自然人项下，作两个不同类别的区分：一是区分成年人与未成年人；二是区分公众人物、罪犯以及一般公民。一方面，区分成年人与未成年人，是对未成年人进行倾斜性保护的体现，搜索引擎服务商或法院针对未成年人的删除请求更容易获准，体现了"儿童最大利益原则"①。另一方面，区分公众人物、罪犯和一般公民主要考虑到公共利益问题，通过比例原则进行利益冲突衡量，一般可得出这样的结论（删除请求的从难到易）：公众人物——罪犯——一般公众。当然，罪犯的被遗忘请求是否获准，与其触犯罪刑密切相关。

2. 义务主体

目前，宜将搜索引擎服务商，作为被遗忘权的唯一义务主体。有学者极力主张，诸如facebook、阿里巴巴、亚马逊、微博等互联网公司都应当一并纳入被遗忘权的调整范畴，这显然是值得商榷的。从技术角度出发，facebook等公司并不具有信息控制者地位，并且要求每个互联网公司都建立被遗忘权申请通道是极不现实之举。从司法实践上看，若将被遗忘权的"口子放得过开"，势必造成案件数量的井喷式增长，这将是法院不可承受之重。

3. 地域效力

被遗忘权的效力范围只及于国内搜索链接。这虽然在客观上可能导致被遗忘权的行使效果大打折扣②，但却是目前可行的折中之举。因为一个人的影响力只及于有限的地域，超出地域范围的人即使了解到相关的个人信息，也难以对个人的评价产生有效的影响。

---

① 这个概念出现在《欧盟基本权利宪章》第24条中："公共机关或私人机构实施的任何与孩子有关的行为都应当以儿童最大利益为首要考虑要素。"

② 例如，互联网用户仍可通过国外的服务器链接搜索到相关个人信息。

4. 信息主体的权利内容

被遗忘权最为核心的权利内容,即请求搜索引擎服务商删除有关链接。

5. 搜索引擎服务商的义务内容

(1) 构建被遗忘权的申请通道。实现这一措施的基本路径,可由工商管理行政部门发文,要求凡是服务器在国内的搜索引擎服务商,建立和完善被遗忘权的申请通道,搭建互联网用户与搜索引擎服务商审查的桥梁。(2) 在国内审查标准确定以前,参照欧盟《第29条信息保护工作组指引》的相关标准,审查被遗忘权删除请求的合理性与可行性。(3) 搜索引擎服务商的披露义务。具体而言,当信息主体关于被遗忘权的删除申请得到搜索引擎服务商的否定评价时,搜索引擎服务商应当将决定内容及理由一并披露给信息主体。(4) 关于搜索引擎服务商的通知义务,目前仍是一个开放性的难题,有待进一步探讨。

五、结 论

在大数据时代,信息就是生产力,信息安全及合理利用成为全社会关注的焦点。随着互联网技术在"工业4.0"时代扮演愈加重要的角色,搜索引擎成为人们获知信息的最主要窗口。因此,在信息安全及合理利用领域,搜索引擎服务商的义务配置备受关注。在被遗忘权中,搜索引擎服务商在信息处理、个人评价以及利益衡量三个层面具有足够的话语权和控制力,因此,应当确认其具有信息控制者地位。在此基础上,要求搜索引擎服务商承担:构建通道义务、审查义务、披露义务、删除义务以及通知义务,以确保个人信息的合理使用及深层次价值追求的实现。值得期待的是,2012年全国人大常委会《关于加强网络信息保护的决定》表达了中央对个人信息立法的关注与期待,相信在不久的将来,《中华人民共和国个人信息保护法》将得以出台。其中,关于被遗忘权的确立以及搜索引擎服务商的义务配置仍有待各界学者及司法实践的持续探讨。

个人数据保护立法模式比较研究
——以美国和德国为参照系

王　萍[①]

信息社会对于个人数据的大规模的采集、储存和利用,虽然促进了信息流通和经济社会发展,但也对个人私生活的安宁带来了巨大困扰。对此,各国纷纷立法对个人数据加以保护与规制,其中以德国为首的统一立法模式和以美国为首的分散立法模式最为典型。本文以立法模式为切入进路,探析德、美两国个人数据保护立法模式之差异,进而从立法价值和社会动因两个层面剖析差异原因,理清立法模式背后深植之动因,以论证两国立法模式在其本土之合理性与现实性。本文在最后对两种立法模式之利弊加以评价与分析。

自全球进入信息社会以来,对于个人数据或称个人信息的大规模采集、储存与利用不仅成为可能,而且成为无可避免的现实。信息对经济和社会的推动力日益凸显。"个人数据已经成为现代商业和政府运行的基础动力。"[②]随着个人数据日益体现出其经济价值和社会价值,对个人数据的滥用与侵扰也成为现代法律关注的热点。如何在信息的自由流通与个人数据的保护之间取得平衡,世界各国在立法模式上作

[①]　王萍,北京中医药大学人文学院法学系教师,清华大学法学院博士后,研究方向:公司法、数据法。
[②]　Perri, *The Future of Privacy* (Volume 1): *Private Life and Public Policy*, 1998, London: Demos, p. 23.

出了不同的回应。这些国家中，又以美国与德国较有特色与影响力。"在个人信息保护法领域，德国先后扮演了先驱、研究者和异议者的角色。"① 美国则是开辟了以隐私权保护个人数据的先河。本文仅以这两个国家为例，探讨这两个国家的立法模式以及立法模式下的价值取向的差异，并进一步探讨这两种模式各自的利弊。

一、德国个人数据立法模式——统一立法下的联邦和州两级制

由于德国是联邦制国家，因而对个人数据保护要从联邦与州两个层面考虑。除了联邦立法之外，德国各州均有自己独立的数据保护法，用以规制州的行政机关和其他公共机关等对个人数据的收集与利用。"事实上，数据保护法是一部相当现代的部门法，在 70 年代初期这个词尚未出现。"② 世界上第一部数据保护法便出自德国黑森州，该法开启了全球数据保护立法之先河。1970 年 10 月 13 日《黑森州数据保护法》正式生效。根据《黑森州数据保护法》第 1 条，该法主要为了规制第 3 条第 1 款中相关州行政机关等对个人数据的处理。具体而言，该法适用范围包括州行政机关、州其他公共机关和州内的乡镇机关等。另外，该法也针对某些在州行政机关监督下具有一定公共职能的机构，如法兰克福大学等。但是该法并不适用于州内的私人组织与个人对于个人数据的处理与利用。由此可见，最早的数据保护法其规制对象并非针对私主体，而是为了防止国家和公共机关对于个人数据的滥用。无论是《黑森州数据保护法》还是其后各州颁布的数据保护法，更多体现为公法属性，出于对公权力的警惕而规制和限制州机关对于个人数据的滥用。随着社会发展，人们逐渐发现，除了国家机关有可能对个人数据形成滥用之外，私人组织出于经济利益等考虑，对于个人数据的不法收集和利用也对个人生活造成了巨大干扰。不久之后的 1977 年，德国颁布了联邦层面的数据保护法，对于全国范围内的个人数据的收集、处理

---

① 蒋舸：《个人保护立法模式的选择——以德国经验为视觉》，载《法律科学》，2011（2）。
② Marie-Theres Tinnefeld, Benedikt Buchner, Thoms Petri, Einfuehrung in das Datenschutzrecht, S. 37.

和利用等进行规制。除此之外,德国还在特定领域制定了一些有关数据保护的特别规定。例如,《远程服务数据保护法》(Teledienstedatenschutzgesetz)对远程服务过程中涉及的个人数据保护事项进行了规定,《电信法》(Telekommunikationsgesetz)以及《电信数据保护法》(Telekommunikations-Datenschutzverordnung)对电子通信过程中的数据保护问题作了特别规定。[1]

在这些法律中,居于核心地位的是《联邦数据保护法》。该法从联邦层面建构了一个比较完整的数据保护体系。该法第1条即开宗明义地规定,本法的目的是当他人通过处理数据而对本人人格有所侵害时进行保护,从而明确了保护个人数据的目的是实现对数据主体人格利益的保护。该法第2条规定了该法的适用范围。"本法适用于下列收集、处理和使用个人数据的主体:(1)联邦公共机构。(2)各州执行联邦法律而不受州立法管辖的公共机构。(3)实行下列行为的私法主体,使用数据处理系统处理或使用数据,或为此类系统收集数据;使用非自动文件编档系统处理或使用数据,或为此类系统收集数据。仅为个人和家庭活动之目的收集、处理或使用数据不受本法管辖。"

由此可见,该法适用的主体有三类:(1)联邦机构;(2)州内不受州法管辖但受联邦法管辖的公共机构;(3)私主体。综观德国联邦和州的数据保护法,可以看出德国通过州与联邦两个层面的法律已然建立起了一个统一的数据保护法律体系,适用对象包括联邦机构、受联邦管辖的州内的公共机构、州的公共机构、受州法管辖的公共机构、私人组织,也就是包括联邦内的所有公共机关、非公共机关和个人。

进而,德国《联邦数据保护法》第3条对个人数据做了明确界定:"个人数据是指关于一个特定或者可特定化之自然人(数据主体)的身份或事实情况的各项信息。"在这里,德国采用的是"Personenbezogene Daten"一词,意为涉及个人的数据,同样采用个人数据(personal data)说法的有欧盟、英国等。

德国《联邦数据保护法》还规定了数据保护的基本原则。根据德国《联邦数据保护法》的规定,该法规定了个人数据保护的如下基本原则:(1)直接原则。在收

---

[1] Christopher Millard and Mark Ford, *Data Protection Laws of the World*, London: Sweet & Maxwell 1998, p. German /5.

集个人数据时,原则上应坚持向个人数据主体收集。(2)修正原则。作为个人数据主体,有权要求修改不正确、不完整的个人数据从而确保个人数据在特定目的范围内完整、准确和及时更新。(3)目的明确原则。收集个人数据应当有明确特定的目的,在没有法律规定的特殊情况下,不允许公务机关和私人组织等超出目的范围收集、储存、利用个人数据。(4)知情原则。个人数据的收集、处理、利用应当保持公开。信息主体有权知悉其自身个人数据被收集、处理及利用的情况。(5)限制使用原则。个人数据在被使用时应该严格限制在收集目的范围内,除了法律特殊规定之外,不得在目的范围外使用。

德国《联邦数据保护法》还详细规定了个人数据主体的权利。德国《联邦数据保护法》对于数据的收集、处理和利用做了明确的区别。根据德国《联邦数据保护法》第3条第3款、第4款、第5款的规定,收集是指对数据主体的数据的获得;处理是指对个人数据的存储、修改、传输、封存和删除;而利用是指除了处理以外对个人数据的使用。在数据的收集、处理与利用过程中,个人数据主体享有以下不可分割的权利:[①]

第一,个人数据的获取权。在个人数据主体要求时,应向其提供如下信息:(1)与其有关的存储信息,包括出处;(2)被传输数据的接受者或接受者的种类;(3)存储的目的等。

第二,个人数据的更正权。个人数据主体对不正确、不完整的信息有要求修改的权利。

第三,个人数据的删除权。对于未经个人数据主体同意即存储的信息或者已经没有存储必要的信息,个人数据主体可要求删除之。

第四,个人数据的封存权。指对于因法律规定无法删除或者删除成本过大的个人数据,个人数据主体可以要求进行封存。

从上述的信息可以看出,尽管存在联邦与州的双轨制,但是德国在个人数据保

[①] 参见德国《联邦数据保护法》第6条、第19条、第20条。第6条规定了数据主体获取、修改、删除或封存数据的权利不能因法律诉讼而被排除或限制。第19条规定了在数据主体的要求下,应向其提供的信息。第20条规定了对数据的修改、删除、封存和拒绝的权利。

护立法上还是采取了国家主导的统一立法模式。首先，国家机关在数据保护立法当中起了主导作用，联邦与州在数据保护方面各自均有立法，从而构成了一个完整的立法体系。其次，规范对象囊括了联邦境内的所有团体、组织与个人，包括公共机构、非公共机构和个人。再次，就数据保护的基本内容均作了详尽规定，包括主体、对象、权利内容、侵权方式、赔偿等。最后，根据《联邦数据保护法》的规定，在联邦和州两级设立数据保护局和数据保护专员，对联邦境内和州境内对个人数据的侵权行为进行监督。

德国自规制公权力出发，在世界上首次制定了数据保护法，进而通过联邦层面统一的数据保护法，对于德国境内的公共机关和私人组织对个人数据的收集、处理和利用进行规制，堪称统一立法模式的典范。德国模式对后来的大陆法系许多国家产生了深远的影响。连英美法系的英国也受其影响，制定了统一的数据保护法。

二、 美国个人数据保护立法模式——分散式立法

随着科技、经济、社会的变革与发展，在美国这块自由的土地上孕育了隐私权制度。然而，与德国和欧洲大陆对个人数据统一立法不同的是，"美国的信息隐私法是一堆不协调、不一致且经常不理性的联邦和州法律规则"[①]。而且出于对市场的信任，国家采取尽量不干涉市场的原则，"美国的原则是尽量依靠市场来解决所有的问题，在涉及美国政治、经济和社会的各个方面，美国民众一贯倾向于不立法，强调限制国家公权力的介入，而倡导通过市场解决问题"[②]。因而，在美国，就个人数据而言，除了国家立法之外，企业和行业间的自律规范占据非常重要的分量。

1968年以后，美国国会制定了多部法律来规范个人数据的取得、存储和利用，从而将美国对个人数据的保护推入了成文法时代。1968年美国颁布了《综合犯罪控

---

① Fred H. Cate, *Privacy in the Information Age*, Brookings Institution Press, 1997, p. 80.
② ［美］马丁·伊·艾布拉姆斯：《新兴数字经济时代的隐私、安全与经济增长》，温珍奎译，转引自周汉华主编：《个人信息保护前沿问题研究》，21-23页，北京，法律出版社，2006。

制和街道安全法》。这是一部专门规范通信监控的法律,该法规定:秘密监控只能适用于间谍罪、叛国罪等特定罪行。1971年实施的《公平信用报告法》的规范对象是消费者信用调查机构和消费者信用调查报告的使用人,该法规定消费者有权向信用机构查询和调取个人信用资料。《家庭教育权利和隐私法》是保护学生隐私权的一个法案,规定学生和家长对学校的某些记录享有隐私权。1973年的《犯罪控制法》对刑事审判记录产生的隐私信息进行规范与调整。1974年的《隐私权法》则用以规范联邦政府部门对个人数据的收集、存储与利用。而1980年的《金融隐私权法》则是美国最早的保护金融领域隐私的法律。1980年制定的《电子基金转移法》规定未经许可进入电子资金转移系统是犯罪行为。1986年国会又制定了《电子通信隐私法》,这部法律是对1968年《综合犯罪控制和街道安全法》的修订与完善,修订的原因在于,随着计算机和数字技术革新带来的电子通信的变化,联邦的信息保护法也要与时俱进。1988年的《录像隐私保护法》对购买和租借录像带过程中的个人数据提供隐私保护。1994年的《驾驶员隐私保护法》对州交通部门披露的个人的车辆记录作了一定的规范与限制。1996年《电信法》规定电信经营者有保护客户财产信息秘密的义务。1999年《儿童网上隐私保护法》是第一个保护由网络涉及的个人数据的联邦法律。该法规定:没有父母的同意,联邦法律和法规限制搜集和使用儿童的个人数据,但是这仅适用于针对儿童开设的网站、网页或运营商实际上了解其正在收集儿童的个人数据的情形,且仅保护年龄不超过13周岁的儿童的信息。[①]

在这些法律中,最重要的是1974年的《隐私权法》。1974年《隐私权法》未制定之前,曾有两个不同版本的法案草案:一是艾文等参议员提出的《关于设立联邦隐私委员会的法案》(简称艾文法案),该法案希望一并规制联邦、州和地方政府以及私人行业的数据收集、保存和传播活动,并要求设立联邦信息保护委员会,监督

[①] 具体参见[美]阿丽塔·L. 艾伦、理查德·C. 托克音顿:《美国隐私法:学说、判例与立法》,冯建妹等译,52-58页,北京,中国民主法制出版社,2004;[日]小林麻理:《IT的发展和个人信息保护》,夏平第等译,71-86页,北京,经济日报出版社,2007;孔令杰:《个人资料隐私的法律保护》,144-159页,武汉,武汉大学出版社,2009。

法案的执行①；二是议员毛海德等向众议院提交的《隐私法案》（简称毛海德法案）②，该法案仅适用于联邦政府机关收集、使用与传播个人数据的行为，也不建议设立联邦信息保护委员会监督隐私法案的实施。

是否需要对私人行业的数据处理一并立法，是否需要建立一个特定的机构监督法案的实施，这是美国隐私权法立法过程中争执的焦点。而美国与德国对这两个问题的不同回答，导致了两者在立法模式上分道扬镳，渐行渐远。1974 年的《隐私权法》由于遭到了各方面的反对，美国商务部、私人行业等纷纷提出异议，尤其是金融、保险、直接营销等行业的反对，最终摒弃了统一立法模式，仅对联邦政府机关的数据处理行为进行规制，而且最终采取了以联邦机关自律为主、以个人自力行使与通过法院执行数据权利为辅的数据保护模式，放弃了特定机关的监督。③

美国在个人数据立法上继续延续了这一传统，在其后的几十年中，并未出现如德国《联邦数据保护法》那样统一、完整的立法，而是继续以分散立法的方式制定了多部法律，对特定人群、特定领域的个人数据进行保护。

在立法之外，美国的行业自律也发挥了重要作用。所谓行业自律，指的是通过行业内部制定行为规范或规章的形式，实现行业内部的自我规范和自我约束。行业自律在美国主要采取以下三种方式：

（1）建议性的行业指引。如美国 100 多家知名公司加盟的组织"在线隐私联盟"就在 1998 年公布了它的在线隐私指引。④ 该指引规定，应该向用户全面告知其个人数据被收集的情况，包括收集的目的、收集的种类、是否向第三方披露等。但是这种指引并不具有法律效力，只是一种行业指导与建议，对于违反指引的行为也不具有制裁性。

（2）隐私图章认证计划。这是与有机食品认证或者绿色认证等相类似的一种认证，由一个独立于网站与用户之间的中立第三方根据一定的标准作出判断，该网站

---

① U. S. , Senate, A Bill to Establish a Federal Privacy Board, S. 3481, 93d Cong. , 2nd sess. 1974.
② U. S. , House of Representatives, A bill to Safeguard Individual Privacy from Misuse of Federal Records, H. R. 16373, 93d Cong, 2nd sess. , 1974.
③ U. S. Congress, Legislative History of the Privacy Act of 1974, Washington, 1976.
④ 孙斯汀：《欧美个人数据保护制定比较研究》，28 页，中国政法大学 2008 年硕士论文。

是否具备了保护个人数据的最低标准。该网站可以向中立第三方申请，如果符合标准则授予这一认证。如果在认证之后违背了该中立第三方的标准，则第三方可取消这种认证，甚至可向有关机关申诉。

（3）技术保护。通过用户使用的某种特定保护个人隐私的软件，当网站收集用户的个人数据时，适时地提醒用户或者禁止用户进入该网页。

三、美、德立法模式的差异及其原因分析

（一）美、德立法模式差异分析

作为在个人数据保护方面具有示范性质的美国和德国，在个人数据保护立法模式上存在着非常明显的差异，具体来说，可以分为以下四个方面。

1. 统一立法和分散立法的差异

德国采取了统一全面的立法模式，一并规制公私领域中的信息数据处理行为，不仅对个人数据提供保护，还调整个人数据主体与数据使用者在数据流转上的利益关系。而美国则采取了分散的立法模式，在公共机构中，除了规范联邦机关的《隐私权法》之外，只对电信、金融、保险、征信、录像等特定领域以及儿童、驾驶员等特定人群进行联邦立法，但是出售银行记录、监视工作人员和录像监控个人并不被禁止[①]，从而没有实现给个人数据主体一个全面的保障。

2. 国家主导为主和行业自律为主

从主导关系上来说，德国采用了国家主导的方式，联邦和州两级均有清晰、规范的数据保护法，私人自律只起着对国家立法辅助的作用。而美国则是公私领域分离，在公领域强调国家规范和公共机构自律，而在私领域基本是以行业自律与行业自治为主。

---

① Banisar D. Privacy and Human Rights 2000：An International Survey of Privacy Laws and Developments，Vol. 2008；Electronic Privacy Information Center，Privacy International，2000.

3. 执行体制的差异

从执行体制上说，德国采取了国家公权力监督的自上而下的模式，设立了专门的数据保护机构与数据保护专员，监督数据保护法的实施，对私人有关个人数据的问题提供解答和帮助。而美国则是采用了信息使用者自律和个人自力救济相结合的执行体制，尽量减少政府的强制干预，因而具有"事后补救性"而非"事先预见性"①。

（二）美、德个人数据保护理论与价值基础探析

1. 德国个人数据保护的理论与价值基础

人在社会中生存，不仅是一种物质存在，还是一种精神存在。然而，在19世纪大陆法系民法肇始之际，尽管也考虑到了人的尊严与价值，但是近代民法把这种尊严与价值更多地负载到平等人格与抽象自由上，将人从具体人中抽象出来，形成一个理性、利己以及冷酷的经济人或者法律人形象。"乃是根植于启蒙时代的、尽可能自由且平等、既理性又利己的抽象的个人，是兼容市民及商人的感受力的经济人。"②"这种理性人，在市民社会中、在与他人的关系中是被当作秉持客观态度和行动的人来对待的，而对属于人的内心世界的东西，从法律的角度来看，原则上可以视而不见。"③ 19世纪末20世纪初的德国民法典也基本贯彻了这一思想。在《德国民法典》第823条第1款中规定了生命、身体、健康、自由等权利，但其主要关注点，仍然是作为生物人的人的存在。尤其需要注意的是，该条虽然提及了自由这个法律保障的利益，但是这种自由仍然是建立在生物人的基础之上的，指的是单纯的身体自由与行动自由，而非从精神角度关注思想、言论等自由。④ 此外，《德国民法典》第12条

---

① Colin J. Bennett, Convergence Revised: "Toward a Global Policy for the Protection of Personal Data? In Technology and Privacy: The New Landscape", *Philip E. Agre & Marc Rotenberg.*, The MIT Press, 1997, p. 113

② ［日］星野英一：《私法中的人》，王闯译，转引自梁慧星主编：《为权利而斗争》，331页，北京，中国法制出版社，2000。

③ ［日］星野英一：《私法中的人》，王闯译，转引自梁慧星主编：《为权利而斗争》，349页，北京，中国法制出版社，2000。

④ Erman BGB: Aschendorff Rechtsverlag, 11. Auflage, Band I, S. 17.

规定了姓名权保护的一个方面。但对人的其他精神属性的保护，或者规定不充分，或者根本没有规定。"民法典有意识地未将一般人格权，也未将名誉纳入第823条第一款保护的权益范围。因此在以前，个人的名誉只能由第826条以及第823条第2款结合刑法第185条及以下条款提供保护。此外，第824条可以用来保护商业信誉。"①在德国民法典中，有关名誉的权利、有关个人形象的权利、有关个人私生活的权利、有关个人发展的权利以及个人信息的权利，都没有明确规定加以保护之。

然而，人们逐渐发现，人作为一种伦理性存在，不关注人的精神世界显然是行不通的。人的精神世界对于人而言，是有价值的。人虽然是自然世界中一种肉体的存在，但他是具备理性与自主意思的，因此也是一种伦理的存在。人作为肉体的存在，虽然为了维持生存必须从事辛苦的劳作，但是人对生活的追求并不局限于此。人需要追求美，追求人生的意义与价值，追求被尊重的生活，追求安定的生活状态。"无论怎样，对人而言，生之价值不可或缺，从此意义上而言，精神世界是具有价值的。"②而法律，作为调整人类生活的一种基本准则，在关注人的物理性之外，关注精神性显然也是不可或缺的。

德国也逐渐意识到立法对于人格利益保护的不足。尤其是第二次世界大战以后，人们已然认识到，通过现有的法律规定，仍然不足以保护所有方面的人格。尤其是在纳粹独裁以后，人们对任何不尊重人的尊严与人格的行为都变得敏感起来，这种敏感不仅是对国家的，也是针对私人与团体的。尤其随着现代科技的发展，秘密录音、窃听、拍摄等，严重地侵扰了个人的私生活。为了使这些行为的被侵害人受到民法的保护，德国司法实践最终援引德国《基本法》第1条和第2条，③强调了人的尊严与人的发展是法律发展的最高价值，发展出了"一般人格权"，并等同于《德国民法典》第823条第1款中的其他权利，从而填补了德国对人格利益保护，特别是精

---

① [德]迪特尔·梅迪库斯：《德国民法总论》，邵建东译，805页，北京，法律出版社，2000。
② [日]星野英一：《私法中的人》，王闯译，转引自梁慧星主编：《为权利而斗争》，328页，北京，中国法制出版社，2000。
③ 德国《基本法》第1条第1款规定：人的尊严不可侵犯。尊重和保护人的尊严是一切国家机关的义务。第2条规定：(1)人人享有个性自由发展的权利，但不得伤害他人权利，不得违反宪法秩序或道德规范。(2)人人享有生命和身体不受侵犯的权利。人身自由不可侵犯。只有依据法律才能对此类权利予以干涉。

神性人格利益保护的重大空白。

"今天，对于作为人的属性的种种利益的私法上权利得到了普遍承认，就此意义而言，在提高作为人的人格地位上，法律方面的努力所表现出来的广度和深度是显而易见的。"① 这种对人的人格属性的广泛保护，在信息化社会进一步体现到了对个人数据的保护上。在以信息化为本质特征的网络时代，自然人的人格正越来越多地体现为表征本人特性的数字或者符号，即个人数据。诸如个人身份证号、个人姓名、个人家庭住址、工作经历、银行交易记录等种种个人信息，均构成了个人私生活的有机部分。因此，对个人数据的侵害，构成了对个人私生活的侵害。而个人精神的满足，依赖于安定宁静的私生活。个人对属于自己的个人信息享有自由处理的权利，也属于决定自由的一部分。因此对个人信息或个人数据的保护，也是对个人精神人格保护的应有之义。

正因为此，德国黑森州于1970年颁布了世界上第一部《个人数据保护法》，随后德国在1977年颁布了《联邦数据保护法》，从联邦和州两个层面保护个人数据免遭滥用性的存储、转达、变更与消除。② 为了对个人数据提供进一步的保护，德国联邦宪法法院在1983年的《人口普查法案》判决中依据德国《基本法》第1条第1款的"人格尊严"和第2条第1款的"人格自由发展"，将信息自决的权利纳入一般人格权保护之下。联邦宪法法院认为："在现代数据处理的条件下，人格自由发展的前提是保护个人使其个人数据免遭无限制的收集、存储、使用和传播。这种保护的内容涵盖在基本法第1条第1款和第2条第1款之下。"③

现代民法对人格属性的保护，是一个从抽象的平等到具体的平等，从保护物质性人格属性为主到物质与精神性人格属性共同保护，而精神性人格属性的保护日益深入与广泛的过程。这与现代社会对人的认识的提高、对人作为社会最终目的的认识日益明确有关，同时也是与现代科技对人的生活的侵入日益加剧紧密相连的。德国联邦宪法法院正是意识到了这一点，将对个人数据的保护与人的尊严和人的自由

---

① ［日］星野英一：《私法中的人》，王闯译，转引自梁慧星主编：《为权利而斗争》，337页，北京，中国法制出版社，2000。

② 参见［德］迪特尔·梅迪库斯：《德国民法总论》，邵建东译，803页. 北京，法律出版社，2000。

③ BVerfGE 65，1 = NJW 1984，419。

发展相联系，从而明细阐释了德国个人数据保护的价值基础。

2. 美国个人数据保护的理论与价值基础

相对于德国定位于人格尊严和人格自由，从而发展出了一般人格权下的信息自决权，美国在个人数据保护层面，有自己独特的发展道路。在美国法中，即使在今天，也没有人格和人格权等概念。但是德国对各种人格利益的保护，在美国法中并不匮乏，其主要是通过对隐私权的保护而实现的。

美国隐私权的发展颇为令人瞩目。隐私权在美国法律体系中得到明确承认要到19世纪末。而之前对隐私的保护并不是直接通过隐私权来保护的，而是通过宪法第一修正案、第三修正案、第四修正案、第五修正案①中规定的各项权利和自由来实现的。这些权利不仅作为宪法原则存在，还起到了保护个人隐私的作用。而最早的上诉法院提及隐私概念是在1881年。当时的密歇根高等法院在1881年受理了一个案子（Demary v. Robert），被告未经原告的同意观察了原告的生育过程。法官马斯顿代表法院作出了一致意见认为："此时原告对此住所的隐私享有权利。法律通过他人尊重她的权利并且禁止对此权利的侵犯来保护这一权利。"②

尽管此前司法实践和论著对隐私权有所涉及，但隐私权的真正确立是1890年沃伦与布兰代斯在《哈佛法律评论》第4期上发表的论《隐私权》的文章，文章认为隐私权是一种"the right to be let alone"的权利，可以理解为"个人豁免的权利""不受干扰的权利""独处的权利""保持自己个性的权利"③。这篇文章还讨论隐私的理论基础，即将隐私视为人类尊严不可分割的一种条件与权利，是对人的平等的尊重，是一种人格。④ 该文章对后世隐私权的发展产生了深远影响。之后的70年中，美国隐私权得到了迅速发展。Prosser教授总结了隐私权发展的四种类型："（1）侵入原告僻居或独处地点（Intrusion upon seclusion）；（2）公开原告的私人事件（Pulicity Given to private life）；（3）公开揭露他人私生活致使其遭受公众误解（Pulicity Given to unreal image）；（4）为被告私人利益而盗用原告的姓名与肖像（Appropria-

---

① 美国宪法第一修正案规定了公民信仰、出版、集会、示威的自由；第三修正案规定了军队不得进入民房；第四修正案规定了免于不合理的搜查和扣押；第五修正案规定了拒绝自我控诉的权利。

②③④ [美] 阿丽塔·L. 艾伦、理查德·C. 托克音顿：《美国隐私法：学说、判例与立法》，冯建妹等译，26页，14-17页，37页，北京，中国民主法制出版社，2004。

tion of name or like-ness)."① 这四种类型都是出于对个人私生活的尊重与保护,从而使私人可以在现代繁杂的社会中自由、宁静而有尊严地活着。虽然很多人批评Prosser教授的观点,但其观点还是被美国侵权法第二次重述所接受,为隐私权在私法领域的发展奠定了基础,成为美国隐私权理论中的通说。可以说,在美国法中,隐私权是一个更为一般的权利,包括私生活的众多领域。它要求在个人私生活的领域中,他人尊重个人独处、使个人可以安宁地在精神世界中享受生活的权利。

20世纪60年代以后,由于电脑与网络的普及、科技的进步,隐私权尤其是个人信息遭受侵害的情况越来越严重,而人们对隐私的关注也越来越高。这里有几方面的原因:一是人们逐渐摆脱贫困,物质匮乏的问题逐步解决,因此他们会更多地关注精神追求,包括隐私权的保护;二是现代科技的迅猛发展,为人们自觉不自觉地侵犯他人隐私权提供了众多便利;三是现代社会是一个多元发展的社会,人们具有多样、复杂的私生活内容与形式,评价私生活的标准也极具差异性和相对不确定性,从而也为隐私权保护带来了困扰。

高速发展的科技带来的隐私权问题给社会带来了恐慌,而"隐私领域最引起社会恐慌的,便是所谓的信息隐私"②。信息爆炸、互联网飞速发展的时代,数以万计、十万计甚至百万计的个人信息可在瞬间泄露,接触互联网的人均可接触到这些信息,个人信息保护的要求不可谓不急切。所以,隐私权在作为受宪法保障的权利的同时,保护个人信息的立法也得到了发展。尽管出于对信息自由流通的保护与对舆论自由的关注,美国没有颁布一个统一的数据保护法,但是联邦和州还是颁布了不少单行的法律,对个人信息进行保护。1966年的《信息自由法》规范了联邦政府对个人数据的公布方式,1970年的《公平信用报告法案》规定了消费者报告机构,如信用署对信息的使用。尤其是1974年的《隐私权法》,要求联邦机构收集、存储与利用的个人信息及时、准确、完整,个人有要求改正不准确、不完整的个人信息的权利。与

---

① [美]阿丽塔·L.艾伦、理查德·C.托克音顿:《美国隐私法:学说、判例与立法》,冯建妹等译,13-14页,北京,中国民主法制出版社,2004。
② [美]爱伦·艾德曼、卡洛琳·肯尼迪:《隐私的权利》,吴懿婷译,420页,北京,当代世界出版社,2003。

此相对应，隐私权从消极的"to be let alone"的权利向"积极隐私权"①方向发展，转变成"个人信息的自我控制权"，后来进一步发展成为"个人决定的自主权"②。

　　在多年的发展中，美国学界对于隐私权的理论基础也进行了长期的探讨。正如沃伦和布兰代斯首先提出的，隐私的实质其实是人类价值的缩影。这些价值可以概括为个人自决、个性与个人人格。大多数理论家认为，保护隐私的价值基础在于对个人个性的保护，对个人尊严的尊重。布鲁斯丁院长1864年发布的一篇文章认为，"在法学文献与司法判例中承认隐私权反映了学者与法院对保护人类尊严的关注"③。事实上，"认为对人的精神的尊重需要广泛的隐私保护的观点已经在很多有价值的论述隐私价值的论著中出现"④。

　　从上述可以看出，德国和美国在个人信息保护的理论和价值基础上有相同之处，也有所差异。两者均关注从精神层面对人的尊严和自由进行保护，从而延伸到对个人数据的保护中，而且两者发展出的数据权利，均从消极的信息自决权走向积极的信息自决权，其发展的方向是一致的。但是两者的差异依然是明显的。在德国个人信息保护是作为宪法保障的基本权利而保护的，在民法上是作为人格尊严和人格发展的不可或缺的因素，因而不能随意抛弃。个人信息在宪法与民法上均作为人格的一部分存在，因而要求国家公权力的介入。全面立法与个人数据保护机构构成了德国个人信息保护的两个重要组成部分。通过建立基础性的数据保护法，德国确立了个人信息收集、处理和利用的基本原则，并据此为个人信息当事人提供广泛的权利保障。

　　而美国更侧重于仅从私人事务的角度来看个人数据保护，并未将个人数据保护上升到宪法基本权利的地步，在私人领域关注更多的也是自由，而非尊严。另外，美国更看重个人信息的经济价值，由市场来调节个人与企业之间在信息流转中的利益关系，对于私人领域中的个人信息保护，采取了分散立法的方式，仅对特定领域

---

　　① 杨佶：《域外个人信息保护立法模式比较研究——以美、德为例》，载《图书馆理论与实践》，2012（6）。
　　② ［日］五十岚清：《人格权法》，5页，北京，北京大学出版社，2009。
　　③④ ［美］阿丽塔·L.艾伦、理查德·C.托克音顿：《美国隐私法：学说、判例与立法》，冯建妹等译，38页，32页，北京，中国民主法制出版社，2004。

和特定人群进行保护,依靠市场和个人自力救济达到对个人信息的保护。

(三) 美德立法模式差异的社会原因

德国和美国在个人数据保护方面立法模式的差异,是有其政治、经济和文化原因的。德国对个人数据的重视与敏感,是有深刻的历史根源的。在第二次世界大战期间,德国纳粹利用了人口普查得来的个人数据,精确地掌握了德国境内犹太人的个人资料,从而为其对犹太人进行大屠杀打开了方便之门。[①]

正是因为这个惨痛的历史教训,德国人对于公共机构利用个人数据对人的尊严和生命进行践踏十分警惕。在第二次世界大战之后,德国通过了《基本法》,明确规定人的尊严不受侵犯,并在现实发展中根据基本法第1条对人的尊严的保护和第2条对人的自由发展的保护,确立了一般人格权。在之后的"人口普查案"中,德国确立了个人对自己的信息有自决权,并将该自决权纳入一般人格权的体系之中,从而将个人数据保护上升到宪法的高度。对于德国来说,个人数据的商业价值不是不重要,国家管理和经济运行对于个人数据的需求也是显而易见的,但是价值有位阶高低,相对于这些而言,通过保护个人数据来保护人的尊严,保护人对安宁生活的控制权,是更为重要的。保护有尊严的人,是法律的最终目的。这是自康德以来德国法学始终强调的,在第二次世界大战之后更得到强化与支撑的理念。正是基于此,德国把个人数据保护放到了信息带来的便利之前,"从价值位阶和价值排序的角度分析,人格尊严相对于信息自由而言应当处于被'择优录用'的位置"。"人格尊严价值是人之为人的根本条件,是自然人生命本身的需求。"[②] 其目的价值应当高于作为工具价值的信息自由。因此,德国通过一系列的国家立法,完善、细致地保护个人数据,从而保护个人尊严。

美国的情形与德国大不一样。从人口拥挤的欧洲大陆到了地广人稀的美国大陆,美国人摆脱了封建领主的压迫,充满了对自由的渴望,更希望的是政府允许其自食其力,而不去干涉个人的私人事务。独处的权利(The right to be let alone)、不受打

---

① 参见李小汇:《个人数据保护德国有长处》,载《中国国情国力》,1997(12)。
② 李仪:《个人信息保护的价值困境与应对》,载《河北法学》,2013(2)。

扰的权利，对美国人来说至关重要。美国的隐私更接近于"自由"而非尊严。美国人更关注自由的价值，尤其是针对政府的自由。所以美国人对于媒体和私主体的担忧相对小得多，他们更倾向于担心如何保护自己的隐私免受公权的侵扰。①

在 1974 年《隐私权法》制定过程中，参议院艾文曾强调："隐私同自由的其他部分一样，只有在失去它时，我们才会倍加珍惜。只有权力日益膨胀的政府剥夺了其人格和个性时，随遇而安的公民才开始愤怒。到那时，亡羊补牢，为时已晚。我们不能坐待《1984》所描述的世界变成现实，才为限制政府侵害个人自由找到依据。"②由此可见，美国的隐私法更注重防范政府限制个人的自由。自由，是美国个人数据保护的灵魂。

此外，作为现代信息经济的肇始国，美国相比德国而言，更看重信息流通对信息经济带来的巨大效益。美国担心，如果制定统一的高标准的立法，容易阻碍信息的自由流通，从而阻碍新生的信息经济的蓬勃发展。作为信息产业大国的美国，将信息视为新经济的原动力，因而更重视信息的流通与利用，认为信息的流通与利用才是信息的根本价值所在。而一旦制定涵盖各行业的个人数据保护方面的法律，会对相关行业造成严重打击，从而阻碍信息经济的健康、蓬勃发展。

四、 美德立法模式之利弊分析

美国和德国就有关个人数据保护采取了不同的立法模式，各有其深刻的社会、政治、经济原因，各有其合理性，但是也有各自的利弊所在，需要细致分析。

美国分散式的行业自律模式有其优点。法是生活的现实反映。在现代社会，由于社会分工日益细化，各行业之间犹如雾里看花，"隔行如隔山"的现象日益严重，而由行业自身制定自律规则，往往能够清晰、及时、准确地反映行业现状和行业发

---

① James Q. Whitman："The Two Western Cultures of Privacy：Dignity Versus Liberty"，Vol. 113. The Yale L. J. 1161.

② 孔令杰：《个人资料隐私的法律保护》，36 页，武汉，武汉大学出版社，2009。

展情况，灵活有效地随科技的发展与社会的变迁而随之调整。行业自律机制，正如有的学者所说的，是一种"内生机制"①。而且通过行业自律，也容易给新兴产业和企业创造比较宽松的环境，避免给企业带来过重的负担，有利于企业发展壮大。

但是以分散立法、行业自律为主的模式也有着明显的弊端。首先是不能给个人数据主体一个全面的保护。"美国的隐私政策具有事后补救性而非事先预见性，片面性而非全面性，分散性而非一致性。法律很多，但隐私保护水平却不高。"②美国的个人数据保护，只针对特定领域与特定人群，但事实上在现代社会，任何普通人的个人数据都有可能被泄露，根据相关杂志调查所得，美国人中隐私受到侵害的比例每四次占一次，而92%的商业网站在收集个人数据③，普通人而非特殊群体同样也遭受着信息泄露带来的侵害。而不管是公权力机关还是庞大的商业机构，相对普通人而言，显然存在明显的实力差别。因此，依靠不完善的法律单纯靠个人的自力救济显然是不够的。其次，行业自律模式缺乏强制力与执行力，行业规则一般是由行业中的企业制定的，在客观上一般会倾向于企业的利益，容易减轻自己的责任，加大对方的责任。行业自律的范围也具有一定的限制性。"加入或不加入都是自愿的，有一大部分企业没有加入，他们游离在这个约束的范围之外。"③ 行业自律只能靠企业自身的自觉行动来保护规范的执行，缺乏强制力。企业是利益方，但又是规则的制定者与执行者，因而很难保证企业完全按照自律规则来执行对个人数据的保护。

德国统一全面的立法模式同样也是优势与弊端并存。德国将个人数据保护纳入一般人格权的范畴之内，从人的尊严与人的发展出发，保护个人数据。同时又从州与联邦两级建立比较完备的信息保护制度，对个人数据给予全面的保护。"德国模式充分考虑到个人数据保护的统一性，有助于在司法上采取同一标准。"④ "统一的立法

---

① 齐爱民：《个人信息保护法研究》，载《河北法学》，2008（4）。

② Colin J. Bennett, Convergence Revised：" Toward a Global Policy for the Protection of Personal Data? In Technology and Privacy：The New Landscape", *Philip E. Agre & Marc Rotenberg.*, The MIT Press, 1997, p.113.

③ 参见李春芹、金慧明：《浅谈美国个人信息对中国的启示——以行业自律为视角》，载《中国商界》，2010（2）。

④ 杨佶：《域外个人信息保护立法模式比较研究——以美、德为例》，载《图书馆理论与实践》，2012（6）。

模式是对个人数据进行保护的最强有力的机制。"① 这是因为国家统一立法,不但保障了个人数据保护在立法、司法上的统一性,而且具有国家强制力的保障,在国家主权范围内,具有无可比拟的权威性。统一的立法模式往往会赋予个人数据主体广泛的权利,这对于个人数据主体私人利益的保护是非常有力度的。然而,统一的立法模式也存在着相对的弊端。法律是利益衡量的产物。当法律对一种利益保护全面时,就可能损害另一种利益的存在。对个人数据进行全面的高标准的保护,在一定程度上会影响甚或阻抑信息的流通,抑制创新和市场自由。而且从法律实施的角度而言,全面的高标准的保护,其成本负担也相当大。

---

① 齐爱民:《拯救信息社会中的人格》,180 页,北京,北京大学出版社,2009。

第三编

"互联网+"相关产业治理中的法律问题

网络食品交易第三方平台法律责任研究

刘金瑞[①]

新食品安全法规定了网络食品交易第三方平台的法律责任，包括行政责任和民事责任，民事责任体系又包括连带责任、不真正连带责任和履行事先承诺责任。这一责任与平台作为信息撮合方的地位相适应，监管部门不应轻易突破法定的责任限度。为落实平台责任的相关配套规定和各地监管实践，应在法定框架内积极探索制度创新。但由于平台偏重规模扩张、小微卖家定性有待明确、政府监管数据开放不够等，第三方平台责任落实仍不到位。第三方平台责任制度的完善和创新，需要坚持社会共治理念、技术法律手段并重理念、线上线下监管同步理念。

随着互联网技术的普遍应用，我国网购食品市场发展迅速，网络零售、网络订餐、微商、跨境食品电商等业态纷纷涌现。以网络订餐为例，2015年互联网餐饮外卖市场规模为457亿元人民币，同比增长201.7%，预计2018年市场规模将达到2 455亿元。[②] 这些多元业态伴随商业模式的持续创新正日益变得复杂。截至2016年

[①] 刘金瑞，中国法学会法律信息部，助理研究员，《互联网治理与法制发展内刊》常务副主编。研究方向为网络法、信息法、民法。

[②] 参见易观智库：《中国互联网餐饮外卖市场趋势预测2016—2018》，见 http://www.analysys.cn/view/report/detail.html? columnId=22&articleId=15914，2016-09-28。

第二季度，微信和 WeChat 的合并月活跃账户数达到 8.06 亿，比去年同期增长 34%①，这 8 亿多用户理论上都可以从事网络食品交易。目前，网购食品市场具有交易量巨大、微小商家占比高、消费者众多且分散等特点，在这种复杂的网购食品业态之下，网购食品市场出现了假冒伪劣、黑心作坊等突出问题，网购食品安全治理面临严峻挑战。

对此，我国 2015 年新修订的《食品安全法》（以下简称为"新法"）在全球首次规定了网络食品交易第三方平台法律责任。为贯彻落实这一规定，国家食品药品监督管理总局于 2016 年 7 月通过了《网络食品安全违法行为查处办法》（以下简称为"《办法》"）并于 10 月 1 日起施行。可对于网络食品交易第三方平台责任，在理论上存在一定的困惑，在落实中存在许多突出问题。本文直面理论上的困惑和实践中的问题，试图厘清新法规定的应有之义，并在此基础上提出完善和创新第三方平台责任制度的对策建议。

一、 新食品安全法第三方平台责任规定的理解

新《食品安全法》对网络食品交易第三方平台责任的规定分为两个部分，第 62 条规定了第三方平台的法定义务，第 131 条规定了第三方平台违反第 62 条义务时应承担的法定责任。②新颁行的《办法》进一步强化了第三方平台的相关义务，对《办法》相关规定的理解应以《食品安全法》设定的责任为限。

（一） 网络食品交易第三方平台的法定义务

《食品安全法》第 62 条规定了第三方平台对入网食品经营者有一定的食品安全

---

① 参见腾讯控股有限公司：《腾讯公布 2016 年第二季度及中期业绩》，见 http：//www.tencent.com/zh-cn/content/at/2016/attachments/20160817.pdf，2016-09-28。

② 此处的第三方平台责任仅指平台提供者本身在提供网络食品交易平台服务时所承担的责任。当然，如果第三方平台从事跨境食品电子商务等业务，第三方平台还应遵守《食品安全法》关于进出口食品监管的规定，包括保健食品的注册备案，进口食品应符合国家标准、应检验检疫合格并要提供相应证明材料等。

管理义务和责任，但这些义务和责任仅限于实名登记、审查许可证、发现违法行为应当及时制止并立即报告监管部门、发现严重违法行为应当立即停止提供网络交易平台服务等。法律如此规定的原因在于，第三方平台对入网食品经营者具有一定的管控能力，可以对其进行一定的身份审查，赋予平台一定的信息审查义务，有利于维护网购食品安全。[①]

需要强调的是，鉴于第三方平台本身并不是食品经营者，只是一个信息撮合平台，新法只是规定了与其信息撮合业务相适应的一定的信息审查及相关义务，包括实名登记、审查许可证、报告违法行为和停止为严重违法者提供平台服务，以实现交易的可追溯、责任的可追究、危害的可控制，并没有对第三方平台赋予过重的义务。换言之，《食品安全法》对第三方平台设定的责任限度是妥当的，既考虑了监管实践的需要，也考虑了平台自身的特点和承受能力，这种责任限度和利益衡量不应轻易突破。

网络食品交易第三方平台的核心义务是登记审查，对此义务的理解包括以下几个方面。

1. 第三方平台的审查应为形式审查，而非实质审查。考虑到第三方平台义务只是协助监管的性质，故应该是形式审查，赋予第三方平台实质审查根本不可能实现。第三方平台只要尽到一般的谨慎审查义务，就不应对入驻商家因造假骗过审查而承担责任。但这种一般的形式审查并不意味着没有审查义务，认证证件明显过期、多个经营主体使用同一营业执照的"多对一"等问题应该属于审查范围。

这种形式审查，需要定期及时更新，延伸出了第三方平台建立入网经营者档案的义务。根据新法第131条的规定，消费者通过第三方平台网购食品，其合法权益受到损害的，第三方平台不能向消费者提供入网经营者的真实名称、地址和有效联系方式的，应当向消费者承担赔偿责任。这要求第三方平台应该建立食品经营者登记档案库并定期更新，这种建档义务是审查登记义务的延伸。《办法》第12条明确规定第三方平台"应当建立入网食品生产经营者档案，记录入网食品生产经营者的

[①] 参见全国人大常委会法工委行政法室：《中华人民共和国食品安全法解读》，159页，北京，中国法制出版社，2015。

基本情况、食品安全管理人员等信息"。

2. 不同对象的登记审查要求不同。生产经营者根据是否应取得许可证，可以分为两类。

（1）对应该取得许可证的经营者，应当严格审查其许可证。新法第 62 条规定："依法应当取得许可证的，还应当审查其许可证。"对这部分经营者，第三方平台应在审查其食品生产许可证或食品经营许可证后才能允许其上线经营，不能降低审查标准。实践中的突出问题是，有的第三方平台为了短时间扩大规模追求效益，没有审查或有意降低审查标准，让没有取得许可证的主体入驻平台而从事食品生产经营活动。

（2）对不需要取得食品经营许可的个人和小微食品生产经营者，应当审查登记生产经营主体的个人身份信息、工商登记信息。需要指出的是，根据《食品安全法》的规定，并非所有的食品生产经营者都需要取得许可证。新法第 35 条规定："销售食用农产品，不需要取得许可。"新法第 36 条规定："食品生产加工小作坊和食品摊贩等从事食品生产经营活动，应当符合本法规定的与其生产经营规模、条件相适应的食品安全要求，……食品生产加工小作坊和食品摊贩等的具体管理办法由省、自治区、直辖市制定。"新法实施后，对于小作坊和食品摊贩的管理，内蒙古、陕西、广东、河北、江苏等省份已相继制定地方性法规，制度设计各有不同，有的实行许可制度，有的实行登记备案制度。

对于不需要取得食品生产经营许可的个人和小微食品生产经营者，第三方平台并非不可以为他们提供平台服务，只是提供服务之前同样应该履行实名登记义务，应当审查登记生产经营主体的个人身份信息，有工商登记信息的还应审查登记工商登记信息，并及时更新。《办法》第 11 条明确规定第三方平台"应当对入网食用农产品生产经营者营业执照、入网食品添加剂经营者营业执照以及入网交易食用农产品的个人的身份证号码、住址、联系方式等信息进行登记，如实记录并及时更新"。

除了审查登记入网食品生产经营者义务之外，《网络食品安全违法行为查处办法》还进一步强化规定了第三方平台的下列义务：在通信主管部门备案的义务；具备展示入网经营者证照信息、数据备份、故障恢复等技术条件；建立食品安全相关制度，包括入网生产经营者审查登记、食品安全自查、食品安全违法行为制止及报告、严重违法行为平台服务停止、食品安全投诉举报处理等制度；记录保存食品交易信息的义务；确保网络食品安全信息真实性的义务；以及执法协助义务。

需要指出的是，笔者认为对《办法》新规定的第三方平台义务，应坚持在《食品安全法》设定的责任限度内予以理解，不宜扩大解释而不当加重第三方平台的责任。比如对于《办法》第10条和第14条规定的"食品自查制度""对平台上的食品经营行为及信息进行检查"的义务范围应限于《食品安全法》第62条规定的审查登记义务和发现违法行为之必要，即这种检查是为了审查不实信息和"发现入网食品经营者有违反本法规定行为"，而不应理解为要求第三方平台建立食品安全抽检制度。

再如对于《办法》第4条第三方平台确保网络食品安全信息真实性义务的理解，也应限于《食品安全法》规定的审查登记义务和发现违法行为之必要，而不应随意进行扩大解释，具体而言包括登记审查：入网食品经营者的真实名称、地址和有效联系方式；网上信息声称与食品的标签、说明书是否一致；特殊食品网上信息声称是否与注册或备案信息一致，是否违反国家禁止性规定等。①

（二）网络食品交易第三方平台的法定责任

《食品安全法》第131条规定了第三方平台违反第62条法定义务，即未履行实名登记、审查许可证、报告违法行为或停止为严重违法者提供平台服务而应承担的法律责任，包括行政责任和民事责任两个方面。行政责任包括责令改正，没收违法所得，并处罚款；造成严重后果的，责令停业，吊销许可证。

相较于《食品安全法》对于第三方平台行政责任的简单规定②，《网络食品安全违法行为查处办法》进一步细化和强化了第三方平台的行政处罚规定。比如《办法》

---

① 例如《网络食品安全违法行为查处办法》第19条第1款规定，入网销售保健食品、特殊医学用途配方食品、婴幼儿配方乳粉的食品生产经营者，除依照本办法第18条的规定公示相关信息外，还应当依法公示产品注册证书或者备案凭证，持有广告审查批准文号的还应当公示广告审查批准文号，并链接至食品药品监督管理部门网站对应的数据查询页面。保健食品还应当显著标明"本品不能代替药物"。

② 如仅规定行政罚款的幅度为5万元以上20万元下，缺乏细化规定。

第 31 条规定，违反本办法第 10 条规定，网络食品交易第三方平台提供者未按要求建立入网食品生产经营者审查登记、食品安全自查、食品安全违法行为制止及报告、严重违法行为平台服务停止、食品安全投诉举报处理等制度的或者未公开以上制度的，由县级以上地方食品药品监督管理部门责令改正，给予警告；拒不改正的，处 5 000 元以上 3 万元以下罚款。

对于第三方平台的民事责任，应当放到网购食品生产经营民事责任体系中予以把握。首先应当强调的是，入网食品经营者或生产者的自己责任是第一位的，也就是经营者或生产者造成消费者合法权益损害的，应当为自己侵权行为承担民事责任。其次才是第三方平台可能承担民事责任的情形，主要包括三种情形。一是第三方平台提供者承担连带责任：当第三方平台没有履行登记审查、违法报告、停止服务等义务而出现消费者合法权益受损时，应当与入网食品经营者或生产者承担连带责任。二是第三方平台提供者承担不真正连带责任：第三方平台在损害发生后，不能提供入网食品经营者或生产者的真实名称、地址和有效联系方式，消费者提出请求的，平台提供者应当承担赔偿责任，事后可以向食品经营者或生产者追偿。三是第三方平台提供者作出更有利于消费者承诺的，应当履行其承诺：第三方平台作出先行赔付等事先承诺的，应当按照承诺向消费者承担赔偿责任。

《食品安全法》关于第三方平台责任的规定，实际来源于《侵权责任法》和《消费者权益保护法》的规定，但有所修改。《侵权责任法》第 36 条[①]和《消费者权益保护法》第 44 条规定，网络平台服务提供者在明知或者应知销售者或者服务者利用其平台侵害消费者合法权益，未采取必要措施的，依法与该销售者或者服务者承担连带责任。判断是否承担连带责任之"明知或者应知"（实际就是判断过错）的标准在实践中比较困难，新《食品安全法》将这一标准进行了客观化规定，即只要第三方平台违反第 62 条规定的实名登记、审查许可证、报告违法行为和停止为严重违法者提供平台服务的义务，导致消费者权益受损的，就应当与食品经营者承担连带责任。

---

① 《侵权责任法》第 36 条第 3 款规定："网络服务提供者知道网络用户利用其网络服务侵害他人民事权益，未采取必要措施的，与该网络用户承担连带责任。"

二、落实网络第三方平台责任面临的突出问题

网络食品交易第三方平台责任既是《食品安全法》的重要制度创新，也是新法贯彻落实中的焦点、难点问题。国家食品药品监督管理总局在《食品安全法》修法和实施中一直在考虑网络食品安全监管问题，从 2014 年的《互联网食品药品经营监督管理办法（征求意见稿）》，到 2015 年的《网络食品经营监督管理办法（征求意见稿）》，再到 2016 年通过的《网络食品安全违法行为查处办法》，既可以看到监管者的重视审慎，也可以发现问题的错综复杂。

面对监管实践的迫切需求，各地相继出台了落实第三方平台责任的配套规定，如 2016 年 3 月施行的《北京市网络食品经营监督管理办法（暂行）》、2016 年 4 月的《辽宁省食品药品监督管理局关于加强网络订餐食品安全监管的指导意见》、2016 年 9 月施行的《上海市网络餐饮服务监督管理办法》等，也处罚了"饿了么"等平台一系列纵容入网经营者无证无照、证照不全、假证套证等违法行为。虽然取得了一定的成效，但实践中，第三方平台责任的落实还很不到位，笔者认为主要存在以下几方面突出问题。

（一）第三方平台偏重规模扩张，落实平台责任的内在动力不足

互联网经济的重要特征是具有网络效应和平台效应。所谓的网络效应，有时称为网络外部性，是指在同一网络中使用某种产品的用户数量决定了用户从该产品中获得的效用。Rohlfs 指出，"单个用户从通信服务中获得的效用随着接入该系统人数的增多而增加"，并认为"这是消费外部经济的典型例子"[1]。Katz 和 Shapiro 将用户数量对产品效用的正向影响称为"网络外部性"，并区分为直接网络效应和间接网络效应：前者是指在同一网络中使用某种产品的用户越多，用户从该产品获得的效用

---

[1] Rohlfs J, "A Theory of Interdependent Demand for a Communication Service", *Bell Journal of Economics & Management Science*，1974，5 (1)，pp. 16-37.

越多;后者是指在同一网络中,随着使用某种产品用户的数量增多,该产品的互补品种会变得更为丰富而且价格更低。①

所谓的平台效应,是指在双边市场或多边市场中,市场就是用户交易的平台,平台中某一边用户获得的效用取决于另一边平台用户的数量。Rochet 和 Tirole 的双边市场理论认为,双边或多边市场是一个或几个允许用户交易的平台,通过适当收费使双边保留在平台上。② Weyl 在双边市场理论的基础上指出,当平台某一边用户数量增加时,会增加另一边平台用户的效用,用户对平台存在依赖性。③ 这种平台效应会让市场参与方越来越依赖平台,进而促使平台形成一定的市场支配地位。

正因为网络效应和平台效应的存在,网络平台服务提供者往往把扩大用户数量、扩张平台规模作为平台发展的核心任务。扎克伯格在创办 Facebook 时,很早就意识到"某个交流平台一旦巩固下来,一个赢家通吃的市场很快就会加速形成,人们愿意加入使用用户数量最多的交流工具",他设立的目标在于"不仅仅为美国,而是要为全世界创造出一个交流工具,其目的是超越其他各处的一切社交网站,赢取他们的用户"④。

对此,网络食品交易第三方平台也不例外,他们也想在激烈的竞争中尽可能地获得更多的入网食品经营者和网购食品消费者。在规模扩张成为平台首要目标的情况下,有些网络食品交易第三方平台置登记审查、违法报告等法定义务于不顾,默许、纵容甚至教唆入网食品经营者欺瞒造假,导致网购食品市场无证无照、证照不全、假证套证、假冒伪劣、黑心作坊等乱象丛生,极大地威胁了人民群众的食品安全需求和身体健康。

以"饿了么"网站为例,其成立于 2009 年,短短几年就覆盖了全国近 200 个城市,加盟餐厅共计 18 万家,日均订单超过 100 万单。但这种高速扩张在一定程度上

---

① Katz M L, Shapiro C, "Network Externality, Competition and Compatibility", *American Economic Review*, 1985, 75 (3), pp. 424-40.

② Rochet J, Tirole J, "Platform Competition In Two-Sided Markets", *Journal of the European Economic Association*, 2003, 1 (4), pp. 990-1029.

③ Weyl E G, "A Price Theory of Multi-Sided Platforms", *American Economic Review*, 2010, 100 (4), pp. 1642-72.

④ [美] 大卫·柯克帕特里克:《Facebook 效应》,沈路等译,228 页,北京,华文出版社,2010。

是以罔顾食品安全为代价的。2015年央视3·15晚会揭露了"饿了么"网站的黑幕，调查发现：该网站上的一些店铺根本没有营业执照，属于黑作坊，"饿了么"平台不仅默认合作方入驻，甚至还引导商家虚构地址、上传虚假实体照片。事件爆出后，"饿了么"在全国范围内迅速下线违规餐厅25 761家，主要涉及证照不全和证照造假等问题。上海等地监管部门对"饿了么"未对入网食品经营者审查许可证、违反食品安全法的行为处以了10万元~15万元的行政罚款。

令人遗憾的是，外卖网站的黑幕乱象屡禁不止，已成为食品安全治理的焦点、难点。2016年8月，新京报曝出黑店"外卖村"事件，在北京通州区像素小区，100余家餐馆，90%以上无"餐饮许可"，在外卖平台的默许下上线，摇身变成生意火爆的正规店，形成了这个万人规模的"外卖村"。根据记者的调查，个别有"工商执照"的餐馆，用的是餐饮管理执照，而这种执照的经营范围并不包含餐饮服务；即使是知名品牌的加盟店，也是在无照经营；有经营者称网络平台的业务经理教他们P假照，混过网上审核。

这些屡屡曝出的网络订餐乱象，固然和第三方平台罔顾法律一味追求规模扩张有关，但在某种程度上也揭示了既有的监管方式无法适应目前网络食品安全监管的迫切需求。第三方平台责任要求平台协助政府部门监管，并不意味着监管部门可以为了自身"安全"而将监管责任推给第三方平台，这种责任推脱不仅无助于食品安全问题的根本解决，还给第三方平台造成了不当的负担和压力。政府监管网购食品安全的方式和手段，包括第三方平台责任制度在内，亟待进一步完善和创新。

（二）小微卖家的定性还不明确，平台相应的义务责任尚不清晰

对小微卖家的登记审查是第三方平台责任的重要内容，但目前我国对小作坊、小摊贩、小餐饮甚至私厨菜售卖等小微业态的法律定性还不明确，第三方平台相应的义务责任尚不清晰，一定程度上不利于第三方平台责任的落实。小微卖家监管引发的焦点问题是小微卖家是否要取得行政许可证，以及这种行政许可证的监管方式是否足够有效。

根据新《食品安全法》的规定，并非所有的食品生产经营者都需要取得许可证；

销售食用农产品，无论个人与否，都不需要取得许可；对于小作坊、食品摊贩、小餐饮、小食杂店等小微食品生产经营者，新、旧《食品安全法》都规定"应当符合本法规定的与其生产经营规模、条件相适应的食品安全要求，保证所生产经营的食品卫生、无毒、无害"，各地有权制定不同的监管办法。对小微食品生产经营者的监管，一直是监管部门面临的难点问题。

2015年10月1日新法施行之前，共有14个省级行政单位制定了相应的地方性法规或者省级政府规章。多数地方对食品生产加工小作坊实行许可制度，如宁夏、吉林、山西、甘肃、浙江、上海、北京、黑龙江、贵州；有的实行备案制度，如河南；有的实行登记制度，如内蒙古、广东。大部分地方对食品摊贩实行登记制度，如吉林、甘肃、山西、上海、北京、湖南；有的地方对食品摊贩实行备案制度，如河南、贵州。[①]

新法实施后，内蒙古、陕西、广东、河北、江苏等省份相继按新法要求制定了相关的地方性法规，具体监管制度设计上也存在不同，有的实行许可制度，有的实行登记备案制度。比如《陕西省食品小作坊小餐饮及摊贩管理条例》第9条规定，"食品小作坊、小餐饮实行许可制度管理，食品摊贩实行登记备案制度管理"。《广东省食品生产加工小作坊和食品摊贩管理条例》第8条规定，"食品小作坊实行登记管理"，第21条规定"食品摊贩实行登记管理"。《河北省食品小作坊小餐饮小摊点管理条例》第12条规定："小作坊、小餐饮实行登记证管理，小摊点实行备案卡管理。"

其实无论是实行许可制，还是登记备案制，对这些小微卖家的监管一直都是监管实践中的棘手问题。虽然新《食品安全法》规定"鼓励和支持其改进生产经营条件，进入集中交易市场、店铺等固定场所经营，或者在指定的临时经营区域、时段经营"，对改变小微食品生产经营者小、散、乱的状态有一定的积极意义，但网络第三方平台的出现让更多的个人从事经营活动成为可能，比如通过微信朋友圈售卖私厨菜等，使小微食品生产经营者更加难以被监管。这些小微卖家借助网络平台，有了更便利的经营手段，不需要公开的经营场所，监管部门、消费者难以获知其生产

---

① 参见李文阁：《对新〈食品安全法〉关于食品生产加工小作坊和食品摊贩等规定的几点认识》，载《中国食品安全报》，2016-01-21。

经营条件，实践中出现了许多侵害消费者权益的黑作坊。但这些无证经营、违法经营的监管问题不是互联网带来的新问题，只是互联网增加了监管难度，对监管部门的监管方式提出了新挑战。

表面上看，问题在于小微卖家的法律定性不明确，各地对此理解不一，有的规定需要取得证照而有的则不需要，从而导致了第三方平台相应的义务责任不清晰。但从本质上看，根本问题是应该对小微卖家采用何种有效的监管方式。第三方平台责任制度虽然有利于促进有效监管的实现，但并不足以解决全部问题，何况实践中这一制度往往成了政府推脱自身监管责任的借口。面对小微卖家引发的监管挑战，有些地方出于对食品安全的忧虑，对个人经营者往往通过设立经营许可的高门槛而实际持禁止的态度，如《北京市网络食品经营监督管理办法（暂行）》规定，"未取得食品经营许可的个人，不得通过互联网销售自制食品"，《上海市网络餐饮服务监督管理办法》规定，"网络餐饮服务提供者应当依法取得食品经营许可"。相对而言，国家食品药品监督管理总局出台的《网络食品安全违法行为查处办法》则在此问题上留有一定的空间。笔者认为，对于小微卖家的监管，不宜通过设置行政许可的高门槛而一禁了之，而应该转变监管思路，通过创新监管模式来适应监管实践的需求，这包括切实推进社会共治和进一步完善第三方平台责任制度。

（三）政府监管数据开放程度不够，平台难以落实信息审查义务

《食品安全法》规定了第三方平台需要对入网经营者进行实名登记并审查其许可证、发现严重违法行为应当立即停止提供平台服务等义务。无论是登记审查证照信息还是发现严重违法行为情况，都需要获得并比对政府相关监管数据。但目前我国证照信息等政府监管数据并没有实现有效共享，这导致第三方平台难以落实信息比对审查的义务。

第三方平台虽然仅是形式审查入网经营者的证照，但因为目前我国各地对小微卖家是否取得证照规定不一、同一种许可证的格式也存在不统一的情况，审查起来也存在一定的困难。原《餐饮服务许可证》规定，省级餐饮服务监管部门可根据本地区习惯和特点，对经营项目的描述方式进行调整，因而各地餐饮服务许可证存在

一定的差别。新《食品安全法》施行之后，启用新版"食品生产许可证"和"食品经营许可证"，后者代替了之前的"食品流通许可证"和"餐饮服务许可证"，但旧版食品、食品添加剂生产许可证，原食品流通、餐饮服务许可证，有效期未届满的，继续有效。在新旧证共同有效的过渡时期，若不向第三方平台开放监管部门的证照数据，第三方平台无法准确进行核对审查，难免会给证照造假提供漏洞空间。

第三方平台履行发现严重违法行为应停止平台服务的义务，同样需要从政府有关部门获得"严重违法行为"的相关信息。《网络食品安全违法行为查处办法》第15条细化了应停止平台服务的食品安全严重违法行为，包括入网食品生产经营者涉嫌犯罪被立案侦查或者提起公诉的、因相关犯罪被人民法院判处刑罚的、因违法行为被公安机关拘留或者给予其他治安管理处罚的、被食品药品监督管理部门依法作出吊销许可证或责令停产停业等处罚的情形。对于食品生产经营者这些违法犯罪和处理处罚的信息，平台经营者如果通过自身去搜集无疑是大海捞针、难以实现。

政府应该向平台开放监管信息的数据接口，向平台开放相关的监管数据。既然是赋予第三方平台一定协助监管的义务，就应赋予其可实现协助监管的手段，如果只是要求其比对审查信息而不开放核查数据库，那就是强人所难，第三方平台责任制度的初衷就难以实现。近年来，我国加快了政府数据开放的步伐。2014年，《企业信息公示暂行条例》开始施行，我国开始建设"企业信用信息公示系统"，工商部门、企业、其他政府部门作为信息公示主体，承担信息公示义务，政府部门作为市场监管主体，监督企业在企业信用信息网站上公示的反映企业营业状况的信息。根据该条例，工商部门应当公示的企业信息包括：企业的注册登记、备案、动产抵押登记、股权出质登记、行政处罚、抽查检查等信息；其他部门应当公示的企业信息包括：行政许可准予、变更、延续信息，行政处罚信息等。涉及的政府部门包括：人民银行、国家税务、海关、国家食药监督管理、出入境检验检疫、人民法院等。

但遗憾的是，当前政府各部门还是"信息孤岛"，尚未实现信息互联共享，如国家食品药品监督管理总局自身都尚未建立起全国联网的食品许可证照数据库，遑论向社会公众公示了。目前"企业信用信息公示系统"中基本只公示了工商部门的监管信息，其他部门的"行政许可"和"行政处罚"信息基本是空白状态。对此，

2015年8月，国务院印发《促进大数据发展行动纲要》，明确指出要推动包括信用、企业登记监管等在内的民生保障服务相关领域的政府数据集向社会开放。2016年9月，国务院印发《政务信息资源共享管理暂行办法》，明确指出法人单位信息、电子证照信息等属于基础信息资源的基础信息项，必须在部门间实现无条件共享；围绕经济社会发展的同一主题领域，由多部门共建形成主题信息资源，"食品药品安全"明确列为主题信息资源。政府内部监管信息互联共享是政府监管数据对外开放的基础，期待随着政府数据开放进程的加快，第三方平台能够充分获得信息比对审查所需的政府监管数据，将信息比对审查义务真正落到实处。

三、 完善网络第三方平台责任制度的基本理念

作为《食品安全法》重要制度创新的第三方平台责任，在贯彻落实中出现了许多棘手问题。有些问题是第三方平台本身的问题，例如平台自身偏重规模扩张而忽视法定审查义务，而有些问题超出了第三方平台责任制度本身，比如小微卖家监管困境和政府数据开放不充分的问题，但这些问题恰恰也制约了第三方平台责任的落实。这说明完善和创新第三方平台责任制度，需要跳出第三方平台责任制度本身的桎梏，而站在网购食品安全治理体系的高度予以思考把握。笔者认为，这需要坚持以下基本理念。

（一）社会共治理念

社会共治是新《食品安全法》修订明确确立的食品安全工作基本原则，是指调动社会各方力量，包括政府监管部门、食品生产经营者、行业协会、消费者协会乃至公民个人等，共同参与食品安全工作，形成食品安全社会共管共治的格局。[1] 笔者认为，网络食品交易第三方平台责任制度本身就是食品安全社会共治理念的重要体

---

[1] 参见全国人大常委会法工委行政法室：《中华人民共和国食品安全法解读》，10页，北京，中国法制出版社，2015。

现,第三方平台履行登记审查、违法报告、停止服务等义务,实际上承担了一定的管控任务,是在协助政府部门进行监管,是在参与食品安全治理,有利于促进食品安全社会共治局面的形成。国务院 2016 年食品安全重点工作安排的第十项"推动食品安全社会共治",只是侧重投诉举报、宣传教育、技术研发等方面,尚未将第三方平台认为是社会共治的一方。建议政府监管部门转变观念,不能仅仅把网络食品交易第三方平台作为被监管者,而应该承认其是食品安全社会共治的重要力量,将其作为食品安全治理的重要合作者。

目前实践中,监管部门不仅不承认第三方平台是食品安全社会共治的合作者,有时为了自身"安全"还把对入网食品生产经营者的监管责任推脱给第三方平台,这种责任推脱不仅无助于食品安全问题的根本解决,还给第三方平台造成了不当的负担和压力。2016 年 8 月,在媒体曝出北京黑店"外卖村"事件之后,北京市食药监局约谈了百度、美团、饿了么等外卖平台,北京市食药监局新闻发言人称:将每周向媒体提供几大外卖平台未下线无证餐厅名单、未亮证照名单,联合社会监督和政府监督的力量;对于外卖平台未尽审查义务的行为,一律立案,每次立案将处以 20 万元左右的罚款;外卖平台不要用"新兴业态"和"高科技"当挡箭牌,对入驻餐厅必须尽到审查和整改职责;要通过科技手段监管外卖平台,随时监控其无证无照餐厅情况,并及时向社会公示;鼓励同行业互相监督,鼓励公众举报、媒体曝光。①

监管有违法行为的第三方平台无可厚非,可媒体报道出来的北京市食药监局的态度似乎过于针对第三方平台。维护和治理食品安全应该是监管部门的首要目标和职责,当监管部门发现入网经营者无证无照经营时,应当及时制止并处罚入网经营者的经营行为,将相关信息通报给平台要求其停止为这些经营者提供平台服务,当然,第三方平台确实存在违法情形的也应一并追求法律责任,但不应只是忙于向媒体提供无证经营的名单;利用高科技手段监管到无证经营的情形,同样第一时间应该予以查处,而不只是为了监控外卖平台和向社会公示。查处入网经营者无证无照等线下经营乱象,是监管部门的法定职责,而不能因为有第三方平台做"挡箭牌",

---

① 参见李婷婷:《外卖平台整改要用洪荒之力》,载《新京报》,2016-08-11。

监管部门就对这些线下违法行为视而不见、置身事外。

其实，第三方平台责任落实中遇到的政府数据开放不充分和小微卖家监管困境等问题，从根本上说都与监管部门没有真正树立食品安全社会共治理念有很大关系。如果监管部门坚持社会共治理念，其就应该主动开放有关监管数据，调动社会各方力量参与监督管理，而不是连法定负有证照审查义务的第三方平台都不与之共享监管数据。对于小微卖家监管，如果监管部门坚持社会共治理念，就应该把平台作为重要合作方，通过政府和平台双向数据共享、利用大数据技术分析预测等创新监管方式，积极探索小微卖家监管困境法破解之道，而不是对小微卖家一禁了之或只把第三方平台当成推脱监管责任的"挡箭牌"。

只有监管部门坚持社会共治理念，转变既有的"监管—被监管"的对立观念，认可第三方平台是食品安全社会共治的重要力量，才可能积极探索与第三方平台等社会力量的合作共治，释放出第三方平台责任更大的制度活力，扭转目前监管方式与实践要求不相适应、捉襟见肘的被动局面。

（二）技术法律手段并重理念

《食品安全法》和《网络食品安全违法行为查处办法》等，通过规定相关主体的义务责任，为食品安全治理提供了法律手段。还应该看到，网络信息技术的迅速发展，不仅为食品交易提供了新的平台，对食品安全治理带来了极大的挑战，也同时为食品安全治理提供了新的技术手段。这种新的技术手段具有以下特点：交易数据留痕，全程可追溯；可以通过大数据分析预警食品安全态势；可以对食品安全进行实时信息动态监管；可以通过数据共享充分进行风险交流；使全民参与食品安全治理成为可能。网络环境下网购食品安全治理应该坚持技术手段和法律手段并重的理念，某些有效的技术手段可以通过立法及时予以确认和保障，比如通过立法，设立政府开放食品安全监管相关数据的义务。

目前，探索利用技术手段加强监管，已经成为加强食品安全监管能力建设的重要内容。2015年，国务院发布《关于运用大数据加强对市场主体服务和监管的若干意见》，提出将建立产品信息溯源制度，对食品、药品等关系群众生命财产安全的重要产品加强监督管理,形成来源可查、去向可追、责任可究的信息链条。国务院2016年食品安全重点工作安排的第八项"加强食品安全监管能力建设",明确指出"推进食用农产品质量安全追溯管理信息平台建设,统一标准,互联互通,尽快实现食品安全信息互联共享"。如果食用农产品通过网络售卖,那么网络交易是食用农产品"从农田到餐桌"全过程追溯管理的重要一环,网络交易数据留痕的特点和当前物联网技术、大数据技术的普遍应用,实现第三方平台网络交易环节食品追溯不成问题。

网络技术手段的妥当运用,可能使某些传统条件下棘手问题的解决成为可能。以小微卖家的治理为例,是否对小微卖家设定行政许可不是问题的关键,关键是行政许可的监管方式是否足够有效,应该采用何种有效的监管方式。笔者认为,网络技术手段的运用恰恰使小微卖家食品安全治理成为可能。如果政府能够坚持社会共治的理念,积极推动与第三方平台的合作,推动平台业务数据与政府监管数据的双向共享,政府监管数据为平台提供比对审查的依据,包含小微卖家采购、加工和售卖食品信息的平台业务数据,能为政府监管提供有益补充,再加上视频监控等技术的运用,对小微卖家实施实时监管是完全有可能的。一个实时处在严密监管下的小微卖家,可以预期食品安全风险可控。

对于政府向第三方平台开放食品安全监管数据和数据接口,上海市监管部门最先进行了探索,向外卖平台开放了"餐饮服务食品安全监督量化等级"信息(脸谱信息)。2015年12月,上海市食品药品监督管理局颁行《关于鼓励网络订餐第三方平台采集和应用政府食品安全数据的指导意见》,鼓励网络订餐平台采集并公示餐饮单位食品安全监督管理信息[①],第三方平台可通过将自有平台中入网餐饮单位的许可证信息与餐饮单位行政许可数据自动比对,进一步提高入网餐饮单位许可资质审查的精准性和有效性。目前,上海多家外卖平台已实现与监管部门的信息对接,公示"笑脸""平脸""哭脸"等"脸谱"信息以供消费者选择参考。上海监管部门表示,

---

① 《关于实施餐饮服务食品安全监督量化分级管理工作的指导意见》(国食药监食〔2012〕5号)规定,餐饮服务食品安全监督量化等级分为动态等级和年度等级。动态等级为监管部门对餐饮服务单位食品安全管理状况每次监督检查结果的评价。动态等级分为优秀、良好、一般三个等级,分别用大笑、微笑和平脸三种卡通形象表示。年度等级分为优秀、良好、一般三个等级,分别用A、B、C三个字母表示。

除了公示"脸谱"信息和许可信息外，还会推动公示抽检、处罚、日常监管等方面的信息。①

此外，各地相继通过地方性法规，积极运用法律手段确认和鼓励有效技术手段的运用，例如《北京市网络食品经营监督管理办法（暂行）》《辽宁省食药监管局关于加强网络订餐食品安全监管的指导意见》和《上海市网络餐饮服务监督管理办法》等。这些地方性法规确认和鼓励的主要技术手段包括：要求平台公示标识餐饮服务经营者的证照信息；鼓励第三方平台和政府互联互通监管数据；鼓励第三方平台在平台页面或经营者页面上公示经营者违法失信行为记录；鼓励餐饮服务者实施"明厨亮灶"，如在网络展示实时视频；对不诚信餐饮服务提供者，可采取调整搜索排名、暂时或永久停止提供平台服务、发布警示信息等措施。

（三）线上线下监管同步理念

第三方平台线上的违法乱象，其实根源在于线下监管不到位。网络是把双刃剑，既便利了正常的食品交易，但也便利了黑心作坊销售，给监管造成极大的挑战。即使有的入网经营者隐身在民宅之中，入网生产经营者也是有实际生产经营地点的，查处入网经营者无证无照等线下经营乱象，是监管部门的法定职责，监管部门不能因为有第三方平台做"挡箭牌"，就对这些线下违法行为视而不见、置身事外。2016年8月8日上午，在新京报曝出"外卖村"乱象后，北京市食药监局联合工商、安监、城管等部门，对海淀、朝阳等上百家餐厅进行集中查处，并将北京像素小区内100多家餐厅关停。② 虽然反应迅速值得肯定，但也反映出了日常监管的严重不足。像素小区里有100余家餐馆，90%以上无"餐饮许可"，有近万人的规模，负责这一小区的监管部门很难说不知情。

应该坚持线上线下监管同步的理念：对于线上监管，应该督促食品交易第三方平台履行法定义务，确保入网经营者公开相关信息和标识准确；对于线下监管，应

---

① 参见金豪：《笑脸 or 平脸 or 哭脸 订餐看"脸"真的靠谱？》，载《上海法治报》，2016-05-06。
② 参见李婷婷、赵吉翔、吴振鹏等：《北京食药监工商等查处外卖无证餐馆》，载《新京报》，2016-08-08。

该对辖区实行网格化监管,对辖区内的入网经营者定期巡查抽查,及时处罚违法行为,还应该积极探索创新抽检方式,如委托第三方进行检测等。

对于入网经营者的监管,说到底还是得依靠线下的监督检查,监管部门不能把监管责任推脱给第三方平台。例如,新《食品安全法》实施后,上海市食药监局组织对主要第三方网络订餐平台的4万余户次上海市入网餐饮单位开展了全面监督检查。2015年11月,上海食药监局联同上海市消保委召开媒体通气会,通报了第三方平台检查中发现的问题,并多次约谈存在问题的平台,责令其建立最严格的食品安全管理体系和餐饮单位入网标准,全面进行整改,同时,委托第三方机构开展监测,督促其履行法律义务。截至2016年3月底,上海共清理网上无证餐饮单位3.3万余户次。在处罚方面,还对"饿了么""大众点评""外卖超人"3家存在违反《食品安全法》行为的本市平台依法处以共计36万元的罚款。除此之外,为了保证网络订餐的安全,上海还成立了专门的网络支队,加强对网络订餐的监管和治理,同时也加大了对举报者保护和奖励的力度,举报一些企业内部的不良行为,并将奖励金额提高到30万元。消费者发现可能存在第三方网络订餐违法行为,可拨打12331食品安全举报的投诉热线进行举报。①

对于入网经营者网上经营信息的比对审查,也可以为发现查处其线下违法行为提供线索。据报道,北京市食药监局互联网监测中心已开始利用高科技手段对互联网外卖经营者违法行为进行搜索监测,为监管部门提供了一批违法线索,查处了一大批违法案件。该中心的全网自动搜索的方法主要有以下几种:一是匹配网店名称,通过食品经营许可系统的比对,店铺名称如果不合规范,就会被列入可疑名单,进行重点检查。二是对店铺地址进行比对,例如,一个平台内多个店铺使用同一个地址,证明其可能存在无证或未在原址经营的问题。三是比对电话,未表明店铺电话信息的,或多个店铺使用同一个电话的,会进行重点关注,检查其是否存在一证多用的违法行为。此外,有些店铺地址模糊,只标明了"北京"或"北京市",这类问

---

① 参见金豪:《笑脸 or 平脸 or 哭脸　订餐看"脸"真的靠谱?》,载《上海法治报》,2016-05-06。

题也会提取出来,交给执法部门参考。①

《网络食品安全违法行为查处办法》第 14 条强化了监管部门调查处理网络食品安全违法行为的职责,该条既重申了《食品安全法》第 110 条所规定的现场检查、抽样检查、复制有关资料等传统职权,也增加了询问有关当事人、查阅复制交易数据、调取网络交易的技术监测和记录资料等与网络违法行为执法相适应的新型职权。第 15 条规定了网络食品抽检的"神秘买家"制度,规定"买样人员应当对网络购买样品包装等进行查验,对样品和备份样品分别封样,并采取拍照或者录像等手段记录拆封过程"。这些细化规定,都为线下监管入网食品经营者和第三方平台提供了明确的依据。

---

① 参见沙雪良、武红利、韩雪妍:《市食药监局拟立案查三订餐平台》,载《京华时报》,2016-08-11。

网络预约出租车本地牌照和户籍限制的审查与规制

殷守革[①]

　　个人对其所有的私家车执行"收益"权能，符合物权法基本原则中"发挥物的效用"的规定，私家车入市营运成为可能。网约车运营服务具有极强的社会关联性，一定的监管和规制成为必要。网约车本地牌照和户籍限制的措施，是对个人财产所有权中"收益"权能的减损，需要审查其合法性与正当性。对网约车进行本地牌照和户籍限制，违反了许可法中有关许可事项与权限的规定，也对劳动法和就业促进法中"平等就业和选择职业"条款提出挑战，是对法律优先原则的冒犯。治理城市病不构成限制网约车外地牌照和户籍的正当根据，违反法律保留原则。在与安全有关的各式变量中，本地牌照和户籍并不是一项重要内容，本地牌照和户籍限制网约车司机属于考虑了与安全不相关的因素，违反了公平和公正原则。在比例原则审查方面，本地牌照和户籍限制网约车手段并不能达到"规范网络预约出租汽车经营服务行为"与"保障运营安全和乘客合法权益"的目的，并且在多种监管手段中还存在其他对网约车造成限制更小的手段，网约车司机本地牌照和户籍限制的措施存在不当之虞。

---

① 殷守革，中国人民大学法学院博士生，中国人民大学宪政与行政法治研究中心研究助理。研究专长：宪法学与行政法学。

一、问题的提出

随着移动互联网技术的快速发展，手机等移动终端启用特定软件（APP）即可启动操作网约车服务平台，通过平台复杂的程序设置，可以为预约乘客提供一对一客运专享服务，因其便利快捷而受到消费者和服务提供方广泛欢迎，但是，也引发了激烈的法律争议问题，诸如乘客安全、保险，信息隐私保护、政府监管不到位等问题也接踵而至。面对网约车的问题，需要通过立法进行依法监管。

被称为史上最严的各地网约车[①]新政相继出台[②]，都对网约车平台的运营车辆和人员进行了严格规定，包括必须是本地户籍和牌照，同时还对网约车的性能标准进行了严格具体的规定。[③]"限制了自由，就必须增加公平。政府行使的权力越多，公众舆论对任何类型的滥用职权或不公正就越敏感。"[④] 对网约车本地牌照和户籍限制不仅涉及政治问题（重大行政决策的科学性与正确性等），而且关联法律问题（公权力与私权利关系等）。"一个持续的危险是……法规是由政府部门根据他们自己的利益起草的。"[⑤] 如何保证其合法性与正当性，就是要通过各种手段和方式对其进行审查。作为法律人，从法律视角对网约车本地牌照和户籍限制进行分析，以期获得些许思考、争鸣与结论。

[①] 网约车是网络预约出租汽车的简称。根据《网络预约出租汽车经营服务管理暂行办法》，我国的出租车将分为巡游出租汽车和网络预约出租汽车（简称"专车"）。

[②] 10月8日、9日，北京、上海、深圳、广州、兰州等地相继发布网约车管理细则征求意见稿，各地政策细则大同小异。

[③] 运营车辆轴距不小于2 700毫米，5座三厢小客车排气量不小于2.0L或1.8T；新能源车轴距不小于2 650毫米；7座乘用车排气量不小于2.0L、轴距不小于3 000毫米、车长大于5 100毫米。

[④][⑤] 参见 [英] 韦德：《行政法》，徐炳等译，7页，北京，中国大百科全书出版社，1997。

二、"发挥物的效用"和"收益"条款构成私家车从事客运的规范依据

(一)"发挥物的效用"是物权法的一项基本原则

《物权法》第1条规定了其基本原则,其中,"发挥物的效用"是物权法基本原则中的一项重要内容。"发挥物的效用",取"物尽其用"之意。中国社会科学院语言研究所编《现代汉语词典》之"效",有三种解释:(1)效果、功用;(2)仿效;(3)为别人或集团献出(力量或生命)。此处之"效",显然有第一、三种解释中的含义。而"效用"一词,被直接解释为"效力和作用"①。那么,充分发挥物的"效力与作用",不仅包括所有权人发挥占有、使用、收益和处分之权能以尽"物力",而且包括设置他物权以充分发挥物的使用价值和交换价值,也包括维护与发挥物本身的功能与价值。同时,"物的效用"应该不单指发挥物的经济效益,也应该包括发挥物所具有的社会作用。例如,关于土地承包经营权对农民的社会保障功能、自然资源对生态环境与人类生存的基础性作用,意味着权利客体——物之中所承载的社会意义,要求物权法对相应的权利设置及行使提供便利。②

《关于深化改革推进出租汽车行业健康发展的指导意见》(以下简称《指导意见》)和《网络预约出租汽车经营管理暂行办法》(以下简称《暂行办法》)对网约车进行了初步规范。《指导意见》的精神在于"努力构建多样化、差异化出行服务体系,促进出租汽车行业持续健康发展,更好地满足人民群众出行需求"③。《暂行办法》的立法目的在于"更好地满足社会公众多样化出行需求,促进出租汽车行业和互联网融合发展,规范网络预约出租汽车经营服务行为,保障运营安全和乘客合法

---

① 中国社会科学院语言研究所词典编辑室:《现代汉语词典》,1271 - 1272页,北京,商务印书馆,1983。
② 参见易继明:《中国物权法草案的修改意见、总体结构与制定目的》,载《河北法学》,2005(8)。
③ 《国务院办公厅关于深化改革推进出租汽车行业健康发展的指导意见》,国办发〔2016〕58号,发布日期:2016 - 07 - 28。

权益"①。《指导意见》和《暂行办法》都肯定了网约车可以为市场提供客运服务，符合一定条件②的私家车可以转成网约车，符合物权法中"发挥物的效用"条款的立法目的和精神。

（二）"收益"作为财产所有权的一项基本权能

所有权的权能，包括积极的权能和消极的权能。③ 王利明教授认为，所有权的权能包含两层含义，首先，所有权作为客观的权利，它是权能的集合体，是具有完整的权能的权利，从这个意义上说，所有权的权能是由所有人享有的、构成所有权内容的权利。但是所有权作为主观权利，往往并不是权能的集合体，在所有人实际享有并行使所有权的过程中，它又是作为所有权的某种或某几种作用体现出来的。从这个意义上说，所有权的权能又是所有权的作用的体现。④ 根据《物权法》第39条的规定，所有权人对自己的不动产或者动产，依法享有占有、使用、收益和处分的权利。收益权是指利用财产并获取一定的经济利益的权利。

收益权是所有权的一项重要的权能。人们拥有某物，都是为了在物之上获取某种经济利益以满足自己的需要，只有当这种经济利益得到实现后，所有权才是现实的。如果享有所有权对所有权人毫无利益，所有权人等于一无所有。⑤ 收益权的概念，是中世纪注释法学派在解释罗马法时提出的。⑥ 许多学者认为，现代所有权的观

---

① 《网络预约出租汽车经营管理暂行办法》是由交通运输部、工业和信息化部、公安部、商务部、工商总局、质检总局、国家网信办于2016年7月27日颁布的法规，自2016年11月1日起实施。
② 《网络预约出租汽车经营管理暂行办法》第三章规定了网约车车辆和驾驶员的要求，拟从事网约车经营的车辆，应当符合以下条件：7座及以下乘用车；安装具有行驶记录功能的车辆卫星定位装置、应急报警装置；车辆技术性能符合运营安全相关标准要求。从事网约车服务的驾驶员，应当符合以下条件：取得相应准驾车型机动车驾驶证并具有3年以上驾驶经历；无交通肇事犯罪、危险驾驶犯罪记录，无吸毒记录，无饮酒后驾驶记录，最近连续3个记分周期内没有记满12分记录；无暴力犯罪记录等。
③ MünchKomm / Sñcke, 5. Auflage 2009, §903, Rn7ff.
④ 参见王利明：《物权法研究》，400页，北京，中国人民大学出版社，2013。
⑤ 参见王利明：《物权法研究》，402页，北京，中国人民大学出版社，2013。
⑥ 据学者考证，中世纪初注释法学派代表人巴托鲁在解释罗马法的所有（dominium）一词时，认为该概念中包含了对物权（iusinre），其中尤其是用益权。此后，用益权被表述为一种广义上的特别所有权或者部分所有权（parsdominium）。具体参见米健：《用益权的实质及其现实思考》，载《政法论坛》，1999（4）。

念,就是由绝对所有权向收益权的转化,认为所有权均为收益权。进入到现代社会,物权法发展的一个重要趋势是所有权从抽象的支配到具体的利用转变。物权的权利人支配其物,并不在于抽象地支配,而在于通过对物的支配而获得一定的经济利益。当代物权法通过加强对利用权能(即使用和收益权能)的保护,以"利用"或"利用的必要性"来代替"支配性",使物资利用权(用益权)优于所有权,同时,"社会性的利用"优于"私人性的利用"[①],从而充分鼓励和督促权利人对物的利用,以发挥物的效用,促进经济的发展。物权法保护车主对私家车所有权的"收益"权能。车主对私家车享有所有权,依法可以行使占有、使用、收益和处分的权能。"收益"作为车主使用车辆发挥所有权的一项内容,具有重大而深刻的意义,其目的在于"发挥物的效用",充分发挥物尽其用的原则,这符合市场经济条件下"理性经济人"的特征与规律。

三、网约车运营服务体现了极强的社会关联性

(一) 私人使用性抑或社会关联性

按照私有财产使用影响波及的范围进行分类,私有财产的使用可以分为纯私人性使用和社会关联性使用。有些私人财产属于主要体现"私使用性"、纯粹关涉个人生存、个人"形成自我负担的生活"的财产,如自家电视机、电冰箱和健身器材的使用,往往不会对他人权利的行使造成干扰。而有些财产则是具有更多社会关联性、关系到他人的生存和生活的财产,如上路行驶的私家车、摩托车、电动车、自行车等,社会关联性使用财产极容易对他人的权利或利益造成干扰和波及。相应的,宪法、法律对两种财产的保护程度也会有所差别。德国联邦宪法法院基于德国基本法中的"社会国原则",有过这样的论证:"如果财产的使用更多体现的是个人自由地

[①] 林刚:《物权理论:从所有向利用的转变》,司法部法学教育司编:《优秀法学论文选》,215页,北京,法律出版社,1996。

形成自我负责的生活的层面，则宪法对其的保护就更强；与此相对，如果财产有着更多的社会关联，承担着更多的社会功能，则通过法律对其进行的限制就应该更强。"[1] 出于财产的社会关联性的考虑，那些与公共福利有着密切联系的私有财产，就不能拘泥于私人经济利益最大化的思维，而是要使其承担更多社会义务，并且对其必要的监督和管理就成为必然。

（二）网约车监管和规制的必然性

私家车主使用其所拥有的车辆进行"形成自我负担的生活"，法律对其监督和管理保持在道路交通安全法等相关的法领域。此时的车辆主要体现"私使用性"，往往不会直接对他人的权利产生实质的影响，但是会间接影响其他道路通行者的权益。网约车则不同，当网约车从事市场运营，为乘客提供客运服务的时候，网约车和司机的服务直接与乘客的安全和利益产生联系，并且会影响道路交通安全和市场客运秩序。从这个角度而言，加强对网约车的监督和管理就成为必然趋势。其除了依然受到道路交通安全法的规制外，还会受到工商管理法、客运法以及消费者权益保护法等法律法规的约束和规范。网约车作为新兴事物，法律规范由于存在滞后性，对网约车的规范和治理往往存在立法漏洞的情形，《网络预约出租汽车经营管理暂行办法》的出台，就是适应这一新兴事物的出现而制定的部门规章，在肯定网约车的同时，对网约车的运营从多个方面进行了规范，以保障网约车的健康发展和维护乘客的合法权益。与此同时，该规章还保留给地方政府一定的网约车管理权限，各地地方政府可以从本地实际出发，制定符合本地特点和现状的网约车管理规范。

正是在这个意义上，北京、上海、深圳等城市相继制定了规范网约车运营的征求意见稿，有些意见稿对网约车平台的运营车辆和人员进行了严格规定，包括必须是本地户籍和牌照。网约车本地牌照和户籍限制的措施对车主"收益"权能造成减损，需要从法律视角审查其合法性与合理性。

---

[1] BVerfGE50.192（315f），转引自张翔：《机动车限行、财产权限制与比例原则》，载《法学》，2015（2）。

四、网约车本地牌照和户籍限制的合法性审查

对网约车本地牌照和户籍限制的合法性与合理性审查是法治的基本要求，合法性审查是形式法治的内容，合理性审查是实质法治的要求。合法性审查的标准有二，即法律优先原则和法律保留原则，合理性审查的标准中主要有公平和公正、考虑相关因素和比例原则。

（一）法律优先原则

法律优先原则是合法性原则的首要内容，被誉为"法治的精髓和灵魂"[①]。法律优先是作为消极意义上的依法行政而存在的。

1. 有法必守——法有规定不可违

德国奥托·迈耶指出，法律优先是"以法律形式出现的国家意志依法优先于所有以其他形式表达的国家意志，法律只能以法律形式才能废止，而法律却能废止所有与之相冲突的意志表达，或使之根本不起作用。这就是我们所说的法律优先"[②]。申言之，"此项原则一方面涵盖规范位阶之意义，即行政命令及行政处分等各类行政行为，在规范位阶上皆低于法律，换言之，法律之效力高于此等行政行为；另一方面法律优越原则并不要求一切行政活动必须有法律之明文依据，只需消极的不违背法律之规定即可，故称之为消极的依法行政原则"[③]。德国哈特穆特·毛雷尔认为，"法律优先原则是指行政应当受现行的法律的拘束，不得采取任何违反法律的措施"[④]。日本南博方指出，"法律的优先，即一切行政行为都不得违反法律，且行政措施不得在事实上废止、变更法律。这一原理适用于权力性行为、非权力性行为、侵

[①] 黄锦堂：《依法行政原则》，载台湾行政法学会主编：《行政法争议问题研究》，39页，台北，五南图书出版公司，2000。

[②] ［德］奥托·迈耶：《德国行政法》，刘飞译，70页，北京，商务印书馆，2002。

[③] 吴庚：《行政法之理论与实用》，52页，北京，中国人民大学出版社，2005。

[④] ［德］哈特穆特·毛雷尔：《行政法学总论》，高家伟译，103页，北京，法律出版社，2000。

益行为、授益行为，以及事实行为等一切行政活动"①。我国台湾地区法律优先原则的基本含义是行政活动必须遵守而不得违反法律。② 韩国行政法认为，法律的优位是指"通过法律形式表现的国家意思比执行法律的所有国家作用（行政、司法）处于更加优越的上位。特别是，不允许行政具有抵触法律的意思"③。由此观之，法律优先原则也就是法有规定者不可违，即有法律，行政主体应当遵守，不能违反，违反即违法。

2. 网约车本地牌照和户籍限制，违反许可法中有关许可设定事项的规定

要求网约车驾驶员必须具备本地户籍明显违反了《行政许可法》。根据《行政许可法》第15条第2款的规定，"地方性法规和省、自治区、直辖市人民政府规章，……其设定的行政许可，不得限制其他地区的个人或者企业到本地区从事生产经营和提供服务，不得限制其他地区的商品进入本地区市场"。要求网约车驾驶员必须具备本地户籍，显然属于"限制其他地区的个人或者企业到本地区从事生产经营和提供服务"的情形。因而直接违反《行政许可法》第15条的规定。

《行政许可法》第16条规定，行政法规可以在法律设定的行政许可事项范围内，对实施该行政许可作出具体规定。地方性法规可以在法律、行政法规设定的行政许可事项范围内，对实施该行政许可作出具体规定。规章可以在上位法设定的行政许可事项范围内，对实施该行政许可作出具体规定。法规、规章对实施上位法设定的行政许可作出的具体规定，不得增设行政许可；对行政许可条件作出的具体规定，不得增设违反上位法的其他条件。地方网约车新规对网约车车辆附加新的条件，并不符合《行政许可法》第16条。在《行政许可法》的语境中，"具体规定"与"新增规定"是不一样的。《全面推进依法行政实施纲要》（国发〔2004〕10号），明确规定，没有法律、法规、规章的规定，行政机关不得作出影响公民、法人和其他组织合法权益或者增加公民、法人和其他组织义务的决定。党的十八届四中全会决定也

---

① ［日］南博方：《日本行政法》，杨建顺等译，10页，北京，中国人民大学出版社，1988。
② 参见陈新民：《行政法总论》，52页，台北，三民书局，1997；苏嘉宏、洪荣彬：《行政法概要》，36页，台北，永然文化出版有限公司，1999；翁岳生：《法治国家之行政与司法》，7页，台北，月旦出版公司，1997。
③ ［韩］金东熙：《行政法Ⅰ》，赵峰译，24页，北京，中国人民大学出版社，2008。

明确要求，没有法律法规依据不得作出减损公民、法人和其他组织合法权益或者增加其义务的决定。

国家行政学院张效羽认为，必须正确认识《行政许可法》设定的法律秩序，《行政许可法》本身设定的法律秩序很清楚，即上位法对行政许可的规定，应当是最严格的设定和规定。下位法对于行政许可的设定和规定，只能是对上位法相关条文的具体解释，不能增设行政许可和行政许可条件，不能比上位法对公民、法人和其他组织的权利限制得更严。比如《行政许可法》第14条规定，"法律可以设定行政许可。尚未制定法律的，行政法规可以设定行政许可"。换句话说，如果对一个事项法律有规定但没有设定行政许可，行政法规就不能设定行政许可。法律没有设定行政许可，意味着法律禁止设定行政许可，行政法规不能自以为是替法律"补漏"设定行政许可。《最高人民法院关于审理行政案件适用法律规范问题的座谈会纪要》（法〔2004〕第96号）也明确指出，"下位法缩小上位法规定的权利主体范围，或者违反上位法立法目的扩大上位法规定的权利主体范围；下位法限制或者剥夺上位法规定的权利，或者违反上位法立法目的扩大上位法规定的权利范围"，就是"下位法不符合上位法""下位法的规定不符合上位法的，人民法院原则上应当适用上位法"[①]。

《国务院关于严格控制新设行政许可的通知》（国发〔2013〕39号）中明确规定，"国务院法制办要加强对国务院部门规章的备案审查，对设定行政许可、增设行政许可条件，以备案、登记、年检、监制、认定、认证、审定等形式变相设定行政许可，以非行政许可审批名义变相设定行政许可或违法设定行政许可收费的，要按照规定的程序严格处理、坚决纠正。对违法设定行政许可、增设行政许可条件，违法实施行政许可，以及不依法履行监督职责或监督不力、造成严重后果的，有关机关要依照行政监察法、行政机关公务员处分条例等法律、行政法规的规定严格追究责任"。

3.《劳动法》和《就业促进法》中"平等就业和选择职业"和"城乡劳动者平等就业"条款

《劳动法》第3条规定，劳动者享有平等就业和选择职业的权利。第12条规定，

---

① 张效羽：《明显违反〈行政许可法〉的网约车地方立法》，见 http://www.edu1488.com/article/2016-10/10154542.shtml，2016-10-27。

劳动者就业，不因民族、种族、性别、宗教信仰不同而受歧视。我国现有法律中，虽然没有将户籍歧视列入其中，但在司法实践中已有相关案例，而且户籍歧视也涉嫌违反法律所赋予的公民劳动权。网约车新规中，以司机户籍和车辆标准限制网约车，一方面对从事网约车的司机而言，是不公平的地域歧视；对建立劳动关系的网约车司机而言，这些地方性规定也明显妨碍了劳动者依据《劳动法》平等就业和选择职业的权利。

《就业促进法》第20条规定，国家实行城乡统筹的就业政策，建立健全城乡劳动者平等就业的制度，引导农业富余劳动力有序转移就业。县级以上地方人民政府推进小城镇建设和加快县域经济发展，引导农业富余劳动力就地就近转移就业；在制定小城镇规划时，将本地区农业富余劳动力转移就业作为重要内容。县级以上地方人民政府引导农业富余劳动力有序向城市异地转移就业；劳动力输出地和输入地人民政府应当互相配合，改善农村劳动者进城就业的环境和条件。

网约车新政对司机户籍的限制，不符合《就业促进法》中政府对外地户籍司机的保障与服务价值，其目的不是引导富余劳动力有序向城市异地转移就业，而是一种禁止和限制流动的制度设计。

（二）法律保留原则

"法律的保留构成了法治主义的中心。"[1] 法律保留原则是合法原则的重要内容，是作为积极意义上的依法行政原则而存在的。

1. 无法不为——法未授权不可为

德国奥托·迈耶指出，在特定范围内对行政自行作用的排除称为法律保留。[2] "这就是德国经典意义的无法律即无行政的依法行政原则。"[3] 所谓法律保留原则，亦即积极意义之依法行政原则，系指行政权之行动，仅于法律有授权之情形，始得为之。换言之，行政欲为特定之行动，必须有法律之授权依据。故在法律并无明文规

---

[1] ［德］奥托·迈耶：《德国行政法》，刘飞译，72页，北京，商务印书馆，2002。
[2] 参见于安：《德国行政法》，25页，北京，清华大学出版社，1999。
[3] ［韩］金东熙：《行政法Ⅰ》，赵峰译，24页，北京，中国人民大学出版社，2008。

定之领域,由于行政活动并未抵触法律,故不违反法律优先原则;唯因欠缺法律之授权,故依其情形,得发生违反法律保留原则之问题。法律优先是依法行政原则的重要内容之一,要求行政主体不得违反法律的规定,这是行政法治的必然要求,但是在民法等其他领域也必然要求一切主体遵守法律,与其说法律优先原则是行政法治的特有原则,倒不如说法律优先原则是法治原则的应有之义。真正体现行政法治特有原则的是法律保留原则。因为法律保留原则不仅仅是要求行政主体消极的不违反法律,同时还要求行政主体作出影响相对人的行为必须有法律根据,这才是对行政主体特有的行政法治原则要求。正如韩国行政法学者金东熙所言:"法律的保留即在行政权的发动中有法律依据(法律的授权)。这一原则的内容是,任何一个行政作用即使不违背现存的法律,在行使过程时,也需要法律的积极授权。可以说法律的优位原理表现了法治行政原则消极的一面,法律的保留原则表现了法治行政原则积极的一面。"①一言以蔽之,法律保留原则意味着"……政府对其所做的一切应有法律依据"②。

2. 治理城市病不构成限制网约车外地牌照和户籍的正当根据

大城市超常规发展,人口急速膨胀,交通拥堵、空气污染、房价高涨、水资源短缺、能源紧张、治安恶化、贫富差距扩大等负面效应频现,城市病再度成为政府部门、学术界和社会公众关注的焦点。国内学者通常认为,城市病是指伴随着城市发展或城市化进程,在城市内部产生的一系列经济、社会和环境问题,主要有城市环境质量的恶化、住宅和交通的拥挤、城市贫民区的出现和犯罪率上升等。城市病的实质是城市负荷量超过了以城市基础为主要标志的城市负荷能力,使城市呈现出不同程度的"超载状态",城市病的病情与超载程度呈正比,换言之,城市病的本质是城市资源和环境的承载力与城市化发展规模的匹配度失衡,是城市经济、社会、文化、生态发展失调的反映。③

城市病是一个综合概念,城市病的生成不是单一因素作用的结果,是各种综合

---

① [英] 韦德:《行政法》,徐炳等译,7页,北京,中国大百科全书出版社,1997。
② 王学辉:《行政法学》,133页,北京,法律出版社,2008。
③ 参见石忆邵:《中国"城市病"的测度指标体系及其实证分析》,载《经济地理》,2014(10)。

要素不规则累积的必然结果。试图通过单一方式解决城市病是不现实，也是不理性的。城市病的治理需要在总体上进行顶层设计，统筹规划和把握，不可能通过单一要素的整合来治理包含各种不规则要素的城市病。部分市政府及其部门的发言人在谈到为何对网约车进行本地牌照和司机户籍进行限制时，就是从治理城市病的角度来进行阐发的，要求网约车是本地牌照和户籍是从该城市功能定位、人口控制和功能疏解等方面进行考虑的。一个显而易见的问题便是，造成城市病的原因是复杂多样的，不可能仅仅对网约车本地牌照和司机户籍进行限制就能实现城市病的治理。并且城市病是一个不规范的法律概念，难以在法律上确定一个明确的范围和界限，其内涵和外延存在严重的不确定性和不周延性，无法为网约车本地牌照和户籍限制提供正当性根据，因此，城市病的治理不能构成限制网约车外地牌照和户籍的正当根据。

五、合理性审查

网约车本地牌照和户籍限制，不仅涉及合法性问题，还关联到合理性问题。《全面推进依法行政实施纲要》明确规定，行政机关实施行政管理，应当遵循公平、公正的原则。要平等对待行政管理相对人，不偏私、不歧视（公平与公正）；行使自由裁量权应当符合法律目的，排除不相关因素的干扰（考虑相关因素）；所采取的措施和手段应当必要、适当；行政机关实施行政管理可以采用多种方式实现行政目的的，应当避免采用损害当事人权益的方式（比例原则）。

（一）公平、公正与考虑相关因素

公平与公正原则是合理原则的重要内容，是对合理原则的发展和完善。公平与公正原则要求对同样的事一视同仁、同等对待，要平等地对待行政相对人，不偏私、更不能歧视，遇到具体的情况需要作出差别对待是应给予合理的解释和理由，只能够使用那些适合于实现该法目的的方法，而且必须根据客观标准，不是按照行政主体的主观判断来决定某种措施的适当性。其实，行政机关作为拥有公权力的行政主体，除了其具有的法律规定的特权外，其公权力的公正性也是极其重要的，其公权力的公平运用关系到政府的形象以及人们对法律公正性的信赖。

行政机关及其工作人员在行使自由裁量权时，要依法公正办事，平等对待当事人。在执法实践中，平等对待应当包括两种情形，一是行政机关在同时面对多个情况基本相同的相对人时，应当同等对待；二是行政机关在不同时间阶段先后面对多个情况基本相同的行政管理相对人时，应当与以往保持基本一致，除非法律政策已经改变，即保持执法工作的连续性和一致性。一言以蔽之，就是行政机关要坚持同等情况同等对待，不同情况考虑不同因素区别对待不同的相对人，不考虑与实现行政目的不相关的因素。

政府治理网约车应当秉持一视同仁的原则。本地牌照的车辆和外地牌照的车辆应当被同等对待，针对外地户籍司机与本地户籍司机不应当存在歧视，政府要做的应当是尽力提供一个公平竞争的市场和平台，而不是直接用一纸户籍的规定去明确区分外地车辆和本地车辆、外地户籍司机和本地户籍司机。从另外一个角度而言，政府还应当加大对外地车辆和户籍司机的扶持力度，因为在同本地车辆和司机的竞争中，外地车辆和司机存在弱势的地位。也即在不同的情境下，应当考虑外地司机的特殊性，政府治理网约车的目的是"规范网络预约出租汽车经营服务行为"与"保障运营安全和乘客合法权益。"政府在治理过程中选择的手段和措施应当是考虑实现以上目的的手段，而不能去考虑与实现行政目的不相关的措施，对网约车本地牌照和户籍限制的措施，不符合实现治理网约车的目的，属于考虑了不相关的因素。

(二) 比例原则

比例原则是行政法上的"帝王条款"[①]。法律优先、法律保留原则体现的是形式意义上的法治，而"比例原则是现代法治国家原则的内容和要素之一，是实质意义上的法治原则的体现"。实质意义上的法治原则要求国家机关的活动不仅要符合法律规定，而且其行为要符合公平、正义和善政的理念，尊重与保障人的尊严。比例原

---

① 王学辉：《行政法学》，133页，北京，法律出版社，2008。

则的基本含义是"行政机关实施行政行为应兼顾行政目标的实现和保护相对人的权益,如为实现行政目标可能对相对人权益造成某种不利影响时,应使这种不利影响限制在尽可能小的范围和限度内,保持二者处于适度的比例"①。比例原则也被称为禁止过度原则、适度原则、均衡原则和禁止过分原则。比例原则是对公权力行为的手段、目的和效果之间的考量,也就是在所欲实现的目的、效果与所造成的损害之间进行衡量,是否存在为了某个目的和效果而付出过分的、不合比例的代价,抑或付出的代价明显低于实现的利益。比例原则依审查顺序包括妥当性审查(目的的正当性、手段的合目的性)、手段的必要性和衡量性的审查。具体分析如下。

1. 妥当性审查

妥当性原则,也被称为合目的性原则、适当性原则,其基本含义是行政机关实施的行政行为所采取的手段是能够符合、达到行政法上的目的的,也就是行政手段必须能够达到法律目的,如果行政机关实施一项行政行为所采取的行政手段是不符合行政法上的目的的,那么,行政机关所采取的这个执法手段和方式将是不会被法律承认和认可的。用中国传统的谚语来表达就是,不能抱薪救火、不能南辕北辙。"妥当性原则是针对目的和手段之间的关系的,行政机关所采取的措施或手段必须是为了实现该目的之需要。"② 在行政管理中,如果行政机关选择了与法定目的无关的行为方式,使法定目的不能实现,就是违背法治原则,其行为即为不妥当或不适当。比例原则要求:"行政措施的采行必须能够实现目的或至少有助于目的的达成,并且为正确的手段,在目的—手段关系上,必须是适当的。"③ 由此可见,妥当性原则要求"目的和手段之间要有一个合理的联结关系,且这种联结是正当的、合理的"④。

从目的正当性上来看,试图通过限制外地车辆和外地户籍司机来达到治理城市病以及网约车的乱序,符合行政法上的目的,手段和方式符合法律目的。所以,网约车本地车辆和户籍的限制措施,符合法律目的。但是随之而来的问题便是,网约车本地车辆和户籍限制措施是无法实现"规范网络预约出租汽车经营服务行为"与

---

① 姜明安:《行政法与行政诉讼法》,71 页,北京,北京大学出版社,高等教育出版社,1999。
② 王学辉:《行政法学》,133 页,北京,法律出版社,2008。
③ 姜昕:《比例原则研究》,33 页,北京,法律出版社,2008。
④ 姜昕:《比例原则研究》,34 页,北京,法律出版社,2008。

"保障运营安全和乘客合法权益"的目的。在与安全相关的有关变量中，本地牌照和户籍不是一个重要的内容。实现运营安全要考虑的是司机驾驶技能、车辆性能等因素。实现乘客合法权益的保障不是因为外地和本地车辆、司机户籍不同所导致的，其关联到政府监管、市场竞争和保险等因素的综合作用。也即网约车本地牌照和户籍限制并不能实现网约车治理的现代化，不符合比例原则中的妥当性审查标准。

2. 必要性考量

必要性原则也被称为最小伤害原则、最温和方式原则，其基本含义是行政机关在有多个手段符合行政法目的的前提下，行政机关选择一个对相对人的人身权、财产权、尊严和人权侵害最小的手段来作出具体行政行为，只有在这种情况下才是符合必要性原则的。也即所采取的行政措施是绝对必要的，而且应当是对当事人的法律地位的负面影响最小的行政措施，尽量避免损害当事人权益的行为方式。用中国传统的谚语来表达就是，不能杀鸡用牛刀、不能大炮打蚊子。

政府治理和规制网约车的失序是政府职责的应有之义。但是政府有一种天然的"惰性"思维，就是不去主动调研更为有效且对相对人造成更小伤害的手段来治理网约车。通过户籍的区分功能，针对外地户籍一禁了之，明显是"懒政"。外地户籍禁止从事其提供网约车客运服务，是对外地户籍司机最为严重的治理手段，是一种剥夺资格的禁止措施，对网约车司机造成了严重的权利侵害，然而，在多种治理措施中还存在更优的手段来规制网约车，诸如合理引导与培训、提供指导与帮助、积分居住证制度等措施也是治理网约车失序的优良手段，明显比户籍区分、一禁了之有望取得更好的效果。

六、结论与讨论

网约车的治理水平和能力是国家治理现代化的一个微观缩影。在中国户籍制度改革日益提上议事日程的时代背景下，依然试图通过户籍制度来进行限制网约车司机的治理措施日益受到民众的质疑。户籍制度早已丧失其原本人口信息统计的功能，如今依然成为政府"一刀切"治理的"万能药"，其实质是懒政思维的作祟。政府治理必须跳出"懒政"的思维模式，积极主动地去调查和研究符合网约车发展的本质规律的治理措施，而不是去用一纸户籍取消外地网约车，在户籍制度捆绑权利和福利日益成为民众声讨对象的背景下，应当是逐步剥离户籍捆绑权利与福利的恶性状态，而不是去重新强化原本不属于户籍制度的功能。

网络交易平台的法律地位分析及风险防范

——以网约车平台为例

张素华 李雅男[①]

目前我国民法典正在有条不紊地制定中,《民法总则》在财产、权利客体等方面呼应了"互联网+"的时代特征,但是,对实践中越来越多的网络交易平台的地位和责任却涉及的较少。另外,尽管网约车受到理论界较多的关注,但是大多是从行政监管的角度来考虑的,关于网约车平台在民法中的地位和风险防范问题则较少涉猎。目前我国的立法和学理大多将网约车平台地位定位为承运人,笔者认为这是不合理的。另外,网约车平台也不是其自己所主张的居间人,其与司机之间更不是承揽合同关系。在新的经济形式出现的情况下,不能再以旧的事物套取新生事物了,传统的法律规范并不能较好地解决网络交易平台的定位问题,因此,应当在《消费者权益保护法》第44条和《侵权责任法》第36条的基础上,纯化网络交易平台的责任,为其风险承担构建一个特殊的模式,以利于平衡各方利益,并促进创新和新生事物的发展。

[①] 张素华,武汉大学法学院教授,博士生导师;李雅男,武汉大学法学院2016级博士研究生。研究方向:民商法。

一、网约车的运营模式及其风险分析

网约车发展速度非常迅猛，但是其法律地位仍然存在争议，其所存在的安全隐患也亟须解决，这不但是维护社会公共安全利益的需要，也是促进这一新兴行业蓬勃发展的需要。目前网约车有三种运营模式：出租车模式、快车、专车模式和顺风车模式。出租车模式和顺风车模式存在的争议较小，笔者不做重点讨论，本文讨论的重点是争议比较大的快车和专车模式，这种模式的运营方式主要有二[①]：其一，平台自有租赁车辆和自聘司机模式。这种模式的法律风险较小，毫无疑问，司机与平台之间是雇佣和被雇佣的劳动关系，网约车平台的法律地位应当是承运人，但是这需要平台公司修改其经营范围，以适应实践的需要。[②] 其二，闲置私家车车辆加盟模式，这种模式既包括汽车租赁公司、驾驶员、劳务派遣公司以及用户通过网约车平台签订的"四方协议"[③]，还包括车主直接向平台提供驾驶员和车辆的相关信息，申请加盟成为专车司机的方式。这种模式往往法律风险较高，各方的权责模糊，笔者的研究重点也是基于此。

在实践中，2015 年济南发生了"专车第一案"[④]，此案虽然是在专车合法化之前

[①] 网约车服务平台往往同时开展这两种模式，例如神州专车最开始是自营模式，但是现在也开始吸纳私家车加盟。参见《神州专车进入 C2C 市场承诺永不抽成，滴滴优步合并后再面临竞争》，见财经网 http://news.10jqka.com.cn/20160922/c593726268.shtml，2016-09-29。另外滴滴出行也开始招聘全职司机，见 http://didiwave.xiaojukeji.com/?dsource=BphRSBinh8L9jFEz0g8obfO-KDLYz-Nio4jO5Yv9Cv64，2016-11-28。

[②] 在神州专车招聘自有司机的项目里，可以看到专车司机的工作内容是按公司规定的工作时间，使用神州公司统一提供车辆和智能系统接受客户订单，并按公司服务规范要求为客户提供高质量的驾驶服务。神州公司统一购买五险一金和雇主责任险，还有其他员工福利。很显然，神州公司与自有司机之间是雇佣和被雇佣的关系。

[③] 四方协议的模式主要是为了规避关于出租车准入方面的法律限制，也是规避进入出租车行业所必须缴纳的高额"入场费"。参见卢鑫：《专车司机与打车软件平台之间的法律关系探究》，载《法制博览》，2016（2）。

[④] "专车第一案"发生于 2015 年 1 月 7 日，驾驶员陈某使用"滴滴专车"软件在济南西站送客，被市客管中心的执法人员认定为非法营运，罚款 2 万元。因不服处罚决定，陈某向济南市市中区人民法院提起了诉讼，要求客管中心撤销处罚。2015 年 3 月 18 日，法院正式受理该案，并于 4 月 15 日开庭。

发生的,但是却引起了理论界关于是处罚平台还是处罚司机的讨论。另外,网约车发生事故后,究竟是平台负责还是司机负责?如果发生了网约车司机侵犯乘客人身权利的行为,平台是否需要承担责任?说到底,这些问题的本质还是缘于网约车平台的法律地位没有明晰。这显然对受害人的救济非常不利,也给网约车的发展蒙上了一层阴影,对驾驶员的利益也没有充分维护。① 因此,当务之急,必须要对网约车平台进行定位并解决其责任承担范围的问题。

二、 现行法律将网约车平台定位为承运人是不合理的

(一) 承运人说为我国立法和理论界的通说

网约车本质上提供的服务为准出租车客运服务。② 尽管《城市出租汽车管理办法》于 2016 年 3 月已经废止③,但是其对出租汽车的定义仍然有重要的参考意义。笔者认为,网约车是符合城市出租汽车的定义的。原因在于网约车与出租车一样,都是根据乘客的意愿为其提供运输服务,其行驶的路程均是不定点、不定线的,计费标准也是按照乘客乘坐的里程和时间来计算的。另外,从实际情况来看,自从网

---

① 上述"专车第一案"发生后驾驶员辞职,声称网约车平台让他很不安全。见人民网 http://legal.people.com.cn/n/2015/0916/c42510-27594399.html, 2016 - 11 - 28。此案发生于 2014 年 12 月,2015 年 9 月在北京市朝阳区法院立法开审。

② 《道路旅客运输及客运站管理规定》第 3 条规定,本规定所称道路客运经营,是指用客车运送旅客、为社会公众提供服务、具有商业性质的道路客运活动,包括班车(加班车)客运、包车客运、旅游客运。(1)班车客运是指营运客车在城乡道路上按照固定的线路、时间、站点、班次运行的一种客运方式,包括直达班车客运和普通班车客运。加班车客运是班车客运的一种补充形式,是在客运班车不能满足需要或者无法正常运营时,临时增加或者调配客车按客运班车的线路、站点运行的方式。(2)包车客运是指以运送团体旅客为目的,将客车包租给用户安排使用,提供驾驶劳务,按照约定的起始点、目的地和路线行驶,按行驶里程或者包用时间计费并统一支付费用的一种客运方式。(3)旅游客运是指以运送旅游观光旅客为目的,在旅游景区内运营或者其线路至少有一端在旅游景区(点)的一种客运方式。

③ 笔者认为,对于此文件的废止,实际上是为网约车合法化铺设了道路。该文件第 3 条规定,本办法所称的出租汽车,是指经主管部门批准的按照乘客和用户意愿提供客运服务,并且按照行驶里程和时间收费的客车。

约车蓬勃发展以来,世界多地也出现了出租车司机罢工事件①,抗议网约车分走了其客源和利润,这也从侧面印证了网约车和出租车的同质性,在某种程度上,网约车与出租车是可以互换的。② 既然网约车的性质为准客运服务,那么私家车从事营运的行为就不再是个人的自由了,而是与公众的利益息息相关。另外,完全放开客运市场,仅凭网约车平台的自律监督更是不合适也是不现实的,因此,网约车服务必须接受行政监督。但是,问题在于监督的对象究竟是平台还是车辆呢?有文章认为,对网约车平台的定位分析并不影响对其法律责任的认定。③ 笔者对此不敢苟同,网约车平台的定位直接决定着责任的主体,主体不清就谈责任,显然有些逻辑不通。

从我国发布的法律规范及司法判例来看,网约车平台的法律地位被定义为承运人,应承担承运人责任。④ 2015年10月10日交通运输部公布的《关于深化改革进一步推进出租汽车行业健康发展的指导意见》(征求意见稿)提出,网约车经营者从事的是客运服务,应当承担承运人责任。同时,《网络预约出租汽车经营服务管理暂行办法》(征求意见稿)指出,网约车经营者,是指构建网络平台,从事网络预约出租汽车经营服务的企业法人。由此可见,承运人指的是滴滴出行这样的网络平台,而不是在平台上注册的司机。2016年7月28日国务院公布的《关于深化改革推进出租汽车行业健康发展的指导意见》中明确网约车平台是运输服务的提供者,应当承担承运人责任和相应社会责任。《网络预约出租汽车经营服务管理暂行办法》相关条文

---

① 参见《匈牙利出租车司机集体罢工,要求关闭 Uber 服务》,见 http://www.cyzone.cn/a/20160119/288768.html,2016-11-28。
② 到2015年3月底,Uber 把美国传统出租车、机场巴士业务合计所占市场份额,从85%压缩到52%。参见邹岩:《Uber 生死劫——一场互联网思维和现实矛盾的较量》,载《IT 时代周刊》,2015(5)。
③ 参见张冬阳:《专车服务——制度创新抑或违法行为》,载《清华法学》,2016(2)。
④ 《网约车肇事出车祸,运营平台连带被索赔》,见北大法宝网 http://www.pkulaw.cn/case/pal_21110623277043998.html?keywords=%E7%BD%91%E7%BA%A6%E8%BD%A6&match=Fuzzy,2016-11-28。

也规定平台承担承运人责任①、保证车辆和驾驶员具备相应的资质②、为乘客购买相关保险等。③ 通过分析以上条文似乎可以看到，网约车平台公司承担的是承运人的责任，网约车平台与驾驶员之间签订的是劳动合同，网约车平台应当为乘客购买保险，换句话说，保险覆盖不到的范围应当由平台承担责任。

（二）承运人说的理由

从目前的理论来看，将网约车平台定义为承运人的理由主要包括：

第一，如果不将网约车平台定位为承运人，逻辑不通。例如，在"四方协议"中，乘客分别与平台、劳务派遣公司和汽车租赁公司签订合同，交易的定价权由平台控制。如果不认为平台为承运人的话，那么运输服务合同的当事人为乘客、劳务派遣公司和汽车租赁公司，平台为中间人。很显然，这种情况下定价权由劳务派遣公司和汽车租赁公司控制，且事先达成协议，而这种情况显然是被认定为价格垄断的行为，应当被禁止。因此，应当承认网约车平台为承运人。④

第二，平台实际拥有可供支配的车辆。根据我国的道路交通法，从事客运经营应当有与其经营业务相适应并经检测合格的车辆⑤，对于准入平台的车辆，该平台实

---

① 《网络预约出租汽车经营服务管理暂行办法》第16条规定，网约车平台公司承担承运人责任，应当保证营运安全，保障乘客合法权益。

② 《网络预约出租汽车经营服务管理暂行办法》第17条规定，网约车平台公司应当保证提供服务车辆具备合法营运资质，技术状况良好，安全性能可靠，具有营运车辆相关保险，保证线上提供服务的车辆与线下实际提供服务的车辆一致，并将车辆相关信息向服务所在地出租汽车行政主管部门报备。《网络预约出租汽车经营服务管理暂行办法》第18条规定，网约车平台公司应当保证提供服务的驾驶员具有合法从业资格，按照有关法律法规规定，根据工作时长、服务频次等特点，与驾驶员签订多种形式的劳动合同或者协议，明确双方的权利和义务。网约车平台公司应当维护和保障驾驶员合法权益，开展有关法律法规、职业道德、服务规范、安全运营等方面的岗前培训和日常教育，保证线上提供服务的驾驶员与线下实际提供服务的驾驶员一致，并将驾驶员相关信息向服务所在地出租汽车行政主管部门报备。网约车平台公司应当记录驾驶员、约车人在其服务平台发布的信息内容、用户注册信息、身份认证信息、订单日志、上网日志、网上交易日志、行驶轨迹日志等数据并备份。

③ 《网络预约出租汽车经营服务管理暂行办法》第23条规定，网约车平台公司应当纳税，为乘客购买承运人责任险等相关保险，充分保障乘客权益。

④ 参见彭岳：《共享经济的法律规制问题——以互联网专车为例》，载《行政法学研究》，2016（1）。

⑤ 2016年修订的《道路旅客运输及客运站管理规定》（交通部运输令2016年第34号）第10条第1款规定，申请从事道路客运经营的，应当具备下列条件：（1）有与其经营业务相适应并经检测合格的客车……

际上都已经对该车辆进行了审核,以保证符合要求。另外,平台还可以通过合同控制车辆的运营。司机与平台签订的电子合同往往对车辆的硬件设施、车况和一定时期内的运营次数有所限制。①

第三,从事客运服务的企业还应当拥有一定数量符合条件的驾驶人员②,根据劳动与社会保障局发布的《关于确立劳动关系有关事项的通知》③,由于网约车平台的司机在具体的工作细节上受到平台的控制,因而可以认定二者为劳动关系。另外,网约车服务平台也拥有健全的管理制度,符合《道路旅客运输及客运站管理规定》中对营运人开展营运事业的规定。

第四,将网约车平台定位为承运人有利于保证乘客的利益。如果网约车平台作为承运人,那么在提供运输服务过程中,若发生了人身损害和财产损失的情况时,则平台公司作为责任的主体,有利于对受害人进行救济。如果不将平台定义为承运人,那么意味着车辆和驾驶员都是由乘客所雇佣的,若发生事故或风险,乘客不但得不到救济反而成为责任的主体,这显然是不公平的。④ 而且,乘客在下载平台应用或者使用其下单时,并没有被特别提示其可能承担的法律风险。如果在出行过程中,非基于乘客的原因发生了事故,乘客对此承担责任,而实际上获得了利益的网约车平台却逃避了法律责任,这显然违反了公平原则和权利义务一致原则。

第五,城市客运服务涉及生命安全的保障和公共资源的使用,在涉及网约车平台的交通事故中,由于主体模糊、权责不清,很容易使相关受害者陷入漫长的诉讼过程中,不利于保护受害人的权益。另外,平台中提供服务的车辆往往是私家车,

---

① 参见雷华芳:《关于专车是否为非法经营的研究》,《商》,2015(10)。
② 2016年修订的《道路旅客运输及客运站管理规定》(交通部运输令2016年第34号)第10条第2款规定,从事客运经营的驾驶人员,应当符合下列条件:(1)取得相应的机动车驾驶证;(2)年龄不超过60周岁;(3)3年内无重大以上交通责任事故记录;(4)经设区的市级道路运输管理机构对有关客运法规、机动车维修和旅客急救基本知识考试合格而取得相应从业资格证。
③ 《关于确立劳动关系有关事项的通知》第1条规定,用人单位招用劳动者未订立书面劳动合同,但同时具备下列条件的,劳动关系成立:(1)用人单位和劳动者符合法律、法规规定的主体资格;(2)用人单位依法制定的各项劳动规章制度适用于劳动者,劳动者受用人单位的劳动管理,从事用人单位安排的有报酬的劳动;(3)劳动者提供的劳动是用人单位业务的组成部分。
④ 参见黄少卿:《专车兴起与出租车监管改革》,见财新网 http://opinion.caixin.com/2015-06-23/100821727.Html,2016-11-28。

因而,其投保的强制险都是以家庭自用为基础的。如果车辆在提供运输服务过程中发生事故,显然,保险公司可以认为车辆改变了使用性质从而增加了车辆的危险程度,而拒绝赔付。① 那么,在这种情况下,带车加盟的私家车车主实际上承担着巨大的事故责任风险,并且,由于个人赔偿能力的问题,受害者也间接承担着无法获得赔偿的风险。②

第六,域外立法实践大多将网约车平台定位为承运人。按照美国目前的交通立法③,以 Uber 为代表的网约车平台只能被归类为普通承运人,理由主要包括:首先,网约车平台从事的业务属于(准)公共客运服务,因此不能认定为合同承运人,因为其仅承担特殊标的的运输服务;其次,网约车平台并没有获得交通运输中介许可资格,另外,其所从事的业务范围远远超过了信息中介的功能,因此也不能认定为交通中介;再次,网约车平台获取、储存其在运营过程中的信息是直接为其管理与运营的目的而服务的,因此也不能作为交通信息提供者而存在。④ 所以,网约车平台只能落入定义宽泛的普通承运人范围之内⑤;另外,美国有的州专门为此设立了与普通承运人不同的特殊承运人模式。⑥ 美国加利福尼亚州专门针对网约车提出了设立"运输网络公司"(Transportation Network Company,TNC)的方法。⑦ 交通运输服

---

① 根据《保险法》第52条的规定,在合同有效期内,保险标的的危险程度显著增加的,被保险人应当按照合同约定及时通知保险人,保险人可以按照合同约定增加保险费或者解除合同……被保险人未履行前款规定的通知义务的,因保险标的的危险程度显著增加而发生的保险事故,保险人不承担赔偿保险金的责任。

② 参见《滴滴出事故,谁管赔偿》,见人民网 http://legal.people.com.cn/n/2015/0916/c42510-27594399.html,2016-11-28。

③ 以下关于美国交通立法的内容,See generally J. E. K., *Persons or Corporations Transporting Goods on Public Highways as Common Carrier, or Private or Contract Carrier, Regards Liability for Loss of or Damage to Goods*, 112 A. L. R. 89 § 1 (1938)。

④ 47 U.S.C. § 1001 (6) (A)。

⑤ EMP. DEV. DEP'T, *Information Sheet: Taxicab Industry*, http://www.edd.ca.gov/pdf_pub_ctr/de231tc.pdf, at 20。

⑥ See Catherine Lee Rassman, *Regulating Rideshare Without Stifling Innovation: Examining The Drivers, The Insurance "Gap", And Why Pennsylvania Should Get On Board*, 15 Pitt. J. Tech. L. & Pol'y 81, (2015), pp. 91-92。

⑦ California public Utilities Commission, Decision adopting rules and regulations to protect public safety while allowing new entrants to the transportation industry, 2013。

务安排方法和信息传递方式并不能改变其所提供的服务是交通运输的根本属性[①]；此外，在美国具体的司法实践中，法院也认定 Uber 这样的网约车平台承担的应当是承运人责任。在 Barbara Berwick 案中，加州劳工委员会在 2015 年 6 月 3 日作出裁定，认定网约车服务平台 Uber 利用其手机应用程序控制驾驶员 Berwick 的工作时间，同时也监察其评分等级，而且 Berwick 提供的服务是 Uber 服务的主要组成部分，因此，认定 Berwick 为 Uber 的员工，而不是独立的合同工（Independent Contractor）[②]；另外，在 Douglas O'Connor v. Uber Technologies Inc 案中[③]，美国加州北部地区联邦法院最后认定，网约车平台公司是运输公司，其是承运人而不是技术公司。[④] 主要理由包括：法院以其他公司作为类比，认为不能以其仅提供技术为理由而逃避责任，网约车平台本质是销售"乘坐"这样的服务，具体的形式只是技术手段；网约车平台的真正目的是提供运输服务，其本质为运输公司而不是软件供应商。原因在于 Uber 对进入平台的司机进行严格的审查，包括背景审查、车辆检查、城市知识考试、面谈调查等。Uber 强调提供最好的交通运输服务，因此要提高平台中司机和车辆的品质，为乘客提供最安全的服务，如果司机无法达到平台的标准，那么平台将会终止司机的账号[⑤]；Uber 的收入并不取决于利用应用软件进行调遣（dispatch），而是取决于乘客的乘坐行为和司机的搭乘行为，Uber 直接收取全部运费。另外，Uber 在没有驾驶员的参与下单方面确定运费的数额。Uber 禁止其司机接受不是来自 Uber 的叫车和预约。这都可以证明 Uber 不仅仅是乘客和司机之间的消极的中间人。既然

[①] Strong K C, "When apps pollute: regulating transportation network companies to maximize enviromental benefits", *University of Colorado Law Review*, 2015, (3).

[②] 参见姜俊禄、刘畅：《从美国 Uber 案看我国专车预约平台模式下的劳动》，见 http://www.kwm.com/zh/cn/knowledge/insights/examining-the-employment-relationship-in-online-car-reservation-system-in-china-20151029，2016-11-28。

[③] See Henry Ross, Ridesharing's House Of Cards: O'Connor v. Uber Technologies, Inc. And The Viability Of Unber's Labor Model In Washington, 90 *Washington Law Review* 1431, (2015), pp. 1438-1441.

[④] John B, "Emerging technology and its impact on automotive litigation", *Defense Counsel Journal*, 2014, (1).

[⑤] 参见张学军：《"专车服务"的法律属性及有限许可研究》，载《苏州大学学报》（社会科学版），2016（2）。

司机为 Uber 提供了劳务,就应认定其为雇员。① 加州最高法院指出,认定雇佣关系的核心不是雇主进行了多少控制而是雇主保留了多少控制权。获得劳务的人是否有权控制实现预期结果的方式和手段,是检验雇佣关系的最重要的标准。从具体的实践来看,Uber 控制和监视着司机接受叫车的频率,并在其合同中明确规定若司机长时间未接单或者多次拒绝请求,那么 Uber 可能拒绝该司机继续使用其平台。另外,Uber 在很多方面都控制着交通运输的方式和手段②,平台用评判和反馈的方式监视司机。③ 联邦法院认为,这足以认定司机与平台之间存在雇佣和被雇佣的关系。与美国做法类似,英国劳动法庭在 2016 年 10 月 28 日作出判决,认定在 Uber 中注册的司机是其公司所雇佣的员工,有权享受最低工资和带薪休假等员工待遇。④ 另外,从德国的司法和立法实践来看,《德国客运法》没有对介绍驾驶和乘坐服务的行为作出规定⑤,但是,柏林行政法院和汉堡高等行政法院认为,网约车平台符合《德国客运法》关于承运人的概念,从外部关系来看,为乘客提供服务的是网络平台;从内部关系来看,网络平台对驾驶员进行了组织行为,司机在网约车平台上接单后必须要完成相应的客运服务。另外,网约车平台往往以竞争为目的进行了宣传,这在某种程度上被认为是对人员和生产资料组织的过程。客运服务的价格和司机获得的报酬,平台与司机之间并不存在互相协商的过程,而是直接由平台提前确定。最后,在我国台湾地区,网约车平台公司被"交通部"建议其应当申请运输业登记,因为其虽

---

① Douglas O' Connor v. Uber Technologies Inc. , Cal. Comp. Cases 345,United States District Court for The Northen District of California,March 11, 2015.

② 例如用命令的口吻所写的司机指导文件载明:司机应当确保穿着专业;在距离迎接地点 1~2 分钟距离时给顾客发送短信;确保收音机关闭或播放轻柔的爵士乐或收听室内公用无线电台;确保为顾客打开窗子;在车上为顾客准备一把雨伞以确保乘客进出车辆时保持干爽。

③ Uber 要求乘客对司机进行星级评判(从一星到五星),并为乘客提供一个空间,供其对司机发表书面评论或反馈。

④ 2016 年 10 月 16 日,英国高等法院判决 Uber 打车软件不是计价器,没有违反 1998 年伦敦《私人租用车辆法》,确立了 Uber 等网约车在英国的合法地位。参见黄文旭编译:《英国判决:优步司机为优步公司员工》,载《人民法院报》,2016 - 11 - 25,第 8 版。

⑤ Vgl. Alber Ingold, Gelegenheitsverkeher oder neue Verkehrsgelegenheiten? Taxi-Apps und Redesharing als Herausforderung für das Personenebeförderungsrecht, NJW 2014,3334,3335.

然申请登记的是信息服务业，但实际上经营的是运输业。①

（三）承运人说的不合理性分析

尽管目前的立法和理论通说都普遍认为网约车平台为承运人，但是，笔者认为将网约车平台定位为承运人是不恰当的。

第一，如果网约车平台是承运人，那么平台承担的责任将过重，会严重地制约新兴行业，特别是互联网行业的发展。另外，网约车平台具有一定的中立性，该平台只为乘客和司机提供一个交易平台，尽管其对司机有一定的监督行为，但是显然，如果让平台承担承运人的责任，那么，司机违约则意味着平台作为承运人将承担违约责任；若发生交通事故，乘客或者第三人的人身和财产权利受到损害，平台承担承运人的责任显然对平台要求过于严格，但是完全不承担责任显然又不利于保护受害者的利益，因此必须要平衡司机、平台和乘客三方的利益，但绝不能以牺牲一方的利益为代价维护另一方的利益。否则，很容易导致这一新兴行业立刻破产，不利于其长远发展。此外，如果认定网约车平台为承运人，那么司机与平台签订的就是劳动合同，可以预见到的是网约车平台的人力资源成本将大大增加，这也会对这一新兴的互联网服务产业的发展带来重大影响。美国的O2O家政服务平台Homejoy的倒闭，其中一个重要的原因就在于陷入了旷日持久的劳工诉讼纠纷中，即家政工人是合同工还是正式员工的纠纷，最终Homejoy不堪重负，终于倒闭。②

第二，如果网约车平台公司为承运人，其不但受到交通部门的监管，而且还将受到通信管理部门甚至公安局网警的监督，那么，网约车平台将被置于多重监管之下，这不仅会造成资源的浪费，还会使网约车平台遭受比传统的出租车公司更严苛的监管，这显然并不符合目前我国所提倡的"万众创业，大众创新"的要求。另外，我国各地纷纷出台了当地的网约车细则，大幅提高了司机和车辆的标准，这是非常

---

① 参见《Uber在台申请合法化遭否决，已被罚款421万》，见http://news.qiye.gov.cn/news/20150313_110182.html，2016-11-28。

② 参见《美国家政服务O2O"鼻祖"Homejoy关门真相》，见http://money.163.com/15/0802/10/B00NAOVB00254STC.html，2016-11-28。

不合理的。① 笔者在此并不考虑是否存在歧视的问题,仅从利益权衡的角度来看,我国目前的政策一方面将网约车平台定位为承运人,使平台承担较重的责任风险;另一方面又大幅提高了司机和车辆的准入标准从而大大降低了平台的收益,这使平台承担了双重负担,显然不合理。

第三,公共运输承运人有强制缔约的义务,这与网约车运营模式存在本质上的冲突。根据我国《合同法》的规定,公共承运人不得拒载,不得拒绝旅客合理的运输要求。② 所以一般情况下出租车是不得拒载的,原因在于乘客的运输需求往往有时间上和空间上的约束,在缔约过程中,乘客往往处于弱势的一方,通过赋予公共承运人强制缔约义务可以在某种程度上弥补乘客缔约能力不足的缺陷,从而实现公共运输资源的合理配置。③ 另一方面,由于城市出租车资格属于特殊行政许可项目,各个城市都对其数量有一定的限制,因而使出租车这一行业成为当地的垄断行业。④ 因此,在这种情况下公共承运人承担强制缔约义务是合理的。但是,网约车服务作为准出租客运服务,在平台中,注册的司机收到乘客的订单请求后可以选择接受也可以选择忽视,意思自治和缔约自由充分体现在网络约车的过程中。而且,网约车服务平台本身竞争充分,不存在垄断的问题,所以没有必要对网约车服务平台中的司机赋予强制缔约的义务,而这显然又是与《合同法》中公共承运人的规定相悖的。

第四,从域外来看,柏林地方法院和法兰克福地方法院并不认为网约车平台为承运人,原因在于:对接入平台的车辆的处分权由车主或者本身企业所享有,平台并不拥有;何时开始或者结束营运行为及是否接单和接单量多少,网约车平台仅起到协调和中介的作用,最终的决定权应当由车主或者本身企业所享有;营运车辆发生事故时应当由车主或者本身企业承担责任,平台并不承担责任。行政法院的判决实际上忽视了司机的民事构建自由和意愿。此外,新加坡早在 1998 年《新加坡道路

---

① 参见《网约车新政今起实施,车龄要求从四年改为两年》,见 http://business.sohu.com/20161101/n471998396.shtml, 2016 - 11 - 10;《网约车新政今实施,各地网约车细则将陆续发布进入调整期》,见 http://d.youth.cn/sk/201611/t20161101_8803676_1.htm, 2016 - 11 - 10。
② 《合同法》第 289 条规定,从事公共运输的承运人不得拒绝旅客、托运人通常、合理的运输要求。
③ 参见单基平:《从强制缔约看"打车软件"的法律规制》,载《法学》,2014 (8)。
④ 参见王利明、房绍坤、王轶:《合同法》,385 - 386 页,北京,中国人民大学出版社,2009。

交通法》(Road Traffic Act)就允许私家车从事小客车运输。新加坡政府还专门设立基金大力鼓励私家车从事 P2P 的租车业务。新加坡政府并不认为网约车服务平台为承运人,其仅仅是取得相关资质的中间商。① 美国虽然通过 TNC 的方式将网约车平台定位为承运人,但是这种承运人责任与一般意义上的承运人责任是不一样的,其本身就是利益衡平后的结果。

第五,将网约车平台定位为承运人实际上也存在侵害司机和乘客权益的可能性。如果平台出现了债务不能支付的情况,法院对平台的财产强制执行,平台的财产一旦被冻结,那么司机尚未领取的报酬和乘客预存的车费必然存在不能提取的风险。另外,即使法律明确规定平台为承运人,但是在实际的运营过程中,仍然可能存在平台通过"四方协议"的方式来规避自己的承运人责任,这在某种程度上架空了立法。

三、 网约车平台不是居间商

网约车平台的服务协议中有很多明确自己仅仅是信息服务的中间人,而不提供运输服务的条款②,其认为自己仅仅是中间的媒介,对司机运费的抽成也是提供信息所应当获得的报酬。真正提供运输服务的应当是登记在平台中的驾驶员和私家车,他们才是真正的责任主体。平台本身并不干涉司机和乘客之间订立合同,对行驶过程中发生的事故,不承担责任。

但是,笔者认为,将网约车平台定位为传统的居间商也是非常不合理的。传统的居间合同是指居间人向委托人报告订立合同的机会或者提供订立合同的媒介服务,

---

① 参见侯登华:《网约车规制路径比较研究——简评交通运输部〈网络预约出租车经营服务管理暂行办法(征求意见稿)〉》,载《北京科技大学学报》(社会科学版),2015(6)。

② 例如优步的具体协议中关于双方法律关系的约定中特别提到:为了避免疑问,特澄清如下信息:优步本身不提供汽车服务,并且优步也不是一家运输商。汽车服务是由汽车服务提供商提供的,您可以通过使用应用程序和服务发出请求。优步只是充当您和汽车服务提供商之间的中间人。因此,汽车服务提供商向您提供的汽车服务受到您与汽车服务提供商之间(将要)签订的协议的约束。优步绝不是此类协议中的一方。

然后由委托人支付报酬的合同。网约车平台已经远远超越了居间人的范畴。第一，网约车平台在其与司机和乘客互动过程中，其承担的义务不仅仅局限于报告订约机会和提供订约的媒介。网约车迅速发展的主要原因在于其能够通过互联网技术消除交易双方的信任障碍，陌生的双方基于对平台的信任而发生交易，且平台单方面决定交易的价格、条件、方式和违约责任等，双方并没有讨价还价和协商的机会。另外，平台并未向乘客明示符合法律形式的费用结构，如租车费和信息中介费等，法律形式与费用结构不一致；服务价格由平台制定，其他参与者无任何决定权，这与中介的性质是完全不同的。第二，不特定的供需双方都是作为委托人与平台公司发生关系。平台不仅提供为司机寻找乘客的服务，也承担了为乘客寻找车辆的服务。平台通过与司机和乘客双方签订电子合同，实质上构成了双方代理关系。司机想要进入平台就要接受并满足其单方提供的电子合同中的关于车辆、司机和保险等方面的条件；乘客要获得平台服务也必须接受其在合同中对价格、合同履行、违约责任等方面的条件规定。因此，网约车平台并不是单纯的居间方，它是以乘客和司机双方为相对人的双方代理。① 第三，网约车平台对合同的签订具有介入性，这与居间合同中第三人与委托人是否订立合同以及如何订立合同均不受居间人的干涉是不同的。例如，在乘客或者司机违约的情况下，平台会对违约一方作出处理，平台监督着司机和乘客订立合同和履行合同，这与居间关系是完全不同的。第四，在居间合同中，居间人应当根据委托人的意愿来提供服务，其处于受委托人的地位。而网约车平台不仅严格规定了驾驶员的准入条件，而且还时刻监督驾驶员的行为，可以看出其并不完全是按照委托人的意愿提供服务的，在某种程度上其处于高位而不是低位。第五，平台以自己的品牌为基础，经过各种营销活动，公众已经普遍认同其提供的服务为运输服务。在具体的运行中，平台实际上行使着运输调度功能，其将乘客需求与车辆进行匹配，并指派具体车辆提供服务，与居间合同不同，乘客和驾驶员不能进行双向选择。平台并非仅仅是提供交易的平台，其实质是资源的组织者，提供服务的车辆和司机均是由平台招募和组织的。

---

① 参见唐清利：《"专车类"共享经济的规制路径》，载《中国法学》，2015（4）。

四、 网约车平台与司机之间不是承揽合同关系

为了回避将网约车平台定位为传统居间人和承运人的不合理性,有文章提出将网约车平台与司机之间的关系定位为承揽合同关系。承揽合同并不关注劳务本身,劳务只是一种手段或过程,承揽合同的标的在于完成工作并交付工作成果,这也是承揽人获得报酬的依据。承揽人一般使用自己的工具完成工作,且其工作具有独立性,不受定作人的监督和指挥。当承揽人所承揽的事项侵害他人权益时,承揽人应当独立承担责任,定作人对此不承担责任。另外,法律并不禁止第三人代替承揽人完成辅助工作甚至主要工作,但原则上承揽人应当亲自完成主要工作。[①] 据此分析可以看出,专车司机的工作环境较为独立,绝大多数为兼职司机,尽管受到平台一定的约束,但是这种约束与劳动关系的约束是不同的,专车司机往往享有极大的自由性和工作的灵活性,其可以自由地选择工作时间、工作地点和工作量。并且,专车司机往往手机上安装有多个网约车平台,其可以自由选择接受哪一个平台上的订单。平台对司机的约束仅仅体现在对车辆、司机和保险的审核上,以及监督司机的服务质量等,但是平台监督的目的是保证客运营运的安全性和维护平台自己的声誉,而不是为了制约司机。另外,专车司机获得报酬的前提是把乘客按照要求运送到目的地,没有这样的工作结果,其不能获得报酬。在这种情况下,网约车服务平台为"定作人",承揽人是带车加盟的司机,因此,如果在营运过程中出现侵犯他人的人身财产安全时,应当由承揽人也就是实际承运人承担责任,网约车服务平台不承担责任。

这种观点似乎比较完美地解释了争议,但是,仔细推敲笔者发现,如果把网约车平台与司机的关系定位为承揽合同关系也是不合理的。第一,运输服务本身就不是典型的承揽合同的标的,承揽合同更多的是体现在加工、定作和建筑领域内,承揽合同强调的是完成工作成果,不注重具体过程,而运输服务更多体现在司机运送乘客的服务过程之中,包括行驶的路线、司机的态度等都是有所要求的。第二,承

[①] 参见《合同法》第253条、第254条。

揽关系具有一定的人身性，要求承揽人以自己的技术、设备和劳力独立完成工作，定作人往往基于对承揽人的了解和信任来选择承揽人。在网约车服务过程中，承揽人的认定是非常不清晰的。如果认定网约车服务平台为承揽人，乘客为定作人，而网约车服务平台是没有自己独立的技术、设备和劳力来提供运输服务的。在网约车服务过程中实际上存在两个承揽合同，一个是乘客与平台之间的承揽关系；另一个是平台与司机之间的承揽关系。在第一个承揽合同中，网约车服务平台为承揽人，第二个承揽合同中，司机是承揽人。尽管我国的《合同法》允许承揽人将主要工作或辅助工作交由第三人完成，但是这应当是承揽合同中的例外情况而不应当成为常态。另外，如果网约车服务平台为承揽人，那么其仍然就第三人完成的工作成果向定作人负责，这与网约车服务平台为承运人是没有本质上的区别的；而且，网约车服务平台在承担责任后，仍然要向司机追责，实际上最终承担责任的还是带车加盟的私家车车主。基于合同的相对性，受害人只能向平台寻求救济，显然缩小了责任主体，不利于对其进行救济。第三，如果将平台定位为承揽人，乘客向平台发送订单后，没有司机接受订单，平台与司机之间的承揽关系自然没有成立，那么，乘客与平台之间的承揽关系成立吗？在这种情况下，平台是否应当向乘客承担违约责任？这显然是与现实情况不符的。第四，双重承揽合同只是加剧了法律关系的复杂性，实质上最后承担责任的仍然是司机。如果网约车服务过程中发生交通事故，乘客的人身财产权利受到损害，其向平台请求损害赔偿，而平台又向司机追责，最后承担责任的是司机；如果司机本人的人身财产权利受到损害，基于承揽关系，其自己负责；如果第三人的人身财产权利受到损害，因为是在运输服务过程中造成的，所以还是应当由司机承担责任，这与将平台定位为传统的居间商承担的责任是相同的。平台仅在乘客的人身财产受到损害时起到了过渡和媒介的作用，实际上规避了自己的责任。

五、 纯化网络交易平台责任——网约车平台定位的新思考

（一）网约车平台定位应当平衡各方利益

通过上文的分析，笔者认为，网约车平台定位问题的本质就是归责问题，如何

平衡乘客、平台和驾驶员甚至劳务派遣公司之间的利益是需要解决的重点。将网约车服务平台定位为承运人的根本目的在于保护乘客和驾驶员的利益，从而使平台承担了过多的责任。但是可以预见的是，这会对目前新兴的 O2O 互联网企业造成毁灭性的打击。互联网的价值就在于用户范围的广泛性和分享信息的即时性，如果没有这样的价值，那么其与普通的中介和公告栏没有任何的区别。在如今互联网发展十分迅猛的背景下，除了以滴滴出行和优步等为代表的交通出行方面的 O2O（即 Online To Offline）网络平台以外，实际上在社会生活的方方面面都涌现了大量的网络平台。① 如快餐外卖平台饿了么、在线找老师平台疯狂老师等，还包括上门美甲、上门按摩、家政服务等各种网络平台。如果全部认定网络平台与在其平台登记注册的提供服务者为劳动关系的话，可以想象这类平台的人力成本和运营成本将会多么巨大，且一旦出现了登记注册的服务人员侵犯用户的行为时，其将承担巨额的赔付，那么，这种 O2O 平台必然走不远，永远不可能发展壮大，这对我国的互联网行业来说是非常不利的。②

但是，如果网约车平台承担的责任过于小的话，不利于维护乘客和驾驶员甚至是社会的利益。客运服务作为公共交通的补充，其本身不仅与社会公众的人身和财产安全有关，还与当地政府的行政监管和行政税收有关，因此，世界的通行做法都是对从事客运经营的行为实行行政许可制度。③ 除此之外，对从事客运经营的车辆和驾驶员也有特殊的要求。从我国的立法来看，根据 2016 年 2 月修订的《中华人民共和国道路运输条例》，在我国从事客运经营需要取得行政许可，也要求具有符合营运

---

① 根据盈利模式的不同，O2O 可以分为三种不同的类型，即广场模式、代理模式和商城模式。在广场模式下，网站为消费者提供产品或服务的发现、导购、搜索和评论等信息服务。通过向商家收取广告费获得收益，消费者有问题需要找线下的商家。这种模式的典型网站有大众点评网、赶集网等。在代理模式下，网站通过在线上发放优惠券、提供实体店消费预订服务等，把互联网上的浏览者引导到线下去消费。网站通过收取佣金分成来获得收益，消费者有问题找线下商家。使用这种模式的典型网站有拉手网、美团网、酒店达人等。而商城模式则是指由电子商务网站整合行业资源做渠道，用户可以直接在网站购买产品或服务。企业向网站收取佣金分成，消费者有问题找线上商城。滴滴出行、易到用车等采用的就是这种模式。参见卢益清、李忱：《O2O 商业模式及发展前景研究》，载《企业经济》，2013（11）。

② 参见马民虎：《互联网安全法》，195 页，西安，西安交通大学出版社，2003。

③ 我国对出租车行业实行特许经营，政府对出租车经营牌照进行数量控制，出租车司机和车辆必须达到特定安全标准并购买足够保险，并且对资费实行管制，安装特定计价器，由政府定价。参见《出租汽车经营服务管理规定》第 8 条、第 12 条、第 33 条。

要求且经检测合格的车辆,并取得车辆营运证。对驾驶员也有特殊要求,并且必须经过培训和考试。① 网约车服务为客运经营的一种,应当遵循客运市场的管理法律,任何市场创新行为都不能以牺牲市场秩序和安全为代价。如果网约车平台仅仅为报告订约信息的居间人,那么无论是来源于私家车的网约车还是来源于汽车租赁公司的汽车,其是否符合营运车辆的安全标准,是否进行了检测都是未知数;驾驶员从业资格如何界定,其是否还需要考试和培训?这都没有办法较好地解决。因此,如果将网约车服务平台定位为仅为乘客和司机提供订约媒介服务的平台,完全摘除其责任,显然是不合理的。另外,将网约车平台定位为承揽关系并不能够解决问题的实质,其最终落脚点还是要么网约车平台是承运人,要么是中间商,因而这一理论并不具有太大的参考价值。

(二) 网约车平台与司机之间是劳务关系而非劳动关系

从驾驶员与网约车平台的关系来看,二者应当是劳务关系而不是劳动关系。劳务关系是两个或两个以上的独立的平等主体之间就劳务事项进行等价交换的关系,目前对劳务关系的调整主要是由合同法、民法通则和侵权责任法实现的。理论上界定是否存在劳务关系需要满足以下三个条件:其一,双方提供劳务过程中不存在监督与被监督的关系,双方是平等主体之间的合同关系。而劳动关系中存在从属关系,

---

① 《中华人民共和国道路运输条例》第8条规定,申请从事客运经营的,应当具备下列条件:(1) 有与其经营业务相适应并经检测合格的车辆;(2) 有符合本条例第九条规定条件的驾驶人员;(3) 有健全的安全生产管理制度。申请从事班线客运经营的,还应当有明确的线路和站点方案。第9条规定,从事客运经营的驾驶人员,应当符合下列条件:(1) 取得相应的机动车驾驶证;(2) 年龄不超过60周岁;(3) 3年内无重大以上交通责任事故记录;(4) 经设区的市级道路运输管理机构对有关客运法律法规、机动车维修和旅客急救基本知识考试合格。《道路运输从业人员管理规定》第6条规定,国家对经营性道路客货运输驾驶员、道路危险货物运输从业人员实行从业资格考试制度。其他已实施国家职业资格制度的道路运输从业人员,按照国家职业资格的有关规定执行。从业资格是对道路运输从业人员所从事的特定岗位职业素质的基本评价。经营性道路客货运输驾驶员和道路危险货物运输从业人员必须取得相应从业资格,方可从事相应的道路运输活动。鼓励机动车维修企业、机动车驾驶员培训机构优先聘用取得国家职业资格的从业人员从事机动车维修和机动车驾驶员培训工作。第9条规定,经营性道路旅客运输驾驶员应当符合下列条件:(1) 取得相应的机动车驾驶证1年以上;(2) 年龄不超过60周岁;(3) 3年内无重大以上交通责任事故;(4) 掌握相关道路旅客运输法规、机动车维修和旅客急救基本知识;(5) 经考试合格,取得相应的从业资格证件。

二者具有行政隶属关系和监督与被监督的关系。其二，劳务关系中劳动者向用工者提供特定的劳动服务，当事人之间的关系具有临时性、一次性和短期性的特点。劳动关系中，劳动者获得报酬具有稳定性且是定期支付的，而劳务关系中劳动者的报酬往往由市场和劳动者提供服务的数量和质量决定。其三，劳务关系中若无特殊约定，生产资料由劳动者提供。而劳动关系中生产资料、生产方式、生产地点等主要是由雇佣单位提供，个人仅提供自己的劳动。① 由此可见，劳务关系和劳动关系区别的关键就在于劳动者是独立还是从属的。劳务关系双方主体之间只存在财产关系，没有从属关系，劳务提供者可以自由地选择提供劳务的时间、方式等要素；而劳动关系的主体之间存在组织依赖性、经济从属性和人格上的从属性，劳动者需要听从用工方的指导，两者之间具有行政隶属关系。② 网约车平台上的驾驶员可以灵活地选择工作时间、工作地点，自愿选择是否接某一订单，且驾驶员接单成功并完成任务后，就可以从平台上获得报酬，因此，可以分析二者仅有经济上的关系，并没有行政隶属关系。平台对于驾驶员、车辆的审核，以及乘客对驾驶员的评价和平台对驾驶员的奖惩，笔者认为这不能构成二者是劳动关系的依据，平台对司机的监督并不说明二者具有行政隶属关系，监督仅仅是平台为了维护自己声誉的手段，实际上也是其竞争和营销的需要。另外，驾驶员在网约车平台上获得报酬是根据其接单多少决定的，本身并不具有稳定性和定期性。最后，与传统的出租车公司运营的模式不同，驾驶员提供服务的车辆为其自己所有，传统出租车运营模式是司机仅提供劳务，车辆由出租车公司提供，由此，也可以认定网约车平台与注册的驾驶员之间应该是劳务关系，而不是劳动关系，驾驶员并不从属于平台。而且，在劳动关系中，劳动者往往处于弱势，但是在互联网时代，劳动给付更加丰富灵活，司机与平台之间处于平等的关系，因而不能够随意扩大劳动法的适用范围，否则不但不利于互联网经济的发展，劳动法的价值和功能也将大打折扣。

---

① 参见胡新建：《劳务关系、雇佣关系、劳动关系之辨析与建构》，载《温州大学学报》（社会科学版），2010（3）。
② 参见李坤刚、乔安丽：《劳务承揽与劳动关系的区别——基于雇佣历史发展的分析》，载《中国劳动》，2015（6）。

(三) 纯化网络交易平台责任

法律的发展在某种程度上总是滞后于实践的发展,这在"互联网＋"时代尤其明显。传统法律模式显然无法为互联网平台责任找到一个归属,对于网约车平台,无论是承运人说、居间商说还是发包人说,其实都没有办法完满地解决这个问题。因此,我们不能再用旧的制度套取新生事物了,新的经济形式的出现要求立法必须对此予以应对,以呼应现实的需要。

笔者认为,现在网络平台已经渗透到了我们生活的方方面面,除了约车平台以外还有电子购物平台(例如淘宝网)、信息分享平台(例如百度文库)等。其实平台的定位在传统法律中也是一个争议的焦点,关于网络交易平台,理论界主要存在"卖方说""柜台出租方说""居间人说"等,虽然各种学说都有一定的合理性,但是都不能完满地解决问题,最后往往还是只能诉诸行业自律规范[①],这说明传统法律在应对新兴事物时的无能为力。不可否认的是,平台对传统的法人、公司和合同制度等都带来了巨大的冲击。它一方面发挥了类似于公司的组织功能,特别是对通过平台营利的一方进行了监督和约束,但是另一方面它的结构又过于简单,换句话说,它并不需要公司那样的结构,但是却发挥了类似公司的功能。对包括网约车平台在内的所有类型的平台进行规范成了一个现实存在的难题,如果把平台放置于民法中以合同关系,即信息服务和中介服务来规范,显然与其发挥的组织作用是不能等同的。另外,由于平台的存在,合同交易的基础改变了,正如在证券交易所交易股票一样,在平台中的交易与普通的一对一的交易关系是完全不同的。例如,网络二手房买卖平台,其不仅承担着信息中介的义务,平台还要对房源的真实性、买方和卖方的信用情况予以核查,在某种程度上它还起到了资金担保的作用,由此可见,传统的居间商是无法与其相比的。

---

① 参见杨立新、韩煦:《网络交易平台提供者的法律地位与民事责任》,载《江汉论坛》,2015(5);苏添:《论网络交易平台提供商的民事法律责任》,载《北京邮电大学学报》(社会科学版),2005(4);韩洪今:《网络交易平台提供商的法律定位》,载《当代法学》,2009(2)。

目前我国关于网络交易平台的责任规范主要体现在《消费者权益保护法》第44条①和《侵权责任法》第36条②中。2011年商务部发布的《第三方电子商务交易平台服务规范》对网络交易平台定义为"第三方电子商务交易平台是指在电子商务活动中为交易双方或多方提供交易撮合及相关服务的信息网络系统总和"。该规范尽管规定了平台对消费者的保护义务、提示风险义务和保障交易安全等义务，但是其并没有规定平台的地位及责任承担方式。笔者认为，应当基于已有的立法和司法实践及现实情况，构建一个能够容纳所有类型的网络交易平台③的责任承担模式。网络交易主要涉及三方主体：卖方、买方和平台。就网约车平台而言，可以看作是出售"乘坐"这样的服务产品的行为，因此，乘客为买方，司机为卖方。由此，笔者认为，用户往往是基于对平台的信任而选择通过该平台进行交易，平台是双方进行交易的基础，有学者提出的网络交易平台的安全保障义务也是基于此④，另外买方在实践中往往没有能力核查与其交易的卖方的资格和产品情况。因此，平台必须承担比普通居间商更重的责任，平台对卖方往往肩负着审查和监督的义务（关于审查和监

---

① 《消费者权益保护法》第44条规定，消费者通过网络交易平台购买商品或者接受服务，其合法权益受到损害的，可以向销售者或者服务者要求赔偿。网络交易平台提供者不能提供销售者或者服务者的真实名称、地址和有效联系方式的，消费者也可以向网络交易平台提供者要求赔偿；网络交易平台提供者作出更有利于消费者的承诺，应当履行承诺。网络交易平台提供者赔偿后，有权向销售者或者服务者追偿。网络交易平台提供者明知或者应知销售者或者服务者利用其平台侵害消费者合法权益，未采取必要措施的，依法与该销售者或者服务者承担连带责任。

② 《侵权责任法》第36条规定，网络用户、网络服务提供者利用网络侵害他人民事权益的，应当承担侵权责任。网络用户利用网络服务实施侵权行为的，被侵权人有权通知网络服务提供者采取删除、屏蔽、断开链接等必要措施。网络服务提供者接到通知后未及时采取必要措施的，对损害扩大部分与该网络用户承担连带责任。网络服务提供者知道网络用户利用其网络服务侵害他人民事权益，未采取必要措施的，与该网络用户承担连带责任。

③ 网络交易平台提供商属于网络服务商的一种，网络服务商分为网络内容提供商（ICP）和网络中介服务提供商（ISP）。ICP指通过自身组织信息，定期或不定期上载至互联网向公众传播的网络服务从业者。ISP主要为公众提供各种信息服务，其通常对上载之信息进行选择、修改和编辑，供公众在域名（IP）范围内进行浏览、阅读或下载。狭义的ISP又包括：(1) 网络连线提供者（IAP），指网络用户连接至互联网的联机系统的提供者。IAP通过租用的公用线路或自己铺设的专用线路为其用户提供接入服务，网络连线服务有拨接式与固接式两种。(2) 网络平台提供者（IPP），指网络用户在接通网络后使用的各项在线服务之系统的提供者。本文所指的交易平台主要是网络中介服务提供商（ISP）。

④ 参见齐爱民、陈琛：《论网络交易平台提供商之交易安全保障义务》，载《法律科学》（西北政法大学学报），2011 (5)。

督的标准为何应由行业自行确定）。但是为了防止平台承担的责任过重，平台应当承担过错责任，即如果平台在资格审查与安全交易保障方面存在过错，那么平台承担不真正连带责任，其承担责任后可以向真正加害人追偿；在平台无过错的情况下，基于安全保障义务的存在，平台仅承担补充责任。就网约车平台来说，如果平台在审核车辆和司机的信息方面存在过错而造成他人人身和财产损害的，平台与加害人承担不真正连带责任，平台承担责任后可以向真正加害人追偿；在平台本身无过错的情况下，平台承担补充责任。这样一来，可以较好地平衡平台和买方、卖方甚至社会等方面的利益，在保障安全的前提下，促进新兴行业的发展。

第四编

网络环境下的知识产权保护

4

数字出版视域下的反规避技术保护措施规则研究

华 劼[①]

数字技术的发展改变了传统出版业版权传播、交易和保护的模式,数字出版环境下权利穷竭原则的失灵导致技术保护措施与格式合同在数字出版版权交易中充当了"第二立法者"的角色。然而,技术保护措施能够被规避,反规避技术保护措施规则的应运而生虽有合理性,却存在诸多不利于获取和使用作品的因素,不能真正缓解数字出版业与消费者之间的冲突。因此,应当通过优化权利管理系统,将技术保护措施、权利管理信息与合同条款结合起来,合理设计权利管理系统,平衡数字出版视域下著作权人、数字出版商和消费者三者间的权益。

一、数字出版环境下版权传播、交易、保护模式的新变化

(一)数字出版环境下作品传播模式的改变

数字技术的发展给传统出版产业带来了新的机遇和挑战。一方面,数字技术的

[①] 华劼,同济大学法学院/知识产权学院助理教授。研究方向:知识产权法。

出现加快了作品被复制和传播的速度，为出版业的效率提高和业务扩张创造了条件；另一方面，复制作品的时间和成本大幅下降使侵权、盗版更加容易，数字技术的发展也为著作权侵权的滋生与泛滥提供了土壤。

在非数字环境下，出版业对作品出版的流程是在获得著作权人授权的基础上，将作品复制到有形载体上，并进行发行和销售，出版业所行使的是著作权人一揽子权利中的复制权和发行权，消费者所购买的是作品的有形载体，这些有形载体成为传统出版业的终端，发挥着传播文化的作用。而在数字环境下，出版业不再通过有形载体传播作品，而是将作品制作成数字化格式，通过电脑、数字阅读器等电子设备终端向消费者传输作品。消费者阅读、观看作品所使用的电子设备终端不是专门承载作品的有形载体，而是一种学习、娱乐的技术工具，作品不再通过有形形式传播，而是以电子格式这种无形化的方式被消费者获取。在数字环境下，出版业将作品制作成数字化格式是对作品进行了复制，而通过互联网将作品的数字化格式传送至消费者的电子设备终端，则行使了著作人授予的信息网络传播权。因此，不同于传统出版业的"复制＋发行"模式，数字环境下的出版业传播作品的模式为"复制＋信息网络传播"。

在传统"复制＋发行"模式下的作品销售中，消费者最终获得了作品有形载体的所有权，享有占有、收益、处分该有形载体的权利，出版业和消费者之间一方出售作品有形载体，另一方支付对价购买该有形载体的行为构成了买售行为。而在数字出版"复制＋信息网络传播"的新模式下，消费者虽然支付了对价，却并不享有作品数字化格式的所有权，因为作品的数字化格式与作品本身很难区分，如果消费者通过支付对价享有的是作品数字化格式的所有权，那么当第一位消费者下载该作品的数字化格式后，其他消费者就无权下载该作品，除非第一位消费者转售该数字作品。这明显不符合出版业传播、销售作品的本意。因此，在数字出版模式下，消费者通过支付对价得到的只是能够阅读、观看数字作品的许可，消费者不享有数字作品的所有权，也无权对数字作品进行转售，在出版商的许可下，不同的消费者可依据被许可的权限下载同一数字作品。

（二）数字出版环境下权利穷竭原则的失灵

权利穷竭原则作为著作权法中一项重要的理论保证了作品二手市场的存在和发

展,使作品能够在最大商业程度上被推广和再销售。权利穷竭原则是对著作权人权利的限制,允许购买合法出版物的消费者能够自由地向他人转售、出租其购得的出版物并将出版物赠与他人。但在数字出版模式下,消费者不能将他从亚马逊购得的电子图书或是从苹果商店购得的音乐或电影随意转售给他人,因为消费者并没有取得该图书、音乐或电影电子文件的所有权,而只是取得许可,能够在许可条件范围内阅读图书、聆听音乐和观看电影。

这时,权利穷竭原则处于失效的状态,因为首先,权利穷竭原则针对的著作权人权利为发行权,旨在限制著作权人对已发行作品有形载体的再度发行进行控制,而数字出版模式并不涉及发行权,因而权利穷竭原则无法适用于不涉及发行权的数字出版领域;其次,权利穷竭原则又称为首次销售原则,所针对的行为是对已合法销售作品的再次销售,而数字出版模式中并不存在法律意义上的销售,因为消费者虽然支付了对价,但并未取得所购产品的所有权,而只是产品使用权,因而权利穷竭原则无法适用于不存在销售行为的数字出版领域。

权利穷竭原则对作品的传播有着积极意义,一定程度上促进了消费者对于作品的获取,减少了盗版和侵权。对于作品的获取主要取决于两方面:消费者价格承受能力和作品的可获取度。① 如果没有权利穷竭原则,将不存在作品的二手市场,也就不存在通过市场手段使作品价格下降的压力,因为只有在二手市场中,消费者才有可能以较低的价格获得同一内容的作品。

此外,作品二手市场的存在除了使消费者能够以较低价格获取合法作品之外,还能使作品的首次购买者通过再次销售作品弥补采购成本。正如亚马逊公司的创始人和首席执行官 Jeff Bezos 所说,当某人购买一本书时,他同时购买了能够转售、出租以及赠与这本书的权利,二手图书的经营使消费者可以不必花费全价去尝试一位新作者创作的作品,因为消费者在阅读完整本书后可以将书转售给他人而收回一部分购书成本。② 因此,作品的二手市场能让消费者既从转售二手书中得利,又从购买

---

① Aaron Perzanowski and Jason Schultz, Digital Exhaustion, 58 *UCLA Law Review* 889 (2011).
② Tim O'Reilly, *Jeff Bezons' Open Letter on Used Book Sales*, O'Reilly Network (15 April 2002), available at http://archive.oreilly.com/pub/wlg/1291.

二手书中获取更多作品。

而当数字技术的发展迫使作品的二手市场逐渐萎缩时，消费者只能购买原价作品，而无法获取使用后的打折作品，或出售使用后的二手作品，这使一部分经济能力有限的消费者铤而走险，去获取低价格甚至零价格的盗版作品，导致盗版市场的泛滥。为控制数字出版中盗版作品的泛滥，出版业开始大量运用技术保护措施和权利管理信息去监控消费者对数字作品的使用，新的营销模式随之诞生。

（三）数字出版版权交易中技术与合同充当了"第二立法者"的角色

为了防止数字作品被盗版，出版业开始依赖技术保护措施和合同条款去规制未经其许可对作品的转让和使用。全球主要的图书出版商依靠技术保护措施和电子权利管理系统去限制消费者将电子图书转让给他人；音乐产业在 iTunes 上销售在线歌曲时，也同样利用技术保护措施和电子权利管理系统去防止音乐盗版。

在采用技术保护措施和电子权利管理系统的基础上，数字出版业还在许可消费者使用数字作品时附加了格式化的使用条件，要求消费者严格地按照合同条款对作品进行使用，不符合条款规定的使用将构成违约。例如，Kindle 商店的格式使用条款就规定，当消费者下载 Kindle 提供的内容和支付费用时，内容提供者授予消费者非独占浏览、使用和显示该内容的权利。但是非经内容提供者特别说明，消费者不能以转售、出租、发行、广播、发放分许可或者其他转让形式将 Kindle 内容授权给任何第三方使用，同时，消费者不能删除或修改任何附着于 Kindle 内容上的所有权声明或标签。此外，消费者不得绕开、修改、攻击或规避用于保护 Kindle 内容的安全功能。① 当消费者购买 Kindle 提供的数字作品时，他对作品的使用必将受制于 Kindle 使用条款。

从以上例子可见，数字出版引发了新的著作权交易模式。在传统出版环境下，著作权交易的基本规则都是由法律确定的，著作权人享有哪些可以用来交易的权利，如何授权出版商进行作品发行都是由著作权法直接规定的。而在数字出版环境下，

---

① *Kindle Store Terms of Use*，Amazon（5 October 2016），available at https：//www.amazon.com/gp/help/customer/display.html? nodeId=201014950.

著作权交易存在两层交易规则：第一层规则是由著作权法规定的著作权人享有的权利和出版商可以依据授权行使的权利；第二层规则是数字出版商自己制定的规则，要求消费者必须按条款规定使用数字作品，消费者对作品的使用既受到出版商规则的限制，又受到数字作品中嵌入的技术保护措施的限制。数字出版领域的著作权交易结构为一种二元叠加模式，技术和合同开始充当着"第二立法者"的角色。

二、反规避技术保护措施规则具有"双刃剑"作用

（一）反规避规则的解读

考虑到技术保护措施在数字网络环境下失灵的危险，著作权人开始游说政府制定新法律去阻止规避技术措施。反规避规则应运而生，满足了数字网络时代权利人强化其著作权保护的诉求。在反规避规则下，著作权法从法律层面上为保护权利人利益提供了第一层保护机制；技术保护措施从技术层面上为权利人提供了第二层保护机制；反规避规则为权利人提供了保护其技术措施的第三层保护机制。

我国在《信息网络传播权保护条例》中制定了反规避规则。《条例》第4条第2款规定，"任何组织或者个人不得故意避开或者破坏技术措施，不得故意制造、进口或者向公众提供主要用于避开或者破坏技术措施的装置或者部件，不得故意为他人避开或者破坏技术措施提供技术服务"。技术措施被定义为"用于防止、限制未经权利人许可浏览、欣赏作品、表演、录音录像制品的或者通过信息网络向公众提供作品、表演、录音录像制品的有效技术、装置或者部件"。条例中并没有区分禁止规避行为本身和禁止生产或销售主要用于规避技术措施的装置，但从条例中的规定推断，条例既禁止规避行为本身，又禁止生产或销售主要用于规避控制获取和复制作品的技术措施的装置。条例中只规定了四种对于规避行为的例外：学校课堂教学或者科学研究；不以营利为目的，通过信息网络以盲人能够感知的独特方式向盲人提供已经发表的文字作品；国家机关依照行政、司法程序执行公务；对计算机及其系统或者网络的安全性能进行测试。

目前进行的第三次著作权法修订时也将反规避规则纳入著作权法中，使反规避规则上升到法律的高度。送审稿中有关反规避规则的制定，主要是将《信息网络传播权保护条例》中的相关规定纳入著作权法中，没有进行实质性的修订，唯一的区别是在对于规避行为的例外中增加了加密研究和反向工程。①

（二）反规避规则的合理性

1. 控制获取作品规则的合理性

反规避规则禁止未经权利人许可为了获取作品而规避技术保护措施。该条款规定一度被理解为为著作权人创设了一种新的权利——访问权，即在反规避规则下，著作权人有禁止他人未经其许可访问作品的权利。这种权利不属于传统著作权权利的范畴，极大地限制了消费者的利益。例如，在传统著作权领域，消费者可以不经著作权人同意，随意地在书店翻阅、选购自己需要购买的图书，消费者并没有受到著作权人"访问权"的限制，而在数字出版环境下，由于控制获取作品技术措施的存在，消费者不能随意浏览自己想要下载的作品，以确定是否对作品进行付费下载。

而且，控制未经权利人许可访问作品并不总与阻止著作权侵权直接挂钩，在某些情况下，消费者规避了技术保护措施已达到访问作品的目的，仅仅是为了个人阅读或观看作品，并未对作品进行复制、传播或公开展示，个人阅读或观看作品并不属于著作权侵权的范畴。而在数字出版环境下，仅仅是为了进行原本不属于著作权侵权的活动，规避技术保护措施则会被认定为违法。

立法者之所以创设法律保护控制获取作品的技术措施，其根本目的源于控制获取作品的技术措施所保护的著作权人利益的正当性。只有维护权利人在版权法中合法权益的技术措施才能予以保护。例如，电影作品著作权人不能针对那些购买盗版电影并观看盗版电影的消费者提起著作权侵权之诉，却可以采取其他不为法律禁止的自救方式来降低消费者购买和观看盗版电影的概率，从消费者购买正版电影中获得收益，这种收益正是著作权法认可的权利人的正当利益。② 虽然访问权不是固有的

---

① 参见我国《著作权法修订草案（送审稿）》第71条第（5）项。
② 参见王迁：《版权法保护技术措施的正当性》，载《法学研究》，2011（4）。

著作权权利，著作权人不能对未经其许可访问作品的消费者提起侵权之诉，但这并不意味着著作权人只能消极地让消费者自由地访问作品，而不能采取任何法律不禁止的措施，著作权人完全可以采取著作权法定权利之外的其他措施限制消费者对于作品的访问，让支付合理对价的消费者访问作品，而排斥对于作品的免费获取。这样能保证权利人从作品利用中获取收益，这是著作权人应当享有的正当利益。

实践中，有相当一部分控制获取作品的技术措施都不是直接用于阻止著作权侵权，而是为了限制消费者阅读和使用作品从而为权利人收取作品观看费。例如，Kindle 商店在数字图书中设置了技术保护措施，防止消费者未付费就下载整部图书，未付费之前，消费者只能浏览整部书有限的几页，而付费后，消费者才能获取整部图书。Kindle 所采用的技术保护措施并不主要为了防止消费者通过网络复制和传播作品，而是阻止未付费用户阅读整部作品。这样的技术保护措施虽然能在一定程度上减弱盗版，但并不直接与禁止著作权侵权行为挂钩。

正是由于向用户收取阅读或观看作品的费用是著作权法中权利人合法及合理的权益。因而，对技术措施的保护应该集中在权利人在著作权法中合法权益的保护上，而不应仅限于制止著作权侵权。

2. 禁止提供规避手段规则的合理性

反规避规则禁止生产或销售主要用于规避控制复制作品的技术措施的技术、服务或装置，即禁止提供规避手段。这些手段的主要设计目的是为规避有效控制获取和复制作品的技术措施；除规避外只有其他有限的商业利用价值；生产者或销售者知道该装置主要用于规避技术措施还对其进行市场推销，即三类情形的判定标准为"设计目的标准""商业价值标准"以及"推销目的标准"[①]。这三类标准仅在于过问技术手段的设计目的、商业价值或推销目的，并不在意使用这些技术手段的人是否进行了侵犯著作权的行为，即使使用这些技术手段的人是为了诸如进行课堂教学、科学研究等合理使用的目的而规避技术措施，从而获取和复制作品，但只要这些技术手段的设计目的、商业价值或推销目的属于反规避规则所禁止的情形，则生产或销售这些技术手段便属于违法行为，为法律所不允。

---

① 王迁：《论提供规避技术措施手段的法律性质》，载《法学》，2014（10）。

由此可见，禁止提供规避手段这一规则与规避行为本身是否违法并无直接关联，而是法律单独将提供规避手段规定为一种独立于著作权侵权的违法行为。这种立法规定主要是因为确定规避行为本身是否违法存在复杂性和难以预见性，需要根据具体情况具体分析，有的规避技术措施是为了合理使用作品，例如为个人学习、研究而使用作品；有的规避技术措施是为了免费获取作品，但并不进一步实施复制、传播等侵权行为；有的规避技术措施是为了实施侵权行为。如果每一次判定提供规避手段都要以判定规避行为本身是否侵权为前提，则会增加判定成本，而且要追踪每一位规避手段使用者的最终规避目的也不现实。

与其耗时耗力地去判定每一位使用者的最终规避目的，立法者更倾向于通过遏制提供规避手段，从源头上减少规避行为，因为并不是每一位消费者都有能力去自行规避技术措施，提供规避手段为普通消费者创造了更多规避技术措施的机会。因此，禁止提供主要为规避技术措施而设计、销售且只有有限的其他商业利用价值的装置是合理的。

3. 反规避规则中的版权例外规定

作为各国反规避规则的立法样板，美国《数字千年版权法》中的反规避规则还为合理使用作品预留了空间，进行了相应的制度设计。

第一，反规避条款只禁止规避控制获取作品的技术措施，不禁止规避控制复制作品的技术措施。因为在多数情况下，未经权利人许可而规避控制复制作品的技术措施，进而复制作品，会构成侵权。更重要的是，立法者希望给合理使用留下空间，因为在合理使用范围内，作品使用者可以不经权利人许可而复制作品。

第二，反规避规则中有一原则性条款，规定"本条款中的任何部分都不影响制衡版权侵权的权利、法律补救方法、限制及抗辩，包括合理使用"[①]。

第三，反规避条款列举了具体的限制和例外，包括对非营利性图书馆、档案馆和教育机构的免责，即允许非营利性图书馆、档案馆和教育机构为获取作品而规避技术措施；执法、监督和其他政府行为，即允许政府为执法、监督及其他政府目的而规避技术措施；反向工程，即允许合法获得计算机软件的使用者为了识别及分析

---

① 17 U. S. C. Section 1201（c）（1）（2006）.

计算机程序的组成以便达到与其他程序兼容的目的而规避技术措施;加密研究,即允许为了识别加密技术的缺陷和弱点而规避技术措施;保护未成年人利益,即允许为了研究防止未成年人接触互联网上的某些资料的技术措施,而规避该类技术措施;保护个人隐私,即允许规避技术措施,如果该技术措施保护的作品能够搜集和传播某个自然人在网络上的个人身份信息;以及安全测试,即为了测试计算机、计算机系统或计算机网络的安全性而规避技术措施。①

第四,美国国会建立了一个不断更新的行政性规则制定程序去评估禁止规避控制获取作品的技术措施所造成的影响。这个机制为规避控制获取作品的技术措施提供了例外,该例外取决于反规避规则影响或可能影响特定种类作品使用者合理使用该类作品的能力。美国国会图书馆从 2000 年起,每三年更新一次该程序下的例外种类,迄今为止,已经有五次程序更新。

(三) 反规避规则的不利因素

虽然反规避规则的设立有其合理的一面,但该规则中仍然存在不利于消费者使用作品的一面。不利因素主要由两类条款引起,一是禁止规避控制获取作品的技术措施;二是禁止生产或销售主要用于规避技术措施的技术、设备或装置。此外,反规避规则还容易引发诸如不正当竞争、侵犯消费者隐私权及知情权等方面的问题。

1. 反规避条款禁止规避控制获取作品的技术措施

尽管反规避条款并没有禁止规避控制复制作品的技术措施从而为合理使用留下空间,但作品使用者如果不能首先获取作品,则根本无法对该作品进行合理使用。反规避条款中的原则性例外条款和具体例外都过于狭窄。首先,原则性例外条款的存在并不表明只要属于合理使用的范围,规避控制获取作品的技术措施就会被允许。否则,禁止规避控制获取作品的技术措施就变得毫无意义。其次,尽管具体例外允许在满足特定条件下规避控制获取作品的技术措施,但它们排除了许多在这七种具体例外之外的合理使用情形。再次,证明反规避规则所带来负面影响的举证责任由主张该例外的作品使用者承担,而不是由权利人或政府承担。该举证责任的分配可

---

① 17 U.S.C. Section 1201 (d) ~ (j) (2006).

能会加剧权利人和作品使用者利益之间的不平衡。

在纽约南区联邦地区法院判定的环球影城工作室诉 Reimerdes 一案[①]中，原告在其制作的 DVD 中使用了内容加扰系统，而被告通过网络向公众提供了可以破解内容加扰系统的软件，原告起诉被告违法了反规避规则。在此案中，Lewis Kaplan 法官否认了基于合理使用的一般性抗辩，指出如果国会在制定反规避规则时意欲将合理使用抗辩原则适用于任何行为，国会会明确予以说明，国会不将合理使用抗辩作为对抗第 1201（a）条的目的十分明显。而且法院认为第 1201（c）条原则性例外条款并不是合理使用的"安全阀"，将其理解为合理使用的"安全阀"有违反规避规则的立法历史。[②]

2. 反规避规则无法为合理使用目的而规避技术措施

尽管具体例外和美国国会图书馆的规则制定程序允许在特定情况下规避控制获取作品的技术措施，但作品使用者必须具备足够的知识和技能才能规避技术措施而进一步对作品进行合理使用，否则，作品使用者并不能享有例外规定所赋予他们的权利。此外，即使在获取作品后，如果作品使用者不具备规避控制复制作品的技术措施的知识和技能，他们仍然无法对作品进行合理使用。虽然作品使用者取得用于规避技术措施装置的行为并没有违法，但由于生产或销售用于规避技术措施的装置和手段无论如何都是被禁止的，作品使用者如果不能获取规避手段，则无法为了合理使用目的而规避技术措施，从而真正实现合理使用。

此外，在传统著作权法领域，著作权人的权利都有保护期限的限制，超过保护期限的作品便进入公有领域，可供公众自由地获取和使用。而采用技术措施可以永久性地控制对作品的获取和使用，如果不具备相关技能，即使作品的版权已超过保护期限，作品已进入公有领域，作品使用者还是无法获取和使用作品。

3. 技术措施的使用会限制消费者以多种方式利用作品的机会

当消费者购买数字作品以后，他们希望能在自己方便的时间和地点观看作品，而对作品进行空间上的转换。例如，购买音乐 CD 的消费者，他们除了希望能在音响设备上播放音乐外，还希望在外出时能将音乐拷贝到移动 MP3 上，供旅行时欣赏音

[①][②] Universal City Studios v. Reimerdes，111 F. Supp. 2d 294（S. D. N. Y. 2000）.

乐，但技术措施的存在往往阻止了消费者将合法购买的数字作品移动到另一设备上。

权利人在数字作品上安装的技术措施会极大地限制消费者以多种方式利用作品的机会。技术措施已将传统著作权法对于公开表演和展示作品的控制延伸到对私人播放和使用作品的控制。例如，因为安装了技术措施，从 iTMS 上下载的歌曲只能在 iPod 上播放，而不能在其他移动音乐设备上播放。同样，因为 DVD 上安装了地区编码的技术措施，美国制造的 DVD 播放器只能播放美国地区编码的 DVD，而无法播放欧洲地区编码的 DVD。地区编码不仅存在于 DVD 上，还存在于打印机墨盒等其他产品上。使用这些 DVD 和打印机墨盒的消费者会发现，安装有一个地区编码的 DVD 或墨盒无法在其他地区的播放器或打印机中使用。

更严重的是，产品制造商知道消费者不喜欢技术措施，可能会故意隐瞒技术措施的存在，从而侵犯消费者的知情权，这种故意隐瞒会加剧产品制造商与消费者之间的紧张关系，降低消费者对其购买产品的期待。有的制造商甚至通过技术措施监控消费者对产品的使用以达到其收集消费者信息从而实现划分消费群体、促成价格差别、进一步推销产品的目的，这些行为侵犯了消费者的隐私权。

三、 从反规避规则到优化权利管理系统

当技术保护措施能被规避，反规避规则不能有效制止规避行为时，著作权人和出版商应当考虑通过技术保护措施和反规避规则之外的途径来解决数字出版环境下售后市场缺失导致的侵权泛滥的问题。权利人通常将权利管理信息和技术保护措施一起使用在数字作品中，用以防止侵权。权利管理信息、权利管理系统与技术保护措施是几个不同的概念，如果能将权利管理信息和权利管理系统适当地运用在出版中将有助于出版商对数字作品的管理。

（一）反规避规则的辅助手段——权利管理信息和权利管理系统的运用

1. 何谓权利管理信息

《世界知识产权组织版权条约》把权利管理信息界定为："识别作品、作品的

作者、对作品拥有任何权利的所有人的信息,或有关作品使用的条款和条件的信息,和代表此种信息的任何数字或代码,各该项信息均附于作品的每件复制品上或在作品向公众进行传播时出现。"《世界知识产权组织表演和录音制品条约》第19条规定了类似的条款。

美国《数字千年版权法》第1202条规定了维护著作权权利管理信息完整性的条款。任何人不得明知和为引诱、促发、协助或隐瞒侵权的目的提供错误的权利管理信息,或者发行或为进口而发行错误的权利管理信息。① 任何人不得未经著作权人许可或法律准许明知或有理由知道以下行为会引诱、促发、协助或隐瞒侵权而进行以下行为:故意删除或修改权利管理信息;发行或为发行而进口权利管理信息,并且明知权利管理信息未经权利人同意或法律准许被删除或修改;或者发行、为发行而进口,或者公开表演作品、作品的复制件或录音制品,明知权利管理信息未经权利人同意或法律准许被删除或修改。② 权利管理信息包括:识别作品的名称和其他信息;作者的姓名和其他识别信息;著作权人的姓名、名称和其他识别信息;表演者的姓名和其他识别信息;视听作品作者、表演者或导演的姓名和其他识别信息;使用作品的条件;与以上信息相关的识别数字或符号;以及版权登记处认可的其他信息。③

我国《信息网络传播权保护条例》将权利管理电子信息界定为:"说明作品及其作者、表演及其表演者、录音录像制品及其制作者的信息,作品、表演、录音录像制品权利人的信息和使用条件的信息,以及表示上述信息的数字或者代码。"④

2. 权利管理信息与技术保护措施的结合

从以上国际版权条约和我国的法律规定可以看出,权利管理信息和技术保护措施有着很大的区别,虽然两者都是以数字技术的方式呈现、被著作权人用来保护作品,但两者的功能和所预计达到的目的有着明显的区别。美国《数字千年版权法》未对技术保护措施进行明确的界定,但从其反规避规则可以看出,技术保护措施具

---

① 17 U.S.C. Section 1202 (a).
② 17 U.S.C. Section 1202 (b).
③ 17 U.S.C. Section 1202 (c) (1) ~ (8).
④ 参见我国《信息网络传播权保护条例》第26条第3款。

有控制未经著作权人许可获取作品或者复制作品的功能。我国的《信息网络传播权保护条例》将技术措施定义为："用于防止、限制未经权利人许可浏览、欣赏作品、表演、录音录像制品的或者通过信息网络向公众提供作品、表演、录音录像制品的有效技术、装置或者部件。"从该定义也能看出，技术措施必须能够防止、限制对作品的获取或通过信息网络进行传播。

权利管理信息则不具备技术保护措施的以上功能，权利管理信息主要用于说明作品、作者、著作权人及相关权利人身份，以及使用作品的条件。权利管理信息本身没有控制获取、复制作品的技术功能，纯粹是一种能够识别有关作品、权利人及使用作品条件的信息，它能判定特定版本的作品是否为未经权利人许可复制和传播的盗版，却不能阻止消费者实施诸如获取、复制、传播作品等特定行为，无法起到防止未经许可的访问和复制作品的目的。① 由于权利管理信息并不具备控制获取和复制作品的功能，权利管理信息不是著作权法意义上的技术保护措施。

但著作权人和出版商通常同时使用技术保护措施和权利管理信息去防止侵权，技术保护措施和权利管理信息之间存在紧密联系。虽然权利管理信息自身不能起到控制访问和复制作品的作用，但与权利管理信息相兼容的软、硬件系统可以利用权利管理信息传递作品的使用条件，从而和技术保护措施配合起到阻止未经著作权人许可获取和复制作品的作用。例如，广播标记属于一种权利管理信息，被电视服务商加入收费电视节目信号中，向与其兼容的设备传递许可使用电视节目的信息。在与广播标记兼容的数字电视接收装置探测到收费节目的广播标记后，在用户未付费的情况下，接收装置中的技术措施将会阻止录制该收费节目。② 此时，权利管理信息和技术保护措施共同发挥着遏制侵权、保护著作权人正当权益的作用。

3. 权利管理系统及其功能

权利管理系统一词也常和技术保护措施以及权利管理信息的概念一同提起，但国际版权条约和相关国家的法律规定中并没有权利管理系统这一概念，权利管理系

---

①② 参见王迁：《"技术措施"概念四辨》，载《华东政法大学学报》，2015（2）。

统泛指那些阻止在著作权人许可范围之外使用作品的技术的总称。[①]权利管理系统并不是一法律概念,其中的"权利"也不是特指著作权权利,"管理"包括了所有对于作品使用和著作权人正当权益的经营管理行为。总的来说,权利管理系统应当是技术保护措施和权利管理信息的上位概念,包含了技术保护措施和权利管理信息。

　　由于权利管理系统不仅包括保护数字内容的技术工具,还包括监控消费者行为和辅助收费的诸多技术,如果权利管理系统设计合理,将不仅能够保护作品免于未经许可的访问,还能包容作品使用者和后续创作者的更多利益。相对于技术保护措施而言,权利管理系统是更广范围内的技术工具的综合,运用得当,将有效地维护著作权人和出版商在数字网络环境下的正当权益。权利管理系统的设计不应只顾著作权人的权益,而应当同时考虑消费者对作品的合理使用,不应让作品使用者和后续创作者在数字出版环境下丧失在传统著作权法框架下享有的重要权益,过分强调对技术措施的保护和反规避规则的运用会激化消费者与著作权人、出版商之间的矛盾,激化著作权侵权。因此,合理的、顾及长远利益的权利管理系统应当兼顾著作权人、出版商与消费者三者之间的利益,维持数字网络环境下三者利益的平衡。

(二) 如何优化权利管理系统

　　为了在数字网络环境下有效地防止著作权侵权,数字出版商可以将合同、技术保护措施和权利管理信息结合起来共同保护未经权利人许可对作品的使用。首先,数字出版商在许可消费者使用数字作品的时候,可以细化许可合同条款,将著作权人和作品使用者的利益充分考虑进条款规定中;其次,数字出版商可以在出售的数字作品原版本中加入权利管理信息和能够自动生成消费者信息的技术,便于查找每一份作品的购买者;最后,数字出版商可以在数字作品中加入技术保护措施,控制第三方对作品的获取和使用。

1. 数字出版商可以通过拆封合同或者点击合同的方式将许可合同条款细化

　　当消费者购买数字作品时,获得的不是数字作品的所有权,而是著作权人和出

[①] Mike Godwin, What Every Citizen Should Know about DRM, Public Knowledge, available at https://www.publicknowledge.org/pdf/citizens_guide_to_drm.pdf.

版商许可其使用作品的权利。消费者行使权利需要遵循许可合同的约定，超出条款范围行使权利会构成违约，同时侵犯著作权。拆封合同和点击合同是数字作品许可中常见的提供格式合同的方式，一般由数字出版商制定，当消费者购买数字作品对承载作品光盘的包装进行拆封，或在电子设备上点击开启作品时，会视为消费者已经阅读并同意了附着在产品包装上的拆封合同条款或是在电子设备上开启作品时弹出的点击合同条款。数字出版商可以用合同条款来规制消费者对作品的使用，同时保留一部分权利给消费者，便于消费者合理使用作品。

合同应当包括以下主要条款：（1）消费者未经权利人同意不得复制、转售、出租或通过其他方式传播数字作品；（2）消费者应当保证同一时间只在一台电子设备上使用作品，当将作品转移至另一设备时，应当删除储存于原设备中的作品版本，除非消费者为备份的目的将作品复制在次要的数字媒体存储设备中，但得保证备份版本不是一个可被随意访问和使用的文件；（3）消费者未经权利人同意，不得删除或修改存储在数字作品中的权利管理信息。这样的条款规定既防范了在未经著作权人同意的情况下，消费者对数字作品进行转售和再利用，又确保了消费者可为制作备份这样的合理目的复制储存数字作品的文件格式。

2. 数字出版商可在作品中加入权利管理信息来监控作品的流向和使用情况

权利管理信息包括作品的名称、作者的姓名、著作权人的姓名或名称以及联系方式、出版商的名称及联系方式、作品的使用条件和方式，以及识别这些信息的数字或符号。与权利管理信息相伴的还有能自动生成消费者信息的技术，当消费者开启作品的浏览和观看模式后，该技术能够将消费者的姓名及联系方式加入权利管理信息中，使每一份作品的权利管理信息中都包含有该份作品购买者的个人信息。

同时，应在格式合同条款中指明，消费者同意在购买并使用这份数字作品时，其个人信息将被永久储存于这份数字作品中，消费者不得删除或隐藏该信息。在这样的合同条款规定下，删除或隐藏消费者个人信息将构成违约。同时，由于技术生成消费者个人信息和作品的权利管理信息紧密相连、存储于一处，未经著作权人同意删除或修改个人信息，将构成故意删除或修改权利管理信息的违法行为。因而，即使消费者将数字作品转售给第三方，第三方并未受到原许可合同条款的约束，但只要未经权利人许可，第三方删除或修改了原消费者的个人信息，便构成故意删除或修改权利管理信息。

永久性的在作品中存储消费者个人信息可能会侵犯消费者的隐私权。但个人隐私权的侵犯只有在未经信息主体同意，随意散播个人信息的情形下才有可能发生。虽然在数字作品中加入的技术能够自动生成消费者的个人信息并将信息永久储存在数字作品中，但只有该消费者个人能够获取该信息，除非是消费者违反许可合同约定，将作品转售或出租给他人，才可能导致除该消费者之外的第三方获取消费者的个人信息。但在这种情况下，传播个人信息也是消费者自愿的行为，得到了消费者的同意，该消费者的隐私权没有受到侵犯。

3. 数字出版商可以通过技术保护措施、许可合同、权利管理信息三者结合，控制作品未经许可的获取和使用

数字出版商可以在出售数字作品时通过产品包装内的说明书告诉消费者首次破解技术保护措施的方式，使消费者能够顺利地获取和使用其合法购买的产品。但当消费者违约转售、出租或以其他方式传播数字作品时，为了避免承担违约和侵权责任，消费者会尽力删除或隐藏存储于数字作品中的个人信息，或者要求"二手"作品收购店删除或修改这些个人信息，一旦消费者个人信息被删除、隐藏或修改，被首次破解的技术保护措施将重新发挥作用，再度控制对作品的访问和复制。消费者购买数字作品时获得的破解技术保护措施方法将不再能适用于重新启动后的技术保护措施。

通过优化权利管理系统，将技术保护措施、权利管理信息与合同条款结合起来，更有利于保护著作权人和数字出版商对作品的管理，弥补数字网络环境下作品售后市场的缺失、技术保护措施功能的失灵，以及反规避规则对消费数字作品所带来的不利影响。通过合理设计权利管理系统，平衡著作权人、数字出版商和消费者三者间的权益，也避免了出版商起诉消费者违约、侵权的尴尬局面，缓和了数字出版商和消费者之间的利益冲突，有助于数字出版业的良性发展。

新兴技术对著作权集体管理组织的挑战：亦敌亦友？

张子健[①]

近年来，随着信息技术的发展，尤其是数字权利管理系统（digital rights management systems，DRMs）以及技术保护措施（technological protection measures，TPMs）的应用，极大地减轻了著作权人和使用者的负担。因此有观点认为，通过现代技术实行的著作权个人管理模式将取代以往的著作权集体管理模式。然而，由于新兴技术自身特点的限制，个人管理模式不能完全取代集体管理模式，但是传统集体管理组织能够借助新兴技术，进一步提高著作权管理效率。

一、概　述

大量新技术的出现并投入使用，以及数字权利管理系统（digital rights management systems，DRMs）概念的逐渐深入人心，使得对于通过个人还是集体的方式来

[①] 张子健，香港城市大学法律学院博士研究生，研究方向为著作权法。

管理著作权和相关权的争论愈演愈烈。目前，这场两极化的争论仍未有结论。这种现象的成因是多方面的：一方面，信息技术，特别是发展迅速的数字权利管理系统，极大地便利了权利人个人管理其权利。通过数字权利管理系统，权利人能够在同一时间实现多种著作权权限管理。例如，互联网的普及使权利人能够在线发放许可，并得益于在线支付平台获得作品的使用费；加密技术能够确保未经授权的使用者不能接入作品，在很大程度上能够减轻盗版给权利人带来的损害。技术革命的支持者认为，新兴技术能够取代传统著作权集体管理组织的地位，因其能够完成集体管理制度的一项主要任务——降低交易成本。另一方面，在经历了超过两个世纪的发展之后，传统的集体管理组织不再局限于扮演许可机构这一角色。目前，集体管理组织也更多地在社会发展中承担自身的责任，政策的制定者根据集体管理组织的经验，正尝试制定出相对统一的许可方式。另外，集体管理组织在社会和文化发展方面的职能，也是新兴技术不能取代的。①

　　数字版权管理系统主要是指包含作品信息的数据库（例如，作者、权利人、作品和相关产品信息的展示）。② 它主要包括两个部分，即识别系统和许可系统。在数字环境下，技术和电子权利管理系统在著作权管理中扮演着重要的角色。③ 这些技术能够为使用者提供一种控制机制，这种机制能够极大地便利权利许可的过程，因其能够帮助使用者克服获得许可过程中最难逾越的关卡——获知权利人的身份以及权利的信息。例如，通过数字对象识别号（digital object identifier，DOI），作品能够在互联网上通过特别的国际标准书号（ISBN）被标签，这意味着这些作品将会在互联网上被永久地确定下来。虽然我们必须承认，技术的辅助并不能保证权利许可的必然成功，但技术无疑极大地增加了成功的可能性。技术就像一台许可的发动机一般，在将作品进行网上定位之后，使用者只需要在线提交许可申请，系统上就会即时反馈，向满足条件的使用者发放许可。

---

　　① Christoph Bear Graber, Carlo Govoni, Michael Girsberger and Mira Nenova, *Digital Rights Management: The End of Collecting Societies?* Foreword (1st ed. 2005).

　　②③ Daniel Gervais, *The Evolving Role (s) of Copyright Collectives*, in *Digital Rights Management: The End of Collecting Societies?* 41, (Christoph Beat Graber, Carlo Govoni, Michael Girsberger and Mira Nenova ed. 2005).

通过权利管理系统，个人权利人或其他代表他人管理权利的第三人将会发现个人行使著作权也成为可能。例如，权利人可以使用权利管理系统来确定他的作品是否存在于某个作品库当中，或者追踪作品是否被其他人使用。计算机的辅助使得权利管理系统更有效率，发放许可可以不再需要人类的参与，而由系统自动完成，极大地减少了交易成本。通过互联网，许可可以以 24 小时/7 天的形式不间断发放，新技术还能够使权利人创造新的许可模式。此外，权利管理系统改善了作品监督技术，对作品的使用能够以更加准确和有效的方式进行跟踪。目前，计算机化的自动扫描和追踪歌曲、电影和视频片段的技术已经面世。① 加密技术进一步限制作品的使用，因此，未经授权的在线使用将在很大程度上被禁止。② 完善的监控技术同样保证更加安全和准确的使用费支付和分配，使得更加精确的作品使用评估和更加广泛的价格歧视策略得以施行，从而单项作品的价值能够被更加准确地评估。

传统版权理论认为，著作权集体管理制度因集体管理组织能够凭借其优势地位来处理一系列许可事项，如协议谈判、协议发放及监督使用费情况，从而比个人管理权利更有效率。③ 面对新兴技术对集体管理制度提出的挑战，以及"集体管理组织将从此消失"④ 的观点，本文作者认为，对于集体管理组织来说，与其说集体管理组织将被取代，不如说它们更应该抓住技术进步的机遇，更好地提升自身的服务。集体管理组织可以利用这波技术革命浪潮，改进许可模式，履行社会和文化方面的职责。

本文的篇章结构如下：回顾 20 世纪末以来国际版权公约的发展以及中、美两国

---

①② Ariel Katz, *The Potential Demise of Another Natural Monopoly*: *New Technologies and the Administration of Performing Rights*, 2 J. Comp. L. & Econ. 245, 252 (2006).

③ Gerd Hansen and Albrecht Schmidt-Bischoffshausen, *Economic Functions of Collecting Societies - Collective Rights Management in the light of Transaction Cost - and Information economics*, available at http://papers.ssrn.com/sol3/papers.cfm?abstract_id=998328. Christian Handke and Ruth Towse, *Economics of Copyright Collecting Societies*, Vol. 38 International Review of Intellectual Property and Competition Law, pp. 937-57 (2007). Stanley M. Besen, Sheila N. Kirby and Steven C. Salop, *An Economic Analysis of Copyright Collectives*, 78 Va. L. Rev. 383 (1992). William M. Landes and Richard A. Posner, *An Economic Analysis of Copyright Law*, 18 J. Legal Stud. 325 (1989).

④ Graber et al., *supra* note 1.

关于技术保护措施方面的立法；回应新兴技术对传统集体管理制度的冲击，提出集体管理制度具有新兴技术不可取代的特点和优势；最后对文章进行总结。

二、世界范围内对于技术措施的立法保护

世界上不存在完美无缺的技术措施，任何技术都有可能被破解。早在1988年，英国政府已在其《1988年著作权、设计和专利法案》（Copyright, Designs and Patents Act of 1988）中加入了"对计算机程序技术设施进行规避"的规定。但其他主要国家开始采取对技术措施进行法律保护的实践，则从世界知识产权组织（WIPO）的两部重要条约——《世界知识产权组织版权条约》（WCT）和《世界知识产权组织表演和录音制品条约》（WPPT）颁布之后才开始。WCT和WPPT可被视为世界知识产权组织对于当时日趋重要的技术措施保护的直接回应，也因此有"互联网条约"的称号。

（一）WCT和WPPT

这两部条约都是在1996年12月20日的日内瓦外交会议上通过的。在二者的序言中，WCT指出，订立该条约的目的为"出于以尽可能有效和一致的方式发展和维护保护作者对其文学和艺术作品之权利的愿望"[①]，而WPPT则表述为"出于以尽可能有效和一致的方式发展和维护保护表演者和录音制品制作者权利的愿望"[②]。关于技术措施和权利管理信息的规定出现在WCT的第11和12条，以及WPPT的第18和19条，条文具有高度的相似性。

根据WCT第11条，"技术措施"必须满足以下条件：（1）由作者根据本条约或《伯尔尼公约》规定所使用的措施；（2）限制行为包括未经作者许可的行为和法律禁

---

① WCT序言。
② WPPT序言。

止的行为；及（3）技术措施必须是有效的。这一条款规定了采取法律框架来保护控制使用的技术措施，如以复制保护加密来对抗第三方的规避行为。①

WCT第12条规定如下："（1）缔约各方应规定适当和有效的法律补救办法，制止任何人明知、或就民事补救而言有合理根据知道其行为会诱使、促成、便利或包庇对本条约或《伯尔尼公约》所涵盖的任何权利的侵犯而故意从事以下行为：（i）未经许可去除或改变任何权利管理的电子信息；（ii）未经许可发行、为发行目的进口、广播、或向公众传播明知已被未经许可去除或改变权利管理电子信息的作品或作品的复制品。（2）本条中的用语'权利管理信息'系指识别作品、作品的作者、对作品拥有任何权利的所有人的信息，或有关作品使用的条款和条件的信息，和代表此种信息的任何数字或代码，各该项信息均附于作品的每件复制品上或在作品向公众进行传播时出现。"②

事实上，由于在条约协商时缔约国之间的利益未得到统一，这些规定在保护技术措施时显得相当模糊。另外，在条约制定过程中没有技术专家的参与，导致技术保护的初期条约作出了一定程度上的妥协。这其中，有几点值得注意。第一，两部条约都没有对"规避"作出明确的定义。规避到底指的是对于技术措施的直接破解抑或为他人破解技术措施提供必要的帮助，从条约的文本中无法解读出来。第二，条约也没有界定何为"限制行为"，这需要各国通过国内立法进行补充。事实上，在其后的立法中，很多国家对"接入控制"（access control）和"复制控制"（copy control）进行了区分，并作出相应的规定。第三，技术措施的保护范围并不清晰，留待各国在国内立法进行详细规定。从之后的立法实践中可以得出，发达国家对于技术措施采取了更高标准的保护，这是由它们掌握了全球文化市场话语权的现实决定的，为了维护这一地位，它们有更为迫切的需要来对技术措施采取保护。而发展中国家则采取了相对较低的标准。

---

① Nicola Lucchi, *Digital Media & Intellectual Property*: *Management of Rights and Consumer Protection in a Comparative Analysis*, 43（1st ed. 2006）.

② WPPT与WCT的条文高度一致，只是以"表演者"代替了"作者"。

(二) 美国的技术保护法律框架

为了遵守 WIPO 条约的规定，各国逐渐开始在本国立法内实施反规避条款。首当其冲的当属美国。以 WIPO 条约为基础，美国积极寻找数码时代著作权问题的解决方法，并在 1998 年通过了《数字千禧版权法》（Digital Millennium Copyright Act，DMCA）①，开始实施反规避条款。DMCA 在 1998 年 10 月 28 日由克林顿总统签署，其主要目标即为实施世界知识产权组织的两部互联网条约。DMCA 对技术措施采取的方法主要是除特定情况外，对技术保护措施的规避均为违法。②

DMCA 分为五章，其中第一章（《1988 年 WIPO 版权和表演和录音制品条约实施法案》，WIPO Copyright and Performances and Phonograms Treaties Implementation Act of 1988）专门规定 WIPO 条约的实施问题。对此，DMCA 新增了两项禁止行为，一为"规避版权人为保护其作品而使用的技术措施"，另一为"窜改版权管理信息"③。前文述及，WIPO 条约含有相似的要求成员国禁止规避保护作品的技术措施，以及禁止窜改版权管理信息完整的条款。④ 在借鉴 WIPO 条款和其他国际版权实践的基础上，DMCA 同样规定了在数字环境下有效使用作品的法律保护。

对于规避技术措施，DMCA 设立了三种侵权类型。第一，规避受保护作品的控制接入技术措施⑤；第二，生产、进口、向公众提供、供应或其他交易技术、产品、服务、设备、组件，以规避技术上的接入控制⑥；第三，生产、进口、向公众提供、供应或其他交易技术、产品、服务、设备、组建，以规避技术措施赋予的保护。⑦

DMCA 对于有效控制接入作品的技术措施（即"接入控制"）及有效保护版权人权利的技术措施（即"权利控制"）进行了区分。前者指"需要权利人授权以应用信

---

① 17 U.S.C. § 1201（2000）.
② *Supra* note 10, at 45.
③ U.S. Copyright Office, The Digital Millennium Copyright Act of 1998 – U.S. Copyright Office Summary, available at http://www.copyright.gov/legislation/dmca.pdf. Last visited October 30, 2016.
④ Art. 11 and 12 WCT, and Art. 18 and 19 WPPT.
⑤ S.1201（a）（1）DMCA.
⑥ S.1201（a）（2）DMCA.
⑦ S.1201（b）DMCA.

息或处理程序来获得作品接入"的技术措施①,而后者指"阻止、限制或约束行使版权人权利"的技术措施。② 相应地,"规避技术措施"区别于"规避技术措施提供的保护"。前者指"未经权利人授权,对加码作品解码,对加密作品解密,或避开、绕过、移除、取消激活或损害技术措施"③。后者仅指"避开、绕过、移除、取消激活或损害技术措施"④。

根据上述梳理,DMCA 仅仅是禁止未经授权接入作品的规避,而并不禁止未经授权对作品的复制。但对于生产或销售用来规避技术措施的设备或服务,DMCA 是一概禁止的。采取这一做法是因为立法者考虑到公众合理使用作品的需要。⑤ 根据立法说明,在某些情况下对作品的复制属于合理使用的范畴;因此,DMCA 并没有禁止规避以防止复制为由的技术措施。⑥ 相反,合理使用原则并不适用于未经授权的接入作品,因此,规避技术措施以获得对作品的接入被禁止。⑦

新增的 1202 节是关于保护版权管理信息完整性的条款,该条款可以被视为对于 WCT 第 12 条和 WPPT 第 19 条的回应。该节的保护范围包括虚假版权管理信息以及版权管理信息的移除或修改。1202(a)禁止故意提供虚假版权管理信息,如果该行为是以引诱、提供、帮助或隐瞒侵权为目的的⑧;1202(b)则禁止故意移除或修改版权管理信息,以及明知版权管理信息在未经授权下被移除或修改而传播版权管理信息或作品的复制件。⑨ 1202(b)的责任要求行为人是明知的,或者有理由知道其行为会引诱、提供、帮助或隐瞒侵权行为。⑩ 该节同时将版权管理信息定义为关于作品、作者、版权所有人以及特定情况下表演者、作家或作品的导演,以及作品使用的期限和条件的个人标识信息及版权登记处根据规定记载的信息。⑪

---

① S. 1201 (a) (3) (B) DMCA.
② S. 1201 (b) (2) (B) DMCA.
③ S. 1201 (a) (3) (A) DMCA.
④ S. 1201 (b) (2) (A) DMCA.
⑤⑥⑦ *Supra* note 14.
⑧ S. 1202 (a) DMCA.
⑨ S. 1202 (b) DMCA.
⑩ *Supra* note 14.
⑪ S. 1202 (c) DMCA.

(三) 中国的立法

早在2001年,我国的《著作权法》已经开始就技术措施的保护实施相关规定。在2001年和2010年的《著作权法》中,均有体现,如2001年《著作权法》第47条第6项(在2010年修订中成为第48条第6项)规定:"未经著作权人或者与著作权有关的权利人许可,故意避开或者破坏权利人为其作品、录音录像制品等采取的保护著作权或者与著作权有关的权利的技术措施的",应当根据情况,承担责任。

从这条简单的规定来看,我国对于技术措施的保护和美国有很大不同。首先,美国立法禁止"生产和销售任何规避接入控制或由技术措施提供保护的技术、产品、设备或服务",并规定了相应的法律责任。而我国的立法并没有相应的规定,虽然法律中规定了"著作权行政管理部门责令停止侵权行为,没收违法所得,没收、销毁侵权复制品,并可处以罚款;情节严重的,著作权行政管理部门还可以没收主要用于制作侵权复制品的材料、工具、设备等",但适用的对象仅针对侵权行为本身和侵权者。换句话说,生产、进口、销售或传播技术或设备以规避技术措施的人并没有受到法律的追究。"主要用于制作侵权复制品的材料、工具、设备"的定义也十分模糊。毫无疑问,这项规定适用于使用这些材料来规避技术措施的行为,但对于使用这些材料来规避有效控制作品接入的技术措施的行为,法律在这方面留下了空白。其次,法律在两个重要的问题上显示出缺陷。第一个是法律并没有明确是否禁止规避接入控制;第二个是法律没有明确合理使用是否适用于这些限制性规定。"未经著作权人或者与著作权有关的权利人许可,故意避开或者破坏"仅仅意味着规避有效保护权利的技术措施。由于我国法律没有区分接入控制和权利控制,在实施法律的过程中将会产生理论和实践上的问题。例如,接入控制并不直接保护权利人的排他权利,而是通过施加技术措施间接阻止使用者非法复制、出版或传播作品。由于缺乏进一步的司法解释,获得作品的接入权是否属于技术保护措施仍有待商榷。另外,合理使用豁免并不包括对技术措施的规避。使用者想要使用受技术措施保护的作品时,将会遇到更多的问题。

国务院颁布的《信息网络传播权保护条例》(以下简称"《条例》")对于技术措

施和权利管理电子信息作出了进一步的规定。例如,《条例》第4条禁止规避技术措施以及生产或销售以规避技术措施为目的的设备或服务（《条例》使用了"避开"和"破坏"而不是"规避"的措辞）。第5条是关于删除或修改权利管理电子信息的规定。第12条规定了四项合理使用例外，包括（1）为学校课堂教学或者科学研究，通过信息网络向少数教学、科研人员提供已经发表的作品、表演、录音录像制品，而该作品、表演、录音录像制品只能通过信息网络获取；（2）不以营利为目的，通过信息网络以盲人能够感知的独特方式向盲人提供已经发表的文字作品，而该作品只能通过信息网络获取；（3）国家机关依照行政、司法程序执行公务；（4）在信息网络上对计算机及其系统或者网络的安全性能进行测试。另外，《条例》区分了"技术措施"和"权利管理电子信息"。根据《条例》，技术措施指"用于防止、限制未经权利人许可浏览、欣赏作品、表演、录音录像制品的或者通过信息网络向公众提供作品、表演、录音录像制品的有效技术、装置或者部件"①，而权利管理电子信息指"说明作品及其作者、表演及其表演者、录音录像制品及其制作者的信息，作品、表演、录音录像制品权利人的信息和使用条件的信息，以及表示上述信息的数字或者代码"②。从法规的条文来看，立法者正尝试区分"接入控制"和"权利控制"，因为浏览和欣赏由技术措施保护的作品必须通过规避技术措施才能实现。值得注意的是，《条例》仅针对的是在线技术措施，对于线下的技术措施，《条例》并不适用。

目前，我国《著作权法》正在进行第三次修订。对新技术的保护的规定是本次修法的重点之一。在草案第一稿中，立法者以"技术保护措施"和"权利管理信息"代替了"技术措施"和"权利管理电子信息"，以与WIPO公约相符。考虑到技术保护措施和权利管理信息不属于著作权和相关权的内容，但与这两类权利密切相关，因此单设一章专门规定。相应地，第一稿对相关概念进行了新的界定。"技术保护措施""是指权利人为防止、限制其作品、表演、录音制品或者计算机程序被复制、浏览、欣赏、运行或者通过信息网络传播而采取的有效技术、装置或者部件"③，而"权利管理信息""是指说明作品及其作者、表演及其表演者、录音制品及其制作者

---

① ② 《条例》第26条。
③ 中华人民共和国著作权法（修改草案）第64条。

的信息，作品、表演、录音制品权利人的信息和使用条件的信息，以及表示上述信息的数字或者代码"[1]。草案第 65 至 67 条并没有对《条例》关于规避、权利管理信息和合理使用的规定进行过多修改，只是以新的概念取代旧的概念，而最显著的区别则是将《条例》中关于技术保护措施和权利管理信息的内容扩张至非网络环境下。

有趣的是，在随后的第二稿和送审稿中，技术保护措施和权利管理信息的概括条款（即第一、二稿的第 64 条，送审稿的第 68 条）的范围延伸至广播和电视节目，而关于计算机程序的条款则被删除。根据国家版权局的说明，作出这样的修改是因为"根据《世界知识产权组织版权条约》和《世界知识产权组织表演和录音制品条约》相关规定，技术保护措施和权利管理信息只适用于作品、表演和录音制品。由于《世界知识产权组织广播组织条约》尚未缔结，技术保护措施和权利管理信息目前不适用于广播电视节目。但是从世界知识产权组织的磋商来看，目前各成员国对此基本没有争议"[2]。另一项重要的改变是送审稿的第 71 条，"进行加密研究或者计算机程序反向工程研究"成为新的合理使用例外。

（四）启示

从中美的立法实践来看，两国的法律都是建立在 WIPO 的条约之上，且表现出了禁止规避技术措施和改变权利管理信息的趋势。与美国相比，我国的法律条文含义非常模糊，且分散在不同的法律和法规当中（虽然最新的《著作权法》修订可能会改善这一问题）。中美两国法律条文内容的差异主要集中在是否对接入控制和复制控制进行区分，以及合理使用的范围。这也是由中美两国在技术领域的差距造成的。美国作为世界头号科技强国，大部分新兴技术均起源于此，而欲维持对于技术的垄断，法律的保护必不可少。因此，美国通过实施越来越严格的技术立法，为新兴技术提供更加完备的保护。而完备的立法又反过来不断孕育新技术的产生，使得权利人更牢固地将自己的作品维持在自己可控的范围之内。

---

[1] 中华人民共和国著作权法（修改草案）第 64 条。
[2] 国家版权局：《关于〈中华人民共和国著作权法〉（修改草案第二稿）修改和完善的简要说明》。

三、集体管理制度在数字时代的重要性：对技术取代论的反驳

尽管新兴技术尤其是 DRM 的发展极大地改变了权利许可的方式，而各国立法对于 DRM 的保护也愈发收紧，使得 DRM 对于权利保护的优越性获得了法律的保障，甚至有部分学者提出 DRM 使权利人和使用者能够直接进行交易，从而使集体管理制度过时的观点①，但新兴技术仍然具有一些无法克服的缺陷，使其无法完全取代集体管理。根据 Handke 和 Towse 的观点，即使 DRM 取代集体管理，对于管理者的挑战来说并不会因此减少。② 此外，集体管理制度内在的优势——即能够吸引大量权利人并代表他们以集体的名义与使用者协商许可协议，也是 DRM 无法实现的。③ 考虑到新兴技术自身所具有的瓶颈，本文作者认为，新兴技术是集体管理制度的有效补充，但无法完全取代其地位。

（一）DRM 的协同性问题

DRM 必须逾越的第一个障碍是不同设备和技术之间的协同性问题。协同性指不同的软件或硬件可以以不同的格式或在不同的平台上相互转换操作。例如，当使用者获得一份受 DRM 保护的文件时，如果该文件不存在协同性问题的话，那么使用者则无须担心该作品是否能被其移动设备（如手机或平板电脑）或个人电脑读取。而作者也不会被限制在某种传播渠道，从而使其作品能够被更多人使用。设备制造商或软件开发者能够确保其服务或设备可以与其他服务或设备兼容。目前，商界和政府部门的代表都在努力寻找达成协同性的方法，他们认为："当前不同生产商提供的技术手段存在协同性问题，而各生产商之间也无意采用共同开放的标准，使得创意作品的流通受到了严重的阻碍。"④ 然而，DRM 之间要实现完全的协同是非常困难

---

①② Handke and Towse, *supra* note 6, at 13.
③ Id., at 14.
④ Lucchi, *supra* note 10, at 123.

的，甚至是不可能的。

　　实现协同的第一个问题是各生产商之间的利益无法协调。① 市场的参与者有不同的利益考量，因而在科技领域的标准化运动步履维艰。市场参与者为了最大化自身的利益，采用不同的策略无可厚非，这也在一定程度上增强了自身的安全性。并不是每一家公司都希望自身的产品能与其他公司的产品实现兼容。苹果公司和RealNetworks公司之间的纠纷便是一个例子。在2004年，Real公司开发了一款名为"Harmony"的软件，该软件可以使使用者将从Real公司在线音乐商店购买的音乐在苹果公司的iPod随身播放器上播放。然而，苹果公司拒绝了这一做法，因其认为Real公司的软件以"类似黑客"的策略抢占市场，触犯了DMCA的规定。该事件以从Real公司购买的音乐不能在iPod上播放告终。② 其他关于协同性边界的问题包括DRM程序的授权、支付和实现程序问题。③ 此外，从技术角度来说，实现协同需要不同的操作系统使用同样的文件种类，这仍是未能解决的难题之一。

　　第二个问题是规则制定者希望实现的协同类型未定。④ 在建立协同机制的过程中，协同的标准驱使生产商在生产和提供设备和服务时注重追求技术兼容，因而具有举足轻重的地位。⑤ 但设定标准并不是一件容易的事情。设计有效的DRM已相当困难，而设计相互兼容的DRM更是难上加难。⑥ 为了回应标准化的需求，欧共体下属的宽频内容研讨委员会（Broadband Content Workshop Commission）成立了高级别工作组（High Level Group），该工作组召开了数次会议，并提交了他们认为能够实现协同的方案：（1）内容提供商以合适的格式将作品许可不同的频道/平台，这些不兼容的频道/平台会形成一个分散的版权市场⑦；（2）一至两家大型公司的平台会成

---

　　① John Palfrey, *Holding Out for an Interoperable DRM Standard*, in Christoph Beat Graber, Carlo Govoni, Michael Girsberger and Mira Nenova ed., *Digital Rights Management*: *The End of Collecting Societies*? 12 (Berne: Staempfli Publishers Ltd., 2005).
　　② *Digital Music Interoperability and Availability*, *Hearing before the Subcommittee on Courts, the Internet, and Intellectual Property of the Committee on the Judiciary, House of Representatives*, (2005) Serial No. 109-9, 2.
　　③ Palfrey, *supra* note 39, at 12.
　　④ Id., at 13.
　　⑤ The High Level Group, *High Level Group on Digital Rights Management Final Report* (2004) 7.
　　⑥⑦ Id., at 10.

为事实上的行业标准并支配市场,在封闭的系统内达成相互协同[1];(3)设备生产商提供支持,为不同的DRM平台实现协同[2];(4)采取国际标准的共同构造实现协同。[3] 目前,各方案之间未能展示出优于其他方案的地方,虽然业界已初步达成基础标准化框架的描绘,但形成统一的标准并将其实施仍需要很长时间。

第三个问题是世界范围内高度分散的DRM系统。[4] 尽管互联网连接了人类,不同文化之间的隔阂仍然存在。根据一份IEEE报告,"DRM系统随着快速发展的技术环境而不断进化,展示出在设计界面、协议、格式、安全机制、保护机制、治理语义学和支援功能方面的多样性"[5]。面对数量越来越多的DRM系统,尝试引入标准来实现协同变得越发困难,特别是考虑到全球范围内数量众多的不同文化和社会背景的竞争者。[6]

第四个问题是许多公司都为自家的DRM系统申请了专利,通过专利,这些公司向使用者收取更加高昂的使用费,这与共同标准的目标不符。[7] 例如,早在2001年,微软公司就为兼容DRM的操作系统的两项基础技术申请了专利。而另一家跨国公司InterTrust已拥有31项DRM专利,并在全球有超过100项专利正等待审核。微软公司的Caller-ID和Sender-ID专利是一项反垃圾邮件技术,该技术申请专利后,导致Internet Engineering Task Force(IETF)的MARID项目以失败告终,该项目旨在为反垃圾邮件技术设立一项认证标准。[8] 这些专利虽然增强了专利人的竞争力,但也间接地形成了一种多利益共同体的标准,从而与协同性的目标背道而驰。

即使将来协同性的问题能够得到解决,一个系统的寿命也是有限的。事实上,任何DRM系统都是可以被破解的。很多从事黑客职业的人都将消除DRM作为目

---

[1][2] Id.,at 10.

[3] Id.,at 11.

[4] Palfrey,supra note 39,at 13.

[5] Rob H. Koenen,Jack Lacy,Michael Mackay,and Steve Mitchell,*The Long March to Interoperable Digital Rights Management*,available at http://ieeexplore.ieee.org/stamp/stamp.jsp?arnumber=1299164. Last visited November 18,2016.

[6][7] Palfrey,supra note 39,at 13.

[8] John Levine,*An Analysis of Microsoft's MARID Patent Applications*,available at http://www.circleid.com/posts/an_analysis_of_microsofts_marid_patent_applications. Last visited November 18,2016.

标，他们将大量的精力投入破解加载在如 DVD 或电子书上的数码锁。① 目前，一些计算机安全专家指出，DRM 正处于"失修"状态。② 正如 Nate Anderson 所言："DRM 系统像房子一样有许多出入口。如果前门被锁上了，还可能有开着的窗户。如果窗户被拴住了，检查一下花园植物前假山下是否藏有钥匙。如果主层是封住的，还可以从烟囱上滑下去。"③ 引用这段话是为了说明有很多种破解 DRM 的方法，单单依靠 DRM 来阻止盗版或发放许可是不现实的。

最后一个问题是 DRM 可能会侵害使用者的隐私。一般来说，目前的权利管理系统有两个步骤可能侵害使用者的隐私。第一个是使用者的认证程序，包括确认使用者的身份并给予使用者一个特别的辨别码。④ 第二个是追踪程序，包括记录使用者使用作品的数量和时间信息。⑤ 另外，一些 DRM 技术的初衷是为了自动限制使用者的使用行为［例如，一些 DVD 上的内容加密系统（content scrambling system）为文件添加了地区代码，这些 DVD 只能在特定地区播放］。⑥ 还有一些 DRM 技术会自动将使用者的使用行为反馈给权利人。⑦ 虽然 DRM 只是将安全、认证、交易等信息记录下来，且不会将这些信息泄露给任何第三方，但这并不能保证其他第三方不会为了其他目的记录、搜索并分享这些信息。一旦这些信息被出卖给有特别目的的第三方，其后果将不堪设想。

（二）著作权的分散性

DRM 不能完全取代集体管理组织的第二个理由是由著作权在互联网时代的分散性特点决定的。有学者认为，著作权法的历史是一个二维进化史（即作品维度和权

---

① Nate Anderson, *Hacking Digital Rights Management*, available at http：//arstechnica.com/apple/2006/07/drmhacks/1/. Last visited November 9, 2016.
② Thomas Ricker, *DRM：the State of Disrepair*, available at http：//www.engadget.com/2007/02/16/drm-the-state-of-disrepair/. Last visited November 9, 2016.
③ Anderson, *supra* note 54.
④⑤ Poorvi Vora, Dave Reynolds, Ian Dickinson, John Erickson and Dave Banks, *Privacy and Digital Rights Management*, available at http：//www.w3.org/2000/12/drm-ws/pp/hp-poorvi.html. Last visited November 9, 2016.
⑥ Julie Cohen, *DRM and Privacy*, 18 Berkeley Tech. L. J. 575, 580 (2003).
⑦ Id., at 584.

利维度）。① 一方面，随着时间的推移，新的作品形式不断呈现（例如，从照片到电影再到计算机软件）；另一方面，作品的使用方式随着作品形式的改变而改变（例如，从广播到电视再到互联网）。最初，权利和使用方式是严格遵循"一对一"关系的，一种权利严格对应一类作品。例如，复制权对应的是可以通过特定方法进行复制的书本、照片和唱片。而我们不可能"复制"正在播放的广播节目。然而，随着著作权体系的发展，权利和使用方式的关系变得愈发复杂。例如，在大多数国家中，法律都规定一部音乐作品（特别是歌曲）的权利由不同的权利人拥有，包括作曲者、作词者、扮演者、改编者、出版者和制作人。相应地，使用一首录制音乐会牵涉到至少四种不同的权利。② 互联网的出现使我们对著作权的认识更为不同。当作品被上传到网上后，使用作品涉及了复制权和向公众传播权。如果这一作品以其他语言在全球范围内传播的话，权利将变得更为复杂，可能会涉及改编权或翻译权。其他市场的情况与本地市场不同，也可能会适用不同的规则。Mark Lemley 教授曾举"互联网广播提供者"③ 的例子来论述这个问题。在这个例子中，如果一个人通过网络传播受著作权保护的歌曲，他有可能首先侵犯音乐编曲者和录制品所有人的复制权。同时，广播经营者如果将该作品向公众传播，也侵犯了编曲者和录制品所有人的权利。由于向公众传播作品属于一种公共表演，这种行为也侵犯了编曲者和录制品所有人的公共表演权。④

著作权的分散性导致了权利许可的分散性。Daniel Gervais 和 Alana Maurushat 列举了一个极端的例子——电影制作来说明，电影中使用的每一部作品都涉及不同的权利人和不同的权利，权利许可的过程将变得十分复杂。首先，电影改编自一本畅销书，所以电影制作人需要向书的作者和出版社获得许可。电影中使用的音乐作

---

① Daniel Gervais and Alana Maurushat, *Fragmented Copyright*, *Fragmented Management*: *Proposals to Defrag Copyright Management*, at 20, available at http://aix1.uottawa.ca/～dgervais/publications/Defragmenting％20Collective％20Management％20of％20Copyright.pdf. Last visited November 11, 2016.

② Michael Einhorn and Lewis Kurlantzick, *Traffic Jam on the Music Highway*: *Is It a Reproduction or a Performance?*, 49 J. Copyright Soc'y U.S.A. 417 (2001-2002).

③④ Mark Lemley, *Dealing With Overlapping Copyrights on the Internet*, at 24, available at http://papers.ssrn.com/sol3/papers.cfm?abstract_id=41607. Last visited November 11, 2016.

品和艺术作品也一样。如果电影需要在不同的国家完成拍摄，需要事先就不同国家的法律以及协议做好准备。其次，将电影推向市场也会遇到不同的情况，例如电影首先在电影院上映，之后才会发行影碟或在电视上播放，处理权利许可遇到的问题将接踵而来。

个人仅仅依靠新兴技术来解决权利的分散性问题并不是一种有效率的方式，因为个人并不能像集体管理组织一般有效地收集和调配资源。一方面，如果作品涉及多个权利人，单一权利人并不能代表所有权利人行使著作权。[1] 另一方面，使用者并不愿意向每一单独权利人支付使用费，使用者只愿意支付尽可能少的使用费给权利人。需要注意的还有，开发和维护能够保护权利人利益的 DRM 的成本极高，这意味着 DRM 只能被少数权利人使用。[2] 相反，集体管理组织能够借助于权利管理系统处理数字使用信息、在线会员和作品注册、使用者请求和在线交易许可等工作。因此，DRM 对于集体管理组织的工作具有相当大的帮助。

（三）创新和文化多样性

除了履行传统的代表权利人管理权利的职责，集体管理组织同样肩负着文化和社会方面的职能，这些职能也是借助于 DRM 的个人管理难以实现的。

虽然 DRM 增强了科技的创新力，但在作品许可和传播的过程中使得作品的受控程度提高从而导致了寻租行为的产生，这使得使用者不能将自己的创意注入作品中，一定程度上损害了文化的多样性。[3] William Fisher 在其著作中写道："法律禁止规避 DRM，使使用者不能对他们获得使用权的录音作品进行创造性使用，是对民主的破

---

[1] Alfred Meyer, *DRMS Do Not Replace Collecting Societies*, in Christoph Beat Graber, Carlo Govoni, Michael Girsberger and Mira Nenova ed., *Digital Rights Management：The End of Collecting Societies*? 63 (Berne：Staempfli Publishers Ltd., 2005).

[2] Jacques de Werra, *Access Control of Freedom of Access?*, in Christoph Beat Graber, Carlo Govoni, Michael Girsberger and Mira Nenova ed., *Digital Rights Management：The End of Collecting Societies*? 120 (Berne：Staempfli Publishers Ltd., 2005).

[3] Palfrey, *supra* note 39, at 16.

坏。"① 他提到的"民主"指"使用者重塑文化作品,更加积极地参与到文化含义的创造的能力"②。考虑到 DRM 会进一步限制对于作品的改编,创造文化含义的可能性变得相当集中(也就是说,这种可能性掌握在大型唱片公司、电视台、电影制作人和政客手中)。普通民众对于塑造文化环境的热情越高,更加优秀的文化作品才会被产生出来,但 DRM 限制了这种可能性,文化的多样性便无从谈起。

欧共体在这方面达成了高度一致,在一份报告中,它们肯定了集体管理组织的角色。③ 在这份报告的"Draft European Parliament Resolution"部分,该报告指出:"各方在使用作品的过程中合适和公平的参与,以及迅速、公平和专业地获得权利,对于经济和文化的繁荣至关重要。"④ 此外,在"Explanatory Statement"部分,报告认为:"集体管理组织的活动除了提供集体保护和信托运作之外,一直承担文化方面的职能。"⑤ 除了认可集体管理组织作为"作品创作者和使用者之间必不可少的连接桥梁,确保艺术家和权利人能够获得使用他们作品的酬劳"⑥ 外,报告指出,"著作权集体管理的保护是激励文化创新和影响文化和语言多样性的重要因素"⑦。报告还关注集体管理组织履行了特定文化和公共职能,强调集体管理组织(主要在音乐作品领域)使用分配规则来促进"非商业但文化上有重要意义的作品"的传播的实践对文化的发展和文化多样性作出了重要的贡献⑧;同时,认可集体管理组织作为公权力载体的文化和社会活动。⑨ 总之,集体管理组织的大部分工作并不能被 DRM 所取代,因为 DRM 既不能取代现有的管理机制,也不能取代著作权和媒体政策。但是,DRM 对于完善集体管理制度是一项有益的补充。

---

① William Fisher, *Promises to Keep: Technology, Law, and the Future of Entertainment*, Stanford Law and Politics, 133 (2004).
② Id., at 84.
③ European Parliament, *Report on a Community Framework for Collecting Societies for Authors' Rights* [2002/2274 (INI)].
④ Id., at 6.
⑤ Id., at 16.
⑥ European Parliament, *Report on a Community Framework for Collecting Societies for Authors' Rights* [2002/2274 (INI)], 8-9.
⑦ Id., at 8.
⑧⑨ Id., at 9.

我国的集体管理组织也逐渐意识到自身的文化职责，开始强调集体管理组织在文化发展上的功能。在中国音乐著作权协会的章程上已有"协会将设立公益性基金用于会员福利及音乐文化的发展"的规定①，而基金来源则为管理费和结余的分配款。从这方面来看，集体管理组织作为传播本土文化和维护文化多样性的角色得到了确认。

（四）其他新兴技术无法胜任的工作

虽然新兴技术便利了权利许可的流程，但集体管理组织仍然履行着许多新兴技术无法胜任的工作。

首先，集体管理组织能够协助权利人寻找潜在的使用者。每天有数以百万计的使用者在寻找能够满足他们需要的作品，但事实上并不是每一个使用者都能够获得他们想要的许可。极端情况下，即使是一些专业的使用者也在未经授权的情况下使用作品。虽然搜索引擎和数据库等新技术的产生能够帮助他们在一定程度上解决该问题，但对于大多数作品来说（即经济价值较小的作品），与这些作品的权利人取得联系仍是相当困难的。集体管理组织借助于自身详细的档案记录信息，能够便利权利人和使用者之间的沟通。集体管理组织还可以扮演文化市场监督者的角色。

其次，集体管理组织代表权利人与使用者协商许可协议。与使用者相比，权利人在信息获取方面总是处于弱势地位，因为他们对于交易方式、市场条件和交易风险的情况并不了解。同时，使用者大多为国际传媒巨头，在经济上完全优于权利人，这导致了他们在许可协议协商过程中相对于权利人具有明显的优势地位。集体管理组织因其作品库的优势，拥有事实上的垄断地位，可以在很大程度上中和使用者的优势，使权利人和使用者双方处于一个相对平等的谈判地位。

最后，集体管理组织还负责对权利的实施。互联网的产生使单独权利人保护权益的成本上升，权利人必须承担额外的成本来寻找和监督他们权利的实施。如果保

---

① 《中国音乐著作权协会章程》第 17 条，见 http：//www.mcsc.com.cn/infom-21-1.html，2016-11-18。

护权益的成本比他们获得的利益更高的话，权利人保护权益的行为将得不偿失。集体管理组织代表权利人进行维权，以集体的优势将维权的成本降低。同时，他们也是权利人打击盗版的代理人。

四、结 论

如何处理作品创作和信息处理之间的关系可以被视为集体管理制度在数码时代面临的主要问题，也是完善集体管理制度的切入点之一。对于集体管理组织面临的新兴技术的挑战，可以说，尽可能全面而广泛的作品库是集体管理组织作出的最好回应。数字技术的发展保障了建立一个可靠作品库的可能性，简化了信息搜索和储存的程序，加强了集体管理组织高效和低成本管理的优势。在这方面，我国的集体管理组织除了发展自身的作品库之外，还积极参与国际合作，通过相互代表协议与其他国家的集体管理组织一道，建立了一套授权和共享作品的国际标准。一味坚持数字权利管理能够取代集体管理制度是不明智的。虽然法律对于规避数字技术手段的否定，为数字技术更好地发展奠定了基础。但事实上，在许多方面，新兴技术仍存在相当大的缺陷，而集体管理组织除了权利管理这一主要职责之外，还承担着文化和社会上的重要角色。新兴技术和集体管理之间更多的是一种互补关系，在可预见的未来，它们更有可能共存和合作。

数字技术和互联网的迅速发展一方面为作品的广泛传播提供机会，另一方面也对传统著作权体系提出了挑战。个人可以以数字形式使用作品，但互联网上的侵权行为也更加猖獗，使得著作权集体管理面临更加严峻的形势。目前，集体管理组织的当务之急是借助于科技创新的浪潮，开发更加先进的技术保护措施，使其能够更好地管理和控制作品的传播。这也有助于作品的许可和监督，以及阻止未经授权的接入、复制、控制和传播作品。

数字技术和通信设备使权利的许可可以以在线的方式进行。正如 Tarja Koskinen-Olsson 指出的："权利人能够将他们的作品放入一个虚拟的权利销售数据库中。使用者通过查询数据库获得作品使用权限的信息。原则上,使用者可以以 24/7 的形式在线购买许可。"① DRM 使权利管理的程序更加便捷,但我们仍不能忽视的一个现实是,大部分音乐作品的作者和出版商仍然希望他们的权利能够被集体管理。DRM 可能会发展为一种有效改善权利管理的工具,但不能够取代集体管理组织的地位。

---

① Tarja Koskinen-Olsson,*Rights Management Organizations in the Digital Era*,available at http://www.wipo.int/meetings/en/html.jsp? file=/redocs/mdocs/enforcement/en/acmc_2/acmc_2_1-part4.html. Last visited November 14,2016.

网络环境下的版权合作治理

孙 阳[①]

以合作为核心的版权治理模式,是网络环境中保障版权治理和有效管理版权作品的合理选择。合作模式主要通过建立版权人与网络服务提供商之间的合作,提高网络环境下版权治理的效率,加强对网络版权作品的保护,进而实现有效的网络版权治理。在保障合作各方在版权治理过程中的利益的前提下,创新的合作机制、灵活的治理措施以及网络空间中的广泛接受度,使该模式能够有效弥补传统治理模式的不足和缺陷。

一、引 言

作为一个完整的制度设计,版权法律体系的正常运行包含两个重要的层面:版权的治理和版权的经营管理。一方面,版权的治理强调对于版权作品的保护,并以此作为侵权行为发生后的一种事后救济。换言之,版权治理使版权人能够排除他人对其创作作品的不正当干扰,进而保护其作品的有效使用和流转。

---

① 孙阳,中国政法大学民商经济法学院副教授、硕士生导师、美国法律科学博士。

另一方面，版权的经营管理则侧重于不同的领域：即作品创作和授权的流程。具体而言，创作作品的一个重要目的，在于将智力成果进行有效的授权和流通，尤其是通过作品的授权使版权人获得实际收益，进而为作品的持续创作提供充分的激励。

上述两个方面构成了版权制度的整体循环。由于版权人对于作品的创作和授权有充分的自主权，他们往往依赖于最可靠的措施保证实现版权经营管理的终极目的——在授权、使用作品过程中获得实际收益。基于此，版权的治理成为绝大多数权利人的首选。作为被广大权利人所接受的选择，其中的逻辑清晰而明了：有效的版权治理支撑并确保作品创作和授权。因此，版权人往往主张，在缺乏版权的治理且无法有效保护作品的前提下，因侵权行为造成的收益损失会削弱创作作品的动机，尤其破坏了基本的激励机制。

在这种制度设计和基本主张的影响下，版权治理的模式以权利人为中心，强调版权人在作品创作、授权以及保护过程中的核心地位。权利人中心模式的一个重要特征在于，权利人作为版权体系下的核心，往往具有制度设计和政策保障方面的优势，但实际操作过程中带来两个方面的问题：首先，过度关注权利人本身会疏忽在版权体系中的其他参与者，例如作品使用者、（网络）服务商以及社会公众的基本利益；其次，版权人作为治理模式下的核心，势必要承担治理过程中的相关成本。考虑到具体治理情况的多样性，版权人之间的治理能力的差异势必影响对其作品的有效保护和经营管理。因此，以权利人为中心的治理模式，在面对新的技术条件和平台媒介的过程中，不能作为版权人唯一的治理选择。

数字技术和网络通信平台的建立，从根本上改变了对于传统版权体系和治理的认知。一方面，版权人借助革命性的数据技术扩张了对其作品控制的深度和广度；另一方面，作为网络空间的重要参与者，网络服务商（ISP）的存在和发展也孕育了网络环境下的版权治理的新模式。在权利人中心的传统治理模式之外，合作模式也成为网络环境下可供版权人借鉴和参考的一种新的选择。

简而言之，作为新的治理选择，合作模式主要通过建立版权人与网络服务提供商之间的合作，提高网络环境下版权治理的效率，加强对网络版权作品的保护，进而实现有效的网络版权治理。区别于传统的权利人中心模式,合作模式基于充分考虑不同合作主体之间的利益和侧重,在保障合作各方在版权治理过程中的利益的前提下,建立可持续的、有效的合作。

作为合作模式的代表,分级治理机制(the Graduated Responses System),又称逐级回应治理机制,是目前网络环境下版权治理的一种新的制度设计和发展。"分级治理/逐级回应"作为概括这种模式的术语,描述的是一种通过版权人和网络服务提供商之间的合作解决网络空间中版权作品侵权的一种机制。

自2009年肇始于法国,分级治理机制迅速被不同国家,包括新西兰、韩国、美国等国所采用,作为新的网络环境下的版权治理模式。[1] 本文通过介绍分级治理模式的基本内容、运行机制和治理效果,对分级治理机制为代表的版权治理新模式进行分析和评估。尤其对于合作治理模式中所包含的合作可行性、合作治理的效果进行系统的分析和梳理,最终判断和论证合作治理模式的可行性和发展前景。

二、分级治理机制 (the Graduated Responses System)

分级治理机制,又称为逐级回应机制。即要求网络服务提供商(ISP)作为网络版权治理的参与方,根据版权人的申诉通知、第三人的举报以及网络服务商的主动监控,向侵权行为人发出多层次警告,要求侵权人终止侵权行为。[2] 当侵权人忽视警告累积一定次数,网络服务商则可以对侵权人采取进一步的措施,包括一段时期内断开相关账户的链接、提交司法机构处理(处以罚款)等。[3] 因此,分级治理机制的关键,在于网络服务提供商主动监控其网络平台,积极与版权人互动,参与到网络版权治理的过程中。

根据基本运行原则,分级治理机制的具体运行流程可以分成三个步骤:

---

[1] Daniel Lieberman, *A Homerun for Three Strikes Law: Graduated Responses and its Bid to Save Copyright*, Journal of the Copyright Society of the USA, Vol. 59, No. 2, 2012, pp. 223-261.

[2] Peter K. Yu, *the Graduated Response*, 62 Fla. L. Rev. 1373 (2010).

[3] *Id.*, p. 1381.

1. 参与版权治理的网络服务提供商通过其网络平台的中央处理装置,对其平台上的各类作品,与版权人提交的作品样本进行比照。

2. 当网络服务商在其平台上搜索到未授权作品或接到版权人或相关人的申诉通知,网络服务商通过其平台的系统定位确认上传人的具体 IP 地址。

3. 网络服务商向该 IP 发出警告,并根据当事人的具体回应决定采取的相关措施(包括中断账户网络连接、降低账户的网络连接速率、强制链接版权页面以及诉诸司法处理)。[1]

区别于传统的"通知—移除"法律条款,分级治理机制强调更具有层次性的警告程序和更灵活多样的治理措施,目的在于保护版权人作品的同时,突出该机制对于网络版权保护的教育和引导功能。理论上,无论是中断账户网络连接、降低账户的网络连接速率、强制链接版权页面以及诉诸司法处理等措施,对于侵权人都会造成负面影响和一定程度的遏制效果,最终迫使侵权人放弃并停止网络版权侵权行为。这也是分级治理机制作为新的版权治理模式的理想状态。

鉴于预期的治理效果,各国对于分级治理机制的构建和实际运行相当乐观,由此也开启了分级治理机制的"个体化""本国化"的过程。包括法国、新西兰、韩国以及美国在内的多国通过结合自身版权治理现状和特点,建立了不同类型、具有各自特征的分级治理机制:例如以法国的 HADOPI 为代表的专设管理机构模式、新西兰和韩国的立法整合模式(直接将分级治理机制整合于国内法)以及美国为代表的私人协议模式(版权人与网络服务提供商的协议治理)。三种类型的设计各具特点,代表了分级治理机制作为版权治理新模式的发展思路。

(一) 专设机构管理模式(法国 HADOPI)

法国早在 2009 年就引入分级治理机制并将该机制进行国内化。HADOPI(the High Authority for Transmission of Creative Works and Copyright Protection on the Internet)即"网络著作传播与权利保护高级公署",是一个专设的主管网络版权治理

---

[1] Sookman, Barry. & Glover, Dan. *Graduated response and copyright: an idea that is right for the times*, The Lawyers Weekly (2010).

和管理相关行为的政府机构。① 该机构设立的主要目的包括：(1) 鼓励合法版权资源的供应和流通；(2) 通过分级治理机制保护网络版权权益；(3) 教育网络使用者关于网络作品使用中的基本责任和义务。具体的机构组成包括主席会、秘书处、权利保护委员会以及相关的治理部门，通过各组成机构之间的协调分工，承担对网络空间的版权侵权行为的监控和处理。②

HADOPI 机制的运行有赖于网络服务商的参与和配合，而法国的知识产权立法为其提供了基本法源。法国《知识产权法典》第 336 条款第 3 项规定，"网络服务提供商应确保其提供的网络连接不以侵权目的而进行使用"③。版权人和网络服务提供商在 HADOPI 机构的协调下，针对网络环境下出现的版权侵权行为启动合作治理程序。具体程序分为三个步骤：

步骤一：版权人及相关权利人向 HADOPI 机构递交申诉报告，包括被控侵权人的 IP 地址以及侵权行为发生时间；此时基于申诉报告向被控侵权人发送第一封警告信，同时网络服务提供商开始监控相关侵权账户的使用情况，同时被控侵权人需安装网络服务商提供的过滤软件（filtering device)④；

步骤二：在步骤一实施的 6 个月内，如果再次发生侵权行为，则发送第二封警告信，内容与第一封警告信相同；

步骤三：当被控侵权人继续忽视警告信并且持续为侵权行为时，HADOPI 机构将侵权案件移送司法机关，并按规定对侵权人处以最大不超过 1 500 欧元罚款；同时，在网络服务商的配合下，针对被控侵权人的账户进行最长不超过一个月的中止链接，并将该侵权人列入"网络黑名单"，禁止其他网络服务提供商对黑名单上的侵权人提供相关网络服务。⑤

通过对 HADOPI 机制的基本分析，可以看出此类分级治理机制的架构和运行，强调通过作为核心的专设机构居中协调，建立版权人和网络服务提供者之间的有效

---

① *See* Lieberman *supra* note 1，pp. 225-231.
② *See* Yu *supra* note 2，pp. 1396-1399.
③ French Intellectual Property Code Art. pp. 336-3（1992）.
④ *Hadopi Annual Report*，HADOPI，2013，pp. 14-15.
⑤ *Hadopi Annual Report*，HADOPI，2013，p. 16. *Id.*

合作，充分依托网络服务商在网络平台建设和技术支持层面的优势，对网络侵权行为进行有效监控、确认和处理。最重要的是，专设机构管理模式基于其核心管理机构的设计和运行，实现了对版权人和网络服务商之间的合作进行有效的引导和监管，进而确保以合作为首要特征的版权合作治理模式的有效实施。

（二）立法整合模式（新西兰）

区别于专设机构管理模式，立法整合模式建立的合作机制则相对直接。在这种模式下，分级治理机制直接被整合入版权立法中。通过版权立法形式直接规定版权人和网络服务提供商通过合作，共同实现网络版权的治理，保护网络作品。以新西兰为例，2011年4月13日，新西兰议会通过《版权修正法案》，该项修正案的主要内容包括增补第122A至122U条（Section 122A to 122U），这些增补条款实际上将分级治理机制整合入新西兰现行《版权法》中。①

新的修正案条款主要适用于网际地址协议供应商（Internet Protocol Address Providers——IPIAS）。对于此类供应商的身份认定，包括提供传统网络传输（Transmission）、路径分配（Routing）、基本网络链接（Internet Connection）、分配IP地址以及提供付费服务（charge for service）。②

根据增补条款，当版权人在发现用户通过某个具体IP地址实施侵权，有权通知分配该IP地址的网络服务商。供应商在收到版权人的"侵权申诉"后，须在7天内向被控侵权用户的IP地址发送侵权通知。由于网络服务商分配的IP地址可能被不同用户所使用，因而网络服务商必须识别具体使用该IP地址实施侵权行为的用户身份。③

发送给被控侵权用户的通知分为三个层级，每个层级的通知都包括版权人的身份、侵权行为的具体描述、被控侵权人回应的期限以及"反通知"程序。④

第一层级称为"监测通知"（Detection Notice），主要用以告知该用户其行为的侵权性质，用以向被控侵权用户说明行为的违法性和纠正的必要性；

---

① Copyright Act of New Zealand sec. 122A (1).
② Id.
③ Copyright Act of New Zealand sec. 122C (1).
④ Copyright Act of New Zealand sec. 122D (2).

第二层级称为"警告通知"（Warning Notice），在被控侵权用户收到第一层通知后仍持续侵权的情况下，"警告通知"主要告知该侵权行为的法律后果；

第三层级称为"治理通知"（Enforcement Notice），这一阶段的通知主要针对重复侵权人（Repeating Infringer），主要告知侵权人其将要承担的相应治理措施和具体后果。根据新西兰《版权法》的有关规定，具体的治理措施包括中断相关账户的网络链接（Disconnection of internet access）以及损害赔偿的救济（not more than NZ15,000）。①

（三）私人协议模式（美国）

区别于前两类模式，私人协议框架下的分级治理机制不依赖专门的行政管理机构或版权立法来实现合作治理，而是通过版权人和网络服务提供商之间的合意，以私人协议方式自发地建立合作机制。因此，这类分级治理模式更强调版权人和网络服务提供商之间的有效沟通和协商。美国的版权信息中心（Center for Copyright Information, short for CCI）就是典型的例子。

2011年7月，美国版权信息中心由美国主流电影公司、唱片公司以及网络服务商组成，通过协议的方式创立了美国版本的分级治理机制。② 版权信息中心作为网络版权治理的一个共同体，侧重于构建版权人与网络服务提供商的合作，以达到教育网络用户有关版权保护的目的，同时有效引导网络用户通过合法来源获得授权的作品。在这个过程中，版权信息中心"通过集体合作的方式，在网络平台治理权利人的作品保护……治理机制须包括版权教育、隐私保护、合理通知程序以及保障基本的救济程序"③。

作为合作治理的产物，版权信息中心的成员包括"所有艺术家、作者以及制作发行团体，包括美国唱片协会（RIAA）、美国电影工业协会（MPAA）以及五大主流宽带网络公司如AT&T, Cablevision, Comcast, Time Warner Cable, and Verizon... 同

---

① Copyright Act of New Zealand sec. 122R (2).
② Mary LaFrance, *Graduated Response by Industry Compact: Piercing the Black Box*, 30 Cardozo Arts & Ent. L. J. 165, 2012, p. 166.
③ *Memorandum of Understanding*, Center for Copyright Information, Jul. 6, 2011, Para. 5.2.

时还包括网络用户代表、技术专家以及隐私顾问"①。基于成员的主要构成,版权信息中心的政策制定和具体治理能有效参考包括版权人、制作发行商、网络服务商、网络用户等不同群体的基本需求和主张,进而保障通过私人协议建立的版权合作治理模式的可持续性。

除了成员构成的先天优势,版权信息中心还通过建立"版权监控系(Copyright Alert System,short for CAS)"确保网络版权治理的有效实施。在版权监控系统下,加入版权信息中心的所有权利人以及相关利益人,在发现任何未经授权或非法使用其作品的情形时,有权通知相关网络服务商。在接到权利人的通知后,网络服务商则需依据具体的IP地址,对实施侵权行为的网络用户发送"警告通知"。被控侵权的网络用户在收到"警告通知"后,如果该用户忽视警告并继续实施侵权行为,作为版权中心成员的网络服务商可以实施"临时性措施"(temporary measures),具体包括:

(1)暂时降低该账户的网络链接速率;

(2)暂时降低该账户的服务层级;

(3)强制引导至指定页面,直到用户完成相关版权教育课程。②

"临时性措施"作为版权监控系统的治理机制,主要目的在于教育、引导网络用户纠正其侵权行为,了解正确的版权作品使用方式,从而进一步建立网络版权保护的基本理念。这种教育、引导的机制设计,是区别于传统版权治理模式中以权利人为核心的前提下,对侵权行为人进行制止、威慑以及惩罚的一种新理念。这一核心理念也包含于版权监控系统的辅助设计中。针对网络用户,版权监控系统的辅助包括:

(1)指导网络用户识别未经授权的作品;

(2)教育网络用户在实际使用过程中如何避免发生侵权行为;

(3)为网络用户获得版权作品提供合法来源和途径。③

---

① About the CCI,Center for Copyright Information,http://www.copyrightinformation.org/about-cci/ (last visited 7/25/2016).

②③ What is Copyright Alert? Center for Copyright Information,http://www.copyrigh-tinformation.org/the-copyright-alert-system/what-is-a-copyright-alert/ (last visited 7/25/2016).

三、合作治理模式的评估：合作机制的可行性与治理效果

基于以上分级治理机制的分析，网络环境下的版权合作治理模式的主要内涵在于，无论是通过专设机构管理，还是直接立法整合，抑或依托私人协议，其核心在于建立版权人与网络服务商之间的合作。依靠合作机制的有效运行，参与版权治理的各方主体在维护自身利益最大化的前提下，主动对网络空间中作品的使用、授权以及许可等各方面进行有效管理，同时保障网络版权的治理。因此，判断版权合作治理模式的可行性和具体效果，必须围绕两个层面进行推导和论证。

首先，合作治理模式的核心在于合作，而合作的建立必须考察各主体之间如何有效互动。具体来说，网络环境下的版权人和网络服务提供商是否可以在合作治理模式下，尤其是分级治理机制中主动地参与网络版权的治理和有效管理。因此，对于合作可行性的判断和评估，需要确认参与合作的各主体是否通过合作治理模式的有效运行，获得足够的收益，从而建立参与合作的充分动机。

其次，判断版权治理模式的可靠性，必须考察这种模式是否能通过基本的运行而实现版权治理的基本功能和首要目标——保障版权的治理和维护版权作品的有效管理。具体到合作治理模式本身，则需要判断和评估是否依托合作的网络版权治理能有效地遏制网络环境下的版权侵权行为以及排除未经授权的作品使用行为。一言以蔽之，满足作品保护的基本要求，达到版权保护的首要效果，是任何版权治理模式都需要考虑的重要因素。

（一）合作可行性判断

1. 共同的经济收益（Joint economic benefits）

版权作品的保护和管理，无论线上或线下，一个重要的目的在于保证经由智力活动创作完成的作品能够有效地授权和使用，进而为作者及权利人带来实际的经济收益。这一点也是驱动版权人主动进行作品保护以及权利治理的基本动机。

伴随着网络平台和数据传输技术的出现和发展，一方面电商平台多样性的授权模式层出不穷，另一方面网络用户对于作品的需求和消费能力逐渐提高。在这种情况下，版权人寻求拓展其作品授权的网络市场，并通过多样化、多层次的商业授权模式满足不同的消费需求。网络服务提供商也需要更多丰富的作品来吸引不同层次的网络用户群体。此时，版权人需要网络服务商的平台和商业模式推广其作品的授权，而网络服务商则需要更多的作品来吸引网络用户。因此，共同的经济利益和互补的经济需求能够有效地保证合作机制的可行性，也为以合作为核心特征的治理机制奠定坚实的基础。

与此相关的例子，包括 2009 年美国知名的网络服务提供商康卡斯特（Comcast）收购美国著名媒体集团 NBC 环球（NBC Universal），通过此项交易获得 NBC 公司制作并发行的大量作品的版权，并在其网络平台上向用户收费使用。[①] 搜索引擎巨头谷歌公司（Google），于 2011 年宣布与视频网站 YouTube 合作，在其平台上建立"创作项目"（creative programming）。YouTube 网站通过与谷歌公司合作，在其网络平台上传播授权作品，以吸引更多的网络用户的关注。[②]

对于网络服务提供商而言，网络用户无论在数量还是在消费能力层面，所带来的商机要远远超过传统的线下消费群体。网络服务提供商希望借助版权人提供的作品吸引更多网络用户，在保证作品授权方式、作品种类多样化的基础上，将更多的网络用户转变为其平台用户，从而增加经济收益。基于此，网络服务提供商不仅仅作为提供授权作品的平台，而是成了版权人的"利害关系人"（stakeholder）。

要最大化经济收益同时避免损失，作为授权平台提供者的网络服务商必须排除在其平台上"搭便车"者以及侵权行为，并且尽可能确保网络用户购买其服务。为了实现这一目的，网络服务商必须主动监控其平台上用户的基本活动，确保作品的使用是通过购买获得。实际上，这种行为本身就是对网络版权保护的一种配合。

[①] Amy Chozick & Brian Stelter, *Comcast Buys Rest of NBC in Early Sale*, N. Y. Times, Feb. 12, 2013, B. 5.

[②] Don Reisinger, *Google Gearing Up Original YouTube Programming*, CNET, available at http：//news.cnet.com/8301-13506 _ 3-20126342-17/google-gearing-up-original-youtube-programming/（last visited 2016-07-26）.

对于版权人而言，作品的创作和授权需要一定的投入和成本，包括经济和时间成本。而网络技术的更新换代和网络空间的构建发展，一定程度上超出了版权人自身能够承担的范围。传统线下授权模式的存在，又使版权人没有充分的动机开发网络市场。

与此相反，网络服务提供商希望吸引更多的网络用户购买其服务。为了确保在众多同行业者的竞争中脱颖而出，满足用户需求的商业模式的创新必不可少。因此，网络服务提供商在提供便利、可持续的网络授权方面，有着先天的市场敏感性和机制设计的优势。在这种情况下，版权人通过合作可以获得更多、更符合网络需求的授权渠道。最终，网络授权成功地将双方捆绑为利益共同体。所以，版权合作治理模式的核心——合作机制能够通过版权人和网络服务提供商的共同经济利益来确保可行性。

2. 治理成本（Enforcement Costs）

共同的经济利益作为合作可行性的动机，能够解释大部分合作机制建立的根本原因。然而，正如上文所分析，部分版权人仍然可以采用传统的自主授权模式，避开与网络服务商的合作。因此，要分析合作治理模式中的合作机制，还需要考虑到任何一个治理模式都无法规避的问题——治理成本（Enforcement Costs）。

在版权制度体系中，版权治理的成本一般由权利人承担，主要包括排除侵权，阻止"搭便车"行为过程中所投入的各项成本。由于版权治理一般涉及作品的保护，而针对作品的非法使用和侵权行为种类繁多且形式多样，因而往往难以量化。具体而言，权利人在作品保护的治理过程中，需要考虑两个主要因素：（1）如何有效识别侵权人身份；（2）如何通过治理机制对侵权行为产生遏制，包括已发生的侵权行为和潜在的侵权行为。[1] 因此，这两个方面的治理成本也就成了版权治理中的重要参考。

要确保版权治理的威慑力和遏制侵权的效果，诉讼机制是最可靠的保障。基本的逻辑在于通过司法判决使版权法律发生效力，使侵权人承担不利的法律后果，最

---

[1] Olivier Bomsel & Heritiana Ravaivoson, *Decreasing Copyright Enforcement Costs: The Scope of a Graduated Response*, 6 Rev. of Econ. Res. On Copyright Issues 13, 2009, pp. 13-16.

终停止侵权行为。在网络时代,这种治理方式尤其受到版权人的青睐和推崇。

然而,有效的威慑以及遏制侵权的效果需要成本,而绝大部分成本需要版权人承担。在网络环境下,任何一个网络用户都是潜在的"侵权人",而识别网络空间中的侵权人身份需要极高的成本。例如,法国官方授权的侵权监测公司的收费标准为"每识别一个侵权账户的费用为 8.5 欧元"①。根据统计,法国每日所需要监测的侵权账户的数量超过 50 000 个,意味着仅仅识别侵权人的成本一天之内就高达 425 000 欧元。②

即使版权人能够承担识别侵权人的成本,诉讼成本也将成为治理成本中的另一个挑战。相关的统计显示,在美国联邦法院系统中,版权纠纷诉讼的成本已经成为版权人权利保护治理过程中的一大负担。根据 2003 年美国知识产权法协会(the American Intellectual Property Association)的一份调研显示,一般版权纠纷案件,诉讼成本依据诉讼的进程,从证据开示(Discovery)阶段的 101 000 美元,提高至审判阶段的 249 000 美元;重大版权纠纷案件,诉讼成本依据诉讼的进程,从证据开示(Discovery)阶段的 501 000 美元,提高至审判阶段的 950 000 美元。③

相较于传统的治理机制,合作治理模式下的分级治理机制在治理成本方面为版权人提供了更好的选择。新模式的首要特征在于合作,表明该模式下承担网络版权治理的主体不仅包括版权人,也同时包含网络服务提供商。因此,版权人将不会独自承担版权治理的所有成本,这将极大地减少版权人在治理过程中的压力。实际上,在分级治理机制的实际设计和运行过程中,版权人往往不是主要承担治理成本的合作参与方。

以法国 HADOPI 为例,绝大部分 HADOPI 运行的成本由法国政府和网络服务商承担。④ 根据统计,在 2011 财政年度内,法国政府财政拨款 1 140 万欧元用以维持

---

①② Thierry Rayna & Laura Barbier, *Fighting Consumer Piracy with Graduated Response: an Evaluation of the French and British Implementations*, Int. J. Foresight and Innovation Policy, Vol. 6, No. 4, 2010, p. 308.

③ 2003 *Report of Economic Survey*, Am. Intell. Prop. Ass'n, Oct. 22, 2003, pp. 96-97.

④ Rebecca Giblin, *Evaluating Graduated Responses*, Forthcoming, Colum. J. L. & Arts, 2013, p. 9.

HADOPI 的基本运行，而 2012 与 2013 财政年度的相关拨款数额则是 1 030 万欧元和 800 万欧元。①在 HADOPI 机制下，法国版权人无须承担发送警告通知和未知 HADO-PI 机构的成本，仅需要负担识别侵权账户的开支。而对于网络服务商来说，尽管承担的治理成本未能有效统计，但其向法国政府要求经济补助的主张暗示治理成本不会低于预期。②

类似的治理成本分配机制也存在于在美国的"版权监控系统"（CAS）中。美国版权信息中心对于 CAS 机制的治理成本分配，在协议中约定，运行 CAS 的主要资金来源包括发行、制作商提供的 50％比例资金和参与签订协议的网络服务提供商承担的 50％比例资金。③

根据法国和美国分级治理机制的情况分析，在以合作为核心的大合作治理模式下，版权人基本不需要承担治理的绝大部分成本。相反，版权治理的成本一般由版权人、网络服务提供商乃至政府各自承担相应的部分。因此，版权的合作治理模式实际上极大程度地减少了版权人的治理成本，合作机制的建立不仅为各方带来实际收益，同时合理分配了治理的成本。

（二）治理效果（Efficiency of enforcement）

版权治理的核心在于保障权利的有效治理。换言之，是否能有效保护作品，遏制侵权行为是考察版权治理有效性的重要标准。对于网络环境下的合作治理模式，考察的标准也不例外。

作为合作治理模式代表的分级治理机制，本身能够为版权人和网络服务提供商提供合作的坚实基础。然而，合作只是手段，合作的最终目的在于有效实施网络环境下的版权治理和作品保护。最直接的方式就是通过分级治理机制遏制网络作品侵

---

① Cyrus Farivar, *French anti-P2P agency's funding to fall by 23 percent in* 2013, Ars Technica, Oct. 25, 2012, available at http：//arstechnica. com/tech-policy/2012/10/french-anti-p2p-agencys-funding-to-fall-by-23-percent-in-2013/（Last visited 7/25/2016）.

② *French ISPs demand compensation for Hadopi cooperation*, Telecompaper, Aug. 12, 2010, a-vailable at http：//www. telecompaper. com/news/french-isps-demand-compensation-for-hadopi-cooperation——750964（last visited 2016-07-24）.

③ *See* Memorandum *supra* note 16, p. 6. 2.

权的发生,减少"搭便车"行为,引导网络用户通过合法渠道和来源获得有效授权的作品。从这个角度分析,合作治理模式能够满足版权治理的基本要求。

参考法国 HADOPI 的运行情况:从启动 HADOPI 的 2010 年至 2013 年,统计数据显示,该系统有效实现了网络版权治理和作品保护的基本目标,尤其是在遏制网络侵权方面,发挥了预期的效果。2012 年 3 月,HADOPI 系统在运行 17 个月后,公布了有关 HADOPI 运行统计和评估的"运行报告"。该报告主要通过该系统对于网络用户的行为影响和用户对该系统的态度对 HADOPI 治理效果进行分析和评估。①

根据 HADOPI 版权保护委员会提供的统计数据,从 2010 年 10 月至 2011 年 11 月,法国网络空间中的非法下载、分享(illegal downloading/sharing)在数量和频率方面有明显减少的趋势。在调查法国全国共 755 015 名至少接到 HADOPI 系统一次"警告通知"的网络用户的统计中,数据显示:

(1) 高达 95% 的网络用户在接到首次"警告通知"后,主动停止侵权行为;

(2) 大约 92% 的网络用户在接到两次"警告通知"后,主动终止侵权行为;

(3) 将近 98% 的网络用户在接到第三次"警告通知"后,最终放弃侵权行为。②

针对网络侵权发生的主要平台——"Peer-to-peer"文件分享平台(P2P File-sharing Platform),HADOPI 系统将其列为主要治理目标。P2P 平台通过中央处理设计(Centralized Indexing)或分离式设计(Decentralized Indexing),给未经授权的作品分享和传播创造了便利条件。因此,能否有效监控 P2P 平台用户的使用情况,并且从中排除非法侵权行为,是 HADOPI 系统作为合作治理模式的重要参考。

针对 P2P 平台上的网络用户,HADOPI 的统计显示,72% 的网络用户表示在接到"警告通知"后,逐步减少并且最终停止通过 P2P 平台的非法行为。③ 统计显示,自 2011 年启动运行以来,HADOPI 有效监控了 P2P 平台上的使用和分享情况,在此基础上减少和遏制了通过 P2P 平台实施的侵权行为。④ 法国四家主流统计机构,包括

---

① *Hadopi Report, One and a Half Year after the Launch*, Hadopi Resources, May. 6, 2012.

② *Id.*, p. 3.

③ *Hadopi, Cultural property and Internet usage: French internet users' habits and points of view, 2nd survey-Overview and key figures*, HadopiResources, May 10, 2011, p. 2.

④ *Id.*, p. 3.

Nielson Report、NetRating、Peer Media Technologies、ALPA 分别公布了对 HADO-PI 系统的分析和评估,证实 HADOPI 系统确实有效减少了 P2P 平台的侵权行为。①

除了有效地遏制侵权效果,HADOPI 系统对网络用户行为模式的影响也是合作治理模式的优势特征。换言之,合作治理模式也侧重对于网络用户的教育功能。根据 HADOPI "年度报告"(Annual Report)的统计,在对 65 848 名接到 HADOPI "警告通知"的网络用户关于其使用行为的访谈中:

(1)6%的用户在接到第一次"警告通知"后主动联系 HADOPI 并且保证会立刻中止侵权行为,同时要求 HADOPI 提供作品的合法来源或渠道;

(2)超过 25%的用户在接到第二次通知后停止侵权,并且寻求合法作品的获取和使用;

(3)将近 71%的用户在接到第三次通知后采取相同的行为方式。②

不仅如此,年度报告进一步调查普通网络用户对于 HADOPI 系统的基本态度。在对 1 500 名法国网络用户的调查中,三分之一的网络用户对于 HADOPI 的基本运行和主要目的表示认同和接受,并且认为"HADOPI 通过合理的引导使用户理解版权保护的重要性,同时提供合法的作品来源和渠道"③。与此相关的统计显示,法国在实施 HADOPI 后的 11 个月内,全国范围内的数字音乐销售量上升了 90%。④ 有鉴于此,合作治理模式通过改变网络用户的行为模式,教育网络用户版权保护的重要性,并提供合法作品的来源和渠道,最终保障网络版权作品的有效授权。

(三)必要性:传统治理机制的弊端(downside of traditional enforcement)

除了遏制侵权、改变网络用户行为和认知的治理效果,合作治理模式运行和发展的必要性还在于与传统治理机制的区别。换言之,传统治理机制的弊端,是促使以合作为核心的版权合作治理模式发展的重要原因。

---

① *e. g.* 17% decline in audience level (Nielson Report); 29% decline in audience level (NetRatings); 43% decline of illegal data sharing (Peer Media technologies); 66% decline of illegal data sharing (ALPA).

② *Hadopi Annual Report*, HadopiResources, Mar. 7. 2011, pp. 3-4.

③ *Id.*, p. 6.

④ *Digital Music Report* 2012, Statistics IFPI, Apr. 6, 2012, pp. 11-13.

传统版权治理机制，如上文所述，主要通过版权诉讼和版权法的有效治理，对侵权行为进行追究和遏制。进入数字时代后，革命性的数据技术和多元化的网络平台使针对版权作品的侵权愈演愈烈，尤其通过 P2P 平台的非法上传、分享作品的行为已经成为版权人在权利治理，保护数字作品过程中的最大威胁。根据国际唱片业协会（International Federation of the Phonographic Industry, short for IFPI）统计，接近 95% 的网络平台音乐使用未授权下载。① 从经济层面分析，非法下载、分享版权作品的累积性危害，对于版权人来说是极端致命的。在任何情况下，版权人绝不容忍网络空间中的侵权横行。作为对侵权行为的回应，版权人针对为侵权提供便利的网络平台以及实施侵权行为的个体网络用户发起诉讼，通过司法机制保障版权作品的有效保护。

在所有"奋起反击"的版权人群体中，制作、发行商凭借其雄厚的经济实力和丰富的诉讼经验，尝试将传统的版权治理模式扩张到网络空间中。而这种尝试的结果，最终证明了以合作为核心的合作治理模式的必要性。

以美国唱片协会（RIAA）为例：2003 年 RIAA 宣布对所有使用网络 P2P 平台非法上传、分享其音乐作品的用户提起诉讼。② 根据 RIAA 的官方发言，这次大规模的法律追诉目的在于教育网络用户树立正确的版权观念，同时迫使网络用户通过合法渠道或来源获得音乐作品。③ 为了达到这一目的，RIAA 在 5 年的时间内对 35 000 名网络用户提起诉讼。④

RIAA 的法律追诉最终带来两个结果。首先，RIAA 与网络用户之间的诉讼，实际上是具有丰富诉讼经验并且经济实力雄厚的权利人与缺乏诉讼经验且无力承担诉讼费用的个体侵权人之间的纠纷。对网络用户来说，参与这类诉讼的成本超过其承受能力。考虑到绝大部分网络用户的侵权性使用并非出于商业营利为目的，这种治

---

① Eric Pfanner, *Music Industry Courts the Cost of Piracy*, N. Y. Times, Jan. 21, 2011, B2.
② Will Moseley, *A New (Old) Solution for Online Copyright Enforcement after* Thomas *and* Tenenbaum, 25 Berkeley Tech L. J. 311, 2010, p. 332.
③ Will Moseley, *A New (Old) Solution for Online Copyright Enforcement after* Thomas *and* Tenenbaum, 25 Berkeley Tech L. J. 311, 2010, p. 341.
④ Sarah McBride & Ethan Smith, *Music Industry to Abandon Mass Suits*, Wall St. J., Dec. 19, 2008, B1.

理方式的合理性值得商榷。在这种情况下，大部分被起诉的网络用户最终选择与 RIAA 庭外和解，并支付相当数额的和解费。

其次，尽管 RIAA 宣布以网络用户为追诉目标的大规模法律行为取得成功，尤其以迫使被起诉的网络用户支付和解费为标志。[①] 然而在此期间，通过 P2P 平台实施的非法音乐下载和分享并未减少。[②] 同时，RIAA 发起的诉讼也引发了对依托诉讼机制进行网络版权治理的一些质疑：

（1）在网络空间中，个体用户是否应当作为追诉的主要目标；

（2）诉讼机制是否被权利人利用来创造辩诉双方的不对等，尤其当双方在诉讼经验和资源层面存在巨大差距时；

（3）当网络用户无力承担诉讼参与费用，而侵权行为不以商业营利为目的且属于例外使用，通过诉讼威胁进行权利治理的方式是否不合理地扩大了专有权的范围。

这些质疑的存在，实际上反映了在网络空间中，依靠传统治理机制存在的弊端。这些弊端也是合作治理模式出现和发展的主要原因。尽管传统的治理机制能保证权利得到彻底、充分的治理，但往往只能针对个体网络用户和个别侵权网络平台发生效力，对于整体网络空间的版权保护影响有限。

相反，以合作为核心的合作治理模式，通过建立版权人与网络服务商的合作扩大了版权保护的阵营，共同的利益机制又能确保合作的可持续性。同时，合作治理模式重在对网络用户的教育、引导而非惩罚、遏制，这种治理方式更能建立网络版权保护的广泛受众基础，达到推广版权意识的根本目的。

四、 合作治理模式的启示

网络环境下的版权合作治理模式，通过建立不同主体之间在版权治理中的合作，

---

① *See* Moseley, *supra* note, p. 315.

② Kim F. Natividad, *Stepping It Up and Taking It to the Streets*: *Changing Civil & Criminal Copyright Enforcement Tactics*, 23 Berkeley Tech. L. J. 469, 2008, p. 477.

实现版权有效治理和管理的最终目的。相较于依赖诉讼机制的传统治理模式，以合作为核心特点的合作治理模式具有明显的优势。

首先，合作机制的建立和维持需要考虑不同主体的核心利益。对于版权人来说，治理模式必须有效保护网络空间的版权作品，遏制针对作品的侵权行为。作为合作治理模式的代表，分级治理机制能有效实现版权人的基本需求。一方面，分级治理机制有效减少并遏制通过P2P平台实施的非法作品下载和分享。另一方面，分级治理机制大大降低了网络版权的治理成本，扩大了版权治理的参与程度，有利于建立版权保护的共同利益群体，实现在网络空间中加强版权保护的最终目的。

其次，对于网络服务提供商来说，合作治理模式创造了与版权人全面合作的机会和平台。传统治理模式强调"权利人核心"的基本概念，往往忽视其他主体在版权治理中的需求和能动性。在缺乏有效合作的情况下，网络服务提供商往往不能从网络版权的治理中获得实际收益，而仅仅通过类似"避风港"的规则豁免法律责任。显然，传统治理模式无法满足网络环境下版权治理的基本需求。相较之下，合作治理模式的合作机制能为网络服务商带来经济层面的实际收益。通过合作而进一步获得版权人在其平台上的作品授权，网络服务商可以运用灵活且多样化的授权模式，有效吸引网络用户购买其服务，进而获得经济收益。

最后，对于目前合作机制之外的一般网络用户，合作治理模式也有显著的优势。一言以蔽之，即更合理、友善的治理措施和更有效的教育、引导功能。区别于诉讼治理机制，网络用户在合作治理模式下能获得一定的"缓冲期"。"警告通知"的多层次设计确保了不同程度的侵权用户能够及时作出调整，通过与权利人、网络服务商以及其他专设机构的联系明确侵权行为的实质和相关法律后果。在实践中，网络用户往往在最终治理措施实施前就停止侵权行为，因此，整个治理流程一般也无须发起诉讼。另外，合作治理模式设计的思路在于教育、引导网络用户了解版权保护的重要性，为网络用户提供合法作品的来源和渠道。这一点正是所有版权治理的最终目的——通过治理而实现作品的合法授权和使用，保障权利人的基本权益。

综上所述，以合作为核心的版权合作治理模式，是网络环境下保障版权治理和有效管理版权作品的合理选择。尽管合作治理模式的出现和发展时间较短，相较于传统治理模式还需要更多的实践来检验最终的治理效力和治理成果，但创新的合作机制、灵活的治理措施以及广泛的接受度，使合作治理模式能够有效弥补传统治理模式的不足和缺陷。因此，在依赖传统治理模式的过程中，加入合作治理模式进行互补，能够更好地支撑网络版权的治理和管理。

五、结　语

网络环境下的版权合作治理模式，依托版权人与网络服务商的合作，通过合理且多层次的治理机制，能有效地遏制网络平台中的非法侵权，并且教育、引导网络用户使用正确的授权渠道和方式。在以权利人为中心的传统治理模式之外，以合作为核心的合作治理模式为网络版权的治理和有效管理提供了一种新的思路和尝试。因此，依托传统治理模式的同时，应当考虑引入合作治理模式，最大限度发挥合作机制的功能，进而实现网络版权治理的最终目的，是未来网络版权体系发展和完善的重要思路和参考。

域名与商标的合理使用问题研究
——以微信域名案为视角

阮开欣[①]

微信域名案涉及域名是否构成商标合理使用的问题。域名中存在商标的描述性使用和指示性使用。指示性使用规则适用于域名的关键在于是否导致网络用户的混淆。判断域名是否构成指示性使用具有一定的特殊性。通常来说,域名中的相同性使用商标难以构成指示性使用。指示性合理使用规则适用于域名时需较多地考虑网站是否具有非商业性或表达性。微信域名案中,〈weixin.com〉不构成指示性使用。

一、问题的提出:争议域名是否属于商标的合理使用

近期,亚洲域名争议解决中心香港秘书处行政专家组对于争议域名〈weixin.com〉的裁决(微信域名案)引起热议。在该案中,争议域名的网站中主要提供与微

---

① 阮开欣,男,上海人,汉族,华东政法大学 2015 级知识产权专业博士研究生。研究方向:知识产权、商标法、版权法、商业秘密法。

信相关的使用信息和交流平台，如微信公众平台的开发教程。而争议域名的主体部分"weixin"是腾讯公司的"微信"商标的汉语拼音，其存在导致网络用户将被投诉人的网站误认为腾讯公司官方网站的嫌疑。如果在后注册的域名侵犯在先商标权，那么商标权人有权剥夺注册者对争议域名的归属，但如果争议域名构成对在先商标的合理使用，则注册者仍然有权使用争议域名。笔者认为，微信域名案的争议焦点关键在于被投诉的域名是否构成对商标的合理使用。

《ICANN统一域名争议解决政策》（简称《政策》）第4（a）条规定，投诉人需证明：（i）域名与投诉人享有权利的商品商标或服务商标相同或混淆性相似；（ii）被投诉人对该域名并不享有权利或合法利益；（iii）被投诉人对该域名的注册和使用具有恶意。《政策》第4（c）条还规定，被投诉人可根据以下三点举证答辩证明拥有权利或合法利益：（i）在接到有关争议通知之前，被投诉人在提供商品或服务的过程中已善意地使用或可证明准备善意地使用该域名或与该域名相对应的名称者；（ii）被投诉人（作为个人、商业公司或其他组织）虽未获得商品商标或有关服务商标，但因所持有的域名业已广为人知者；（iii）被投诉人正非商业性地合法使用或合理地使用该域名，不存有为获取商业利益而误导消费者或玷污争议商品商标或服务商标之意图者。如果争议域名属于商标的合理使用，那么被投诉人对争议域名享有合法使用的权利，投诉人则无法满足第4（a）条第2款。鉴于注册人对于争议域名出于合法的目的，不存在注册和使用的恶意，第4（a）条第3款也同时无法满足。

在微信域名案中，专家组对于被投诉人对争议域名不享有合法权益这一点上指出：被投诉人在知道投诉人的商标时注册争议域名构成"恶意"，而非"善意"地使用争议域名/网站。专家组基于被投诉人对于商标的知晓而支持了投诉人对这一要件的证明，该说理显然过于简单和粗糙。在域名构成商标合理使用的情况下，被投诉人完全可能知晓在先商标的存在。可见，仲裁意见显然欠缺对合理使用的考虑。实际上，域名对商标合理使用的问题在实践中并未得到充分的认识，笔者试图对相关规则予以明晰。

二、域名中存在商标的合理使用

商标的合理使用可以分为描述性使用和指示性使用。[①] 描述性使用是原始描述性（primary descriptive）、非商标含义上的使用，指行为人使用"商标"中的元素（如文字或图形）本身描述其商品或服务的质量、原料、功能、用途等特点。而指示性使用是为了指示用途或特点等目的在必要范围内使用他人的商标，如为了说明自己提供的商品或服务与该商标的商品或服务配套，并不导致消费者对商品或服务的来源或关联关系产生混淆。两种商标合理使用都不是指示自己商品或服务的来源，但两者的核心区别在于，描述性使用与他人商标无关，而指示性使用与他人商标有关。如对于手机上的"苹果"商标，他人在自己与苹果相关的商品上使用"苹果"一词属于描述性使用；而他人提供"苹果"手机的维修服务，并未导致公众的混淆误认，那么其属于指示性使用。

网络域名中也同样存在商标合理使用，域名的文字既可以是描述性使用，也可以是指示性使用。关于描述性使用，《WIPO 意见》[②] 第 2.2 条指出：专家组在判断是否存在权利或合法利益时需考虑商标的状态和知名度，被投诉人是否注册了含有字典单词或词组的其他域名，争议域名是否用于与其通用或描述性含义相关的目的。如被投诉人真实地为了经营苹果的网站，而不是为了销售电脑或 MP3 播放器或其他违法目的，那么被投诉人也有权将 "apple" 用于域名。专家组承认，即使域名包含字典中的单词或词组，而仅仅注册域名不会赋予其自身在域名中的权利或合法利益。通常，为了认定包含通用名称或字典单词的域名存在权利或合法利益，该域名需要真实地使用，或至少明显为了与该单词的含义相关的目的进行使用。另一方面，

[①] 描述性使用的英文为 descriptive use，也称为"典型合理使用"（classic fair use），指示性使用的英文为 nominative fair use。

[②] WIPO Overview of WIPO Panel Views on Selected UDRP Questions, Second Edition（"WIPO Overview 2.0"）.

《WIPO 意见》第 2 条还分别对转售经销商的网站、评论（批评）网站①（criticism site，gripe site）和粉丝网站②（fan site）的问题进行了阐释，这些都涉及域名的指示性合理使用。

在微信域名案中，争议域名的网站中所使用的"微信"及其拼音都是针对腾讯公司的"微信"商标，并不涉及描述性使用，只涉及是否构成指示性使用的问题，因此，下文将重点探讨域名的指示性合理使用。而仲裁书中的少数意见认为，"微信"是一种"为智能终端提供即时通信服务的免费应用程序"，而非区别服务来源的商标。这是不能成立的。即使"微信"本身不具有固有显著性，腾讯公司也通过大量使用使其具有第二显著性。在近期判决的微信商标的行政案件中，北京市高级人民法院以"微信"缺乏显著性而驳回创博亚太公司的商标申请。创博公司没有通过实际使用建立第二含义，而腾讯公司却通过大量使用使其"微信"商标产生了第二含义，不具有固有显著性的商标的权利归于最先通过大量使用获得第二含义之人。

三、指示性使用规则适用于域名的关键在于是否导致网络用户的混淆

指示性使用与描述性使用在适用时存在的一点区别在于，描述性使用的情形允许一定程度的公众混淆，而指示性使用仍然以混淆可能性作为关键标准。美国联邦最高法院在 2004 年判决的 KP Permanent Make-Up，Inc. v. Lasting Impression I, Inc. 案中指出：判例法容忍消费者一定程度混淆的情况是原本描述性的词语被选用为商标，更不用说允许仅仅因为先占而获得了使用该描述性词语的完全垄断。兰哈姆法也持类似的容忍态度，法条没有表明其剥夺商业性言论对于描述性词汇的正常使用。③

---

① 评论（批评）网站是评论（批评）某品牌或公众人物的网站，其域名中包含了被评论对象的商标或名字。

② 粉丝网站是表达喜好某品牌或公众人物的网站，其域名中包含了被喜欢对象的商标或名字。

③ KP Permanent Make-Up, Inc. v. Lasting Impression I, Inc.，543 U. S. 111，122，125 S. Ct. 542，550，160 L. Ed. 2d 440，72 U. S. P. Q. 2d 1833（U. S. 2004）.

商标的指示性使用必须真实客观，并不导致消费者的混淆。美国联邦第九巡回上诉法院在 1992 年判决的 New Kids on the Block v. News America Pub.，Inc. 案①中给出了判断指示性使用的因素：（1）商标权人的产品或服务在没用使用商标的情况下不能轻易辨别；（2）商标的使用没有超出合理必要的程度；（3）被告没有误导性地暗示其与商标权人的关系。在该案中，被告《今日美国》报纸关于流行乐队 NEW KIDS ON THE BLOCK 做了一个问卷调查，让读者回答最喜欢五位乐队成员中哪一位，读者通过电话投票的同时也交了一笔费用，三天后报纸上公布了投票结果。该乐队认为报纸使用了其名字而侵犯其商标权。法院将其认定为指示性使用并强调，尽管原告对其名字享有有效的服务商标的权利，但该权利没有赋予他们控制粉丝如何消费的权利。

相应的，在网络环境下，域名中也同样存在指示性使用的情形，其适用的标准也关键在于是否导致网络用户的混淆。转售经销商的网站则是最典型的情形，在不导致网络用户混淆的前提下，转售经销商有权在域名中指示性使用他人商标。《WIPO 意见》第 2.3 条规定：通常，转售者或经销商可以善意提供商品和服务，在特定的条件可以在域名中享有合法利益。这些条件通常包括真实地提供商品和服务，网站仅用于销售商标权人的商品，网站准确和明显地透露了域名注册人和商标权人的关系。被投诉方不能"穷尽"（corner the market）反映商标的域名。早在 2001 年仲裁的 Oki Data Americas，Inc. v. ASD，Inc. 案②中，投诉人是"OKIDATA"商标的权利人，开发、生产和销售电脑的外围设备和配件，包括打印机、传真机。而争议域名为〈okidataparts.com〉，在商标后面增加了"parts"（部件），其网站销售投诉人的商品（从投诉人的经销商处购得）并提供针对该商品的维修服务。由于商标权人无法证明被投诉人对争议域名没有合法利益，于是专家组驳回了其转让域名的请求。在美国联邦第九巡回上诉法院 2010 年判决的 Toyota Motor Sales，U.S.A.，Inc. v. Tabari 案③中，被告是主要从事 Lexus 汽车交易的中介公司，其网站的域名为

---

① New Kids on the Block v. News America Pub.，Inc.，971 F.2d 302，20 Media L. Rep.1468，23 U.S.P.Q.2d 1534（9th Cir.1992）.
② Oki Data Americas，Inc. v. ASD，Inc.，WIPO Case No. D2001-0903.
③ Toyota Motor Sales，U.S.A.，Inc. v. Tabari，610 F.3d 1171（2010）.

〈buy-a-lexus. com〉和〈buyorleaselexus. com〉，原告丰田公司以侵犯商标权为由提起诉讼并要求被告禁止使用这两个域名。法院适用了 New Kids 案的三因素标准，最终没有支持原告的禁令，因此被告仍然有权使用涉案域名。

四、 判断域名是否构成指示性使用具有一定的特殊性

一般来说，域名中使用他人商标较难构成商标的指示性使用。因为域名通常会成为一种商业标识，企业也通常会将自己的商标用于域名，而网站内容中使用他人商标也通常可以达到指示的目的，没有太大必要将他人商标用于域名中，在域名中使用他人商标的混淆可能性是相对较大的。甚至小部分仲裁专家组认为，没有相关商标权人的明确同意，转售商标权人商品的权利不能产生使用与商标相同、混淆性近似或全部包含商标的域名的权利。①

域名主体部分（通常二级域名）与商标完全相同的情况（笔者在下文中将其称为相同性使用，如〈trademark. tld〉）几乎不存在指示性使用的可能，极容易使网络用户误认为其与商标权人存在来源关系或关联关系。《WIPO 意见》第 2.3 条中指出：一些专家组认为，被投诉人在没有相关商标权或投诉人授权的情况下使用与他人商标相同地用于域名时极难建立权利或合法利益。《WIPO 意见》第 2.4 条关于评论网站指出，有观点认为评论的权利不必然延及注册和使用与商标相同或混淆性近似的域名，尤其是在被投诉人仅在域名中相同性使用商标，这会导致网络用户将其误认为商标权人。《WIPO 意见》第 2.5 条关于粉丝网站指出，有观点认为当域名和商标相同时，专家组已经认为被投诉人这种行为妨碍商标权人行使其商标和管理其在网

---

① 域名仲裁的先例如下：Motorola, Inc. vs NewGate Internet, Inc., WIPO Case No. D2000-0079, (talkabout. com), General Electric Company v. Japan, Inc., WIPO Case No. D2001-0410, (japange. com), Rada Mfg. Co. v. J. Mark Press a/k/a J. Mark Cutlery, WIPO Case No. D2004-1060, (radacutlerysales. com), F. Hoffmann-La Roche AG v. Canadian Pharmacy Network Online, WIPO Case No. D2005-1203, (canadian-pharmacy-xeloda. com), X-ONE B. V. v. Robert Modic, WIPO Case No. D2010-0207, (gaastrashop. com), Vibram S. p. A. v. Chen yanbing, WIPO Case No. D2010-0981, (discountvibramfivefingers. com), Beyoncé Knowles v. Sonny Ahuja, WIPO Case No. D2010-1431, (beyoncefragrance. com)。

络上出现的权利。Tabari案中,法院也认为,相同性使用通常会导致用户的混淆,因为用户在不知道企业的域名时常常会猜测域名的主体部分和企业名称是相同的。

不过,域名中包含商标和其他文字的情形相比于相同性使用导致混淆可能性的程度降低很多,相对容易构成指示性使用。通常,批评网站的域名中以商标加负面词语(如〈trademarksucks.tld〉)可以构成指示性使用,不会导致网络用户的混淆。在Tabari案中,Kozinski法官指出,因为官方的Lexus网站的网址几乎一定是〈lexus.com〉,其他含有lexus文字的其他网站远远不太可能是官方网址,而且,存在许多在域名中指示性使用商标的网站没有受到商标权人的赞助或资助。你可以通过〈mercedesforum.com〉和〈mercedestalk.net〉夸耀你的Mercedes(梅赛德斯)汽车,在〈starbucksgossip.com〉上看到关于starbucks(星巴克)拿铁咖啡的评论。不过,Kozinski法官也举了一些增加文字会直接导致关联关系混淆的例子,如增加国名〈trademark-USA.com〉、增加地名〈trademark-of-glendale.com〉、开头增加"e"〈e-trademark.com〉,甚至直接采用〈official-trademark-site.com〉或〈we-are-trademark.com〉。

另外,被告在被法院认定不构成指示性使用的情况下,可以改变使用方式,在不导致混淆可能性的情况下仍然继续指示性使用商标。如果域名纠纷仅通过法院的司法途径解决,那么这具有一定的类似性。如在Tabari案中,上诉法院改变了地区法院所支持原告的禁令,如果发回审理中发现网站内容存在不当使用的情况下,原告仅可以要求被告对网站内容进行一定的改变,但不能剥夺被告使用原来域名的权利。然而,域名的争议解决存在一定特殊性,商标权人根据《政策》提起域名仲裁的情形下,如果被投诉人域名或网站整体上不符合指示性使用的情况,被投诉人使用该域名的权利则会被剥夺(域名转移至投诉人),不存在改变网站内容的折中结果。

五、 网站的非商业性或表达性

指示性合理使用规则适用于域名时需较多地考虑网站是否具有非商业性或表达

性。评论网站和粉丝网站的域名通常能构成指示性使用主要在于其出于言论表达的自由而具有非商业性。在2005年判决的Lamparello v. Falwell案①中，美国联邦第四巡回上诉法院认为，混淆的判断需考虑将涉案域名配合网站的内容，没有人会相信批评网站〈www.fallwell.com〉的攻击对象Rev. Jerry Falwell会赞助一个网站来批评他自己，以及他的立场和他对圣经的解释。法院还指出，初始兴趣混淆的理论也不适用，因为非商业性批评网站的运营者没有营利目的。又如2013年判决的Jalin Realty Capital Advisors，LLC v. A Better Wireless案②中，该批评网站〈jcra.com〉（原告公司名称的缩写）是为了提醒消费者原告的商业行为存在欺诈，该网站显然不导致网络用户的混淆可能性。《WIPO意见》第2.4条还总结了一些考量因素：(1)域名的注册和使用真实地评论商标权人；(2)注册人相信其评论是有根据的，没有商业利用的意图；(3)对于访问涉案域名的网络用户来说很明显其网站不是由商标权人运营；(4)被投诉人避免注册所有或几乎明显合理地适用于商标权人的域名；(5)网站适当地提供明显和合适的链接指向商标权人的网站；(6)当发送给投诉人的电子邮件可能使用涉案域名，发送者都被合理地告知其发送错误。

不过，如果评论网站表面上出于言论表达的目的，但实际上存在商业利用的倾向，那么其仍然可能导致混淆性而不构成指示性使用。在一些情况下，批评网站超出了言论表达的限度而提供商品或服务，如向网站相关内容的竞争者销售广告位或链接。《WIPO意见》第2.4条和2.5条均指出，批评网站和粉丝网站的内容应真实且具有非商业性，但在许多案件中，被投诉人声称其域名出于言论自由的目的，但专家组发现这实际上基本是商业利用的托词。甚至有观点认为，无论域名是否出于批评目的，当其使用是公平且非商业性，被投诉人才能被认定为具有合法利益。也有观点指出，粉丝网站的使用应该真实且明显区别于官方网站，具有非商业性的本质。如果所谓的粉丝网站存在点击付费广告[pay-per-click（PPC）]链接或其他自动广告功能，那么其难以被认定为合法的非商业性网站。不过，小程度附带性质的商

---

① Lamparello v. Falwell, 420 F. 3d 309, 315 n. 3, 76 U. S. P. Q. 2d 1024 (4th Cir. 2005).
② Jalin Realty Capital Advisors, LLC v. A Better Wireless, NISP, LLC, 917 F. Supp. 2d 927, 938 (D. Minn. 2013).

业行为在特定情形下可以被接受,如这种行为具有辅助性或有限性,或与网站的主题具有一定的联系。

还需指出的是,商标的指示性使用不能成为域名抢注的合法外衣,否则域名抢注者都可以借用指示性使用来实现非法牟利的目的。因此,如果域名注册者存在商业性利用域名的事实(如向商标权人提出域名出售的要约而索要高价),其难以构成商标的合理使用。在 2001 年判决的 People for Ethical Treatment of Animals v. Doughney 案①中,涉案域名为〈peta. org〉,被告使用该域名的网站来对原告 PETA(善待动物保护组织)进行滑稽模仿(parody),但被告不仅在网站中存在商业性的链接,还向 PETA 提出了出售该涉案域名的要约,而且被告还注册了其他著名机构的相关域名。美国联邦第四巡回上诉法院最终驳回了被告提出的滑稽模仿的抗辩,从而支持了域名抢注和商标侵权的主张。

六、 结论: 对微信域名案的评判

在微信域名案中,涉案域名〈weixin. com〉是否应被转移至腾讯公司的关键在于涉案域名是否对腾讯公司的"微信"商标构成合理使用。本文认为,从裁决书所述及的事实来看,网络用户可能将涉案网站误以为腾讯公司经营或授权经营的网站,这种混淆可能性导致涉案域名难以构成商标的指示性使用。虽然涉案网站的内容包括了指示说明如何使用微信程序的内容,但仅仅存在这些内容不能作为规避违法的外衣。通常来说,作为第三方网站在指示性使用商标时应使用自己的商业标识,从而帮助网络用户辨明网站内容的来源。而涉案域名中并不存在自己的标识,域名主体部分仅仅是微信汉语拼音的直接对应,并未增加任何其他元素,这足以形成了涉案域名难以构成合理使用的推定。注册者也没有在网站中使用其他的方式来有效避免网络用户的混淆,也没有证据显示该网站具有非商业性。

---

① People for Ethical Treatment of Animals v. Doughney, 263 F. 3d 359, 60 U. S. P. Q. 2d 1109 (4th Cir. 2001).

互联网新型不正当竞争行为的认定理念：反思与重塑

陈耿华[①]

互联网生态圈演变极快，决定了任何具体的竞争规则都可能随时显得过时。规制互联网新型不正当竞争行为，最为根本的是确立其认定理念。以"消费者利益"为终极解释的做法，虽具一定的合理性，但误读了该法的立法精神，也违反了该法保护法益的历史演变。反不正当竞争法内含的公益精神决定了规制互联网新型不正当竞争行为应以"社会整体利益"为理念。在社会整体利益观照下，以利益衡量方法分别消解法律价值层面、法律与政策层面及法律主体层面的矛盾。为方便法官在个案中具体认定，建议对社会整体利益的考量因素予以类型化，从而将抽象的判定理念明确化。

一、问题与意图

"一项制度之创立，必先有创见这项制度之意识与理念。一项制度之推行，也同样需要推行该项制度之意识与理念。此项制度之意识与理念逐渐晦昧懈弛，其制度亦即趋于腐化消失。"[②] 法律获得有效实施之根本，在于体会、把握法律的基本理念

[①] 陈耿华，西南政法大学经济法学院博士生。主要研究方向为竞争法。
[②] 钱穆：《国史大纲》，415页，北京，商务印书馆，1996。

和精神。① 相比于有限的《反不正当竞争法》的法条，市场竞争风云万变而又丰富多彩。若想将有限的《反不正当竞争法》之规定适用于无止境的不正当竞争行为及竞争现象，则不得拘泥于简单地解释规范中的文字内涵，还应揭示反不正当竞争法的内在理念及精神，并以此为逻辑起点探寻规制不正当竞争行为的标准与审判模式。

近几年来，互联网新型不正当竞争行为②频发而又屡禁不止③，重创传统反不正当竞争规制体系。诚然，具体制度的完善是必要的，然互联网生态圈演变极快，这决定了具体的竞争规则皆可能随时显得过时。当下更为根本且最为迫切的，是确定此类行为的规制理念。唯有如此，才能进一步明晰该类行为的价值追求及具体认定规则，也才能构建互联网新型不正当竞争行为的规制体系，促进互联网市场竞争秩序的良性健康发展。

一直以来，对反不正当竞争法的研究，学界大抵局限于对案例与法律规范的法条予以剖析、阐释，以及对域外竞争法律制度的借鉴，未能从应有层面充分拓展反不正当竞争法的理论研究领域，也极少全面阐释反不正当竞争法的基本理念及精神。在互联网新型不正当竞争案件呈"井喷式"爆发之际，学界主要从一般条款的适用④、公认商业道德的认定⑤、消费者因素的侧重考量⑥等方面展开，这些研究卓有成效，然而其鲜少从应有高度探究此类行为的规制理念，似乎欠缺对认定理念这一逻辑起点

---

① 参见蒋悟真：《论竞争法的基本精神》，1页，上海，上海三联书店，2008。
② 互联网行业不正当竞争行为的表现形式可以分为两大类：一是典型不正当竞争行为在互联网行业的异化，本质上还属于我国《反不正当竞争法》第二章列举的典型不正当竞争行为，如通过"黑客"行为获取他人的商业秘密等，这类行为的认定依据是《反不正当竞争法》列举的侵犯商业秘密不正当竞争行为的法定构成要件。二是互联网行业出现的新型不正当竞争行为，这些行为较难归入《反不正当竞争法》第二章列举的具体不正当竞争行为，如域名混淆、域名抢注、深度链接、视框链接等行为。
③ 互联网领域的"3Q大战""百度诉奇虎案""奇虎诉金山案"等，即为明证。具体参见最高人民法院（2013）民三终字第5号民事判决书；北京市高级人民法院（2013）高民终字第2352号民事判决书；北京市第一中级人民法院（2011）一中民初字第136号民事判决书。
④ 参见张钦坤：《反不正当竞争法一般条款适用的逻辑分析》，载《知识产权》，2015（3）；蒋舸：《〈反不正当竞争法〉一般条款在互联网领域的适用》，载《电子知识产权》，2014（10）。
⑤ 参见李生龙：《互联网领域公认商业道德研究》，载《法律适用》，2015（9）；孟雁北：《反不正当竞争法视野中的商业道德解读——以互联网行业不正当竞争行为的规制为例证》，载《中国工商管理研究》，2012（12）。
⑥ 参见张素伦：《互联网不正当竞争行为的判定应引入消费者权益因素》，载《电子知识产权》，2014（4）；谢兰芳：《论互联网不正当竞争中消费者利益的保护》，载《知识产权》，2015（11）；杨华权、郑创新：《论网络经济下反不正当竞争法对消费者利益的独立保护》，载《知识产权》，2016（3）。

的考虑。有鉴于此，本文试图阐释互联网不正当竞争案件的审理理念，为该类案件的司法审判提供精神原点，以此作为逻辑起点探寻该类案件的审判思路和路径，旨在有效地将有限的竞争法规定运用到各式各样的互联网新型不正当竞争行为中去。

二、考察与反思：互联网新型不正当竞争行为认定理念的不同认知

通过北大法意、北大法宝、各法院官网以及中国裁判文书网等途径，笔者下载了1999—2015年互联网新型不正当竞争行为判决书，发现司法实践中法官较少提到此类行为的认定理念，在所获得的162个样本中，除了27个缺失样本之外，剩下的135个有效样本中，只有11份判决书提到了互联网新型不正当竞争行为的认定理念，占比只有6.8%，有效百分比仅达8.1%，而剩下的124份判决书对于此类行为的认定理念未有提及。进一步的，笔者通过梳理提及认定理念的11份判决书得知，司法实践中对互联网新型不正当竞争行为法律理念的认识是存在分歧的，主要有两种认知。

（一）以"社会整体利益"为终极解释

虽然多数判决书对互联网新型不正当竞争行为进行违法性分析时，并未显性提及"社会整体利益"①的字眼，然而从其论证表述看，在认定涉诉行为的性质时，法

---

① 学界对"社会整体利益"尚未形成统一认识，有必要对其作出界定。鉴于本文主题需要，只专门辨析其与"社会公共利益"的关系。卢代富教授认为，社会整体利益、社会公共利益的含义基本相同，只是强调的重点有所不同。并且，使用社会整体利益的表述更能彰显这种形态的利益超越个体、超越局部、超越地方、超越眼前、超越当代的全局性和长远性，更能反映这种形态的利益在形成过程中的整合机制［参见卢代富：《经济法对社会整体利益的维护》，载《现代法学》，2013（4）］。与之相反，李长健等学者认为，公共利益可以看作特定范围内的个体利益的共性利益，是微观的；而社会整体利益的范围则是以主权国家的政权所能控制范围为界，指的是与国家地域和人口外延重合的组织联系体，具有宏观性［参见李长健、韦冬兰、朱闵：《论经济法的社会整体利益观》，载《河北科技大学学报》（社会科学版），2010（3）］。具体还可参见李友根：《社会整体利益代表机制研究——兼论公益诉讼的理论基础》，载《南京大学学报》，2002（2）；蒋悟真、李晟：《社会整体利益的法律维度——经济法基石范畴解读》，载《法律科学》，2005（1）。本文认为，虽然"社会整体利益"与"社会公共利益"在表述上有差别，但两者的主体一致，皆是社会大众，且其性质同一，都强调社会利益的整体性、公共性，只是各有侧重，然而两者都表示社会整体的欲求，只是"社会整体利益"在表达利益的整体性与社会性方面，相对更为精确，也更凸显经济法的社会本位性、利益的整体性。因此，本文对两者采取同义说的观点，并采用"社会整体利益"的表述。

官综合考虑了经营者利益、消费者利益、正当的商业模式、行业惯例,以及涉诉行为对市场竞争秩序、商业伦理的影响,从而对行为是否构成不正当竞争作出进一步定性,而非单纯地考虑行为是否侵害了经营者利益或单方面有损消费者利益,规制此类行为最后的内容是保障"社会整体利益"的实现。

认定不正当竞争行为最终要回归反不正当竞争法的立法目的上来。该法第 1 条已然明确"保护经营者与消费者利益",因此,多数法官在界定互联网新型不正当竞争行为时,往往综合行为对经营者利益及消费者利益的影响,正如某判决书所论述的:"经营者在自己产品上有自主经营的自由,但经营者在自己产品上开展经营活动并非绝对自由,对他人已使用在先、并为消费者所熟悉或习惯的服务提供方式应有一定避让义务,以免造成消费者混淆、误认的后果,不正当夺取他人产品或服务的商业机会。"①

对"社会整体利益"的综合考量,在屏蔽广告类不正当竞争行为中尤为典型。正如在"爱奇艺诉 UC 浏览器案"中②,法官是从"社会整体利益"的角度对行为加以判断。针对该案中的广告快进行为,首先,法院对原告的商业模式作出认定,当下主要采取"免费视频+广告"的商业模式为用户提供服务,通过用户的点播视频来播放广告,进而收取广告收益作为其网站经营成本。此经营模式不超越法律法规的范畴,具有合法性、正当性。并且该模式也为特定阶段整个互联网行业所普遍接受,因此,应当尊重以这种商业模式谋生的经营者的正当利益。其次,从行为对消费者利益的影响之视角予以深入分析,即原告向用户推送了带广告的免费视频及不带广告的收费视频服务,如用户选择观看免费视频,即已预期付出观看广告的"对价",此乃市场选择之结果,不可因该模式存有一定局限而否定其正当性与合法性。再次,从行业惯例的视角,阐明涉诉行为是否获得行业惯例抗辩理由的支撑:"开发经营带有广告快进功能的浏览器并非行业惯例。商业领域可获普遍认同的行业惯例应当形成于该行业成熟、稳定的经营活动中,对本行业经营者给予普遍行为指引的同时,也应当不干扰其他经营者的正常经营。互联网时代,经营者的跟随行为具有

---

① 参见北京市海淀区人民法院(2015)海民(知)初字第 4135 号民事判决书。
② 参见北京市海淀区人民法院(2015)海民(知)初字第 23773 号民事判决书。

一定的普遍性,且能在短时间内形成规模效应,而此类跟随行为不一定能成为行业惯例。"此外,该案中对小窗播放行为的认定,也是综合行为对用户的影响、对原告正当的经营模式的干扰等多方面加以分析。类似的案件还有"猎豹浏览器过滤优酷网视频广告案"① 等。

(二) 以"消费者利益"为终极解释

在互联网新型不正当竞争行为的审判实践中,法官逐渐重视考量消费者因素,将消费者利益作为判断涉诉行为是否构成不正当竞争的重要标准。② 这主要是因为互联网经济是典型的"注意力经济",一切不正当竞争行为的开展皆以消费者的消费意愿、消费偏好及消费抉择为中介。③ "现代市场竞争的本质是一个争夺消费者的过程"④,互联网市场的竞争,是争夺消费者注意力的竞争⑤,其通过前期免费培育市场来换取用户的忠诚度,再借此开发增值服务以谋取收益。职是之故,互联网行业取胜的根本在于借助免费模式来锁定用户,从而扩大收费用户以便攫取更多的市场份额和竞争优势。互联网时代的消费者决定了互联网市场的资源配置及互联网市场经济的深层次发展。

互联网背景下消费者角色的嬗变进一步导致其功能的转换。消费者除却以受害者的身份继续存在,更应重视的是,互联网背景下消费者俨然扮演"裁判官"的角色,其不再是竞争机制的场外人,而以参与和抗衡的角色直接介入竞争机制,成为评判竞争者是否从事不正当竞争行为的"参考法庭"。因此,司法实践中不少法官认识到消费者在竞争法中发生的角色重塑、功能转换,而进一步将消费者利益作为规

---

① 参见北京市第一中级人民法院(2014)一中民初字第 3283 号民事判决书。
② 根据此次对判决书的实证考察,有 43.5%的判决书皆将消费者利益作为涉诉行为的判断标准,接近判决书有效样本的一半,这不得不说是一个有意义的发现。
③ Michale L. Katz &Carl Shapiro. "*Network Externalities, Competition, and Compatibility.*" The American Economic Review, 1985, 75 (3), pp. 424-440.
④ 谢晓尧:《在经验与制度之间:不正当竞争司法案例类型化研究》,74 页,北京,法律出版社,2010。
⑤ 经济学家哈特最早提出了"消费者主权"(the Sovereignty of the Consumer)。See W. H. Hutt, *Economists and the Public: A Study of Competition and Opinion*, Oxford: Alden Press, 1936, p. 257.

制互联网新型不正当竞争行为的根本理念。① 其皆认为保障消费者利益才是互联网时代竞争法应秉持的根本精神及最高指导原则，经营者的营利只是增加消费者利益的手段，最终是要实现消费者的整体、长期利益。

诚然，以消费者利益作为规制互联网新型不正当竞争行为的根本理念不无重要启示，互联网时代背景下应当重新认识消费者利益在传统反不正当竞争法中的角色及功能，然而，在肯定消费者利益保护重要性的同时，也应注意到以消费者利益为最高指导原则，可能会面临以下质疑：

第一，与传统反不正当竞争法的历史发展演变及保护法益不符。

"不公平竞争法最初是为保护诚实商人而设计的。"反不正当竞争法在诞生之初，聚焦于经营者不正当竞争行为的规制，其保护的主体仅限于市场经营者（竞争者），而未有考虑消费者利益。② 事实上，即使是竞争立法和消费者运动滥觞的美国，促使竞争法诞生的直接社会根源也并非消费者运动。直至20世纪30年代，市场竞争元素开始凸显多元化，"消费者在市场与垄断、形式正义与实质正义的冲突中，为达致社会弱者与强者的平衡"而出场③，消费者利益逐步受重视并在法律文件中加以确定。④ 通过各国立法实践的演变，反不正当竞争法铸就三大保护法益：经营者、消费者及社会公共利益。⑤

通过检视反不正当竞争法保护法益的历史演变可知，反不正当竞争法始终重视保护经营者利益，即便后来逐步将消费者利益、社会公共利益纳入法律保护视野，经营者利益也依然是传统反不正当竞争法重要、直接的保护法益。诚如学者言之："在保护对象上，反不正当竞争法经历了从保护诚实经营者到消费者的发展过程。无

---

① 笔者所在的课题组前往北京开展的深度访谈中，部分法官的观点也对此加以印证。其中，石必胜法官认为，保护消费者利益是反不正当竞争法的终极目标，应当以消费者利益保护作为互联网新型不正当竞争行为的规制理念。对此，与会的其他学者有赞同者，也有持不同意见，即认为"社会整体利益"才是此类行为的最高指导原则。
② 参见孙琬钟：《反不正当竞争法实用全书》，26页，北京，中国法律年鉴社，1993。
③ 谢晓尧：《消费者：人的法律形塑与制度价值》，载《中国法学》，2003（3）。
④ 参见杨华权、崔贝贝：《论反不正当竞争法中的公共利益——以网络竞争纠纷为例》，载《北京理工大学学报》，2016（3）。
⑤ 参见郑友德等：《论〈反不正当竞争法〉的保护对象》，载《知识产权》，2008（5）。

论具体的法律依据或者立法情况如何不同,反不正当竞争法最初都是聚焦于诚实经营者的利益,保护他们不受不诚实竞争者的攻击。公众和消费者在衡量商业行为时只是一个参考因素;消费者保护当然受欢迎,但并不必然是预定的目标,而是一个次要因素。"①

第二,与反不正当竞争法立法目的条款的表述不契合。

《反不正当竞争法》第1条②明确表示,"制止不正当竞争行为,保护经营者和消费者的合法权益",即反不正当竞争法维护的是经营者和消费者利益,将经营者与消费者利益作为并列的立法目的。如果将消费者利益作为最终规制理念,其内涵很难包括经营者利益。消费者利益虽然是考量行为是否违反诚实信用原则及公认商业道德的重要考量因素,个别情况下甚至是决定性因素,然而其并非唯一、仅有的因素,也并未始终占主导地位。正如最高人民法院在审理"扣扣保镖"案③中,其虽然从消费者利益的角度对行为展开分析,然而消费者利益并非作为唯一衡量标准,最高人民法院还综合考量了互联网的商业模式、经营者利益、行业惯例等多方面的因素。单一地将消费者利益作为涉诉行为的评判标准,简单地将互联网新型不正当竞争行为保护的法益归为消费者利益,排除竞争者利益,是片面且极不可取的。这种认识可能受亚当·斯密"一切生产都是服务于消费"观点的影响④,然而,在竞争关系中,经营者也有自己独立的利益,并经常居于利益受害者的地位。竞争者开展市场交易行为,或者对消费者产生不利影响,或者对其他经营者产生不利影响,如果仅从消费者的角度对涉诉行为加以评判,显然有所偏颇。竞争者如同消费者,在竞争关系中也具有双重角色:受害主体与评标标准。⑤ 因此,消费者利益仅是反不正当竞争法中的部分内容,另一部分内容则是竞争者利益。过于重视消费者利益、无限拔高消费者利益保护而无视竞争者利益,显然背离反不正当竞争法的立法宗旨,模糊

---

① 孔祥俊:《反不正当竞争法的创新性适用》,74页,北京,中国法制出版社,2014。
② 《反不正当竞争法》第1条规定:"为保障社会主义市场经济健康发展,鼓励和保护公平竞争,制止不正当竞争行为,保护经营者和消费者的合法权益,制定本法。"
③ 参见最高人民法院(2013)民三终字第5号民事判决书。
④ [英]亚当·斯密:《国富论》,胡长明译,249页,南京,江苏人民出版社,2011。
⑤ 参见刘继峰:《竞争法学》,2版,20页,北京,北京大学出版社,2016。

了竞争法的立法目标。只有兼顾保护经营者利益与消费者利益,才契合反不正当竞争法的立法宗旨。

三、互联网新型不正当竞争行为认定理念的重塑:社会整体利益

在归纳了司法实践中互联网新型不正当竞争行为认定理念的两种不同认知,以及论证了以"消费者利益"作为此类行为认定理念的局限性之后,一个值得进一步追问的问题是:是否应以"社会整体利益"作为规制互联网新型不正当竞争行为的最高指导原则?对于这个问题的解答,不妨先回到本源,思考传统反不正当竞争法的规制理念是什么?

反不正当竞争法作为捍卫竞争秩序、调节竞争利益的一种工具,其目的是约束私法主体对自身利益最大化的极端追求,适当限制私法主体对不当私利的追求从而确保最大多数人的最大幸福。反不正当竞争法最初作为特殊的侵权行为法面世,其最先聚焦对具有竞争关系的经营者行为的规制。判断某市场竞争行为是否构成不正当竞争,也仅仅是从竞争者的角度出发,而且,只有受到损害的经营者才得以要求损害赔偿。[①] 然而,从20世纪开始,伴随消费者运动的勃兴,市场元素逐步呈多元化,消费者利益逐渐成为各国反不正当竞争法的重要保护法益。[②] 传统反不正当竞争法原先聚焦于两个私主体,具有封闭性的传统契约成为过去,竞争法的公法化性质逐渐明显。反不正当竞争法不再单纯保护竞争者利益,还将竞争行为的评判视角放眼于消费者利益及社会公共利益。任何法律皆有特定的保护法益,也以保护一定的法益作为自身任务,将实现一定的法益作为目标。反不正当竞争法诞生之初,其保护法益主要着眼于经营者利益,而在其不断发展、演变过程中,其保护法益不再囿于经营者利益,也扩至消费者利益及社会公共利益。反不正当竞争法保护法益的发

[①] 参见李明德:《美国知识产权法》,625-626页,北京,法律出版社,2014。

[②] Henning-Bodewjg (ed.), *International Handbook on Unfair Competition*, C. H. Beck. Hart. Nomos 2013, pp. 2-3.

展演变主要是规制市场竞争秩序的需要。传统聚焦于私人利益、以保护私人利益为第一目标的私法难以契合现代市场经济发展的需求，而竞争法致力于协调私人利益与社会多数人的利益，从而保障市场竞争秩序的井然。

反不正当竞争法作为一种利益协调工具，当不同利益有所抵牾时，将以社会整体利益作为化解冲突的标尺。这是因为，社会整体利益是一种普遍的、具有共性特点的、一般的社会利益，其以个体利益方式呈现，但并非个体利益的简单叠加，而是经由个体利益的各异强度而呈现出的相对稳定的、可不断重复的东西。① 其强调主体的广泛性与欲求的整体性，是平衡不同价值理念冲突的基准点。总而言之，社会整体利益是"社会个体所共同的、一致的个体利益的总和"。就本质而言，反不正当竞争法的价值取向属于"社会利益的范畴，是社会利益至上"。反不正当竞争法最终的立法目的在于保障、实现社会整体利益。② 这从我国《反不正当竞争法》第1条立法目的条款的规定可窥知。《反不正当竞争法》第1条明确了该法立法目的是"保障社会主义市场经济健康发展，鼓励和保护公平竞争，制止不正当竞争行为，保护经营者和消费者的合法权益"，即反不正当竞争法通过兼顾保护经营者利益与消费者利益，以促进社会整体利益的实现。

那么，缘何同时兼顾保障经营者利益及消费者利益则可实现社会整体利益？欲求解这个问题，应当厘清以下几方面的问题：

其一，消费者利益实现如何保障社会整体利益？消费者作为经济发展的最终目的，"一切需要的最终调节者是消费者的需要"③，消费者在某种意义上决定了市场的资源配置及市场经济的深层次发展，保障消费者利益有利于促进社会整体财富总额的平稳协调增长，从而带动全体社会成员个人财富的增长，这就是说，消费者利益也是社会整体利益的重要体现。换言之，若能有效捍卫消费者利益，那么社会整体

---

① 参见卢代富：《经济法对社会整体利益的维护》，载《现代法学》，2013（4）。

② 反不正当竞争法将"社会公共利益"设为第一保护目标，一方面为了满足其捍卫"社会公共利益"这一需求，另一方面也为了满足通过符合"社会公共利益"相关机制的设定从而实现在整体上保障其他经营者及消费者的正当利益。反不正当竞争法所维护的"社会公共利益"，是每个私法主体的利益，是社会共同体的利益，折射出一种利他性的价值理念，反不正当竞争法所蕴含的最深层次的理念正是一种公益精神，一种普世性的"社会公共利益"观。

③ 参见马歇尔：《经济学原理》，上卷，朱志泰译，111页，北京，商务印书馆，1981。

利益也将获得有效维护。

其二，消费者利益与经营者利益之间是何种关系，如何同时兼顾两者利益的实现？虽然，从个案、短期来看，经营者利益与消费者利益存在冲突。不论是经营者，还是消费者，两者皆是经济理性人，是处于同一交易市场的主体，而特定时间阶段同一市场资源的有限性决定了市场一方利益的增加将导致另一方利益的减损。经营者作为"有限理性人"必然为攫取消费者更多的注意力及金钱而不惜采取各种方式，而消费者总是希冀以更低廉的成本换取经营者更多的服务、商品，于此短期来看，两者必然存在利益冲突。然而从长远看，两者又是共生共存的。这是因为，消费者是经营者谋取所有利润之基础，而经营者的发展又是增进消费者利益的依托，经营者与消费者的利益取向是趋同的。当某一经营者过分抬高产品及服务的使用成本，消费者自然会选择"用脚投票"，转而寻求其他可替代产品、服务，或者是降低其消费需求①，那么该经营者则无法获得预期溢价收入，甚至失去合理收入，长久以往，买方市场将逐步萎缩，经营者丧失营利基础。而与之对应，消费者虽短期内利益有所膨胀，但这种膨胀一旦过度压缩经营者合理的利润空间，经营者也将采取"用脚投票"，逐步减少研发产品及提供服务（生产），甚至退出该行业。此时，卖方市场将逐步萎缩，而如果只有少数或没有经营者提供产品，消费者最基本的选择权和交易权也将不复存在。职是之故，得出以下结论：经营者利益与消费者利益虽短期内相互冲突，然从长远看，两者利益价值取向一致，呈共生共存关系。消费者利益的保护需要经营者配合及参与，与此同时，只有经营者的正当权益获得维护，消费者的利益才有保障。

其三，经营者利益实现怎么促进社会整体利益？经济领域与经济生活中主要涉及市场交易主体本身的利益，即经营者的利益。经营者的正当利益普遍受维护，则总体的市场经济运作则基本得以有序进行。反不正当竞争法最初、即便至今主要的保护法益也是经营者的利益，只有确保经营者利益的实现才能进一步谈及追求经济秩序、经济公平、经济安全、经济民主及经济自由，而这些皆是社会整体利益的内在诉求。由是言之，经营者利益是社会整体利益的重要组成部分，承载着维护社会

---

① 当然，生活必需品不在此列。

整体利益的功能，保护经营者利益有助于促进社会整体利益。

通过对以上三个问题的梳理，不难得知，反不正当竞争法正是通过保障经营者利益与消费者利益进而维护社会整体利益。① 社会整体利益也成为反不正当竞争法制止所有不正当竞争行为之根本理念。反不正当竞争法深深蕴含着公益精神。其要求司法实践中在评价市场主体的经营行为是否违法时，以社会整体利益作为根本指导精神。换言之，反不正当竞争法将市场行为主体的行为置于社会整体利益的视域下加以评判，只有符合社会整体利益的竞争行为，才能获得反不正当竞争法的肯定。

那么，需要进一步检视的是，传统不正当竞争行为的规制理念是否得以适用于互联网新型不正当竞争行为的规制体系？是否涵摄该类行为的特殊性？虽然互联网新型不正当竞争行为在行为手段、行为方式上迥异于传统不正当竞争行为，也难以受反不正当竞争法的具体类型化条款的规制，然而，其本质依旧纳入不正当竞争行为序列。亘言之，互联网新型不正当竞争行为的法律理念也应采取社会整体利益观。

经济的发展、秩序的构建、规则的形塑，并非一蹴而就，也并非推倒重建，需要保持延续性。② 互联网新型不正当竞争行为的治理一方面须因循互联网经济发展的要求，另一方面也应返璞归真，回归竞争规则、竞争秩序创建之初型构的本源判断，如此才可确保互联网市场秩序的稳定健康发展。

四、 互联网新型不正当竞争行为落实"社会整体利益"的方法

"法的每个命令都决定着一种利益的冲突：法起源于对立利益的斗争，法的最高任务是平衡利益。"③ 在确立了"社会整体利益"为互联网新型不正当竞争行为的最高指导原则之后，怎么发挥其功效指导司法实践，抑或采取什么样的方法贯彻、落

---

① 参见谢晓尧：《在经验与制度之间：不正当竞争司法案例类型化研究》，74 页，北京，法律出版社，2010。

② 参见蒋舸：《〈反不正当竞争法〉一般条款在互联网领域的适用》，载《电子知识产权》，2014(10)。

③ 张文显：《二十世纪西方法哲学思潮研究》，130 页，北京，法律出版社，1996。

实社会整体利益观？则自然成为下一步要论证的内容。

从反不正当竞争法的法益来看，其虽然重视社会多数人的整体利益，但不意味其忽视对个体经营者利益的保护，而是立基于"失衡—均衡"的基本分析框架，对市场竞争秩序中的多元主体、多元价值予以平衡矫正，从而保障利益的均衡与权利均衡，实现实质正义。① 具体而言，其采取的基本分析方法是利益衡量方法。

所谓"利益衡量"，也称为"利益平衡"，指的是"通过法律的权威来协调各方面冲突因素，使相关各方的利益在共存和相容的基础上达到合理的优化状态"②。其适用于存在两种（多种）价值、权利发生冲突时，为其提供指南从而使得在一定的利益格局下，利益体系实现相对和平相处、均衡的状态。③ 以利益衡量方法作为社会整体利益的基本分析方法，不但有助于降低法官在审判互联网新型不正当竞争案件的"知识成本"，也可为当事人提供较为明确的预期。利益衡量方法的运用主要体现在以下方面。

（一）法律价值层面：自由竞争与公平竞争的冲突与协调

正如洛克所言，"法律的目的不是废除或限制自由，而是保护和扩大自由"④。只有确保经营者享有自由竞争的权利，才能充分激发互联网市场主体的积极性、创造性与主动性，也才能真正焕发互联网市场活力，使资源配置得以最优化，消费者享受最优的产品与服务及最低的价格。反不正当竞争法内含着自由竞争的制度追求，自由竞争是获得繁荣与保证繁荣的最有利手段⑤，互联网市场没有自由竞争，就无法推动互联网行业的进一步发展。因而，互联网新型不正当竞争行为的治理须以保障自由竞争为基本的价值追求。

反不正当竞争法既保障经营者得以自由竞争，也捍卫其开展公平竞争的权利。

---

① 参见兰磊：《比例原则视角下的〈反不正当竞争法〉一般条款解释——以视频网站上广告拦截和快进是否构成不正当竞争为例》，载《东方法学》，2015（3）。
② 陶鑫良、袁真富：《知识产权法总论》，17-18页，北京，知识产权出版社，2005。
③ 参见曹胜亮：《社会转型期我国经济法价值目标实现理论研究——以马克思主义利益理论为视角》，123页，武汉，武汉大学出版社，2015。
④ ［英］洛克：《政府论》（下篇），翟菊农、叶启芳译，36页，北京，商务印书馆，1964。
⑤ 参见［德］艾哈德：《来自竞争的繁荣》，祝世康、穆家骥译，121页，北京，商务印书馆，1983。

如互联网市场公平竞争机制受损，市场主体的行为可能缺乏诚信，市场信号也会失真，市场机制将被扭曲，导致交易成本增加，引发交易秩序混乱，亦无法实现资源的优化配置。故而遏制互联网新型不正当竞争行为同样应以公平竞争作为基本的价值导向。

虽然在互联网市场中自由竞争与公平竞争基本统一，但特殊情况下两者可能出现紧张和对立关系，而当这两种价值目标不可能同时、同等得以实现时，则往往出现一个先后差序格局问题，此时需要借助利益衡量方法对法律价值目标予以选择排序。

市场机制的优化非但不禁止经营者从事自由竞争，而且还鼓励经营者通过创新，提高用户体验，提供更优质的服务，然而经营者开展经营活动并非绝对的自由。与其他市场无异，互联网市场的自由竞争也有前提与限度，过度、无限制的自由竞争可能破坏其自身得以存在及发展的基本条件，甚至造成低效、失范及恶性的竞争，阻碍了社会整体利益的实现。因此，只有以公平竞争加以矫正，确保竞争秩序的公正合理，才能保障社会整体利益，即经利益衡量，有限的资源须以公平竞争作为基本道德准则与法律制度。公平是对自由竞争作出的伦理要求与道德制约，亦提升了自由竞争的价值。

（二）法律与政策层面：法律规定和司法政策之间的抵牾与平衡

正如前文所言，互联网新型不正当竞争行为欠缺直接的具体规制条款，司法实践中法官通常仅得依据《反不正当竞争法》的一般条款予以规制，而一般条款的高度抽象性、笼统性导致法官在适用时常感困惑，而不得不将视线转向规制此类行为相关的司法政策。司法政策在弥补互联网新型不正当竞争行为法律规制体系的滞后性上，助益颇大。

需要说明的是，多数情况下，司法政策与法律规定是同向发展、互相补充、互相促进的，然而也不排除个别情况下两者可能存在抵牾的情况。规制互联网新型不正当竞争行为的司法政策与法律规定也存在不同步的现象。当两者发生冲突时，毋庸置疑应当坚持法治精神，坚决适用法律。但是如若适用法律规定可能导致实质不正义时,则应当在司法政策的指引下,及时地修改、完善竞争法。① 而如若适用法律规定已达到公平正义的需求时,则需要及时提出司法建议,推动司法政策的调整与完善。② 在判断是否满足公平正义的需求,需要借助利益衡量方法。即通过比较分别适用司法政策与法律规定后,哪个更能保障社会整体利益的实现,借助对法益进行排序的方式来判断、把握是否符合实质正义。③ 当然,也可能存在两种法益价值相当,难以比较之情形。对此可采用拉伦茨对这个问题的处理方式,即"一方面取决于应受保护法益被影响的程度,而另一方面取决于:假使某种利益须让步时,其受害程度如何。最后尚须适用比例原则、最轻微侵害手段或尽可能微小限制的原则。根据后者,为保护某种较为优越的法价值须侵及一种法益时,不得逾越此目的所必要的程度"④。拉伦茨的这种处理方法实则是利益衡量方法的具体适用。

值得注意的是,司法政策的目的在于解决现实问题,更关注实际效果及对法律的变通,而正因为如此,导致其不太重视政策的连贯性⑤,因而司法政策之间发生冲突的情形也时常有之。⑥ 任何制度的设计都不可能绝对完美。对于具有紧张、对立关系的司法政策,法官也需采用利益衡量方法,考察如何适用更能捍卫当事人的法益,更能确保社会整体利益实现,即对相关法益的价值予以排序,从而实现资源的最优配置⑦,促使互联网市场竞争秩序向良性状态发展。

(三) 主体层面:经营者与消费者的矛盾与化解

新型案件的主要特点是:在该类案件中有许多处于萌芽甚至上升状态的利益,

---

① 参见方洁:《论行政法的不成文法源》,载《行政法学研究》,2002 (1)。
② 中华人民共和国的立法史是一个法律与政策相伴而生,"你中有我,我中有你"的过程,是一个政策代替法律、法律体现政策、贯彻政策的过程。
③ 比如,短期利益让位于长期利益,局部利益让位于整体利益,等等。
④ [德] 卡尔·拉伦茨:《法学方法论》,陈爱娥译,285页,北京,商务印书馆,2003。
⑤ 参考李大勇:《司法政策论要——基于行政诉讼的考察》,载《现代法学》,2014 (5)。
⑥ 比如对于竞价排名行为的定性,司法实践存在不同认知,很大程度上也是因为司法政策因素的不一致。就课题组所统计到的互联网新型不正当竞争行为的样本当中,只有3例样本将竞价排名行为定性为广告。
⑦ 应注意的是,所谓最大效益的权利配置,并不是指、至少主要不是指个别案件中的最大效益的权力配置,而是指社会的制度化权利配置。具体参见苏力:《〈秋菊打官司〉案、邱氏鼠药案和言论自由》,载《法学研究》,1996 (3)。

并与既有的利益发生冲突①，需要法官借助法律先见及现有法律规制作出判断。互联网新型不正当竞争案件最典型的特点在于，此类案件经营者利益与消费者利益的冲突比较明显。②

从本质而言，任何对市场行为正当性的评判都是一种对价值或利益的平衡取舍问题，法律以及其他社会制度的终极目的无非是在各方利益均衡前提下，使其最大化实现。那么，如何利用利益衡量方法来协调经营者利益与消费者利益？

对于这个问题的回答，不妨先了解下互联网市场的经营者利益与消费者利益的关系表现如何？前述传统市场中两者的关系是否可直接适用于互联网市场两者关系的分析？事实证明，互联网经营者利益与互联网消费者利益也是在短期、个案发生冲突，而从长远来看，两者也是相辅相成、共生共存。虽然相对于传统市场，个案当中两者的冲突不那么明显，受互联网经济特性的影响，貌似消费者不需要付出直接的经济成本即可享受相应的服务，因而看起来互联网经营者与互联网消费者的利益冲突不如传统市场那般明显与直接。并且不少互联网经营者为攫取消费者注意力而不断开发新产品，完善用户体验，两者似乎在短期内也不存在冲突性。然而，这种观点忽略了互联网消费者在接受服务时也是有所支出的，其虽免于承担直接的经济成本，但却付出了相应的精力与时间，而这就是互联网消费者接受服务所支付的"代价"。互联网经营者提供服务背后的动机无非是致力于稳定自己的用户群，其本质上依然是为获取商业利益。消费者的注意力必然有限，当消费者不愿意付出过多、甚至是足够的注意力成本来支撑互联网经营者运营所需的合理利润与运营成本时，两者的利益冲突开始显现。比如，视频网站类经营者普遍反对互联网消费者希望缩短、删除视频网站广告的意愿。综上所述，互联网领域经营者与消费者利益本质上虽长远一致，但短期依旧冲突。

那么，应当如何化解经营者与消费者短期出现的利益冲突？即如何在个案中平衡两者利益？"那种认为仅从法律条文就可以得出唯一正确结论的说法，只是一种幻

---

① 虽然该新生利益具有多久的生命力以及是否被压制、取代仍未知。
② 这主要是受互联网经济特性的影响，一切不正当竞争行为的开展皆以消费者的消费抉择为中介。消费者俨然作为互联网经济发展的风向标。逐渐壮大起来的消费者利益则必然与反不正当竞争法最初着重保护的经营者利益发生冲突。

想。而真正起决定作用的是实质的判断。对于该具体情形，究竟应注重甲的利益，或是应注重乙的利益，在进行各种各样细微的利益衡量之后，作出综合判断可能会认定甲获胜。"①

我们注意到，近年来互联网新型不正当竞争多数案件重视对消费者利益的保护。比如，在"爱奇艺诉UC浏览器"②一案中，被告开发的浏览器实现了小窗口播放模式的行为，虽然一定程度影响被访问网站之用户跳出率，然而该行为并未破坏或干扰被访问网站向消费者提供的服务，反而优化了消费者的选择权，故而法院支持该行为，未认定该行为构成不正当竞争。③ 消费者是竞争机制的终端，是竞争结果与市场产品的承受者，提升消费者福利应当也是反不正当竞争法的重要目标。尤其是在互联网时代，一切不正当竞争行为的开展皆以消费者的消费抉择为中介，由此强化了消费者的"裁判官"角色，反不正当竞争法对消费者利益保护应当有所扩张，个案当中法官应重点考虑涉诉行为对消费者利益的影响，甚至是适当倾斜。

此外，检视反不正当竞争法的历史渊源可知，经营者利益始终是反不正当竞争法直接、重要的保护法益，即便互联网时代对消费者利益的关注度有所提高，也不可忽视反不正当竞争法对经营者利益的保护。经营者依然得以通过商业模式、技术等创新争取竞争利益，提高竞争优势。然而，反不正当竞争法反对不劳而获、不食而肥的搭便车行为，经营者如不当开展竞争行为、不合理侵害其他竞争者的竞争利益，必须予以限制，即便其以技术中立、技术创新为抗辩事由，也无法获得反不正当竞争法的支持。质言之，经营者从事自由、公平竞争，以不侵害他人合法权益为边界。如其侵害了更高层次、更大范围的利益，经利益权衡之后，经营者利益应当有所让位。

需要说明的是，利益衡量的结果是择一利益予以优先保护，然其并非意味着可任意牺牲未被优先考虑的利益。其之所以让步并非因为其具备违法性，而是经权衡

---

① ［日］加藤一郎：《民法的解释与利益衡量》，梁慧星译，载梁慧星主编：《民商法论丛》，2卷，78页，北京，法律出版社，1994。
② 参见北京市海淀区人民法院（2015）海民（知）初字第23773号民事判决书。
③ 类似的案件还有"合一公司诉金山案"［参见北京市海淀区人民法院（2013）海民初字第13155号民事判决书］、"奇虎诉瑞星不正当竞争案"［参见北京市第一中级人民法院（2011）一中民终字第12521号民事判决书］，法官皆采取利益衡量方法分析涉诉行为的正当性。

之后，被选择优先考虑的利益更契合社会整体利益。① 因此，"利益衡量具有节制的必要性，须考虑妥当的解释场合，不应是毫无节制的恣意"②。在互联网新型不正当竞争案件中，即便特殊情况下经营者利益应有所让步、有所克制，也应当选择对其损害最小的方式。

总而言之，个案当中需要法官发挥实践理性，针对具体案情进行理性细致分析，充分论证案件所涉各方利益的内涵，并予以全面的权衡与考量，其基本倾向是在不违反现有法律规定的基础上，使得各方利益最大化，从而确保结论的合理性、正当性与可接受性。

五、 互联网新型不正当竞争行为认定理念的具化：类型化思考

"书上的法律和行动中的法律不总是一样的。规则和机构本身并不能告诉我们这机器如何运转。"③ "社会整体利益"作为互联网新型不正当竞争行为的认定理念，是规制此类行为最高的指导原则及精神，具有天然的抽象与概括性。利益衡量方法作为不正当竞争行为的判断标准与分析框架，也比较笼统。概念的抽象程度愈高，愈可能引致概念的空洞。"当抽象——一般概念及其逻辑体系不足以掌握生活现象或是意义脉络的多样表现形态时，大家首先想到的补助思考形式是'类型'。"④ 类型化的思考方式区别于抽象概念的思维方式，也迥然于对对象的直观认识与具体掌握，其最根本的特征在于以研究对象的根本性质为标准，以此进行类属划分，是一种将抽象思维与具体思考相结合的精致思考方式。互联网新型不正当竞争行为的规制在将社会整体利益作为认定理念时，为方便法官在个案中予以具体认定，应当将社会整体利益具体的考量因素通过类型化加以明确。

---

① See Robert Alexy, *A Theory of Constitutional Rights* (translated by Julian Rivers), Oxford University Press, 2012, p.102.
② 梁慧星：《民法解释学》，4 版，336 页，北京，法律出版社，2015。
③ [美] 弗里德曼：《法律制度》，李琼英、林欣译，1 页，北京，中国政法大学出版社，1994。
④ [德] 卡尔·拉伦茨：《法学方法论》，陈爱娥译，285 页，北京，商务印书馆，2003。

(一) 经营者利益

反不正当竞争法保障市场主体得以自由竞争、公平竞争，以及基于此获得合理对价之权利。无论反不正当竞争具体保护法益发生何种变迁，立法表述如何不同，该法始终、最基础的仍聚焦于对经营者合法权益的维护。

在以经营者利益作为涉诉行为考量因素时，应重点把握以下两点：

第一，互联网市场主体如借由不正当手段强化自身竞争优势、损害其他经营者合法权益的，无论这两者之间是否具备直接、狭义的竞争关系，皆认为涉诉行为构成不正当竞争，应受到反不正当竞争法的规制。这是因为，从最广义的角度看，经营者在整个互联网市场俱可能具有某种程度的竞争关系，这种竞争关系是以消费者的消费抉择、消费决策等深层次选择为中介。亘言之，互联网市场中，任一经营者只要借助不正当手段谋取更多商业机会、争夺更多交易对象从而攫取更多经济利益，并且该行为给其他诚实经营者的合法权益、对市场竞争秩序造成损害的，该行为已然构成不正当竞争行为。[①]

第二，考量到互联网市场竞争中的任一阶段都可能存在不当获取竞争优势的行为，故而对涉诉行为予以认定时应当严格依照以下逻辑层层推演："竞争参与——竞争能力——竞争结果"，只有这样，才能保证不论是市场主体参与竞争的阶段，还是在竞争能力的展示阶段，抑或在竞争结果的分配阶段，皆享有可见的公平与自由竞争之权利。[②] 在这三个阶段期间的任一环节，只要经营者的正当合法权益受损，皆可认定涉诉行为的不正当性。

(二) 消费者利益

市场竞争并非由竞争者单独构成的封闭整体，而是由诸多主体以各种形式展开、

[①] 也有学者认为，可通过论证被侵权企业是否享有法律保护的合法权益、竞争行为是否属于破坏他人经营的行为、竞争行为是否属于不正当利用他人经营的行为来判断是否侵害竞争者的利益。参见张钦坤：《反不正当竞争法一般条款适用的逻辑分析——以新型互联网不正当竞争案件为例》，载《知识产权》，2015（3）。

[②] 参见张占江：《不正当竞争行为的认定的逻辑与标准》，载《电子知识产权》，2013（11）。

共同型构的整体环境。其中，每个经营者的行为不仅影响其他竞争者，经济行为的外部性意味着其必然波及消费者，甚至是整个市场之供给与需求。事实上，反不正当竞争法的立法目的条款也明晰了保护消费者合法权益。因此，在规制互联网新型不正当竞争行为之时，也应当将消费者利益置于重要战略点。

那么，互联网新型不正当竞争案件中具体如何考虑消费者利益？消费者利益的内涵是什么？通常而言，在司法实践中，法官主要从消费者的选择权与知情权两方面加以判断。比如，在"百度诉三际公司案"中[①]，被告利用消费者处于信息不对称的劣势地位，借助一系列具有偏向色彩的词语，诱导消费者卸载竞争对手的软件。表面上看该行为给予消费者充分的自主选择权，然而实质上依然是一种剥夺消费者知情权、间接干扰与限制消费者选择的行为。因此，法官以该行为损害消费者的知情权、选择权为由，认定该行为构成不正当竞争。事实上，不论是反不正当竞争法，抑或工信部颁布的《规范互联网信息服务市场竞争秩序若干规定》，基本都是立基于保障消费者的知情权及选择权的角度对竞争秩序加以规范。

此外，在将消费者利益作为规制互联网新型不正当竞争行为的认定因素之外，也应当审慎那些以保护消费者利益、提高消费者体验为名，而施行侵害其他经营者合法权益之实行为的发生。鉴于特定历史发展阶段、特定商业模式不可避免的局限性，因而不得因特定阶段的商业模式不便于全面保障消费者利益而当然认为该商业模式损害消费者利益。市场主体具体采用何种商业模式，归根结底还是由市场总体竞争状况与消费者选择共同决定。

（三）技术中立与技术创新

在软件冲突类新型不正当竞争案件中，被告常以"技术中立"或"技术创新"为抗辩事由，以此为自身行为竖立正当性旗帜。那么，此类行为中技术冲突是否不可避免，是否对该行为持包容态度，技术中立是否当事人行不正当竞争的正当事由。

---

① 参见北京市海淀区人民法院（2007）海民初字第17564号民事判决书。

对此，司法实践中是存在不同认知的。①

但总体而言，我国的互联网经济处于成长期的起步阶段，面对互联网经济发展中存在的诸多不确定性因素，应当始终以党的十八届三中全会提出的"坚持发展"作为解决所有问题的重要战略判断。只有先保障互联网市场主体的发展利益，并为之创造良好的、宽松的互联网发展环境，才能进一步将这个"互联网经济蛋糕"做大，也才会谈及深层次地实现社会整体利益。因此，对于合理、必要的技术创新应当予以鼓励，对于正当的技术中立给予包容，而这也是社会整体利益的内在诉求。

职是之故，在一项技术诞生之初，我们完全不需急于作出是非判断或评价，尤其是在该技术发展前景尚未十分明朗时，更应审慎对之，不可贸然予以限制或禁止，而是应当循序渐进、留有余地，为创新与发展留下必要空间。需要说明的是，为技术创新、技术中立留存空间也不可绝对化，不可将其无条件加以扩大，谨防市场行为主体将其作为免除法律责任的挡箭牌，而肆意施行侵害其他诚实经营者合法权益、侵害市场竞争秩序的行为。技术提供者对于该行为引发的损害，是否有主观恶意，应结合具体案情，予以全面的综合考量。

（四）特定阶段通行的商业模式

所谓"商业模式"，意指商业活动中经营者为针对性解决某些特定问题而采取的经营方法、经营方式，因特定历史阶段经营者面临的问题普遍相似，因而该时期经营者的商业模式基本趋同。②

那么，怎么判断商业模式正常经营下所获利益是否应纳入反不正当竞争法的保护范畴？其关键在于评判该商业模式本身的正当性。若经营者在原先模式的基础上开发出更优的方案，或者创设出相对于原有模式更优的商业模式，并且对其他经营

---

① 比如，在"奇虎诉金山案"中，法官则对技术冲突予以充分包容，其认为软件经营者所推出的软件难以避免相互冲突，被告发现不兼容事实后主动采取补救措施，可证明其主观并非恶意［参见北京市第一中级人民法院（2011）一中民初字第136号民事判决书］。而在"搜狗诉腾讯案"［参见北京市第一中级人民法院（2009）一中民初字第16849号民事判决书］、"3712诉百度案"［参见北京市第一中级人民法院（2005）一中民初字第4543号民事判决书］中，对技术冲突行为作出了负面评价。

② 参见傅静坤：《网络商业模式专利初探》，载《深圳大学学报》（人文社会科学版），2001（2）。

者合法权益未造成负面影响，对于消费者利益的保护与市场竞争秩序皆未产生影响，那么经营者以此谋利之行为，非但不会受到法律的禁止，还会获得市场的激励。市场的发展取决于自由竞争，对商业经营模式的效仿和复制并不必然伴随法律的规制。尤其是在互联网经营模式的快速发展中，"模仿"不失为一种低成本开展经济活动的得当选择，对具体竞争行为的界定不得忽略互联网经济发展的特性，不可背离互联网"互联互通、信息共享"之基本规律，妨碍正常的商业竞争。然而，如经营者所开发的商业模式不正当地侵扰其他竞争者的商业模式，妨碍其合法权益的获得，那么经营者的行为依然超越了法律授予的权限。

任一互联网市场主体皆不享有判断、甄别其他竞争者商业模式合法性的权利，也不得立基于这种判断，针对性地施行干扰他人商业模式、破坏或妨碍其他经营者权利的行为。经营者肆意对其他市场主体商业模式与经营行为予以破坏、侵扰，必然导致后者的反击，进而将互联网市场变为战火纷飞的市场与"丛林世界"，于此正常公平的竞争秩序也将不复存在，最终损害的将是广大消费者的权益，遑论社会整体利益的实现。

（五）行业公约与行业惯例

在认定互联网新型不正当竞争行为过程中，法官也时常会借助行业公约与行业惯例来界定涉诉行为的正当性。为何行业公约与行业惯例可作为行为正当性的重要参考因素？行业公约与行业惯例由行业协会针对特定行业，由共同参与的主体协商制定而成，是行业共同体普遍遵循的行为准则。有时行业公约与行业惯例是由历史的传承而沿袭下来，有时是因时代发展需要而创设，但无论如何都需要经过时间的沉淀、共同体内成员的普遍认同与社会经济道德准则之检验。基于此，互联网行业公约与行业惯例得以成为法官认定涉诉行为是否符合社会整体利益的考量因素。

在"腾讯诉奇虎案"中[1]，最高人民法院对行业公约与行业惯例的效力及具体适用作出认定，其认为在市场经营活动中，为规范特定领域的竞争行为与维护经营秩序，相关行业协会及自律组织会结合行业需求与行业竞争特点，在归纳总结行业竞

---

[1] 参见最高人民法院（2013）民三终字第5号民事判决书。

争现象的基础上,制定行业公约或行业惯例。这些行业自律规范常常反映与体现该行业公认的商业道德与行为标准,因而可作为界定行业惯常行为标准与公认商业道德[①]的重要渊源。

需要说明的是,并非所有的行业公约与行业惯例都可以成为公认商业道德的渊源,行业公约与行业惯例得以作为认定公认商业道德的参考因素,必须具备以下三要件:其一,应当达到"行业规范性"与"法律确信"。具体而言,该行业公约与行业惯例不得与现行的法律强制性规定、社会公德发生冲突。而所谓"法律确信",指的是该行业公约与行业惯例形成中的心理与主观因素,即在具体法律规定缺位时,行业主体确信行业公约具有法律效力。其二,应当接受司法的审查,且由司法机关在裁判中予以认定。其三,可以被司法机关援引,适用于实务裁判。

六、结　语

目前互联网新型不正当竞争行为已是样态各异且呈"井喷式"爆发,其特有的虚拟性、隐蔽性、行为的超时空性等特点无不给传统反不正当竞争规制体系带来巨大冲击与挑战。互联网生态圈演变极快,决定了任何具体的竞争规则都可能随时显得过时。正如荀子所言,"不知法之义而正法之数者,虽博,临事必乱。"对竞争法的适用不能停留于"正法之数",即只是简单地适用具体条文与规则,何况反不正当竞争法并未有充足、具体的列举式条款来规制互联网新型不正当竞争行为,其一般条款也并未"博"到足够操作的程度。为有效规制花样翻新的互联网新型不正当竞争行为,具体制度的修改与完善虽是必要的,然最为关键、也最为根本的是确立规制此类行为的理念与精神,从而弥补具体制度的不足,为实务部门提供指引。以社会整体利益作为互联网新型不正当竞争行为的根本认定理念,得以为具体制度的构建提供索引与方向,定好解决价值冲突的基调。在社会整体利益观指导下,具体可

[①] 值得注意的是,社会整体利益是规制互联网新型不正当竞争行为的理念与精神,而公认商业道德是社会整体利益指导下的具体规则。

采用利益衡量方法，协调好自由竞争与公平竞争的冲突，消除相关法律规定与政策之间的抵触，化解经营者利益与消费者利益之间的矛盾。此外，鉴于社会整体利益作为理念而不可避免的抽象性与概括性，建议以类型化划分的方法，将社会整体利益的考量因素予以具体化，分别是经营者利益，消费者利益，技术中立与技术创新，特定阶段正当的商业模式，行业公约与行业惯例。当然，一切有关竞争法实务的开展都应回到原点，即贯彻竞争法的基本精神，互联网新型不正当竞争行为法律规制体系的构建最终依然以社会整体利益为依托，唯有如此，才能根本、周延性地规制所有互联网新型不正当竞争行为。

商业方法的可保护性研究

韩 强 朱 培[①]

商业方法因其关涉抽象思想能否成为专利保护的客体备受争议。计算机技术及电子商务的发展使商业方法与计算机互联网技术相融合为我们带来了许多全新的经营模式。人们开始逐渐认识到与技术相结合的商业方法不同于传统的商业方法。尤其是软件化了的商业方法将专利中存在争议的两种客体融为一体，使将商业方法与软件融为一体的客体成为判断得否授予专利的难点。在这一问题上，欧洲向来态度保守，以"技术性"来对商业方法专利进行审查；2014年Alice案与Ultramercial案及其后的《2014专利主题适格性审查暂行指南》表明美国对商业方法专利的态度改弦更张，由激进趋于保守，显示出对商业方法专利发展的谨慎态度。从美国和欧洲的审查实践以及结合我国商业方法专利的审查实践，笔者认为，即使是与技术相结合的商业方法也难以符合发明专利的要件。除专利保护之外，商业方法在反不正当竞争法以及侵权责任法上也有可能成为受保护的对象。现行《反不正当竞争法》并未将商业方法作为一项法益加以规定，但商业方法依附于商号或者其他特定载体，由经营者投入成本并为经营者带来经济利益，可以认定为一项利益。在民法上，故

[①] 韩强，华东政法大学教授、法学博士。朱培，华东政法大学民商法专业2014级法学硕士研究生；University of Wisconsin-Madison, LLM。

意以悖于善良风俗方法加害于他人利益者,也被认定为侵权行为。因此,故意出于不正当竞争目的加害他人商业方法的行为有可能构成侵权行为。

一项发明创造,若想获得专利保护,必须通过两道门槛的检验,第一道门槛把不属于专利法保护的客体排除在外,第二道门槛把创新程度较低的发明创造排除在外。这是世界各国通行的做法。也就是说,一项授权专利既应属于专利保护客体(美国称之为 patent eligible subject matter),还需要达到一定的创新高度。

商业方法长久以来被认为属于智力活动规则与方法,为了避免属于公共领域的知识被私人所垄断,因而被认为不具有可专利性。1998 年美国最高法院推翻之前的见解,在 State Street Bank 中首次确认了商业方法专利后,在实践中授予了大量商业方法专利,打破了商业方法不可授予专利的传统看法。针对这一发展趋势,尤其在美国花旗银行向国家知识产权局提出 19 项有关商业方法专利的申请后①,绝大多数专家学者都认为软件化的商业方法具有可专利性。② 然而笔者经过比较法上的研究,尤其是对率先大量授予商业方法发明专利的美国情形,笔者在考察了美国 2014 年后的新审查实践后认为,商业方法软件基本上不可能通过专利客体的审查,因而不具有可专利性。我国在此问题上仍然应当保持谨慎态度。

一、 商业方法专利的含义

商业方法是人类在商业活动过程中总结出来的一系列为实现商业目的而使用的基本原则和实现方式。2004 年 10 月,中国国家知识产权局发布的《商业方法发明专利申请的审查规则(试行)》中将"商业方法"的含义界定为:包括金融、保险、证券、租赁、拍卖、投资、营销、广告、旅游、娱乐、服务、房地产、医疗、教育、

---

① 见 http://money.hexun.com/2011-05-10/129437529.html,2016-11-17。
② 国内学者研究商业方法发明专利的文献集中在 2000—2012 年之间,且多集中于对美国商业方法发明专利案例的整理,对于 2012 年之后美国在商业方法发明专利领域的发展尚未见深入研究者。

出版、经营管理、行政管理和实务安排等。商业方法长期以来一直被认为属于智力活动的规则和方法,是一种抽象的概念。一般为维护公共利益起见而将其划入公共领域的范畴,因而不具有可专利性。

而学说上认为能被授予专利的商业方法至今未形成统一的概念。世界知识产权组织认为:商业方法专利涉及的是那些借助数字化网络经营商业的、有创造性的商业方法。① 日本特许厅第四审查部部长井上正认为:商业方法专利是一项通过计算机系统完成创造的发明。② 我国曾在《商业方法发明专利申请的审查规则(试行)》中将商业方法专利称为"商业方法相关发明专利",是指利用计算机和网络技术完成商业方法为主题的发明专利申请。③ 美国专利商标局(以下简称 USPTO)将自动化商业方法专利归在第705分类码下,并将其定义为:(1)装置及对应的方法。用于商业运作、行政、企业管理或财务资料报表的生成,能使资料在经过处理后有显著的改变或完成运算操作;(2)装置及对应的方法。用于改变货物或服务提供时的资料处理或运算操作。④ 欧洲专利局认为:商业方法的专利申请可以分为三类:(1)抽象的商业方法。所谓"抽象的商业方法"是指在申请专利范围中,并未举出任何执行该方法的装置。(2)主张一种商业方法,其中至少某些步骤由计算机、计算机网络或其他传统的程序、电子装置来执行(以计算机实施的商业方法)。(3)主张一种商业方法,其中至少某些步骤是由其他(计算机以外)的特定装置(如移动电话等)来执行。其中第(2)类和第(3)类发明,欧洲专利局也会以与审查其他计算机相关发明相同的方式来审查。⑤ 由以上各国的对商业方法的定义来看,可以大致将商业方

---

① 见 http://ecommerce.wipo.int/primer/index.html,转引自张平:《回顾与分析——美、日、欧在商业方法上的专利保护之争》,载陶鑫良主编:《上海知识产权论坛文集》,34页,上海,上海大学出版社,2002。

② 参见张平:《回顾与分析——美、日、欧在商业方法上的专利保护之争》,载陶鑫良主编:《上海知识产权论坛文集》,34页,上海,上海大学出版社,2002。

③ 网络商业方法,就是指从事电子商务的网络经营者在互联网上进行商业活动时所采用的经营模式。或者说,是通过计算机互联网进行商务活动的方法。

④ 参见刘尚志、陈佳麟:《电子商务与计算机软件之专利保护——发展、分析、创新与策略》,107页,北京,中国政法大学出版社,2004。

⑤ EPO, Examination of "Business Method" Application, Trilateral Project B3b Report, May 19, 2000, 见 http://www.joupo.com/chinese/8907-5.htm,转引自谢黎伟:《利益平衡视角下的商业方法可专利性》,载《海峡法学》,2010(3)。

法分为两类：第一类是不与任何技术相结合的纯商业方法，对于这一类商业方法，各国均不承认其具有可专利性；对于第二类需要与计算机、互联网或其他装置结合实施的商业方法，都认为其具有可专利性。

以上只是我们对相关法律文本的文义解释，那么实践中，专利审查部门对于与计算机互联网等技术结合的商业方法的发明可专利性是如何进行审查的，法院对此又是什么观点，这是笔者下文所要着重进行实证考察的。

二、 美国 2014 年后对待商业方法发明专利的态度

在商业方法是否具有可专利性的问题上，美国可谓经历了一波三折的观点反复。美国自 1908 年在 Hotel Security Checking C. V. Lorraine Co. 案中确立了"商法方法除外"规则之后，在长达九十多年的时间中均认为商业方法属于抽象概念而不具有可专利性。1998 年联邦巡回上诉法院在 State Street Bank and Trust v. Signature Financial Group Inc. 一案中推翻了"商法方法除外"规则，并确立了"有用、具体和实在结果"标准作为认定商业方法发明可专利的标准而取代了之前对专利授予先对客体进行判断再对三性进行审查的标准，从而使得商业方法发明专利的门槛大大降低。10 年之后，在 2008 年的 Bilski v. Kappos[①] 案中最高法院推翻了"有用、具体和实在结果"规则，判定某种商业方法通过计算机软件执行，不具有可专利性[②]，本案被认为是最高法院对于商业方法发明专利的授予逐渐趋于保守的指标性案件。笔者通过考察 2014 年的 Alice v. CLS Bank 和 Ultramercial, LLC v. Hulu, LLC 案及之后的相关案例和其后实施的《2014 专利主题适格性审查暂行指南》后认为，就目前情况而言，商业方法发明专利在美国几乎无法通过可专利的客体审查，Alice 案宣告了商业方法发明专利在美国的死亡。

---

① 该案所主张的商业方法是运用对冲原理来规避能源市场风险的方法。
② See Bilski v. Kappos, 561 U. S. 593（2010）.

1. Alice v. CLS Bank 案

本案的专利权人 Alice 公司拥有一项关于管理各种财务风险形式的商业方法软件发明专利。该发明专利的第 33 项请求内容涉及交割风险。而该项商业方法专利的作用在于缓和这种交割风险。本案中需要利用电脑系统作为第三方中介，促进交易当事人间的财务义务的交换。①

美国联邦最高法院在本案中运用了两步测试法从而认为该商业方法发明专利不具有可专利性。法院认为第一步：需要判断本案中的专利请求中是否导向自然法则、自然概念或抽象概念。法院认为很明显，本案中的商业方法指向利用第三方缓和交割风险的抽象概念。② 这是一项在美国交易制度中长久以来普遍存在的基本经济运作。因而，联邦最高法院认为，该商业方法属于一种抽象概念，因而不符合美国专利法第 101 条③所要求的可专利性要求。

第一步判断的商业方法如果属于商业方法并不代表测试法的结束，而是需要进行第二步的测试即判断本案中的专利是否于抽象概念之外增加了新的特征。法院认为就本案专利请求中的四个步骤分别来看，均属于惯常性活动。即使将所有请求步骤合并观察而言，本商业方法专利也仅仅是将利用第三方缓和交割风险的抽象概念交给电脑进行处理。该方法并未改进电脑本身运行性能或者在技术领域中使得技术发生改进。因而将抽象概念交由电脑进行运行处理，并不能使抽象概念成为可专利的发明。④

2. Ultramercial，LLC v. Hulu，LLC 案

本案中 Ultramercial 有限责任公司拥有一项使用户观看在线广告后由广告商向作者支付费用，用户能够免费观看受著作权法保护著作的商业方法发明专利。⑤ 该案经

---

① See Alice v. CLS Bank，2014 U. S. LEXIS 4303；82 L. Ed. 2d 296（2014）. at 302.
② See Alice v. CLS，82 L. Ed. 2d 296，at 305.
③ 《美国专利法》第 101 条规定："任何人发明或发现任何新的且有用的方法、机器、产品或物质的组合或对它们的任何有用的改进，都可以因此而获得专利权，只要其符合授权的条件和要求。"
④ See Alice v. CLS，82 L. Ed. 2d，at 310.
⑤ See Method & Sys. For Payment of Intellectual Prop. Royalties by Interposed Sponsor on Behalf of Consumer over a Telecomms Network，U. S. Patent No. 7346545 col. 2，p. 11. pp. 44-57（filed May 29，2001）.

过长达四年的审理最终以专利请求违反美国专利法第101条，判决该专利不适格。①对此联邦巡回上诉法院在终审判决中采用了Alice案中的两步测试法。第一步：法院认为本案中由广告商向作者支付相关费用，用户观看广告商所放映的广告后再免费观看作者的相关本应付费的作品的商业方法系运用了抽象概念，将广告当作货币，该抽象概念不具有专利适格。当然不能仅因专利请求中包含抽象概念就结束测试。此时还应当进行第二步测试，即本专利请求中是否还有其他发明构思的其他特征，是否有使抽象概念转换为具体应用的特征或限制。就本案而言，虽然有使用相关电脑及互联网等技术，但这些技术仅发挥其本应有的功能，还不能认定两者的结合。

3. Alice案后各州相关案例

美国联邦最高法院Alice判决对美国专利申请与审查实务产生了重大影响。在司法实务方面，各州地方法院依循联邦最高法院于Alice案所适用的两步测试法，判断发明是否属于抽象概念而不具有专利适格性，产生了数则判决。以下将分析2014年12月作成的两则美国地方法院判决，观察Alice案对美国法院就专利适格性争议判断的影响。

（1）Intellectual Ventures LLC v. Manufacturers and Traders Trust Co. 案②

本案涉及编号分别是第137号、第587号和第701号的专利，特拉华州地方法院适用Alice案的两步测试法审理后，认定以上三项专利不具有专利的适格性。

首先，关于第137号专利部分，该发明是一种消费者可以自己设定消费额度上限警示通知的系统与方法，其专利请求所记载的步骤为：1）保存一个消费者的档案，该档案包含消费者所选择的类别与预设的额度限制；2）提示交易摘要资料给该类别与额度限制。特拉华州地方法院根据Alice案的两步测试法进行判断。在第一步的测试上，法院认为系争发明的主要核心概念在于让消费者可针对本身的消费设定限额，并在支出达到限额时能接收到警示。而这种"预算"的概念本就是长久存在的基本运作实务，从而系争发明请求项所载内容导向抽象概念。因此，法院继续进

---

① See Ultramercial III, 772 F. 3d, at 717.
② See Intellectual Ventures I LLC v. Mfrs. And Traders Trust Co., No. 13-1247-SLR, 2014 WL 7215193 (D. Del. Dec. 18, 2014).

行第二步测试,审查系争发明请求所载内容是否具备发明概念("inventive concept"),也就是该请求是否另外有附加其他意义的额外步骤或限制。对此法院认为,系争发明所请求项所记载的储存与处理资料的步骤,充其量仅是一般电脑的基本功能,依照 Alice 案见解,系争发明的申请专利范围为抽象概念本身,故不具专利适格性。

其次,关于第 587 号专利部分,法院认为,该发明系一种自动整理由各种来源所获得大量图像的方法、系统与装置。地方法院在第一步测试上认定系争发明的核心概念是扫描大量图像并予以整理,而此与一般人们所悉知与常用的电脑相簿操作概念并不存在什么不同点,因而法院认为系争发明请求导向抽象概念。法院进而进行第二步测试,法院在此认为系争发明请求中虽有附加扫描器以及电脑等原件,但是由于系争发明请求项的核心在于整理数字相片的方法,而非扫描器或电脑本身,所以认为系争发明请求所附加的步骤只不过是将人们所熟知的整理影像的方法改以电脑处理而已,故不具专利适格性。

最后,关于第 701 号专利部分,法院认为该发明是一种能在确保消费者账户资料隐私的情形下,加快电子交易的方法。其专利请求所载的手段为提供给使用者一个化名以供其交易时使用。在第一步的测试上,法院认为系争请求所记载的解决手段(提供化名以确保交易隐私保护),并非仅能借由电脑技术实施操作的方法。实际上是在互联网技术发展前早已经存在并使用的方法,所以法院认为,系争发明请求导向抽象概念。法院进而进行第二步测试,认为系争发明请求中虽然附加电子设备、存储媒介和处理器,然而请求所附加的步骤仅仅是这些技术设备的一般功能,且系争发明请求的撰写方式过于宽泛,使得其申请专利范围包含利用与不利用电脑来实施所记载手段的情形。从而法院认为,系争发明请求并未附加任何有意义的额外步骤或限制,最终认定系争发明不具有专利适格性。

(2) MyMedicalRecords, Inc. V. Walgreen Co. 案[①]

本案涉及第 466 号专利,一种提供给使用者可以秘密获得本人健康记录信息的

[①] See MyMedicalRecords, Inc. V. Walgreen Co., No. 2: 13-cv-00631-ODW (SHX), 2014 WL 7339201, (C. D. Cal. Dec. 23, 2014).

方法。加州中区地方法院在第一步的测试上，认为系争发明的核心概念是保证资料获得途径的隐秘性，这种概念早已存在甚久，所以系争发明请求导向抽象概念。接着进行第二步的测试，法院认为专利请求中提及的各项附加步骤或限制，这些均属于电脑的惯常一般功能。因此本项发明仅仅是借助电脑的惯常功能来执行一个抽象概念，因而不具有可专利性。

4. 《2014专利主题适格性审查暂行指南》确立的客体审查标准

美国专利商标局在美国联邦最高法院作出上述判决后，于2014年6月颁布《依Alice案判决审查暂行指南》，作为判断申请专利请求是否属于抽象概念的参考。之后，美国专利商标局又于2014年12月16日颁布《2014专利主题适格性审查暂行指南》。按照该指南的规定，其将专利的适格性判断分为两大步骤。第一步，需要判断专利请求中是否可归于法定属于专利法保护的四大客体，如果判断结果为肯定时，则进入第2A步，判断专利请求是否导向自然法则、自然现象或者抽象概念。如果判断结果为否定时，则该发明专利适格（客体审查完毕）。如果判断结果为肯定时，进入第2B步的判断，专利请求中是否存在其他更有意义的步骤或限制的记载（如对电脑本身的功能有所改进、增加的额外步骤或限制并非该技术领域内所惯常或通常使用、对特定技术领域有所改进或产生将特定物质转换成其他物质或不同状态的结果）。[1]

《2014专利主题适格性审查暂行指南》审查流程如图1所示。

5. 总结

在Alice案后，美国的初审和上诉法院针对软件相关商业方法专利显示出一种新的敌意。自Alice案以来，美国法院审理了12起挑战软件相关专利有效性的案件。在上述的每一起案件中，法院都根据美国《专利法》第101条而宣判专利无效，认为它们所涵盖的是不具有专利适格性的对象。[2] 这也宣告了美国正朝着欧洲式的软件商业方法发明专利适格性的测试思路靠拢。在欧洲，如果想授予软件相关发明专利，

---

[1] The United States Patent and Trademark Office, 2014 Interim Guidance on Patent Subject Matter Eligiblity, 79 Fed. Reg. 74624 (2014).

[2] 国家知识产权局网站"国际动态"栏目，见http://www.sipo.gov.cn/wqyz/gwdt/201412/t20141211_1045089.html，2016-11-18。

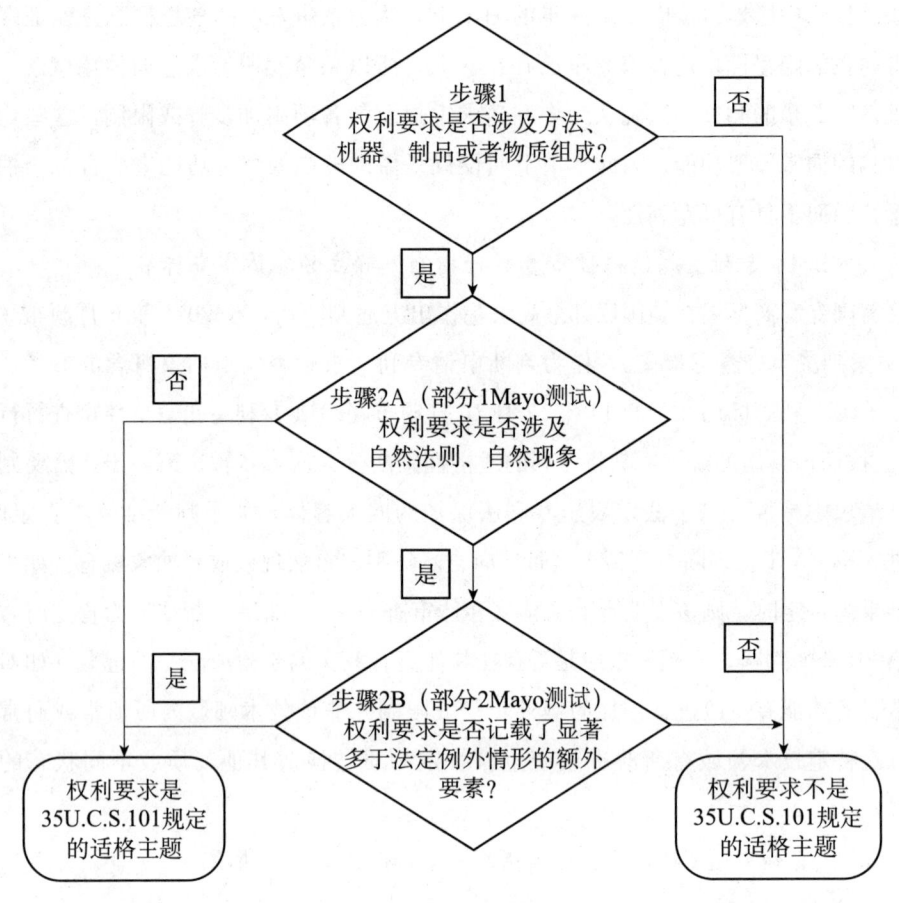

```
                    ┌─────────────────┐
                    │     步骤1        │
                    │ 权利要求是否涉及方法、│──否──┐
                    │ 机器、制品或者物质  │      │
                    │      组成?       │      │
                    └────────┬────────┘      │
                             是               │
                    ┌─────────────────┐      │
              ┌─否──│   步骤2A（部分1Mayo测试）│      │
              │     │ 权利要求是否涉及   │      │
              │     │ 自然法则、自然现象 │      │
              │     └────────┬────────┘      │
              │              是               │
              │     ┌─────────────────┐      │
              │     │ 步骤2B（部分2Mayo测试）│──否──┤
              │ 是  │ 权利要求是否记载了显著│      │
              │     │ 多于法定例外情形的额外│      │
              │     │      要素?       │      │
              │     └─────────────────┘      │
     ┌────────┴──────┐              ┌────────┴──────┐
     │ 权利要求是     │              │ 权利要求不是   │
     │ 35U.C.S.101规定│              │ 35U.C.S.101规定│
     │ 的适格主题     │              │ 的适格主题     │
     └───────────────┘              └───────────────┘
```

图 1　《2014 专利主题适格性审查暂行指南》审查流程图

那么被主张的专利就必须包含技术解决方案。

三、 欧洲商业方法专利审查实践

商业方法如果要成为《欧洲专利公约》意义下的"发明"的决定性要素需要具备"技术性"。对商业方法发明专利的不同态度使欧盟各国在商业方法"技术性"审查标准上出现了分歧。欧洲专利局主张降低客体审查的要求，并主张通过创造性审查来保证商业方法专利的"技术性"。而德国和英国仍强调在客体审查阶段及要求商业方法符合"技术性"要求。

1. 欧盟对发明专利创造性审查中的"技术性"要求

自从 PBS Partnership 案起,欧洲专利局逐渐将在客体中审查的"技术性"要求,挪至创造性中进行审查。在该案中,欧洲专利局上诉委员会指出:"一项方法若纯粹为非技术目的和/或纯粹处理非技术信息而运用了技术手段,那么该方法所带有的特征并不必然使权利要求具有技术性。"欧洲专利局虽然未改变对方法专利的审查要求,但其却指出:"该案专利申请所带来的进步本质上说是经济性的,它处于经济领域内,因此不能够对创造性构成贡献。"① 从这一表述可以看出,欧洲专利局对"技术性"的判断已不再于客体审查阶段完成,而是放在创造性审查阶段完成。也就是说,商业方法只要与任何"硬件设施"相连接,就能够满足"技术性"的初步要求从而通过客体审查。

但是在创造性的审查中,欧洲专利局要求运用"问题与解决"判断法对创造性进行认定。如果某项特征没能通过提供技术效果的方式对任何技术问题的解决作出贡献,那么该特征对创造性的判断不具有重要性。② 即使在客体审查标准上采用较宽标准,但是仅运用计算机互联网通常功能来执行商业方法,将使商业方法无法通过"创造性"中"技术性"要求的审查。因而只要坚持"技术性"标准,商业方法就难以通过发明专利的审查。

2. 德国与英国客体审查中的"技术性"要求

与欧盟整体的宽松趋势不同的是,德国和英国仍然在客体审查阶段审查"技术性"。《德国专利审查指南》在发明"客体审查"相关规定中指出:"如果对被排除客体的运用能够解决具体的技术问题,那么该权利要求是可专利的。与计算机程序有关的发明只有在利用自然力、技术措施或技术手段解决技术问题时才具有技术性。权利要求中的所有特征,无论其是否属于技术特征,必须作为一个整体进行考察。"③

---

① See Pension Systems Partnership. [2001] O. J. EPO. 441. 转引自陈磊:《论商业方法专利的"技术性"标准——以欧洲专利审查实践为研究对象》,载《知识产权研究》,2012 (3)。

②③ 参见陈磊:《论商业方法专利的"技术性"标准——以欧洲专利审查实践为研究对象》,载《知识产权研究》,2012 (3)。

与之类似，英国法院在 Fujitsu 案中认为："一项方法并不会仅仅因为通过计算机来执行就成为可专利客体，除非通过计算机执行该方法产生了技术贡献，而运用计算机能够更加快捷地执行该方法并不足以构成技术贡献。"[1] 在 Aerotel 案中，英国法院认为，商业方法不可能仅仅通过与硬件设施相联系就符合"技术性"的要求。[2]

四、我国对商业方法专利审查实践

我国目前对于商业方法发明专利的审查分为三个步骤：第一步：客体判断；第二步：新颖性判断；第三步：创造性判断。

《专利审查指南（2006）》中对《中华人民共和国专利法》（以下简称《专利法》）第 25 条的审查标准进行了修正，与之前的《专利审查指南》相比，其对智力活动规则和方法的审查规则发生了明显转变。根据《专利审查指南（2006）》规定，纯粹的智力活动的规则和方法以及实质上仅为智力活动的规则和方法的申请仍然排除在专利保护范围之外，但对于既包含技术特征又包含智力活动规则和方法特征的相关发明则明确表示不应当依据《专利法》第 25 条排除其获得专利权的可能性。接着在客体判断中，需要判断权利要求保护的方案是否属于单纯的商业方法，如果是，则会因属于《专利法》第 25 条第 2 项中的智力活动的规则和方法，确定不属于保护客体，因而不得授予专利权，从而审查结束；如果不是单纯的商业方法，则接着进行第二步新颖性和第三步创造性的判断。

这里有一个关键就是如何判断什么是单纯的商业方法。对此实践中审查部门是这样判断的。(1) 若权利要求请求保护的方案不包含任何技术手段，则权利要求请求保护的方案为单纯的商业方法（反之，若权利要求请求保护的方案包含技术手段，则满足技术性要求）。(2) 技术手段通常通过技术特征来体现，因此，考量权利要求

---

[1] 由此我们可以看到，美国 2014 年之后对商业方法专利审查的态度，已经和英国趋同。

[2] UK Intellectual Property Office, Practice Notices: Patents Act 1977: Patentability of Computer Programs.

是否包含技术手段，等同于考量权利要求是否包括技术特征，若包括技术特征，则满足技术性要求，客体闯关成功。①

由此我们可以看出，我国在商业方法专利的审查上采用的是与欧盟近似的宽松标准，相较于美国、德国和英国而言更容易通过客体的审查。我国和欧盟只要在专利请求中不是单纯只包含商业方法，而是商业方法与相关软件、互联网或设备相结合的情况下，就认为可以通过客体的审查；而在创造性的审查中一项方法并不会仅仅因为通过计算机来执行就成为可专利客体，除非通过计算机执行该方法产生了技术贡献。虽然将"技术性"的要求后置审查，但是笔者以为，就其结果而言，与在美国和欧洲的审查结果上可以说是完全重合的状态，并不会产生差异。

按照目前各国的审查实践来看，笔者甚至认为按照这个逻辑推理下去，虽然各国建立起了商业方法发明专利的审查体系，但是只要坚持"技术性"的要求，则基本上宣告了商业方法专利的死亡，在互联网的背景下，将商业方法结合互联网等技术将会是普遍现象，其结果仅能使得商业方法的实施变得更加便捷、更加有效率，而就执行该方法的技术而言，仅是其通常功能的发挥，也并没有使该技术得到任何技术性改进。

五、 余论： 商业方法在专利之外的保护可能性

从商业方法专利的新近实践来看，尤其是美国2014年以后对商业方法专利审查实践态度的转向来看，虽然美欧及我国都相继建立了自己的对于商业方法发明专利得否授予专利的审查指南。但是，如果仔细进行推理就会发现，商业方法发明专利基本上不存在被授予专利的可能性。其理由在于，就商业方法本身而言，无非是为了提高商业效率、管理有效性或解决道德风险等问题，就其本质而言并不解决技术问题。而与技术手段相结合的商业方法，虽与电脑或互联网等技术相结合，但无非是借助这些技术的通常功能执行该商业方法，也并不解决任何技术问题。在互联网

---

① 见 http://blog.sina.com.cn/s/blog_760919bf0102vfec.html，2016-11-16。

背景下，商业方法与软件等技术相结合已经是普遍现象，这一背景下已经与21世纪初的商业环境完全不同。不能仅因为单纯使用普通的计算机互联网而使不具有专利适格性的抽象概念变成具有专利适格性的发明。因而笔者认为，只要坚持"技术性"的要求，商业方法本身主要涉及"商业领域"，而不是"技术领域"，因而缺乏技术手段，没有解决技术上的问题和产生技术效果，难于构成专利法意义上的技术方案，因而无论是纯商业方法专利还是与电脑或互联网等技术相结合的商业方法几乎不可能有获得授予发明专利的可能。当然，知识产权法在私人产权与公共领域之间的界线，是一种法律上的人为设定，而非自然存在的现象。[①] 这种法律上的人为设定本身也是为人类服务的，是否坚持"商业方法"授予专利审查中的"技术性"要件还取决于一国的需要。

虽然在专利法上，"商业方法除外"似乎已经成为共识。但是否意味着商业方法在法律上得不到任何形式的保护或者救济？商业方法毕竟是人类创造性思维的结晶，也蕴含着不可否认的经济价值。以专利法为代表的知识产权法，以公开技术换取垄断授权的方式，保护创造性思维，承认适度的技术和市场垄断的合理性，为何商业方法却被排除在外？市场主体通过创造性的商业方法获得支配性的市场地位，本身具有一定的合理性。如果放任他人任意模仿，甚至在此基础上展开恶性竞争，彼此间比拼"烧钱"的力度或者价格优惠力度，虽然短期内造成了市场繁荣，或者令消费者获利，但从社会总体福利增长角度而言，这种竞争模式又何尝不是对社会资源的极大浪费。而且，此种恶性竞争的后果往往又是以一方失败退出市场，另一方彻底取得垄断地位而告终。市场状况从垄断到恶性竞争，再形成新的更高程度的垄断，此种往复轮回又有什么意义？因此，对于商业方法的可保护性问题，我们除了探究其在专利法上的可保护性之外，还应把视线投射到反不正当竞争法，甚至侵权责任法的层面上予以观察。

（一）商业方法是否构成一项"法益"或者"利益"？

由于商业方法难以满足专利审查的需求，自然难以成为专利权的客体。那么在

[①] 参见［美］保罗·戈斯汀：《著作权之道：从古登堡到数字点播机》，金海军译，10页，北京，北京大学出版社，2008。

《反不正当竞争法》上是否对商业方法之保护有特别规定呢，即商业方法是否构成一项为法律所保护的法益？根据《反不正当竞争法》第二章对于不正当竞争行为的列举，并无侵犯他人商业方法之规定。由此看来，商业方法目前尚不构成一项为法律所保护的法益。侵犯商业方法的行为在竞争法层面上也不具有违法性。

但是商业方法毕竟是人类创造性思维的结果，其能够为经营者带来支配性市场地位以及相应的经济利益。在现代社会，商业方法要想取得实际经济利益，也不是单纯的一个或者多个"点子"就能实现，经营者通常还需要巨大的前期财产投入，以完善技术手段，或者培养消费者的消费习惯。只有经营者付出了相当的财产投入之后，商业方法的财产价值才能逐渐显现。因此，一个商业方法从产生创意到实际获利，其时间周期和财产投入均相当可观。此时，若放任竞争对手任意使用他人商业方法，参与市场竞争，瓜分市场利益，无疑也是一种搭便车的行为。虽然专利审查强调其技术性，而商业方法似乎没有技术含量，但商业方法中所蕴含的创意和财产投入有时并不比专利差。以网约车或者网络拼车现象为例。经营者通过互联网平台将社会分散的运输力量组织起来，以提高城市交通运输能力、降低居民出行成本，此类商业方法所蕴含的创造性贡献，远非一般专利技术所能比拟。而经营者要想有效组织网约车服务，则必须付出大量的前期投入，否则消费者根本无法信赖或者习惯这样一种出行方式。当特定经营者将此种市场组织起来以后，其他经营者蜂拥而入，纷纷模仿抄袭，甚至引发资本恶斗。如此循环往复，经营者的创新动力将如何保护呢？基于此，虽然《反不正当竞争法》并没有把商业方法作为一种法益加以保护，但商业方法对于经营者而言构成一项利益应无疑问。关键的问题在于，如何构造对此项利益的保护规则。抽象的商业方法或者单纯的商业模式，因其内涵外延上的不确定性难以为法律所识别和保护。但是商业方法本身所固有的创新思维和经济价值仍可通过附着于技术、作品、商标、商号等有形载体加以呈现。如果商业方法依附于技术、作品或者商标，则相应地应以专利权、著作权和商标权制度加以保护，这些都是传统知识产权法调整的范畴。如果商业方法依附于商号，或者经营者以其他方式将商业方法最大限度地特定化，使其具有某种典型的社会公开性，一方面经营者可以通过许可使用、特许加盟等形式利用其商业方法，另一方面商业方法的利益属性也更加确定。

（二）侵犯商业方法行为之不法性判断

根据侵权责任法原理，侵犯绝对权的行为当然具有不法性。具体而言，《侵权责任法》第2条第2款所列举的各项权利，均为侵权行为之客体。侵犯上述权利的行为均为不法行为。而那些没有被法律列举为绝对权的利益，其只要被其他法律纳入保护的范围，该项利益就上升为法益。违反保护该项法益的法律的行为，也构成不法行为。如《反不正当竞争法》第10条规定了对商业秘密的保护。该条即成为针对商业秘密法益的保护性规定。虽然商业秘密不是《侵权责任法》第2条第2款列举的绝对权，但侵犯商业秘密的行为不仅是一项不正当竞争行为，也构成一项侵权行为，行为人应承担损害赔偿责任。由于绝对权和法益都具有类型上的有限性，因而不至于导致侵权责任的泛滥。至于绝对权和法益之外的利益，则类型极其广泛，往往因欠缺典型的社会公开性，被排斥在侵权责任法保护范围之外，如通常所谓的纯粹经济损失等。但法律也并非完全忽视对利益的保护。一来权利和法益数量有限，可能造成法律救济不周延的弊端；二来利益的客观实在性也不容法律对其完全忽视。传统民法为防止对利益的保护造成侵权责任泛滥的失控局面，对此类不法行为设置了严格的构成要件，即只有以故意悖于善良风俗的方法加害于他人利益的，才认定为不法行为，要求行为人负侵权责任。此类不法行为要求行为人主观上具有故意，而行为方式又必须符合违反善良风俗的标准。善良风俗既可指家庭伦理和性的伦理，也包括经济伦理或者市场伦理。如行为人出于不正当竞争的目的，采取违背公认的市场伦理的行为，故意利用他人的商业方法，以谋取不正当利益，并给他人造成重大损失的，似有必要认定为侵权行为。当然，判断行为人行为之不法性，不仅应着眼于故意且悖俗这一构成要件，还要充分考虑商业方法在侵权责任法上的救济必要性。我们并不认为单纯的商业创意或者商业模式都能作为利益加以保护。如商业方法之运作无须经营者大量的前期投入，或者商业方法并未给经营者带来实际的市场利益，则该商业方法就无须保护。如发明以自选购物为特色的超市的经营者，其将传统的百货商店转变为超市，虽然有可能支付更高的经营成本，如储备更多的货物、顾客对货物的偷窃或损坏等，但其他经营者模仿此类经营也需要付出上述成本。其他经营者除在消费习惯这一项上可以搭便车以外，并无其他特别的便利可言。因此，商业方法作为侵权责任法上受保护的利益，也需要将其限定在非常狭窄的范围内。

商业方法能否作为一项利益受侵权责任法上的保护，究其根本仍是人们对于垄断与竞争的观念问题。为何技术创新通过专利制度能够获得合法的垄断地位，而商业方法上的创新则难以获得这种合法的垄断地位。或许任何微小的技术创新都意味着人类文明的进步，即使创新者以营利为目的也在所不问。而商业方法上的创新无论如何都是为商人营利活动服务，即使它在其他方面增进了社会福利也不允许其获得垄断地位。但是，此种近乎先验的论断是否具有充分的合理性仍可质疑。至少到目前为止的社会实践经验证明，无论在技术领域抑或商业领域，合理的、适度的垄断不仅是可以接受的，也是有益的。

（三）商业方法侵权责任的构建

既然将商业方法有限制地纳入侵权责任的保护范围，那么侵权责任的具体类型原则上应按照《侵权责任法》第15条的规定加以适用，其中需要讨论的是"停止侵害"和"赔偿损失"。通常情况下，对于一项绝对权或者法益的侵害，受害人为救济其权利的圆满支配地位，防止造成进一步的损失都会享有一项停止侵权请求权，或者保全请求权。此项请求权是否适用于商业方法侵权，即受害人能否请求侵权人停止使用相应的商业方法？考虑到商业方法在其内涵和外延上固有的不确定性，以及关于垄断和竞争关系上的争论，对于商业方法侵权应不适用停止侵害这一侵权责任类型。这也是最大限度地照顾商业竞争的需要。但是，商业方法侵权者却不能不承担损害赔偿责任。问题的焦点在于如何确定损失以及责任的具体范围。受害人可以证明在他人侵害其商业方法之后，其所遭受的营业额、利润下滑等实际损失，甚至可以证明加害人在使用了商业方法之后所获得的实际利润。但我们认为，以受害人损失和加害人得利来确定损害赔偿的具体范围均不妥当。加害人虽然利用他人商业方法而得利，但此种得利毕竟也是加害人通过经营行为而得来。没有加害人的经营行为，此种利益也不会自动发生。加害人得利与受害人的损失直接相关，但如果将加害人的得利完全剥夺并直接授予受害人，则从根本上否定了加害人经营行为的价值和意义，同时也与适用停止侵害的责任形式没有根本差别。对于商业方法侵权责任类型的确定，我们认为采取拟制授权适用的方式较为适宜。即由法律或者法官在拟制受害人授权加害人使用其商业方法并收取授权使用费的前提下，确定损害赔偿的具体范围。换言之，允许加害人以拟制授权使用的形式继续参与市场份额的分配，从而保障其合理垄断地位及其经济利益。

第五编

网络犯罪治理

5

海峡两岸窃取网络虚拟财产刑法规制之比较研究

——以网络空间定量标准的重塑为主线

刘 静 郭泽强[①]

由于海峡两岸司法制度和实践操作存在差异,跨境窃取网络虚拟财产行为肆虐,在打击过程中仍然存在许多盲区。为共同打击窃取网络虚拟财产的网络失范行为,两岸需要求同存异,加强沟通和互信,共同打击网络失范行为。本文以研究海峡两岸网络虚拟财产刑法规制和实务操作上的差异为基点,以网络犯罪定量评价机制的逆转与重塑为主线,探讨在"双层空间"的社会背景下,面对窃取虚拟财产的网络失范行为,通过阐述和评价传统财产数额化的定量标准在认定上的偏颇和疏漏,提出将传统犯罪定量评价机制的"数额为主、情节为辅"向"数额与情节并重"并逐步向"情节"倾斜与靠拢的新型"双层社会"定量评价机制的转型思路,从而为海峡两岸打击窃取虚拟财产的行为谋求共识。

[①] 刘静,中南财经政法大学刑事司法学院刑法学2015级硕士研究生。郭泽强,中南财经政法大学刑事司法学院教授。

一、问题的源起

互联网从"1.0"向"2.0"的代际发展逐步使其从完全虚拟向虚实结合过渡,网络空间与现实空间的交错渗透使得"双层空间"应运而生。与此同时,网络游戏等电子娱乐通信产品逐渐充当了人们精神愉悦和生活减压的调节剂,但也因其"财产价值属性"而成为不法分子觊觎的对象。其中窃取网络虚拟财产的失范现象以及司法机关以刑罚措施来强势介入的应对方式,引起了海峡两岸社会民众的广泛关注。

以大陆近年来一则窃取网络虚拟财产案为例,2013 年 6 月至 10 月,杨某在北京市朝阳区南湖东园一区,利用北京新娱兄弟网络科技有限公司的 51wan 游戏充值平台漏洞,自主编写充值平台接口程序,多次生成虚假支付信息,窃取该公司运营的《神仙道》游戏虚拟货币"元宝"110 余万个,用于其在该游戏中使用或为他人充值。针对指控的上述事实,北京市朝阳区人民检察院向朝阳区人民法院提供了相关的证据材料,认为被告人杨某无视国法,为牟私利,窃取单位财物,数额巨大,应当以盗窃罪追究刑事责任,提请依照《中华人民共和国刑法》第 264 条之规定予以惩处。北京市朝阳区人民法院经审理认为,朝阳区人民检察院指控被告人杨某的犯罪事实清楚、证据确实、充分。关于指控罪名,朝阳区人民法院认为,杨某的犯罪对象为"游戏虚拟财产",该对象缺乏现实财物的一般属性,不符合公众认知一般意义上的公私财物。而"游戏虚拟财产"的法律属性实为计算机信息系统数据,杨某通过侵入计算机信息系统而获取"游戏虚拟财产",实质上属于非法获取计算机信息系统数据行为,因此,公诉机关指控罪名有误,本院予以纠正。同时,为了确定具体的犯罪数额,公诉机关按照被侵害单位对外交易的价格计算折合人民币 11 余万元来认定,而朝阳区人民法院审判人员认为,本案的犯罪数额不能以被侵害单位的售价认定,而应该以其实际损失,即向联合运营单位(游戏开发公司)结算提成数额 3 万余元认定。还有人建议可以将杨某违法所得数额作为犯罪数额。[①] 显然,在对案件定

---

① 见中国裁判文书网 http://wenshu.court.gov.cn/content/content? DocID=e44dd715-e1ab-43f3-bd2d-e176d3ca7083&KeyWord=3017%E5%8F%B7,2016-11-26。

性和确定本案的犯罪数额及对网络虚拟财产进行价值评估时，公诉机关和人民法院产生重大分歧。但在网络窃财案件中，司法实践开始并逐步尝试将被告人违法所得数额作为犯罪数额，以此增加实务部门打击网络犯罪的可操作性。故此，网络时代的刑事犯罪一般有能够反映网络犯罪特有属性的定量标准以表征其犯罪情节，使其定量评价机制不断扩容和完善。① 同样的问题和争议也在我国台湾地区刑法实务操作中轮番上演。

正因为网络游戏的强势登陆，加之数亿玩家的疯狂追捧和持续追资消费，才逐渐催生网络游戏虚拟财产这一概念，并使人们予以认同。不言而喻，当今社会中传统犯罪网络化及网络犯罪新型化已成既定事实。鉴于窃取网络虚拟财产行为的巨大社会危害性和刑法介入可行性和有效性的分析论证，在我国大陆和台湾地区，无论学术界还是司法实务界都对将侵犯网络虚拟财产的行为纳入刑法的规制之中表示肯定和认同。但是关于此类案件刑法如何定罪量刑的问题，学术界和司法实务部门并没有达成一致意见，争议颇多。各个法院基于对窃取网络虚拟财产的行为性质的不同认定，分别将具有类似性质的犯罪行为认定为盗窃罪、破坏计算机信息系统罪、非法获取计算机信息系统数据罪或侵犯通信自由罪等。究其原因，主要还是缘于在对网络虚拟财产的价值属性和性质认定上存在诸多分歧。持盗窃罪的观点认为，网络虚拟财产具有刑法意义上"财产"的属性，可将其扩张解释到"财产"一词的范畴，那么窃取网络虚拟财产的行为当然构成盗窃罪。而反对以盗窃罪归罪的观点则认为，互联网网络虚拟财产并不具有我国刑法意义上"公私财物"的一般法律属性，加之我国刑法及相关的司法解释并未将网络虚拟财产纳入盗窃罪的"公私财物"范畴。为秉持刑法一贯的罪刑法定和谦抑性的品格，不宜将窃取网络虚拟财产的行为认定为盗窃罪，而应因虚拟财产所特有的虚拟性和信息性而将其归入计算机犯罪的打击范围，此举也很好地规避了司法实践中将网络虚拟财产界定为"公私财物"的数额认定难题。

从以上两派论者的交锋和博弈中我们可以看出，界定窃取网络虚拟财产行为的行为，关键在于厘清虚拟财产的法律属性以及窃取网络虚拟财产行为所着重侵犯而

---

① 参见于志刚：《技术提升需要独立网络犯罪法》，载《法制日报》，2012-07-21。

受刑法重点保护的社会关系的属性。争论的背后，传统刑法的罪名体系和刑法分则条文的时代生命力问题也即成为现代司法关注的焦点：是承认传统财产罪名可以适用于网络空间，还是勒紧刑法谦抑性的咽喉，从而反对传统财产罪在网络空间的驻足，以图通过修订的计算机犯罪甚至重新建立一套全新的罪名体系来规制侵犯网络虚拟财产的行为。无论如何，若因为刑法理论的僵化和滞后而导致刑法对不法行为出现打击空白和规制盲区的话，网络失范现象将因无遏制之力而变本加厉、肆意猖獗，刑法也将丧失威慑之矛和预防之盾。

对于我国刑法分则第五章规定的侵犯财产罪，传统上采取数额和情节两种犯罪定量评价因素。其中，以数额最为常见和普遍，致使在计算和判定盗窃罪等财产类犯罪数额的司法实践中逐步形成了以数额为主、情节为辅的定量机制。但是，随着传统财产犯罪向网络空间的渗透和转移，网络的虚拟性和技术性特点给司法实践尤其是虚拟财产的数额认定带来了前所未有的冲击和挑战，甚至对因部分虚拟财产的数额难以认定而将类似案件拒于刑法打击门外。在信息时代，传统犯罪不仅可以披上"网络技术"的外衣在虚拟空间中肆虐泛滥，而且可以同步实现线上线下的互动、现实空间和网络空间的自由切换。故此，犯罪的定量标准就必须兼顾并涵盖"双层空间"，建立全新的定罪量刑的标准体系，从而使对犯罪的定量评价更加科学严密。

针对"双层空间"下定量评价机制的逆转与重塑问题，本文以窃取网络虚拟财产为着眼点，通过对我国台湾地区相关立法和实务的法理剖析与对比研究，主要探讨思路集中于将传统犯罪定量评价机制中的定性问题，即结合虚拟财产的价值属性反观传统财产罪的扩容和计算机犯罪的新解，为窃取虚拟财产的网络失范行为的合理归位谋求合理出路，以及实现从传统现实社会犯罪量化要件中的"数额为主、情节为辅"向"数额与情节并重"并逐步向"情节"倾斜与靠拢的新型"双层社会"定量评价机制的转移和过渡。新型定量评价机制不仅在实体上要求足以反映行为的社会危害性或法益侵害性和主观恶性，在程序上也要求能使司法实务部门在利用现有的信息技术作为取证手段时具备便捷性和可操作性[1]，以此全面有效地对网络时代传统财产犯罪的异化和失范行为进行定罪情节和量刑机制的系统性和体系化构建。

---

[1] 参见郭旨龙：《信息时代犯罪定量标准的体系化实践》，载《上海政法学院学报》，2015（1）。

正如美国著名法官卡多佐所言："法律，就像一个旅行者，必须准备翌日的旅程。它亟须一个成长的原则。"① 而使刑法具备成长原则的关键就在于在秉持刑法谦抑观的前提下，对刑法盗窃罪的分则条文作与时俱进的解释，使其在正常调控现实空间的同时，又能够延伸适用于网络空间，"释放"我国现行刑法分则条文的"内存容量"，让传统财产罪的犯罪体系和刑罚体系能够在网络空间中完美契合，并构建起适合于网络时代的定量标准，这已成为我国刑法学界和司法实践机关的当务之急。②

二、窃取网络虚拟财产行为之定性标准的判定

"互联网的产生为虚拟财产的形成提供了依托平台，网络游戏的出现为虚拟财产的形成提供了生成契机，而参与网络游戏所需要的虚拟物品则成为虚拟财产的物质基础。"③ 网络虚拟财产作为网络空间文化的衍生物，有其产生、出现的物质土壤。而对窃取网络虚拟财产的网络失范行为的定性判定，则主要是在对虚拟财产的价值判定的基础上，通过研析我国台湾地区等不同法域下此类行为的立法规定和司法实务的判例，为大陆相关案件的处理提供可供借鉴的范本。

（一）虚拟财产的价值证成

何谓"虚拟财产"？对这一概念的界定，学界大致分为广义说、狭义说、最狭义说三种观点。其中广义说是将一切存在于虚拟空间中可供人使用、支配的专属性的数据资料都纳入"虚拟财产"的范畴。④ 但是此举也将单纯只存在于虚拟空间之中，与现实货币之间无任何交换价值的虚拟物品，诸如游戏的背景、声音等也包含在内，不当地扩大了虚拟财产的外延。狭义说肯定了虚拟财产必须具备现实交易价值，但

---

① ［美］本杰明·N. 卡多佐：《法律的成长·法律科学的悖论》，董炯、彭冰译，13页，北京，中国法制出版社，2002。
② 参见于志刚：《网络犯罪的发展轨迹与刑法分则的转型路径》，载《法商研究》，2014（4）。
③ 于志刚：《网络犯罪的发展轨迹与刑法分则的转型路径》，载《法商研究》，2014（4）。
④ 参见郑泽善：《网络虚拟财产的刑法保护》，载《甘肃政法学院学报》，2012（5）。

认为必须以用户支付金钱对价为基础。① 此种说法则将网络用户通过注册免费获得的 QQ 号码、电子邮箱等排除在外，这就使得侵害此类网络虚拟物品的行为难以得到有效的规制，使虚拟财产的保护面受到限制。最狭义说则是将虚拟财产片面地限定在网络游戏的范围之内，难以反映虚拟财产的全部特征种类。②

通过对上述三种观点的利弊权衡，本文认为，虚拟财产为依托于网络空间中，能为人管理、支配并具有现实交换价值的电磁数据资料或参数，包含游戏装备、身份等级、虚拟 Q 币、账号等。

对于是否可以将网络虚拟财产评价解释为刑法意义上的财产，当前刑法理论界划分为肯定派和否定派。否定论者认为虚拟财产并不构成刑法层面上的财产，主要基于以下几点。

（1）否定虚拟财产具有普遍价值的观点，认为其实质就是一系列由数字 0 和 1 组成的二进制电子数据。对于网络游戏玩家而言，虚拟财产可以价值千金，但对于大部分没有触碰网络游戏或者并不痴迷的人而言，网络游戏只是消遣品，所谓价值连城的虚拟财产只是为玩家更好地在游戏中攻城略地，进而满足自身所需的一种所向披靡的虚荣感的工具。③

（2）要成为财物就必须凝聚无差别的人类劳动，但是获得虚拟财产的过程并不是真正意义上的劳动，而只是玩家的精神娱乐游戏。④

（3）鉴于虚拟财产的财富无法变现回收，否定者认为虚拟财产不具有可控性。当玩家厌弃此款游戏、游戏服务器停运此款游戏或游戏开发商、运营商破产时，玩家无法将游戏中获得的虚拟财产变现回收或要求服务商予以赔偿。⑤

面对否定者的犀利批判，笔者仍然坚守肯定说的观点，认为刑法意义上的财产是可以包含网络虚拟财产的，肯定虚拟财产的价值属性才是当前信息网络时代对财

---

① 参见皮勇、张晶：《论盗窃网络虚拟财产行为的性质——以网络虚拟财产的法律属性为视角》，载《信息网络安全》，2006（10）。
②③ 参见侯国云：《论网络虚拟财产刑事保护的不当性——让虚拟财产永远待在虚拟世界》，载《中国人民公安大学学报》，2008（3）。
④ 参见侯国云、么惠君：《虚拟财产的性质与法律规制》，载《中国刑事法杂志》，2012（4）。
⑤ 参见杨向华：《网络游戏虚拟财产法律性质浅议》，载《湖南公安高等专科学校学报》，2004（3）。

产外延作出适当扩张的应对之策。首先，笔者认为，玩家在奋战网络游戏的过程中累计获得的游戏角色和装备等虚拟财产，并不仅仅是一组记录数据，因为其包含了游戏者大量的游戏时间和精力，包含了个人智力和战略技巧，同时辅以大量购买游戏点卡、上网费用、高级装备等金钱支付。此外，在游戏开发前期也包含了设计人员的智识和心血，也即凝聚了社会必要劳动时间，且能够为网络玩家带来精神上的愉悦和压力的消释，从而也就具有了使用价值，所以虚拟财产并不虚拟，它也是以价值为内核的。

其次，虚拟财产具有交换价值，其与现实财产之间存在市场交易和相对稳定的换算机制。"5173网络游戏交易平台"每周对游戏装备交易额所制作的排行榜，就是一个很好的例证。同时，虚拟财产的发行交易正是以网络游戏服务商的网络信用来背书的，作为一种权利凭证，它保障了占有人可以向服务商要求相应网络游戏服务的权利。出于营利的目的，网络游戏服务商同时也用其信誉和资质保证了虚拟装备不可无限量地发行销售，这一点体现了虚拟财产的信用货币的属性，也使部分高端虚拟财产具备了稀缺性。

最后，虚拟财产是可以为游戏玩家控制、支配的。游戏玩家进入网络游戏前会注册一个唯一的账号和密码，以此作为自己登录此款游戏的凭证和合法身份。玩家也正是通过账号和密码来实现对网络游戏的控制和支配，正是由于虚拟财产可被人管理、占有，才具有了被犯罪分子侵夺的可能性。

（二）我国台湾地区虚拟财产刑法保护的理论与实践

在我国台湾地区，虽然对于虚拟财产的价值属性也存在上述争议，但是其刑事立法和司法实践的成功做法却可以为大陆的刑法规制提供具有可操作性的借鉴。从我国台湾地区对虚拟财产属性一次次的"刑法"修正案来看，其对网络虚拟财产性质的认定，经历了一个逆转和回归过程。

20世纪，为打击新出现的计算机犯罪，台湾地区"立法院"于1997年10月8日针对台湾地区"刑法"第323条"电能、热能及其他能量，关于本章之罪，以动产论"在"其他能量"之后，增添了"电磁记录"。同法第352条新增第2项"干扰他人电磁记录处理罪",并在第 352 条第 3 项规定"电磁记录是指以电子、磁性或其他无法以人之知觉直接认识之方式所制成之记录而供电脑处理之用者"。依此规定,虚拟财产可以归属于"电磁记录"并划归为"动产"一类中,可以成为盗窃罪归罪的客体。

进入 21 世纪,面对网络游戏为主的网络在线服务风靡的情势,为专门解决网络游戏中窃盗虚拟财物案件的定性问题,台湾地区"法务部"于 2001 年 11 月 23 日作出(90)法检决字第 039030 号函释,认为:"线上游戏之账号角色及宝物资料,均系以电磁记录之方式储存于游戏服务器,游戏账号所有人对于角色及宝物之电磁记录拥有支配权,可任意处分或转移角色及宝物,又上述角色及宝物虽为虚拟,然于现实世界中均有一定之财产价值,玩家可通过网络拍卖或交换,与现实世界之财物并无不同,故线上游戏之角色及宝物似无不得作为刑法之盗窃罪或诈欺罪保护客体之理由。"因此,我国台湾地区刑法理论界和实务界认为,虚拟财产在现实生活中具有一定的价值,可以与现实财产之间进行价值交换和货币交易,故若发生窃取网络虚拟财产的行为,可以将其作为盗窃罪来处置。

2003 年 6 月 25 日,我国台湾地区"刑法"第 323 条再次修订时,发生了戏剧性的一幕,即将原来新增的"电磁记录"之规定予以删除,重新回归到之前的"电能、热能及其他能量,关于本章之罪,以动产论"的初始化规定;同时新增"刑法"第 36 章"妨害计算机使用罪",以处罚变更、删除、干扰或破解他人计算机程序及电磁记录等犯罪形态,且该法第 363 条明文规定"第 358 条至第 360 条之罪,须告诉乃论"。因此,行为人窃取网络虚拟财产若符合入罪标准,依照台湾地区"刑法"之规定,不能按照之前的盗窃罪予以规制,而应适用新修订"刑法"第 359 条"无故取得他人电磁记录罪"之规定,即"无故取得、删除或变更他人计算机或其相关设备之电磁记录,致生损害于公众或他人者,处五年以下有期徒刑、拘役或科或并科二十万元以下罚金",且此罪属于自诉案件。此次修订主要基于电磁记录具有的可复制性,与电能、热能或其他能量经过使用后即消耗殆尽的性能不同,并基于其网络特有属性与传统盗窃罪的犯罪客体有很大不同,因而将电磁记录排除在盗窃罪的打击射程之外。这是考虑到电磁记录的可复制性加之要完善计算机和网络犯罪规范体系,因此将"刑法"第 323 条电磁记录部分删除,改纳入新增的妨害计算机使用罪章中。① 可见,我国台湾地区的立法对电磁记录的态度经历了三个阶段:非动产—动产—非动产,最后的落脚点仍是"非动产",可谓兜兜转转回归原点,但是理论基点和理论深度却越发深厚。所以,现在我国台湾地区"刑法"并不是把电磁记录认定为动产,而是增订了对电磁记录予以特殊保护的"无故取得他人电磁记录罪"。

可见,我国台湾地区对于虚拟财产犯罪问题的立法应对是一个自我检讨和否定的过程。其立法上及时应对的态度是值得赞赏的,其敢于突破传统刑法中关于财产存在形式的理论,对虚拟财产的法律地位加以明确和肯定的做法,也为大陆对窃取网络虚拟财产的网络失范行为予以积极应对提供了可借鉴的范本。

(三)大陆刑法"财物"之范围

肯定了虚拟财产具有财产属性,那么可否将其评价为刑法上的"财物"呢?我国《刑法》第 91 条和第 92 条是对"公私财产"所作的列举性规定,并没有严格限定什么是财产。其中第 92 条第 4 项"依法归入个人所有的股份、股票、债券和其他财产"的弹性规定,可否为虚拟财产的纳入提供立法依据呢?这就要求该条文表述的"其他财产"要与之前与其并列的"股份、股票、债券",即一种被公民私人所有的财产凭证为同一属性的财产。虚拟财产虽然可供人管理、支配,但是网络用户支配虚拟财产时,该财产却不具有物权完全排他的特征,其要接受网络服务商的管理,并且受运营商经营策略、相关网络规则等限制,同时,网络用户享有的虚拟财产持有权是有期限的,故虚拟财产不具有物权的特性,但却可以被债权所包含。实际上,网络用户和网络服务商之间存在的是一种服务合同关系。网络虚拟财产被网络服务商所有,被网络用户合法占有,类似于房东将房子租赁给住户,房东享有房子的所有权,但住户所享有的使用权在合法租赁期间可以对抗房东的所有权。网络用户花费大量精力、时间和金钱作为对价并不是以取得虚拟财产为目的,其最终还是要求网络服务商提供网络游戏、通信交流等网络服务。在这一过程中,虚拟财产作为一种债权凭证,使得网络用户可以要求服务商提供网络服务,也可以在遭受侵权损失

---

① 参见赵秉志、于志刚:《计算机犯罪比较研究》,102 页,北京,法律出版社,2004。

时要求赔偿损失，当然也可以转手卖与或赠与第三人，使第三人享有要求网络服务商提供特定服务的权利。

回归到刑法关于公私财产的规定上，可否将网络用户合法持有的网络虚拟财产这一债权凭证纳入私人财产的范围呢？虽然所有和持有是两种不同的财产归属形态，但是根据《刑法》第 91 条第 2 款对于公共财产的规定——将"国家机关、国有公司、企业、集体企业和人民团体管理、使用或运输中的私人财产"以"公共财产"论处——我们可以看出，财产的范畴内并没有排除"持有"这一财产归属状态。所以在《刑法》第 92 条所列举的私人财产的范围内，第 4 项与"股份、股票、债券"并列的"其他财产"也就可以为涵盖网络用户所合法持有虚拟财产这一债权凭证提供解释的空间。

法律要保持稳定的特性就要求其本身有一定的概括性和原则性，要求法律事无巨细地将现实生活中所出现的一系列问题都囊括其中，这是不切实际的。新型财产形式的出现总会受到颇多争议，只有学会拨开迷雾窥本质，立法才能多些前瞻性，司法才能少些无助与无奈。当今世界上很多成文法国家和地区，如瑞士、韩国以及我国台湾地区和香港特区都在刑事立法、司法上明确界定了"网络虚拟财产"的法律价值，并对侵犯网络虚拟财产的行为加以刑法规制；同样，判例法国家司法审判中也有许多值得借鉴和研究的刑事判例。这些为我国将侵犯虚拟财产行为入刑提供了很好的立法范本和司法经验。

具体来看，西方国家通过刑事手段保护虚拟财产往往持一种谨慎、严格管控、排查的态度，即使是各项立法和政策一向大胆前卫的荷兰立法机构，面对近年来网络虚拟财产接连被盗的情势，其官方应对策略和相关司法判例也没有不奉行网络管控的"魔圈"原则。[①] 若行为人的犯罪行为首先溢出"魔圈"的范围，与现实物理世

[①] 在世界范围内，欧美国家对于网络世界的各种冲突长期以来都奉行所谓的"魔圈（magic circle）"原则。"魔圈"概念最初是由荷兰文化史学家 Johan Huizinga 在其名著《游戏的人》中提出的，喻指戏剧舞台这一虚幻世界与现实世界之间有形与无形的界限，后被借用于电脑游戏创作的特定时空概念，指保护奇幻世界免受外界世界干扰的一道屏障。"魔圈"原则要求将与游戏有关的冲突化解在游戏中，也就是虚拟世界里。因为一旦虚拟世界和真实世界之间的"魔力屏障"被打破，虚拟世界就在一定程度上丧失了其魔力，而这正是"魔圈"旨在保护的，也是玩家在虚拟世界中所享受的于真实世界中难求的奇幻体验。换言之，虚拟世界有其自身秩序，只要相关冲突仅限于虚拟世界中，没有溢出"魔圈"范围漫延到真实世界中，则真实世界的秩序亦不应主动打破"魔圈"，干涉圈内固有秩序。See Arno R. Lodder, Conflict Resolution in Virtual Worlds: General Characteristics and the 2009 Dutch Convictions on Virtual Theft, *Virtual Worlds and Criminality*, Heidelberg: Springer, 2011, p. 81. 转引自张帅、杨军：《从网络侵财案件的性质和数额认定看网络虚拟财产的刑法保护》，载《网络刑事司法问题研讨会论文集》，中国应用法学研究所 2016 年 3 月。

界之间存在一定的货币交换，导致一系列现实的社会危害性，这才迫使现实世界的秩序不得不作出相应的反馈和跟进，从而影响到网络游戏圈内的秩序。另外不可忽略的一点是，国外的财产犯罪多为行为犯而非"纯正数额犯"，"价值并非决定性的，即便是价值不大或没有价值的物品，诸如一支铅笔或者你饲养的家猫的指甲，也可以成为盗窃的对象"①。而我国的财产犯罪的定罪标准一般以数额为主，对罪与非罪的判定不仅取决于犯罪行为、手段、情节等，还着眼于作案数额。现实社会中对虚拟财产的价值评估因欠缺法定的量化估价机构进而会导致对其刑法保护面临更加急迫和复杂的问题。而游戏装备、游戏账号等网络虚拟财产的价值就如同家中祖传多年的纪念品或店中收藏的工艺品，其价值评估往往难以衡定。无论法院对涉案的网络虚拟财产的价值作何认定，一旦涉及入罪和量刑这样尖锐的矛盾和冲突，可想而知其结论难免有失偏颇，难以服众。因此，对于网络虚拟财产的刑法保护必定要"如履薄冰"，其中欧美国家的"魔圈"原则可以为当前海峡两岸规制窃取网络虚拟财产的社会失范行为提供是否论罪和量刑的标准范本。在网络时代，如何构建一套完整和系统的定量标准，将是海峡两岸理论和实务部门均应亟须考虑和解决的难题。

三、"双层空间"下窃取网络虚拟财产行为之量化机制的厘定

中国互联网络信息中心（CNNIC）发布的《第37次中国互联网络发展状况统计报告》对近十年来的网民规模和结构进行了数据调查，截至2015年12月，中国网民规模达6.88亿，全年共计新增网民3 951万人。互联网普及率为50.3%，较2014年年底提升了2.4个百分点，半数中国人已接入互联网。在如此大规模的网民数量中，网络游戏用户规模达到3.91亿，较2014年年底增长了2 562万，占整体网民的56.9%。② 互联网从"1.0"时代的"联"字为首向"2.0"时代的"互"字当头转

---

① Arno R. Lodder, Dutch Supreme Court 2012: Virtual Theft Ruling a One-Off or First in a Series? Journal of Virtual Worlds Research, Vol. 6, No. 3 Sep, 2013, p. 5.
② 数据来源：中国互联网络信息中心发布的《中国互联网络发展状况统计报告》（2016年1月）。CNNIC所称的网民，是指平均每周使用互联网至少1个小时的中国公民。

化，这一代际发展逐步使其从完全虚拟向虚实结合过渡，网络空间与现实空间的交错渗透使得"双层空间"应运而生。而定量评价机制逆转与重塑的社会背景正是以"双层空间"的逐步形成为基点的。面对"双层空间"的冲击，传统刑法是"一统而治"还是"因地制宜"，这需要我们在反思评价传统定量机制和积极把握反映网络时代罪情变化、技术特征的基础上，谋求能完美契合"双层社会"的新型定量评价机制。

《辞海》中关于"定量"的解释往往限定于物质所含成分的数量或规定的数量，刑法学上的"定量"则抽象为一种限度，所谓"定"指的是确定、规定，而"量"则为容忍的限度。任何罪行都是有其限度条件的，只有达到一定的"度"的违法行为才能被认定为犯罪。传统刑法所研究的犯罪定量评价之意蕴就在于确定影响犯罪成立的各种限度因素。同时，犯罪不是一个可以首尾相连、封闭的圆圈，相反，犯罪是一条有首无尾的射线，是从定点出发无限延伸的开放区域。这就意味着犯罪的"定量"只有最低标准而无最高要求。[①]

（一）"传统数额论"在定量评价机制上的不足

承认了虚拟财产的财产属性，就会面临在相关犯罪定量评价机制中确定其涉案数额的问题。虚拟财产与现实财产之间的过渡还需要交易市场作为桥梁。将虚拟财产换算为真实货币，是网络时代虚拟财产现实化的必要途径。根据虚拟财产的形成机理和司法实践具体操作，当前确定虚拟财产数额的方式主要包括以下几种：网络运营商自定数额和回购数额；网络代理商与网络运营商之间签订商业合同的合作数额。尤其是国外的网游商为扩大中国市场，往往会寻找代理商扩大游戏的影响力和知名度。运营商和代理商之间商业合同的过渡价格，是网络虚拟财产自定价格和销售价格之间的过渡差价，及网络用户或第三方平台的市场交易数额。例如，在淘宝网和"5173网络游戏交易平台"，每天都会有最新、最热门的高精端游戏装备在出售。根据"5173网络游戏交易平台"每周对游戏装备（金币+装备）交易额排行榜的统计数据，截止到2016年11月26日，"地下城与勇士"这一款网游成交交易额排

---

① 参见兰俊、李继武：《论度及其关节极限的特点和意义》，载《齐鲁学刊》，1994（2）。

名第一,而在"剑侠情缘三"这一款网游中"醉月玄晶"的游戏装备竟卖出 22 000 元的高价。① 这几种定价方式有其合理之处,但是买卖双方主观色彩浓厚,随机性和可变性较大,加之市场不完善,易受黑市哄抬价格的影响,因而其合理性和合法性还有待商榷。

以本文第一部分所提及的杨某窃取网络虚拟货币一案为例,纵使以上三种方案都可能存在,仍会造成涉案数额上的分歧,究竟是按照网络运营商的自定价格或其实际损失,还是犯罪人的违法所得定罪量刑,对此双方争议不断。有观点认为,窃取网络虚拟财产的数额认定应该参照被害人的实际损失而非自定价格。② 所以,并非采用现实换算的数额就足以解决网络虚拟财产犯罪定量评价标准的问题。③

追根溯源,产生这些问题的根源首先在于网络虚拟财产的虚实结合和不确定性。网络运营商和代理商是虚拟世界的"恺撒大帝"和"治安警察",作为其谋生取利的手段,虚拟财产的价格受制于运营商的发展和营销策略,不同虚拟财产价格的认定和保护"各自为营",难以形成一个有序的整体。其次,不同用户对同一件虚拟财物的价值认定也不相同,纪念号、靓号、原本不值钱的虚拟财产经过游戏玩家数月打拼练级后的增值数额如何计算这些问题,也使得虚拟财产数额的确定具有极大的不稳定性。最后,我国对于虚拟财产的数额认定并没有统一的鉴定机构和法定程序,加之线上线下交易市场的不完善,若强行确定虚拟财产数额或者说将数额作为唯一的定罪评价因素,必然会导致案件争议不断,难以做到"同案同判",司法公正也就大打折扣。

---

① 中国网络游戏服务网(5173)是一家专业为用户提供数字产品交易服务的电子商务平台,成立于 2003 年。该平台以全面满足广大用户网游及数字产品交易为诉求,提供的网游交易产品涉及网络游戏的装备、游戏币、账号、点卡、代练、道具及其他数字点卡等众多领域。作为国内最大、最权威的网络游戏交易平台,5173 及时更新交易数据,在网络玩家中享有较高声誉。数据来源:5173 网络游戏交易平台,见 http://games.qq.com/ntgame/5173/index.htm,2016 - 11 - 26。(最新一期:2016 年 11 月 18 日—11 月 24 日)。

② 参见陈兴良:《人民法院刑事指导案例裁判要旨通纂》,下卷,749 页,北京,北京大学出版社,2013。

③ 参见于志刚:《传统犯罪的网络异化研究》,29 页,北京,中国检察出版社,2010。

(二) 网络虚拟空间对新型量化标准的需求

以"双层空间"为社会背景,现实空间与虚拟空间之间的缝隙和差异正在不断地弱化,二者在不断地拉近与融合。传统的犯罪定量评价机制在信息化高度发达的今天却显得"格格不入"。司法实践中通过司法解释对犯罪定量评价机制的时代变革回应"屈指可数",可以说在"点"上有所探索,但是在"面"上整体滞后,甚至呈现大范围的刑法真空,缺乏系统全面的犯罪定量评价机制,根本无法对网络时代不断增长和变异的新型犯罪进行有效和全面的定量评价。网络时代犯罪定量标准的整体创建遭遇着惯性阻碍,突出表现在网络时代犯罪定量评价机制的单一化与数额化倾向。[①] 为解决网络时代定量机制的转型问题,笔者提出网络时代可以将传统犯罪定量评价机制从"数额为主、情节为辅"向"数额与情节并重"并逐步向"情节"倾斜与靠拢的新型"双层社会"定量评价机制转移和过渡。

鉴于网络社会的虚拟性和技术性,对犯罪的定量评价不可能全部以数额、数量等精细化和确定化的定罪标准进行区分,同时还要求全面的情节化体系,而正是传统定量标准中那些在犯罪定量评价中起到辅助和次要作用的诸如抽象型结果、危险和兜底性的"其他严重情节"等类似标准给网络时代定量评价机制的逆转与重塑提供了预设道路和发展空间。

以盗窃罪为例,网络时代的定量评价基准可以做如下解释。

第一,具备特定情节可对数额的限度进行放宽和缩减。盗窃罪的定罪数额不是刚性定律,相反,它可以随着案情的具体变化而有弹性地限缩或提升。如 2013 年 4 月 4 日施行的最高人民法院、最高人民检察院《关于办理盗窃刑事案件适用法律若干问题的解释》第 2 条第 1 项规定,具备 8 种情形之一,如曾因犯罪受过刑事处罚、1 年内曾因盗窃受过行政处罚等,"数额较大"的标准可以放宽到一般标准的 50%。这就表明,"数额较大"即"1 000 元至 3 000 元以上"的标准并不是一成不变的,它可以随着案件中具体情节因素来进行弹性的调节。当案件情节恶劣,诸如行为人有

[①] 参见于志刚、郭旨龙:《信息时代犯罪定量标准的体系化构建》,前言,北京,中国法制出版社,2013。

前科"屡教不改",犯罪手段具有严重的攻击性和破坏性,受害方年老体弱或财物价值昂贵等,犯罪后果严重且波及面大时,可以考虑将定罪量刑的数额标准予以限缩;相反,当行为人有自首、立功等法定从宽处罚情节,情节轻微、没有造成后果或后果已由行为人积极消除,行为人获得被害人谅解等时,虽然行为人涉案数额较大,但可以考虑从宽或减免处罚。而在网络空间中,利用网络作为犯罪工具和手段增强了犯罪的隐蔽性,加大了司法实务部门打击犯罪和调取证据的难度,因此,结合网络因素来重新解释"数额"这一定量因素有时代必要性。例如,通过植入木马程序和钓鱼网站窃取被害人登录账号和密码造成被害人电脑死机、瘫痪,或犯罪对象为不特定多数人的财产利益时,可以尝试将这些网络犯罪特有的情节作为"数额"的补充因素。

第二,两种以上情节的结合作为入罪的定量标准。《刑法修正案(九)》增设了第286条之一,网络服务提供者不履行法定的网络安全管理义务,经监管部门责令而拒不改正并且致使违法信息大量传播、证据灭失等严重后果或情节严重的,构成拒不履行信息网络安全管理义务罪,这与2011年2月《刑法修正案(八)》增设的第276条之一的构成要件大致相同。行为人以转移财产、逃匿等方式逃避支付劳动报酬或有能力支付而不支付,数额较大,且经政府有关部门责令支付仍不支付的,成立拒不支付劳动报酬罪。结合这两个罪名,我们可以看出,A情节和B情节单独不会构成成立犯罪的罪因,但是当A和B结合时,其重叠的部分C则是两情节的交集,即行为人事前未落实相关管理义务或逃避支付报酬,经责令后又拒不改正,未妥善做好善后工作,两种不作为情节相互结合才形成犯罪的定量机制。当行为人的犯罪行为同时满足两种情节及以上时,若单个情节没有达到特定的定量标准,可以考虑将两个以上情节统筹考虑,一并做入罪考虑,以防止出现危害性相当,却因受传统定量评价机制设定时的数额化的钳制而导致网络危害行为不能被刑法规制、逍遥于刑法的打击半径之外这种盲区和不公。[1]

---

[1] 参见于志刚、郭旨龙:《信息时代犯罪定量标准的体系化构建》,234页,北京,中国法制出版社,2013。

(三)"情节化方案"在定量评价机制上的逆转与重塑

网络技术日新月异，利用网络技术实施的传统犯罪被打上了网络时代特有的"烙印"，原有的定量评价机制难以对新的行为方式和手段进行定量分析，推行新的定罪量刑标准势在必行。

"立二拆四"与"秦火火"都是2013年公安机关打击网络有组织造谣传谣专项行动中落网的著名网络推手。这些"网络推手"兴风作浪，其恶意炒作起来的网络谣言，无论是"杨紫璐事件"还是"红十字会强行募捐事件"都引发了席卷互联网上乃至网下的舆论风暴。① 经过理论界、司法实务界关于此类案件如何定罪量刑的激烈讨论，最高人民法院、最高人民检察院于2013年9月及时出台了针对此类网上造谣诽谤案件的《关于办理利用信息网络实施诽谤等刑事案件适用法律若干问题的解释》（以下简称《网络诽谤解释》），该解释第2条规定，利用信息网络诽谤他人，具备同一诽谤信息实际被点击、浏览次数达到5 000次以上，或者被转发次数达到500次以上；造成被害人或者其近亲属精神失常、自残、自杀等严重后果的；2年内曾因诽谤受过行政处罚，又诽谤他人的；或具有其他情节严重的情形，应当认定为《刑法》第246条诽谤罪的"情节严重"。最高司法机关将点击、浏览、转发等网络空间中独有的特定情节作为定罪量刑的标准，以此来考量此类网络失范行为的严重程度可谓正当其时。但是此类网络空间中的特殊情节，在司法实践中缺乏足够的判例来支撑，将其作为窃取网络虚拟财产案件的定量标准在具体适用过程中会产生或多或少的难题，但这是构建网络时代新型定量评价机制所必然经历的阵痛，解决这些问题还需要司法实践经验性的积累和学术理论跟进性的研究。毫无疑问，大厦的稳固需要既深又牢的地基，为解决海峡两岸窃取网络虚拟财产的问题，构建契合"双层空间"的新型定量标准，是网络时代两岸刑事法律发展的方向，而《网络诽谤解释》的颁布做了有益的探索和实践。

网络虚拟财产作为网络空间文化的衍生物，当难以确定精确的犯罪数额时，以

---

① 参见《"立二拆四""秦火火"落网，网络推手造谣十大案例》，见人民网 http：//media.people.com.cn/n/2014/0818/c120837-25484101.html，2016-11-26。

"情节"作为定量标准在我国刑法及理论上有据可循。以《刑法修正案（九）》中对贪污罪的修订为例，新的处罚规定去除了之前的具体数额，在数额模糊化和概括化的同时，加之以"较重""严重""特别严重"的裁量情节进行综合规制。区分盗窃罪罪与非罪的关键，是盗窃罪数额与情节相辅相成的综合评判结果。在网络时代虚拟财产数额难以量化的今天，这一做法仍发挥着指导性作用。

（1）数量化定量评价标准。网络时代虚拟财产的犯罪数额标准难以适用，可以采用"曲线"认定方式来计算被侵害数额。2011年3月1日，最高人民法院和最高人民检察院制定的《关于办理诈骗刑事案件具体应用法律若干问题的解释》第5条对利用发送信息、拨打电话、互联网等技术手段对不特定多数人实施诈骗，诈骗数额难以认定时，应当将发送诈骗信息5 000条以上、拨打诈骗电话500人次以上等情形，认定为"其他严重情节"，按照诈骗罪（未遂）定罪处罚。该规定为虚拟财产的定量评价（以虚拟财物的"数量"代替虚拟财物的"数额"）提供了可供借鉴的思路。对于虚拟财产的数量的认定，我们可以参考适用网络游戏运营商销售的Q币、游戏点卡、游戏装备等虚拟财产的总数量除以注册的总用户数就可以得出人均持有虚拟物品的数量，在对行为人窃取的虚拟财产的涉案数量进行对比分析之后，确定行为人是否达到了犯罪构成要件中所规定的"犯罪数额"的成立标准。这是网络空间中不计价值的数额而着重于数量的司法尝试。

（2）次数性定量评价机制。我国《刑法》第五章对财产罪的规定大多涉及"多次标准"。如多次抢劫、抢夺、盗窃、敲诈勒索等，均可以成为入罪的评价基准。传统现实犯罪中，大多数行为人往往犯罪前都会进行有预谋地"踩点"、设计作案方案和逃跑路线等一系列犯罪准备活动，作案时间和流程都比较长。而在网络时代，行为人只要有能够上网的电脑、具备相应的网络技术，就可以随时随地冲破层层防火墙和安全防线，窃取被害人的虚拟财物。相比传统犯罪，网络犯罪的犯罪成本低廉，但犯罪收益很大，又加上网络的虚拟性和技术性，使得作案的成功率也比现实犯罪的要高得多。针对网络失范行为日益猖獗的情况，很有必要借鉴刑法中对"次数标准"的规定，制定网络时代新型的定量评价机制。财产犯罪的入罪情节设计不仅包含数额要求，而且有次数的标准，结合窃取虚拟财产的网络特性和财产属性，适用次数标准可以在数额难以认定、接近或没达到入罪数额起点的情况下，有效、全面地预防和打击此类网络失范行为。

（3）多重情节相结合的定量评价体系。我国刑法侵犯财产罪一章，对各罪的定量标准往往含有"其他严重情节""其他特别严重情节"等兜底性规定，这就为网络虚拟财产犯罪定量标准的拟定提供了可行性方案。为避免打击的盲区和不周延性，在行为人一次行为但受害人众多的情况下，可以将受害群体这一更全面的标准作为定量情节标准来考虑。此外，也应包括行为人购买并植入木马程序、仿冒网站非法控制用户电脑后获取用户账号、密码等信息资料，窃取玩家虚拟财产进行兜售牟利。纵观行为人的整个行为链条，如果能够统筹考虑作为手段的系统受侵害的台数以及造成系统死机或瘫痪的时间长短、网络运营商因系统被侵而付出的调查管理费用及重新恢复系统的费用等定量因素的话，则能更好、更全面地考量行为的社会危害性和情节严重性。[①] 同时，根据虚拟财产取得方式的不同可以分类区别对待，根据网络服务商和游戏代理商的自定和合同商定价格、网络用户线上线下的成交价格和第三方交易平台的价格，我们可以在已有价格基础上参考社会必要劳动时间，合理计算虚拟财产的价值。当行为人造成的现实损失和虚拟财产的数额难以量化时，我们可以采用不同的计量标准，结合案件犯罪手段、次数、危害程序等网络特定情节，来综合评定案件的性质，这样会更为高效、合理。

由此可见，网络时代定量评价机制情节化的倾向，反映了网络时代定量标准数额化地位的下降，以及伴随而来的数量化、次数性等定量评价标准地位的提升。在网络时代，窃取网络虚拟财产等失范行为猖獗，财产数额的量化日益复杂、难以查证，网络的虚拟性和技术性不仅要求数额标准内涵多样化，而且要求从传统刑法的"细枝末节"处寻觅构建新的定量评价机制，这样才能另辟一条打击和规制网络犯罪的路径。

在"双层空间"的社会背景下，面对窃取虚拟财产的网络失范行为，基于上述分析，通过选择性地借鉴我国台湾地区对窃取网络虚拟财产行为的立法规定和司法举措对策，大陆刑法在犯罪定性层面因虚拟财产的价值属性可考虑将此失范行为归

---

① 参见姚舜禹：《盗窃网络虚拟财产的刑法思考》，载《法制与社会》，2016（8）。

入盗窃罪的打击射程,同时通过阐述和评价传统财产数额化的定量标准在认定上的偏颇和疏漏,提出将传统犯罪定量评价机制的"数额为主、情节为辅"向"数额与情节并重"并逐步向"情节"倾斜与靠拢的新型"双层社会"定量评价机制的转型思路,从而为海峡两岸打击窃取虚拟财产的行为谋求共识。诚然,海峡两岸司法制度和实践操作存在差异,在跨境窃取网络虚拟财产肆虐,打击仍然存在许多盲区的情势下,为共同打击窃取网络虚拟财产的网络失范行为,海峡两岸需要求同存异,加强沟通和互信,努力实现在网络时代下"法网恢恢,疏而不漏"的稳定局面。

"信息网络安全管理义务"的刑法教义学展开

——以网络服务提供者刑事作为义务的边界为中心

敬力嘉[①]

  网络空间中侵害信息权犯罪风险迅速增加,网络服务者以其网络空间信息流动中的"守门人"地位,成为此类犯罪治理的关键切入点。基于我国缺乏健全法律治理体系的现状,《刑法修正案(九)》为网络服务提供者创设了刑事作为义务,《刑法》第286条之一拒不履行网络安全管理义务罪规定的"信息网络安全管理义务"具备了核心价值。依照刑法规范明确性的要求,此义务核心内涵应为网络信息安全保护。为了避免义务边界不明的法治风险,应当以刑法教义学的规范判断为准绳,对其进行限缩解释。以具体义务类型为依据,以义务主体为前提,以法益保护目的为指引,以履行义务的可能性为保障,可以明晰"信息网络安全管理义务"的边界,保障网络发展的活性秩序。

[①] 敬力嘉,武汉大学法学院在读博士研究生,研究方向:中国刑法学、比较刑法学。

一、问题的提出：信息网络安全管理义务

如果说现代化一直是一个流动的过程①，是"时间对空间与社会的支配"②，那么技术革新就是最强劲的动力。信息通信技术（ICT）对现代社会渗透的全面程度是前所未有的，互联网是其最新体现。互联网的出现与蓬勃发展给人类社会带来了两方面重大变革：其一，以互联网为基础的信息公用事业逐渐成为社会的基本结构和象征，信息权的保护具有了愈加重要的独立意义；其二，广泛而便宜的技术使人类传播与获取信息的能力得到飞速提升，打破了国家对大量信息收集和管理的垄断，导致政府有效控制信息传播与获取的可能性不断减弱，逐步形成了尽管只有少数人可以掌握信息源，但大多数人可以自由获取与传播信息③的开放型信息社会。

具体到刑法领域，即对应体现为网络空间中侵犯信息权犯罪④的迅速增加，以及此类犯罪在传统刑法理论视野下认定与规制困难等问题。后一问题给相关犯罪的及时查处与损害修复带来很大困难⑤，也给网络空间健康有序的发展造成极大风险。在这样的背景下，鉴于网络服务提供者作为网络空间信息流动中的"守门人"⑥，即信息中介，对信息传播进行前端干预所处的有利位置，世界各国都开始尝试使网络服务提供者承担从源头对信息传播与获取的监管的作为义务，以达到防控网络空间相关犯罪风险的目的。

对于作为义务的范围与层次，各国设置各有不同。慎用刑法进行规范的立法例

---

① 参见［英］齐格蒙特·鲍曼：《流动的现代性》，3-4页，上海，上海三联书店，2002。
② ［美］曼纽尔·卡斯特尔：《网络社会的崛起》，529页，北京，社会科学文献出版社，2001。
③ 参见古希腊雅典城邦著名政治家伯里克利对开放社会特征的描述。参见［英］卡尔·波普尔：《开放社会及其敌人》，第1、2卷，陆衡等译，北京，中国社会科学出版社，2016。
④ 本文所指的"侵犯信息权的犯罪"之"信息权"，是指我国刑法分则中所规定的、具备财产属性和公共利益属性的相关信息权。
⑤ Edited by Mark F. Grady, Francisco Parisi, *The Law And Economics Of Cybersecurity*, Cambridge University Press, 2005, p. 222.
⑥ ［以色列］艾利·里德曼等编著：《法律信息信息技术》，英文影印版，233页，北京，中信出版社，2003。

多为保障网络发展的活性秩序,确立了网络服务提供者的非刑事作为义务,并对其加以严格限制①;而我国则选择了对其设置刑事作为义务,即我国刑法中的"信息网络安全管理义务",由《刑法修正案(九)》新增的第286条之一拒不履行网络安全管理义务罪②所设定。作为本罪的核心,这项义务的存在根基、内涵以及适用范围等关键问题却都还缺乏教义学层面的细致展开。本文拟结合本罪条文,对以上三个问题展开探讨。

二、信息网络安全管理义务的正当性根基

在结合具体的刑法条文展开之前,笔者首先要回答一个前置性的问题:在刑法中为网络服务提供者设置此项信息网络安全管理义务,是否有其正当性根基?

网络空间中的信息流动应当受到法律规范,才能有效防控随之产生的侵犯信息权的犯罪风险,这点毋庸置疑。网络空间中的信息流动"不仅彻底地打破了地域的限制,而且正在突破领域、族阈的限制"③,触发了理想主义者们为其排除所有人为束缚的向往。其中最具有代表性的是John Parry Barlow所著的《网络空间独立宣言》:"在网络空间里,我们没有选举的政府,也并不需要。我们没有常常以自由代理人自居的统治政权……你们没有任何权力与方法来管制我们。"④然而,事实上我们非常清楚,因为信息的传播与获取过程中存在不同价值与利益的冲突,法律作为予以平衡与协调的机制,对防控网络空间中侵犯信息权犯罪风险具有关键作用。

而笔者在上文所提出的问题,实质探讨的是将网络服务提供者不履行此义务的

---

① 以美国1998年通过的《数字千年版权法》确立的"避风港原则"为代表。
② 《刑法修正案(九)》第286条之一规定:"网络服务提供者不履行法律、行政法规规定的信息网络安全管理义务,经监管部门责令采取改正措施而拒不改正,有下列情形之一的,处三年以下有期徒刑、拘役或者管制,并处或者单处罚金:(一)致使违法信息大量传播的;(二)致使用户信息泄露,造成严重后果的;(三)致使刑事案件证据灭失,情节严重的;(四)有其他严重情节的。"
③ 张康之、向玉琼:《网络空间中的政策问题建构》,载《中国社会科学》,2015(2)。
④ Barlow, J.P., *A Declaration of Independence of Cyberspace*, Fitzgerald, B. (ed.), Cyberlaw I&I (Ashgate, Dartmouth 2006), Vol. I, p.129.

不作为入罪的正当性根基。刑罚目的层面的探讨，本文力有不逮，但从刑法规范的具象层面，即行为犯罪化的"内部限制"① 出发，可以将这个问题依两个层次展开，即网络服务提供者在网络空间侵犯信息权犯罪的治理中是否具有关键作用，以及为网络服务提供者设置此刑事作为义务是否必要。

（一）网络服务提供者是犯罪治理的关键切入点

网络空间结构中，网络服务提供者在信息流动中具备中介作用，是侵犯信息权犯罪风险得以实现的最关键一环，因此，应当是此类犯罪刑法治理最关键的切入点。刑法为它设置信息网络安全管理义务正是找准了这个切入点。

从一般意义上来说，社会结构决定了法律治理模式的选择②，那么，网络空间中，此类犯罪法律治理模式的选择应当取决于网络空间结构。网络空间具备以下三点独有特性：多层次性，即由硬件、软件和内容方能构成；终端对终端，即其运转不依赖于中心控制系统；内容的中立性，即互联网上的数据信息不可以被选择性发布。③ 其中，网络空间的多层次性决定了其内三类主体的存在：网络信息内容提供者、网络服务提供者和用户。

网络的出现，究其本质是为人类社会提供了一种革命性的连接方式，进而将消极的信息收发个体变为积极的信息交互主体，创造了巨量的信息流动。作为流动空间的网络空间，其根基在于连接与交互，在三类主体中，承担这个基本功能的是网络服务提供者。换言之，它也是网络空间信息流动中的"守门人"。网络服务提供者在自觉或不自觉中，为合法或非法的信息传播与获取提供了路径。也就是说，网络服务提供者作为网络空间中信息流动的中介，是侵害信息权犯罪风险得以实现的关键环节。为了实现对此类犯罪风险的有效防控，我们需要更加关注此类犯罪治理中网络服务提供者的重要作用。

再具体来看我国的实际情况，能够对它的作用进行更直观的说明。2016 年 8 月 3

---

① ［美］道格拉斯·胡萨克：《过罪化及刑法的限制》，姜敏译，119 页，北京，中国法制出版社，2015。

②③ Andrej Savin, *EU Internet Law*, Eldward Elgar Publishing, 2013, p.107, pp.4-7.

日，中国互联网络信息中心（CNNIC）在京发布的第 38 次《中国互联网络发展状况统计报告》显示，截至 2016 年 6 月，我国网民规模达 7.01 亿，互联网普及率为 51.7%，同时，商务交易、互联网金融、网络娱乐以及各类互联网公共服务类应用均实现用户规模稳定增长，其中在线教育、网上预约出租车、在线政务服务用户规模均突破 1 亿，多元化、移动化特征明显。这充分表明互联网已经渗透到我国经济社会的方方面面，网络服务提供者在其中扮演着愈加重要的角色。

与此同时，在利益的驱动下，侵犯信息权的违法犯罪行为也日益增多。例如，仅从 2011 年至 2014 年年底，已被公开，并被证实已经泄露的中国公民个人信息就多达 11.27 亿条，内容包括账号密码、电子邮件、电话号码、通信录、家庭住址，甚至是身份证号码等信息。泄露的途径主要有无良商家盗卖、网站数据窃取、木马病毒攻击、钓鱼网站诈骗、二手手机泄密和新型黑客技术窃取等。[①] 而快播案[②]、徐玉玉案[③]等相关社会热点案件的发生，使社会公众愈加关注以下问题，即如何更好地通过法律手段，加强网络服务提供者在相关犯罪风险防控中所发挥的作用。

因此，面对互联网与当代社会经济发展高度融合的现状，与网络空间中侵犯信息权犯罪的高发态势，充分认识到网络服务提供者的关键作用，为其设置法定作为义务，具备正当理据。

（二）网络服务提供者的刑事作为义务具备核心价值

但法定作为义务有众多层次，为何要对网络服务提供者科以刑事作为义务？应当说，基于网络服务提供者的关键作用，为其构建层次明晰的作为义务体系，是防控侵害信息权犯罪风险的理想目标。而基于中国当前国情，对于这一目标的实现，刑法为网络服务提供者设置的刑事作为义务具备核心价值。

---

① 参见北京网络安全反诈骗联盟：《2015 年第一季度网络犯罪数据研究报告》，见 http：//scitech.people.com.cn/n/2015/0429/c1057-26920246.html，2016 - 11 - 20。

② 参见王巍：《百万人"围观"快播案庭审直播》，见新华网 http：//news.xinhuanet.com/info/2016-01/10/c_134994613.htm，2016 - 09 - 19。

③ 参见《徐玉玉案等 32 名嫌犯被批捕》，见凤凰网 http：//news.ifeng.com/a/20161125/50316071_0.shtml，2016 - 11 - 20。

"刑事制裁是法律的终极威慑。"① 因此，为了达到同样的结果，即对侵害信息权犯罪的有效治理，我们首先应当考虑是否还有其他可替代的社会治理措施。遗憾的是，在网络空间侵犯信息权犯罪高发的当下，我国互联网领域的法律体系构建仍处在刚刚起步与快速发展阶段，网络服务提供者的法定义务体系非常不完善。2016年11月之前，我国制定的互联网立法只有《电子签名法》以及全国人大常委会两个关于互联网安全的决定，不到10部行政法规，其中只有《侵权责任法》第36条第3款②对网络服务提供者的侵权责任作出了明确的原则性规定，地方性法规也非常少。③ 除此之外，互联网专门立法主要由部委规章或者规章以下规范性文件构成。

2016年11月，我国首部网络专门法《网络安全法》获得通过。④ 虽然本法第三章和第四章分别为网络运营者，包括网络服务提供者设置了网络运营安全和网络信息安全的保护义务，规定明确而具体；第五章也为其不履行相应义务的不作为设置了警告、处分、罚款、吊销营业执照等法律责任，但刑事责任作为对危害最为严重之不作为⑤的规制，是不能缺位的。随着《刑法修正案（九）》的实施生效，"信息网络安全管理义务"作为刑法明文规定的刑事作为义务，对于我国网络服务提供者而言，已经成为具备实际且最严厉法律效力的义务来源，具备了核心价值。

三、 信息网络安全管理义务的内涵

那么，对于"信息网络安全管理义务"的内涵，除了可以明确它是我国刑法为网络服务提供者所设置的刑事作为义务，具体的含义又是如何？法条的简略规定无法直接给我们提供答案。通过考察我国拒不履行网络安全管理义务罪的具体规定，

---

① Herbert L. Packer, *The Limits of the Criminal Sanction*, Stanford University Press, 2008, p. 250.
② "网络服务提供者知道网络用户利用其网络服务侵害他人民事权益，未采取必要措施的，与该网络用户承担连带责任。"
③ 参见张平：《互联网法律规制的若干问题探讨》，载《知识产权》，2012（8）。
④ 全国人大常委会2016年11月表决通过了《网络安全法》，这是我国网络空间治理的基本法。
⑤ Herbert L. Packer, *The Limits of the Criminal Sanction*, Stanford University Press, 2008, p. 251.

并结合世界主要法治发达国家立法中,网络服务提供者作为义务的确立与完善沿革,可以明确"信息网络安全管理义务"的本质是刑事作为义务,应具备明确性;其义务内涵需要经过刑法教义学的规范判断,而非刑法规范中作为义务的简单集合;其内涵应为网络信息安全保护义务。

(一)本质要求:刑事作为义务的明确性

根据拒不履行网络安全管理义务罪的规定,网络服务提供者应当履行"法律、行政法规规定的信息网络安全管理义务"。

此项义务无疑是刑事作为义务,但义务的具体内涵却并未明确规定,只用"法律和行政法规规定"来加以说明,这对条文的解释适用造成了显著障碍。这个部分涉及行刑关系的宏大命题,笔者不拟全面展开。作为刑法规范,罪刑法定原则对此义务的内涵具有明确性的基本要求,笔者只以此对信息网络安全管理义务的规定进行衡量。

可以说,任何部门法都没有同刑法一般如此强调法律规范的明确性。[1] 因为刑法涉及对公民自由最为严厉的限制与剥夺,因此,刑法条文必须清楚地告诉人们,什么是禁止的,以便让大家能够以此规束自己的举止。"对犯罪构成要件各个特征同样地也要描述得如此具体,使得对它们的意思含义和意义含义可以通过解释的方法来获取。"[2]

那么,如果认为法条已经明确了此项义务的内涵,则其前提是"法律和行政法规"中对此已经有了明确的认定。有关于此,笔者可以寻找到的根据是国务院《计算机信息网络国际联网安全保护管理办法》(以下简称《办法》),其第 10 条规定,"信息网络安全"主要是指信息内容的安全,也包括信息系统本身的安全。而"信息网络安全的管理"则包括网络内容监管、网络版权监管、网络经营监管、网络经营许可监管等。以此观之,此项义务的法定内涵只能明确到"法律和行政法规规定的、主动监管信息网络安全的义务"的程度,具体的内容则由相应的法律和行政法规确

---

[1] 参见张明楷:《明确性原则在司法实践中的贯彻》,载《吉林大学学报》,2015(4)。
[2] [德]约翰内斯·韦塞尔斯:《德国刑法总论》,李昌珂译,20-21页,北京,法律出版社,2008。

定，这样的观点在学界已然存在。①

通过进一步对法律和行政法规的考察，会遗憾地发现，依据前述刑法规范的规定，此义务内涵的解释无法得到明确，反而会产生矛盾。由《办法》对"信息网络安全管理"的定义中不难发现，此项管理涵盖的领域非常广泛。我国互联网领域的基本法——《网络安全法》②规定了承担此义务的主体。其第8条即明确规定，国务院电信主管部门、公安部门和其他有关机关依照相关法律规定，负责对网络安全的管理和监督，国家网信部门负责统筹协调网络安全工作和相关监督管理工作。也就是说，此义务的适格主体应当是国家法律法规明确赋权的相关职能部门，而非网络服务提供者。但刑法中此义务的主体已经明确为网络服务提供者，这与上述结论产生了明显的冲突。

究其原因，是法条对何为"信息网络安全管理义务"并未明确，若直接适用前述刑法规范意义上的理解，将此义务解释为广泛的主动监管义务，无法得到解释上的自洽，因而需要进一步明确，作为此项刑事作为义务的适格主体，网络服务提供者所承担的义务内涵究竟是什么。

（二）内涵：网络信息安全保护

1. 国外立法沿革：义务内涵的扩展

刑事作为义务也是法定义务之一种，廓清整体上网络服务提供者法定作为义务的内涵，是进一步理解我国语境下其刑事作为义务含义的前提。

对于网络服务提供者的法定义务的体系构建，我国可以说才刚刚起步，而国外已经进行了长时间的探索。目前为止，全世界主要有五种对网络服务提供者活动进行规范的法律义务结构，不是非此即彼，而是各有侧重：第一，对于没有为网络服务提供者设置专门法律义务的国家，多通过积极作为产生的共犯责任和不作为产生之刑事责任的刑事归责路径对网络服务提供者予以规制；第二，将传媒法规中出版

---

① 参见王文华：《拒不履行信息网络安全管理义务罪适用分析》，载《人民检察》，2016（6）。
② 本文所采的是2016年11月7日全国人大常委会第二十四次会议表决通过后公布的《中华人民共和国网络安全法》文本中的条文。

者和编辑者的连带义务扩张适用到网络服务提供者,如瑞士刑法的立法例[①];第三,对网络空间中的信息传播与获取设置专门的法律义务,如美国[②];第四,通过行政法规,设置信息内容过滤义务等,如澳大利亚即通过澳大利亚广电局将有害内容分级制度推广适用到网络[③];第五,通过行业自我规范,自主制定行业行为准则。

五种模式的共同之处在于都继受了美国所提出的基本归责原则,即以网络服务提供者是否对经由其传播的信息内容没有任何积极的介入以及是否知情为标准。[④] 1998年《数字千年版权法》第512节规定了对提供传输、缓存、存储和信息定位服务的网络服务提供者的免责条件[⑤],从而创设了"避风港原则";同时 Zeran v AOL[⑥] 案确认了对美国1996年《传播净化法案》(Comunication Decency Act)第230条的解释,即通过该法第230条的规定,网络服务提供者对任何己方所提供但来源于第三方主体的信息所造成之危害结果免责。两者与其后美国法院的诸多判例[⑦]一起,共同创设了上述的基本原则,其精神逐渐为世界各国所接受,并成为网络中介服务者的普遍归责原则。作为互联网产业发展最为成熟的国家,它倾向于最大限度避免给网络服务提供者科以过多的义务。要求"搜寻侵权信息及通知服务提供者的责任由版权人承担"[⑧],网络服务提供者只要保持对信息内容不做积极介入且能证明并不知情,

---

① 如《瑞士刑法典》第27条规定:"对于'在一个媒体上'(包括互联网)发表的内容,发布者在法定情形下应承担刑事责任"。Vgl. Art. 27, StGB (Swiss Penal Code)。

② 即1996年《传播净化法案》(CDA)第230条作为普适性规定和1998年《数字千年版权法》(DMCA)作为知识产权保护领域的专门规定。

③ [以色列]艾利·里德曼等编著:《法律信息信息技术》,英文影印版,267页,北京,中信出版社,2003。

④ Edited by Mark F. Grady, Francisco Parisi, The Law And Economics Of Cybersecurity, Cambridge University Press, 2005, p. 222.

⑤ 可概括为:(1)无论信息的传输、搜索还是存储,均由网络用户发起和主导,即服务提供者是被动的、从属的、不干涉信息的流动;(2)服务提供者对信息内容不知情;(3)在接到满足法定格式的权利人通知后,立即删除、屏蔽相关侵权信息或断开链接;(4)服务提供者实际采取了对反复侵权人(repeat infringer)取消账户或访问权限的政策(policy),并向网络用户明示该项政策。See. Digital Millennium Copyright Act, 512 (a), (b), (c), (d), (i).

⑥ Zeran v America Online, Inc. 129 F. 3d 327, US Court of Appeals, Fourth Circuit.

⑦ Viacom v. Youtube, No. 10-3270 (2d Cir. Filed Aug. 11, 2010).

⑧ See Robert A. Gorman, Jane C. Ginsburg, Cases and Materials, 7th ed., Foundation Press, 2006, p. 887.

并履行"通知—取下"① 的配合义务，即对内容的事后管理，即可免责。

在避风港原则的框架之下，以"内容管理"为核心，并按照对信息内容是否积极介入，从技术标准上对网络服务提供者的类型进行划分，来明确其是否应承担内容的管理义务，这样的观念被广为接受。美国《数字千年版权法》中提出的二分法，即网络信息内容提供者和网络服务提供者②，以及德国和欧盟法律中的四分法，即内容提供者、网络接入服务提供者、缓存服务提供者、存储服务提供者③，都是基于这样的理念而提出的。

然而，上述法案颁布的年代毕竟已经较为久远，互联网已然进入 Web2.0，即信息积极交互的时代，网络服务提供者的功能定位已经发生了进一步分化。虽然仍有传统意义上作为"单纯通道"的网络服务提供者存在，它们也只需要履行对内容的事后管理义务而非主动审查的义务，但如今网络平台提供者所发挥的作用已远远超出单纯的技术支持。作为信息交互平台的管理者，而非单纯在版权保护意义上"内容"的展示平台，网络平台提供者有能力也应当有义务防控其框架内信息传播与获取过程中产生的违法犯罪风险，此信息传播治理的义务内涵已远远超出内容管理的范畴。

因此，德国联邦最高法院就通过类推《德国民法典》第 1004 条和第 823 条，将网站（作为网络平台提供者）的责任定位为"妨害人责任"（Störerhaftung）④，即网站对正在发生的侵权有排除义务，并对未来的妨害负有审查控制义务。一旦服务提供者了解到来自第三人的某项侵权事实，即在以后针对同一侵权主体或同样侵权客体或同样侵权内容负有主动审查义务。同时，根据欧盟《网络与信息系统安全指令》（即 NIS 指令）⑤ 的要求，数字服务提供者只需要承担传统的事后内容管理义务即可，基础信息运营者则需要承担对网络与信息系统安全风险的主动审查义务。那么，网

---

① Andrej Savin，*EU Internet Law*，Eldward Elgar Publishing，2013，p. 50.
② 参见刘文杰：《网络服务提供者的安全保障义务》，载《中外法学》，2012 (2)。
③ 参见王华伟：《网络服务提供者的刑法责任比较研究》，载《环球法律评论》，2016 (4)。
④ BGH MMR 2004，668，671 f；BGH MMR 2007，507，511；BGH NJW 2008，758，762.
⑤ 所引条文均源自欧盟议会所公布的英文版正式文本，即 The European Union's Directive on Security of Network and Information Systems，下文均以《指令》来指代欧盟《网络与信息系统安全指令》。

络服务提供者的义务核心在功能区分的前提下由"内容管理"扩展到"信息传播治理",已是不可逆转的趋势。

2. 我国语境下的刑法教义学判断与限缩理解

我国基本继受了避风港原则的精神,通过《侵权责任法》和《信息网络传播权保护条例》等法律法规的规定,为网络服务提供者的侵权责任设定了免责条件。而在上文所述的普遍趋势下,再来考察我国刑法中的拒不履行网络安全管理义务罪所设定的"信息网络安全管理义务",会发现作为网络服务提供者刑事归责的义务来源,从前述刑法规范中的"信息内容管理"到刑法中的"信息网络安全管理",在义务主体的层面是作出了限缩,限定于网络服务提供者。

基于刑法明确性的基本要求,笔者已经论证了以下观点,即网络服务提供者所需承担的"信息网络安全管理义务"不可能是广泛的信息内容监管义务,承担义务的主体必须要有明确的区分。诚然,当前网络平台对于信息流动介入的广度和深度日渐增加,进而对网络安全管理的参与度日渐增加,产生了公权力与平台权力之间界限划分的问题,但尚需深入探讨。① 应当具备的基本共识是,刑法规范中如此广泛的"信息网络安全管理义务"都赋予网络服务提供者,是极其不妥也是不现实的。

而在义务实质内容的层面,由"信息内容管理"到"信息传播治理"则是产生了扩张。

"信息传播治理义务"所要求的,是网络服务提供者除了对信息内容的事后管理之外,还应对网络空间中侵害信息权犯罪风险进行主动与前置性的审查与防控。考察相关的法律和行政法规规定,会发现《网络安全法》第三章和第四章中为网络运营者,包括网络服务提供者设定的"网络运营安全保护义务"和"网络信息安全保护义务"都应属于"信息传播治理义务"。后者是对信息内容的管理义务,具体来讲,即对网络服务提供者对于网络信息的储存、使用、公开等行为设置了相应的作为义务;前者则要求对网络空间信息流动中所产生的风险进行主动监测与防控。那么,在义务实质内涵的层面,本罪设定的"信息网络安全管理义务"是否涵盖了上

---

① 参见梅夏英、杨晓娜:《网络服务提供者信息安全保障义务的公共性基础》,载《烟台大学学报》,2014(6)。

述两种类型呢？因为此义务是刑事作为义务，那么它的范围应受到刑法条文的明确限定，它的具体内涵也应经过刑法教义学的规范判断得出。

作为刑事作为义务，它所规制的只能是具有值得动用刑法进行处罚之严重性的情形，因为刑法的发动"不能超越公正和效用的边界"[①]。那么，它就不能为网络服务提供者设定如上文所述之义务，即广泛的"信息传播治理义务"。继续来看本罪的规定，本罪罪状继续列举了"致使违法信息大量传播""致使用户信息泄露，造成严重后果"以及"致使刑事案件证据灭失，情节严重"三种情形，作为兜底条款的"其他严重情节"应当与前三种情形具备相当性，才可以适用本罪处罚。笔者认为，本罪通过这些具体情形的列举，将"信息网络安全管理"的内涵限定在了对所明文列举之相关信息安全的保护。同时，本罪"经监管部门责令采取改正措施而拒不改正"的规定，将"经监管部门责令采取改正措施而改正"作为对网络服务提供者刑事归责免责的条件，也就明白无误地排除了信息网络安全管理义务中对犯罪风险的主动监测，也就是"网络运营安全保护义务"的内涵，将本义务限缩在了网络信息安全保护义务的范畴。

四、 信息网络安全管理义务的边界

我国《刑法》第286条之一为网络服务提供者设定这项"信息网络安全管理义务"，对于防控网络空间侵犯信息权犯罪的风险而言有其充分的正当性。将其内涵明确为"网络信息安全"是否已足以廓清此义务的适用边界？笔者认为恐怕不能。接下来，笔者拟对此项义务边界不明会产生的法治风险进行梳理，进而识别与评估[②]，并通过刑法教义学的限缩解释对此风险加以规避，以实现在尊重实定刑法的规范效力与内涵的基础上，对其进行符合刑事政策目标、刑法规范的法益保护目的以及刑

---

① ［法］米海依尔·戴尔玛斯·马蒂：《刑事政策的主要体系》，卢建平译，243页，北京，法律出版社，2000。

② 参见周敏：《阐释·流动·想象——风险社会下的信息流动与传播管理》，165页，北京，北京大学出版社，2014。

法教义学逻辑的限缩①,使之达到符合构成要件、违法且有责因而真正值得刑罚处罚的行为被定罪量刑的目标。

(一) 廓清边界的动因：义务边界不明晰的法治风险

1. 司法适用不确定的风险

笔者认为,从刑法教义学的视角出发,此信息网络安全管理义务的义务主体,即处于刑事保证人地位之保证人尚不够明确,这催生了第一个风险,即对此项义务的司法适用不确定的风险。

作为不作为犯,在寻找刑事保证人地位实质根据已经成为学界共识的背景下,仅由法条为网络服务提供者设定了信息网络安全管理义务,不必然产生网络服务提供者的刑事保证人地位,需要从学理上对其进一步明确。在对刑事保证人地位实质根据进行探讨的诸多学说中,笔者认为危险源监督说最为有力。"对于危险源的监督,产生了保护他人法益不受来自自己控制领域危险威胁的义务。这种对危险源的控制是不作为犯的义务,其根据在于,复杂社会系统中的秩序必须依赖于（处分权人）所管理的特定空间和特定控制领域的安全。"② 以此观之,网络服务提供者作为此义务刑事保证人地位的确立,仅明确至"网络服务提供者"这一概括的上位概念尚显不足,还应当进一步对它的功能类型做进一步的区分,进而才能认定各自应承担的具体义务类型。

然而,无论是从拒不履行网络安全管理义务罪,还是前刑法规范中的法条规定,都只有"网络服务提供者"的表述,对其具体内涵缺乏明确的认定。而刑法条文的明确性则是决定刑法适用确定性的重要因素之一。③ 所谓刑法规范的确定性,即刑法

---

① 参见梁根林:《传统犯罪网络化:归责障碍、刑法应对与教义限缩》,载《2016年互联网法律大会电子商务法律论坛论文集》,2016年11月印行。

② [德] 乌尔里希·齐白:《网络服务提供者的刑事责任——刑法总论中的核心问题》,王华伟译,载《刑法论丛》,2016 (4)。

③ 参见 [英] 蒂莫西·A.O.恩迪科特:《法律中的模糊性》,程朝阳译,115页,北京,北京大学出版社,2010。

是否总是（或者大多数时候或者从不）对法律问题提供唯一正确的答案。① 在作为公民的角色中，行为人要承担他对于社会共同体的、合法的共同责任。② 在这种共同责任里，他与刑罚联系在了一起。为了使刑罚的发动具备正当性，刑法的适用应当具有确定性。这种确定性可以为司法机关提供明确的裁判规范，限制其权力的恣意发动，也可以为公民提供明晰的行为规范，使其明确知晓可为与不可为的界限。若对网络服务提供者的类型和义务的具体类型不做明确区分，此种确定性便不可得。

2. 窒息网络服务提供者创新与发展的风险

其次值得注意的风险，是忽略此项义务应有的法益保护目的和网络服务提供者履行义务的可能性，进而对其创新与发展带来沉重负担的风险。

对于本罪设立的批判者来说，其最大的理据便是认为不可能要求网络服务提供者对网络空间中的信息传播承担广泛的治理义务，这会给它们制造巨大的人力、金钱与时间负担，进而会扼杀互联网产业的创新与发展，是"情绪化"的刑事立法。③ 法益保护目的的缺失与义务履行可能性考量的缺位是两个重要的影响因素。

法益的概念对于作为限制科学的刑法教义学功能，即追求逻辑自洽、功能自足、体系一致与体系有效、限制刑法适用、实现个案公正之功能④的发挥具有重要意义。具体而言，确定拒不履行网络安全管理义务罪所保护的法益为何，可以将信息网络安全管理义务的适用限定于保护法益之目的，从而避免将网络服务提供者的业务活动全面纳入规制范围。

而承担义务的可能性则是完成对网络服务提供者刑事归责的保障。此种可能性这一现实层面体现为义务履行的技术可能性，在规范层面，则体现为义务履行的期待可能性。正如前文所述，在我国经济社会的发展中，网络服务提供者已经逐渐占

---

① 参见［美］布赖恩·比克斯：《法律、语言与法律的确定性》，邱昭继译，导读，2页，北京，法律出版社，2007。
② 参见［德］米夏埃尔·帕夫利克：《人格体主体公民——刑罚的合法性研究》，谭淦译，79页，北京，中国人民大学出版社，2011。
③ 参见刘宪权：《刑事立法应力戒情绪——以〈刑法修正案（九）〉为视角》，载《法学评论》，2016(1)。
④ 参见［德］参见埃里克·希根尔多夫：《德国刑法学：从传统到现代》，江溯等译，193-197页，北京，北京大学出版社，2015。

据愈加重要的地位，将其纳入法治规范的轨道实为必然。然而在网络世界中，信息自由流动所产生的碰撞是创新与发展的动力源泉，而不能被一概视作网络空间这一统一机体上的病痛，采取措施加以祛除。① 只有对网络刑事法进行技术制衡，才能避免窒息网络的发展。因此，在现实层面，应当考量网络服务提供者在具体的技术环境下是否可能履行义务，而在刑事归责的规范层面，则应当以技术可能性为基础，在教义学的判断中考量网络服务提供者是否具有履行义务的期待可能性。

（二）具体的义务类型为依据

如何明晰义务的边界，消解法治风险？这需要通过刑法教义学的规范判断，确立明确的标准。具体的义务类型，应当是明晰义务边界的依据。拒不履行网络安全管理义务罪中为网络中介服务者所设定的"信息网络安全管理义务"，整体的限缩解释之后，可以得出其核心应在于网络信息保护，而"经监管部门责令采取改正措施而拒不改正"的表述才确认了网络中介服务者的"信息传播治理"义务的具体类型。考察我国《网络安全法》的具体规定之后，可以确认为该法第三章第一节中规定的、只限于自我管理以及对用户和主管部门进行配合范围内的网络运营安全保护义务；以及在其第四章所规定的网络信息安全保护义务。二者的性质可以归纳为配合义务，具备配合风险审查与配合信息内容管理的两个侧面。

所谓配合义务，即在法律明文授权的前提下，所有类型的网络服务提供者配合用户或者国家主管部门将特定目标信息存储、提供或公开的义务。因为当下网络空间中侵害信息权的犯罪行为难以像传统犯罪中一般通过现实空间中证据材料的搜集进行认定，只有行为产生的信息流动的轨迹才可以作为此类犯罪的证据材料，这就需要作为"守门人"的网络服务提供者进行配合，来予以确定（Identify）。② 避风港原则所设立的"通知—取下"义务即属于配合义务的范畴，我国《侵权责任法》第36条第3款对此予以肯定。

---

① 参见［法］弗乔鲁瓦·德·拉加斯纳里：《福柯的最后一课——关于新自由主义、理论和政治》，潘培庆译，54页，重庆，重庆大学出版社，2016。

② Edited by Mark F. Grady, Francisco Parisi, *The Law And Economics Of Cybersecurity*, Cambridge University Press, 2005, p.232.

通过《网络安全法》第三章第一节的规定，为网络服务提供者设立了广泛的配合义务。其本质是网络服务提供者为主动审查侵犯信息权犯罪风险提供配合，但并非主动审查，这是配合义务的风险防控侧面。其中涉及公民隐私、言论自由界限等问题，本文不做展开。就本文探讨的中心而言，作为本罪确定的刑事作为义务，其内容由刑法规范设定，但是否成立犯罪继而承担本罪设定的刑事责任，应以不纯正不作为犯的刑事归责路径进行展开，本文不做详尽探讨。而该法第四章所设定的网络信息安全管理义务，其本质是网络服务提供者配合义务的信息内容管理侧面。

也就是说，作为刑事作为义务的"信息网络安全管理义务"，其具体的义务类型为网络服务提供者的配合义务，具体包括风险审查的配合与信息内容的管理两个侧面。

（三）明晰的义务主体为前提

本罪的义务主体，即"网络服务提供者"之明确内涵，是信息网络安全管理义务得以准确适用的前提。基于功能标准考量，此处所谓"内涵"即其具体的类型。笔者接下来欲结合我国《网络安全法》和欧洲议会于2016年7月6日二读审议通过的《网络与信息系统安全指令》（即NIS指令）① 有关网络服务提供者类型的规定，具体明确其类型区分，以及对其所承担的具体义务类型的影响。

1. 网络服务提供者的概念与传统分类

在我国互联网领域立法并不完善的当下，缺乏对于网络活动主体规范的法律界定。2010年实施的《侵权责任法》、2013年修订的《信息网络传播权保护条例》以及2015年通过《刑法修正案（九）》增设的拒不履行网络安全管理义务罪都使用了"网络服务提供者"的概念，却并没有相应的法律或行政法规对其内涵进行阐释。而作为我国互联网领域的基本法，《网络安全法》中使用了"网络产品和服务提供者""关键信息基础设施运营者""网络运营者"等多个概念，却缺乏对这些网络活动主体概念明确而规范的界定，因而需要对其进行学理解释，明确本罪所设定此项刑事

---

① 所引条文均源自欧盟议会所公布的英文版正式文本，即 The European Union's Directive on Security of Network and Information Systems，下文均以《指令》来指代欧盟《网络与信息系统安全指令》。

作为义务的主体。

所谓网络服务提供者（ISPs），从广义的角度看，指专营为社会公众提供网络信息通信服务，并保存任何经由其构建的网络空间"收费站"之用户所留下的信息流动轨迹的"守门人"[①]。

传统上，一般根据提供服务内容的不同，将网络服务提供者分为两大类：第一类是网络信息内容提供者（ICP），指自己组织信息通过网络向公众传播的主体。第二类是网络服务提供者，指为传播网络信息提供中介服务的主体，网络接入服务提供者（IAP）、网络平台提供者（IPP）、代理缓存服务提供者和存储服务提供者等均属于这一类。[②] 这样的分类思路源起美国1998年《数字千年版权法》，在那个互联网刚刚起步的年代，基于对网络发展创新的鼓励，经过美国版权人与网络服务提供者的博弈，最终由网络服务提供者说服美国国会做出的划分，以是否参与内容制作以及是否对内容知情为划分的依据，网络服务提供者属于不参与内容制作并对内容不知情者，进而通过第512节设立的避风港原则实质确立了对这一类主体的责任限制制度，并逐步演变为对网络服务提供者的普遍归责原则。

2. 网络服务提供者的功能分化与意义

《数字千年版权法》所确立的、并为全世界广泛继受的归责原则排斥给网络服务提供者科以对网络空间中侵犯信息权犯罪风险主动审查的义务，认为这会是网络服务提供者不可承受之重，会阻碍互联网的创新与发展。[③] 然而，随着时代的发展与技术的进步，在接受上述以促进互联网发展创新为导向的原则性框架的前提下，网络服务提供者的功能在两个维度上进一步发生分化，从而导致其应当承担的作为义务也产生了变化。目前学界对于应当根据网络服务提供者的不同类型分别认定其刑事责任基本已形成共识，但对于本文所指出的两个功能分化的维度却缺乏必要的关注[④]，值得加以深入探讨。

[①] Christoph Demont-Heinrich, *Central Points of Control and Surveillance on a "Decentralized" Net*, INFO, Iss. 4, 2002, at 32, 33.

[②] 参见刘文杰：《网络服务提供者的安全保障义务》，载《中外法学》，2012（2）。

[③] See S. Rep. No. 10-90.

[④] 涂龙科：《网络内容管理义务与网络服务提供者的刑事责任》，载《法学评论》，2016（3）。

第一，网络平台的功能已经远远超出"单纯通道"或技术保障，成为网络空间信息交互的综合平台，网络平台提供者的角色也早已不具备被动性、工具性和中立性的特质①，而是具备充分的能力并且也已经积极参与到了对平台内信息流动的控制中，成为网络空间中那只"看不见的手"②。正如斯坦福大学著名的互联网法律问题专家 Lawrence Lessig 所指出的，对于网络平台提供者而言，"网络空间是最便于控制的领域"③。例如我国最常用的即时通信软件 QQ，除了具备如手机短信和电话一般的通信功能，早已被构筑为庞大的网络服务平台。而作为网络平台提供者，腾讯公司除了对服务的运行提供技术支撑以外，兼具主机、接入、信息缓存乃至整个平台运行框架提供与掌控者的角色。通过主动的监测以及用户的举报，腾讯对涉嫌传播违法犯罪行为的 QQ 账户实施封号就是一个很好的例证。另外一个极好的例证是阿里巴巴对于制假售假的打击。阿里巴巴公司充分利用自身所掌握的大数据资源，从 2015 年 4 月至 9 月，向执法机关推送售假团伙线索 717 条，获各地执法部门立案的为 330 条，被破获的案件为 279 起。其间，阿里巴巴协助警方捣毁制假、仓储、售假窝点 600 余个，抓获犯罪嫌疑人 715 人。④

这充分说明，作为信息交互、进而已具备部分社交功能的平台，网络平台有能力也有义务前置性防控在其平台服务的范畴内所产生的侵害信息权犯罪的风险，这是网络平台提供者应当承担对其主动审查，亦即网络运营安全保护义务的正当性根据。而单纯的接入服务提供者，包括硬件和软件接入服务提供者，以及代理缓存和存储服务提供者则不应承受这样的负担。

笔者认为，《网络安全法》第三章第一节规定中所谓的"网络运营者"和"网络产品和服务提供者"的规定中所谓的"网络产品和服务提供者"均应理解为本文意义上的网络服务提供者。依本节的规定，后两者也需承担网络运营安全保护义务，

---

① See Mary La France, *Copyright Law* (n a Nutshell), Thomson West, 2008, p. 286.
② See Anne Cheung, Rudolf H. Weber, *Internet Governance and The Responsibility of Internet Service Providers*, Wisconsin International Law Journal, Vol. 26, Nr. 2, pp. 406-408.
③ Lawrence Lessig, *Code Version* 2.0, at 38 (2006).
④ 参见《马云打造"制假国家队"，让制售假者"颤抖"》，见凤凰网 http://news.ifeng.com/a/20160314/47848942_0.shtml，2016-11-20。

但只限于自我管理以及对用户和主管部门报告相关犯罪风险的配合义务范围内。

第二，互联网在以"摩尔定理"的速度发展着，它的触角能够延伸到的广度也在逐步以"摩尔定理"的速度增加①，网络服务提供者所能影响的法益的重要性层次也必然愈加复杂，法律保护的力度也就不能一刀切。仅以功能的区分标准作为网络服务提供者法定作为义务的区分标准是不可取的，在基本功能界分的框架下，还应当根据该主体所保护法益的重要性，对义务主体做出第二层次的划分，以此决定该主体应当承担的作为义务强度。

《网络安全法》中即做出了"关键信息基础设施运营者"和"网络运营者"② 的划分，并且通过本法第 31 条明确了"关键信息基础设施"的内涵，即"公共通信和信息服务、能源、交通、水利、金融、公共服务、电子政务等重要行业和领域，以及其他一旦遭到破坏、丧失功能或者数据泄露，可能严重危害国家安全、国计民生、公共利益的关键信息基础设施"。"网络运营者"的含义则没有规范的定义。

纵观世界范围内的立法例，只有欧洲议会新近通过的《指令》可以给我们提供有益的启示。《指令》第 4 条将网络中介服务者的类型分为基础服务运营者（Operator of Essential Service）和数字服务提供者（Digital Service Provider）。结合其第 4 条第 4 款和第 5 条第 2 款的规定可以明确，《指令》所谓的数字服务提供者，结合《指令》第 4 条第 5 款、第 6 款和欧洲议会于 2015 年 9 月 9 日通过的《信息社会服务规范与技术规则运作程序指令》第 1 条第 1 款的规定，即任意提供数字服务的法人，其提供的是通常基于用户个人的请求、借由电力为能源远距离有偿提供给客户的任意信息社会服务。

笔者认为，《指令》中"数字服务提供者"的内涵界定是相当清晰准确的，我国应予以参照，在今后的立法修订中进一步明确我国《网络安全法》中"网络运营者"的概念外延。因为网络服务提供者属于关键信息设施运营者还是一般的网络运营者，决定了该主体所保护信息权的重要性，也就决定了其所承担的义务。

综合以上的分析，笔者认为，明确网络平台提供者和关键信息基础设施运营者

---

① 参见刘守芬等：《技术制衡下的网络刑事法研究》，37 页，北京，北京大学出版社，2006。
② 笔者认为，"网络产品和服务提供者"应当归于"网络运营者"的概念范畴。

在各自维度的特殊性，才可对其侵害信息权行为的社会危害性进行实质判断，这是对具备限制国家刑罚权之品格的刑法提出的应然要求，而非有些论者所以为的那样，只要通过网络，犯罪行为的严重社会危害性就不证自明。[①] 因为经过上文的分析，"信息网络安全管理义务"只应限于配合义务的范畴，那么，就配合风险防控而言，在功能区分的层面上，网络平台服务提供者为适格主体，网络接入服务提供者、代理缓存和存储服务提供者不应是适格主体，在重要性区分的层面上，基础信息设施服务提供者均为适格主体，一般网络运营者则需参照功能区分进行认定；就配合信息内容管理而言，所有类型的网络服务提供者均为适格的义务主体。

（四）法益保护目的为指引

既然已经明确"信息网络安全管理义务"的内涵是以"网络信息安全保护"为核心的配合义务，它的适用范围如何来确定？这也依赖于本罪法益保护目的的指引。在刑法教义学层面，特定罪名所保护的法益应是其解释适用的出发点，决定了其适用的基本范围。

在"网络信息安全保护"的范畴下，那么，本罪所保护的对象此时已经呼之欲出，即信息。"信息"是数据，或者说内容流动着的携带者。这个概念本身不具有直接的法律意义，从刑法的角度来看，刑法保护的信息法益就是基于刑法的规定，受刑法所保护的信息主体所享有的信息权利[②]，这是数据本身，作为"信息"承载的实质内容，在当下的信息社会与刑法体系中传统法益概念的最佳结合点。[③] 具体而言，"致使用户信息泄露，造成严重后果"和"致使刑事案件证据灭失，情节严重"所保护的是刑法保护的信息主体，即用户和刑事案件侦办机构所享有的用户信息专有权与刑事案件证据信息专有权，这点应无疑义。而"致使违法信息大量传播"所保护的则应是负责处理违法信息的相关部门为了履行其职能所享有的违法信息专有权。

---

① 参见于志刚：《网络犯罪与中国刑法应对》，载《中国社会科学》，2010（3）。

② 参见皮勇、黄琰：《试论信息法益的刑法保护》，载《广西大学学报》（哲学社会科学版），2011（1）。

③ Drackert, Stefan, Die Risiken der Verarbeitung personenbezogener Daten. Duncker & Humblot GmbH. Berlin 2015. S. 264.

所谓信息专有权的核心在于对数据处理的"允许"①，这样的允许来自立法规范的明确授权。"有其他严重情节"的解释应当与前述规定具有相当性，应予以严格限缩，那么，本罪所保护的法益应是集体法益，即刑法所保护的信息主体的特定信息专有权，以刑法明文规定为限。

从实定法的层面来讲，法益是"根据宪法的基本原则，由法所保护的、客观上可能受到侵害或者威胁的人的生活利益"②。那么，特定信息专有权具备怎样的利益属性？刑法中已有众多保护特定信息专有权的条款，如对各种商业、国家、军事秘密信息的保护，以及《刑法修正案（七）》增设非法出售、提供公民个人信息罪、非法获取公民个人信息罪所确立的、公民对个人信息的专有权。由刑法的现有规定可以明确，刑法所保护的特定信息专有权具备重大的人身、财产或公共利益属性，本罪所保护的特定信息专有权也不例外。鉴于刑法将本罪规定在分则第六章第一节"违反社会公共秩序罪"中，故应将本罪保护的特定信息专有权限定在具备公共利益属性的层面。具体来说，即"致使违法信息大量传播""用户信息泄露""致使刑事案件证据灭失"造成的"严重后果""严重情节"为对特定对象的人身权利或财产权的侵害时，不应适用本条进行规制；只有在此类法益侵害破坏了社会公共秩序时，本条才有适用的空间。通过这样进一步的限缩解释可以明确，本罪保护的法益是具备公共利益属性的特定信息专有权，具体内涵以刑法明文规定为限。

（五）履行义务的可能性为保障

最后，网络服务提供者履行义务的可能性是实现对其刑事归责的保障。上文已经对此义务提出了三个具体的限缩标准，即网络服务提供者的类型，具体的义务类型，以及法益保护目的，那么，对此可能性的探讨自然在这个限定的语境下展开。

首先是网络平台服务提供者。当前语境下的网络平台服务提供者，其本身已经超越了传统网络服务提供者作为"中介"的范畴，成为综合多种服务的、具备一定社交性质的信息交互平台。基于对具备公共利益属性的特定信息专有权之保护目的，

---

① Weichert, Thilo, Big Data und Datenschutz. ZD 2013，251 (255).
② 张明楷：《法益初论》，167页，北京，中国政法大学出版社，2000。

网络平台服务提供者应当能够履行体现为配合义务、内涵为网络信息安全保护义务的"信息网络安全管理义务"。此种判断的现实基础，在于软件的中心化为网络平台提供者提供了技术可能性，使其可以通过服务对终端进行控制，未来的云服务更是代表了这种趋势。① 教义学规范判断中，这样的技术可能性是期待可能性的存在论根基。而其规范根基则还需在个案中对一定的法益冲突进行衡量之后才能找到。即在公民言论自由和隐私权等基本权利与履行义务所保护之法益产生冲突时，衡量之后得出应当要求履行的结论时，网络平台服务提供者才具备履行此义务的规范根基。

其次，再来看网络接入服务提供者。由于网络传输信息的海量性、加密设置以及对数据传输进行实时监控的现实困难，以及宪法所保障的言论自由和公民隐私权保护等因素的考量，单纯作为"技术通道"的网络接入服务提供者不可能对其传输的内容实现控制。就算是接到了相关主管部门责令改正的通知，除非其付出巨大代价彻底关闭或转型，否则是不足以前置性介入的。出于利益冲突衡量及公共政策妥当性的考量②，也不能够对其做此要求。因此，它不是风险监控配合层面之"信息网络安全管理义务"的适格主体，只具备履行信息内容管理配合层面之"信息网络安全管理义务"的可能性。

最后，是代理缓存服务提供者和存储服务提供者。二者通过服务器或者云存储等方式，为他人提供信息数据存储服务，能够对存储空间进行物理或者远程的直接控制，接到告知以后，也能够迅速对相关违法涉罪信息进行删除。但基于信息数据加密等设置，和与网络接入服务提供者同样的考量，只能认定其能够履行信息内容管理配合层面之"信息网络安全管理义务"。

此外，笔者需要明确的是，对信息网络安全管理义务的刑法教义学展开，实质即以刑法教义学的规范判断为准绳，对其内涵进行限缩解释，探索这一刑事作为义务的边界。只有这样，才可以有效缓和犯罪风险的前置性防控与刑事责任基础之间的冲突。

---

① 参见胡凌：《信息时代的新权力形式》，载《网络法律评论》，2012（1）。
② ［德］乌尔里希·齐白：《网络服务提供者的刑事责任——刑法总论中的核心问题》，王华伟译，载《刑法论丛》，2016（4）。

第六编

网络空间治理

6

刍议 "网络空间主权"

崔文波[①]

关于网络空间是具有主权属性的主权空间，抑或具有公域属性的公共空间，换言之，关于网络空间主权概念是否成立，是当前国际关系学界一个颇具争议、也至关重要的问题。网络空间的"公域属性说"曾长期占据主流地位。本文系统梳理了其所依托的网络自由主义理论发展脉络，论证了网络空间通过军事化、法治化、区隔化三个维度所体现出的"主权化"趋势，讨论了国家主权在内外事务中的支配性表现，进而得出结论，网络自由主义已然式微，网络空间是从属于国家主权的"主权空间"。

2015年12月16日，习近平主席在第二届世界互联网大会上发表讲话，明确提出将"尊重网络主权"作为全球互联网治理体系变革的4项原则之首。[②] 此前，2010年《中国互联网状况》白皮书指出："中华人民共和国境内的互联网属于中国主权管辖范围，中国的互联网主权应得到尊重和维护。"[③] 2015年7月1日，全国人民代表大会通过《中华人民共和国国家安全法》，其中第25条明确规定，"维护国家网络空

[①] 崔文波，中国现代国际关系研究院，博士，副研究员，研究方向：信息安全与社会管理。
[②] 参见《习近平在第二届世界互联网大会开幕式上的讲话》，见 http://news.xinhuanet.com/world/2015-12/16/c_1117481089.htm，2016-09-11。
[③] 《中国互联网状况白皮书》，见人民网 http://politics.people.com.cn/GB/1026/11813615.html，2016-09-16。

间主权、安全和发展利益"①。2016 年 11 月 7 日,全国人民代表大会公布《中华人民共和国网络安全法》,明确将"维护网络空间主权和国家安全"作为立法宗旨。② 由此,网络空间主权观念作为中国政府明确的政策主张得以鲜明建立。然而,当前国际关系学界围绕网络空间主权是否成立的问题,或者具体来说,网络空间是否具有主权属性、是否属于主权空间的问题,仍在相当范围内存在争论。以美国为代表的很多西方学者以网络自由主义为主张,认为网络空间是"公共空间",排斥国家主权的介入和管制。系统分析网络空间的主权属性,研究网络空间主权概念的合理性,是迫切需要解决的问题。

一、 问题的源起: 网络自由主义的发展

与网络空间主权所对立的观念,认为网络空间是无须国家主权置喙的"公共空间",其实质学理支撑是网络自由主义理论,其发展历程如下。

(一)"黑客伦理"与"信息自由"观念

从社会心理学视角考察网络自由主义思潮的本源,可以追溯到计算机刚诞生年代出现的"黑客伦理"。早在 20 世纪 50 年代应用晶体管计算机的时代,在美国麻省理工、斯坦福、卡内基梅隆等最早从事计算机学习和研究的高等院校,在痴迷计算机、千方百计争取上机时间的学生和恪守规章制度、严格管理计算机的教务人员之间的博弈中,逐渐形成了今天黑客伦理的雏形,其精神实质是"对计算机的访问应

---

① 《中华人民共和国国家安全法》,见国防部网站 http://news.mod.gov.cn/headlines/2015-07/01/content_4592594_2.htm,2016-09-11。

② 《中华人民共和国网络安全法》,见百度百科 http://baike.baidu.com/link?url=7fR-VuY9-iXQ-nudCoYz4cchja5zZ2CwuqYV7mPG2yWcqmPRAM21BwlWNPQO_EJRQdUel_eMgfrCnjU6d4vJ_caOF0-RwtbWkD_LG-mb7xUS86nQgzQ_Z_lMBYSs5XoAiUBeCPjOFjpVL2NGiJFeHhrs9RwB_H6qS1Y_3ej-feRuEqeCinLvHtwBsb7IBuNQFi_mTum0FSFeXFmRxCmZitstLI0w2C4wMamsLoB9d_x4QdSMsw-_1dw-dWTjvSWyPGXsTm032vwzXyIod4T3CQswVL7mI5QLR6VP-_jNrZIaCnMV8lXt9Ep601KWDUbD-PdA#2,2016-09-11。

该完全不受限制！任何人都有动手尝试的权利！"① IT 行业最早的从业者初步形成了"所有信息都应该可以自由获取"的信念；甚至一定程度上催生了"人们不应为软件付费"理念。传统的黑客伦理一贯反对计算机知识的商业化。黑客伦理的一条要旨是电脑本身不会考虑信息产权。1997 年，美国黑客埃里克·斯蒂文·雷蒙德在其著作《大教堂与市集》②中提出了开放源代码软件概念，此后发展为开源（Open Source）运动。自称"最后一名真正的黑客"的 GNU 操作系统开发者、自由软件基金会（Free Software Foundation）创始人理查德·斯托曼认为"软件的商业化是犯罪"，坚信"信息应该是免费的"③。

（二）网络自由思潮的萌生

20 世纪 60 年代，随着互联网的前身——阿帕网（ARPANET）将各大学和研究机构的计算机系统连接起来，这个初具规模的最初的"互联网"也深受黑客伦理的影响，提倡系统的分权管理和信息的自由流动。④ "互联网最早的一批拥趸坚信，信息应该是自由的，可以被自由分发的，匿名获取信息是最基本的权利。"⑤ 这一观念的典型代表是电子边疆基金会（Electronic Frontier Foundation）的创始人、被称为"网络空间的杰斐逊"的约翰·巴洛（John P. Barlow），他在 1996 年瑞士达沃斯论坛发表《网络空间独立宣言》（A Declaration of Independence of Cyberspace）⑥，模仿杰斐逊起草的《独立宣言》（1776）大声疾呼，网络空间不受政府统治，而应该独立自治："工业世界的政府们，你们这些令人生厌的铁血巨人们，我们来自网络空间，一个崭新的心灵家园。我代表未来，要求过去的你们别管我们。在我们这里，你们并

---

① Steven Levy, "Hackers: Heroes of the Computer Revolution", 25th Anniversary Edition, O'Reilly Media, Inc., 2010.
② Eric S. Raymond, "Cathedral and the Bazaar", Snowball Publishing, July 8, 2010.
③ http://www.fsf.org/.
④ Steven Levy, "Hackers: Heroes of the Computer Revolution", 25th Anniversary Edition, O'Reilly Media, Inc., 2010.
⑤ Richard A. Clarke, Robert Knake, "Cyber War: The Next Threat to National Security and What to Do About It", Ecco; Reprint edition, April 10, 2012.
⑥ 参见 [美] 约翰·巴洛：《网络独立宣言》，李旭、李小武译，高鸿钧校，载《清华法治论衡》，第四辑，509 页，北京，清华大学出版社，2004。

不受欢迎。在我们聚集的地方,你们没有主权……网络空间并不处于你们的领地之内……你们不了解我们不成文的'行为准则',与你们的任何强制性法律相比,它们能使我们的社会更加有序。"①

(三) 互联网设计特性的影响

除了上述社会心理学层面的因素之外,互联网技术的固有属性也在其产生早期助长了自由主义思想的萌生。互联网的前身——美国国防部的 ARPANET 项目——发展之初即着眼于构建一种"草根"(grass root)形态的通信网络,以期在最严酷、最恶劣的战争条件下确保通信联系畅通。因此对互联网来说,信息的流动性要优先于内容完整性,可连接性相比身份验证更为重要。② 这一特性的影响持续至今。如在 2016 年 7 月土耳其军事政变中,在传统的广播电视渠道和绝大多数社交媒体已被叛军控制的情况下,土总统埃尔多安仍找到了建立通信广播的渠道——通过苹果 FaceTime 软件发表演讲,号召民众"走上街头"抵抗政变,最终挫败了政变企图。③ 正是这种"互联网的通信自由应在任何情况下都最大限度予以保障"的设计导向,在投射于最早一批研究者的心理后不断强化,萌生出互联网通信自由不应受到任何力量、包括国家主权的干预和限制的观念。

(四) 网络自由主义理论的成形

21 世纪初,在"历史终结"说大行其道、人权高于主权的观念甚嚣尘上的时代背景下,2005 年 5 月,美国共和党议员克里斯托弗·考克斯提出《全球网络自由法案》④,美国国会由此开始详细调查网络自由问题。2007 年 1 月,共和党议员史密斯提出

---

① 转引自刘晗:《域名系统、网络主权与互联网治理》,载《中外法学》,2016 (2)。
② Department of Defense, "Department of Defense Strategy for Operating in Cyberspace", July 2011, http://www.defense.gov/news/d20110714cyber.pdf, 2013-10-04。
③ 罗伊·瑞塔 (Rita _ Nuoyi):土耳其总统埃尔多安使用 FaceTime 发表声明,见 http://www.iapps.im/single/40936, 2016 - 09 - 11。
④ Rep. Christopher Cox, "Global Internet Freedom Act", May 10, 2005 (109th Congress, 2005 - 2006), https://www.govtrack.us/congress/bills/109/hr2216#overview, 2014-03-08。

《2007年全球网络自由法案》①，要求"促进互联网言论自由，保护美国企业不被强迫参与外国政府的迫害行为及为其他目的服务"。

网络自由主义理论真正形成体系，最明确的时间节点是2010年美国国务卿希拉里关于互联网自由的演说。2010年1月21日，谷歌公司宣布拟退出中国大陆市场不久，希拉里在华盛顿新闻博物馆就"网络自由"发表演说，全面阐述"网络自由"思想。② 2011年2月15日，在埃及政权更迭后第4天，希拉里又发表第二次网络自由演说。③ 这两次演讲拉开了美国政府大力倡导"网络自由"的序幕。在2011年演说中，希拉里提出了互联网具有公域属性的命题，即"互联网已成为21世纪的公共空间（public space）——世界的城市广场、教室、市场、咖啡屋和夜店"。互联网自由的基石是"连接的自由"，即"政府不能阻止人民连接互联网、访问网站或互相访问"。正是在"连接自由"的理论基础上，延伸出互联网的"公域属性"，即"美国支持一个单一的互联网，所有人都可以平等地访问其上的知识和思想"。

2011年5月与7月，奥巴马政府分别出台《网络空间国际战略》④和国防部《网络空间行动战略》⑤，标志着美国互联网国际战略形成整体框架。其中，强调互联网"公域属性"的"互联网自由"理论正是这一框架的重要基础。《网络空间国际战略》提出："美国将继续确保互联网的全球属性（global in nature）的益处"；提出要支持基本自由和隐私，包括支持公民社会实践者去建设自由表达、安全可靠的互联网平台；鼓励国际协作来有效保护商业数据隐私；确保互联网接入的普遍互通，反对将互联网分裂为国家局域网、剥夺个人获取外部信息的努力。

网络自由主义理论成型后，作为美国政府钦定的官方意识形态，被视为具有无可争辩的普世价值，是几乎不言自明的公理。借助美西方话语体系强大的传播力，

---

① Rep. Christopher "Chris" Smith, "Global Online Freedom Act of 2007", Jan 05, 2007 (110th Congress, 2007 - 2009), https://www.govtrack.us/congress/bills/110/hr275, 2014-03-08。

② Hillary Rodham Clinton, "Remarks on Internet Freedom", January 21, 2010, http://www.state.gov/secretary/rm/2010/01/135519.htm, 2013-10-07。

③ Hillary Rodham Clinton, "Internet Rights and Wrongs: Choices & Challenges in a Networked World", February 15, 2011, http://www.state.gov/secretary/rm/2011/02/156619.htm, 2013-10-07。

④ The White House, "The International Strategy for Cyberspace", May 2011, http://www.whitehouse.gov/sites/international_strategy_for_cyberspace.pdf, 2011-07-13。

⑤ Department of Defense, "Department of Defense Strategy for Operating in Cyberspace", July 2011, http://www.defense.gov/news/d20110714cyber.pdf, 2013-10-04。

这一理论基本主导了此后多年国际关系学界关于互联网问题的大多数讨论。

二、网络空间"主权化"趋势和网络自由主义的式微

随着互联网的普及和扩展，互联网所带来的安全问题日益引起各国政府的重视。主权国家纷纷加强对网络空间问题的介入，逐渐成为不可逆转的历史趋势。目前，全球已有近60个国家发布网络安全战略。网络空间主权化的趋势悄然萌生、愈演愈烈，向网络自由主义的理论基础和解释力发出了根本性的挑战。这一趋势可以分解为军事化、法治化和区隔化三个方面。

（一）网络空间的军事化进程：促成对"网络主权"概念的承认

网络空间已成为作战空间，各国纷纷加强网络战争能力建设，网络空间军事化进程一发不可收。2008年8月，北约网络战防御中心开始运作。2009年6月，美国率先成立网络司令部。2014年3月，美国国防部发布《4年防务评估报告》，提出到2019年建设133支网络任务部队。截至目前，据联合国裁军研究所报告显示，有近50个国家建立网络战部队。其中美国网络司令部所辖作战部队近6千人，并已研制出2 000多种网络病毒武器。①

与网络战争能力建设相伴的，是对网络战争规则、网络空间军控问题的系统性研究。正是在对网络空间战争和军事行为进行规范和管控的研究意图指引下，对网络空间国家主权的承认逐渐成为共识。2013年4月，在美国军方国际法学者的主导下，北约出台了《塔林手册》②，这是第一部完整、系统地研究国际法对网络空间武装冲突适用性问题的公开文献。《塔林手册》开宗明义第一条规则便明确指出网络主权是存在的（规则1"主权"），且其与传统的主权概念一样神圣不可侵犯（规则4"主权豁免和神圣不可侵犯"）。——这在西方学界无疑是重大理论突破，实质与中、

---

① 参见张笑容：《第五空间战略——大国间的网络博弈》，北京，机械工业出版社，2014。
② NATO Cooperative Cyber Defence Centre of Excellence, "The Tallinn Manual on the International Law Applicable to Cyber Warfare", http：//www.ccdcoe.org/249.html，2013-06-23。

俄等传统上强调国家对网络空间管理职能的主张相吻合。可以说北约学者以最全面的国际法审视，为网络主权的存在做了背书。

在美国自身理论突破后，各国紧密跟进，促成联合国层面对网络空间国家主权的承认。2013年6月，美、中、澳、印、日和印尼作为联合国15国信息安全政府专家组（GGE）的成员国，向联合国大会提交报告[1]，认可了联合国宪章、国际法、国家责任原则及国家主权对网络空间的适用性。[2]

（二）网络空间的法治化进程：促成国家主权地位的提升

网络空间的法治化，亦即根据国内法对本国领土范围内的网络空间事务行使司法管辖权，实现"依法治网""让互联网在法治轨道上运行"[3]。其主体是主权国家，其实质是主权行为。早在2001年，欧洲就制定了布达佩斯《网络犯罪公约》[4]，为国家在疆域、领土范围内开展涉网执法活动提供了法律依据，实质意味着属地原则在网络空间的延伸，亦即首肯了国家主权在网络空间的存在。美国加入了该公约，并积极敦促其他国家签署。[5] 2013年北约《塔林手册》进一步明确了国家对网络空间基于领土的司法管辖权（规则2"管辖权"）。[6] 主权国家对网络空间的立法活动成为趋势，据不完全统计，已有50多个国家地区颁布了保护信息安全的法律。[7]

美国是对互联网立法最多的国家，共有300多部相关法律法规，其中最著名的

---

[1] UNODA, "Developments in the Field of Information and Telecommunications in the Context of International Security", June 2013, http://www.un.org/disarmament/HomePage/ODAPublications/DisarmamentStudySeries/PDF/DSS_33.pdf, 2014-03-05。

[2] James A. Lewis, "Asia: The Cybersecurity Battleground", July 2013, http://csis.org/files/attachments/130723_jimlewis_testimony_v2.pdf, 2013-10-03。

[3] 《习近平在第二届世界互联网大会开幕式上的讲话》，见http://news.xinhuanet.com/world/2015-12/16/c_1117481089.htm，2016-09-11。

[4] Council of Europe, "Convention on Cybercrime", http://conventions.coe.int/Treaty/Commun/QueVoulezVous.asp?NT=185&CM=11&DF=6/21/2007&CL=ENG，2013-10-04。

[5] Treaty Office, Council of Europe, http://conventions.coe.int/Treaty/Commun/ChercheSig.asp?NT=185&CM=&DF=&CL=ENG，2013-09-08。

[6] NATO Cooperative Cyber Defence Centre of Excellence, "The Tallinn Manual on the International Law Applicable to Cyber Warfare", http://www.ccdcoe.org/249.html，2013-06-23。

[7] 参见顾华祥：《国外保障信息安全的法治措施及启示》，载《行政管理改革》，2010（12）。

就是 2001 年《爱国者法》和《国土安全法》①，为美情报界大规模开展网络监控提供了支持。美国依据国内法来处理网络空间问题的做法，与其所对外所宣示的"网络自由""公共空间"、排斥国家主权的意识形态之间形成了内在矛盾，本质上是"美国例外论"的又一体现。在执法层面，美国政府也没有直面"自由价值观"。如对维基解密事件的定性是"盗窃行为"，对斯诺登事件的定性是叛国行为。在美国之外，对网络空间行使司法管辖权已普遍成为各国近年法治实践的重要组成部分。2010 年 4 月，谷歌公布"网络审查"世界地图，显示美国、巴西、德国、印度等国均大批量向谷歌索取用户数据，并频繁要求删除敏感内容。② YouTube 的例子尤具代表性，该网站视频由于含有国家安全、道德规范、宗教信仰等争议因素，多次在伊朗、泰国、摩洛哥、土耳其、亚美尼亚、印度尼西亚、巴基斯坦、孟加拉国、利比亚、苏丹等各国被封禁。③ 网络空间的法治化进程，无疑促成了国家主权在网络空间地位的提升。

（三）网络空间的区隔化进程：巩固国家主权的主导地位

互联网本质是"网络的网络"，是由局部的信息网络相互连接而形成。近年来，受到经济、数据、政治、军事等方面考量的影响，互联网的发展日益呈现出以国界为边界的"区隔化"趋势，国家主权的主导性因而进一步增强。

从经济发展层面讲，网络自由主义坚信"一个开放的互联网将引向更强大、更繁荣的国家"④，坚决反对"任何试图将网络分裂为一个个剥夺个体接触外部世界的国家内部网络的努力"⑤，认为那必然"造成经济扭曲"⑥，"冒着自绝于未来的风

---

① 参见杜晓康：《美国互联网规制的演变之路》，见清华全球传播（微信号 tsinghuagc）http://www.jzwcom.com/jzw/5f/14503.html，2016-09-16。

② Adam Hartley, "Google releases 'censorship' maps", http://www.techradar.com/news/internet/google-releases-censorship-maps-684821，2014-03-05。

③ 参见东鸟：《2020，世界网络大战》，104 页，长沙，湖南人民出版社，2011。

④ Hillary Rodham Clinton, "Internet Rights and Wrongs: Choices & Challenges in a Networked World", http://www.state.gov/secretary/rm/2011/02/156619.htm，2013-10-07。

⑤ The White House, "The International Strategy for Cyberspace", http://www.white-house.gov/sites/international_strategy_for_cyberspace.pdf，2011-07-13。

⑥ Hillary Rodham Clinton, "Internet Rights and Wrongs: Choices & Challenges in a Networked World", http://www.state.gov/secretary/rm/2011/02/156619.htm，2013-10-07。

险"①。多年的实践显示,这种认识过于绝对化了。对互联网技术后进的国家,一个完全开放的互联网所带来的很可能只是美国互联网企业巨头的"强大和繁荣",而一个具有国家局域网特质的互联网也并不必然意味着经济衰败。类似于自由市场和贸易保护的关系,市场竞争力较弱的一方在一定时期内采取一定程度的贸易保护措施是可以理解、也可以奏效的行为。有俄罗斯观察者认为,正是由于中国网络空间的"国家局域网"特质,一些可与美国互联网巨头相媲美的互联网企业获得了成长空间,如对应谷歌的百度、对应"脸谱"的人人网、对应推特的微博、对应MSN的QQ等。② 中国独特的网络环境孕育的微信商业创新模式的成功,更是引起美国主流媒体的关注和热议。③

从数据安全层面讲,2013年斯诺登事件后,一些欧洲国家和新兴发展中国家都积极加强了自身独立的网络基础设施建设,以期摆脱美国的监控。德、法协商建立独立的欧洲通信网络;巴西计划铺设金砖国家专用海底光缆;瑞士开始自主打造云服务。④ 土耳其实施为本国公民提供本土化电子邮箱的计划。⑤

从政治安全层面讲,国家政权设置网络审查或过滤机制、对网络接入和访问行为进行有效管控,是维护政治和社会稳定的自然手段。如2007年缅甸"藏红花革命"期间,缅甸军政府就切断了国内网与国际互联网的连接⑥;2010年埃及骚乱,政府命令4大互联网服务供应商关闭服务。⑦

从军事安全层面讲,在网络战争环境下,具有"国家局域网"特质的一方能够构建相对更有效的网络空间防御体系。原美国总统网络安全特别顾问理查德·克拉克就对中国互联网区隔化的特点表现出激赏,认为这种更像是"企业内部网"的设

---

① Hillary Rodham Clinton, "Remarks on Internet Freedom", http://www.sta-te.gov/secretary/rm/2010/01/135519.htm, 2013-10-07。
② Andrei Soldatov, "Vladimir Putin's Cyber Warriors", Foreign Affairs, http://www.foreignaffairs.com/articles/136727/andrei-soldatov/vladimir-putins-cyber-warriors, 2014-01-14。
③ 参见《微信成了〈纽约时报〉眼中的未来黑科技,中国创新起来连外媒都怕》,见中国之声 http://news.gmw.cn/2016-08/31/content_21747697.htm, 2016-09-16。
④ Bhaskar Chakravorti, "The end of the World Wide Web?", See CNN http://globalpublicsquare.blogs.cnn.com/2013/12/02/the-end-of-the-world-wide-web/?iref=allsearch, 2014-03-04。
⑤ 参见东鸟:《2020,世界网络大战》,350页,长沙,湖南人民出版社,2011。
⑥ 参见东鸟:《中国输不起的网络战争》,长沙,湖南人民出版社,2010。
⑦ 参见东鸟:《2020,世界网络大战》,373页,长沙,湖南人民出版社,2011。

计能提供更大的安全优势,能在网络战中实现主动防御,包括断开与外界的网络连接;而美国政府就没有这样的权力或能力。他积极主张美国在政府和关键基础设施的网络建设中尽可能实现与互联网的隔离,并在美国黑客大会上得到大多数经验丰富的与会者的赞同。①

随着网络空间主权化趋势的凸显,网络自由主义理论及其强调互联网"公域属性"的思想影响力和对现实世界的解释力已日渐式微。维基解密创始人阿桑奇的话最具代表性和说服力:"互联网本身并不带来自由,它只是让发布信息更便宜并在各地审查的允许下在全球范围内发布信息。"② 网络空间本身并没有超越国家主权控制的力量。

三、网络空间主权的表现

国家主权在网络空间的确立,在国内事务中体现为国家对商业组织、社会组织等其他行为体的支配作用;在国际事务中体现为以国家为中心的权力政治。

(一) 国家对网络空间其他行为体的支配作用

在互联网技术发展和普及之初,多数主权国家的政府部门反应"滞后",以商业组织、非政府组织为代表的利益攸关方发挥着重要作用,甚至在一定程度上塑造了互联网的面貌。但在本质上,国家行为体始终在网络空间扮演着决定性作用,且这一作用近年来呈现不断加强趋势。

1. 国家对网络商业组织具有有效掌控力。考察商业组织和国家政府在网络空间的博弈,大致可归纳出三种比较突出的互动类型:一是合作。商业组织在大多数情况下都会选择与国家行为体合作。美国"棱镜"项目与微软、谷歌、脸谱等互联网巨头的合作关系是典型例子。二是限制。对无法"合作"的企业,国家行为体往往

---

① Richard A. Clarke, Robert Knake, "Cyber War: The Next Threat to National Security and What to Do About It", Ecco; Reprint edition, April 10, 2012.

② Julian Assange, "Julian Assange-The Unauthorised Autobiography", Canongate Books, September 1, 2011.

采用限制手段，有针对性地使用政策杠杆对其经营加以打压或阻止。例如美国政府多次以国家安全为由对华为公司发起调查或采取限制措施，事实上将华为逐出了美国市场。受美国政策影响，澳、英等国也对华为采取了一系列限制措施。截至2013年，全球前50大电信运营商中只有5家没使用华为产品，其中3家均为美国企业。①三是妥协。举凡主权国家和信息技术公司之间的博弈，做出最后妥协的往往是处于弱势的商业组织。颇具代表性的案例是加拿大RIM公司经营的黑莓手机业务。2010年8月，印度政府在威胁采取禁止运营的强硬措施后，成功迫使RIM公司同意协助印安全部门监控黑莓手机通信内容。紧接着，沙特政府如法炮制，达成了类似的目标。继而，印尼、阿联酋、科威特、黎巴嫩、阿尔及利亚等国政府都向RIM公司提出了类似的要求。②

2. 国家对非政府组织能够实现有效的收编。国家力量能够对非政府组织进行有效驾驭，包括利用非政府组织来实现本国的政策目标，对游离于体制之外的非政府组织进行"招安"和"收编"，对不配合的非政府组织给予打击惩戒。一是利用。美国高度重视利用非政府组织来实现国家政策目标。美国务卿希拉里曾明确强调将与非政府组织一起利用互联网技术推进外交目标。③仅美国务院就直接组织策划了"公民社会2.0""全球网络倡议""世界新闻自由日""网络治理论坛""网络自由跨区域声明"等行动。而在互联网治理领域，美国对非政府组织的利用更堪称"表率"。自1998年以来，美国即通过非营利组织互联网名字与编号分配机构（ICANN，Internet Corporation for Assigned Names and Numbers）实现对互联网根域名服务器的垄断管控。虽然ICANN的董事会成员来自美国、巴西、保加利亚、德国、日本等国，但美商务部拥有最终否决权。④ 二是收编。对非政府组织的收编和招安，最突出的例证是黑客组织。"黑客行为在本质上是无政府主义的，但有些人转而与政府为伍。"⑤ 今天的黑客组织作为一支独立的网络空间行为体力量已然丧失了大部分活力，而越来越

---

① 参见张笑容：《第五空间战略——大国间的网络博弈》，143页，北京，机械工业出版社，2014。
② 参见东鸟：《2020，世界网络大战》，165页，长沙，湖南人民出版社，2011。
③ US Department of State, "Background Briefing by Senior State Department Officials on Internet Freedom Programs", http://www.state.gov/g/drl/rls/rm/2011/166295.htm, 2011-06-15。
④ 参见东鸟：《2020，世界网络大战》，117页，长沙，湖南人民出版社，2011。
⑤ Julian Assange, "Julian Assange-The Unauthorised Autobiography", Canongate Books, September 1, 2011.

沦为国家力量的附庸。例如美国自1984年以来每年召开的黑客大会，逐渐成为美国情报界搜集信息、延揽人才的"猎场"。2009年黑客大会组织者杰夫·摩斯实际就在奥巴马政府国土安全顾问委员会任职。为配合奥巴马网络空间战略制定，他特意打破"传统"组织了一场小范围闭门会，特邀30名官员、学者及技术公司高管出席，围绕政府的网络安全措施向他们征求意见。三是惩戒。对拒绝配合的非政府组织，国家会动用自身力量予以坚决打击整肃。例如澳大利亚黑客阿桑奇创建的"维基解密"网站陆续曝光了美国战争罪行、虐囚丑闻、外交密电等大量资料，美情报界成立100余人的小组专责处理此事，司法部长霍尔德公开宣称阿桑奇是"美国的敌人"，美国政要纷纷指责阿桑奇是"双手沾满鲜血的反美特工""恐怖组织"头目，应该像狗一样被捕杀。[1] 在美政府强力打压下，阿桑奇困在厄瓜多尔驻英使馆政治避难，无法脱身。具有讽刺意味的是，正是借助了另一个国家力量的存在，"维基解密"这一反对国家力量"暴政"的创始人才不致身陷囹圄，这深刻诠释了非政府组织与国家主权之间的对抗，本质上不如说成是国家主权之间博弈的延伸。斯诺登依靠俄罗斯庇护来完成对美国的揭露，无疑更是这一原理的生动诠释。

（二）国家间关系中权力政治的本质在网络空间没有改变

国际社会权力政治的本质在网络空间并没有改变，主权国家的利益取向决定了网络空间国际关系问题领域的设置，主权国家的力量对比决定了网络空间国际问题所采用的话语体系，主权国家之间的力量转移决定了网络空间国际问题解决方案的发展方向。综合考察国际关系中受到网络空间影响的几个重大议题——网络空间国际治理、网络间谍、网络战争，无一例外都可印证这一点。

1. 网络空间国际治理模式的博弈是国家间权力政治的体现。网络空间国际治理的核心问题是国际互联网根域名服务器的监管。目前，美国政府通过ICANN垄断着13台互联网顶级域名服务器的监管。美国曾多次使用这一特权屏蔽特定国家域名的解析服务，使有关国家在互联网世界中"消失"[2]。这种"一家独大"的治理结构引

---

[1] Julian Assange, "Julian Assange-The Unauthorised Autobiography", Canongate Books, September 1, 2011.

[2] 东鸟：《2020，世界网络大战》，118页，长沙，湖南人民出版社，2011。

发了其他国家、特别是广大发展中国家的反对。近年来，国际社会围绕这一问题的博弈逐渐形成"一超多强，两大阵营"格局。① "一超"是指美国，延伸到西方发达国家阵营，主张"多利益攸关方"治理模式②，实际与"网络自由主义"、网络空间"公域属性"的主张一脉相承，强调私营部门的领导权和"自我管制"，排斥和否定主权国家的话语权。这一观点经历英国发起的"伦敦进程"（London Agenda）的修正③，其政策主张进一步清晰化。④ "多强"是指以俄罗斯等新兴国家为代表的发展中国家阵营，主张"政府主导型"治理模式，认为国家力量应发挥更大作用，倾向于在联合国框架内寻求解决方案。⑤ 两大阵营、两大观点近年在第66届联大⑥和2012年迪拜国际电联大会⑦上经历两次激烈的正面交锋⑧，斗争焦点集中在国家主权在网络空间的地位问题，其实质正是国际政治关系中所熟悉的权力政治博弈。

2. 网络间谍活动的实质是国家间权力政治的体现。作为由国家政府主导、完全服务国家利益的活动，国家间的间谍对抗是最鲜活的国际关系权力政治体现。从对网络间谍活动的分类及立场看，美国从自身国家利益出发，人为将网络间谍活动分为两类，将针对军事、政治目标的网络间谍活动视为合理行为⑨，认为"出于国家安全目的的间谍活动是大国关系中司空见惯的一面"⑩；将针对经济、技术领域的网络间谍活动视为不道德、不可接受的盗窃或变相贸易补贴。⑪ 这种让人莞尔的双重标

---

① 参见唐岚、李艳：《网络空间外交斗争热度持续》，载中国现代国际关系研究院：《国际战略与安全形势评估 2012/2013》，111-128 页，北京，时事出版社，2013。
② 参见鲁传颖：《试析当前网络空间全球治理困境》，载《现代国际关系》，2013（11）。
③ CFR, "Defending an Open, Global, Secure and Resilient Internet", June 2013, p. 12.
④ James A. Lewis, "Asia: The Cybersecurity Battleground", http：//csis.org/files/attachments/130723_jimlewis_testimony_v2.pdf，2013-10-03。
⑤⑥ 参见外交部：《信息安全国际行为准则》，见 http：//www.fmprc.gov.cn/mfa_chn/ziliao_611306/tytj_611312/zcwj_611316/t858317.shtml，2013-10-04。
⑦ "US and UK Refuse to Sign UN's Communications Treaty", http：//www.bbc.co.uk/news/technology-20717771，2013-09-15。
⑧ 参见鲁传颖：《试析当前网络空间全球治理困境》，载《现代国际关系》，2013（11）。
⑨ Richard A. Clarke, Robert Knake, "Cyber War: The Next Threat to National Security and What to Do About It", Ecco; Reprint edition, April 10, 2012.
⑩ James A. Lewis, "Cyber Espionage And The Theft Of US Intelligence Property And Technology", http：//csis.org/files/attachments/ts130709_lewis.pdf，2013-10-03。
⑪ James A. Lewis, "Asia: The Cybersecurity Battleground", http：//csis.org/files/attachments/130723_jimlewis_testimony_v2.pdf，2013-10-03。

准,体现了美国对所谓中俄等国大规模网络经济间谍活动①的警惕,同时又不愿束缚自己从事"高政治"领域网络间谍活动的手脚。与之相对,中国旗帜鲜明地反对任何类型的网络间谍活动,认为"商业窃密、攻击政府网络,都应依法依约打击。维护网络安全不应有双重标准"②。从美国网络间谍活动的国别指向看,斯诺登曝光的美国国家安全局监听地图可以说赤裸裸展示了一幅国家间权力关系布局图。从中可见,华盛顿最亲密的朋友圈是"五眼联盟";第二个圈子是北约盟国,包括德国和西班牙,但不包括法国和以色列这样具有长期对外情报传统的国家,也不包括印度和巴基斯坦这样的"点头之交";第三个圈子是暂时性盟友圈子,包括法国、以色列;第四个圈子是所谓敌国圈子,包括俄罗斯和中国;巴基斯坦在第三个和第四个圈子间摇摆不定。③ 网络间谍活动深刻反映了网络空间国家间关系中权力政治的本质。

3. 网络战争是权力政治冲突的高级体现。围绕网络战争问题展开的大国博弈可以说是国际关系权力政治最集中的体现,美国和俄罗斯是其中最积极的两个行为体。美国关于网络战争的政策立场存在"两难"。一方面,美国具备首屈一指的网络攻击能力,强调进攻性的网络战争思维,并已据此正式出台《网络威慑战略》④,因而不愿签订有实质约束性的国际条约来限制网络战争行为或进行网络军备控制;另一方面,美国社会高度依赖网络,自我评价在网络战争中的防御能力存在短板,可能遭受史无前例的巨大损失。⑤ 由美国专家主导的北约《塔林手册》根据美国自身的特点提出网络交战规则,认为在网络战争中"先发制人"具有合法性⑥,可以对可能造成

---

① Richard A. Clarke, Robert Knake, "Cyber War: The Next Threat to National Security and What to Do About It", Ecco; Reprint edition, April 10, 2012.

② 《习近平在第二届世界互联网大会开幕式上的讲话》,见新华网 http://news.xinhuanet.com/world/2015-12/16/c_1117481089.htm, 2016-09-11。

③ 参见[西]路易斯·巴塞茨:《世界权力的秘密地图》,载西班牙《国家报》,2013-10-30;转引自《参考消息》,2013-11-01。

④ 参见魏方方、锁延锋、惠景丽:《美国网络威慑战略解析及启示》,载《信息安全研究》,2016(5)。

⑤ Richard A. Clarke, Robert Knake, "Cyber War: The Next Threat to National Security and What to Do About It", Ecco; Reprint edition, April 10, 2012.

⑥ 规则13"针对武装攻击的自卫"、规则14"必要性和适度性"、规则15"追切性和即时性"。

大规模破坏的关键基础设施实施攻击①,并不厌其烦地强调军民区分的原则。② 俄罗斯具备长期与美国对抗、维持军备平衡的经验,因此对美国网络战能力提升非常敏感,在推动网络战国际规则制定、特别是倡导签署限制进攻型网络武器的国际公约方面可谓不遗余力。早在1996年,俄美曾举行秘密高层会晤商讨网络军控问题,但因美方兴趣不大无功而返。此后俄多次向联合国建议制定禁止网络武器使用的国际公约。美方坚决反对。2009年,俄国家安全委员会副秘书舍尔斯丘克公开提议开展网络空间军控,美国仍持消极立场。③ 奥巴马上台后,美国态度有所改变,2013年美俄宣布达成在网络领域建立信任措施的首份双边协议。④ 可见,国际社会关于网络战争的博弈,完全服从和服务于国家利益最大化的现实主义目的,其实质是权力政治博弈。

四、结 论

美国作为互联网的发明者,作为互联网技术的绝对领先者,出于在网络空间推行霸权主义和强权政治的企图,刻意提出并宣扬网络空间是"公共空间",具有"公域属性",将其与充斥大量"无主地"的海洋空间、外层空间相提并论,认为国家主权不应干预"网络自由"。这种观点不符合实际,也不科学。网络空间"公域属性说"所依托的理论基础——网络自由主义有其兴起和发展的时代背景,随着网络空间主权化趋势的演进,这一理论已呈现式微态势;国家中心主义的基本假设在网络空间依然成立,国家行为体在网络空间仍然占据着主导和支配地位;网络空间背景

---

① 规则80"慎重攻击堤坝、核电设施的责任"。
② 规则31"区分"、规则34"作为合法攻击目标的人员"、规则38"民用目标和军用目标"、规则32"禁止攻击平民"、规则35"平民直接参与敌对行为"、规则37"禁止攻击民用目标"、规则33"人员身份怀疑"、规则"39军民两用目标"、规则36"恐怖袭击"、规则40"对目标性质的怀疑"、规则49"不分皂白的攻击"、规则50"明确隔离和区分军事目标"、规则52"持续关注"、规则53"目标确认"、规则51"比例原则"、规则55"有关适度性的预防措施"、规则56"选择目标"、规则57"取消或终止攻击"、规则83"保护自然环境"、规则58"警告"、规则59"对网络攻击后果采取预防措施"。
③ 参见东鸟:《中国输不起的网络战争》,长沙,湖南人民出版社,2010。
④ 参见吕晶华:《网络军备控制:中美分歧与合作》,见中国共产党新闻网 http://theory.people.com.cn/n/2015/0922/c386965-27618070.html,2016-09-16。

下的国际关系本质上仍然没有突破权力政治的性质，网络空间本质上仍旧从属于国家主权的分割与支配。网络空间是具有"主权属性"的"主权空间"，网络空间主权的概念是成立的。

归根结底，不同于海洋和太空，网络空间是人类自己的创造，它的每一个构成细节都为人类所深刻地了解乃至理解，甚至可以改写，只要人类从属于主权，它也就必然从属于主权。

评述 《电影产业促进法》 背景下的电影审查制度

郑厚哲[①]

电影审查是我国电影产业的重要制度。电影审查有狭义和广义之分。狭义的电影审查,一般特指电影内容审查,即由电影主管部门对影片内容进行实质审查,违反内容审查标准的影片不准公映。广义的电影审查,包括电影产业资格准入、电影审查流程、电影内容审查标准、电影技术审查标准等一系列相关配套制度。《电影产业促进法》多个条文修改、完善了现行电影审查制度,对于促进电影产业发展意义积极,但并未采用"分级制"。电影审查新规的运行效果,有待电影主管部门制定具体规则后进一步观察。

一、《电影产业促进法》关于电影审查的主要规定

从广义的电影审查视角考察,《电影产业促进法》从电影产业资格准入、电影审查流程、电影内容审查标准和专家审查等多个方面系统、全面规定了电影审查制度。

[①] 郑厚哲,北京清律律师事务所合伙人律师,娱乐法业务负责人,长期为影视娱乐产业提供专业法律服务。

(一) 取消资格准入和《电影摄制许可证》

电影产业现行审查制度对于制片者进行资格准入审查，符合资格的主体才可申领《电影摄制许可证》或《摄制电影许可证（单片）》，进而从事电影摄制活动。该资格准入制度在《电影产业促进法》征求意见阶段不同程度得以保留。

《电影产业促进法》在人大常委会二次审议过程中取消了资格准入，并最终通过。

(二) 确认剧本备案/审查与成片审查的"双审"程序

《电影产业促进法》第13条规定，"拟摄制电影的法人、其他组织应当将电影剧本梗概向国务院电影主管部门或者省、自治区、直辖市人民政府电影主管部门备案；其中，涉及重大题材或者国家安全、外交、民族、宗教、军事等方面题材的，应当按照国家有关规定将电影剧本报送审查。电影剧本梗概或者电影剧本符合本法第十六条规定的，由国务院电影主管部门将拟摄制电影的基本情况予以公告，并由国务院电影主管部门或者省、自治区、直辖市人民政府电影主管部门出具备案证明文件或者颁发批准文件。具体办法由国务院电影主管部门制定。"

第17条规定，"法人、其他组织应当将其摄制完成的电影送国务院电影主管部门或者省、自治区、直辖市人民政府电影主管部门审查。国务院电影主管部门或者省、自治区、直辖市人民政府电影主管部门应当自受理申请之日起三十日内做出审查决定。对符合本法规定的，准予公映，颁发电影公映许可证，并予以公布；对不符合本法规定的，不准予公映，书面通知申请人并说明理由。"

以上规定从法律层面确认了电影审查采用剧本备案/审查与成片审查的"双审"程序。

(三) 完善内容审查标准

《电影产业促进法》第16条规定，"电影不得含有下列内容：（一）违反宪法确定的基本原则，煽动抗拒或者破坏宪法、法律、行政法规实施；（二）危害国家统一、主权和领土完整，泄露国家秘密，危害国家安全，损害国家尊严、荣誉和利益，宣扬恐怖主义、极端主义；（三）诋毁民族优秀文化传统，煽动民族仇恨、民族歧视，侵害民族风俗习惯，歪曲民族历史或者民族历史人物，伤害民族感情，破坏民族团结；（四）煽动破坏国家宗教政策，宣扬邪教、迷信；（五）危害社会公德，扰乱社会秩序，破坏社会稳定，宣扬淫秽、赌博、吸毒，渲染暴力、恐怖，教唆犯罪或者传授犯罪方法；（六）侵害未成年人合法权益或者损害未成年人身心健康；（七）侮辱、诽谤他人或者散布他人隐私，侵害他人合法权益；（八）法律、行政法规禁止的其他内容。"

第17条第3款规定，"国务院电影主管部门应当根据本法制定完善电影审查的具体标准和程序，并向社会公布。制定完善电影审查的具体标准应当向社会公开征求意见，并组织专家进行论证。"

以上规定完善了电影内容审查的原则标准，并授权国务院电影主管部门制定完善电影审查的具体标准。

（四）推广专家审查制度

《电影产业促进法》第18条规定，"进行电影审查应当组织不少于五名专家进行评审，由专家提出评审意见。法人、其他组织对专家评审意见有异议的，国务院电影主管部门或者省、自治区、直辖市人民政府电影主管部门可以另行组织专家再次评审。专家的评审意见应当作为做出审查决定的重要依据。前款规定的评审专家包括专家库中的专家和根据电影题材特别聘请的专家。专家遴选和评审的具体办法由国务院电影主管部门制定。"

以上规定将现行个案采用的专家审查措施推广，要求全部电影审查均应组织专家评审，并授权国务院电影主管部门制定专家遴选和评审的具体办法。

二、《电影产业促进法》对电影审查的修改完善

（一）关于资格准入制度与《电影摄制许可证》

1. 现行规定

2002年《电影管理条例》（国务院令第342号）规定了电影制片单位准入资格的行政

许可制度，符合相关人、财、物等条件的单位可申请《电影摄制许可证》成为电影制片单位，享有相应权利并承担义务。① 电影制片单位以外的单位经批准后摄制电影片，应当事先到国务院广播电影电视行政部门领取一次性《摄制电影许可证（单片）》。②

2004年《电影企业经营资格准入暂行规定》（国家广播电影电视总局、中华人民共和国商务部令第43号）进一步规定，未取得《电影摄制许可证》的单位首次拍摄电影片时须设立影视文化公司，由影视文化公司申请领取《摄制电影许可证（单片）》。已经以《摄制电影许可证（单片）》的形式投资拍摄了两部以上电影片并符合其他条件的，可申请《电影摄制许可证》并设立电影制片公司。③ 取得《电影摄制许可证》的电影制片公司，依照《电影管理条例》享有与国有电影制片单位同等的权利和义务。④

根据以上规定，我国对于电影制作实施资格准入制度。并非任意主体都可以摄制电影，只有符合有关条件的电影制片单位、电影制片公司或影视文化公司方可摄制电影。国有电影制片单位以及取得《电影摄制许可证》的电影制片公司在电影审查阶段的审批流程相对便捷；其他主体摄制电影首先需成立影视文化公司并申领《摄制电影许可证（单片）》，流程相对烦琐。

2.《电影产业促进法》取消资格准入和《电影摄制许可证》

2011年国务院法制办公室公布的《中华人民共和国电影产业促进法（征求意见稿）》仍保留《电影摄制许可证》与《摄制电影许可证（单片）》，沿用资格准入制度。⑤

2015年11月全国人大常委会法制工作委员会公布的《中华人民共和国电影产业促进法（草案）》征求意见稿简政放权，取消了《摄制电影许可证（单片）》，只保留《电影摄制许可证》。⑥

---

① 《电影管理条例（2002）》第8条至第15条。
② 《电影管理条例（2002）》第16条。
③ 《电影企业经营资格准入暂行规定（2004）》第5条。
④ 《电影企业经营资格准入暂行规定（2004）》第7条。
⑤ 国务院法制办公室《中华人民共和国电影产业促进法（征求意见稿）》第15条、第16条。
⑥ 全国人大常委会法制工作委员会《关于〈中华人民共和国电影产业促进法（草案）〉的说明》，见中国人大网http://www.npc.gov.cn/npc/lfzt/rlyw/2015-11/09/content_1950720.htm，2015-11-06。作者注：该《关于〈中华人民共和国电影产业促进法（草案）〉的说明》中使用了《电影摄制许可证》的表述疑似笔误，在行政法规和部门规章等具有法律效力的文件中，均使用《摄制电影许可证（单片）》和《摄制电影许可证》的称谓。

2016年9月《中华人民共和国电影产业促进法（草案）》二次审议过程中，"有的常委委员、地方提出，随着行政审批制度改革的推进，目前电影摄制许可已实行'零门槛'，只要是经工商部门注册登记的影视文化类企业都可以申请拍摄电影，多年来未再审批这类企业资质，对于拍摄管理，可通过电影剧本（梗概）备案或者审查把住'入口关'，建议取消摄制电影资质许可方面的规定。法律委员会经研究认为，取消摄制电影的资质许可，简化、优化行政许可程序，加强电影立项阶段的审查，既符合党中央简政放权的要求，又能有效地维护文化安全，建议将草案第十五条删去，并在第十六条中增加由电影主管部门'颁发备案证明或者批准文件'的规定"①。

《电影产业促进法》最终取消了电影制片单位审批、《电影摄制许可证》和《摄制电影许可证（单片）》审批等行政审批项目。

（二）关于剧本备案/审查与成片审查的"双审"程序

1. 现行规定

2002年《电影管理条例》（国务院令第342号）规定的电影审查程序主要内容为：电影制片单位负责电影剧本投拍和电影片出厂前的审查；电影制片单位对其准备投拍的电影剧本审查后，应当报电影审查机构备案；电影审查机构可以对报备案的电影剧本进行审查，发现有禁止内容的，应当及时通知电影制片单位不得投拍。电影制片单位应当在电影片摄制完成后，报请电影审查机构审查。② 根据《电影管理条例》，电影审查分为制片单位自审、剧本备案（但电影审查机构可以对报备的剧本进行审查）以及成片审查三个阶段。

而后国务院电影主管部门对电影审查程序不断调整，呈现逐步放松态势。2003年《电影剧本（梗概）立项、电影片审查暂行规定》（国家广播电影电视总局令第18号）将剧本审查区分一般题材和重大题材。对于一般题材，国务院电影主管部门审

---

① 全国人民代表大会法律委员会《关于〈中华人民共和国电影产业促进法（草案）〉修改情况的汇报》，见中国人大网 http://www.npc.gov.cn/npc/lfzt/rlyw/2016-09/07/content_1997154.htm，2016-09-03。

② 《电影管理条例（2002）》第26条、第27条。

查剧情梗概不再审查剧本；对于重大题材按相关规定审查剧本。① 2004 年《电影剧本（梗概）立项、电影片审查暂行规定》（国家广播电影电视总局令第 30 号）和 2006 年《电影剧本（梗概）备案、电影片管理规定》（国家广播电影电视总局令第 52 号）进一步放松了一般题材电影的审查程序。

2010 年 2 月广电总局《关于改进和完善电影剧本（梗概）备案、电影片审查工作的通知》（广发〔2010〕19 号）开始将审批权由国务院电影主管部门大范围下放至地方。直至 2010 年 5 月广电总局下发《关于电影全面实行"一备二审制"的公告》再到 2014 年广电总局下发《关于试行国产电影属地审查制度的通知》，将属地审查由试点推广到全国，彻底实现了审批权下放。自此，省属制片单位的一般题材电影审查由地方人民政府电影主管部门备案剧本梗概并审查成片，无须交国务院电影主管部门审查。

概况言之，现行的电影审查基本程序为：（1）一般题材分为剧本备案与成片审查两阶段。省属制片单位由地方人民政府电影主管部门负责备案、审查；央属制片单位由国务院电影主管部门负责备案、审查。（2）特殊题材分为剧本审查与成片审查两阶段。省属制片单位由地方人民政府电影主管部门和国务院电影主管部门双重审查；央属制片单位由国务院电影主管部门审查。

2. 《电影产业促进法》对属地审查与一般题材剧本备案程序的确认

2011 年国务院法制办公室公布的《中华人民共和国电影产业促进法（征求意见稿）》，对于剧本要求由国务院电影主管部门审查②，对于成片要求由地方人民政府电影主管部门初审、由国务院电影主管部门终审。③ 该意见稿采用严格的剧本和成片双重审查程序，且均由国务院电影主管部门负责，与 2010 年已经开始试行的审批权下放地方的操作相悖。

2015 年 11 月全国人大常委会法制工作委员会公布的《中华人民共和国电影产业促进法（草案）》征求意见稿，对于剧本区分一般题材和特殊题材，一般题材剧本备

---

① 相关规定主要指国家广播电影电视总局《关于调整重大革命和历史题材电影、电视剧立项及完片审查办法的通知（2003）》。该通知确立了重大、特殊题材电影与一般题材电影区别审查的方式。
② 国务院法制办公室《中华人民共和国电影产业促进法（征求意见稿）》第 15 条。
③ 国务院法制办公室《中华人民共和国电影产业促进法（征求意见稿）》第 23 条。

案、特殊题材剧本审查。①；对于成片则全部要求审查。② 地方人民政府电影主管部门有相应属地审查权限。这一变化系"简化电影剧本审查制度，取消一般题材电影剧本审查，只需将电影剧本梗概予以备案"和"降低有关电影活动的准入门槛，下放了电影摄制审批、特殊题材电影剧本审批"的具体表现。③

2016年9月《中华人民共和国电影产业促进法（草案）（二次审议稿）》在审查程序上与《中华人民共和国电影产业促进法（草案）》没有实质变化，在表述上有所调整。《电影产业促进法》较草案二次审议稿仅有细节文字调整。

在2011年国务院法制办公室《中华人民共和国电影产业促进法（征求意见稿）》公布时，电影审查的属地审查（审查权下放地方）尚未全面推行，而在2015年全国人大常委会法制工作委员会《中华人民共和国电影产业促进法（草案）》公布时属地审查与一般题材电影剧本备案程序已广泛采用。《电影产业促进法》系对现行电影审查程序从法律层面上的确认，而未在现有审查程序基础上有进一步的调整。

（三）关于内容审查标准

1. 现行规定

2002年《电影管理条例》（国务院令第342号）关于电影内容审查标准，规定电影禁止载有：反对宪法确定的基本原则的；危害国家统一、主权和领土完整的；泄露国家秘密、危害国家安全或者损害国家荣誉和利益的；煽动民族仇恨、民族歧视，破坏民族团结，或者侵害民族风俗、习惯的；宣扬邪教、迷信的；扰乱社会秩序，破坏社会稳定的；宣扬淫秽、赌博、暴力或者教唆犯罪的；侮辱或者诽谤他人，侵害他人合法权益的；危害社会公德或者民族优秀文化传统的等九个方面的内容以及兜底条款"有法律、行政法规和国家规定禁止的其他内容的"。④

2006年《电影剧本（梗概）备案、电影片管理规定》（国家广播电影电视总局令

---

① 《中华人民共和国电影产业促进法（草案）》第16条。
② 《中华人民共和国电影产业促进法（草案）》第21条。
③ 全国人大常委会法制工作委员会《关于〈中华人民共和国电影产业促进法（草案）〉的说明》，见中国人大网 http://www.npc.gov.cn/npc/lfzt/rlyw/2015-11/09/content_1950720.htm，2015-11-06。
④ 《电影管理条例（2002）》第25条。

第52号）在2002年《电影管理条例》基础上细化了内容审查标准，从宏观、中观、微观三个层面规定内容审查问题。

第一，在宏观层面上表明立场，鲜明区分鼓励的和抵制的——国家提倡创作思想性、艺术性、观赏性统一，贴近实际、贴近生活、贴近群众，有利于保护未成年人健康成长的优秀电影。大力发展先进文化，支持健康有益文化，努力改造落后文化，坚决抵制腐朽文化。① 该规定将文化施以鲜明的价值判断，区分为先进的、健康有益的、落后的和腐朽的四个层次。

第二，在中观层面上规定电影禁止载有下列内容：违反宪法确定的基本原则的；危害国家统一、主权和领土完整的；泄露国家秘密，危害国家安全，损害国家荣誉和利益的；煽动民族仇恨、民族歧视，破坏民族团结，侵害民族风俗、习惯的；违背国家宗教政策，宣扬邪教、迷信的；扰乱社会秩序，破坏社会稳定的；宣扬淫秽、赌博、暴力、教唆犯罪的；侮辱或者诽谤他人，侵害他人合法权益的；危害社会公德，诋毁民族优秀文化的等九个方面的内容以及兜底条款"有国家法律、法规禁止的其他内容的"②。

前述兜底条款"有国家法律、法规禁止的其他内容的"较2002年《电影管理条例》"有法律、行政法规和国家规定禁止的其他内容的"进一步限缩范围。除了列举条款明确载明的内容，判定某电影能否通过审查必须以法律和行政法规为依据，而不能以部门规章或地方性法规为依据。当然，内容审查的列举条款包罗万象，适用兜底条款的空间已经非常有限。

第三，在微观层面上详细规定了电影有歪曲历史、篡改名著、淫秽色情、凶杀暴力、消极阴暗、宗教极端、破坏生态、酗酒吸烟等情形应删剪修改。③ 2006年《电影剧本（梗概）备案、电影片管理规定》在微观层面的规定，是我国关于电影内容审查标准现行有效的最为详细具体的规定。

除了以上全面系统的内容审查标准外，国务院电影主管部门还会针对某一方面

---

① 《电影剧本（梗概）备案、电影片管理规定（2006）》第12条。
② 《电影剧本（梗概）备案、电影片管理规定（2006）》第13条。
③ 《电影剧本（梗概）备案、电影片管理规定（2006）》第14条。

较为突出的问题制定专项规定予以调控。如 2007 年广电总局《关于重申禁止制作和播映色情电影的通知》对于色情问题作出规定，2011 年国家广播电影电视总局《关于切实加强公安题材影视节目制作、播出管理的通知》（广发〔2011〕52 号）对于公安题材相关内容作出规定，2011 年广电总局办公厅《关于严格控制电影、电视剧中吸烟镜头的通知》对于控烟问题相关内容作出规定等。

以上电影内容审查标准呈现日益丰富的态势，整体上属于原则性标准，表述宏观，范围宽泛。

2.《电影产业促进法》对内容审查标准的完善

2011 年国务院法制办公室《中华人民共和国电影产业促进法（征求意见稿）》关于电影内容审查标准，规定电影禁止载有：违反宪法确定的基本原则，煽动抗拒或者破坏宪法、法律、行政法规实施；危害国家统一、主权和领土完整；泄露国家秘密，危害国家安全，损害国家荣誉和利益；煽动民族仇恨、民族歧视，侵害民族风俗习惯，歪曲民族历史和民族历史人物，伤害民族感情，破坏民族团结；宣扬宗教狂热，危害宗教和睦，伤害信教公民宗教感情，破坏信教公民和不信教公民团结；宣扬邪教、迷信；扰乱社会秩序，破坏社会稳定；宣扬淫秽、赌博、吸毒，渲染暴力、恐怖；教唆犯罪或者传授犯罪方法；侮辱、诽谤他人或者散布他人隐私，侵害他人合法权益；危害社会公德，诋毁民族优秀文化传统；侵害未成年人合法权益或者损害未成年人身心健康等十二个方面的内容以及兜底条款"法律、行政法规禁止的其他内容"①。

2015 年 11 月全国人大常委会法制工作委员会公布的《中华人民共和国电影产业促进法（草案）》征求意见稿将《中华人民共和国电影产业促进法（征求意见稿）》中多达十二个方面的内容概括为七个方面，但内容并无实质变化。② 但该意见稿首次提出"国务院电影主管部门应当制定完善电影审查的具体标准，并向社会公布。制定完善电影审查的具体标准应当向社会公开征求意见，并组织专家进行论证"③。

2016 年 9 月《中华人民共和国电影产业促进法（草案）（二次审议稿）》增加了

---

① 国务院法制办公室《中华人民共和国电影产业促进法（征求意见稿）》第 22 条。
② 《中华人民共和国电影产业促进法（草案）》第 20 条。
③ 《中华人民共和国电影产业促进法（草案）》第 21 条。

要求电影内容不得"宣扬恐怖主义、极端主义",将不得"宣扬宗教狂热,危害宗教和睦,伤害信教公民宗教感情,破坏信教公民和不信教公民团结"概括为不得"煽动破坏国家宗教政策"[①]。《电影产业促进法》的内容审查标准沿用了《中华人民共和国电影产业促进法(草案)(二次审议稿)》的规定,没有任何变化。

《电影产业促进法》规定的内容审查标准,综合了不同历史时期内容审查标准,并积极回应当前时代需求(如首次规定恐怖主义、极端主义问题)。整体标准仍然原则宽泛,内容丰富,全面涵盖了国家、社会、特定主体保护的各个方面。值得关注的是国务院电影主管部门未来如何制定完善电影审查的具体标准。

(四) 关于专家审查制度

1. 现行规定

现行法律法规中未见专门调整电影专家审查问题的规范。仅 2004 年《电影剧本(梗概)立项、电影片审查暂行规定》(国家广播电影电视总局令第 30 号)和 2006 年《电影剧本(梗概)备案、电影片管理规定》(国家广播电影电视总局令第 52 号)从侧面规定电影剧本审查需另请专家评审的,需要延长审查期限。[②] 但对于何种情况下应聘请专家审查,专家审查操作程序等并无规定。

2.《电影产业促进法》全面推广专家审查制度

2011 年国务院法制办公室公布的《中华人民共和国电影产业促进法(征求意见稿)》首次提出电影审查应当组织专家进行评审。专家的评审意见应当作为提出初步审查意见和作出审查决定或者复审决定的重要依据。专家评审的具体办法由国务院广播电影电视主管部门规定。[③] 该意见稿将专家审查全面推广,并明确专家评审意见的重要作用。

2015 年 11 月全国人大常委会法制工作委员会公布的《中华人民共和国电影产业促进法(草案)》征求意见稿进一步细化专家审查,规定企业、其他组织对专家评审

---

① 《中华人民共和国电影产业促进法(草案)(二次审议稿)》第 16 条。
② 《电影剧本(梗概)立项、电影片审查暂行规定(2004)》第 6 条,《电影剧本(梗概)备案、电影片管理规定(2006)》第 7 条。
③ 国务院法制办公室《中华人民共和国电影产业促进法(征求意见稿)》第 25 条。

意见有异议的,电影主管部门可以另行组织专家再次评审。评审专家包括专家库中的专家和根据电影题材特别聘请的专家。①

2016年9月《中华人民共和国电影产业促进法(草案)(二次审议稿)》要求评审专家不少于三名。②《电影产业促进法》进一步规定评审专家不少于五名。

《电影产业促进法》将专家审查由个别情况推广到普遍情况,并要求不少于五名专家评审,这是对电影审查制度的一大革新。值得关注的是国务院电影主管部门未来如何制定专家遴选和评审的具体办法。

三、对《电影产业促进法》电影审查制度的评述

(一)《电影产业促进法》坚持审查制,系对现行电影审查制度的修改、完善与确认

《电影产业促进法》在坚持电影审查制基础上,在不同层面调整、完善了电影审查的具体措施。

第一,简政放权,取消资格准入。取消电影制片单位、《电影摄制许可证》和《摄制电影许可证(单片)》的行政审批。

第二,确认现行属地审查程序。明确一般题材电影剧本备案制,明确省属制片单位的电影由地方人民政府电影主管部门审查。

第三,完善内容审查原则并要求制定具体标准。《电影产业促进法》从国家、社会、特定主体保护的各个方面完善了电影内容审查的原则,同时要求国务院电影主管部门制定完善电影审查的具体标准。

第四,全面推广专家审查并要求制定具体办法。要求全面实施专家审查制度并由不少于五名专家评审,同时要求国务院电影主管部门制定专家遴选和评审的具体办法。

---

① 《中华人民共和国电影产业促进法(草案)》第22条。
② 《中华人民共和国电影产业促进法(草案)(二次审议稿)》第18条。

但对于电影业界呼声很高的"分级制",《电影产业促进法》从征求意见稿、历次审议草案到最终实施稿,均未见任何涉及。

(二) 电影审查制度变化对电影产业的影响

1. 取消资格准入有利于降低审批成本,推广现代企业制度,控制投资风险。

电影市场由国有制片单位完全垄断,到允许社会资本全面参与是个逐渐变化的过程。在市场未全面放开的历史阶段,要求制片单位或制片公司必须符合相应条件并申领《摄制电影许可证(单片)》,对于其他主体要求针对具体影片申领《摄制电影许可证(单片)》,有利于行政监管。

但随着电影产业市场化进程不断深入,其一,对于电影投资主体资格已不存在区分国有或私有的身份限制;其二,对于一般题材电影由剧本实质审查已逐渐过渡到形式备案;其三,联合摄制越来越广泛采用。这三方面因素使限定准入资格的意义已经十分有限,只要一家出品方具备相应资质即可摄制电影,因全体出品方均不具备《电影摄制许可证》或《摄制电影许可证(单片)》导致电影无法摄制的情况在实践中已经很难发生。故《电影产业促进法》最终取消了准入资格的许可。这一变化可能造成以下影响:

首先,取消准入资格的行政审批有利于降低电影投资成本。申请许可需要花费一定时间和费用,取消许可使得电影投资人在投资电影时可以更关注电影本身,而不必过多考虑资格准入等行政许可问题。

其次,取消准入资格的行政审批有利于推广项目公司制。目前电影产业仍习惯采用"摄制组"形式拍摄电影,鲜有采用电影"项目公司"作为单部电影的权利义务主体。摄制组不具有独立法律人格,电影各出品方对于摄制组承担无限连带责任,不利于控制投资风险。从业者目前不愿设立项目公司,一方面受长期行业习惯影响,一方面也与《电影摄制许可证》的"牌照"价值有关。《电影产业促进法》实施后,制片"牌照"问题已经解决,项目公司或将取代传统意义上的摄制组而渐成主流。

2. 确认现行属地审查和剧本备案程序,有利于促进地域竞争,进一步激发市场活力。

首先,电影审查由中央审查下放至地方审查,有利于在各地区间形成竞争局面。

假设 A 省电影主管部门服务意识突出，审批流程简单高效，就会吸引更多市场主体在该省从事电影摄制活动；而 B 省电影主管部门执法理念落后，审批流程复杂缓慢，该省的市场主体可能"用脚投票"寻求其他地区更友好的发展空间。当然，也有可能是如果地方人民政府电影主管部门担心因本地审查标准宽松而可能承担行政风险，则地方将会竞相出台或执行更为严格的审查标准。

其次，一般题材剧本备案程序减少审批流程，同时强调市场主体应自我负责，自担风险，对从业者既是机遇也是挑战。采用剧本审查程序，电影主管部门在电影未摄制时会对剧本提出审查意见，一些无法通过审查的镜头不会拍摄，摄制资源不会浪费，其后严格按照剧本审查意见拍摄的电影在成片审批阶段也容易通过。而采用剧本备案程序，一般题材电影直到成片才涉及审批，个别对电影内容审查尺度把握不准的制片者可能在摄制阶段投入了大量人力财力，但成片审批不能通过导致全部投资付诸东流，这时制片者的损失要比采用剧本实质审查程序时大得多。权利与责任相伴，市场主体享受简政放权红利的同时，也要自担市场风险。

3. 未来国务院电影主管部门制定内容审查的具体标准以及制定专家遴选和评审的具体办法值得期待。电影内容审查一直存在"标准模糊""尺度不一""暗箱操作"等争议，《电影产业促进法》的两个新举措为完善审查制留下制度空间。

首先，《电影产业促进法》要求制定电影审查的具体标准和程序并向社会公布，制定具体标准还应向社会公开征求意见并组织专家论证。

其次，《电影产业促进法》重视专家审查，要求制定专家遴选和评审的具体办法。

如能以此为契机建立科学、具体、统一、透明的内容审查标准，并落实专家审查制，充分保障并尊重专家的独立意见，对于解决现行电影审查制度中的种种弊端大有裨益。甚至未来由良性运转的专家审查制逐步过渡到分级制也或有可能。

四、结　论

《电影产业促进法》备受瞩目，其中电影审查问题是焦点中的焦点。尽管电影业界对电影分级制多有呼吁，但随着《电影产业促进法》的颁布实施，与其期待分级制，不如在现有法律框架下讨论如何完善审查制更具现实意义。

《电影产业促进法》要求国务院电影主管部门制定内容审查的具体标准以及制定专家遴选和评审的具体办法，是化解现行电影审查制度种种问题的重要关节，值得期待。最终判断和评价《电影产业促进法》背景下的电影审查制，有待进一步观察具体措施的制定与运行情况。

网络第三方账号登录活动中的法律关系及用户协议适用问题刍议

——大数据时代电子商务法中的"新问题"

苏 今[①]

《电子商务法》颁布在即,保护权益是其核心宗旨之一,电子商务法中交易主体和交易规则制度是保护权益的前提。而大数据时代的技术使得传统网络营销观念发生转变,网络用户自主注册账号登录并参与活动的时代已逐渐被以第三方账号登录的方式所替代。新的登录方式带来了法律关系上的模糊,继而出现用户协议适用冲突等相关问题。通过解构第三方账号登录活动中的法律关系,确定交易主体特定行为轨迹的依附规则,是应对这些问题的有效途径。

《电子商务法》自2013年年底列入十二届全国人大常委会五年立法规划以来,在经历了3年的研究起草之后,于2016年3月形成草案,年中已提交人大审议。经过十多年的网络技术发展,现时的电子商务活动已不同于最初制定《中华人民共和

[①] 苏今,男,陕西西安人,华东政法大学民商法博士研究生,华东政法大学电子商务法研究所助理研究员,香港大学访问学者,美国威斯康星大学麦迪逊分校法学硕士,研究方向:民商法。本文为国家社科基金重大项目"信息服务与信息交易法律制度研究"(项目批准号:13&ZD178)阶段性成果。感谢华东政法大学2015年博士研究生海外调研资助项目对本研究的资助。

国电子签名法》的时候,大数据时代所出现的技术和观念,对电子商务活动产生了颠覆性的影响。最为明显的变化,是数据信息成为控制网络用户"注意力"最为直接的资源,获取用户数据信息是网络交易服务平台的重要运营手段和目的。而观念的转变直接导致实践的改变,网络用户昔日自主注册账号①登录并参与活动的时代已悄然远去,以第三方账号登录为主的时代已经到来。

所谓第三方账号登录,是基于 OAuth 协议(开放授权)② 的登录。在国外,提供基础服务的网络运营商,例如 Facebook、Google、Twitter、Foursquare 等大多都开始支持用户以 OAuth 协议方式登录其他网站。国内的网络运营商,以腾讯 QQ 推出的"QQ 登录"为代表,于 2011 年开始支持 OAuth 协议。③ 在随后的几年中,第三方账号登录已经发展到了相当的规模,不仅腾讯,很多网络运营商,如百度、淘宝、人人、网易邮箱、微博、点评类网站等都发布了链接开放平台,方便用户使用已有的第三方账号登录其网站,获取其服务。允许用户以第三方平台账号来登录并实现在自有平台上的活动,既省去了自主注册的维护成本,也能将第三方平台的大量活跃用户,通过网络授权协议"连接"到自己的平台上,以提供优质的信息服务,增强用户黏度,从而达到短时间、低成本地获取用户资源及用户信息的目的。

然而,在第三方账号登录体系下,基于多方互动,很多在传统自主注册账号登录体系下的法律问题,被复杂化了。第三方账号登录后,活动关系各方之间的法律关系不同于自主账号登录,用户有时要受制于不同的平台之规定,而这直接导致了平台规则和协议适用上的模糊不清。

众所周知,电子商务是指通过互联网等信息网络销售商品和提供服务的经营活

---

① 即用户在一个网站的注册平台中注册新账号登录,是与第三方账号登录相对应的登录方式。

② OAuth 是 Open Authorization 的简写,OAuth 是一个开放标准,允许用户授权让第三方应用访问该用户在某一网站上存储的私密的资源(如照片、视频、联系人列表),与以往的授权方式不同之处是无须将用户名和密码提供给第三方应用。自 OAuth1.0 版本草案于 2007 年 12 月 4 日发布以来,经过完善更新为较为成熟的 OAuth2.0 版本。2012 年 10 月,OAuth 2.0 协议正式发布为 RFC 6749,本文所述的 OAuth 协议均指 OAuth2.0 版本。见维基百科 https://zh.wikipedia.org/wiki/OAuth;百度百科 http://baike.baidu.com/link?url = XwropKtN8HkTJZlJzrCQ9HJ4zIS0Zlxzi7UL5ffi3VbYPdj6UIXXic-QQovcKXT-nXHYLKXb2zBNwwLoe_mC6LXa#reference-[1]-3948029-wrap,2015-11-26。

③ 参见《QQ 登录成为国内最大第三方账号登录体系》,见腾讯网 http://tech.qq.com/a/20120330/000362.htm,2015-10-03。

动。而有效的商品和服务交易之前提是交易主体和交易规则的确定问题。根据近年学界对电子商务法的研究①，《电子商务法》的具体制度也主要是涉及以下两个方面：第一是基于电子商务活动与传统线下商务活动的不同而产生的电子商务主体与电子商务交易内容等基础问题。第二是基于特殊的电子商务活动而产生的与传统商务活动一样需要调整的法律关系，如消费者权益保护、税收制度、知识产权保护制度等。此次《草案》中很多细节都体现了对于主体身份和权益的关注，例如，草案将电商平台追责机制进行细化规定。② 平台追责机制的前提是需要通过对消费行为的特定化来对责任进行划分，消费行为特定化是通过对用户（即消费者）和平台之间的具体法律关系来界定的。网络平台用户协议是这些法律关系确定的基础，排除格式条款之下的部分协议效力不谈，界定用户与网络平台的对应关系，始于注册签订用户协议，终于注销终止用户协议。加之，此次《草案》将有望纳入消费者熟知的淘宝、天猫、京东、苏宁易购第三方平台规则③，方便消费兼容性。这就使得平台的规则和基于规则产生的用户协议适用等问题成为重点研究的对象。

本文从第三方账号登录活动中的技术关系出发，对第三方账号登录活动中的法律关系进行解构，并对其中的主要疑难问题——不同平台用户协议的适用进行分析，并找出解决路径。

一、网络第三方账号登录活动中的基本概念及相关技术关系

（一）基本概念及相关技术关系梳理

本文论述中所提到的"用户"，即是指通过注册、登录，并使用、浏览相关网络运营商提供的信息服务的个人或组织。"账号关联网站"，即第三方账号关联网站，

---

① 参见赵亚：《2014—2015 电子商务法研究综述》，载《中国商法年刊》2015 年。
② 参见《电子商务法草案稿已形成 平台连带责任及数据信息保护将规范》，见新华网 http://news.xinhuanet.com/fortune/2016-03/11/c_128791683.htm，2016 - 05 - 26。
③ 参见施志军：《电商法草案有望年内完成，第三方平台规则或纳入》，见中国经济网 http://www.ce.cn/xwzx/gnsz/gdxw/201508/26/t20150826_6321941.shtml，2015 - 10 - 28。

是指用户基于自主注册而产生账号的授权网站。"第三方账号"即是指该授权网站所授权给用户的账号。"目标网站"是指用户利用第三方账号所要登录的网站。本文所论述的第三方账号登录中所产生的法律关系，是指"用户"通过利用"账号关联网站"的已注册账号，即"第三方账号"，免去注册环节，登录到"目标网站"，在接受目标网站提供的信息交易与信息服务的过程中，用户、账号关联网站以及目标网站三者之间的权利和义务关系。

根据 OAuth 协议的技术要求，第三方账号登录会涉及以下三个主要角色（role）[1]：资源拥有者（resource owner）：对资源具有授权能力的人，本文即指"用户"；资源服务器（resource server）：它存储资源，并处理对资源的访问请求，本文即指"账号关联网站"；第三方应用（Client）：就是本文所称的"目标网站"，它获得资源拥有者（用户）的授权后便可以去访问资源服务器（账号关联网站）的授权资源。另外，为了支持开放授权功能以及更好地描述开放授权协议，OAuth 协议引入了第四个参与角色：授权服务器（authorization server），它认证资源拥有者（用户）的身份，为用户提供授权审批流程，并最终颁发访问令牌（Access Token），即授权许可。现实网络信息服务中，授权服务器与资源服务器的功能都是由同一个服务器来提供，即"账号关联网站"。

基于 OAuth 协议，用户在进入目标网站，申请第三方账户登录后，目标网站通过认证授权获取用户信息的过程可以理解为以下几个主要流程：第一步，目标网站向账号关联网站基于 OAuth 协议请求访问令牌并获得未授权访问令牌；第二步，目标网站要求对令牌授权，账号关联网站将用户重新定向到其与目标网站的 API 页面[2]；第三步，用户选择登录并授权（或者拒绝登录授权），账号关联网站带着已授权请求令牌，将用户重新定向到目标网站页面；第四步，目标网站与账号关联网站之间交流并答复访问令牌；第五步，目标网站用授权的访问令牌请求获取用户数据，账号关联网站给予该用户数据。完成以上五步，并最终实现目标网站访问用户的授

---

[1] Dick Hardt，The OAuth 2.0 Authorization Framework，https：//tools.ietf.org/html/rfc6749.

[2] API 的全称是应用编程接口（Application Programming Interface），是一些预先定义的函数，目的是提供应用程序与开发人员基于某软件或硬件得以访问一组例程的能力，而又无须访问源码，或理解内部工作机制的细节。本文论述的技术基础——OAuth2.0 协议，则是 API 访问授权的一种开放标准。

权数据，以及用户利用第三方账号成功登录目标网站参与活动。值得注意的一点是，整个认证过程是在账号关联网站的控制之下完成的。（如图1）

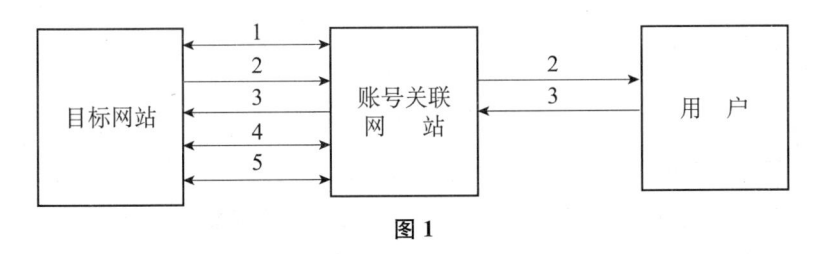

图 1

通过以上对第三方账号登录活动中的技术步骤的了解，可以更加清晰地理解用户、账号关联网站与目标网站最初建立信息服务关系的原因和方式。而基于这样的技术步骤，第三方账号登录的方式也有了较为复杂的变化。

（二）网络第三方账号登录方式的分类

在网络活动中，各网络运营商为了获取用户数据信息资源，主要采取了以下三种登录方式：

第一种，独立制登录方式。目标网站自己完全不建立注册平台，只采取第三方账号授权登录，用户在目标网站上的一切即时和未来的活动都只有第三方账号这一种识别方式。目前网络上有较少的网站和APP应用会采取这种方式，因为这种方式不会留下用户的本地ID，无法跟踪用户的行为，一旦第三方账号失效或者账号关联网站对目标网站实行资源封锁，可能会直接导致目标网站运营瘫痪。很多业内人士都将此风险，比喻得较为形象："只要是通过第三方登录，就代表用户拿着别人给的钥匙进了我家门，一旦这钥匙被拿走了，用户也就没了"[①]。

第二种，分离制登录方式。目标网站在用户采取第三方账号登录之后，系统会默认分配给用户一个新生成的ID，有可能用户可见，有可能用户不可见。在用户可见的情形下，目标网站会授权用户选择登录的方式，第三方账号登录或新生成的ID登录皆可。在用户不可见的情况下，用户依旧用第三方账号登录，而网站这么做只是为了更好地定位用户的行为，获取用户数据信息资源。

---

① 《你怎么看第三方登录？》，见 http://nothingnongyige.diandian.com/post/2013-01-25/40047714127，2015-10-20。

第三种，绑定制登录方式。用户通过第三方账号登录后，还需要手动填写自己的一项或者多项个人信息，例如邮箱、QQ 号码、手机号码，与第三方账号进行绑定，实际上这种方式比自主注册登录还要烦琐，网站之所以这样做无非是以第三方登录的便利为幌子，获取更多用户的个人信息。

以独立的账号进行登录（包括独立制登录方式和分离制登录方式中的第三方账号登录）和绑定制的登录方式，都属于本文所论述的典型的第三方账号登录方式，而分离制登录方式中的生成 ID（用户可见）登录方式有其特殊性：虽然看似是用户在目标网站生成的新 ID，但由于该 ID 是基于第三方账号的登录而生成的，且生成新 ID 时，用户并没有和目标网站签订用户协议，也就意味着用户并没有采取传统自主注册式的登录方式，所以此种登录方式可以看作第三方账号登录的辅助登录方式，也应当属于广义上的第三方账号登录。

三种登录方式虽然给用户带来了较为多元化的信息接入选择，但也正是基于这样的登录方式，以及不同的网络用户协议的约定，使用户通过第三方账号登录目标网站后所形成的法律关系更加复杂。

二、网络第三方账号登录活动中的法律关系及用户协议适用问题

（一）网络第三方账号登录活动中的法律关系解构

在自主注册登录体系下，用户与网站是"一对一"的基础法律关系。用户在注册时通常都会与网站签订用户协议：即用户接受网站的服务、并与网站建立合同关系，而且依赖于网站单方拟定的规定双方权利义务的合同。由于网络信息交易与信息服务的复杂性，依据用户协议的内容和所调整的权利义务关系的特点，用户协议基本上都是以一种无名合同[①]中的混合合同[②]的方式来呈现的，细分之，应当属于混

[①] 无名合同，是指法律尚未特别规定，亦未赋予一定名称的合同。参见韩世远：《合同法总论》，3 版，48 页，北京，法律出版社，2011。

[②] 混合合同，指由数个典型（或非典型）合同的部分而构成的合同。混合合同在性质上属于一个合同，与合同联立不同。

合合同中的类型结合合同①，即一方当事人所负的数项给付义务属于不同的合同类型，彼此间居于同值的地位，而对方当事人仅负单一的对待给付或不负任何对待给付的合同。② 因此，用户和网站之间往往会涉及基于用户协议项下的多种法律关系，例如，买卖合同法律关系、赠与合同法律关系、保管合同法律关系、委托合同法律关系等。

而在第三方账号登录体系之下，用户、目标网站和账号关联网站之间的法律关系会较为复杂。根据前文图 1 所示，从技术层面上来说，由于有 OAuth 协议的存在，用户在通过第三方账号登录的过程中，目标网站基本上不会和用户有太多的技术关系。但是，用户在利用第三方账号登录之后，从法律层面上来说，用户、目标网站和账号关联网站之间，就有了如图 2 所示的法律关系：

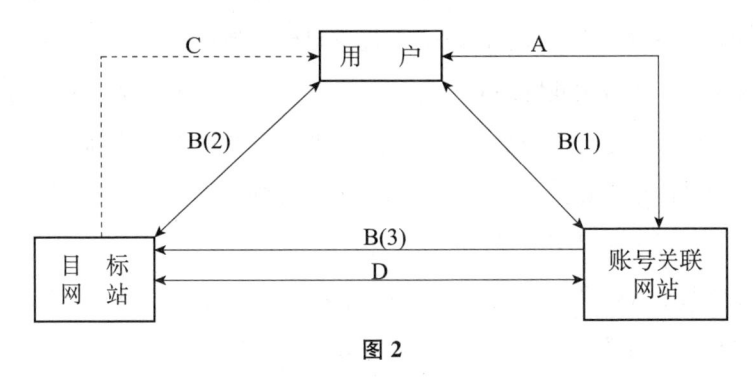

图 2

1. 用户与账号关联网站之间的法律关系

首先，双方之间存在一个原始法律关系，即用户在最初注册账号关联网站的账号时，与网站签订的用户协议（图 2 A），用户在与账号关联网站的互动当中，双方的行为受制于此用户协议。用户协议主要有两组对应的权利义务关系束，即用户的权利以及相应的账号关联网站的义务，和账号关联网站的权利及相应的用户的义务，笔者根据用户与账号关联网站在信息互动过程中的不同环节进行了如下四个部分的分类。

---

① 参见林旭霞：《论网络运营商与用户之间协议的法律规制》，载《法律科学》，2012（5）。
② 参见王泽鉴：《债法原理》，第 1 册，113－114 页，北京，中国政法大学出版社，2001。

信息交易与服务的资格准入部分：用户享有注册账号、接受协议后取得用户资格的权利；账号关联网站有通过国际互联网为用户提供相应的线上信息交易与信息服务的义务。随着用户线上互动行为增多，支付或者贡献增加，用户有权向账号关联网站要求更高层次、更多内容的服务项目；账号关联网站应该为用户提供这样递进式的线上服务。用户应当自行配备线上服务所需要的接入设备及条件，例如电脑、上网装置以及自行负担上网所支付相关电话费、网络使用费等；而账号关联网站应当负责提供并满足用户接入网站的硬件条件和软件条件。

信息交易与服务的环境维护部分：用户需要提供详尽、真实的个人资料，并定时更新；账号关联网站有义务维护用户的所有数字信息正常使用。用户不得采取违反诚实信用和公平的不正当手段使用账号关联网站提供的产品和服务或参与其提供的各种活动，也不得采用不合理的方式干扰或阻碍其他用户使用账号关联网站所提供的产品和服务；账号关联网站有权使用信息服务程序中的监测功能，对用户是否使用外挂等作弊程序进行网络活动做出认定，并采取相应的措施和惩罚。账号关联网站应当定时监测用户数据，并有权根据协议及规则的约定，采取相应的措施和补救方式，这一项对于账号关联网站来说，是权利，也是义务。

信息安全及个人隐私部分：这也是网络信息服务的重点，尊重用户个人隐私是账号关联网站的一项基本政策，账号关联网站应当做好安全监测服务，防止第三人侵害用户的个人信息。用户不得利用程序的漏洞和错误破坏网站的正常运行或者传播该漏洞或错误；而账号关联网站也应当确保所提供的服务符合在当时科技或专业水平下可以合理期待的安全性。用户不得干扰账号关联网站正常地提供产品和服务，包括但不限于：攻击、侵入网站服务器或使用网站服务器破解、修改网站提供的客户端程序，攻击、侵入运营商服务器；或制作、发布、传播、使用任何形式的妨碍网络活动公平性的辅助工具或程序；用户和账户关联网站之间应当相互尊重并保护对方依法享有的知识产权及其他无形财产权类利益。

信息交易与服务的内容变更部分：用户有权要求停止或者变更账户关联网站所提供的信息交易与服务；账号关联网站应当满足用户的合理要求，并提供相应条件。本部分也应当包括与第三方平台合作的内容（即使用账号关联网站的账号登录目标网站并参与活动的一些事项），而有些网站在用户协议中有明确的条款，有些网站往往忽略了这一点。

其次，用户在采用第三方账号登录的过程中，根据现实情况，一般在账号关联网站与目标网站创建的 API 界面下，都会呈现一个由三方签订的"授权协议"［图 2B (1)］，即规定用户将自己在账号关联网站的何种信息授权给目标网站并允许其访问。授权协议的内容，即授权事项一般有以下两个方面（根据网站的不同，授权范围会不同）：(1) 用户的基本信息，例如用户的用户名（包括昵称、ID 码、QQ 号码、邮箱号码等）、用户头像、性别，甚至是通讯录、好友名单等。(2) 用户的活动生成信息，即用户在账号关联网站的活动所产生的信息，包括用户在网络上的评论，发帖等。授权协议的内容往往规定得十分简单，即只规定了用户需要授权给目标网站自己的相关信息，目标网站允许其登录［图 2 B (2)］，而账号关联网站在目标网站通过授权令牌进行访问时，有义务向目标网站开放用户的已授权信息［图 2 B (3)］。

除了授权协议之外，有的网站（例如百度、腾讯 QQ）在用户采取第三方账号登录时，会在 API 界面下要求用户与其签订一个"登录协议"（或者账号连接协议)[①]，内容包括：授权协议中授权内容的重申，并在此基础上约定了隐私保护、免责声明、争议解决等事项，一般这种登录协议规定得较为简陋，内容也都是围绕授权协议事项。笔者认为，这种登录协议只要是三方签订的，就可以理解成授权协议的一部分，只是比大部分网站的授权协议要完善一些。

2. 用户与目标网站之间的法律关系

首先，基于授权协议［图 2 B (2)］，用户有义务授权给目标网站访问自己的相关信息，而目标网站有义务准许其以第三方账号登录并活动。

其次，如前所述，由于授权协议规定得过于简单（即使有些网站与用户签订登录协议，也规定得过于原则），其中并没有就用户登录后双方的权利义务规定进行明确。所以，笔者认为，在用户采用第三方账号登录到目标网站并进行活动时，目标网站和用户之间还应当遵循一定的协议约定（图 2 C，之所以用虚线，是因为体现其

---

① 参见《百度账号连接协议》，见 http：//developer.baidu.com/wiki/index.php?title=docs/terms/connect；《QQ 登录服务协议》，见 http：//connect.qq.com/agreement_chs。

法律关系的文本基础,在现实情况中具有不确定性),即类似于账号关联网站和用户之间那样有详尽事项的用户协议(图 2 A);而在现实情况下,根据登录时界面提供协议约定和协议种类的不同,目标网站可能会遵循不同的协议约定,而用户也会根据具体情况遵循合适的协议约定,下文详述,此处不赘。

3. 账号关联网站与目标网站之间的法律关系

首先,基于授权协议,账号关联网站有义务将用户授权给目标网站的相关个人信息,开放给目标网站 [图 2 B (3)]。

其次,就是网站之间的合作关系(图 2 D),例如,腾讯公司针对"以 QQ 账号作为第三方账号登录目标网站的活动"而与目标网站签订的《开发者协议》[①],这是目标网站与账号关联网站之间的协议约定,协议一定会涉及用户采取第三方账号登录活动中的事项,也是基于技术 OAuth 协议之下的法律协议。用户并不参与此项约定,但是合同的内容与用户极度相关,协议项下的各项约定的合法边界,是不能损害用户的合法权益。

需要说明一点,第三方账号登录活动中的法律关系本可以通过三方之间的约定(图 2 B)来予以详尽;但是,在现实网络活动中,用户、账号关联网站与目标网站之间的就此关系的权利义务约定(授权协议)十分模糊(即使有登录协议的补充,也不能够涵盖应规定的事项),需要在三方协议之外寻找其他规定对其进行补充说明,因此,才会产生具体的协议适用问题。

(二) 网络第三方账号登录活动中的用户协议适用问题

如前所述,技术上的革新使电子商务活动主体间的法律关系变得较为复杂。而在现实网络活动中,网站本身和网站之间并没有使法律层面上的技术与信息科技层面上的技术完全相适应,问题由此产生。

一般来说,在用户和网站的互动中会产生合同与侵权两种主要纠纷,而双方在产生纠纷之后的首要救济依据,就是用户与所登录网站签订的用户协议。但是,在第三方账号登录状态下,这样的适用依据发生了模糊,一旦发生法律纠纷,用户、

---

① 参见腾讯 QQ 登录的《开发者协议》,见 http://wiki.connect.qq.com/。

账号关联网站与目标网站之间可能首先会在协议的适用上产生分歧。虽然网站在起草用户协议时都会参照一个基本的行业习惯标准，但是在最终的用户协议中，网站又会根据自身的经营特点和经营目的，对用户协议进行特殊化。所以，网站的用户协议看似大同小异，而实际上的"小异"，都是出现在决定用户实质性权利和义务的条款中。不同的网站都会有不同的要求，不同的商业利益和目的，且不同的运营方式和提供的服务差异越大，反映在用户协议中的差异也就越大。例如，一个提供具体信息交流和分享服务的 SNS[①] 网站，与一个提供线上商品交易的 B2C[②] 网站的用户协议是会有很大区别的。在不考虑协议条款效力的前提下，不同的用户协议对用户的约束力是不同的，这也就意味着用户享有的权利和承担的义务会有差异。

最初，设置第三方账号登录的目的，是方便用户利用不同平台的资源进行低成本的整合。而随着网络平台的不断发展，除了资源的分享与整合之外，用户通过第三方账号登录目标网站所进行的活动范围不断扩大，继而，用户通过账号关联网站主动或被动给予目标网站的授权范围也不断扩大；很多用户通过第三方账号登录目标网站后，实现了该平台上的主要服务项目，例如，用户通过百度账号登录国美在线，可以实现无障碍的购物，如同国美在线中的自主注册用户一样。而第三方账号登录时，不同的网站又会根据自己的情况提出不同的协议方式，这便加剧了这种协议适用的模糊性：

第一种情况，用户在使用第三方账号登录时，除了授权协议之外，会被账号关联网站要求再确认一次双方签订的用户协议（图 2 A）[③]；第二种情况，用户在登录时，除了授权协议之外，要求用户签订一个新的链接或者登录协议[④]，但是，由于这

---

① Social Network Sites（即社交网站）。国内的 SNS 以人人网（校内网）、开心网、腾讯 QQ、众众网、gagamatch 网等 SNS 平台为代表。

② Business to Customer（即"商对客"），是电子商务的一种模式，也就是通常说的直接面向消费者销售产品和服务商业零售模式，国内以京东、亚马逊、当当、国美在线以及各类门户网站的商城为代表。

③ 例如：用新浪微博的账号登录艺龙网，会再次确认《新浪网络服务使用协议》，见 http：//api.t.sina.com.cn/oauth/authorize? oauth_token = 4a916f16415668906a195d05326ca068&oauth_callback = http：//openapi.elong.com/sina.html。

④ 例如：用腾讯 QQ 账号登录京东商城，会有《QQ 登录服务协议》，见 http：//connect.qq.com/agreement_chs。

种登录协议规定得十分基础,项下的内容也很简陋,所以这种登录协议只能算是授权协议(图 2 B)中的一部分;第三种情况,除了授权协议之外,用户在登录时没有被要求签订任何额外的协议。①

正是由于这样多种情况的存在,用户在采用第三方账号登录目标网站进行活动时会产生下列问题:用户登录目标网站之后,应当遵循什么样的用户协议?用户在登录时与账号关联网站签订的授权协议或者再次确认的用户协议,对用户在目标网站上的行为具有多大的约束力?目标网站上的既有用户协议在此情况下的法律地位如何?用户是否要遵守?如果遵守,不同的用户协议冲突时应当如何合理适用?目标网站的行为应当受到哪种协议的规制?账号关联网站对于用户授权之后的信息是否存在应尽的义务?如果存在,应遵循的依据是什么?一旦第三方侵权或者网站对用户侵权,用户的救济依据是什么?用户个人信息的保护范围和保护程度,是以何种约定为标准的?

而解决所有这些问题的前提,是要对用户、账号关联网站与目标网站之间的相关协议的法律地位进行评价,并寻找合适的适用规则。

三、 网络第三方账号登录活动中的用户协议适用问题之解决途径

(一)相关用户协议的法律地位

1. 用户协议的法律地位

前文已述,在一般情况下,用户与网站之间的法律关系,始于用户注册。而在用户的注册环节,签订用户协议是必经程序,也是用户接受网站提供信息服务的前

---

① 例如:用新浪微博的账号登入国美在线,见 https://api.weibo.com/oauth2/authorize?client_id=2537522211&response_type=code&redirect_uri=http://login.gome.com.cn/quicklogin/sina/redirect.no;人人网账号登录大众点评网,见 http://graph.renren.com/oauth/grant?client_id=68a73dc73f9442a4bffd37e43d2b7c20&redirect_uri=http%3A%2F%2Fwww.dianping.com%2Fauthlogin%3Fft%3D1%26redir%3Dhttp%253A%252F%252Fwww.dianping.com%252F&response_type=code&display=page&secure=true&origin=00000。

提。网络用户协议与一般的线下协议不同，其具有两个主要特点。

第一，用户协议是一种典型的格式合同，是网站提前单方拟定，并不允许用户进行协商的协议。基于网站与用户的不同市场地位和技术差别，网站拥有专业优势，能够较为详尽地预见双方在互动中可能出现的各种问题，有能力提供高质量的格式文本，一定程度上弥补用户在技术、法律等方面知识的欠缺，能预先明确双方责任范围和风险分担，使用户协议在全面规范当事人权利义务、提供便捷的缔结方式，促进信息交易的迅速、有效等方面具有积极的意义。但同时，与一般格式合同一样，线上用户协议也会有一样的弊端，网站往往利用格式合同中的条款，维护自身的利益，对用户的权利形成过多的限制，使公平交易权难以实现。[1] 尽管如此，格式合同依旧是用户协议的最合理的文本方式，只是在协议签订时应当对具体的条款进行法律上的评价，来判断其是否合法有效。

第二，用户协议是一种点击合同。点击合同（Click-wrap contract），也被称为击点合同[2]，是指由商品或服务的提供人通过计算机程序预先设定合同条款的一部分或全部，以规定其与对方当事人之间的权利义务关系，对方必须点击同意键后才能订立的合同。[3] 由于网络活动的特殊性，用户协议的签订不能像线下一样，进行实体化的"要约"与"承诺"，而虚拟环境下的最好方式，就是将协议给用户以一定形式的"呈现"，并让用户进行一种仪式式的"确认"。也正因为这种签订方式上的特殊性，才造就了用户协议的"呈现"（网站的行为）与用户"点击确认"（用户的行为）这两个具体行为的重要法律地位——决定用户协议具有约束力的前提。

2. 授权协议的法律地位

作为第三方账号登录活动中的特有协议，授权协议有着不可替代的作用，它是用户与目标网站最初建立关系的凭证。

相对于用户协议，授权协议具有一定的特殊性，其是用户、账号关联网站与

---

[1] 参见林旭霞：《论网络运营商与用户之间协议的法律规制》，载《法律科学》，2012 (5)。
[2] 参见张平：《拆封合同的特点与效力》，载《网络法律评论》，74 页，北京，北京大学出版社，2001。
[3] 参见张楚：《网络法学》，194 页，北京，高等教育出版社，2003。

目标网站三方之间的,主要针对用户以第三方账号登录活动中的相关事宜进行约定的法律文本,内容以信息许可为核心。与用户协议相同的是,作为网络活动中用户与网站之间的协议文本,其具有用户协议的所有法律特征,因而也就与用户协议一样,适用同样的法律评价标准。因此,可以将授权协议看作是广义上的用户协议。

因此,基于用户协议的法律地位,用户协议的约束力问题就是解决网络第三方账号登录中相关法律问题的关键。

(二) 用户协议具有约束力的前提条件

根据前述用户协议的法律地位和特征,笔者认为,其具有约束力应当满足以下三个要件。

1. 协议条款的有效性

合同的条款有效与否是决定合同是否具有约束力的基础,线上的电子格式合同也不例外。我国相关法律也都针对此类合同条款的有效性作出了一些明确的规定。[①] 本文不针对协议条款的有效性展开讨论,而只着重阐述协议约束力的其他要件。

2. 协议呈现的明示性

协议呈现的明示性,是指协议必须以合理的、明确的方式向用户呈现,并允许用户审查协议的内容。这其中包括两个环节:第一个环节,协议必须以合理、明确的方式呈现;第二个环节,协议呈现后,还必须给予用户以审查其内容的机会。目前我国大部分学者都持这一观点。[②]

我国《合同法》与《消费者权益保护法》都有专门的条款对用户协议的明示

---

① 如《合同法》第40条,《消费者权益保护法》第26条等。
② 高富平:《网络服务合同法律规范的几个问题——易趣欠费案评析》,载《法学》,2002 (5);李颖:《网站用户协议中协议管辖条款的效力》,载《人民司法·案例》,2009 (8);乔仕彤,何其生:《电子格式合同中仲裁条款的效力——以中国消费者市场中 Microsoft 软件最终用户许可协议为例》,载《武大国际法评论》,2007 (2);林旭霞:《论网络运营商与用户之间协议的法律规制》,载《法律科学》,2012 (5)。

性作出了要求。① 美国《统一计算机信息交易法》（UCITA）也对协议条款的明示性进行了规定：对合理、明确，提出了"显著性"的概念，指"书写、显示或展示的方式足以引起一个作为行为对象的常人的注意"②。并对条款的显著性特点进行了具体的举例③，如字体大小、对比度等。对审查机会作出了说明，要求"条款必须以能引起常人注意，并允许其审查的方式来提供，才可认为用户对该条款有审查的机会"④。

现实中，淘宝网对用户协议的呈现方式是相对合理的：在用户注册时，淘宝网以"弹出式"⑤的形式向用户提示需要签订的协议，并用粗体字、下划线等"显著性"方式提请用户注意，用户必须点击"同意协议"，才会进入注册选项，否则会一直停留在该页面。而相关协议的重点条款，也充分展现了"显著性"。如《淘宝平台服务协议》的开头是提示条款，有明确的规定，并有加重线，其中专门将用户的阅读协议的效力和签约动作的效力独立成条，是较为合理的明示方式。可以确认，该网站已经做到了明示义务。但其中也存在一些缺陷，如在"弹出式"提示页面，相关协议的呈现是"超链接式"⑥的，用户需要点击链接才可以对协议进行审查，这种形式不如"下拉式"和"倒计时式"⑦，后者可以很好地将用户限制在协议页面上一段时间，并最大限度地增加其审查协议的可能性。当然，有些时候，出于网站页面设计的合理性限制，"超链接式"的协议呈现方式也被大多数网站所采纳，有些学者

---

① 《合同法》第 39 条规定："采用格式条款订立合同的，提供格式条款的一方应当遵循公平原则确定当事人之间的权利和义务，并采取合理的方式提请对方注意免除或者限制其责任的条款，按照对方的要求，对该条款予以说明。"《消费者权益保护法》第 26 条第 1 款规定："经营者在经营活动中使用格式条款的，应当以显著方式提请消费者注意商品或者服务的数量和质量、价款或者费用、履行期限和方式、安全注意事项和风险警示、售后服务、民事责任等与消费者有重大利害关系的内容，并按照消费者的要求予以说明。"
② "The Uniform Computer Information Transactions Act" Art. 102（a）（14）.
③ "The Uniform Computer Information Transactions Act" Art. 102（a）（14）（A）.
④ "The Uniform Computer Information Transactions Act" Art. 112（e）（1）（2）.
⑤ 淘宝网注册页面，见 https://reg.taobao.com/member/reg/fill_mobile.htm.
⑥ 超链接：是指从一个网页指向一个目标的连接关系，这个目标可以是另一个网页，也可以是相同网页上的不同位置，还可以是一个图片，一个电子邮件地址，一个文件，甚至是一个应用程序。
⑦ 所谓"下拉式"协议，指用户必须将协议从头拉至尾部才能进行点击注册；所谓"倒计时式"是指用户经协议拉至底部后，还需要等待一段时间，点击同意按钮才会出现。"倒计时式"与"下拉式"结合是最强的明示协议方式，现实中有一些网站是采取这种形式的。

认为，只要网站保证该超链接访问途经畅通，超链接所指向的文本在服务项目运营过程中始终存在，同时在载有用户协议的网页上以醒目方式标明超链接的网页载有有关用户权利义务的条款，即可确认运营商已经尽到对合同条款的"明示"义务。①

3. 协议签订的确定性

协议签订的确定性，是指在协议已经以显著的形式向用户呈现，并给予用户审查其内容的机会之基础上，用户对该协议进行了明确的"确认"动作。如在登录注册时，用户在点击注册页面的"同意"按钮之后，合同宣告成立，用户才能在相应网站上活动，网站才会向用户提供信息服务。我国《合同法》第22条专门针对协议签订的承诺部分作出了明确规定："承诺应当以通知的方式作出，但根据交易习惯或者要约表明可以通过行为作出承诺的除外。"对于电子点击合同来说，根据交易习惯，就是用户对协议进行"点击"来达到承诺的目的。美国《统一计算机信息交易法》（UCITA）也对格式合同条款签订的确定性进行了规定②，认为"采用接受的意思对该条款进行了签章确认，或在有理由知道相对方可能从其行为或者声明中推定他对该条款表示同意的情况下，有意地实施了此种行为或者做出了声明"。

协议签订的确定性是判断用户协议是否生效并具有约束力的最后一步条件，用户对协议的确认与否直接意味着协议是否对其具有约束力。

综上可知，在第三方账号登录活动中，用户协议对用户具有约束力，必须满足以上三个条件，缺一不可。

（三）第三方账号登录活动中的相关协议适用准则

1. 相关协议的适用准则

首先，对于用户与账号关联网站的用户协议（以下简称"原始用户协议"）（图2 A）来说，由于用户在注册账号之初就与网站签订了此协议，此协议在用户与账号关联网站之间具有约束力。而此协议的大部分约定前提都是基于在账号关联网站的平台下的活动准则，所以对用户采用账号登录第三方平台的行为不具有约束力。有的

---

① 参见林旭霞：《论网络运营商与用户之间协议的法律规制》，载《法律科学》，2012（5）。
② "The Uniform Computer Information Transactions Act" Art. 112 (a) (1) (2).

网站会出于对自身利益的维护，对一些隐私条款进行约定，例如，去哪儿网中的《隐私政策》声明："一旦用户采用去哪儿网的账号登录其他关联网站，去哪儿网的隐私条款则不再有效，建议查阅关联网站的隐私条款声明。"① 除此之外，网络上的大部分原始用户协议都没有针对本网站账号登录第三方平台活动时的事项约定；当然，如果约定，难免会出现网站之间协议适用冲突。所以，这样的约定应当由用户、账号关联网站与目标网站三方来进行，或者待用户登入目标网站时与目标网站约定。笔者认为，原始用户协议在第三方账号登录活动中可以起到行为适用参考作用，毕竟这是用户在当前状态下，可以接受行为约束的最低标准。

其次，对于用户、账号关联网站及目标网站之间的授权协议（包括登录协议）（图 2 B）来说，由于授权协议的签订是第三方账号登录活动的必经程序，且是在账号关联网站与目标网站创立的 API 界面与用户签订的，所以只要其满足用户协议约束力的三要件，则当然地对三方都具有约束力。而且，大部分网站的原始用户协议中都有类似的"从新兼从特殊"②的约定，所以授权协议在第三方账号登录活动中的适用位阶高于原始用户协议。而现实情况中的问题并不在于授权协议的适用优先级问题，而在于授权协议的规定过于简略，导致适用上的无力。③ 除了简单授权事项以外，基本不涉及用户登录目标网站后的其他实质性权利事项（如信息许可、个人隐私保护等），而登录协议中的规定也都是围绕授权事项，所以，授权协议在现实中对三方的约束力十分有限。

最后，对于目标网站的用户协议来说，由于在第三方账号登录时，目标网站没有向用户呈现该协议并确认签署，因而该协议的适用与否存在疑问，加之授权协议的规定十分简单，用户登录后往往在法律层面下没有了特定的适用准则。笔者在网络调查过程中发现，有的目标网站的用户协议中有约定："以第三方账号登录本网站

---

① 《隐私政策》，见去哪儿网 http：//www.qunar.com/site/zh/Privacy_6.shtml。
② 即用户协议中有"法律有特殊强制性规定，或协议双方另有约定的，从其规定"的条款。
③ 有的授权协议简单到只有一句话，如："授权大众点评网访问你的微博账号，并同时登录微博"，见 https：//api.weibo.com/oauth2/authorize? response_type=code&redirect_uri=http%3A%2F%2Fwww.dianping.com%2Fauthlogin%3Fft%3D2%26redir%3Dhttp%253A%252F%252Fwww.dianping.com%252Fmember%252F831294552&forcelogin=true&client_id=1392673069。

时，需要遵守本网站的用户协议。"① 但往往有这个规定的目标网站，反而在第三方账号登录时，不向用户呈现网站协议并要求其确认。那么此时的协议对于采取第三方账号登录的用户来说是不具有完全约束力的。

笔者认为，虽然与目标网站没有签订用户协议，但用户在目标网站上活动，应当自然地属于目标网站的用户，只是区别于自主注册登录的用户。采用第三方账号登录的用户此时应当不受目标网站协议的完全约束。之所以不受完全约束，是指用户与目标网站在互动时，双方应当遵循网络互动中的习惯性规则（而网站用户协议的大部分事项都源于习惯规则），双方享有基本的权利，承担基本的义务。而针对细节上的权利义务的约定，笔者认为，可以参考原始用户协议。如前所述，原始用户协议是用户当前状态下能够接受规则约束的最低标准。如果目标网站的用户协议与原始用户协议一致，则可以适用；有冲突时，则适用对于用户而言较为有利的条款。

2. 第三方账号登录活动中协议适用的现实操作

下面，根据现实中的第三方账号登录的不同协议签订情况，进行举例说明。

第一种情况，用户在使用第三方账号登录时，除了授权协议之外，会被要求再次确认原始用户协议（图 2 A）。如采用新浪微博账号登录艺龙旅游网时，除了授权协议外，用户被要求再次确认《新浪网络服务使用协议》（即原始用户协议）。而在该原始用户协议中，笔者只发现了两条与第三方账号登录活动有关的条款②，而且条款的规定也都无非是一种目的，即将自己网站的责任风险降低到最小。对于用户登录到目标网站后的情况，并没有实际性的规定。如本文前面所述，原始用户协议的约束力则只能限制于新浪网范围内。用户进入艺龙网站后，没有其他的约定呈现出来。此时用户在没有签订艺龙网用户协议之前，不受其完全约束，用户只需以一般网络用户注意义务行事。除非艺龙网在日后更新用户协议时向用户通知前述本网站

---

① "若您作为我们网站的关联公司或合作公司的用户登录我们的平台，访问我们的网站或使用我们的服务，即视为您同意本协议的所有条款及我们公布的其他规则、说明和操作指引。"《去哪儿网服务协议》，见 http://www.qunar.com/site/zh/Rules.shtml。

② 《新浪网络服务使用协议》7.2："新浪可能会与第三方合作向用户提供相关的网络服务，在此情况下，如该第三方同意承担与新浪同等的保护用户隐私的责任，则新浪有权将用户的注册资料等提供给该第三方。" 8.2："新浪不保证为向用户提供便利而设置的外部链接的准确性和完整性，同时，对于该等外部链接指向的不由新浪实际控制的任何网页上的内容，新浪不承担任何责任。"

协议,并经用户确认。

后两种情况笔者进行实例对比来说明。用户在登录时,除了授权协议之外,有的网站会要求用户签订一个新的链接协议或者登录协议。如采用腾讯 QQ 账号登录京东商城时,会签订一个《QQ 登录服务协议》(以下简称"QQ 协议");百度账号登录国美在线,会签订《百度账号连接协议》[①](以下简称"百度协议")。两个协议中虽然都以明确的规定,要求用户在第三方登录中遵守各自的原始用户协议(QQ 采用明示的超链接,百度只是单纯的文字),而两个协议中所建立的法律关系却有很大的区别:QQ 协议中明确规定了协议的签订主体是三方[②],而且全文通篇围绕协议三方的权利义务和责任进行划分,争议解决方式也是以三方之间的争议为前提。而百度协议中的主体是用户与百度双方[③],而且通篇主要围绕用户与百度在第三方登录中的隐私保护和免责进行说明。所以两个看似类型相同的协议,实际法律地位却不一样。QQ 协议作为三方签订的授权协议,对三方具有约束力,是用户登录目标网站后约束三方的准则。而百度协议只是百度与用户间的约定,由于目标网站没有明确的以合同主体出现在该协议中,所以该协议对目标网站的约束力值得怀疑。此处的百度协议不能够算作是授权协议,最多算是一种百度原始协议的补充条款。所以此处的情形,实际上算是只有授权协议的登录情形,即上述第三种情况的登录。

还有一点需要强调:由于 QQ 协议中是三方约定,故而表明目标网站对用户在其平台上的活动遵循用户与腾讯 QQ 的原始用户协议是默认的,那么一旦三方发生纠纷,可以援引 QQ 协议与原始用户协议。此种情况下,各协议的适用问题就得到了解决。而百度协议则达不到这样的效果,用户登录目标网站后的基本行为准则仍不确定,那么用户与国美在线的互动准则只能参照适用用户与百度之间的用户原始协议。

通过上面的实际适用操作可以发现,解决第三方账号登录活动中的协议适用冲

---

① 见 http://developer.baidu.com/wiki/index.php?title=docs/terms/connect。
② 《QQ 登录服务协议》1.1 规定:"本协议是您与腾讯、第三方之间关于您使用 QQ 登录服务所订立的协议。"
③ 《百度账号连接协议》争议解决条款规定:"如双方就本协议内容或其执行发生任何争议,双方应尽量友好协商解决;协商不成时,任何一方均可向百度所在地的人民法院提起诉讼。"

突，最合适的途径有三种方式：第一种方式，完善三方签订的授权协议，按照三方的约定对用户第三方账号登录活动中的事项予以详尽。第二种方式，目标网站在用户登录时按照标准向用户呈现目标网站的用户协议，并经用户确认。第三种方式，即QQ登录协议采取的方式，三方在签订的授权协议中，选择一种明确的原始用户协议作为适用依据，来解决适用冲突。

四、结　语

《电子商务法》颁布在即，通过对交易主体、交易客体、交易过程及规则的细化，达到其以保护权益为核心宗旨的目的。在这个"你是谁"不是那么重要，而"你做过什么"才重要的时代，网络用户行为轨迹成为大数据时代最为关键的一环。信息技术革新的目的是减少信息成本，予人方便。而在技术更新的过程中，应当防止法律关系的混乱，否则得不偿失。信息互动主体之间应当秉承诚实信用、公平交易的原则，在满足自身合法利益的前提下，给他方提供方便，在通过技术改变关系的同时，也要随时留意自身的权利义务变化，做好前置协议，明确划分责任制度，避免不必要的纠纷发生，防止违背了技术革新的初衷。通过明确法律关系，确定特定行为轨迹的依附规则，才是应对这些问题的有效途径。

第七编

立法建议

《中华人民共和国互联网信息服务法》学者建议稿及立法理由[①]

第一章 总 则

第一条 为了促进互联网信息服务健康有序发展，保护自然人、法人和非法人组织的合法权益，维护国家安全和社会公共利益，制定本法。

【立法理由】

该条从市场管理、保护公民、法人和非法人组织的权益以及保护公共利益三个层次阐释了本法的立法宗旨，三者体现为并列关系。宗旨一是促进互联网信息服务健康有序发展，这承继了原办法的立法口径，也与立法建议稿作为管理法的职责相呼应，其目的是彰显立法建议稿对互联网信息服务产业和互联网信息服务市场管理的需求，并最终实现互联网信息服务健康有序发展。宗旨二和宗旨三是在《互联网信息服务管理办法》（2011年）基础上补充而成的。原因在于互联网的健康有序发

[①] 该立法建议系清华大学法学院申卫星教授主持的国家互联网信息办公室委托课题《互联网信息服务立法》（项目编号：20165660146）的阶段性成果。课题组成员包括：申卫星、王洪亮、李海英、赵晓力、吴伟光、李小武、刘晗、吴沈括、刘云、王萍。清华大学法学院部分研究生柯勇敏、郑灿、常悦、谢静、马骄、陈子娴、郑含伶以及本科生秋雨濛也参与了本立法建议书的调研与资料的收集。

展,不仅关系着国家安全和社会公共利益,也与每个公民和法人的合法权益息息相关。《互联网信息服务管理办法》自 2000 年实施以来,对我国互联网信息服务的健康有序发展起到了良好的作用。随着我国互联网的快速发展,出现了很多新情况,也面临很多新问题。尤其是互联网本身具有虚拟性和现实性、单向性和交互性、全球性和跨地域性、即时性和实时性等特性,这些特征导致人们对于互联网的权利诉求和权利实现与传统权利有所不同,对政府管理方式也不断提出更新更高要求。因此,立法建议稿将"保护公民、法人和非法人组织的合法权益,维护国家安全和社会公共利益"写入其中,从而从原有单纯的政府和互联网服务提供者监督管理关系,明确发展为政府、互联网服务提供者和互联网用户三者关系,进一步实现互联网法律关系中互联网服务提供者、互联网用户和政府管理部门之间权利义务的均衡。同时也体现了立法建议稿在原有《管理办法》基础上,在管理法之外,权利法内容逐渐展现,展现了立法者思路的变化以及回应实际社会生活的需求。

【国内立法例】

《全国人大常委会关于维护互联网安全的决定》(序言)

为了兴利除弊,促进我国互联网的健康发展,维护国家安全和社会公共利益,维护个人、法人和其他组织的合法权益,特作如下决定

《全国人大常委会关于加强网络信息保护的决定》(序言)

为了保护网络信息安全,保障公民、法人和其他组织的合法权益,维护国家安全和社会公共利益,特作如下决定

《计算机信息系统安全保护条例》第 1 条

为了保护计算机信息系统的安全,促进计算机的应用和发展,保障社会主义现代化建设的顺利进行,制定本条例。

《计算机信息网络国际联网安全保护管理办法》第 1 条

为了加强对计算机信息网络国际联网的安全保护,维护公共秩序和社会稳定……制定本办法。

《中华人民共和国电信条例》第 1 条

为了规范电信市场秩序，维护电信用户和电信业务经营者的合法权益，保障电信网络和信息的安全，促进电信业的健康发展，制定本条例。

《互联网安全保护技术措施规定》第1条

为加强和规范互联网安全技术防范工作，保障互联网网络和信息安全，促进互联网健康、有序发展，维护国家安全、社会秩序和公共利益，根据《计算机信息网络国际联网安全保护管理办法》，制定本规定。

《中华人民共和国电信法（草案）》第1条

为了维护电信市场秩序，保护电信用户的合法权益，保障电信网络与信息的安全，促进电信市场公平竞争，推动电信事业的发展，制定本法。

《中华人民共和国网络安全法》第1条

为了保障网络安全，维护网络空间主权和国家安全、社会公共利益，保护公民、法人和其他组织的合法权益，促进经济社会信息化健康发展，制定本法。

【国外立法例】

（一）综述

目前对于互联网领域的管制，通常有三种模式，即所谓的新加坡模式、英国模式和美国模式。第一种模式的国家主张对网络进行比较严格的控制，从而维护本国的价值观，保护各国各民族的文化传统，保护网络的纯净性，严厉打击网络中的色情、暴力、恐怖活动等，此种模式以新加坡为代表。新加坡是世界上第一个对网络进行管制的国家，对于互联网的信息服务，采取了分类许可的措施，并制定了《新加坡因特网行为准则》，对于互联网参与者的行为进行规范。第二种模式的国家一般不对网络进行直接监管，而更多的通过网络参与者的自律，以政府监管作为补充和保障，以英国最为典型。第三种模式以美国为主，主张言论自由，对互联网的信息内容原则上不加以控制。美国有关互联网的法律虽然不少，如1996年颁布的《电信法》，但该法主要为了破除电信领域的垄断，促进竞争。1999年颁布的《电子隐私权法》，主要是为了"预防个人信息采集和适用过程中发生欺骗和不正当行为等目的"。我国目前对于互联网信息服务的管理，采用的是第一种模式，从而与我们的社会政治体制和市场经济体制相适应。

(二) 立法例

《新加坡因特网行为准则》第 3 条

新加坡广播电视委员会因特网政策的基本原则是：

(1) 新加坡广播电视委员会完全支持发展因特网。因特网不仅已经成为重要的传播媒介，同时也是信息、教育和娱乐的丰富资源。

(2) 我们的因特网管理架构通过反映我们社会价值观的一种透明的许可证制度，重点集中在公共教育、行业自律、主流站点开发以及对行业进行最低程度的限制。

(3) 新加坡广播电视委员会法规制约对象限定为向公众提供信息者。个人在自己家里或者工作单位私下接收信息内容不属新加坡广播电视委员会法规管制范围。公司商用因特网接入（如以电子邮件、网上聊天方式进行私人间通信）也不属于新加坡广播电视委员会法规管制范围。

(4) 新加坡广播电视委员会所关注的是涉及新加坡切身利益的问题。以与民族、宗教相关的材料为例，我们只干预可能在新加坡各民族间激起民族或宗教仇恨情绪的材料。

(5) 我们主要限制因特网上的色情信息，尤其是可能对儿童及未成年人带来负面影响的色情信息。法规针对的焦点是传播色情信息、具有大众影响力的站点。

(6) 在规范因特网服务方面，新加坡广播电视委员会采取宽松政策。例如，违规的持证人在新加坡广播电视委员会采取行动之前有一次改正错误的机会。

(7) 我们坚信公众与行业都应当享有开放、畅通的通信渠道。因特网运行架构广泛征询过行业的意见。鉴于因特网发展迅速，我们力促行业人士与公众及时向我们提供反馈信息以便我们的法规能准确反映技术进步与社会所关注的问题。

《俄罗斯联邦个人信息法》第 2 条（本法目的）

本法旨在在公民个人信息受到处理时，保障其权利和自由得到保护，包括保护其个人生活不受侵犯，保护其个人和家庭隐私权。

《俄罗斯关于信息、信息技术和信息保护法》第 2 条

对信息、信息技术和信息保护领域各种关系进行法律调节的原则

（1）保证以任何合法方式搜寻、获取、传递、制造和传播信息的自由

……

（5）在建立和适用信息系统并保护其中的信息时，必须保证俄罗斯联邦的安全

（6）保证信息的真实性和提供信息的有效性

（7）在未征得当事人同意的情况下，应保障私人生活的不可侵犯性，不得搜集、保存、使用、散发有关私人生活的信息。

《美国电子隐私权法》序言

美利坚合众国众议院和参议院为了预防个人信息采集和适用过程中发生欺骗和不正当行为等目的而举行会议通过的法案。

澳大利亚《1997年电信法》第3条（目的）

（1）本法案……旨在提供一个规范框架以推进：

（a）传输服务或通过传输的方式获得服务的终端客户的长期利益以及

（b）澳大利亚电信产业的效率及国际竞争力

（2）本法案连同《1974年贸易管理法》第XIB章及XIC章还包括以下其他目的：

（a）确保电话、公用电话及其他具有社会重要性的传输服务

（b）促进丰富的创新性传输服务和内容服务的提供

……

《德国信息和通信服务规范法》第1条（本法目的）

本法的目的是为电子信息和通信服务的各种利用可能性规定统一的经济框架条件。

欧盟1999年1月25日《关于采取通过打击全球网络非法内容和有害内容以推广更安全地使用互联网的多年度共同体行动计划的第276/1999E号决定》第2条

该行动计划的目标是促进安全使用互联网，并鼓励在欧洲范围内创造有利于互联网发展的环境。

第二条 互联网信息服务提供者提供的信息服务，应有利于促进社会主义市场

经济、民主政治、先进文化、和谐社会、生态文明建设，弘扬社会主义核心价值观。

【立法理由】

立法建议稿中本条为原则性条款。互联网信息服务提供者所提供的服务应当有利于促进社会主义市场经济、民主政治、先进文化、和谐社会、生态文明建设，弘扬社会主义核心价值观。

【国内立法例】

《互联网新闻信息服务管理规定》第3条第2款

国家鼓励互联网新闻信息服务单位传播有利于提高民族素质、推动经济发展、促进社会进步的健康、文明的新闻信息。

《互联网视听节目服务管理规定》第6条

发展互联网视听节目服务要有益于传播社会主义先进文化，推动社会全面进步和人的全面发展、促进社会和谐。从事互联网视听节目服务，应当坚持为人民服务、为社会主义服务，坚持正确导向，把社会效益放在首位，建设社会主义核心价值体系，遵守社会主义道德规范，大力弘扬体现时代发展和社会进步的思想文化，大力弘扬民族优秀文化传统，提供更多更好的互联网视听节目服务，满足人民群众日益增长的需求，不断丰富人民群众的精神文化生活，充分发挥文化滋润心灵、陶冶情操、愉悦身心的作用，为青少年成长创造良好的网上空间，形成共建共享的精神家园。

《专网及定向传播视听节目服务管理规定》第4条第1款、第2款

从事专网及定向传播视听节目服务，应当坚持为人民服务、为社会主义服务，把社会效益放在首位，弘扬社会主义核心价值观，弘扬民族优秀传统文化，弘扬正能量。

专网及定向传播视听节目服务单位应当自觉遵守宪法、法律和行政法规，提供更多更好的专网及定向传播视听节目服务，不断丰富人民群众的精神文化生活。

《互联网视听节目服务规定》第 5 条

互联网视听节目服务单位组成的全国性社会团体，负责制定行业自律规范，倡导文明上网、文明办网，营造文明健康的网络环境，传播健康有益视听节目，抵制腐朽落后思想文化传播，并在国务院广播电影电视主管部门指导下开展活动。

《网络交易管理办法》第 5 条

鼓励支持网络商品经营者、有关服务经营者创新经营模式，提升服务水平，推动网络经济发展。

《中华人民共和国电信法（草案）》第 3 条

国家积极推进网络融合，鼓励利用通信网、广播电视网和互联网等各种网络传输语音、文字、数据、图像、符号以及其他形式的信息，满足人民群众对教育、科技、文化、娱乐等信息的需求。国务院电信监督管理部门（以下简称电信主管部门）和广播电视主管部门应当按照本法和国家其他有关法律法规的规定，鼓励广播电视传输机构利用广播电视网、通信网、互联网等各种网络从事电信业务；鼓励电信业务经营者利用通信网、广播电视网、互联网等各种网络从事广播电视传输业务。

【国外立法例】

《新加坡因特网行为准则》第 3 条

新加坡广播电视委员会因特网政策的基本原则是：

（1）新加坡广播电视委员会完全支持发展因特网。因特网不仅已经成为重要的传播媒介，同时也是信息、教育和娱乐的丰富资源。

（2）我们的因特网管理架构通过反映我们社会价值观的一种透明的许可证制度，重点集中在公共教育、行业自律、主流站点开发以及对行业进行最低程度的限制。

（3）新加坡广播电视委员会法规制约对象限定为向公众提供信息者。个人在自己家里或者工作单位私下接收信息内容不属新加坡广播电视委员会法规管制范围。公司商用因特网接入（如以电子邮件、网上聊天方式进行私人间通信）也不属于新加坡广播电视委员会法规管制范围。

（4）新加坡广播电视委员会所关注的是涉及新加坡切身利益的问题。以与民族、宗教相关的材料为例，我们只干预可能在新加坡各民族间激起民族或宗教仇恨情绪的材料。

（5）我们主要限制因特网上的色情信息，尤其是可能对儿童及未成年人带来负面影响的色情信息。法规针对的焦点是传播色情信息、具有大众影响力的站点。

（6）在规范因特网服务方面，新加坡广播电视委员会采取宽松政策。例如，违规的持证人在新加坡广播电视委员会采取行动之前有一次改正错误的机会。

（7）我们坚信公众与行业都应当享有开放、畅通的通信渠道。因特网运行架构广泛征询过行业的意见。鉴于因特网发展迅速，我们力促行业人士与公众及时向我们提供反馈信息以便我们的法规能准确反映技术进步与社会所关注的问题。

第三条 国家互联网信息主管部门依照职责负责全国互联网信息内容监督管理，统筹协调国务院电信主管部门、国务院公安部门及其相关部门对互联网信息内容服务实施监督管理。

地方互联网信息服务监督管理职责依照国家有关规定确定。

【立法理由】

本条是关于互联网信息服务监督管理部门职权和工作内容的规定，互联网信息主管部门在互联网信息服务内容监督管理工作中的主导地位，由其负责全国互联网信息内容管理工作，并负责统筹协调国务院电信主管部门、国务院公安部门及其相关部门对互联网信息内容服务实施监督管理。

鉴于国家互联网信息办公室（以下简称"网信办"）成立不久，且各级网信办人员和编制有限，实施具体监督执法难度较大，而且，如果网信办身兼决策、管理和执法三项职责，事务会过于庞杂，因此，建议《互联网信息服务法》将网信办主要职责集中在内容监管，维护公民权益，确保公共利益，保障国家安全；另外，网信办作为国家层面的互联网内容管理机构，还负有协调互联网各管理机构及各行业业务主管部门，对互联网进行综合监督管理的职责。

本条第2款是对地方互联网监督管理职责的规定。本法并没有对地方互联网监督管理职责进行详尽规定，而是将职责规定赋予了其他相关规定，依据其他相关规定处理。如根据《电信业务经营许可管理办法》第 3 条规定，中华人民共和国工业和信息化部和省、自治区、直辖市通信管理局是经营许可证的审批管理机构。

【国内立法例】

《国务院关于授权国家互联网信息办公室负责互联网信息内容管理工作的通知》

为促进互联网信息服务健康有序发展，保护公民、法人和其他组织的合法权益，维护国家安全和公共利益，授权重新组建的国家互联网信息办公室负责全国互联网信息内容管理工作，并负责监督管理执法。

第四条 国务院电信主管部门依照职责负责全国互联网行业管理，负责对互联网信息服务的市场准入、市场秩序、网络资源、网络信息安全等实施监督管理。

国务院公安部门依照职责负责全国互联网安全监督管理，维护互联网公共秩序和公共安全，防范和惩治网络违法犯罪活动。

国家安全机关依照职责负责依法打击利用互联网从事危害国家安全的违法犯罪活动，国务院其他有关部门在各自职责范围内对互联网信息服务实施监督管理。

【立法理由】

本条第 1 款是国家电信主管部门在互联网信息服务监督管理工作中的职责和工作内容的规定。在我国，国家电信主管部门是国务院工业和信息化产业部。该部门在互联网信息服务中具有以下职能：对市场准入的审批；对市场秩序、网络资源、网络信息安全实行监督管理。本款建议单设为一条，并如上所述增加国家电信主管部门在互联网信息服务中的执法监督职责。

本条第 2 款是有关国务院公安部门在互联网信息服务监督管理工作中的职责和工作内容的规定。在我国，国务院公安部门是国务院公安部。该部门在互联网信息服务中具有以下监督管理职能：负责全国互联网安全监督，维护互联网公共秩序和公共安全，防范和惩治网络违法犯罪活动。公安机关主要从打击犯罪、维护公共秩序和公共安全的角度，对互联网进行检查监督。对发现违反互联网相关法律进行违法犯罪的行为，依照我国法律相关规定加以惩处。本款建议单设为一条。

本条第 3 款是对有关国务院安全部门和其他部门在互联网信息服务中监督管理职能的规定。前半句规定了国务院安全部门在互联网信息服务领域中，负有打击利用互联网进行危害国家安全的犯罪行为的职责，后半句概览性地规定了国务院其他部门在互联网信息服务中的职责，这些部门包括可能涉及互联网信息服务管理监督的食药监部门、文化、出版、影视等部门等，这些部门在各自的工作范围内对涉及本部门的互联网信息服务提供监督与管理。

需要注意的是，在我国，互联网是作为传统行业延伸而体现。如互联网出版是作为传统出版的新媒介或者新媒体形式出现，因此，国家出版部门对此仍然有管理权。但是互联网文学出版等也属于一种互联网信息服务，依照立法建议稿同样属于互联网信息主管部门管理。虽然立法建议稿在后文中将许可设置的权限进行划分，事先监督环节权限比较清晰，但是在事中和事后监督和管理环节，尤其在事后监督执法上具体职能部门权限划分，限于本法的调整范围在立法建议稿中并未得到清晰体现，存在条与块在职权上交叉甚至冲突的可能，从而容易导致工作推诿或者争权现象出现。

【国内立法例】

《中华人民共和国电信条例》第 3 条

国务院信息产业主管部门依照本条例的规定对全国电信业实施监督管理。

《中华人民共和国计算机信息系统安全保护条例》第 6 条

公安部主管全国计算机信息系统安全保护工作。

国家安全部、国家保密局和国务院其他有关部门，在公务员规定的职责范围内做好计算机信息系统安全保护的相关工作。

《中华人民共和国计算机信息网络国际联网管理暂行规定》第 5 条

国务院信息化工作领导小组负责协调、解决有关国际联网工作中的重大问题。

领导小组办公室按照本规定制度具体管理办法，明确国际出入口信道提供单位、互联单位、接入单位和用户的权利、义务和责任，并负责对国际联网工作的检查监督。

《计算机信息网络国际联网安全保护管理办法》第3条

公安部计算机管理检察机构负责计算机信息网络国际联网管理的安全保护管理工作。

《计算机病毒防治管理办法》第4条

公安部公共信息网络安全检察部门主管全国的计算机病毒的防治管理工作。

《互联网出版管理暂行规定》（已失效）第4条

新闻出版总署负责监督管理全国互联网出版工作。

《互联网药品信息服务管理办法》第4条第1款

国家食品药品监督管理局对全国提供互联网药品信息服务活动的网站实施监督管理。

《互联网等信息网络传播视听节目管理办法》第3条

国家广电总局负责全国互联网等信息网络传播视听节目的管理工作。

《非经营性互联网信息服务备案管理办法》第3条

中华人民共和国信息产业部对全国非经营性互联网信息服务备案监督管理工作进行监督指导，省、自治区、直辖市通信管理局具体实施非精英性互联网信息服务的备案管理工作。

《互联网新闻信息服务管理规定》第4条

国务院信息办公室主管全国的互联网新闻信息服务监督管理工作。省、自治区、直辖市人民政府新闻办公室负责本行政区域内的互联网新闻信息服务监督管理工作。

《电信业务经营许可管理办法》第3条

中华人民共和国工业和信息化部和省、自治区、直辖市通信管理局是经营许可证的审批管理机构。

《外国机构在中国境内提供金融信息服务管理规定》第4条

国务院新闻办公室为外国机构在中国境内提供金融信息服务的监督管理机关。外国机构在中国境内提供金融信息服务，必须经国务院信息办公室批准。

《中华人民共和国电信法（草案）》第 7 条

电信主管部门依法对全国电信业实施监督管理。电信主管部门可以根据需要设立派出机构，派出机构在电信主管部门的授权范围内，履行监督管理职责。国务院其他有关部门在各自职责范围内，依法履行相应的监督管理职责。

【国外立法例】

《新加坡因特网行为准则》序言

新加坡广播电视委员会成立于 1994 年 10 月 1 日，目标是发展高质量广播电视、营造信息通畅、文化丰富的社会、把新加坡建成一个充满活力的广播电视港。

欧盟 2004 年 3 月 10 日《关于建立欧洲网络与信息安全局的第 460/2004 条例》第 1 条

为提高欧共体范围内网络与信息安全的级别，培训网络与信息安全文化，为欧盟民众、消费者、企业和公共部门组织谋取福利，维护欧盟内部市场机能的正常运转，特设立欧洲网络与信息安全局。

澳大利亚 2005 年《通信和媒体管理局法》

第 7 条 澳大利亚通信和媒体管理局的职能 ACMA 拥有此节阐释的职能

第 8 条 ACMA 的电信职能

第 9 条 ACMA 的频谱管理职能

第 10 条 ACMA 的广播、内容以及数据传输职能

《俄罗斯联邦安全局法》第 8 条（联邦安全局机构的工作内容）

……保证信息安全……

新西兰 2001 年《电信法案》9A

委员会在部门监督和信息传播方面的职能

（1）除本法授予的其他功能外，委员会还应——

（a）监控电信市场竞争与电信市场的情况与发展

（b）管理新西兰境内电信产业或电信服务终端客户的长期利益相关事件的调查、审查和研究……

第五条 国家提倡互联网信息服务提供者开展行业自律，鼓励公众监督互联网信息服务。

互联网信息服务行业组织应当指导、督促互联网信息服务提供者依法提供服务。

【立法理由】

本条是对互联网信息内容管理中互联网信息服务提供者进行行业自律的相关规定。网络由于其开放性、交互性和匿名性，仅靠政府管理不足以长期维护互联网本身健康持续发展，因此，行业自律作为互联网管理重要的手段与途径之一，对于互联网发展起着重要作用。行业自律包括两个层面，服务提供者个体自律和行业组织的自律，行业组织的自律通常包括制定行业自律规则、监督行业信息服务提供者的服务等。除此之外，互联网信息服务还需要广大公众的监督与参与。

目前我国在互联网信息服务领域中的行业协会也有一些，比如中国互联网协会、中国互联网金融行业协会等，这些协会有自己的章程、会员组织，制定了本行业的行业自律准则，对于互联网信息服务产业的健康发展起到了一定的作用。事实上，互联网信息服务产业的发展，政府监管、行业和用户自律两种模式缺一不可。本条为互联网信息服务产业建立行业协会，实现行业自律提供了法律依据。

但是不可否认，这些协会与美、德、英等国外的行业自治组织相比，仍然有不足之处。尤其是行业内部自治规则的制定与实施，需要进一步提高。希望国家能够出台进一步鼓励细则，从政策和资金层面对于行业组织的自律提供进一步的引导和支持。

【国内立法例】

《专网及定向传播视听节目服务管理规定》第4条第3款

鼓励专网及定向传播视听节目服务行业组织发挥行业自律、引导、服务功能，鼓励公众监督专网及定向传播视听节目服务。

《电信和互联网用户个人信息保护规定》第7条、第21条

国家鼓励电信和互联网行业开展个人信息保护自律工作。

鼓励电信和互联网行业协会依法制定有关用户个人信息保护的自律性管理制度，引导会员加强自律管理，提高用户个人信息保护水平。

《网络交易管理办法》第 6 条

鼓励支持网络商品经营者、有关服务经营者成立行业组织、建立行业公约，推动行业信用建设，加强行业自律，促进行业规范发展。

【国外立法例】

美国 1999 年《电子隐私权法》第 2 节第 9 条

在政府的鼓励和监管下，行业通过努力制定体现正当采集和传播个人信息行为的标准和协议帮助消费者，对于允许消费者更好地控制其个人信息的传播至关重要。

澳大利亚 1997 年《电信法》第 3 节第 112 条（管理政策声明）

（1）议会表示 ACMA 认定的代表电信业的团体或协会该行业各个参与者的电信活动制定适用于各参与者的准则。

第二章　设　立

第六条　从事互联网信息服务，属于经营增值电信业务的，应当取得电信主管部门增值电信业务经营许可。

不属于经营增值电信业务的，应当在电信主管部门备案。

未取得许可或者未履行备案手续的，不得从事互联网信息服务。

【立法理由】

本条对需取得经营许可及需进行备案的互联网信息服务相关业务进行了规定。

从事互联网信息服务，属于经营增值电信业务，符合《行政许可法》第 12 条规定的直接涉及国家安全、公共安全、经济宏观调控、生态环境保护以及直接关系人身健康、生命财产安全等特定活动可设立行政许可。

立法建议稿对 2000 年及 2011 年《互联网信息服务管理办法》的条文进行了修改，把对经营性互联网信息服务实行许可制度修改为对经营增值电信业务进行许可，把对非经营性互联网信息服务实行备案制度修改为对不属于经营增值电信业务进行备案。

根据 2011 年《互联网信息服务管理办法》第 2 条的规定，互联网信息服务，是指通过互联网向上网用户提供信息的服务活动。根据 2015 年《电信业务分类目录》的规定，互联网信息服务是增值电信业务的一部分。本条以从事互联网信息服务，限缩了增值电信业务的种类，排除了非以互联网上网或非上网用户提供的信息服务，如呼叫中心等业务。而根据《中华人民共和国电信条例》第 8 条的规定，增值电信业务，是指利用公共网络基础设施提供的电信与信息服务的业务。因此，经营增值电信业务是指利用公共网络基础设施提供的电信与信息服务的业务，并以此为业。

不属于经营增值电信业务是指利用公共网络基础设施提供的电信与信息服务的业务进行公益性网络服务，如北京市公安局网站。《管理办法》规定的经营性互联网信息服务，是指通过互联网向上网用户有偿提供信息或者网页制作等服务活动，划分标准为有偿无偿，使一些提供无偿及有偿业务相混合的法人（自然人、非法人组织）或以无偿提供服务但实际上以播放广告营利的法人（自然人、非法人组织），规避该条款的约束。所以，本条予以修改，将需进行经营许可的范围划分标准从原来的价格导向改为业务导向，与《中华人民共和国电信条例》相衔接，避免行政许可重复进行，减少行政压力。

根据《电信条例》第 9 条规定，进行许可及备案的电信主管部门为国务院信息产业主管部门即中华人民共和国工业和信息化部。从事互联网信息服务，属于经营增值电信业务的应当进行许可，而不属于经营增值电信业务的应当进行备案，否则将会产生不得从事互联网信息服务的法律后果。这是基于我国现实互联网的发展情况决定的，由于我国上网人数众多，但是网站的质量参差不齐，为了避免互联网对人们现实生活产生不良影响，对于大部分从事互联网信息服务的法人（自然人、非法人组织）仍需要进行严加管制。

另外，我国互联网大多数都是以经营方式进行，并且因为互联网本身属性对其每个互联网网页——监管存在一定难度，因而从源头上进行严格的控制即以许可的方式，能维持互联网秩序的稳定。而对于不属于经营增值电信业务采取备案方式，主要是因为不属于经营增值电信业务的，不涉及利益交换，因而对其监管不需要到达许可的程度即可保证互联网的稳定。

【国内立法例】

《中华人民共和国电信条例》第7条

国家对电信业务经营按照电信业务分类，实行许可制度。

经营电信业务，必须依照本条例的规定取得国务院信息产业主管部门或者省、自治区、直辖市电信管理机构颁发的电信业务经营许可证。

未取得电信业务经营许可证，任何组织或者个人不得从事电信业务经营活动。

《中华人民共和国电信条例》第9条

经营基础电信业务，须经国务院信息产业主管部门审查批准，取得《基础电信业务经营许可证》。

经营增值电信业务，业务覆盖范围在两个以上省、自治区、直辖市的，须经国务院信息产业主管部门审查批准，取得《跨地区增值电信业务经营许可证》；业务覆盖范围在一个省、自治区、直辖市行政区域内的，须经省、自治区、直辖市电信管理机构审查批准，取得《增值电信业务经营许可证》。

运用新技术试办《电信业务分类目录》未列出的新型电信业务的，应当向省、自治区、直辖市电信管理机构备案。

《非经营性互联网信息服务备案管理办法》第2条

在中华人民共和国境内提供非经营性互联网信息服务，履行备案手续，实施备案管理，适用本办法。

《互联网视听节目服务管理规定》第7条

从事互联网视听节目服务，应当依照本规定取得广播电影电视主管部门颁发的《信息网络传播视听节目许可证》（以下简称《许可证》）或履行备案手续。

未按照本规定取得广播电影电视主管部门颁发的《许可证》或履行备案手续，任何单位和个人不得从事互联网视听节目服务。

互联网视听节目服务业务指导目录由国务院广播电影电视主管部门商国务院信息产业主管部门制定。

【国外立法例】

澳大利亚 1997 年《电信法》

第 2 节 运营商相关禁令

42 没有运营商执照或任命运营商声明不得使用网络单元

（1）如果网络单元……

第 3 节 运营商执照

52 运营商执照的申请

可向 ACMA 申请运营商执照的有；

……

新西兰 2001 年《电信法》

第 2 章 指定访问服务和规定服务的确定

20 申请

（1）访问搜索人或指定服务或规定服务的访问提供商可以向委员会申请确定在申请规定的期限内提供服务的部分或全部术语

……

《韩国电信事业法》第 22 条

拟经营增值电信业务的，应当根据《电信事业法施行令》规定的条件和程序向未来创造科学部进行申报。

【相关案例】

《北京合力讯达科技有限公司与北京乐听科技有限公司网络服务合同纠纷》

该纠纷主要围绕两公司因合同而产生的债务展开，主要争论点在于乐视公司取得电信增值业务许可证及工信部备案是否影响合同的有效性。法院的最终结论为涉及取得许可证及办案的要求的强制性规定为管理强制性规定而非效力强制性规定，因而不影响合同效力。

第七条 从事互联网信息服务，应当具备符合国家规定的网络安全与信息安全管理制度和技术保障措施。

申请从事互联网信息服务，应当向电信主管部门提交以下材料：

（一）主办者等相关人员的正式身份证明文件、营业执照、地址、联系方式等基本情况；

（二）拟使用的网站名称、互联网地址、服务器所在地、互联网接入服务提供者等有关情况；

（三）拟提供的服务项目，该服务项目需要取得相关主管部门许可的，还应该提供相应的许可文件；

（四）公安机关出具的安全检查意见。

【立法理由】

本条对申请从事互联网信息服务所需的相关材料进行了详细规定。

与2000年及2011年的条文相比，把需具备符合国家规定的网络安全与信息安全管理制度和技术保障措施的要求从"对从事经营性互联网信息服务"扩大到"从事互联网信息服务"；同时明确安全管理及技术措施须符合国家规定，加强了对网络安全方面的监督；另外还删除了非经营性的限定，明确从事互联网信息服务都需向电信主管部门提出申请。

材料（一）中主办者的相关人员通常为法定代表人或负责人。应提交营业执照，用以证明其法人、非法人组织身份。提交地址、联系方式的目的在于：发生纠纷时，能准确找到起诉对象，从而能顺利进行诉讼，避免受害人因为无法确定被告而使得自身权利受损。

材料（二）中与原《管理办法》的条文相比，增加了对互联网地址、服务器所在地及互联网接入服务者的监管，主要是因为从事互联网信息服务本身是由不同层面的互联网法人（自然人、非法人组织）共同提供，为了更加全面地保障互联网安全，避免提供互联网信息服务的法人（自然人、非法人组织）相互之间推脱责任或放松自己部分的监管，对提供互联网服务法人（自然人、非法人组织）从互联网的根源上进行监察，更有利于互联网稳定发展。

材料（三）主要是提示若是所提供的服务其他法律法规有另外对许可的要求，仍需先取得其他许可才能进行申请。从事互联网新闻、文化、出版、视听节目、医疗保健、药品和医疗器械等信息服务都需要先根据相关法规先取得相关许可，才能再进行增资电信业务许可。

材料（四）该项为新增条款，是关于公安机关出具的安全检查意见，主要是以多元化的方式对互联网信息服务进行督察，从而更为全面地保护网络秩序。

【国内立法例】

《中华人民共和国电信条例》第 10 条、第 11 条、第 13 条、第 14 条

经营基础电信业务，应当具备下列条件：

（一）经营者为依法设立的专门从事基础电信业务的公司，且公司中国有股权或者股份不少于 51%；

（二）有可行性研究报告和组网技术方案；

（三）有与从事经营活动相适应的资金和专业人员；

（四）有从事经营活动的场地及相应的资源；

（五）有为用户提供长期服务的信誉或者能力；

（六）国家规定的其他条件。

申请经营基础电信业务，应当向国务院信息产业主管部门提出申请，并提交本条例第十条规定的相关文件。国务院信息产业主管部门应当自受理申请之日起 180 日内审查完毕，作出批准或者不予批准的决定。予以批准的，颁发《基础电信业务经营许可证》；不予批准的，应当书面通知申请人并说明理由。

经营增值电信业务，应当具备下列条件：

（一）经营者为依法设立的公司；

（二）有与开展经营活动相适应的资金和专业人员；

（三）有为用户提供长期服务的信誉或者能力；

（四）国家规定的其他条件。

申请经营增值电信业务，应当根据本条例第九条第二款的规定，向国务院信息产业主管部门或者省、自治区、直辖市电信管理机构提出申请，并提交本条例第13条规定的相关文件。申请经营的增值电信业务，按照国家有关规定须经有关主管部门审批的，还应当提交有关主管部门审核同意的文件。国务院信息产业主管部门或者省、自治区、直辖市电信管理机构应当自收到申请之日起60日内审查完毕，作出批准或者不予批准的决定。予以批准的，颁发《跨地区增值电信业务经营许可证》或者《增值电信业务经营许可证》；不予批准的，应当书面通知申请人并说明理由。

【国外立法例】

澳大利亚1997年《电信法》第3节 运营商执照

53A 提交给通信访问协调员的申请副本

（1）ACMA必须向通信访问协调员提交申请副本

……

新西兰2001年《电信法》

第2章 指定访问服务和规定服务的确定

23 申请要求

根据20节提交的申请必须——

(a) 为书面形式；并且

(b) 按照指定形式提交（如适用）；并且

(c) 包含指定的信息，如使用；并且

(d) 包含指定的费用，如使用。

第八条 从事互联网信息服务、不属于经营增值电信业务的，电信主管部门对本法第七条规定的材料核对后，应当当即予以备案并编号。

【立法理由】

本条对备案进行了规定。

本条为《互联网信息服务管理办法》(2011年)基础上的新增条文。在明确从事互联网信息服务并且不属于经营增值电信业务的，需要进行备案，备案所需材料与第六条相同，以使法律条文更为简洁明了，同时表明政府对从事互联网信息服务所进行的监察的基本方面并不会因是否属于经营增值电信业务的分类而有不同，借以保障网络环境的整体稳定。

从事互联网信息服务者，提出材料进行申请时，电信主管部门对材料不进行实质审查，而只是进行形式审查，因为基于备案的监管力度轻于许可。

【国内立法例】

《非经营性互联网信息服务备案管理办法》第十二条

省通信管理局在收到备案人提交的备案材料后，材料齐全的，应在二十个工作日内予以备案，向其发放备案电子验证标识和备案编号，并通过信息产业部备案管理系统向社会公布有关备案信息；材料不齐全的，不予备案，在二十个工作日内通知备案人并说明理由。

第九条 从事互联网信息服务、属于经营增值电信业务的，除应当遵守本法第七条的规定外，还应当具备法律、行政法规规定的经营增值电信业务的其他条件。

【立法理由】

立法建议稿本条明确从事互联网信息服务、属于经营增值电信业务除由本法规定以外，还需满足其他法律、法规规定。

本条为《互联网信息服务管理办法》(2011年)基础上的新增条文，主要是为了使立法建议稿与其他法律、法规相结合，同时提示从事互联网信息服务、属于经营增值电信业务的，除本法外还需要注意其他法律、法规的规定，如法人需合法注册等一般性法律基本规定，同时用以提醒当事人其他法律法规对增值电信业务的限制，如《网络出版服务管理规定》中的特别规定。但本条文所用连接词为"还"，这表示其他法律法规对经营增值电信业务的特别规定并不会排除本法适用，其他法律中有关从事互联网信息服务的特别规定与本管理办法是并列关系，而不是一种特别法优先于一般法的关系。

第十条 从事互联网信息服务、属于经营增值电信业务的，应当向电信主管部门提出申请。

电信主管部门应当在有关电信管理的法律、行政法规规定的期限内审查完毕，作出批准或者不予批准的决定。

予以批准的，颁布增值电信业务经营许可证件；不予批准的，书面通知申请人并说明理由。

【立法理由】

本条对电信主管部门审查时间及批准结果作了规定。

由于从事互联网信息服务、属于经营增值电信业务的具体内容较为丰富，相互之间的差异性也较大，散见在不同法律文件中，所以无法具体地给出审核时间，因而在此只是指引性规定。同时明确审查完毕后的结果，若批准，则颁布增值电信业务经营许可证件；若不予批准，则要给出书面通知并说明理由，便于之后申请提起行政复议、行政诉讼等救济措施。

【国内立法例】

《中华人民共和国电信条例》第 14 条

申请经营增值电信业务，应当根据本条例第九条第二款的规定，向国务院信息产业主管部门或者省、自治区、直辖市电信管理机构提出申请，并提交本条例第十三条规定的相关文件。申请经营的增值电信业务，按照国家有关规定须经有关主管部门审批的，还应当提交有关主管部门审核同意的文件。国务院信息产业主管部门或者省、自治区、直辖市电信管理机构应当自收到申请之日起 60 日内审查完毕，作出批准或者不予批准的决定。予以批准的，颁发《跨地区增值电信业务经营许可证》或者《增值电信业务经营许可证》；不予批准的，应当书面通知申请人并说明理由。

【国外立法例】

澳大利亚 1997 年《电信法》第 3 节 运营商执照

56 执照发放

(1) 在对申请进行研究后，ACMA 可发放与申请相应的运营商执照。

(2) 发放执照时，ACMA 须以书面形式通知申请者已向其发放执照。

(3) 发放执照时，ACMA 须在《公告》上发表通知说明已发放执照。

58 执照的拒发——不合格的申请者

(1) 如果申请者在 ACMA 临做出决定时不合格，ACMA 可以拒绝发放营业执照。

……

新西兰 2001 年《电信法》

27 准备决定

问题调查完成后，委员会应

(a) 准备决定；并且

(b) 向决定各方提供决定的复印件；并且

(c) 提供决定公告

第十一条 从事新闻信息、文化、出版、视听节目、教育、医疗保健、药品和医疗器械等互联网信息服务，依照法律、行政法规以及国务院有关决定须经有关部门许可的，应当取得有关部门的许可。从事互联网新闻信息服务，应当向互联网信息内容主管部门提出申请。具体办法由国家互联网信息办公室制定。

有关部门应当将许可结果报国家互联网信息内容主管部门备案。

【立法理由】

立法建议稿本条是对从事互联网新闻、文化、出版、视听节目、教育、医疗保健、药品和医疗器械等信息服务需取得相关部门许可的规定。

对这些互联网信息服务作出单独说明，主要是为了强调这些方面需要除依本法办理电信增值业务许可证之外，还需要得到其他相关部门的许可。这是因为互联网业务是传统业务的延伸，如互联网出版业务仍然属于出版业，因而由国家出版管理部门进行监督，此外，这些领域或者由于国家政策的原因或者由于关系国计民生，因而国家在一般的互联网信息服务许可之外，要求各领域主管部门进行各自领域的审批许可，从而实现行业管理和监督的目标。

【国内立法例】
《网络出版服务管理规定》第7条
从事网络出版服务，必须依法经过出版行政主管部门批准，取得《网络出版服务许可证》。

《互联网药品信息服务管理办法》第5条
拟提供互联网药品信息服务的网站，应当在向国务院信息产业主管部门或者省级电信管理机构申请办理经营许可证或者办理备案手续之前，按照属地监督管理的原则，向该网站主办单位所在地省、自治区、直辖市（食品）药品监督管理部门提出申请，经审核同意后取得提供互联网药品信息服务的资格。

《互联网等信息网络传播视听节目管理办法》第5条
国家广播电影电视总局对视听节目的网络传播业务实行许可管理。通过信息网络向公众传播视听节目必须持有《网上传播视听节目许可证》。

《互联网新闻信息服务管理规定》第5条
通过互联网站、应用程序、论坛、博客、微博客、公众账号、即时通信工具、网络直播等形式向社会公众提供互联网新闻信息服务，应当取得互联网新闻信息服务许可证，禁止未经许可或超越许可范围开展互联网新闻信息服务活动。

前款所称互联网新闻信息服务，包括互联网新闻信息采编发布服务、转载服务、传播平台服务。

《互联网医疗保健信息服务管理办法》第4条
从事互联网医疗保健信息服务，在向通信管理部门申请经营许可或者履行备案手续前，应当经省、自治区、直辖市人民政府卫生行政部门、中医药管理部门审核同意。

《互联网文化管理暂行规定》第 6 条

文化部负责制定互联网文化发展与管理的方针、政策和规划，监督管理全国互联网文化活动。

省、自治区、直辖市人民政府文化行政部门对申请从事经营性互联网文化活动的单位进行审批，对从事非经营性互联网文化活动的单位进行备案。

县级以上人民政府文化行政部门负责本行政区域内互联网文化活动的监督管理工作。县级以上人民政府文化行政部门或者文化市场综合执法机构对从事互联网文化活动违反国家有关法规的行为实施处罚。

【国外立法例】

《俄罗斯联邦大众传媒法》第 8 条

大众传媒的注册登记

大众传媒编辑部须在注册登记后方可开始进行其相关活动。

……

澳大利亚 2005 年《通信和媒体管理局法》第 10 条

ACMA 的广播、内容以及数据传输职能

……

（c）根据《1992 年广播服务法案》分配、更新、中止以及吊销许可证并实施其他措施

……

第三章 运 行

第十二条 互联网接入服务提供者为互联网信息服务提供者提供接入服务，互

联网信息服务提供者应当提供相应许可证件或者备案编号。互联网接入服务提供者应当查验，不得为未取得合法许可证件或者备案编号的互联网信息服务提供者提供服务。

用户利用互联网从事的服务依照法律、行政法规以及国家有关规定需要取得相应资质的，应当向互联网信息服务提供者提供其具有合法资质的证明文件。互联网信息服务提供者应当查验用户的证明文件，不得为未取得合法资质的用户提供服务。

【立法理由】

本条是关于互联网信息服务提供者的许可证件或备案编号提供义务、接入服务提供者的查验义务、利用网络从事服务的用户的资质证明提供义务以及互联网信息服务提供者的查验义务的规定。

本条第1款规定了互联网信息服务提供者和接入服务提供者之间的义务和责任。提供接入服务之前，接入服务提供者应当查验互联网信息服务提供者是否拥有相应许可证件（如增值电信业务经营许可证）或备案编号（ICP备案编号）。若否，则接入服务提供者不得提供接入服务。这是接入服务提供者的管理责任。相应地，互联网信息服务提供者想要接入互联网，亦应配合接入服务提供者，提供相应许可证件或者备案编号。

本条第2款规定了互联网信息服务提供者和用户之间的义务和责任。若用户利用互联网从事的服务（如餐饮服务）须取得相应资质的，互联网信息服务提供者应当查验用户是否拥有相应的证明文件（如餐饮服务许可证）。若否，则互联网信息服务提供者不得提供服务。这是互联网信息服务提供者的管理责任。相应地，用户想要利用互联网从事相关服务的，亦应配合互联网信息服务提供者，提供其具有合法资质的证明文件。

本条是新增的条款。在我国，互联网服务提供者需要办理电信与信息服务业务经营许可证（ICP）及备案；经营增值电信业务的，还需要办理增值电信业务经营许可证（B1证&SP证）及备案；根据实际业务需要，还可能需办理互联网新闻信息服务许可证、对外投资证书、互联网出版许可证、网络文化经营许可证、广播电视节目制作经营许可证、信息网络传播视听节目许可证、互联网药品信息服务许可证等各类资质。对此，可以在事前、事中、事后三个环节上进行管理，而要防患于未然，则必须在事前进行有效的管理。在事前管理环节上，相关主管部门的管理当然是基础性的，许可证件的颁发、备案的受理以及资质的认可都由主管部门负责。然而，若不对相关网络服务提供者设置一定的管理责任，则主管部门的管理便可能因被规避而落空。比如，接入服务提供者为未获许可或未进行备案的互联网信息服务提供者提供接入服务，或者互联网信息服务提供者为不具备合法资质的用户提供服务，都将使法律法规规定的行政程序被架空。因此，有必要令相关服务提供者承担相应的管理责任。这也是谁主办、谁负责的精神的要求。与此同时，责任主体的相对人亦应配合管理而负有相应的义务。这样体现在本条规定中，就是互联网信息服务提供者的许可证件或备案编号提供义务、接入服务提供者的查验义务、利用网络从事服务的用户的资质证明提供义务以及互联网信息服务提供者的查验义务，以确保各类从业主体符合相应的准入资格。

【国内立法例】

《互联网视听节目服务管理规定》第 20 条

网络运营单位提供互联网视听节目信号传输服务时，应当保障视听节目服务单位的合法权益，保证传输安全，不得擅自插播、截留视听节目信号；在提供服务前应当查验视听节目服务单位的《许可证》或备案证明材料，按照《许可证》载明事项或备案范围提供接入服务。

《网络交易管理办法》第 35 条

为网络商品交易提供网络接入、服务器托管、虚拟空间租用、网站网页设计制作等服务的有关服务经营者，应当要求申请者提供经营资格证明和个人真实身份信息，签订服务合同，依法记录其上网信息。申请者营业执照或者个人真实身份信息等信息记录备份保存时间自服务合同终止或者履行完毕之日起不少于两年。

《网络零售第三方平台交易规则制定程序规定（试行）》第 6 条

网络零售第三方平台经营者制定、修改、实施的下列交易规则应按照本规定公示并备案：

......

（六）信息披露规则，指网络零售第三方平台经营者对网络零售经营者进行实名登记、审核其法定营业资格的规则。

......

《移动互联网应用程序信息服务管理规定》（网信办）第5条

通过移动互联网应用程序提供信息服务，应当依法取得法律法规规定的相关资质。从事互联网应用商店服务，还应当在业务上线运营三十日内向所在地省、自治区、直辖市互联网信息办公室备案。

《公开募捐平台服务管理办法》（民政部）第3条

广播、电视、报刊以及网络服务提供者、电信运营商在提供公开募捐平台服务时，应当查验慈善组织的登记证书和公开募捐资格证书，不得代为接受慈善捐赠财产。

《互联网信息搜索服务管理规定》（网信办）第11条

互联网信息搜索服务提供者提供付费搜索信息服务，应当依法查验客户有关资质，明确付费搜索信息页面比例上限，醒目区分自然搜索结果与付费搜索信息，对付费搜索信息逐条加注显著标识。

互联网信息搜索服务提供者提供商业广告信息服务，应当遵守相关法律法规。

《互联网药品交易服务审批暂行规定》（国家药监局）第19条

提供互联网药品交易服务的企业必须严格审核参与互联网药品交易的药品生产企业、药品经营企业、医疗机构从事药品交易的资格及其交易药品的合法性。

对首次上网交易的药品生产企业、药品经营企业、医疗机构以及药品，提供互联网药品交易服务的企业必须索取、审核交易各方的资格证明文件和药品批准证明文件并进行备案。

第十三条 互联网信息服务提供者在提供服务时应当明示许可证编号或者备案编号。

互联网信息服务提供者的许可或者备案事项发生变更的，应当向原许可或者备案机关办理变更手续。

【立法理由】

本条是关于互联网信息服务提供者的明示义务和变更手续办理义务的规定。

本条第1款规定互联网信息服务提供者在提供服务时有义务明示许可证编号或者备案编号。实践中，互联网信息服务提供者通常是在其网站主页底部标明许可证编号或者备案编号，供公众查询核对。

本条第2款规定，许可或者备案事项发生变更时，互联网信息服务提供者有义务向原许可或者备案机关办理变更手续。具体的变更手续则须参照《电信业务经营许可管理办法》《非经营性互联网信息服务备案管理办法》等规定。

互联网时代，利用网络进行的违法行为具有高度的蛊惑性和隐蔽性。为了让公众能够识别特定网站的合法性及其信息的真实性，从而避免受到人身和财产损失，必须确保服务提供者的信息有一定的透明度，于是有必要强制互联网信息服务提供者公开其相关资质证明，经营增值电信业务的应当于其网站主页明示其经营许可证，非经营增值电信业务的则应当标明其ICP备案编号。同时，由于互联网的虚拟性，公众在互联网活动中往往很难对应到现实中的实体，这样既不利于对相关互联网信息服务提供者进行监督，也有碍于在发生纠纷时确定对方当事人。为此，也应当明确互联网信息服务提供者的明示义务。本条第2款规定了互联网信息服务提供者办理变更手续的义务。这一规定的目的一方面在于满足主管机关管理上的需要，许可或备案事项发生变更，则需重新审查是否满足许可或备案的条件，同时有效的监管以信息的真实准确为前提。另一方面，第1款明示义务规定之目的的实现也有赖于所明示的许可或备案事项的真实性和准确性。因此，互联网信息服务提供者应当按照相关规定及时向有关机关更新许可或备案事项。

【国内立法例】

《互联网药品信息服务管理办法》第8条

提供互联网药品信息服务的网站，应当在其网站主页显著位置标注《互联网药品信息服务资格证书》的证书编号。

《电信条例》第 15 条

电信业务经营者在经营过程中，变更经营主体、业务范围或者停止经营的，应当提前 90 日向原颁发许可证的机关提出申请，并办理相应手续；停止经营的，还应当按照国家有关规定做好善后工作。

《电信业务经营许可管理办法》（工信部）第 31 条

取得电信业务经营许可证的公司或者其授权经营电信业务的子公司，遇有合并或者分立、有限责任公司股东变化、业务经营权转移等涉及经营主体需要变更的情形，或者业务范围需要变化的，应当自公司作出决定之日起 30 日内向原发证机关提出申请，经批准后方可实施。

其中，涉及有限责任公司股东变化、业务经营权转移的，应当符合下列条件：

（一）变更后的公司应当符合本办法第五条、第六条规定的条件。

（二）提出申请时，公司的业务已开通并且没有违反电信监督管理制度的行为。

《电信业务经营许可管理办法》（工信部）第 32 条

在经营许可证的有效期内，变更公司名称、法定代表人的，应当在完成公司的工商变更登记手续后 30 日内向原发证机关申请办理电信业务经营许可证变更手续。

《非经营性互联网信息服务备案管理办法》（原信息产业部）第 14 条

非经营性互联网信息服务提供者在备案有效期内需要变更其《备案登记表》中填报的信息的，应当提前三十日登录信息产业部备案系统向原备案机关履行备案变更手续。

《非经营性互联网信息服务备案管理办法》（原信息产业部）第 13 条

非经营性互联网信息服务提供者应当在其网站开通时在主页底部的中央位置标明其备案编号，并在备案编号下方按要求链接信息产业部备案管理系统网址，供公众查询核对。

非经营性互联网信息服务提供者应当在其网站开通时，按照信息产业部备案管理系统的要求，将备案电子验证标识放置在其网站的指定目录下。

【国外立法例】

欧洲议会和欧盟理事会 2000 年 6 月 8 日《关于共同体内部市场的信息社会服务，尤其是电子商务的若干法律方面的第 2000/31/EC 号指令》（电子商务指令）第 6 条

除共同体法律规定的其他信息要求外，成员国应当确保属于信息社会服务的一部分，或构成信息社会服务的商业通信至少符合如下条件：

……

2. 代表某一自然人或法人进行商业通信时，该自然人或法人的身份应当可以被清楚地识别；

……

第十四条 任何单位和个人不得利用互联网信息服务侵犯他人的合法权益，也不得谋取不正当利益。

【立法理由】

本条是关于禁止侵权和不法谋利的规定。

本条适用的主体是"任何单位和个人"，也即不限于互联网信息服务提供者，还包括互联网接入服务提供者以及其他单位和个人，只要该主体利用互联网信息服务从事了侵权或不法谋利。本条针对互联网信息服务领域作出了一般的禁止性规定，包含禁止利用互联网信息服务侵犯他人合法权益和禁止利用互联网信息服务谋取不正当利益两项禁令。所谓"他人的合法权益"，包括生命权、健康权、姓名权、名誉权、荣誉权、肖像权、隐私权、婚姻自主权、监护权、所有权、用益物权、担保物权、著作权、专利权、商标专用权、发现权、股权、继承权等人身、财产权益。所谓"不正当利益"，是指违反法律法规的规定，利用互联网信息服务取得的财产利益。不正当利益的取得可能是通过侵权行为而实现的，也可能并无他人的合法权益被侵害，行为人只是违反相关法律法规的规定利用互联网信息服务获取利益。

《互联网信息服务管理办法》（2011 年）第 13 条规定的内容是，"互联网信息服

务提供者应当向上网用户提供良好的服务,并保证所提供的信息内容合法"。该条文是从正面积极地规定互联网信息服务提供者提供良好服务和合法信息的义务。本条规定则是从反面消极地做了禁止性规定,并且内容上也有所不同。相比较而言,本条规定更加科学合理。首先,向上网用户提供良好服务并非本法应予以关注的内容,而应当让诸服务提供者和用户之间的合同去规制。其次,与"保证所提供的信息内容合法"相比,新规定能够涵盖更广泛的不法情形,如将信息内容合法但仍属违反相关法律规定而谋取不正当利益的情形也纳入规制范围。最后,在适用主体范围上,本条规定也予以了扩张,不限于互联网信息服务提供者。这无疑更有利于打击利用互联网信息服务从事的违法行为。总而言之,禁止侵权和不法谋利是本法第 1 条所规定之宗旨的直接体现,而本条则正是对此作出的原则性规定,条文使用抽象的、不确定的法律概念,使得规定具有较大的弹性,从而更能适应互联网高速发展的现实,最终为保障互联网健康有序发展,保护公民、法人和其他组织的合法权益以及维护国家安全和公共利益提供科学合理的规范依据。

【国内立法例】

《侵权责任法》第 36 条

网络用户、网络服务提供者利用网络侵害他人民事权益的,应当承担侵权责任。

网络用户利用网络服务实施侵权行为的,被侵权人有权通知网络服务提供者采取删除、屏蔽、断开链接等必要措施。网络服务提供者接到通知后未及时采取必要措施的,对损害的扩大部分与该网络用户承担连带责任。

网络服务提供者知道网络用户利用其网络服务侵害他人民事权益,未采取必要措施的,与该网络用户承担连带责任。

《中华人民共和国计算机信息系统安全保护条例》第 7 条

任何组织或者个人,不得利用计算机信息系统从事危害国家利益、集体利益和公民合法利益的活动,不得危害计算机信息系统的安全。

《电信条例》第 6 条

电信网络和信息的安全受法律保护。任何组织或者个人不得利用电信网络从事危害国家安全、社会公共利益或者他人合法权益的活动。

《规范互联网信息服务市场秩序若干规定》（工信部）第 5 条

互联网信息服务提供者不得实施下列侵犯其他互联网信息服务提供者合法权益的行为：

（一）恶意干扰用户终端上其他互联网信息服务提供者的服务，或者恶意干扰与互联网信息服务相关的软件等产品（"与互联网信息服务相关的软件等产品"以下简称"产品"）的下载、安装、运行和升级；

（二）捏造、散布虚假事实损害其他互联网信息服务提供者的合法权益，或者诋毁其他互联网信息服务提供者的服务或者产品；

（三）恶意对其他互联网信息服务提供者的服务或者产品实施不兼容；

（四）欺骗、误导或者强迫用户使用或者不使用其他互联网信息服务提供者的服务或者产品；

（五）恶意修改或者欺骗、误导、强迫用户修改其他互联网信息服务提供者的服务或者产品参数；

（六）其他违反国家法律规定，侵犯其他互联网信息服务提供者合法权益的行为。

《规范互联网信息服务市场秩序若干规定》（工信部）第 7 条

互联网信息服务提供者不得实施下列侵犯用户合法权益的行为：

（一）无正当理由拒绝、拖延或者中止向用户提供互联网信息服务或者产品；

（二）无正当理由限定用户使用或者不使用其指定的互联网信息服务或者产品；

（三）以欺骗、误导或者强迫等方式向用户提供互联网信息服务或者产品；

（四）提供的互联网信息服务或者产品与其向用户所作的宣传或者承诺不符；

（五）擅自改变服务协议或者业务规程，降低服务质量或者加重用户责任；

（六）与其他互联网信息服务提供者的服务或者产品不兼容时，未主动向用户提示和说明；

（七）未经提示并由用户主动选择同意，修改用户浏览器配置或者其他设置；

（八）其他违反国家法律规定，侵犯用户合法权益的行为。

《互联网信息搜索服务管理规定》（网信办）第 9 条

互联网信息搜索服务提供者及其从业人员，不得通过断开相关链接或者提供含有虚假信息的搜索结果等手段，牟取不正当利益。

《互联网信息搜索服务管理规定》（网信办）第 10 条

互联网信息搜索服务提供者应当提供客观、公正、权威的搜索结果，不得损害国家利益、公共利益，以及公民、法人和其他组织的合法权益。

【相关案例】

中贸圣佳国际拍卖有限公司与杨季康等著作权权属、侵权纠纷（2014）高民终字第 1152 号

主要事实：中贸圣佳公司接受委托拍卖杨季康等人私人书信，复制含有涉案书信的光盘，并提供给鉴定专家。且中贸圣佳公司并未与专家就不得对外公开、提供或通过信息网络传播涉案书信等事项进行约定，也未对专家就此作出明示。此外，中贸圣佳公司在其网站上大量转载媒体文章传播涉案书信。

裁判要旨：《中华人民共和国侵权责任法》第 18 条第 1 款规定，被侵权人死亡的，其近亲属有权请求侵权人承担侵权责任。《最高人民法院关于确定民事侵权精神损害赔偿责任若干问题的解释》第 3 条规定，自然人死亡后，其近亲属因下列侵权行为遭受精神痛苦，向人民法院起诉请求赔偿精神损害的，人民法院应当依法予以受理：（1）以侮辱、诽谤、贬损、丑化或者违反社会公共利益、社会公德的其他方式，侵害死者姓名、肖像、名誉、荣誉；（2）非法披露、利用死者隐私，或者以违反社会公共利益、社会公德的其他方式侵害死者隐私；（3）非法利用、损害遗体、遗骨，或者以违反社会公共利益、社会公德的其他方式侵害遗体、遗骨。中贸圣佳公司在其网站上大量转载媒体文章的行为构成通过信息网络传播涉案书信。因此，原审法院有关中贸圣佳公司侵犯杨季康等人对涉案书信享有的复制权、发行权、信息网络传播权、获得报酬权以及杨季康等人隐私权的认定结论正确。

第十五条 互联网信息服务提供者应当建立信息发布审核制度。

互联网信息服务提供者、互联网接入服务提供者应当建立网络安全与信息安全管理制度、用户信息保护制度，采取安全防范措施，加强公共信息巡查，并为公安机关、安全机关以及其他有关部门依法履行职责提供技术支持。公安机关、安全机关以及其他有关部门不得泄露国家秘密、商业秘密和个人隐私。

互联网信息服务提供者、互联网接入服务提供者应当建立应急机制，并在必要时及时采取应急处置措施。

【立法理由】

本条是关于互联网服务提供者的安全管理责任以及有关部门的保密义务的规定。

本条规定了互联网信息服务提供者建立信息发布审核制度的义务。应注意的是，这里的信息发布审核义务应当限于互联网信息服务提供者自己主动发布信息的情形，而不包括仅仅提供平台服务的情形。比如网络出版服务者应当审核出版物的内容，保障网络出版物内容合法。包括互联网接入服务提供者和互联网信息服务提供者在内的网络服务提供者有义务建立网络安全与信息安全管理制度，确立用户信息保护制度，采取安全防范措施并加强公共信息巡查。发生紧急情况时，网络服务提供者应当有应急机制，及时采取应急处置措施。在公安机关、安全机关以及其他有关部门依法履行职责时，网络服务提供者有提供技术支持的义务。但有关部门亦不得泄露国家秘密、商业秘密和个人隐私等信息。

本条是新增的条文。互联网服务者在其主动发布信息时，有义务审核信息内容的合法性，应建立规章制度和工作流程确保内容审核安全，"先审后发"。该规定主要是加强了相关网络服务提供者的信息安全保障义务，包括建立相关管理制度、采取防范措施、建立应急机制等。实践中，互联网服务提供者会采取的措施包括，对服务器及网络系统的进行安全配置、安全监测脚本运行及定期安全检查，系统漏洞的修复等。对于网络服务提供者科以此等义务当然有助于防范网络社会的相关风险，比如防止违反信息的发布，用户信息的泄露等。但应当注意的是，信息发布审核义务应当限于信息由互联网信息服务提供者自己主动提供的场合。因为如果对仅仅提供平台服务的情况也课以普遍性的审查义务,势必遏制相关互联网服务和技术的发展。这里所体现的是传媒自由与信息安全之间的博弈。在网络服务提供者可以承受的范围内,对其施加相关的信息安全保障义务是合理的,同时,相比于由主管部门进行管理,网络服务提供者的管理成本更低,从而更有经济效率。并且,主管部门履行职责时,作为技术掌握者的网络服务提供者,也应当提供技术支持,这是个人自由面对公共利益时的让步,否则,公共部门的执法成本将大大提高。至于有关部门不得泄露国家秘密、商业秘密和个人隐私,则是保护国家利益和私人利益的必然要求。

【国内立法例】

《中华人民共和国网络安全法》第 10 条

建设、运营网络或者通过网络提供服务,应当依照法律、行政法规的规定和国家标准的强制性要求,采取技术措施和其他必要措施,保障网络安全、稳定运行,有效应对网络安全事件,防范网络违法犯罪活动,维护网络数据的完整性、保密性和可用性。

《中华人民共和国电信条例》第 60 条

电信业务经营者应当按照国家有关电信安全的规定,建立健全内部安全保障制度,实行安全保障责任制。

《全国人大常委会关于加强网络信息保护的决定》第 10 条

……有关主管部门依法履行职责时,网络服务提供者应当予以配合,提供技术支持。

……

《即时通信工具公众信息服务发展管理暂行规定》第 5 条

即时通信工具服务提供者应当落实安全管理责任,建立健全各项制度,配备与服务规模相适应的专业人员,保护用户信息及公民个人隐私,自觉接受社会监督,及时处理公众举报的违法和不良信息。

《即时通信工具公众信息服务发展管理暂行规定》第 7 条

即时通信工具服务使用者为从事公众信息服务活动开设公众账号，应当经即时通信工具服务提供者审核，由即时通信工具服务提供者向互联网信息内容主管部门分类备案。

《网络出版服务管理规定》（国家新闻出版广电总局）第 23 条

网络出版服务单位实行编辑责任制度，保障网络出版物内容合法。

网络出版服务单位实行出版物内容审核责任制度、责任编辑制度、责任校对制度等管理制度，保障网络出版物出版质量。

《互联网电子邮件服务管理办法》（原信息产业部）第 7 条

互联网电子邮件服务提供者应当按照信息产业部制定的技术标准建设互联网电子邮件服务系统，关闭电子邮件服务器匿名转发功能，并加强电子邮件服务系统的安全管理，发现网络安全漏洞后应当及时采取安全防范措施。

《互联网安全保护技术措施规定》（公安部）第 3 条

互联网服务提供者、联网使用单位负责落实互联网安全保护技术措施，并保障互联网安全保护技术措施功能的正常发挥。

《互联网安全保护技术措施规定》（公安部）第 4 条

互联网服务提供者、联网使用单位应当建立相应的管理制度。未经用户同意不得公开、泄露用户注册信息，但法律、法规另有规定的除外。

……

《通信网络安全防护管理办法》第 21 条

电信管理机构及其委托的专业机构的工作人员对于检查工作中获悉的国家秘密、商业秘密和个人隐私，有保密的义务。

《计算机信息网络国际联网安全保护管理办法》（公安部）第 10 条

互联单位、接入单位及使用计算机信息网络国际联网的法人和其他组织应当履行下列安全保护职责：

（一）负责本网络的安全保护管理工作，建立健全安全保护管理制度；

（二）落实安全保护技术措施，保障本网络的运行安全和信息安全；

（三）负责对本网络用户的安全教育和培训；

（四）对委托发布信息的单位和个人进行登记，并对所提供的信息内容按照本办法第五条进行审核；

（五）建立计算机信息网络电子公告系统的用户登记和信息管理制度；

（六）发现有本办法第四条、第五条、第六条、第七条所列情形之一的，应当保留有关原始记录，并在 24 小时内向当地公安机关报告；

（七）按照国家有关规定，删除本网络中含有本办法第五条内容的地址、目录或者关闭服务器。

《中华人民共和国计算机信息网络国际联网管理暂行规定》第 11 条

国际出入口信道提供单位、互联单位和接入单位，应当建立相应的网络管理中心，依照法律和国家有关规定加强对本单位及其用户的管理，做好网络信息安全管理工作，确保为用户提供良好、安全的服务。

【国外立法例】

美国 1999 年《电子隐私权法》第 3 节

……

（E）要求上述网站或者在线服务运营商设立和遵守保护所采集的个人信息的秘密性、安全性和完整性的合理程序。

美国 2000 年《青少年互联网保护法》第 1732 节

……

第（1）条 针对学校和图书馆的互联网安全制度要求——

第（1）款 一般规定——为执行第（h）条规定的责任，适用第（h）条规定的每个学校或者图书馆应当——

第（A）项 针对下列事项，建立和执行相应的互联网安全制度——

(i) 不适宜未成年人接触的互联网和全球网上的材料；

(ii) 未成年人使用电子邮件、聊天室以及其他直接电子通信时的安全与保护；

(iii) 未经授权的访问，包括所谓的"黑客"和未成年人在线参与的其他非法活动；

（iv）未经授权披露、使用和传播未成年人的个人身份信息；

（v）旨在限制未成年人接触对未成年人有害的资料的措施。

……

俄罗斯联邦《关于信息、信息技术和信息保护法》修正案及个别互联网信息交流规范的修正案第1条

对2006年7月27日起生效的《关于信息、信息技术和信息保护法》进行如下变更：

……

（二）对第十条第二款补充如下：

第十条第二款：博主传播信息的特点

1. 在互联网网站和网页发布信息且日均访问量超过3 000人次的管理员（以下称"博主"），发布和使用信息时，以及其他用户在该网站或网页上发布上述信息时，须遵守俄罗斯联邦法律，具体包括：

……

（2）在发布信息前，核实所发信息的可靠性，一旦发现信息不可靠应立即删除；

……

《俄罗斯联邦个人信息法》第19条

（一）操作者在进行个人信息处理时应采取必要的组织和技术措施，包括使用密码工具，以保护个人信息不会出现不合法的或偶然的销毁、更改、冻结、复制、传播以及其他不合法行为。

……

俄罗斯联邦《关于信息、信息技术和信息保护法》修正案及个别互联网信息交流规范的修正案第1条

对2006年7月27日起生效的《关于信息、信息技术和信息保护法》进行如下变更：

（一）对第十条第一款补充如下：

第十条第一款：互联网信息传播组织者的义务

……

4. 互联网信息传播组织者必须实施联邦权力机关与国家安全部门所确立的有关用于信息系统运行的设备和软硬件的要求，以便于上述部门依法采取行动以执行任务；同时应采取相应措施以防止上述行动的组织和战术信息的外泄。互联网信息传播组织者与国家安全部门的协作程序由俄罗斯联邦政府确定。

......

新西兰2003年《电信信息隐私法》第5条（电信信息隐私法规）法规5

（1）保存电信信息的电信机构必须确保：

（a）有安保措施防止：

（i）信息丢失；

（ii）未经该电信机构允许而获取、使用或泄露信息；

（iii）其他使用不当行为。

（b）若需将该信息转交给向该电信机构提供服务的相关个人，该电信机构需在其能力范围内做好一切工作防止信息的未授权使用或泄露。

......

【相关案例】

周某营与上诉人中国保险监督管理委员会、北京中科汇联科技股份有限公司网络侵权责任纠纷（2016）琼02民终375号

主要事实：周某营为申请政府信息公开，按中国保监会网站政府信息依申请公开系统的页面提示，向网站提供了个人姓名、身份证号码、通信地址、联系电话等个人信息。事后发现个人信息被泄露，原因是保监会网站存在系统漏洞。

裁判要旨：中国保监会网站是经主管部门备案和权威部门测评合格后，给社会公众提供政务服务的网站，系网络服务提供者，依照《全国人民代表大会常务委员会关于加强网络信息保护的决定》第四条关于"网络服务提供者和其他企业事业单位应当采取技术措施和其他必要措施，确保信息安全，防止在业务活动中收集的公民个人信息泄露、损毁、丢失……"之规定，中国保监会也依法负有保护申请政府信息公开申请人信息安全的义务。

第十六条 互联网接入服务提供者为互联网信息服务提供者提供接入服务，在签订协议时，应当要求互联网信息服务提供者提供身份证件信息或者组织机构代码证书信息等必要的真实身份信息。互联网信息服务提供者为用户提供信息发布服务，在确认提供服务时，应当要求用户提供姓名或者单位名称、身份证件号码或者组织机构代码等必要的真实身份信息。互联网信息服务提供者、用户应当提供真实身份信息。互联网信息服务提供者、用户不提供真实身份信息的，互联网接入服务提供者、互联网信息服务提供者不得为其提供服务。

互联网接入服务提供者收集互联网信息服务提供者真实身份信息、互联网信息服务提供者收集用户真实身份信息，应当公开收集规则；以约定方式收集本条规定之外的用户信息的，应当经被收集者同意。

互联网接入服务提供者应当记录其所接入的互联网信息服务提供者的真实身份信息、联系方式、网站名称、互联网地址等信息。

【立法理由】

本条是关于接受网络服务的真实身份信息前提、真实身份等信息的收集规则公开以及互联网接入服务提供者的信息记录义务的规定。

本条规定了互联网接入服务提供者在提供服务签订协议时，应当要求互联网信息服务提供者提供真实身份信息。互联网信息服务提供者在提供服务时，应当要求用户提供真实身份信息。服务接受者未提供真实身份信息的，网络服务提供者不得提供服务。也即真实身份信息的提供是享受网络服务（包括接入服务和信息服务）的前提。在收集真实身份信息时，网络服务提供者应当公开收集规则，明示收集信息的目的、方式和范围，比如在用户协议中对此进行说明。以约定方式收集本条规定之外的用户信息的，必须经被收集者同意方可。互联网接入服务提供者有记录所接入的互联网信息服务提供者包括真实身份信息、联系方式、网站名称、互联网地址等在内的相关信息的义务。

本条是新增的条文。此规定与《网络安全法》第 24 条的规定相呼应。本条体现的是隐私（主要是匿名的自由）与国家安全、公共利益之间的冲突与平衡。个体原本享有匿名的自由，即其从事包括网络行为在内的任何行为都有不以真面目示人的自由。然而互联网的虚拟性和隐蔽性导致打击互联网违法犯罪行为的难度大大增加，匿名即其原因之一。匿名一方面使违法犯罪者肆无忌惮，另一方面使事后的追踪几乎不可能。两个方面其实相辅相成。因此，在必要的限度内，应对互联网相关主体科以提供以及索取真实身份信息的义务。目前，实名制在实践中的做法是实行"后台实名，前台自愿"原则。以人民网为例，"要求互联网信息服务使用者通过真实身份信息认证后注册账号，具体的环节包括用户注册、强国论坛、强国博客、人民微博等交互形式。同时，论坛版主、访谈管理员、策划管理员在授权之前须到人民网互动部办理实名登记备案手续。因人员变动发生的论坛管理权限变更，应在第一时间告知"。但同时应当注意的是，个人对其信息享有自决权，除非法律规定必须收集的个人信息，个人有权决定其个人信息的披露与否以及披露后信息的处理情况。因此，即便法律规定应当收集个人信息，其收集规则也应当是公开的，使信息所有者知晓自己的个人信息已经被收集以及将会得到怎样的处理。并且，超过必要限度的信息搜集应经过被收集者的同意，此时应绝对尊重被收集者的隐私权和信息自决权，因为没有更为重要的其他利益需要牺牲信息所有者的权利。

【国内立法例】

《全国人大常委会关于加强网络信息保护的决定》第 6 条

网络服务提供者为用户办理网站接入服务，办理固定电话、移动电话等入网手续，或者为用户提供信息发布服务，应当在与用户签订协议或者确认提供服务时，要求用户提供真实身份信息。

《全国人大常委会关于加强网络信息保护的决定》第 2 条

网络服务提供者和其他企业事业单位在业务活动中收集、使用公民个人电子信息，应当遵循合法、正当、必要的原则，明示收集、使用信息的目的、方式和范围，并经被收集者同意，不得违反法律、法规的规定和双方的约定收集、使用信息。

网络服务提供者和其他企业事业单位收集、使用公民个人电子信息，应当公开其收集、使用规则。

《电话用户真实身份信息登记规定》（工信部）第 6 条

电信业务经营者为用户办理入网手续时，应当要求用户出示有效证件、提供真实身份信息，用户应当予以配合。

用户委托他人办理入网手续的，电信业务经营者应当要求受托人出示用户和受托人的有效证件，并提供用户和受托人的真实身份信息。

《网络安全法》第 22 条第 3 款

网络产品、服务具有收集用户信息功能的，其提供者应当向用户明示并取得同意；涉及用户个人信息的，还应当遵守本法和有关法律、行政法规关于个人信息保护的规定。

《网络安全法》第 24 条

网络运营者为用户办理网络接入、域名注册服务，办理固定电话、移动电话等入网手续，或者为用户提供信息发布、即时通信等服务，在与用户签订协议或者确认提供服务时，应当要求用户提供真实身份信息。用户不提供真实身份信息的，网络运营者不得为其提供相关服务。

《网络安全法》第 41 条

网络运营者收集、使用个人信息，应当遵循合法、正当、必要的原则，公开收集、使用规则，明示收集、使用信息的目的、方式和范围，并经被收集者同意。

网络运营者不得收集与其提供的服务无关的个人信息，不得违反法律、行政法规的规定和双方的约定收集、使用个人信息，并应当依照法律、行政法规的规定和与用户的约定，处理其保存的个人信息。

《即时通信工具公众信息服务发展管理暂行规定》第 6 条

即时通信工具服务提供者应当按照"后台实名、前台自愿"的原则，要求即时通信工具服务使用者通过真实身份信息认证后注册账号。

即时通信工具服务使用者注册账号时，应当与即时通信工具服务提供者签订协议，承诺遵守法律法规、社会主义制度、国家利益、公民合法权益、公共秩序、社会道德风尚和信息真实性等"七条底线"。

《未成年人网络保护条例》第 16 条

通过网络收集、使用未成年人个人信息的，应当遵循合法、正当、必要的原则，明示收集、使用信息的目的、方式和范围，并经未成年人或其监护人同意。

通过网络收集、使用未成年人个人信息的，应当制定专门的收集、使用规则，加强对未成年人网上个人信息的保护。

《未成年人网络保护条例》第 22 条

网络信息服务提供者提供网络游戏服务的（以下称"网络游戏服务提供者"），应当要求网络游戏用户提供真实身份信息进行注册，有效识别未成年人用户，并妥善保存用户注册信息。

国家鼓励网络游戏服务提供者根据国家有关规定和标准开发网络游戏产品年龄认证和识别系统软件。

《互联网安全保护技术措施规定》（公安部）第 8 条

提供互联网接入服务的单位除落实本规定第七条规定的互联网安全保护技术措施外，还应当落实具有以下功能的安全保护技术措施：

（一）记录并留存用户注册信息；

（二）使用内部网络地址与互联网网络地址转换方式为用户提供接入服务的，能够记录并留存用户使用的互联网网络地址和内部网络地址对应关系；

（三）记录、跟踪网络运行状态，监测、记录网络安全事件等安全审计功能。

《澳门特别行政区个人资料保护法》第 10 条

一、当直接向资料当事人收集个人资料时，除非资料当事人已经知悉，负责处理个人资料的实体或其代表人应向资料当事人提供如下资讯：

（一）负责处理个人资料的实体的身份及如有代表人时其代表人的身份；

（二）处理的目的；

（三）其他资讯，如：

(1) 资料的接收者或接收者的类别；

(2) 当事人回复的强制性或任意性，以及不回复可能产生的后果；

(3) 考虑到资料收集的特殊情况，为确保资料当事人的资料得到如实处理，在必要的情况下享有查阅权、更正权和行使这些权利的条件。

二、作为收集个人资料的基础文件应包括上款所指的资讯。

三、当资料并非向资料当事人收集时，负责处理个人资料的实体或其代表，在对资料进行登记时，应向当事人提供第一款规定的资讯，但当事人已知悉者除外；或当规定需将资料向第三人通告时，应最迟在第一次通告前，向当事人提供第一款规定的资讯。

四、当在公开的网络上收集资料时，应该告知资料当事人，其个人资料在网络上的流通可能缺乏安全保障，有被未经许可的第三人看到和使用的风险，但当事人已知悉者除外。

五、在下列任一情况下，可免除本条所规定的提供资讯的义务：

（一）经法律规定；

（二）基于安全、预防犯罪或刑事侦查的理由；

（三）尤其是当以统计、历史或科学研究为目的处理资料时，在不可能告知资料当事人或作出告知的成本过高，又或当法律或行政法规明确规定了资料的登记或公开时，但在该等情形下应通知公共当局。

六、在根据下条第三款规定尊重资料当事人基本权利的前提下，本条所规定的提供资讯的义务，不适用于专为新闻、艺术或文学表达目的而对资料的处理。

《香港特别行政区个人资料（私隐）条例》第 30 条

(1) 资料使用者不得进行（不论是完全进行或部分进行）核对程序——

(a) 除非及直至属核对程序的标的之个人资料的资料当事人已就进行该核对程序给予订明同意；

(b) 除非及直至专员已根据第 32 条就进行该核对程序给予同意；

(c) 除非核对程序——

(i) 属于第（2）款下的公告所指明的核对程序类别；及

(ii) 是按照该公告所指明的条件（如有的话）进行的；或

(d) 除非核对程序是根据附表 4 所指明的任何条例的条文规定须进行的或准许进行的。

【国外立法例】

美国 1999 年《电子隐私权法》第 2 节

……

（3）消费者对其个人信息拥有所有权。

（4）消费者必须得到告知，其个人信息被人采集；消费者必须得到明显提示，信息接收者具有披露、出售或者为其他目的而使用信息的意图；消费者必须有能力控制其个人信息的采集范围，并有权禁止或者阻止任何未经授权而使用、再使用、披露或者出售其个人信息的行为。

（5）不断改进的互联网协议可以将决定权交给消费者，让其切实有效地授权或者拒绝他人采集和使用其个人信息。

（6）正当的信息活动，包括告知消费者在采集数据，明显提示消费者在进行数据活动，由消费者选择同意或者不同意他人进行上述活动，消费者可以获取所采集的数据、可以保护数据的完整性并接触信息。

美国 1999 年《电子隐私权法》第 3 节

第（b）条 隐私保护措施——

……

（A）要求任何采集个人信息的网站或者在线服务运营商，在其采集特定类型个人信息的网页上明确而明显地提示，运营商将如何使用上述信息以及运营商将如何披露上述信息；

（B）（i）要求上述网站或者在线服务运营商，在采集个人信息时，均应明确而明示地在线提供途径，让个人可以根据按照第（A）项制定的规则，同意或不同意采集信息和使用所采集的信息；

（ii）允许上述网站或者在线服务运营商，按照根据第 5 节规定批准的自律指导规则，建立个人可以按照其就上述信息采集和使用行为作出的选择，予以同意或不同意而事先签订协议的方式。

……

《俄罗斯联邦个人信息法》第 9 条

（一）个人信息主体应自愿并为了个人利益决定提供个人信息，同意接受个人信息处理，本条第二款所规定的情况除外。个人信息主体可以收回对个人信息进行处理所作出的同意。

（二）本法以及其他俄罗斯联邦法律对为了保护宪法制度体系，维护道德，保护他人健康、权利和合法利益，保障国家国防安全而必须提供个人信息的情况作了规定。

……

欧洲议会和欧盟理事会 1995 年 10 月 24 日《关于涉及个人数据处理的个人保护以及此类数据自由流动的指令》（95/46/EC）第 6 条

1. 成员国应当规定个人数据必须：

（a）被正当、合法地处理；

（b）因具体、明确且合法的目的而收集，且随后不得以与该目的相矛盾的方式进行处理。如果成员国提供了适当的保护措施，则为历史的、统计的或者科学的目的随后所作的数据处理不应当被认为是与上述目的相矛盾。

（c）与收集以及/或者随后处理个人数据的目的相关，且必须是适当、相关而不过量的；

……

2. 数据处理控制人应当确保第 1 款规定得到遵守；

欧洲议会和欧盟理事会 1995 年 10 月 24 日《关于涉及个人数据处理的个人保护以及此类数据自由流动的指令》（95/46/EC）第 7 条

成员国应当规定只有在以下情形才能处理个人数据：

（a）数据主体明确表示同意；或者

……

（c）为了履行数据处理控制人所负担的法定义务所必需的数据处理；或者

……

（e）为了履行涉及公共利益之任务，或者行使授予数据处理控制人或者接收数据披露的第三方的官方授权之任务所必需的数据处理；

（f）为数据处理控制人或者接收数据披露的第三方所追求的合法利益的目的所必需的数据处理，除非根据第1条第1款需要保护数据主体的基本权利和自由的利益比这种利益更重要。

欧洲议会和欧盟理事会1995年10月24日《关于涉及个人数据处理的个人保护以及此类数据自由流动的指令》（95/46/EC）第10条

成员国应当规定数据处理控制人或者他的代表至少应当向数据主体（与他有关的数据被收集）提供以下信息，除非数据主体已经获得这些信息：

（a）数据处理控制人和他的代表（如果有的话）的身份；

（b）数据将要被处理的目的；

（c）其他更多的信息，例如：

——数据接收者或数据接受者的种类，

——回答问题是强制性的还是自愿的，以及不回答问题可能产生的后果，

——获得和修改与其相关数据的权利

考虑到收集数据的具体情形，只要这些其他信息为保证与数据主体有关的数据得到适当处理所必需。

欧洲议会和欧盟理事会2002年7月12日《关于电子通信行业个人数据处理与个人隐私保护的第2002/58/EC号指令》（隐私与电子通信指令）第12条

1. 成员国应该确保在订购者被纳入姓名地址录之前，免费地告知他们打印版或者电子版姓名地址录的目的。这种姓名地址录是公共的或者可以通过姓名地址录的查找服务获得，他们的个人数据被纳入其中，并且有可能通过嵌入在电子版的姓名地址录中的查找功能受到任何进一步的适用。

2. 成员国应该确保订购者有机会去决定他们的个人数据是否出现在姓名地址录中。如果那样的话，从某种程度上说，这些数据与姓名地址录的提供者所决定的目的有关系。此外，订购者还可以核实、改正、撤回他们的个人数据。如果个人数据不是在公共的订购者姓名地址录上，核实、改正、或从上面撤回个人数据应当是免费的。

……

《法国数据处理、数据文件及个人自由法》（根据 2004 年 8 月 6 日关于个人数据处理的个人保护法修改）第 6 条

数据处理仅针对符合以下条件的个人数据：

(1) 数据应公平合法地获得与处理；

(2) 数据因具体、明确且合法的目的而收集获得，且随后不得以与该目的相矛盾的方式进行处理。为了统计的、科学的和历史的目的所进行的进一步数据处理如果符合本章、第四章（数据处理开始前的正式手续）和第五章（数据控制人的义务以及关于个人数据处理的个人权利）第一节以及第九章（为医学研究目的的个人数据处理）和第十章（因对护理、预防的实践与活动进行评价、分析之目的进行的个人医学数据处理）规定的原则和程序且没有被用来作出与数据主体相关的决定，就被视为符合这些数据收集的最初目的；

(3) 个人数据应当是适当的、相关而不过量的，且与收集以及随后的处理的目的相关；

……

《法国数据处理、数据文件及个人自由法》（根据 2004 年 8 月 6 日关于个人数据处理的个人保护法修改）第 7 条

个人数据处理必须得到数据主体的同意或者符合以下条件之一：

(1) 遵守数据控制人所应负的法律义务；

(2) 保护数据主体的生命；

(3) 履行赋予数据控制人或者数据接收者的公众服务任务；

(4) 履行与数据主体订立的合同或在缔结合同前应数据主体要求所采取的行动；

(5) 在不违背数据主体的利益或基本权利与自由的前提下，追求数据控制人或数据接受者的合法利益。

《法国数据处理、数据文件及个人自由法》（根据 2004 年 8 月 6 日关于个人数据处理的个人保护法修改）第 32 条

1. 数据控制人或其代表必须向被获取个人数据的数据主体提供以下信息，数据主体已知的除外：

（1）数据控制人及其代表的身份；

（2）欲进行处理数据的目的；

（3）对问题的回答是强制性的还是可选的；

（4）对问题不回答可能的结果；

（5）数据的接收者或接收者种类；

（6）本章（与数据处理有关的个人权利）第二节所赋予的权利；

（7）如果可行，将个人数据向非欧共体成员的传递。

如果以调查问卷形式获得数据，第（1）、（2）、（3）和（6）项所列信息应在问卷当中直接体现。

2. 数据控制人或其代表应当清楚和完整地告知使用电子通信网络的人：

（1）采用电子传输方式、欲获得他存储在或以相同方式记录在相连的终端设备上的信息的行为目的；

（2）他拒绝此类行为必须采取的方法。

如果获取存储或记录在使用者的终端设备上的信息存在以下情形，则该规定不适用：

（1）唯一目的在于允许或促进电子形式的交流；或

（2）应使用者的明确要求提供的在线通信服务所必不可少的。

……

《德国联邦数据保护法》第 4 节

（1）只有在本法或者其他法律允许或者规定，或者数据主体同意时，个人数据的收集、处理和使用才是被许可的。

……

（3）除非数据主体已经通过其他途径得知，否则，如果从数据主体处收集个人数据，数据控制人应当告知其下列事项：

1. 数据控制人的身份；

2. 数据收集、处理或者使用的目的；

3. 数据接收者的种类，只要数据主体根据个别情况无法预计到向此类接收者传输数据。如果从数据主体处收集个人数据所依据的法律规定数据主体有义务提供详尽数据,或者提供详尽数据是准许其获得法律利益的前提条件,数据主体应当被告知数据提供是义务的还是自愿的。只要具体情况需要或者数据主体提出要求,数据主体应当获知法律规定以及拒绝提供的后果。

英国1998年《数据保护法》第7条

(1) 根据本条的下列条款和第8条、第9条的规定,个人有权——

(a) 从数据控制人处获知数据控制人或其代表是否正在处理本人充当数据主体的个人数据。

(b) 如果上述情况成立,则数据控制人应出具关于下列事项的说明——

(i) 此人充当数据主体的个人数据;

(ii) 正在或准备处理上述数据的目的;

(iii) 作为或可能作为上述数据披露对象的接受者或接受者的类别;

(c) 以易于理解的形式向其通知下列事项——

(i) 此人充当数据主体的个人数据的组成信息,以及

(ii) 数据控制人就上述数据的来源所拥有的信息,以及

(d) 如果为了评估与此人相关的事项,如其工作业绩、信誉情况、可靠度或其操行,而以自动手段处理的其作为数据主体的个人数据成为或可能成为对其造成显著影响的决定的唯一依据,则应由数据控制人告知作出该决定的内在逻辑。

(2) 根据第1款的规定,数据控制人无须提供信息,除非收到——

(a) 书面申请,以及

(b) 其所要求的费用(不超过规定的最大限额),但符合规定情况的除外。

……

新西兰2003年《电信信息隐私法》第5条(电信信息隐私法规)法规1

电信机构不得收集电信信息,除非:

(a) 收集信息是为了某个合法的目的,并且该目的与该电信机构的功能或活动相关。

(b) 为了实现上述目的,必须进行信息收集。

新西兰 2003 年《电信信息隐私法》第 5 条（电信信息隐私法规）法规 3

（1）电信机构直接从相关个人那里直接收集电信信息时，应该确保相关个人了解：

（a）信息将被收集这一事实。

（b）信息收集的目的。

（c）信息的接收者。

（d）下列机构的名称和地址：

（i）收集信息的机构；

（ii）保存信息的机构。

（e）信息收集是否合法：

（i）信息收集所依据的具体法律法规；

（ii）信息提供者是义务的还是被迫的。

（f）若相关个人不能提供全部或部分所需信息，会有什么样的后果。

（g）法规 6 和法规 7 所讲的获取电信信息以及对电信信息进行更正的权益。

……

第十七条 互联网信息服务提供者应当记录其发布的信息和用户发布的信息，并保存 6 个月。

互联网信息服务提供者、互联网接入服务提供者应当记录日志信息，并保存 12 个月。

【立法理由】

本条是关于网络服务提供者对相关网络信息进行记录留存的义务及其期限的规定。

本条规定了互联网信息服务提供商记录其发布的信息和用户发布的信息的义务，并且应当至少保存 6 个月。互联网信息服务提供者以及互联网接入服务提供者应当记录日志信息，并至少保存 12 个月。也即，从相关信息记录产生之日起的法定期限内，网络服务提供者应当妥善保存相关信息，不得随意修改或销毁。超过法定留存期限后，相关信息可由网络服务提供者自由决定删除还是继续留存。

　　本条是新增的条文。原本各类网络服务提供者的信息记录留存义务规定于各个专门的规范性文件中，本规定则统一对所有网络服务提供者的信息记录留存义务作了一般规定。之所以要规定信息记录留存义务，是因为网络行为就表现在信息的制造和发布上，违法的网络行为当然也在其中。因此，相关信息的留存是追查违法网络行为人的重要前提，同时也是确定违法行为的重要证据。实践中，以人民网为例，通常会记录留存登录信息（登录时间、登录 IP 等）、发帖信息（发帖内容、发帖时间、发帖 IP）和相关操作信息，用户异常登录信息（登录失败时间、失败次数、失败 IP）。还保存了诸如用户信息、登录记录、相关访问与操作信息等日志以及后台记录信息发布过程中主要的涉及增删改的动作行为信息。本条的信息留存期限比之前各个单行规范文件的规定要长。留存期限的长短与信息存储技术和信息留存需要有关，随着技术的发展适当延长信息留存期限是合理的也是必要的。以人民网为例，对外办公接入服务和本地办公接入服务提供 6 个月的上网信息记录服务，包括访问的 URL、日志、邮件、DHCP 对应表、认证信息等内容，方便上网行为的审核。

【国内立法例】

《网络出版服务管理规定》第 34 条

　　网络出版服务单位应记录所出版作品的内容及其时间、网址或者域名，记录应当保存 60 日，并在国家有关部门依法查询时，予以提供。

《互联网新闻信息服务管理规定》第 21 条

　　互联网新闻信息服务单位应当记录所登载、发送的新闻信息内容及其时间、互联网地址，记录备份应当至少保存 60 日，并在有关部门依法查询时予以提供。

《互联网安全保护技术措施规定》第 13 条

　　互联网服务提供者和联网使用单位依照本规定落实的记录留存技术措施，应当具有至少保存六十天记录备份的功能。

《互联网电子邮件服务管理办法》第 10 条

互联网电子邮件服务提供者应当记录经其电子邮件服务器发送或者接收的互联网电子邮件的发送或者接收时间、发送者和接收者的互联网电子邮件地址及 IP 地址。上述记录应当保存 60 日，并在国家有关机关依法查询时予以提供。

【国外立法例】

《俄罗斯关于信息、信息技术和信息保护法》第 11 条

（一）有关记录信息的要求由俄罗斯联邦法律和当事双方协议确定。

……

俄罗斯联邦《关于信息、信息技术和信息保护法》修正案及个别互联网信息交流规范的修正案第 1 条

对 2006 年 7 月 27 日起生效的《关于信息、信息技术和信息保护法》进行如下变更：

（一）对第十条第一款补充如下：

第十条第一款：互联网信息传播组织者的义务

……

3. 自网民接收、传递、发送和（或）处理语音信息、书面文字、图像、声音或者其他电子信息六个月内，互联网信息传播组织者必须在俄罗斯境内对上述信息及网民个人信息进行保存。同时，根据联邦法律，互联网信息传播组织者有义务向俄罗斯联邦安全部门提供上述信息。

……

欧洲议会和欧盟理事会 2006 年 3 月 15 日《关于存留因提供公共电子通信服务或者公共通信网络而产生或处理的数据及修订第 2002/58/EC 号指令的第 2006/24/EC 号指令》（数据存留指令）第 5 条

1. 成员国应确保在本指令下储存以下类别的数据：

（1）追查和识别通信源头的数据：

……

②关于网络接入、互联网电子邮件和网络电话：

(Ⅰ) 分配的用户 ID；

(Ⅱ) 接入公共电话网络的分配给任一通信的用户 ID 和电话号码；

(Ⅲ) 在通信时分配给订户或已登记用户的 IP 地址、用户 ID 或电话号码。

(2) 识别通信地点的数据：

②关于互联网电子邮件和网络电话：

(Ⅰ) 互联网电话被呼叫方的用户 ID 或电话号码；

(Ⅱ) 订户或已登记用户的姓名和地址以及通信中被呼叫方的用户 ID。

(3) 识别通信日期、时间和通信时间长短的数据：

②关于网络接入、互联网电子邮件和网络电话：

(Ⅰ) 基于特定的时间区、互联网接入服务记录和消除的日期和时间，以及互联网接入服务提供者给通信分配的不论动态的还是静态的 IP 地址和订户或已登记用户的 ID；

(Ⅱ) 基于特定的时间区、互联网电子邮件服务或网络电话服务记录和消除的日期和时间。

(4) 识别通信类型的数据：

②关于互联网电子邮件和网络电话：所使用的网络服务。

(5) 识别用户所使用的通信设备及可能使用设备的数据：

③关于互联网接入、互联网电子邮件和网络电话：

(Ⅰ) 拨号接入所用电话号码；

(Ⅱ) 数字用户线（DSL）或通信发起人其他结点。

(6) 识别移动通信位置的数据：

①通信开始时的定位标签（小区标识）；

②识别通信数据储存期间关于小区定位标签的地理位置的数据。

2. 依据本指令，不能储存披露通信内容的数据。

欧洲议会和欧盟理事会 2006 年 3 月 15 日《关于存留因提供公共电子通信服务或者公共通信网络而产生或处理的数据及修订第 2002/58/EC 号指令的第 2006/24/EC

号指令》(数据存留指令)第 6 条

成员国应确保第 5 条所列举的数据自流通之日起,必须储存 6 个月以上,但最多不得超过两年。

【相关案例】

赵某强与温州市仙人球文化传媒有限公司网络侵权责任纠纷(2015)浙温民终字第 1712 号

主要事实:用户"GreenTea"利用仙人球公司提供的信息通道和平台发布涉嫌侵犯赵某强民事权益的内容,赵某强要求作为网络服务提供者的仙人球公司提供该网络用户的个人信息。

裁判要旨:仙人球公司作为网络服务提供者,用户"GreenTea"利用其提供的信息通道和平台发布涉嫌侵犯赵某强民事权益的内容,赵某强有权知晓该网络用户的个人信息以确定具体的直接侵权人以便主张权利,但上述信息是赵某强个人无法掌握的,而仙人球公司作为网络服务提供者应当保存有用户的账号、互联网地址等信息,故赵某强诉请仙人球公司提供该网络用户的相关信息是其正当的救济请求,与法不悖。

第十八条 互联网信息服务提供者、互联网接入服务提供者及其工作人员对所收集、记录的身份信息、日志信息应当严格保密,不得泄露、篡改、非法毁损,不得出售或者非法向他人提供。

互联网信息服务提供者、互联网接入服务提供者应当采取技术措施和其他必要措施,防止所收集、记录的身份信息、日志信息泄露、毁损、丢失。在发生或者可能发生信息泄露、毁损、丢失的情况时,应当立即采取补救措施。

真实身份信息所有者发现身份信息泄露的,有权要求互联网信息服务提供者、互联网接入服务提供者采取必要措施予以补救。

【立法理由】

本条是就互联网服务提供者方面所作的关于个人信息保护的规定。

本条规定互联网服务提供者及其工作人员对其所掌握的包括身份信息、日志信息在内的个人信息负有严格保密的义务，即不得擅自泄露、篡改乃至毁损，亦不得向他人出售或提供，除非事先征得信息所有者的同意或者法律有特别规定。比如，论坛经营者除非政府有关部门因法律需要出具公函并经公司领导同意，不接受任何个人或单位查询用户注册信息和IP地址，版主也不得对外透露此类信息。这是就个人信息保护所作的消极规定。本条第2款则规定互联网服务提供者有积极采取技术措施和其他必要措施进行预防性的个人信息保护的义务。在发生或者有发生个人数据泄露、毁损或丢失的危险时，互联网服务提供者应当采取补救措施以阻止损害的扩大或危险的实现。这是就个人信息保护所作的积极规定。本条第3款则赋予真实身份信息所有者以请求权，当其发现身份信息泄露时，有权请求互联网服务提供者采取必要措施予以补救。具体方式是信息所有者将信息泄露的情况告知互联网服务提供者，后者有采取阻断信息传输、消除已泄露信息等措施予以补救的义务。

本条是新增的条文。互联网服务提供者或基于法律规定或基于其提供的服务经用户同意而掌握了用户的个人信息。基于隐私权理论或者信息自决权理论，这些数据并非可由服务提供者任意支配，而是原则上由信息所有者决定信息的处理和利用。因此，除非得到信息所有者的同意或者有法律的特别规定，否则，互联网服务提供者不得擅自使用或处分其所掌握的个人信息。信息社会中，个人信息可以转化为经济利益，因此，存在网络服务提供者通过出售其所掌握的个人信息谋取不正当利益的危险，此种情形即在本条第1款规制范围之内。除了消极地不侵犯个人信息之外，互联网服务提供者还负有积极保护其掌握的个人信息的义务。倘若不对互联网服务提供者科以积极保护的义务，互联网时代的个人信息将暴露于极大的风险之中。因为若没有必要的技术措施和其他措施对储存于互联网服务提供者处的个人信息进行保护，有意获取个人信息的入侵者，利用信息技术，将如探囊取物般获得个人信息。比如黑客对互联网企业进行攻击，获取用户信息然后在黑市上出售，即可获得利益。再者，互联网服务提供者既然通过提供服务获取经济利益，并因而掌握服务接受者的个人信息，那么它就有义务保障个人信息的安全。因此，互联网服务提供者应积极采取措施防止个人信息泄露、毁损或丢失，且在发生或可能发生前述情形时，采取补救措施。最后,既然个人信息由个人享有支配权,加上权利必须配以救济,那么理当赋予个人以保护其个人信息的权利。因此,本条第 3 款规定,真实身份信息所有者发现信息泄露的,有权请求互联网服务提供者采取补救措施。这一规定也有助于及时制止身份信息的继续泄露,因为当身份信息所有者发现信息泄露时,可能相关服务提供者尚未觉察。值得注意的,本条第 3 款仅仅规定了真实身份信息所有者请求保护其身份信息的权利,但个人的其他数据也存在保护的必要,因而在解释上不妨予以目的性扩张,从而使个人信息所有者对其个人信息享有普遍的请求保护的权利。

【国内立法例】

《全国人大常委会关于加强网络信息保护的决定》第 3 条

网络服务提供者和其他企业事业单位及其工作人员对在业务活动中收集的公民个人电子信息必须严格保密,不得泄露、篡改、毁损,不得出售或者非法向他人提供。

《全国人大常委会关于加强网络信息保护的决定》第 4 条

网络服务提供者和其他企业事业单位应当采取技术措施和其他必要措施,确保信息安全,防止在业务活动中收集的公民个人电子信息泄露、毁损、丢失。在发生或者可能发生信息泄露、毁损、丢失的情况时,应当立即采取补救措施。

《全国人大常委会关于加强网络信息保护的决定》第 8 条

公民发现泄露个人身份、散布个人隐私等侵害其合法权益的网络信息,或者受到商业性电子信息侵扰的,有权要求网络服务提供者删除有关信息或者采取其他必要措施予以制止。

《规范互联网信息服务市场秩序若干规定》第 12 条

互联网信息服务提供者应当妥善保管用户个人信息;保管的用户个人信息泄露或者可能泄露时,应当立即采取补救措施;造成或者可能造成严重后果的,应当立即向准予其互联网信息服务许可或者备案的电信管理机构报告,并配合相关部门进行的调查处理。

《网络安全法》第 21 条

国家实行网络安全等级保护制度。网络运营者应当按照网络安全等级保护制度的要求，履行下列安全保护义务，保障网络免受干扰、破坏或者未经授权的访问，防止网络数据泄露或者被窃取、篡改：

（一）制定内部安全管理制度和操作规程，确定网络安全负责人，落实网络安全保护责任；

（二）采取防范计算机病毒和网络攻击、网络侵入等危害网络安全行为的技术措施；

（三）采取监测、记录网络运行状态、网络安全事件的技术措施，并按照规定留存相关的网络日志不少于六个月；

（四）采取数据分类、重要数据备份和加密等措施；

（五）法律、行政法规规定的其他义务。

《网络安全法》第22条第1、2款

网络产品、服务应当符合相关国家标准的强制性要求。网络产品、服务的提供者不得设置恶意程序；发现其网络产品、服务存在安全缺陷、漏洞等风险时，应当立即采取补救措施，按照规定及时告知用户并向有关主管部门报告。

网络产品、服务的提供者应当为其产品、服务持续提供安全维护；在规定或者当事人约定的期限内，不得终止提供安全维护。

《网络安全法》第40条

网络运营者应当对其收集的用户信息严格保密，并建立健全用户信息保护制度。

《网络安全法》第42条

网络运营者不得泄露、篡改、毁损其收集的个人信息；未经被收集者同意，不得向他人提供个人信息。但是，经过处理无法识别特定个人且不能复原的除外。

网络运营者应当采取技术措施和其他必要措施，确保其收集的个人信息安全，防止信息泄露、毁损、丢失。在发生或者可能发生个人信息泄露、毁损、丢失的情况时，应当立即采取补救措施，按照规定及时告知用户并向有关主管部门报告。

《网络安全法》第43条

个人发现网络运营者违反法律、行政法规的规定或者双方的约定收集、使用其个人信息的，有权要求网络运营者删除其个人信息；发现网络运营者收集、存储的其个人信息有错误的，有权要求网络运营者予以更正。网络运营者应当采取措施予以删除或者更正。

《网络安全法》第44条

任何个人和组织不得窃取或者以其他非法方式获取个人信息，不得非法出售或者非法向他人提供个人信息。

《电信和互联网用户个人信息保护规定》第13条

电信业务经营者、互联网信息服务提供者应当采取以下措施防止用户个人信息泄露、毁损、篡改或者丢失：

（一）确定各部门、岗位和分支机构的用户个人信息安全管理责任；

（二）建立用户个人信息收集、使用及其相关活动的工作流程和安全管理制度；

（三）对工作人员及代理人实行权限管理，对批量导出、复制、销毁信息实行审查，并采取防泄密措施；

（四）妥善保管记录用户个人信息的纸介质、光介质、电磁介质等载体，并采取相应的安全储存措施；

（五）对储存用户个人信息的信息系统实行接入审查，并采取防入侵、防病毒等措施；

（六）记录对用户个人信息进行操作的人员、时间、地点、事项等信息；

（七）按照电信管理机构的规定开展通信网络安全防护工作；

（八）电信管理机构规定的其他必要措施。

《电信和互联网用户个人信息保护规定》第14条

电信业务经营者、互联网信息服务提供者保管的用户个人信息发生或者可能发生泄露、毁损、丢失的，应当立即采取补救措施；造成或者可能造成严重后果的，应当立即向准予其许可或者备案的电信管理机构报告，配合相关部门进行的调查处理。

……

《网络游戏管理暂行办法》第28条

网络游戏运营企业应当按照国家规定采取技术和管理措施保证网络信息安全，包括防范计算机病毒入侵和攻击破坏，备份重要数据库，保存用户注册信息、运营信息、维护日志等信息，依法保护国家秘密、商业秘密和用户个人信息。

《未成年人网络保护条例》（草案征求意见稿）第 18 条

未成年人或其监护人要求网络信息服务提供者删除、屏蔽网络空间中与其有关的未成年人个人信息的，网络信息服务提供者应当采取必要措施予以删除、屏蔽。

《澳门特别行政区个人资料保护法》第 15 条

一、负责处理个人资料的实体应采取适当的技术和组织措施保护个人资料，避免资料的意外或不法损坏、意外遗失、未经许可的更改、传播或查阅，尤其是有关处理使资料经网络传送时，以及任何其他方式的不法处理；在考虑到已有的技术知识和因采用该技术所需成本的情况下，上述措施应确保具有与资料处理所带来的风险及所保护资料的性质相适应的安全程度。

二、负责处理个人资料的实体，在委托他人处理时，应选择一个在资料处理的技术安全和组织上能提供足够保障措施的次合同人，并应监察有关措施的执行。

......

《澳门特别行政区个人资料保护法》第 16 条

一、第七条第二款和第八条第一款所指的负责处理资料的实体应采取适当的措施，以便：

（一）控制进入设施：阻止未经许可的人进入处理上述资料的设施；

（二）控制资料载体：阻止未经许可的人阅读、复制、修改或取走资料的载体；

（三）控制输入：阻止未经许可而对已记载的个人资料加入其他资料，以及未经资料记载人许可的知悉、修改或删除；

（四）控制使用：阻止未经许可的人透过资料传送设施使用资料的自动化处理系统；

（五）控制查阅：确保经许可的人只可以查阅许可范围内的资料；

（六）控制传送：确保透过资料传送设施可以查证传送个人资料的实体；

（七）控制引入：确保可以在随后查证引入了哪些个人资料、何时和由谁引入，该查证须在每一领域的适用规章所定的、与资料处理的性质相符的期间内进行；

（八）控制运输：在个人资料的传送和其载体的运输过程中，阻止以未经许可的方式阅读、复制、修改或删除资料。

二、考虑到各负责处理资料的实体的性质和进行处理的设施的种类，公共当局在确保尊重资料当事人的权利、自由和保障的情况下得免除某些安全措施。

三、有关系统应确保将与健康和性生活有关的个人资料，包括遗传资料，同其他个人资料分开。

四、当第七条所指的个人资料在网络上流通可能对有关当事人的权利、自由和保障构成危险时，公共当局得决定以密码进行传送。

《香港特别行政区个人资料（私隐）条例》第35C条

（1）除第35D条另有规定外，资料使用者如拟在直接促销中，使用某资料当事人的个人资料，须采取第（2）款指明的每一项行动。

（2）资料使用者须——

（a）告知有关资料当事人——

（i）该资料使用者拟如此使用有关个人资料；及

（ii）该资料使用者须收到该当事人对该拟进行的使用的同意，否则不得如此使用该资料；

（b）向该当事人提供关于该拟进行的使用的以下资讯——

（i）拟使用的个人资料的种类；及

（ii）该资料拟就什么类别的促销标的而使用；及

（c）向该当事人提供一个途径，让该当事人可在无需向该资料使用者缴费的情况下，透过该途径，传达该当事人对上述的拟进行的使用的同意。

（3）不论个人资料是否由有关资料使用者从有关资料当事人收集的，第（1）款均适用。

（4）根据第（2）(a)及(b)款提供的资讯，须以易于理解的方式呈示，如属书面资讯，则亦须以易于阅读的方式呈示。

……

《香港特别行政区个人资料（私隐）条例》第35G条

（1）资料当事人可随时要求资料使用者停止在直接促销中使用该当事人的个人

资料。

（2）不论有关资料当事人——

（a）是否已自有关资料使用者，收到第 35C（2）条规定须就使用有关个人资料提供的资讯；或

（b）有否在较早前，向该资料使用者或第三者给予对该项使用的同意，第（1）款均适用。

（3）资料使用者如收到资料当事人根据第（1）款作出的要求，须在不向该当事人收费的情况下，依从该项要求。

【国外立法例】

美国 1996 年《电信法》第 702 节

……

第 222 节 用户信息的隐私权

第（a）条 一般规定——每个电信运营商均负有为包括转售电信运营商提供的电信服务的电信运营商在内的其他电信运营商、设备制造商和用户的专有信息保密的义务。

第（b）条 运营商信息的保密——因提供电信服务而从其他运营商处接收或者取得专有信息的电信运营商，只能为前述目的而使用上述信息，不得将上述信息用于自己的营销行为。

第（c）条 用户专有网络信息的保密——

（1）对电信运营商的隐私要求——除法律另有规定或者取得用户的同意外，通过提供电信服务而接收或者取得用户专有网络信息的电信运营商，只能在提供下列服务的过程中，使用、披露，或者允许接入个别可识别的用户专有网络信息：（A）提供上述信息所来源的电信服务；（B）或者提供上述电信服务所必需的服务，或者提供上述电信服务过程中所使用的服务，包括出版电话号码本在内的服务。

……

群体用户信息——通过提供电信服务而接收或者取得用户专有网络信息的电信

运营商,可以为第(1)款规定以外的目的使用、披露或者允许接入群体用户信息。本地交换运营商只有在经合理请求,把上述群体用户信息按照合理和非歧视性的条件提供给其他运营商或者个人的前提下,可以为第(1)款规定以外的目的使用、披露或者允许接入群体用户信息。

第(d)条 例外规定——本节的任何规定,均不得禁止电信运营商为了直接通过其代理人或者间接通过其代理人从事下列行为而使用、披露或者允许接入从用户处取得的用户专有网络信息——

(1)发起、提供、推广电信服务和收集电信服务的费用;

(2)保护运营商的权利或者财产,或者保护上述服务的使用和其他运营商不受欺诈、滥用、非法使用或者订阅上述服务的伤害;

……

美国1999年《电子隐私权法》第3节

……

(C)禁止上述网站或者在线服务运营商采集和使用个人信息,除非——

(i)上述采集或者使用信息行为,已根据按照第(A)项规定制定的规制予以披露;

(ii)上述信息采集或者使用行为,已得到信息被采集或者使用人员按照根据第(B)项第(i)目或者第(ii)目规定制定的规则规定的方式,同意采集或者使用其信息;

……

(D)要求上述网站或者在线服务运营商,根据要求向信息被采集或者使用的个人提供——

……

(ii)告知所采集的个人信息是否被再次使用、被披露或者被出售以及已披露、已出售给何人;

……

《俄罗斯联邦大众传媒法》第41条

编辑部无权在公共消息和材料中公布公民要求保密的消息。

编辑部应为信息提供者保守秘密，提供信息的人要求不透露姓名，编辑部无权公布其姓名。例外情况是，信息提供者卷入案件中，相应要求由法院提出。

若无未成年人本人和其法定监护人同意，编辑部无权在公开消息和材料中直接或间接指出未成年人个人信息，以及犯罪分子、犯罪嫌疑人、违反行政规定者或反社会者的个人信息。

若无未成年人本人和（或）其法定监护人同意，编辑部无权在公开消息和材料中直接或间接指出受害的未成年人的个人信息。

《俄罗斯关于信息、信息技术和信息保护法》第 16 条

……

（四）在俄罗斯联邦法律规定的情形下，信息拥有者、信息系统运营方有义务：

1. 预防非法获取信息和（或）将其传递给无权获取该信息的人员；

2. 及时发现非法获取信息的事实；

3. 对违反获取信息规定可能产生的后果进行警告；

4. 不采取破坏信息处理设备和手段功能的行为；

5. 迅速恢复因非法获取信息而被异化和销毁的信息；

6. 经常检查信息保护水平。

……

《俄罗斯联邦个人信息法》第 7 条

（一）操作者以及能够获得到个人信息的第三方应该保证对个人信息进行保密，本条第二款所规定的情况除外。

（二）以下情况下不需对个人信息进行保密：

1. 对个人信息进行去个性化；

2. 针对可以普遍获取的个人信息。

《俄罗斯联邦个人信息法》第 19 条

（一）操作者在进行个人信息处理时应采取必要的组织和技术措施，包括使用密码工具，以保护个人信息不会出现不合法的或偶然的销毁、更改、冻结、复制、传

播以及其他不合法行为。

……

《俄罗斯联邦个人信息法》第 21 条

（一）如果发现个人信息不可信或操作者对个人信息作出不合法行为，在收到个人信息主体或其合法代表人或个人信息主体权利全权保护机关要求或函询后，操作者应在收到要求或函询后对个人信息主体相关个人信息做出冻结，直至检查结束。

……

（三）如果发现操作者对个人信息做出不合法行为，操作者应在被发现之日起不超过三个工作日内消除所作出的行为。如果所作出的行为无法消除，操作者应在被发现之日起不超过三个工作日的时间内销毁这些个人信息。对此操作者应通知个人信息主体或其合法代表人，如果要求或函询是由个人信息主体权利全权保护机关发出的，亦应向该机关作出通知。

……

欧洲议会和欧盟理事会 1995 年 10 月 24 日《关于涉及个人数据处理的个人保护以及此类数据自由流动的指令》（95/46/EC）第 17 条

1. 成员国应当规定数据处理控制人必须采取适当的技术措施和组织措施来保护个人数据以防止它们被意外或非法毁灭或者意外遗失、变更、未经许可披露或获取，特别是数据处理涉及在网络上传输数据时，并且防止任何其他非法形式的处理。

考虑到技术发展水平以及执行的成本，这些措施应当确保一种与数据处理表现出的风险以及被保护的数据的性质相适应的安全水平。

2. 如果数据处理是为了数据处理控制人的利益，则成员国应当规定数据处理控制人必须选择一名数据处理者对调整将实施的数据处理的技术安全措施以及组织措施提供充分的保证，并且必须确保遵从那些措施。

……

《法国数据处理、数据文件及个人自由法》（根据 2004 年 8 月 6 日关于个人数据处理的个人保护法修改）第 34 条

数据控制人应根据数据性质和处理的风险采取有效的预防措施，以保护数据的

安全,尤其防止它们被改变和损害,或被非经批准的第三方获取。

......

《法国数据处理、数据文件及个人自由法》(根据 2004 年 8 月 6 日关于个人数据处理的个人保护法修改)第 40 条

任何提供了身份证明的个人可以要求数据控制人视具体情况更正、完善、更新、贴标隔离或删除与其相关的不正确、不完整、有歧义的、终止的,或者禁止进行收集、适用、披露或储存的个人数据。

应数据主体的要求,数据控制人必须无偿地向数据主体提供证据证明,他已经采取了前一款规定的必要操作。

存在争议时,由行使获取权的数据控制人承担举证责任,但可以确定争议的数据是数据主体披露或经其同意披露的除外。

......

如果一条数据已被传递给第三方,则数据控制人必须履行必要的手续以告知第三方遵从第一款规定的行为。

......

《德国联邦数据保护法》第 9 条

自己或者委托他人处理个人数据的公共机关和私人机构应当采取必要的技术和组织措施,以保障本法,特别是本法附件的要求得到遵守。只有在采取措施需要付出的努力与保护水平相比具有合理性时,上述措施才是必需的。

《德国联邦数据保护法》第 9a 条

为了促进数据保护和数据安全,数据处理系统和程序的供应者和实施数据处理的主体可以聘请独立的且经批准的鉴定人对其数据保护计划和技术设备进行检测和评价,并公布审查结果。检测和评价的详细要求、程序,以及鉴定人的选择和批准由特别法规定。

英国 1998 年《数据保护法》第 10 条

(1) 根据第(2)款的规定,个人有权在任何时候向数据控制人发出书面通知,基于下列理由要求数据控制人在合理的期间结束时,停止或不开始处理,或以特定

目的或特定方式处理其作为数据主体的个人数据——

（a）对于上述数据的处理、或处理的方式和目的有可能对此人或其他人造成重大的损失或巨大的痛苦；

（b）上述损害或痛苦是或应是不合理的。

······

英国1998年《数据保护法》第11条

（1）个人有权在任何时候向数据控制人发出书面通知，要求数据控制人在合理的期间结束时，停止或不开始以直接销售为目的处理其作为数据主体的个人数据——

······

新西兰2003年《电信信息隐私法》第5条（电信信息隐私法规）法规10

（1）掌握有着特殊用途的电信信息的电信机构不得将其用于其他目的，除非该机构有充分的理由认为：

（a）信息的来源是公开发布的。

（b）将信息用于其他目的得到了相关个人的授权许可；如果所说的其他目的是直接行销，相关个人可以随时撤销授权。

······

新西兰2003年《电信信息隐私法》第5条（电信信息隐私法规）法规11

（1）掌握电信信息的电信机构不得将信息公开，除非有充足的理由认为：

（a）信息公开是信息收集的目的之一，或者与收集信息的目的直接相关。

（b）信息来源系公开发行。

（c）只对相关个人公开。

（d）信息公开得到了相关个人的授权。

······

（f）在以下情况不必遵守该规定：

（i）为了避免妨碍公共机构维护法律的公平正义，比如预防、侦破犯罪，检举、惩戒犯罪；

（ii）推行罚款制度；

(iii) 为了保护公共财产;

(iv) 为了在开庭之前走诉讼程序（已经开始的程序或者即将进行的程序）;

(v) 为了阻止或调查某种可能危及网络服务安全的行为或威胁。

......

澳大利亚 1997 年《电信法》第 276 条

(1) 下列情形下,合法主体不得披露或使用信息或文件:

(a) 信息或文件涉及:

(i) 运营商或运营服务提供商已经传输的通信的内容或实质;或者

(ii) 运营商或运营服务提供商正在传输的通信的内容或实质（包括运营商或运营服务提供商已经采集或接收,准备传输但尚未交付的通信）;或者

......

(iv) 他人的事务或个人资料（包括任何未列入电话簿的电话号码或任何地址）;并且

(b) 信息或文件通过下列方式被合法主体获悉或拥有:

(i) 如果合法主体为运营商或运营服务提供商,则是在其与其业务相关的情况下获悉或拥有信息或文件;或者

(ii) 如果合法主体为运营商或运营服务提供商雇员,则是在其受聘于运营商或运营服务提供商业务时获悉或拥有的信息或文件;或者

(iii) 如果合法主体为电信承包商,则是在与其业务相关的情况下获悉或拥有信息或文件;或者

(iv) 如果合法主体为电信承包商雇员,则是在其受聘于电信承包商业务时获悉或拥有信息或文件;

......

澳大利亚 2008 年《电信法》（修正案）（国家宽带网络）第 3 条

531K 信息的保护——受委托的公司职员

(1) 如果某人以受委托的公司职员的身份获得了受保护的承载信息,那么此人不得:

(a) 将该信息透露给其他人；或者

(b) 擅自使用该信息。

……

【相关案例】

周某营与上诉人中国保险监督管理委员会、北京中科汇联科技股份有限公司网络侵权责任纠纷（2016）琼 02 民终 375 号

主要事实：周某营为申请政府信息公开，按中国保监会网站政府信息依申请公开系统的页面提示，向网站提供了个人姓名、身份证号码、通信地址、联系电话等个人信息。事后发现个人信息被泄露，原因是保监会网站存在系统漏洞。

裁判要旨：中国保监会网站是经主管部门备案和权威部门测评合格后，给社会公众提供政务服务的网站，系网络服务提供者，依照《全国人民代表大会常务委员会关于加强网络信息保护的决定》第四条关于"网络服务提供者和其他企业事业单位应当采取技术措施和其他必要措施，确保信息安全，防止在业务活动中收集的公民个人信息泄露、损毁、丢失。……"之规定，中国保监会也依法负有保护申请政府信息公开申请人信息安全的义务。该会网站因网络漏洞泄露了周某营的个人注册信息，系违法行为，根据《侵权责任法》第三十六条第一款之规定，应认定中国保监会对周某营构成了侵权。

第十九条 有关部门应当采取技术措施和其他必要措施，防范、制止和查处窃取或者以其他非法方式获取、出售或者非法向他人提供互联网信息服务提供者、互联网接入服务提供者所收集、记录的身份信息、日志信息的违法犯罪行为。

互联网信息内容主管部门、电信主管部门、公安机关和其他有关部门及其工作人员对在履行职责中知悉的身份信息、日志信息应当予以保密，不得泄露、篡改、非法毁损，不得出售或者非法向他人提供。

【立法理由】

本条是关于互联网有关部门积极应对侵犯个人信息的违法犯罪行为的职责以及

有关部门的个人信息保密保护义务。

本条规定有关部门如互联网信息办公室、公安部等应当积极采取技术措施和其他必要措施，防范和制止非法侵犯互联网上个人信息的违法犯罪行为，并查处相关行为人。这里所要防范、制止和查处的，既包括互联网服务提供者以外的人从事的窃取个人信息等违法犯罪行为，也包括互联网服务提供者自己所为的侵犯个人信息的行为，比如出售或非法向他人提供个人信息。出于履行职责的需要，有关部门有获得相关个人信息的必要。对于这部分个人信息，有关部门及其工作人员应当保密，不得擅自披露、篡改或毁损，也不得出售或非法向他人提供。

本条是立法建议稿新增的条文。国家提倡互联网信息服务提供者开展行业自律，鼓励公众监督互联网信息服务。但这样还不足以遏制互联网领域的违法犯罪行为，具体到个人信息领域即侵犯互联网上个人信息的违法犯罪行为。因此，国家设立相关主管部门并施加职责采取必要措施防范、制止和查处侵犯被收集的个人信息的违法犯罪行为。作为公权力部门，基于行使权力履行职责的必要，有权获得相关个人信息。但面对个人信息所可能带来的经济利益，权力亦有腐败的可能。因此，有必要明确有关部门及其工作人员对其获得的个人信息保密保护的义务。

【国内立法例】

《全国人大常委会关于加强网络信息保护的决定》第1条

国家保护能够识别公民个人身份和涉及公民个人隐私的电子信息。

任何组织和个人不得窃取或者以其他非法方式获取公民个人电子信息，不得出售或者非法向他人提供公民个人电子信息。

《全国人大常委会关于加强网络信息保护的决定》第10条

有关主管部门应当在各自职权范围内依法履行职责，采取技术措施和其他必要措施，防范、制止和查处窃取或者以其他非法方式获取、出售或者非法向他人提供公民个人电子信息的违法犯罪行为以及其他网络信息违法犯罪行为。有关主管部门依法履行职责时，网络服务提供者应当予以配合，提供技术支持。

国家机关及其工作人员对在履行职责中知悉的公民个人电子信息应当予以保密，

不得泄露、篡改、毁损，不得出售或者非法向他人提供。

《网络安全法》第 24 条

网络运营者为用户办理网络接入、域名注册服务，办理固定电话、移动电话等入网手续，或者为用户提供信息发布、即时通信等服务，在与用户签订协议或者确认提供服务时，应当要求用户提供真实身份信息。用户不提供真实身份信息的，网络运营者不得为其提供相关服务。

《网络安全法》第 45 条

依法负有网络安全监督管理职责的部门及其工作人员，必须对在履行职责中知悉的个人信息、隐私和商业秘密严格保密，不得泄露、出售或者非法向他人提供。

《电信和互联网用户个人信息保护规定》第 17 条

电信管理机构应当对电信业务经营者、互联网信息服务提供者保护用户个人信息的情况实施监督检查。

电信管理机构实施监督检查时，可以要求电信业务经营者、互联网信息服务提供者提供相关材料，进入其生产经营场所调查情况，电信业务经营者、互联网信息服务提供者应当予以配合。

电信管理机构实施监督检查，应当记录监督检查的情况，不得妨碍电信业务经营者、互联网信息服务提供者正常的经营或者服务活动，不得收取任何费用。

《电信和互联网用户个人信息保护规定》第 18 条

电信管理机构及其工作人员对在履行职责中知悉的用户个人信息应当予以保密，不得泄露、篡改或者毁损，不得出售或者非法向他人提供。

《互联网视听节目服务管理规定》第 18 条

广播电影电视主管部门发现互联网视听节目服务单位传播违反本规定的视听节目，应当采取必要措施予以制止。……

《澳门特别行政区个人资料保护法》第 18 条

一、负责处理个人资料的实体和在履行职务过程中知悉所处理个人资料的所有人士，均负有职业保密义务，即使相应职务终止亦然。

二、为公共当局从事顾问或咨询工作的公务员、服务人员或技术员均负有相同的职业保密义务。

三、上述各款的规定不排除依法提供必要资讯的义务，但载于为统计用途所组织的资料库者除外。

【国外立法例】

美国 1999 年《电子隐私权法》第 2 节

……

（12）为促进电子商务的未来发展，保护与采集和使用个人数据有关的个人基本权利，必须确立在一定程度上依靠行业自律的国家隐私权政策，需要为消费者服务的技术手段以及制定得到政府支持的保护措施。

《俄罗斯联邦个人信息法》第 23 条

（一）对信息技术与通信领域实施检查和监督的联邦行政机关作为个人信息主体权利的全权保护机关，担负着检查和监督个人信息处理是否与本法要求相符的任务。

……

（三）个人信息主体全权保护机关有以下权利：

1. 向自然人或法人征询并无偿获取对于自己执行权力所必需的信息；

……

3. 要求操作者对不可信或非法获取的个人信息进行准确化、冻结或销毁；

4. 按俄罗斯联邦立法规定程序采取措施暂停或中止违反本法要求所进行的个人信息处理；

……

（四）个人信息主体权利全权保护机关应该对在执行行为过程中获知的个人信息保密。

（五）个人信息主体权利全权保护机关有责任：

1. 根据本法和其他联邦法律对个人信息主体权利进行保护；

……

3. 管理操作者名录；

4. 执行旨在完善个人信息主体权利保护的措施；

5. 根据安全保护领域联邦行政机关或者信息技术侦察与技术保护对抗领域的联邦行政机关的呈文，按照俄罗斯联邦立法规定程序采取措施暂停或中止个人信息处理；

......

欧洲议会和欧盟理事会2002年7月12日《关于电子通信行业个人数据处理与个人隐私保护的第2002/58/EC号指令》（隐私与电子通信指令）第5条

1. 成员国应该通过国内立法，确保通信的机密性，以及通过公众通信网络和公用电子服务传送的相关数据流的机密性。尤其是，它们应该禁止并非用户的其他人在没有得到相关用户同意的情况下，通过收听、偷听、存储或其他的形式来拦截或监视通信及相关数据流，除非第15条第1款对此给予法律上的授权。本款对机密性原则不存在偏见，它不会阻止传输通信所必需的技术存储。

......

欧洲议会和欧盟理事会2006年3月15日《关于存留因提供公共电子通信服务或者公共通信网络而产生或处理的数据及修订第2002/58/EC号指令的第2006/24/EC号指令》（数据存留指令）第7条

对根据第95/46/EC号指令和第2002/58/EC号指令采用的规定无偏见的情况下，各成员国应确保公用电信服务、通信服务或公共通信网络提供者至少尊重以下依照本指令有关数据储存的数据安全原则：

（1）储存数据的质量、安全和保护的等级，应该同于数据传输时；

（2）应采取适当的技术措施和组织措施保护数据，以避免数据被意外或非法损毁、意外灭失或更改，或未经许可或非法储存、处理、获取或披露；

（3）应采取适当的技术措施和组织措施保护数据，以确保数据仅能由专门的经授权的人员获取；而且

（4）除已经获取保存的数据外，其他数据应该在届满储存期限后被销毁。

《德国联邦数据保护法》第38条

......

（5）为了保证本法和其他规制个人数据自动化处理系统和在非自动存档系统里或者从非自动存档系统中处理个人数据的法规对数据的保护，监管机构可以命令在本法第9节指明的要求范围内，采取措施以纠正发现技术上或组织上的非法行为。在此种违法行为比较严重的情况下，尤其涉及明确地侵犯隐私时，如果不法行为未按照本节第1句的规定在合理的期限内得到纠正，并且罚金也不起作用，则监管机构可以禁止具体程序的适用。如果数据保护官不具备履行其职责必需的专业知识或者可信性，则监管机构有权要求解除其职务。

……

澳大利亚2008年《电信法》（修正案）（国家宽带网络）第3条

531G 信息的保护——受委托的政府官员

（1）如果某人以受委托的政府官员的身份获得了受保护的承载信息，那么此人不得：

(a) 将该信息透露给其他人；或者

(b) 擅自使用该信息。

……

第二十条 互联网服务提供者不得制作、复制、发布、传播含有下列危害国家安全的信息，或者故意为制作、复制、发布、传播含有下列内容的信息提供服务：

（一）破坏国家主权和领土完整的；

（二）煽动颠覆国家政权，推翻社会主义制度的；

（三）煽动民族仇恨，破坏国家统一的；

（四）宣扬恐怖主义、极端主义的；

（五）泄露国家秘密、情报、军事秘密或者损害国家荣誉和利益的。

互联网服务提供者不得制作、复制、发布、传播含有下列破坏公共秩序的信息，或者故意为制作、复制、发布、传播含有下列内容的信息提供服务：

（一）宣扬民族歧视，激化民族矛盾的；

（二）破坏国家宗教政策，宣扬邪教和封建迷信的；

（三）捏造虚假事实，破坏社会稳定的；

（四）淫秽、色情、儿童色情；

（五）赌博广告或变相广告；

（六）渲染血腥暴力的；

（七）以各种形式传授犯罪方法的。

互联网服务提供者不得制作、复制、发布、传播含有下列侵害个人权利的信息，或者故意为制作、复制、发布、传播含有下列内容的信息提供服务：

（一）捏造虚假事实或者隐瞒真相，骗取他人财物的；

（二）侮辱或者诽谤他人，侵害他人名誉、隐私的；

（三）侵害他人知识产权等其他合法权益的。

【立法理由】

立法建议稿本条是关于互联网违法信息内容的禁止性规定。

本条规定任何单位和个人（包括但不限于互联网服务提供者）不得制作、复制、发布、传播法律、行政法规禁止的信息内容，包括危害国家利益、市场经济秩序、公共安全、社会和谐稳定、网络信息健康以及侵害他人合法权益的信息。这些信息涉及政治秩序、公共秩序以及私人利益三个方面，本条分3款分别规定。除了主动从事上述行为，本条还禁止故意为上述行为提供技术、设备支持或其他服务的行为，即明知他人从事发布、传播违法信息行为的，仍然为其提供各种支持和服务。

传媒自由、言论自由是人的自由的一部分。人们可以自由地制作并发布信息，尤其在信息时代，每时每刻都有无数的信息在自由流动。但是自由有其限度，法律法规的禁止性规定即为划定自由的界限而生。当自由与国家利益、民族利益、公共安全、市场经济秩序等相抵触时，前者在必要的范围内应受节制。也即，必须衡量自由与其他相关利益，在其他利益胜出时则意味着优先保护该利益而须限制自由。比如散布国家机密、传播淫秽信息等行为，因抵触国家利益和未成年人身心健康利益而应受到制止。又如试图造谣、诽谤和以其他方式煽动推翻或者破坏中国社会主义制度的言论是不能享有言论自由的保护的。还有如未经版权人许可，也缺乏合理使用或法定许可等其他法律依据的情况下实施将作品上传的网络传播行为,将直接侵犯信息网络传播权,应承担停止侵权的法律责任。但要注意到,必须在确实存在其他利益比传媒自由、言论自由更值得保护的情况下,才能限制自由。否则,随意地限制自由,将有碍于人们的自我表达乃至整个社会的发展。为此,在涉及违法信息的认定时,相关概念的澄清就显得十分必要。比如,本条中所称的国家荣誉和利益究竟指什么,是十分不清楚的,从而很可能导致对言论的管制过于宽泛。因此,对于此类概念还需在司法裁判和学理上予以澄清。同时还要注意的是,对不同类型的信息应当采取不同程度的管制。对于影响政治秩序和公共秩序的信息予以较强的管制,而对于仅涉及道德伦理或个人利益的信息不妨从宽管制,以期较好地保障言论自由。就涉政治秩序和公共秩序的信息管制而言,在处理上也应有所区别。对前者采取事前审查的模式;而对于后者,基于审查成本和保留公共讨论空间的考虑,宜采取事后审查模式。

此外,与原来的规定相比,本条有三个方面的变化值得关注:第一,适用主体范围扩张。从仅规定互联网信息服务提供者不得发布传播违法信息,到现在的任何单位和个人都不得从事。的确,能够利用互联网发布违法信息的人绝不限于互联网信息服务提供者,有必要将相关主体都纳入调整范围,切实遏制利用互联网发布违法信息的行为。第二,将帮助型的违法行为纳入调整范围。虽然行为人未主动从事违法信息的制造、发布或传播,但在明知的情况下仍然提供技术等方面的帮助。此种帮助者同样具有可谴责性,其行为应当受到制止。第三,就兜底之前的各个违法信息类型作了更细致的规定,一定程度上有助于明确相关信息是否属于法律法规所禁止的信息。

【国内立法例】

《全国人民代表大会常务委员会关于维护互联网安全的决定》

二、为了维护国家安全和社会稳定,对有下列行为之一,构成犯罪的,依照刑法有关规定追究刑事责任:

(一)利用互联网造谣、诽谤或者发表、传播其他有害信息,煽动颠覆国家政

权、推翻社会主义制度,或者煽动分裂国家、破坏国家统一;

(二)通过互联网窃取、泄露国家秘密、情报或者军事秘密;

(三)利用互联网煽动民族仇恨、民族歧视,破坏民族团结;

(四)利用互联网组织邪教组织、联络邪教组织成员,破坏国家法律、行政法规实施。

三、为了维护社会主义市场经济秩序和社会管理秩序,对有下列行为之一,构成犯罪的,依照刑法有关规定追究刑事责任:

(一)利用互联网销售伪劣产品或者对商品、服务作虚假宣传;

(二)利用互联网损害他人商业信誉和商品声誉;

(三)利用互联网侵犯他人知识产权;

(四)利用互联网编造并传播影响证券、期货交易或者其他扰乱金融秩序的虚假信息;

(五)在互联网上建立淫秽网站、网页,提供淫秽站点链接服务,或者传播淫秽书刊、影片、音像、图片。

四、为了保护个人、法人和其他组织的人身、财产等合法权利,对有下列行为之一,构成犯罪的,依照刑法有关规定追究刑事责任:

(一)利用互联网侮辱他人或者捏造事实诽谤他人;

(二)非法截获、篡改、删除他人电子邮件或者其他数据资料,侵犯公民通信自由和通信秘密;

(三)利用互联网进行盗窃、诈骗、敲诈勒索。

《电信条例》第57条

任何组织或者个人不得利用电信网络制作、复制、发布、传播含有下列内容的信息:

(一)反对宪法所确定的基本原则的;

(二)危害国家安全,泄露国家秘密,颠覆国家政权,破坏国家统一的;

(三)损害国家荣誉和利益的;

(四)煽动民族仇恨、民族歧视,破坏民族团结的;

（五）破坏国家宗教政策，宣扬邪教和封建迷信的；

（六）散布谣言，扰乱社会秩序，破坏社会稳定的；

（七）散布淫秽、色情、赌博、暴力、凶杀、恐怖或者教唆犯罪的；

（八）侮辱或者诽谤他人，侵害他人合法权益的；

（九）含有法律、行政法规禁止的其他内容的。

《网络安全法》第 12 条第 2 款

任何个人和组织使用网络应当遵守宪法法律，遵守公共秩序，尊重社会公德，不得危害网络安全，不得利用网络从事危害国家安全、荣誉和利益，煽动颠覆国家政权、推翻社会主义制度，煽动分裂国家、破坏国家统一，宣扬恐怖主义、极端主义，宣扬民族仇恨、民族歧视，传播暴力、淫秽色情信息，编造、传播虚假信息扰乱经济秩序和社会秩序，以及侵害他人名誉、隐私、知识产权和其他合法权益等活动。

《网络安全法》第 46 条

任何个人和组织应当对其使用网络的行为负责，不得设立用于实施诈骗，传授犯罪方法，制作或者销售违禁物品、管制物品等违法犯罪活动的网站、通讯群组，不得利用网络发布涉及实施诈骗，制作或者销售违禁物品、管制物品以及其他违法犯罪活动的信息。

《网络安全法》第 48 条第 1 款

任何个人和组织发送的电子信息、提供的应用软件，不得设置恶意程序，不得含有法律、行政法规禁止发布或者传输的信息。

《计算机信息网络国际联网安全保护管理办法》（公安部）第 5 条

任何单位和个人不得利用国际联网制作、复制、查阅和传播下列信息：

（一）煽动抗拒、破坏宪法和法律、行政法规实施的；

（二）煽动颠覆国家政权，推翻社会主义制度的；

（三）煽动分裂国家、破坏国家统一的；

（四）煽动民族仇恨、民族歧视，破坏民族团结的；

（五）捏造或者歪曲事实，散布谣言，扰乱社会秩序的；

（六）宣扬封建迷信、淫秽、色情、赌博、暴力、凶杀、恐怖，教唆犯罪的；

（七）公然侮辱他人或者捏造事实诽谤他人的；

（八）损害国家机关信誉的；

（九）其他违反宪法和法律、行政法规的。

《未成年人网络保护条例》（草案征求意见稿）第 8 条

任何组织和个人在网络空间制作、发布、传播以下不适宜未成年人接触的信息，应当在信息展示之前，以显著方式提示：

（一）可能诱导未成年人实施暴力、欺凌、自杀、自残、性接触、流浪、乞讨等不良行为的；

（二）可能诱导未成年人使用烟草、酒类等不适宜未成年人使用的产品的；

（三）可能诱导未成年人产生厌学、愤世、自卑、恐惧、抑郁等不良情绪的；

（四）其他可能对未成年人身心健康产生不良影响的。

网络信息服务提供者提供网络平台服务的，应当对其所登载的信息进行审查；发现前款规定的信息的，应当采取措施以显著方式进行浏览前提示。

【国外立法例】

美国 1996 年《电信法》第 502 节

……

第（d）条 无论是谁——

（1）明知地在州际或者与国外通信时——

（A）使用互动计算机装置发送给不满 18 岁的某个人或者某群人；

（B）使用互动计算机装置，向不满 18 岁的人展示用当前社会标准衡量属于明显令人厌恶的性行为、性器官或者排泄行为、排泄器官的任何评论、请求、建议、计划、图像或者其他通信内容，不论上述服务的使用人是否主叫电话或者发起通信。

（2）明知地允许上述之人控制之下的任何电信设施用作第（1）款禁止的活动，而且具有用于上述活动的目的的，应当根据《美利坚合众国法典》第 18 编的规定处以罚金，或者处以两年以下的监禁，或者两者并罚。

第七编　立法建议

……

美国 2003 年《反垃圾邮件法》第 4 节

第（a）条　犯罪行为——

……

（1）一般规定——对《美利坚合众国法典》第 18 编第 47 章作出修改，在其末尾增加下列章节：

第 1037 节　与电子邮件有关的欺诈等行为

第（a）条　一般规定——从事或者影响州际或者国际商业活动的任何人明知——

……

（3）在众多商业性电子邮件信息中，实质伪造头信息①并故意发送上述虚假信息；

……

美国 2003 年《反垃圾邮件法》第 5 节

第（a）条　关于信息传播的规定

（1）禁止传播虚假性或者误导性信息——向受到保护的计算机发送含有或者附有实质虚假性或者实质误导性头信息的商业性电子邮件信息以及交易性或者关联性信息的任何行为，均为违法行为。在本款中——

（A）在技术上准确但含有为了发送信息而通过虚假或欺骗的伪装或者陈述而取得的源电子邮件地址、域名或者互联网协议地址的头信息，应当视为实质误导性信息；

（B）可以准确识别信息发送之人的"发件人"行（用于识别或者旨在识别信息发送人身份之行），不应视为实质虚假或者实质性误导性的信息；

（C）发送信息之人为隐蔽其来源，故意使用其他受到保护的计算机传递或者传输信息，导致不能准确识别用于发送信息的受到保护的计算机的头信息，应当视为实质误导性信息。

……

---

① 头信息指电子邮件信息所附的来源、目的地和路径信息。

美国 2003 年《反垃圾邮件法》第 5 节

第（d）条 在含有性取向资料的商业性电子邮件设置警告标志的规定——

（1）一般规定——任何人不得在州际商业活动中，向受到保护的计算机发送或者传播含有性取向资料的商业性电子邮件，或者以上述方式影响州际商业活动，并且——

......

《俄罗斯联邦大众传媒法》第 4 条

禁止将大众传媒用于刑事犯罪、泄露国家或其他法律特别保护的机密、号召实施恐怖行动、公然为恐怖主义辩护、传播极端主义者的材料，以及宣传淫秽、宗教暴力思想。

禁止在广播、电视、录像、电影资料、纪录片、艺术片、电脑网站和程序中加工特殊传媒的消息稿、秘密加入对人身体和思想造成不良影响的消息。

禁止在大众传媒媒体和互联网网站上传播毒品的研发、制造和使用方法及获取毒品的地点、致幻剂及其替代品的好处，不得传播其他联邦法律所禁止的消息。

......

禁止媒体对军事行动采取的具体行动方式、技术手段以及具体步骤进行传播。如果消息传播出去，将会妨碍军事行动的进行或者导致人们的生活及生命受到严重的损失。根据俄罗斯联邦信息保密和个人隐私法规定，参与恐怖活动业务执行、侦查、预防、跨界作业、发现等协作过程的专业机构员工和人员，以及上述人员家属的资料，可以对外公开。

《俄罗斯关于信息、信息技术和信息保护法》第 10 条

......

（六）禁止传播用来宣扬战争，激发民族、种族或宗教敌视或仇恨，以及其他可引发刑事或行政责任的消息。

俄罗斯联邦《关于信息、信息技术和信息保护法》修正案及个别互联网信息交流规范的修正案第 1 条

对 2006 年 7 月 27 日起生效的《关于信息、信息技术和信息保护法》进行如下变更：

......

(二)对第十条第二款补充如下:

第十条第二款:博主传播信息的特点

1. 在互联网网站和网页发布信息且日均访问量超过 3 000 人次的管理员(以下称"博主"),发布和使用信息时,以及其他用户在该网站或网页上发布上述信息时,须遵守俄罗斯联邦法律,具体包括:

(1)不得利用网站或自己的网页从事违法活动,泄露国家机密,传播包含公开呼吁实施恐怖活动或公开美化恐怖主义的材料及其他极端主义材料,传播宣传色情、暴力、残暴行为的材料,传播包含污言秽语的材料;

(2)在发布信息前,核实所发信息的可靠性,一旦发现信息不可靠应立即删除;

(3)不允许传播公民私生活信息;

……

(6)尊重公民和组织的权利与合法权益,包括公民的名誉、荣誉、商业声誉及组织的商业声誉。

2. 在网站或网页发布信息时,不得:

(1)利用网站或网页来隐瞒或伪造重要信息,打着可靠信息的旗号发布虚假信息;

(2)因公民的性别、年龄、种族、民族、语言、宗教信仰、职业、居住地、工作和政见的不同,而发布信息对其进行诽谤。

……

新西兰 1993 年《电影、视频和出版物分级法》第 3 条

(1)为落实本法,出版物如果对性、恐怖、犯罪、残忍、暴力等话题有描写、刻画、表达或其他方式的涉及,且其内容可能会对接触到该出版物的公众造成伤害,那么该出版物可以被认定含有不良内容。

……

【相关案例】

广州市澳大生物美容保健科技开发有限公司与广州三投文化传播有限公司名誉权纠纷一案(2009)粤高法审监民提字第 266 号

主要事实：由三投公司运营的 315 投诉网（未取得互联网新闻信息服务许可证）未经核实登载有关澳大公司生产的"白大夫"系列化妆品质量或者服务存在问题的信息。

裁判要旨：三投公司的行为违反了《互联网信息服务管理办法》第 15 条规定，"互联网信息服务提供者不得制作、复制、发布、传播含有下列内容的信息：……（八）侮辱或者诽谤他人，侵害他人合法权益的"，三投公司作为互联网信息服务提供者，应遵守上述规定。虽然消费者可以对其使用的产品质量进行批评、评论，但三投公司作为互联网信息服务提供者，在澳大公司要求其删除评论者带有明显辱骂、贬损意思表示的帖子后，应履行相应的审查义务，避免其发布、传播的信息侵害他人合法权益。

第二十一条　互联网信息服务提供者、互联网接入服务提供者发现发布、传输的信息属于本法第十九条所列内容的，应当立即终止传输，采取消除等处置措施，保存有关记录，并向互联网信息内容主管部门、公安机关报告。

国家有关部门可以采取技术措施和其他必要措施阻断属于本法第二十条所列内容的信息的传播。

【立法理由】

立法建议稿本条是关于互联网服务提供者阻断违法信息传布、保存相关记录并报告有关部门的义务以及有关部门的违法信息阻断权限的规定。

本条规定互联网服务者在发现传布的信息属于违法信息的情况下，就其可控范围内，有立即终止传输、采取消除等处置措施的义务。若互联网服务提供者发现传布违法信息情况而不采取行动进行处置，即属于明知他人传布违法信息而提供技术、服务等帮助的违法行为。同时，互联网服务者还应当保存相关记录，并向有关部门报告。有关部门也可以单方面主动采取措施阻断违法信息的传播，即有关部门拥有针对违法信息的阻断权限，同时也是其应负之职责。

本条由修改原《管理办法》第 16 条而来。适用主体增加了互联网接入服务提供者，处置措施上增加了消除，明确了国家有关机关的范围并增加规定了有关部门的信息阻断权限。这些改变都是加强对违法信息的取缔管理的体现。2012 年 12 月 28

日通过的《全国人民代表大会常务委员会关于加强网络信息保护的决定》规定有："网络服务提供者应当加强对其用户发布的信息的管理，发现法律、法规禁止发布或者传输的信息的，应当立即停止传输该信息，采取消除等处置措施，保存有关记录，并向有关主管部门报告。"学者也认为，互联网服务提供者在遵守相关法律法规的同时，应当主动承担企业应该负的社会责任。在法律法规的框架下，与用户签订管理协议，制定各项行为规范与公约，对传播不良信息的用户进行约束和处理，净化网络信息传播环境。因此，互联网服务提供者应当对网络信息进行管理，并在发现其控制范围内的信息属于违法信息时，及时采取措施予以阻断和消除。如果明知存在违法信息而不作为，便属于为传布违法信息提供帮助了。学者还指出，网络服务提供者享有技术资源、平台资源和信息资源等优势，相对于公权力来讲，管制成本较低、管理效率较高、更有管理动力；公权力管制能力有限，而网络服务提供者对自身存在的问题非常熟悉，管理起来也较为得心应手，有利于实现有效监管目标。因此，网络服务提供者在一定限度内应当承担信息监管的义务。以人民网为例，实践中它们即采取了技术手段过滤、人工审核、专人巡查相结合的方式对网络信息进行管理，一旦发现信息违法情况，即采取相应技术措施进行处理。同时，为了有效查处违法犯罪行为，有关部门必须了解相关信息，因此，网络服务提供者还应保存相关记录，比如发布违法信息的 IP 地址等，并且及时报告有关部门。国家有关部门除了被动地接受报告之外，还可以也应当主动地采取必要措施阻断违法信息的传布，以更加有效及时地遏制违法信息所能产生的影响。

【国内立法例】

《全国人大常委会关于维护互联网安全的决定》第 7 条

……从事互联网业务的单位要依法开展活动，发现互联网上出现违法犯罪行为和有害信息时，要采取措施，停止传输有害信息，并及时向有关机关报告。……

《全国人大常委会关于加强网络信息保护的决定》第 5 条

网络服务提供者应当加强对其用户发布的信息的管理，发现法律、法规禁止发布或者传输的信息的，应当立即停止传输该信息，采取消除等处置措施，保存有关记录，并向有关主管部门报告。

《网络安全法》第47条

网络运营者应当加强对其用户发布的信息的管理，发现法律、行政法规禁止发布或者传输的信息的，应当立即停止传输该信息，采取消除等处置措施，防止信息扩散，保存有关记录，并向有关主管部门报告。

《网络安全法》第48条第2款

电子信息发送服务提供者和应用软件下载服务提供者，应当履行安全管理义务，知道其用户有前款规定行为的，应当停止提供服务，采取消除等处置措施，保存有关记录，并向有关主管部门报告。

《网络安全法》第50条

国家网信部门和有关部门依法履行网络信息安全监督管理职责，发现法律、行政法规禁止发布或者传输的信息的，应当要求网络运营者停止传输，采取消除等处置措施，保存有关记录；对来源于中华人民共和国境外的上述信息，应当通知有关机构采取技术措施和其他必要措施阻断传播。

《即时通信工具公众信息服务发展管理暂行规定》第8条

即时通信工具服务使用者从事公众信息服务活动，应当遵守相关法律法规。

对违反协议约定的即时通信工具服务使用者，即时通信工具服务提供者应当视情节采取警示、限制发布、暂停更新直至关闭账号等措施，并保存有关记录，履行向有关主管部门报告义务。

《未成年人网络保护条例》第7条

任何组织和个人不得在网络空间制作、发布、传播违反法律、行政法规和部门规章的信息。

网络信息服务提供者提供网络平台服务的，应当对其所登载的信息进行审查；发现违反法律、行政法规和部门规章的信息的，应当采取措施进行过滤、删除或屏蔽，并向有关主管部门报告。

《互联网安全保护技术措施规定》第9条

提供互联网信息服务的单位除落实本规定第七条规定的互联网安全保护技术措

施外，还应当落实具有以下功能的安全保护技术措施：

（一）在公共信息服务中发现、停止传输违法信息，并保留相关记录；

……

《互联网新闻信息服务管理规定》第 20 条

互联网新闻信息服务单位应当建立新闻信息内容管理责任制度。不得登载、发送含有违反本规定第三条第一款、第十九条规定内容的新闻信息；发现提供的时政类电子公告服务中含有违反本规定第三条第一款、第十九条规定内容的，应当立即删除，保存有关记录，并在有关部门依法查询时予以提供。

《网络出版服务管理规定》第 33 条

网络出版服务单位发现其出版的网络出版物含有本规定第二十四条、第二十五条所列内容的，应当立即删除，保存有关记录，并向所在地县级以上出版行政主管部门报告。

【国外立法例】

《俄罗斯关于信息、信息技术和信息保护法》第 15 条之一

……

（七）在自收到名录管理方关于将某互联网网站域名和（或）网页索引列入名录的通知之时起一昼夜内，托管服务商有义务将此事通知其服务的互联网网站所有人，并告知其立即删除含有禁止在俄罗斯联邦境内传播消息的网页的必要性。

（八）在自收到托管服务商关于将某互联网网站域名和（或）网页索引列入名录的通知之时起一昼夜内，互联网网站所有人有义务删除含有在俄罗斯联邦境内禁止传播信息的网页。在网站所有人拒绝删除或不作为的情况下，托管服务商有义务在一昼夜内限制登录该网站。

……

（十）负责提供信息通信网互联网登录服务的互联网网站所有人、托管服务商或通信运营商在删除含有在俄罗斯联邦境内禁止传播的信息后，应反馈情况。在自收到此反馈之日起三日内，在大众信息媒介、大众传播手段、信息技术和通信手段领

域实施检查和监督职能的联邦执法机构,或其根据本条第四款使用的名录管理方,应从名录中删除该互联网网站域名、网页索引或可识别该网站的网络地址。在自收到关于废止上述联邦执法机构做出的有关将互联网网站域名、网页索引和(或)可识别该网站的网络地址列入名录的决定的已生效的法院判决之日起三日内,上述联邦执法机构或名录管理方应当从名录中删除该互联网网站域名、网页索引或可识别该网站的网络地址。

……

欧洲议会和欧盟理事会2000年6月8日《关于共同体内部市场的信息社会服务,尤其是电子商务的若干法律方面的第2000/31/EC号指令》(电子商务指令)第13条

1.若所提供的信息社会服务包括在通信网络中传输由服务接受者提供的信息,只要对信息的存储是为了使根据其他服务接受者的要求而上传的信息能够被更加有效地传输给他们,成员国应当确保服务提供者不因对信息的自动、中间性和暂时的存储而承担责任,条件是:

……

(5)提供者在得知处于原始传输来源的信息已在网络上被移除,或者获得该信息的途径已被阻止,或者法院或行政机关已下令进行上述移除或阻止获得的行为的事实后,迅速地移除或阻止他人获得其存储的信息。

2.本条不应当影响法院或行政机关根据成员国的法律制度,要求服务提供者终止或者预防侵权行为的可能性。

欧洲议会和欧盟理事会2000年6月8日《关于共同体内部市场的信息社会服务,尤其是电子商务的若干法律方面的第2000/31/EC号指令》(电子商务指令)第14条

1.若提供的信息社会服务为存储由服务接受者提供的信息,成员国应当确保服务提供者不因根据接受服务者的要求存储信息而承担责任,条件是:

(1)提供者对违法活动或违法信息不知情,并且就损害赔偿而言,提供者对显然存在违法活动或违法信息的事实或者情况毫不知情;或者

(2)提供者一旦获得或者知晓相关信息,就马上移除了信息或者阻止他人获得此种信息。

2. 如果服务接受者是在提供者的授权或控制下进行活动，则本条第 1 款不适用。

……

欧洲议会和欧盟理事会 2000 年 6 月 8 日《关于共同体内部市场的信息社会服务，尤其是电子商务的若干法律方面的第 2000/31/EC 号指令》（电子商务指令）第 15 条

1. 在服务提供者提供本指令第 12 条、第 13 条以及第 14 条规定的服务时，成员国不应当要求服务提供者承担监督其传输和存储的信息的一般性义务，也不应当要求服务提供者承担主动收集表明违法活动的事实或情况的一般性义务。

2. 成员国可以要求信息社会服务提供者承担立即向主管公共机构汇报其服务接受者从事的非法活动或非法信息的义务，或者应主管当局的要求，向主管当局提供可确定与其有存储协议的服务接受者的身份信息的义务。

《德国联邦数据保护法》第 35 条

……

（2）除本条第（3）条第 1 款和第 2 款规定的情况，个人数据可以随时删除。存档系统中的个人数据在下列情况下应当删除：

1. 对其保存未经批准；

2. 此数据中包含有关种族或者民族出身、政治观点、宗教或者哲学信仰、党派、健康或者性生活、刑事违法或者行政违法，并且数据控制人无法保证其正确性；

……

澳大利亚 1997 年《电信法》第 313 条

（1）运营商和运营服务提供商，必须在与下列业务相关的情况下：

（a）运行电信网络或设备；或者

（b）提供运营服务；

尽力防止电信网络和设备被用来实施违反联邦、州或者领地法律的罪行，或与之相关的目的。

（2）运营服务中间商必须尽力防止电信网络和设备被用来实施违反联邦、州或者领地法律的罪行，或与之相关的目的。

……

【相关案例】

深圳市莱特妮丝服饰有限公司与浙江淘宝网络有限公司侵犯商标专用权纠纷（2011）杭余知初字第14号

主要事实：莱特妮丝公司发现淘宝网上有以其商标莱特妮丝为名的商铺在销售内衣，莱特妮丝公司向淘宝公司投诉会员名为"中国专门店"的卖家侵犯其商标专用权并要求披露卖家信息，并当场填写了知识产权侵权投诉通知函。当日，淘宝公司向莱特妮丝公司披露会员名为"中国专门店"的真实姓名为宋某珠，同时，莱特妮丝公司确认淘宝公司已删除其指明的侵权链接。

裁判要旨：即使对被控侵权产品的侵权指控成立，因淘宝公司在莱特妮丝公司投诉的当日即删除了相关侵权链接，履行了作为一个网络服务提供者的基本义务，同时莱特妮丝公司也未能举证证明淘宝公司在莱特妮丝公司投诉之前已明知或应知侵权行为的存在而没有采取必要措施，因此，淘宝公司不存在过错，故莱特妮丝公司主张淘宝公司构成对宋某珠的帮助侵权的指控，不能成立。

姜某与杭州十九楼网络传媒有限公司一般人格权纠纷（2012）杭西民初字第401号

主要事实：名为××9楼空间的经营性网站上有自称为是肖某琴亲戚的网名为"和春住"的网民刊出所谓肖某琴的"遗书"一帖，该帖文采用肖某琴本人自述形式，大篇幅、详细地描绘所谓原告婚外情的细节，以及肖某琴本人因情深不堪忍受而选择自杀的过程，"遗书"将原告及所谓"第三者"的真实身份予以了公开。当地有相当影响力的有关纸质媒体对此事件也随之进行了报道，使得此事件继续发酵，在当地造成较大影响。20××年××月2日，实际并未自杀身亡的肖某琴公开现身于北京电视台，致使此事件产生巨大的轰动效应。直至本案审理期间，在××9楼空间输入原告姓名或肖某琴搜索网帖，仍存有大量网民关于此事件的评论的搜索结果，从这些搜索结果上仍能看到此事件的有关情况、原告的个人信息等。

裁判要旨：网络服务提供者认识到网络用户利用其网络服务侵害他人民事权益，则负有及时采取必要措施、制止侵权行为的保护义务，未采取必要措施，实际上是放任了侵害结果的发生，因此，其应当与实施直接侵权的网络用户承担连带责任。虽然面对网络的海量信息，网络服务提供者客观上没有能力对每条信息进行审查，法律也就并不要求网络服务提供者对网络用户所发布的信息负有主动审查和事先审查的义务，但是法律为其设立的免于承担侵权责任的"避风港"并不包括其已经知道侵权信息存在的情形，也就是说，网络服务提供者已经知道有侵权信息存在，则其亦应当采取删除等必要措施，不能以受害人尚未通知为由而免除其应当采取必要措施之义务。

第四章　监督检查

第二十二条　互联网信息内容主管部门、电信主管部门和其他有关部门应当向社会公开对互联网信息服务的许可、备案情况，公众有权查阅。

【立法理由】

立法建议稿本条是关于互联网信息服务管理中政府信息公开的规定。现代社会，为保障信息自由和公民的知情权，信息公开是政府的义务并已成为建设法治社会的必然要求与衡量指标。我国《政府信息公开条例》第9条规定，行政机关应主动公开反映本行政机关机构设置、职能、办事程序等情况的政府信息。其中，第10条第7项规定，行政许可的事项、依据、条件、数量、程序、期限以及申请行政许可需要提交的全部材料目录及办理情况属于县级以上各级人民政府及其部门应当重点公开的政府信息。

根据《互联网信息服务管理办法》（2011年）第10条的规定，国务院信息产业主管部门和省、自治区、直辖市电信管理机构应公布已经获得准入的互联网信息服务提供者名单。本立法建议稿删去了《互联网信息服务管理办法》（2011年）第10条并于本条在公开的主体和公开的内容等方面作出了新的规定。在公开的主体方面，根据本立法建议稿第3条描绘的我国互联网分层管理体系，国家互联网信息内容主管部门（国家互联网信息办公室）负责互联网新闻信息服务审批、国务院电信主管部门负责对全国互联网信息服务的市场准入实施监督管理（本立法建议稿第6条则进一步规定了电信主管部门针对互联网信息服务中的增值电信业务采取许可制度、针对非增值电信业务采取备案制度），以上行政主管部门在履行职责过程中制作或者获取的，以一定形式记录、保存的信息应当予以公开。在公开的内容方面，本条将信息公开的范围规定为"互联网信息服务的许可、备案情况"。参照《政府信息公开条例》第10条第7项的规定，本条应公开的内容包括：许可备案的事项、依据、条件、数量、程序、期限以及申请行政许可备案所需要提交的全部材料目录及办理情况。如此一来，政府相关部门应公开的内容从信息服务提供者名单进而扩展至包括本立法建议稿第6条所规定申请材料在内的更加全面的信息。

本条还规定了公众有权查阅互联网信息服务的许可、备案情况，行政法理论认为，即便是主动公开的信息，当事人不知晓或者行政机关没有主动公开的，当事人也可以依申请公开；对于已主动公开的信息，行政机关可以告知当事人获取（查阅）的方法与途径，如果不增加额外成本，也可以直接提供有关信息。本条赋予公众查阅的权利，可以为公民、法人或者非法人组织获取政府信息提供便利并督促政府相关部门履行信息公开义务。这点与《政府信息公开条例》第16条、第26条之规定保持一致，实现了法规体系的内在统一。

【国内立法例】

《中华人民共和国政府信息公开条例》第9条

行政机关对符合下列基本要求之一的政府信息应当主动公开：

……

（三）反映本行政机关机构设置、职能、办事程序等情况的；

《中华人民共和国政府信息公开条例》第10条第7项

县级以上各级人民政府及其部门应当依照本条例第九条的规定，在各自职责范围内确定主动公开的政府信息的具体内容，并重点公开下列政府信息：

……

（七）行政许可的事项、依据、条件、数量、程序、期限以及申请行政许可需要提交的全部材料目录及办理情况；

《中华人民共和国政府信息公开条例》第 16 条

各级人民政府应当在国家档案馆、公共图书馆设置政府信息查阅场所，并配备相应的设施、设备，为公民、法人或者其他组织获取政府信息提供便利。

行政机关可以根据需要设立公共查阅室、资料索取点、信息公告栏、电子信息屏等场所、设施，公开政府信息。

行政机关应当及时向国家档案馆、公共图书馆提供主动公开的政府信息。

《中华人民共和国政府信息公开条例》第 26 条

行政机关依申请公开政府信息，应当按照申请人要求的形式予以提供；无法按照申请人要求的形式予以提供的，可以通过安排申请人查阅相关资料、提供复制件或者其他适当形式提供。

《互联网信息服务管理办法》（2011 年）第 10 条

省、自治区、直辖市电信管理机构和国务院信息产业主管部门应当公布取得经营许可证或者已经履行备案手续的互联网信息服务提供者名单。

《电信业务经营许可管理办法》第 3 条第 2 款

电信管理机构在经营许可证审批管理中应当遵循便民、高效、公开、公平、公正的原则。

【国外立法例】

欧洲议会和欧盟理事会 2002 年 3 月 7 日《关于电子通信网络和服务授权的第 2002/20/EC 号指令》（授权指令）第 15 条

成员国应该确保所有关于一般授权和使用权的权利、条件、程序、费用和决定的相关信息通过适当的方式进行公布和及时更新，以向所有相关方提供便捷方法获取信息。

当不同级别政府持有第 1 款中提到的信息，特别是关于安装设备权利的程序和条件的信息时，国家监管当局应记录所涉花费，尽一切合理努力创造一个用户界面友好的所有此类信息的纵览,包括相关级别政府的信息和责任机构信息等,以促进安装设备权利的申请。

【相关案例】

唐某梁与湖北省通信管理局不履行法定职责一审行政判决书(2015)鄂洪山行初字第00074号

案件事实:

2014年9月9日,原告通过电子邮件的方式向被告提交了《政府信息公开申请表》,要求被告公开以下四项政府信息:"一、湖北省电信(备案)现在执行资费(套餐)目录。二、湖北省电信(备案)现行资费(套餐)目录各资费标准、计费方式、对应服务等内容。三、无线固话预付费学灵通网络有无退市计划。四、无线固话预付费学灵通网络近三年来监管情况"。被告在原告起诉前未作出答复。

在诉讼中,被告省通信管理局于2015年6月19日向原告作出鄂通信信函(2015)106号《关于唐某梁申请信息公开的回复》(以下简称《回复》),主要内容为:"一、关于'湖北省电信(备案)现在执行资费(套餐)目录以及各资费标准、计费方式、对应服务等内容'问题。2014年5月之前湖北省电信的资费均有在我局备案,并在局网站上公示……具体套餐内容您可在网站上查询。……其后电信企业的资费方案无须再在我局备案,故我局无此备案信息公开。二、关于'无线固话预付费学灵通网络有无退市计划'的问题,据中国电信报告,因小灵通设备供应和服务支持等原因,难以保障其服务质量。目前,中国电信正在开展小灵通服务升级活动,具体情况请咨询企业。……三、关于'无线固话预付费学灵通网络近三年来监管情况'的问题,我局近三年未收到相关投诉,除前述2014年5月之前的备案信息外,无其他应公开信息"。原告于2015年6月24日收到被告作出的《回复》。

裁判要旨:

本案中,原告唐某梁于2014年9月9日通过电子邮件的方式向被告提交了《政府信息公开申请表》,至原告于2014年12月提起诉讼时,被告没有作出答复,被告的行为违反了《中华人民共和国政府信息公开条例》第二十四条规定。被告于2015

年 6 月 19 日对原告作出《回复》，应视为被告改变原违法行政行为，履行了信息公开答复职责。但因原告仍要求确认被告没有在十五个工作日内进行答复的行为违法，故本院对原告的诉讼请求予以支持。

李某与河南省通信管理局一审行政判决书（2013）金行初字第 185 号

案件事实：

2011 年 6 月 27 日原告向被告出具信访件一份，要求被告答复中国联合网络通信有限公司新乡市分公司预付费小灵通资费标准是否履行备案程序。2011 年 8 月 9 日被告作出豫通局访函（2011）16 号文件，向原告答复中国联合网络通信有限公司新乡市分公司预付费小灵通资费未履行审批备案程序，已于 2011 年 7 月 19 日向中国联合网络通信有限公司河南省分公司下发责令整改通知书，要求其履行电信资费备案程序。2011 年 8 月 11 日该公司向被告报送豫联通（2011）302 号《中国联通河南省分公司关于无线市话资费备案的报告》，对其公司无线市话资费方案予以备案。

裁判要旨：

《中华人民共和国电信条例》第三十一条规定，电信业务经营者提供服务的种类、范围、资费标准和时限，应当向社会公布，并报省、自治区、直辖市电信管理机构备案。原告请求被告答复中国联合网络通信有限公司新乡市分公司预付费小灵通资费标准是否履行备案程序，被告书面对其告知相关事项、责令中国联合网络通信有限公司河南省分公司整改、并要求其履行电信资费备案程序，已履行其行政职责。

刘某与江苏省通信管理局通信信息公开行政判决书（2012）宁行初字第 37 号

案件事实：

原告刘某于 2011 年 11 月 22 日以邮寄的方式向被告递交了一份信息公开申请表。被告收到后，与原告电话联系，告知其因申请内容不明确而无法查找相关信息。2011 年 12 月 10 日，原告再次向被告邮寄信息公开申请表一份，其内容为：（1）江苏联通公司现售家庭有线宽带套餐报批及批复等具体备案内容（如普及型、经济型、光纤金牌、光纤银牌、光纤极速和光纤至尊套餐）；（2）江苏联通公司现售掌中宽带

(无线网卡)套餐及无线网卡设备报批及批复等具体备案内容(如 80 元包 1G、150 元包 3G、200 元包 5G、300 元包 10G);(3)江苏联通公司现售无线固话业务套餐报批及批复等具体备案内容(无具体名称);(4)江苏联通公司家庭有线固话业务套餐报批及批复等具体备案内容(如有线预付费最低 10 元无忧,有线预付费最低消费 15 元无忧,有线后付费月租 15 元送 15 元,有线后付费月租 30 元送 30 元等);(5)江苏联通公司增值电信业务的具体种类和名称(如炫铃等);(6)江苏联通公司基础电信业务的具体种类和名称(如语音业务等)。被告收到后再次电话告知原告其申请内容不明确,无法查找具体信息。2011 年 12 月 28 日,原告到被告处当面向被告递交了第三份信息公开申请表,其内容与第二份信息公开申请表基本一致,并在申请表中声明愿到被告档案库中自行查找所需信息。被告于 2012 年 1 月 4 日针对原告刘某的信息公开申请作出了苏通公开告知(2011)31 号《信息公开告知书》,告知其申请公开的信息已在该局门户网站"电信资费"栏目主动公开,并向原告提供了备案信息和审批信息的具体网址,供原告自行查找所需信息;同时还告知原告该局无其所申请公开的江苏联通基础电信业务具体种类和名称、增值业务的具体种类和名称。原告认为被告未依照信息公开的相关要求对其申请进行回复,向江苏省人民政府申请行政复议,江苏省人民政府于 2012 年 4 月 23 日作出行政复议决定书,维持了被诉的《信息公开告知书》。原告仍不服,提起行政诉讼,要求确认被诉的《信息公开告知书》违法,并责令被告重新作出答复。

裁判要旨:

根据《信息公开条例》第十三条、第二十一条、第二十六条的规定,除行政机关主动公开的信息外,公民、法人或者其他组织可以根据自身生产、生活、科研等特殊需要,向各级行政机关申请获取相关政府信息。行政机关对于属于公开范围的政府信息,应当告知申请人获取该政府信息的方式和途径;对于申请内容不明确的,应当告知申请人作出更改、补充。行政机关依申请公开政府信息,应当按照申请人要求的形式予以提供;无法按照申请人要求的形式提供的,可以通过安排申请人查阅相关资料、提供复制件或者其他形式提供。本案中,被告省通信局于 2011 年 11 月 28 日、12 月 16 日收到原告邮寄的两份信息公开申请表后,通过电话与原告联系,告知其申请内容笼统模糊，无法查找。原告于 2011 年 12 月 28 日到被告处当面提交了第三次申请，但申请内容仍然不具体、明确，被告于 2012 年 1 月 4 日针对其申请作出了被诉的《信息公开告知书》，告知原告该局不存在其所申请的电信业务具体种类、名称等信息，并将能够查询其所需信息的网址提供给原告，供其自行查询所需信息。被告的上述行为并不违反法律、法规的相关规定，亦未超过《信息公开条例》规定的 15 个工作日的期限，程序并无不当。原告认为被诉《信息公开告知书》中所提供的网址与其申请内容无关，被诉的《信息公开告知书》违法。经庭审演示涉案网址打开的内容表明，原告申请的信息名称与备案单位申请备案、审批的名称称谓不同，且原告当庭认可打开的网页中有其所需的部分信息，故原告的上述观点不能成立。综上，原告要求确认被告信息公开答复行为违法的诉讼主张，缺乏事实和法律依据，本院不予支持。

石家庄市如果爱婚姻服务有限公司与中华人民共和国工业和信息化部信息公开一审行政裁定书（2014）一中行初字第 10827 号

案件事实：

2014 年 2 月 8 日，原告向被告邮寄《关于对北京百合在线科技有限公司的再次举报信及政府信息公开申请书》（以下简称"涉案申请书"），申请被告公开"伪造电信经营业务许可证的有关法律法规及对北京百合在线科技有限公司伪造贵部证件的查处结果"。同年 3 月 26 日，被告作出被诉告知书，内容为："申请人石家庄市如果爱婚姻服务有限公司：我部政务公开领导小组办公室于 2014 年 3 月 7 日收到您提交的政府信息公开申请。根据《中华人民共和国政府信息公开条例》（国务院令第 492 号）相关规定，现答复如下：一、涉及伪造电信业务经营许可证内容的行政法规和规章：1.《中华人民共和国电信条例》（国务院令第 291 号）2.《电信业务经营许可证管理办法》（工业和信息化部令第 5 号）我部已在官方网站（www.miit.gov.cn）公开相关管理规定。二、关于对北京百合在线科技有限公司涉嫌伪造我部颁发许可证问题的查处结果我部在接到你公司的举报后，高度重视，立即组织北京市通信管理局调查核实相关情况。经查，我部曾于 2006 年 10 月 9 日向北京百合在线科技有限公司颁发了《跨地区增值电信业务经营许可证》，于 2011 年 4 月 21 日最后一次批准变更许可证载明事项，许可证编号是 B2－20060409，我部批准北京百合在线科技有限公司经营的业务种类是第二类增值电信业务中的信息服务业务（不含固定网电话信息服务和互联网信息服务），业务覆盖范围是全国，有效期至 2011 年 10 月 9 日，该许可证已无效。北京百合在线科技有限公司在其运营的百合网（www.baihe.com）中公开的《跨地区增值电信业务经营许可证》并非伪造的许可证，但因该许可证已无效，为避免误导用户，北京市通信管理局要求北京百合在线科技有限公司删除百合网上登载的已无效的《跨地区增值电信业务经营许可证》有关信息，目前该公司已删除了相关信息。"后被诉告知书送达原告。原告不服，向被告申请行政复议。同年 8 月 4 日，被告作出工信复决字（2014）第 29 号《行政复议决定书》，决定维持被诉告知书。后该复议决定送达原告。原告不服，向本院提起本案诉讼，请求：确认被诉告知书违法，撤销被诉告知书，责令被告重新依申请作出答复，诉讼费用由被告承担。

裁判要旨：

原告向被告申请公开"伪造电信经营业务许可证的有关法律法规"，实质上是对伪造电信经营业务许可证的法律法规问题进行咨询，并非申请公开《政府信息公开条例》规定的政府信息。原告向被告申请公开"对北京百合在线科技有限公司伪造贵部证件的查处结果"。鉴于原告、被告均认可原告系在涉案申请书中首次向被告提出北京百合在线科技有限公司伪造电信经营业务许可证的问题，故该请求实质上是原告在向被告举报的同时，要求被告对其举报进行处理后告知其处理结果。这种要求行政机关履行职责同时告知查处结果的情形，不属于《政府信息公开条例》调整的范围。原告亦未提交证据证明其与举报事项有法律上的利害关系，故被诉告知书关于相关处理结果的告知对原告的权利义务不产生实际影响。

第二十三条 互联网信息内容主管部门、电信主管部门、公安机关和其他有关部门应当对互联网信息服务进行监督检查，及时查处违反本法规定的行为。

互联网信息内容主管部门、电信主管部门、公安机关和其他有关部门依法履行监督检查等执法职责，应当由两名以上执法人员实施。执法人员应当具有执法资格，执法时应当主动出示执法证件，并记录监督检查等执法情况。监督检查等执法记录由执法人员签字归档。公众有权查阅监督检查等执法记录，但涉及国家秘密、商业秘密或者个人隐私依法不得公开的除外。

【立法理由】

本条第 1 款是对立法建议稿第 3 条规定的我国互联网监督管理体系的细化，各相关部门应当依照本法在各自职责范围内对互联网信息服务进行监督检查，打击违法犯罪活动。

本条第 2 款是关于互联网监督管理职能部门执法规范的规定。职能部门依法履行监督检查职责是实施行政行为的表现，在对依照本法已经取得许可或者已经进行备案的互联网信息服务提供者进行监督检查时，根据《行政许可法》第 61 条第 2 款的规定，行政机关依法对被许可人从事行政许可事项的活动进行监督检查时，应当将监督检查的情况和处理结果予以记录，由监督检查人员签字后归档。公众有权查阅行政机关监督检查记录。此外，参照《行政处罚法》第 37 条第 1 款的规定，行政机关在调查或者进行检查时，执法人员不得少于两人，并应当向当事人或者有关人员出示证件。根据《行政处罚法》第 34 条第 1 款、《行政强制法》第 17、18 条之规定，行政强制措施应当由行政机关具备资格的行政执法人员实施，执法人员当场作出行政处罚决定以及实施行政强制措施时应出示执法身份证件，这就要求执法人员应当具有相应的执法资格。对于违反本立法建议稿第 6 条、第 10 条规定，擅自从事互联网信息服务的，有关部门在查处过程中亦应遵守本条规定的执法规范，同时适用《行政强制法》与《行政处罚法》的有关规定。

根据《政府信息公开条例》第 14 条第 4 款的规定，行政机关不得公开涉及国家秘密、商业秘密、个人隐私的政府信息。但是，经权利人同意公开或者行政机关认为不公开可能对公共利益造成重大影响的涉及商业秘密、个人隐私的政府信息，可以予以公开。本条只转引了《政府信息公开条例》第 14 条第 4 款前半句的规定，为更好的保障公众的知情权、保持行政法规体系内部协调统一，应当根据《政府信息公开条例》第 14 条第 4 款对本条进行补全。

【国内立法例】

《中华人民共和国政府信息公开条例》第 14 条第 4 款

行政机关不得公开涉及国家秘密、商业秘密、个人隐私的政府信息。但是，经权利人同意公开或者行政机关认为不公开可能对公共利益造成重大影响的涉及商业秘密、个人隐私的政府信息，可以予以公开。

《中华人民共和国行政许可法》第 61 条第 2 款

行政机关依法对被许可人从事行政许可事项的活动进行监督检查时，应当将监督检查的情况和处理结果予以记录，由监督检查人员签字后归档。公众有权查阅行政机关监督检查记录。

《中华人民共和国行政处罚法》第 37 条第 1 款

行政机关在调查或者进行检查时，执法人员不得少于两人，并应当向当事人或者有关人员出示证件。

《中华人民共和国行政处罚法》第 34 条第 1 款

执法人员当场作出行政处罚决定的，应当向当事人出示执法身份证件……

《中华人民共和国行政强制法》第 17 条第 3 款

行政强制措施应当由行政机关具备资格的行政执法人员实施，其他人员不得实施。

《中华人民共和国行政强制法》第 18 条

行政机关实施行政强制措施应当遵守下列规定：

（一）实施前须向行政机关负责人报告并经批准；

（二）由两名以上行政执法人员实施；

（三）出示执法身份证件；

（四）通知当事人到场；

（五）当场告知当事人采取行政强制措施的理由、依据以及当事人依法享有的权利、救济途径；

（六）听取当事人的陈述和申辩；

（七）制作现场笔录；

（八）现场笔录由当事人和行政执法人员签名或者盖章，当事人拒绝的，在笔录中予以注明；

（九）当事人不到场的，邀请见证人到场，由见证人和行政执法人员在现场笔录上签名或者盖章；

（十）法律、法规规定的其他程序。

《电信业务经营许可管理办法》第 40 条第 2 款

电信管理机构对经营许可证实行年检等监督检查时，应当记录监督检查的情况和处理结果，由监督检查人员签字后归档。公众有权查阅监督检查记录。

第二十四条 互联网信息内容主管部门、电信主管部门、公安机关和其他有关部门依法履行监督检查等执法职责时，互联网信息服务提供者、互联网接入服务提供者应当予以配合，不得拒绝、阻挠。

【立法理由】

本条是关于互联网信息管理部门依法履行监督检查等执法职责时，相对人即互联网信息服务提供者、互联网接入服务提供者应当予以配合，并且负有不得拒绝、阻挠等容忍义务的规定。根据行政效能的要求，行政机关依法履行管理职责，要拥有法律、法规赋予其相应的强制执法手段，用国家强制力作保障，行使行政优益权，保证政令有效。在依照法定程序行使行政执法权时，行政相对人应负有予以配合的积极作为义务，还应当负有不得拒绝、阻挠等强制性义务。此外，在行政优益权中，行政机关在履行职责时还享有获得社会协助权，即行政主体在从事紧急公务时，有关组织或个人有协助执行或提供方便的强制性义务，违反者将承担法律责任。

根据《行政处罚法》第 37 条第 1 款后段之规定，当事人或有关人员应当如实回答询问，并协助调查或者检查，不得阻挠。《电信业务经营许可管理办法》第 4 条第 2 款规定："电信业务经营者在电信业务经营活动中，应当遵守经营许可证的规定，接受、配合电信管理机构的监督管理。"对于拒不配合、拒绝、阻挠有关部门监督检查的,应当依照《治安管理处罚法》由公安机关给予治安管理处罚;构成犯罪的,应当依照《刑法》追究刑事责任。

【国内立法例】

《中华人民共和国行政处罚法》第37条第1款

……当事人或者有关人员应当如实回答询问,并协助调查或者检查,不得阻挠。

《电信业务经营许可管理办法》第4条第2款

电信业务经营者在电信业务经营活动中,应当遵守经营许可证的规定,接受、配合电信管理机构的监督管理。

《中华人民共和国治安管理处罚法》第2条

扰乱公共秩序,妨害公共安全,侵犯人身权利、财产权利,妨害社会管理,具有社会危害性,依照《中华人民共和国刑法》的规定构成犯罪的,依法追究刑事责任;尚不够刑事处罚的,由公安机关依照本法给予治安管理处罚。

《中华人民共和国治安管理处罚法》第50条

有下列行为之一的,处警告或者二百元以下罚款;情节严重的,处五日以上十日以下拘留,可以并处五百元以下罚款:

(一)拒不执行人民政府在紧急状态情况下依法发布的决定、命令的;

(二)阻碍国家机关工作人员依法执行职务的;

(三)阻碍执行紧急任务的消防车、救护车、工程抢险车、警车等车辆通行的;

(四)强行冲闯公安机关设置的警戒带、警戒区的。

阻碍人民警察依法执行职务的,从重处罚。

《中华人民共和国刑法》第277条

以暴力、威胁方法阻碍国家机关工作人员依法执行职务的,处三年以下有期徒刑、拘役、管制或者罚金。

第二十五条 互联网信息内容主管部门、电信主管部门、公安机关、国家安全机关和其他有关部门应当建立信息共享和信息通报制度。

互联网信息内容主管部门、电信主管部门、公安机关和其他有关部门应当建立社会信用档案。

【立法理由】

本条第 1 款是关于在互联网信息管理部门之间建立信息共享和信息通报制度的规定。在行政机关之间建立信息共享和信息通报制度的目的在于规范各部门信息资源的有效利用，从整体上提高行政效能，进而提升社会管理和服务水平。我国关于政府信息共享的规定，在法律层面，《行政许可法》第 33 条规定："行政机关应当建立和完善有关制度，推行电子政务，在行政机关的网站上公布行政许可事项，方便申请人采取数据电文等方式提出行政许可申请；应当与其他行政机关共享行政许可信息，提高办事效率。"在一些省、设区市也有专门的地方性法规规定了政府信息共享管理。

信息共享与信息通报中涉及的信息主要是指基准信息，即各部门在管理或者提供公共服务过程中产生的具有标识性、基础性和稳定性的政府信息，是用来确定对象和具有普遍参照作用的信息。政府信息共享应当遵循依职能共享、规范有效、及时完整、合法使用、保障安全的原则。今后应进一步制定基准信息目录，明确各互联网信息管理部门在信息共享中的具体职责及应负责收集和通报的具体信息。

本条第 2 款是关于互联网信息管理部门建立社会信用档案的规定。本条所谓社会信用档案主要应指互联网信息服务提供者等互联网企业信用档案，是对其行为中形成的与其信用有关的各类信用信息的真实、历史的记录，以及对有关各行为主体本身的资格、身份认定等方面的信息记录。互联网信息管理部门在建立社会信用档案时应主动、系统、全面地掌握各类互联网信息服务提供主体的相关信用数据，保证各类信用数据采集的合法性、客观真实性，建立惩处或消除失信行为的相关措施。此外，还应考虑社会、市场对信用信息的需求特点，保证公众的查阅权。

【国内立法例】

《中华人民共和国行政许可法》第 33 条

行政机关应当建立和完善有关制度，推行电子政务，在行政机关的网站上公布行政许可事项，方便申请人采取数据电文等方式提出行政许可申请；应当与其他行政机关共享行政许可信息，提高办事效率。

《山东省政务信息资源共享管理办法》

《福建省政务信息共享管理办法》

《河北省政务信息资源共享管理规定》

《广州市政府信息共享管理规定》

《上海市政务数据资源共享管理办法》

第二十六条 任何单位和个人发现互联网信息服务提供者、互联网接入服务提供者有违反本法行为的，有权向有关部门举报、控告。

互联网信息内容主管部门、电信主管部门、公安机关和其他有关部门应当向社会公开联系方式，接到举报、控告应当记录并及时依法调查处理；对不属于本部门职责范围的，应当及时移送有关部门。对举报属实的，按照国家有关规定给予奖励。

【立法理由】

本条是关于单位和个人有权向互联网信息管理部门举报、控告互联网信息服务提供者、互联网接入服务提供者违法行为的规定。根据《行政许可法》第65条之规定，个人和组织发现违法从事行政许可事项的活动，有权向行政机关举报，行政机关应当及时核实、处理。本条第2款进一步规定了互联网信息管理部门在事前公开部门联系方式、接到举报后记录并依法调查处理的作为义务。当有关单位和个人举报、控告的事项不属于本部门职责范围时，本条规定了应当及时移送有关部门。本条以明文规定的方式使积极移送成为互联网信息管理部门的法定职责，避免了各部门之间相互推诿，保障的举报控告人的检举权利，有利于有效打击互联网信息违法行为。对举报属实的单位和个人依照国家有关规定进行奖励，也有助于鼓励公众检举互联网信息违法行为，发挥社会监督的作用，提高打击互联网信息违法活动的效率。

【国内立法例】

《中华人民共和国行政许可法》第 65 条

个人和组织发现违法从事行政许可事项的活动，有权向行政机关举报，行政机关应当及时核实、处理。

《工商行政管理机关行政处罚程序规定》第 15 条

工商行政管理机关发现所查处的案件属于其他行政机关管辖的，应当依法移送其他有关机关。

【相关案例】

北京市工商行政管理局通州分局与钟某其他二审行政判决书（2014）三中行终字第 1251 号

案件事实：

2013 年 12 月 27 日，北京市工商行政管理局通州分局（以下简称通州工商分局）接到钟某的申诉（举报）信，称其在通州家乐福购买的"北大荒富硒米"不符合《预包装食品营养标签通则》的规定，属不符合食品安全标准的违法产品，要求通州工商分局责令通州家乐福退还其货款并进行赔偿，依法作出行政处罚。同年 12 月 30 日，通州工商分局作出《答复》，称依据该局调查，钟某反映的食品安全问题目前不属于其职能范围。钟某于 2014 年 1 月 8 日向北京市工商行政管理局提出复议申请，该机关于同年 4 月 2 日作出复议决定书，维持《答复》。钟某不服，以通州工商分局为被告提起行政诉讼，请求确认通州工商局处理举报案件程序违法并责令其履行移送职责。

裁判要旨：

虽然通州工商分局对钟某作出《答复》称依据该局调查，钟某反映的食品安全问题目前不属于该局职能范围，但根据《工商行政管理机关行政处罚程序规定》第 15 条规定，工商行政管理机关发现所查处的案件属于其他行政机关管辖的，应当依法移送其他有关机关。因此，通州工商分局在发现所查处案件属于其他行政机关管辖时，负有移送其他有关机关的法定职责。本案中通州工商分局没有履行移送的法定职责，故一审法院依据《中华人民共和国行政诉讼法》第54条第3项、《最高人民法院关于执行〈中华人民共和国行政诉讼法〉若干问题的解释》第56条第4项之规定，判决通州工商分局在15个工作日内就钟某举报事项履行移送职责并驳回钟某的其他诉讼请求正确，本院应予维持。通州工商分局关于案件未进入查处程序，故其没有移送职责以及无法确定案件移送机关的上诉理由缺乏事实根据及法律依据，其上诉请求本院不予支持。

第五章　法律责任

第二十七条　互联网信息内容主管部门、电信主管部门、公安机关和其他有关部门及其工作人员违反本法规定，玩忽职守、滥用职权、徇私舞弊或者利用职务上的便利索取、收受他人财物的，对直接负责的主管人员和其他直接责任人员依法给予处分。

【立法理由】

本条是关于互联网信息管理部门及其工作人员在违规行使职务上的权限以及利用职务上的便利索取、收受他人财物时，对直接负责的主管人员和其他直接责任人员依法给予处分的规定。根据本法的相关规定，互联网信息管理部门在对互联网信息服务进行监督管理时享有以下职权：电信主管部门根据本立法建议稿第6条对经营增值电信业务的互联网信息服务提供者享有经营许可权、对不属于增值电信业务的互联网信息服务提供者享有备案管理权；各互联网信息管理部门根据本立法建议稿第22条、第36条履行互联网信息服务监督管理职责，对违法行为进行处罚。互联网信息管理部门及其工作人员在履行本法赋予的监管职责做出不法行使职务上的权限的行为时应当承担相应的法律责任。这符合合法行政原则和权责统一原则的要求，有助于保护行政相对人的合法权利，限制、规范行政权力的行使。

互联网信息管理部门依照本法的授权行使行政许可权、处罚权等行政权力时存在不法行使职权行为的，应当分别参照《行政许可法》第 7 章、《行政处罚法》第 7 章以及《行政强制法》第 6 章的规定承担相应的法律责任。互联网信息管理部门的工作人员违规行使职权的，还应按照《公务员法》《行政机关公务员处分条例》的有关规定给予违纪处分。此外，根据《刑法》第 397 条的规定，国家机关工作人员滥用职权或者玩忽职守，致使公共财产、国家和人民利益遭受重大损失的分别构成滥用职权罪与玩忽职守罪，因此，当互联网信息管理部门及其工作人员不法行使职权符合《刑法》规定的构成要件时还应当追究相应的刑事责任。

【国内立法例】

《中华人民共和国电信条例》第 78 条

国务院信息产业主管部门或者省、自治区、直辖市电信管理机构工作人员玩忽职守、滥用职权、徇私舞弊，构成犯罪的，依法追究刑事责任；尚不构成犯罪的，依法给予行政处分。

《中华人民共和国公务员法》第 53 条

公务员必须遵守纪律，不得有下列行为：

（一）散布有损国家声誉的言论，组织或者参加旨在反对国家的集会、游行、示威等活动；

（二）组织或者参加非法组织，组织或者参加罢工；

（三）玩忽职守，贻误工作；

（四）拒绝执行上级依法作出的决定和命令；

（五）压制批评，打击报复；

（六）弄虚作假，误导、欺骗领导和公众；

（七）贪污、行贿、受贿，利用职务之便为自己或者他人谋取私利；

（八）违反财经纪律，浪费国家资财；

（九）滥用职权，侵害公民、法人或者其他组织的合法权益；

（十）泄露国家秘密或者工作秘密；

所得或者违法所得不足 5 万元的，处 10 万元以上 100 万元以下罚款；情节严重的，责令停业整顿。而根据《非经营性互联网信息服务备案管理办法》第 22 条的规定，未履行备案手续提供非经营性互联网信息服务的，由住所所在地省通信管理局责令限期改正，并处 1 万元罚款；拒不改正的，关闭网站。立法建议稿第 6 条对互联网信息服务不再以经营性为标准进行划分，而是统一由电信主管部门分别对增值电信业务采取许可制度、对非增值电信业务采取备案制度。本条即是在第 6 条规定的基础上作出的有关行政处罚的规定，但并未区分增值电信业务与非增值电信业务，而是在处罚层面进行统一规定。考虑到增值电信业务于非增值电信业务在服务内容、违法性、社会危害性等方面存在的差异，是否应当差别对待、是否应当允许有条件的互联网信息服务提供者事后对欠缺的备案进行补足有待进一步考量。

根据立法建议稿第 12 条的规定，互联网接入服务提供者为互联网信息服务提供者提供接入服务时负有查验义务。本条规定了电信主管部门责令互联网接入服务提供者停止为擅自从事互联网信息服务的相关主体提供互联网接入服务，考虑到互联网信息传播的特点，在传输层面从源头防止未经许可、备案的主体进入互联网信息服务市场，有利于净化互联网信息服务市场环境，强化互联网接入服务提供者的查验义务，具有进步意义。本法第 34 条第 1 款规定了互联网接入服务提供者违反查验义务应当遭到相应的行政处罚。根据本条的规定非法经营额在 2 万元以上时，除没收违法所得外，还应并处罚款；当非法经营额在 2 万元以下时，应没收违法所得，同时可以并处 10 万元以下罚款。在具体执行行政处罚时应根据违法提供互联网信息服务的情节、社会危害性等因素采取合理、适当的处罚额度，以达到惩戒、预防的功能。

本条第 2 款规定的"不正当利益"应当根据本立法建议稿第 14 条的规定进行具体的判断。

【国内立法例】

《中华人民共和国行政处罚法》第 8 条

行政处罚的种类：

（一）警告；

（二）罚款；

（三）没收违法所得、没收非法财物；

（四）责令停产停业；

（五）暂扣或者吊销许可证、暂扣或者吊销执照；

（六）行政拘留；

（七）法律、行政法规规定的其他行政处罚。

《中华人民共和国行政处罚法》第 10 条

行政法规可以设定除限制人身自由以外的行政处罚。

法律对违法行为已经作出行政处罚规定，行政法规需要作出具体规定的，必须在法律规定的给予行政处罚的行为、种类和幅度的范围内规定。

《中华人民共和国行政许可法》第 81 条

公民、法人或者其他组织未经行政许可，擅自从事依法应当取得行政许可的活动的，行政机关应当依法采取措施予以制止，并依法给予行政处罚；构成犯罪的，依法追究刑事责任。

《中华人民共和国电信条例》第 69 条

违反本条例规定，有下列行为之一的，由国务院信息产业主管部门或者省、自治区、直辖市电信管理机构依据职权责令改正，没收违法所得，处违法所得 3 倍以上 5 倍以下罚款；没有违法所得或者违法所得不足 5 万元的，处 10 万元以上 100 万元以下罚款；情节严重的，责令停业整顿：

（一）违反本条例第七条第三款的规定或者有本条例第五十八条第（一）项所列行为，擅自经营电信业务的，或者超范围经营电信业务的；

……

《非经营性互联网信息服务备案管理办法》第 22 条

违反本办法第五条的规定，未履行备案手续提供非经营性互联网信息服务的，由住所所在地省通信管理局责令限期改正，并处 1 万元罚款；拒不改正的，关闭网站。

超出备案的项目提供服务的，由住所所在地省通信管理局责令限期改正，并处

5千元以上1万元以下罚款；拒不改正的，关闭网站并注销备案。

第二十九条 互联网信息服务提供者违反本法第十条规定，擅自从事相关互联网信息服务的，由互联网信息内容主管部门或者其他有关部门依据各自职责责令停止相关互联网信息服务，没收非法财物，非法经营额2万元以上的，并处非法经营额3倍以上5倍以下罚款；非法经营额不足2万元或者没有非法经营额的，可以并处10万元以下罚款；情节严重的，由电信主管部门吊销其增值电信业务经营许可证件或者取消备案编号。

【立法理由】

本条是关于互联网信息服务提供者提供有关信息服务应经电信、文化、出版、视听节目、教育、医疗保健、药品和医疗器械等有关部门许可而未经许可擅自从事互联网信息服务以及从事互联网新闻信息服务未经互联网信息内容主管部门批准时有关部门给予其行政处罚的规定。根据本法第5条的规定，电信主管部门分别对经营增值电信业务的互联网信息服务提供者与经营非增值电信业务的互联网信息服务提供者采取许可、备案制度，在基本的许可、备案制度基础上，从事特殊类型互联网信息服务的主体还应当按照有关法律、行政法规以及国务院有关决定履行获得许可或报批义务，未经许可、批准不得从事相关领域的信息服务，违规从事的应受到相应的行政处罚。

在行政处罚的方式上，本条与《互联网信息服务管理办法》（2011年）第19条之规定相比，由责令限期改正变为责令停止相关服务，更为严格，体现了互联网信息服务提供者主体资格（第27条）与从事相关信息服务业务资格在处罚方式上的区别，是一种进步。没收的范围不再限于违法所得，而是任何与违法经营相关的非法财物均应予以没收。在罚款的金额方面进行调整，以非法经营额2万元为限，2万元以下的由并处罚款改为选择性的"可以并处"罚款，罚款的幅度由10万元以上100万元以下调整至10万元以下，整体上有所减轻。此外，根据本条的规定，违反法律、法规以及国务院有关决定或者未经互联网信息内容主管部门批准的，有关部门除针对业务违法进行处罚外,情节严重的,可以由电信主管部门吊销相关经营许可证件以及注销备案编号,从而丧失互联网信息服务经营主体资格。

【国内立法例】

《互联网信息服务管理办法》(2011年修订)第19条

违反本办法的规定,未取得经营许可证,擅自从事经营性互联网信息服务,或者超出许可的项目提供服务的,由省、自治区、直辖市电信管理机构责令限期改正,有违法所得的,没收违法所得,处违法所得3倍以上5倍以下的罚款;没有违法所得或者违法所得不足5万元的,处10万元以上100万元以下的罚款;情节严重的,责令关闭网站。

违反本办法的规定,未履行备案手续,擅自从事非经营性互联网信息服务,或者超出备案的项目提供服务的,由省、自治区、直辖市电信管理机构责令限期改正;拒不改正的,责令关闭网站。

第三十条 互联网信息服务提供者违反本法第十二条规定的,由互联网信息内容主管部门、电信主管部门、公安机关依据各自职责给予警告,责令停止为未取得合法资质的用户提供服务,没收非法财物,非法经营额2万元以上的,并处非法经营额3倍以上5倍以下罚款;非法经营额不足2万元或者没有非法经营额的,可以并处10万元以下罚款;情节严重的,责令暂停或者停止相关互联网信息服务,直至由电信主管部门吊销其增值电信业务经营许可证或者取消备案编号。

【立法理由】

本条是关于互联网信息服务提供者违反查验义务,致使未依照法律、行政法规以及国家有关规定取得相应资质的用户利用互联网从事相关服务,互联网信息服务提供者应当承担相应行政处罚的规定。本法新增第12条规定了互联网信息服务提供者对其用户资质的查验义务,而互联网信息服务提供者违反此义务即应当依照本条的规定予以行政处罚。

在罚金金额以及具体设置方面较互联网接入服务提供者违反查验义务时要轻，在这一点上本法对互联网接入服务提供者设定的查验义务似更为严格。

第三十一条 互联网信息服务提供者违反本法第二章规定，以欺骗或者贿赂等不正当手段取得许可证件或者备案编号的，由原许可、备案机关撤销其相应许可或者取消备案编号，没收非法财物，非法经营额2万元以上的，并处非法经营额3倍以上5倍以下罚款；非法经营额不足2万元或者没有非法经营额的，可以并处10万元以下罚款。

【立法理由】

本条是关于互联网信息服务提供者违反本法规定的法定义务而承担法律责任的强制性规定，是在现行《互联网信息服务管理办法》基础上新增的。一方面是对现行法中其他行政规章、地方性法规中关于以欺骗或贿赂等不正当手段取得许可证或备案编号的规定的总结与整合，另一方面也是对实践中出现的相关现实问题而作出的积极回应。依据本法的精神与宗旨，从事互联网信息服务需要满足法定的市场准入资格以及满足相应的条件和程序，互联网信息服务提供者违背该资格条件或设立的程序违法，要承担相应的法律责任。本条的规制对象为互联网信息服务提供者。构成要件为：互联网信息服务提供者违背本法第二章规定，以欺骗或者贿赂等不正当手段取得许可证件或者备案编号。本法的第二章对从事互联网信息服务的资格、条件、法定程序等作出了具体的规定，对这些资格、条件、法定程序的违背亦呈现出多样性。其中以欺骗或者贿赂等不正当手段取得许可证件或者备案编号的行为在实践中较为常见，而现行《互联网信息服务管理办法》并未就此作出规制，本条的确立有助于填补这一立法上的空白，有助于构建更完备的法律责任体系。

本条的法律效果有三：其一，由原许可、备案机关撤销其相应许可或者取消备案编号，这一责任的合理性在于：既然互联网信息服务提供者的许可证件或者备案编号是通过欺骗或贿赂等不正当手段获得的，那么其许可证件与备案编号就丧失了法律上的正当性，需要通过撤销许可证件或取消备案编号的方式加以制裁，将许可证撤销，将备案编号取消。唯需注意的是，该撤销或取消，通常而言不具有溯及力，换言之，撤销许可证件与取消备案编号前的私法交易仍然有效。其二，没收非法财物。此项中的非法财物一般限于互联网信息提供者以不正当手段获得的许可证件或备案编号从事法律交往并取得的财物。其三，罚款。本条中的罚款在性质上属于行政责任，具体而言以非法经营额的大小划分为两档：非法经营额 2 万元以上的，并处非法经营额 3 倍以上 5 倍以下罚款；非法经营额不足 2 万元或者没有非法经营额的，可以并处 10 万元以下罚款。在两档的区间内由执法部门根据违法的具体情形、严重程度综合判断确定最终的罚款数额。本条规定的三种法律责任在性质上均属行政责任，三种责任形态之间可以共存。

【国内立法例】

《网络出版服务管理规定》第 57 条

网络出版服务单位违反本规定第二章规定，以欺骗或者贿赂等不正当手段取得许可的，由国家新闻出版广电总局撤销其相应许可。

《互联网视听节目服务管理规定》第 23 条

违反本规定有下列行为之一的，由县级以上广播电影电视主管部门予以警告、责令改正，可并处 3 万元以下罚款；同时，可对其主要出资者和经营者予以警告，可并处 2 万元以下罚款：

（一）擅自在互联网上使用广播电视专有名称开展业务的；

（二）变更股东、股权结构，或上市融资，或重大资产变动时，未办理审批手续的；

（三）未建立健全节目运营规范，未采取版权保护措施，或对传播有害内容未履行提示、删除、报告义务的；

（四）未在播出界面显著位置标注播出标识、名称、《许可证》和备案编号的；

（五）未履行保留节目记录、向主管部门如实提供查询义务的；

（六）向未持有《许可证》或备案的单位提供代收费及信号传输、服务器托管等与互联网视听节目服务有关的服务的；

（七）未履行查验义务，或向互联网视听节目服务单位提供其《许可证》或备案

载明事项范围以外的接入服务的;

（八）进行虚假宣传或者误导用户的;

（九）未经用户同意,擅自泄露用户信息秘密的;

（十）互联网视听服务单位在同一年度内三次出现违规行为的;

（十一）拒绝、阻挠、拖延广播电影电视主管部门依法进行监督检查或者在监督检查过程中弄虚作假的;

（十二）以虚假证明、文件等手段骗取《许可证》的。

有本条第十二项行为的,发证机关应撤销其许可证。

《电信业务经营许可管理办法》第 41 条

隐瞒有关情况或者提供虚假材料申请电信业务经营许可的,电信管理机构不予受理或者不予行政许可,并给予警告,申请人在一年内不得再次申请该行政许可。

以欺骗、贿赂等不正当手段取得电信业务经营许可的,电信管理机构撤销该行政许可,给予警告,并视情节轻重处 5 000 元以上 3 万元以下的罚款,申请人在三年内不得再次申请该行政许可;构成犯罪的,依法追究刑事责任。

【国外立法例】

澳大利亚 1997 年《电信法》第 570 条 违反民事处罚条例应缴纳的罚金

（1）如果联邦法院确信某人违反了民事处罚条例,法院可以要求该人向联邦支付法院判定合理的罚金。

（2）在判定罚金时,法院必须考虑一下相关事项:

（a）违法行为的性质和程度;以及

（b）违法行为造成的损失和损害的性质和程度;以及

（c）在何种情况下发生违法行为;以及

（d）该人是否在之前的法律诉讼中被法院发现实施过相似的行为。

（3）本条（1）中规定法人团体应该缴纳的罚金数额不得超过：

（a）如果违反了 668（1）、668（2），101（1）或 101（2），对每项违法行为不得超过 1 000 万澳元;

(b) 在其他情况下，对每项违法行为不得超过 250 000 澳元。

（4）对于法人团体以外的个人，每项违法行为的罚金不得超过 50 000 澳元。

（4A）违反 139（1）或 139（2）的，不适用本条（3）（4）。

（4B）《2006 年请勿致电登记法》第 25 条适用于违反本法案 139（1）或 139（2）的违反行为，并同样适用于对《2006 年请勿致电登记法》12（1）或 12（2）的违反行为，以如下修改为准：

（a）《2006 年请勿致电登记法》第 25 条提到的该法案 24（1）中包括对本条（1）的引用；

（b）《2006 年请勿致电登记法》第 25 条提到的民事处罚规定包括对本法 139（1）或 139（2）的引用；

（c）《2006 年请勿致电登记法》第 25 条提到的民事处罚命令包括对本条（1）的引用。

（5）如果某人的行为构成对两项或两项以上民事处罚规定的违反，可以根据本法向该人提出诉讼。但该人不得因该行为被处以两项以上的罚金。本款效力受到本条（6）的制约。

（6）如果行为不构成对第 68 条或者第 101 条以及一条或多条民事处罚条例的违反，必须就第 68 条或第 101 条向该人提起本法案的诉讼。

（7）在本条中：

"本法案"包括《1999 年电信（用户保护和服务标准）法》及相关条例。

第三十二条 互联网信息服务提供者违反本法第十三条、第十五条、第十六条、第十七条、第二十四条规定的，由互联网信息内容主管部门、电信主管部门、公安机关或者其他有关部门依据各自职责给予警告，责令限期改正；逾期未改正的，责令暂停或者停止相关互联网信息服务；情节严重的，吊销相关互联网信息服务许可证件，直至电信主管部门吊销其增值电信业务经营许可证件或者取消备案编号。

【立法理由】

本条是关于互联网信息服务提供者违反法定义务所应承担的法律责任的规定，

本条是在统合现行《互联网信息服务管理办法》第21条、第22条等规范条文的基础上形成的，同时也是现行法上各个部门规章中相关规定的整合与协调，特别是在法律后果层面作出了统一的规定。本条是不完全规范，在进行法律适用时，需要结合本法的第13条、第15条、第16条、第17条、第24条等条文。将为数众多的义务违反行为做统一规制，配置以相同的法律后果，便于实践中的具体操作。

　　本条的规制对象为互联网信息服务提供者，构成要件是互联网信息服务提供者存在违反本法第13条、第15条、第16条、第17条、第24条中的法定义务的行为。具体而言，第13条要求互联网信息服务提供者在提供服务时应明示许可证编号或者备案编号，同时其许可或者备案事项发生变更的，应当向原许可或备案机关办理变更手续。第15条要求互联网信息服务提供者建立信息发布审核制度，同时其应建立网络安全与信息安全管理制度、用户信息保护制度，采取安全防范措施，加强公共信息巡查，并为公安机关、安全机关以及其他有关部门依法履行职责提供技术支持。公安机关、安全机关以及其他有关部门不得泄露国家秘密、商业秘密和个人隐私，此外互联网信息服务提供者还应建立应急机制，并在必要时及时采取应急处置措施。第16条要求互联网信息服务提供者为用户提供信息发布服务，在确认提供服务时，应要求用户提供姓名或者单位名称、身份证号码或者组织机构代码等必要的真实身份信息，其与用户均应提供真实身份信息。第17条要求互联网信息服务提供者应记录其发布的信息和用户发布的信息，并保存6个月。第24条要求互联网信息服务提供者在相关部门机关依法履行监督检查等执法职责时，应予以配合，不得拒绝、阻挠。互联网信息服务提供者违背上述义务一方面可能会对广大用户的合法权益造成损害，另一方面亦可能有损于互联网信息服务环境的健康发展，因而需要进行强制性的法律规制。本条的法律效果被区分为双层结构。就第一个层面而言，在警告违反法定义务的互联网信息服务提供者的同时，给予其一定期限进行改正，以消除存在的违法事由。就第二个层面而言，其在互联网信息服务提供者逾期未改正时触发。有关机关可以责令暂停或者停止相关互联网信息服务，若情节严重，则吊销相关互联网信息服务许可证件，直至电信主管部门吊销其增值电信业务经营许可证件或者取消备案编号。

与现行《互联网信息服务管理办法》第 21 条、第 22 条相比，本条在法律后果上作出了重要的调整，将平面式的"责令改正＋罚款"改为立体式的"警告、责令改正＋责令暂停或吊销许可备案"的处理方式，给予违法的主体以一定的自我纠正的机会，更具合理性。另外值得注意的一点，就本条涉及的义务违反，在现行部门规章的各处均有所规定，有的规定了罚金（如《互联网电子邮件服务管理办法》第 21 条），有的则没有（如《互联网文化管理暂行规定》第 31 条），本条对此问题进行了统一的回应，即取消了罚金，在本条规制范围内，罚金被取消。

【国内立法例】

《互联网信息服务管理办法》（2001 年修订）第 21 条

未履行本办法第十四条规定的义务的，由省、自治区、直辖市电信管理机构责令改正；情节严重的，责令停业整顿或者暂时关闭网站。

《互联网信息服务管理办法》（2001 年修订）第 22 条

违反本办法的规定，未在其网站主页上标明其经营许可证编号或者备案编号的，由省、自治区、直辖市电信管理机构责令改正，处 5 000 元以上 5 万元以下的罚款。

《互联网信息服务管理办法》（2011 年）第 21 条

未履行本办法第十四条规定的义务的，由省、自治区、直辖市电信管理机构责令改正；情节严重的，责令停业整顿或者暂时关闭网站。

《互联网出版管理暂行规定》（已失效）第 25 条

违反本规定第十二条的，由省、自治区、直辖市新闻出版行政部门或者新闻出版总署予以警告，并处 5 000 元以上 5 万元以下罚款。

《互联网出版管理暂行规定》（已失效）第 28 条

违反本规定第二十二条的，由省、自治区、直辖市电信管理机构责令改正；情节严重的，责令停业整顿或者暂时关闭网站。

《网络出版服务管理规定》第 55 条

违反本规定第三十四条的，根据《互联网信息服务管理办法》第二十一条的规定，由省级电信主管部门责令改正；情节严重的，责令停业整顿或者暂时关闭网站。

《互联网药品信息服务管理办法》第 23 条

提供互联网药品信息服务的网站不在其网站主页的显著位置标注《互联网药品信息服务资格证书》的证书编号的,国家食品药品监督管理局或者省、自治区、直辖市(食品)药品监督管理部门给予警告,责令限期改正;在限定期限内拒不改正的,对提供非经营性互联网药品信息服务的网站处以 500 元以下罚款,对提供经营性互联网药品信息服务的网站处以 5 000 元以上 1 万元以下罚款。

《互联网电子邮件服务管理办法》第 21 条

未履行本办法第六条、第七条、第八条、第十条规定义务的,由信息产业部或者通信管理局依据职权责令改正,并处五千元以上一万元以下的罚款。

《互联网视听节目服务管理规定》第 23 条

违反本规定有下列行为之一的,由县级以上广播电影电视主管部门予以警告、责令改正,可并处 3 万元以下罚款;同时,可对其主要出资者和经营者予以警告,可并处 2 万元以下罚款:

(一)擅自在互联网上使用广播电视专有名称开展业务的;

(二)变更股东、股权结构,或上市融资,或重大资产变动时,未办理审批手续的;

(三)未建立健全节目运营规范,未采取版权保护措施,或对传播有害内容未履行提示、删除、报告义务的;

(四)未在播界面显著位置标注播出标识、名称、《许可证》和备案编号的;

(五)未履行保留节目记录、向主管部门如实提供查询义务的;

(六)向未持有《许可证》或备案的单位提供代收费及信号传输、服务器托管等与互联网视听节目服务有关的服务的;

(七)未履行查验义务,或向互联网视听节目服务单位提供其《许可证》或备案载明事项范围以外的接入服务的;

(八)进行虚假宣传或者误导用户的;

(九)未经用户同意,擅自泄露用户信息秘密的;

(十)互联网视听服务单位在同一年度内三次出现违规行为的;

（十一）拒绝、阻挠、拖延广播电影电视主管部门依法进行监督检查或者在监督检查过程中弄虚作假的；

（十二）以虚假证明、文件等手段骗取《许可证》的。

有本条第十二项行为的，发证机关应撤销其许可证。

《网络游戏管理暂行办法》第35条

网络游戏经营单位违反本办法第八条第二款、第十二条第三款、第十三条第二款、第二十三条第一款、第二十五条规定的，由县级以上文化行政部门或者文化市场综合执法机构责令改正，并可根据情节轻重处10 000元以下罚款。

《互联网文化管理暂行规定》第23条

经营性互联网文化单位违反本规定第十二条的，由县级以上人民政府文化行政部门或者文化市场综合执法机构责令限期改正，并可根据情节轻重处10 000元以下罚款。

非经营性互联网文化单位违反本规定第十二条的，由县级以上人民政府文化行政部门或者文化市场综合执法机构责令限期改正；拒不改正的，责令停止互联网文化活动，并处500元以下罚款。

《互联网文化管理暂行规定》第31条

违反本规定第二十条的，由省、自治区、直辖市电信管理机构责令改正；情节严重的，由省、自治区、直辖市电信管理机构责令停业整顿或者责令暂时关闭网站。

【国外立法例】

新西兰2001年《电信法案》156L 罚金

(1) 高等法院可以命令主体向王室支付任何法院认为合适的罚金，当法院根据委员会的申请认为——

(a) 该主体无合理的理由不遵守第2A部分规定的承诺书；或

(ab) 该主体无合理理由不遵守第4AA部分规定的承诺书；或

(b) 该主体已经构成第156A节阐释的违约行为。

(2) 高等法院在确定根据本节实施的恰当的补救措施时，应考虑的相关事项

包括

(a) 所有商业利益的性质和范围；和

(b) 如果（1）（ab）条适用，则服务供应商的规模。

(3) 针对每个行为或疏忽支付的罚金金额——

(a) 对于第（1）（a）节中提及的违约不超过1 000万美金；和

(ab) 对于第（1）（ab）节（第4AA部分承诺书－UFB和RBI）中提及的违约金不超过1 000万美金；和

(b) 对于第69节（不遵守或不修订分成安排）中提及的违约不超过1 000万美金；和

(ba) 对于第69T节（业务限制的范围）中提及的违约不超过1 000万美金；和

(bb) 对于第69XG节（Chorus承诺书）中提及的违约不超过1 000万美金；和

(bc) 对于第156A（fa）节（第69F节中通知分成安排的义务）中提及的违约不超过100万美金；和

(bd) 对于第156A（fb）节（第69F节中遵守委员会的调查等权利的义务）中提及的违约不超过100万美金。

(c) 任何其他情况不超过300 000美金。

(4) 本节中规定的诉讼证明标准即民事诉讼适用的证明标准。

(5) 本节中的诉讼可以在发现或应该合理地已经发现违约所引发的事件后三年内开始。

(6) 如果一主体的行为构成违反第（1）条中提及的两项或多项规定，则可以根据本节的规定与该主体开始与其中任意一项或多项违约有关的诉讼。

(7) 但是对相同行为的任何主体只承担一项罚金。

德国《电信媒体法》第16条 罚款规则

(1) 故意违反本法第6条第2款第1句，掩饰或隐瞒发件人或消息的商业特征的，系行政违法。

(2) 故意或过失地为下列行为的，系行政违法：

1) 违反本法第5条第1款，没有、不正确或不完整地提供信息。

2) 违反本法第 13 条第 1 款第 1 句或第 2 句，没有、不正确、不完整或不及时告知。

3) 违反本法第 13 条第 4 款第 1 句第 1—4 项或第 5 项关于保证义务的规定。

4) 违反本法第 14 条第 1 款、第 15 条第 1 款第 1 句、第 15 条第 8 款第 1 句或第 2 句，收集、使用、没有删除或没有及时删除个人信息，或

5) 违反本法第 15 条第 3 款第 3 句，将使用概况与关于假名使用者的数据进行汇总。

（3）对行政违法行为可处最高额为 5 万欧元的罚款。

第三十三条 互联网接入服务提供者违反本法第十二条第一款、第十五条、第十六条规定的，由电信主管部门给予警告，责令限期改正，并处 10 万元以上 100 万元以下罚款；情节严重的，吊销其增值电信业务经营许可证件。

互联网接入服务提供者违反本法第十七条第二款、第二十一条第一款、第二十四条规定的，由电信主管部门、公安机关根据各自职责给予警告，责令限期改正；逾期未改正的，由电信主管部门处 10 万元以上 100 万元以下罚款；情节严重的，由电信主管部门吊销其增值电信业务经营许可证件。

互联网接入服务提供者违反本法第二十条规定的，由电信主管部门、公安机关依据各自职责责令停止违法活动，由电信主管部门没收非法财物，非法经营额 2 万元以上的，并处非法经营额 3 倍以上 5 倍以下罚款；非法经营额不足 2 万元或者没有非法经营额的，可以并处 10 万元以下罚款；情节严重的，由电信主管部门吊销其增值电信业务经营许可证件。

【立法理由】

本条是对互联网接入服务提供者违反法定义务的法律责任规定，共分三款，是在现行《互联网信息服务管理办法》基础上新增的规定。现行《互联网信息服务管理办法》仅将互联网信息服务提供者作为规制对象，对互联网接入服务提供者这一类重要主体有所忽视，本条不仅填补了现行《互联网信息服务管理办法》中的这一

空白，也对实践中产生的诸多问题进行了较为合理的回应。

第1款属不完全规范，在适用时须结合本法第12条第1款、第15条、第16条等规范。本条的规制对象是互联网接入服务提供者，构成要件为互联网接入服务提供者存在违反本法第12条第1款、第15条、第16条中规定的法定义务的行为。第12条第1款要求互联网接入服务提供者对互联网信息服务提供者有查验义务，不得为未取得合法许可证件或者备案编号的互联网信息服务提供者提供服务。第15条要求互联网接入服务提供者应建立网络安全与信息安全管理制度、用户信息保护制度，采取安全防范措施，加强公共信息巡查，并为公安机关、安全机关以及其他有关部门依法履行职责提供技术支持，此外其应建立经济机制，并在必要时采取应急处置措施。第16条要求互联网接入服务提供者在为互联网信息服务提供者提供接入服务，签订协议时应要求互联网信息服务提供者提供身份证件信息或者组织机构代码等必要真实身份信息，否则不得为其提供服务。此外，互联网接入服务提供者收集互联网信息服务提供者真实身份信息时应公开收集规则。互联网接入服务提供者应记录其所接入的互联网信息服务提供者的真实身份信息、联系方式、网站名称、互联网地址等信息。本款的法律效果是由电信主管部门给予警告，责令限期改正，并处10万元以上100万元以下罚款；情节严重的，吊销其增值电信业务经营许可证件。本款所涉及的义务均属于电信主管部门监管的领域。

第2款亦为不完全规范，在适用时须结合本法第17条第2款、第21条第1款、第24条等规范。本款的规制对象亦为互联网接入服务提供者，构成要件是互联网接入服务提供者存在违反本法第17条第2款、第21条第1款、第24条的法定义务的情形。第17条第2款要求互联网接入服务提供者记录日志信息，并保存12个月。第21条第1款要求互联网接入服务提供者发现发布、传输的信息属于本法第20条所列内容的，应立即终止传输，采取消除等处置措施，保存有关记录，并向互联网信息内容主管部门、公安机关报告。第24条要求互联网接入服务提供者对相关部门机关依法履行监督检查等执法职责时，应当予以配合，不得拒绝、阻挠。本款的法律效果亦有双层结构，先给由电信主管部门、公安机关根据各自职责给予警告，责令限期改正，如逾期不改正则进入第二层责任，即由电信主管部门处10万元以上100万元以下罚款；情节严重的，由电信主管部门吊销其增值电信业务经营许可证件。

第 3 款同样是不完全规范，在适用时须结合本法第 20 条规定。本款的规制对象仍是互联网接入服务提供者，构成要件是互联网接入服务提供者存在违反本法第 20 条有关互联网信息内容控制的强制性规定的情形。本款的法律效果有四：其一，由电信主管部门、公安机关依据各自职责责令停止违法活动；其二，由电信主管部门没收非法财物；第三，非法经营额 2 万元以上的，并处非法经营额 3 倍以上 5 倍以下罚款；非法经营额不足 2 万元或者没有非法经营额的，可以并处 10 万元以下罚款；第四，情节严重的，由电信主管部门吊销其增值电信业务经营许可证件。

【国内立法例】

《中华人民共和国电信条例》第 66 条

违反本条例第五十六条、第五十七条的规定，构成犯罪的，依法追究刑事责任；尚不构成犯罪的，由公安机关、国家安全机关依照有关法律、行政法规的规定予以处罚。

《互联网电子邮件服务管理办法》第 20 条

违反本办法第五条规定的，由信息产业部或者通信管理局依据职权责令改正，并处一万元以下的罚款。

【国外立法例】

新西兰 2001 年《电信法案》156L 罚金

（1）高等法院可以命令主体向王室支付任何法院认为合适的罚金，当法院根据委员会的申请认为——

（a）该主体无合理的理由不遵守第 2A 部分规定的承诺书；或

（ab）该主体无合理理由不遵守第 4AA 部分规定的承诺书；或

（b）该主体已经构成第 156A 节阐释的违约行为。

（2）高等法院在确定根据本节实施的恰当的补救措施时，应考虑的相关事项包括：

（a）所有商业利益的性质和范围；和

(b) 如果（1）（ab）条适用，则服务供应商的规模。

（3）针对每个行为或疏忽支付的罚金金额——

(a) 对于第（1）(a) 节中提及的违约不超过 1 000 万美金；和

(ab) 对于第（1）（ab）节（第 4AA 部分承诺书-UFB 和 RBI）中提及的违约金不超过 1 000 万美金；和

(b) 对于第 69 节（不遵守或不修订分成安排）中提及的违约不超过 1 000 万美金；和

(ba) 对于第 69T 节（业务限制的范围）中提及的违约不超过 1 000 万美金；和

(bb) 对于第 69XG 节（Chorus 承诺书）中提及的违约不超过 1 000 万美金；和

(bc) 对于第 156A（fa）节（第 69F 节中通知分成安排的义务）中提及的违约不超过 100 万美金；和

(bd) 对于第 156A（fb）节（第 69F 节中遵守委员会的调查等权利的义务）中提及的违约不超过 100 万美金。

(c) 任何其他情况不超过 300 000 美金。

（4）本节中规定的诉讼证明标准即民事诉讼适用的证明标准。

（5）本节中的诉讼可以在发现或应该合理地已经发现违约所引发的事件后三年内开始。

（6）如果一主体的行为构成违反第（1）条中提及的两项或多项规定，则可以根据本节的规定与该主体开始与其中任意一项或多项违约有关的诉讼。

（7）但是对相同行为的任何主体只承担一项罚金。

第三十四条 互联网信息服务提供者、互联网接入服务提供者违反本法第十八条第一款、第二款规定的，由电信主管部门、公安机关依据各自职责给予警告，责令限期采取补救措施，没收非法财物，非法经营额 2 万元以上的，并处非法经营额 3 倍以上 5 倍以下罚款；非法经营额不足 2 万元或者没有非法经营额的，可以并处 10 万元以下罚款；逾期未采取补救措施的，责令停止相关服务，直至由电信主管部门吊销其增值电信业务经营许可证件或者取消备案编号。

【立法理由】

本条是针对互联网信息服务提供者与互联网接入服务提供者违反法定义务而承担法律责任的具体规定。本条是在现行《互联网信息服务管理办法》基础上新增的，近年来，特别是随着互联网的普及与发展，网络空间中侵害私人隐私权，个人数据信息泄露问题越来越严重，成为网络空间的难题之一，本条就是立足于这一社会现实背景，针对这一现象作出规制，对相关实践问题作出回应。

本条同时以互联网信息服务提供者、互联网接入服务提供者为规制对象，构成要件是：互联网信息服务提供者、互联网接入服务提供者违反本法第18条第1款与第2款的规定。具体而言，第18条第1款要求互联网信息服务提供者、互联网接入服务提供者及其工作人员对所收集、记录的身份信息、日志信息应当严格保密，不得泄露、篡改、非法毁损，不得出售或者非法向人提供。第18条第2款要求互联网信息服务提供者、互联网接入服务提供者采取及时措施和其他必要措施，防止所收集、记录的身份信息、日志信息泄露、毁损、丢失。在发生或者可能发生信息泄露、毁损、丢失的情况时，应立即采取补救措施。本条的法律效果有三：其一，由电信主管部门、公安机关依据各自职责给予警告，责令限期采取补救措施，逾期未采取补救措施的，责令停止相关服务，直至由电信主管部门吊销其增值电信业务经营许可证件或者取消备案编号；其二，没收非法财物；其三，罚款，非法经营额2万元以上的，并处非法经营额3倍以上5倍以下罚款；非法经营额不足2万元或者没有非法经营额的，可以并处10万元以下罚款。

【国内立法例】

《互联网电子邮件服务管理办法》第22条

违反本办法第九条规定的，由信息产业部或者通信管理局依据职权责令改正，并处一万元以下的罚款；有违法所得的，并处三万元以下的罚款。

第三十五条 互联网信息服务提供者违反本法第十九条、第二十条第一款规定的，由互联网信息内容主管部门、公安机关或者其他有关部门依据其各自职责给予警告，责令限期改正，没收非法财物，非法经营额2万元以上的，并处非法经营额3倍以上5倍以下罚款；非法经营额不足2万元或者没有非法经营额的，可以并处10万元以下罚款；逾期未改正的，责令暂停或者停止相关互联网信息服务；情节严重的，吊销相关互联网信息服务许可证件，直至由电信主管部门吊销其增值电信业务经营许可证件或者取消备案编号。

互联网接入服务提供者、互联网信息服务提供者以外的其他单位或者个人违反本法第十九条规定的，由互联网信息内容主管部门、公安机关依据各自职责给予警告，责令限期改正，没收非法财物，对个人并处5 000元以上1万元以下罚款，对单位并处5万元以上10万元以下罚款。

【立法理由】

本条分两款，区分不同主体对违反互联网信息内容禁令的行为作出法律责任的规定，本条并非新增条文，系对现行《互联网信息服务管理办法》第20条修正而来，在该条的基础上，有意区分主体的不同性质，就互联网信息服务提供者与互联网接入服务提供者、互联网信息服务提供者以外的其他单位或者个人，配置不同类型的法律责任，使得在法律适用上更加精细合理，同时，在第1款针对互联网信息服务提供者的责任规定中，不再区分经营性与非经营性的互联网信息服务提供者，两者在责任上并无本质差别，可作一体规制。

第1款性质上属于非完全规范，在适用时需要结合本法第20条与第20条第1款。本款的规制对象是互联网信息服务提供者，构成要件是互联网信息服务提供者存在违反本法第20条、第21条第1款的行为。具体而言，第20条对互联网信息内容提出了内容禁令，详细列举的互联网信息内容方面的禁止性事项。第21条第1款要求互联网信息服务提供者发现发布、传输的信息属于本法第20条所列内容时，应当立即终止传输，采取消除等处置措施，保存有关记录，并向互联网信息内容主管部门、公安机关报告。本款的法律效果是：由互联网信息内容主管部门、公安机关或者其他有关部门依据其各自职责给予警告，责令限期改正，没收非法财物，非法经营额 2 万元以上的，并处非法经营额 3 倍以上 5 倍以下罚款；非法经营额不足 2 万元或者没有非法经营额的，可以并处 10 万元以下罚款；逾期未改正的，责令暂停或者停止相关互联网信息服务；情节严重的，吊销相关互联网信息服务许可证件，直至由电信主管部门吊销其增值电信业务经营许可证件或者取消备案编号。在性质上本款的法律效果属于行政责任。

第 2 款亦非完全规范，适用时需要结合本法第 20 条，本款的规制对象是互联网接入服务提供者、互联网信息服务提供者以外的其他单位或者个人，构成要件是互联网接入服务提供者、互联网信息服务提供者以外的其他单位或者个人存在违背本法第 20 条互联网信息内容禁令的行为。本款的法律效果是：由互联网信息内容主管部门、公安机关依据各自职责给予警告，责令限期改正，没收非法财物，对个人并处 5 000 元以上 1 万元以下罚款，对单位并处 5 万元以上 10 万元以下罚款。

【国内立法例】

《中华人民共和国电信条例》第 66 条

违反本条例第五十六条、第五十七条的规定，构成犯罪的，依法追究刑事责任；尚不构成犯罪的，由公安机关、国家安全机关依照有关法律、行政法规的规定予以处罚。

《中华人民共和国电信条例》第 77 条

有本条例第五十六条、第五十七条和第五十八条所列禁止行为之一，情节严重的，由原发证机关吊销电信业务经营许可证。

国务院信息产业主管部门或者省、自治区、直辖市电信管理机构吊销电信业务经营许可证后，应当通知企业登记机关。

《互联网信息服务管理办法》（2011 年）第 23 条

违反本办法第十六条规定的义务的，由省、自治区、直辖市电信管理机构责令改正；情节严重的，对经营性互联网信息服务提供者，并由发证机关吊销经营许可证，对非经营性互联网信息服务提供者，并由备案机关责令关闭网站。

《互联网出版管理暂行规定》（已失效）第 27 条

互联网出版机构登载或者发送本规定第十七条、第十八条禁止内容的，由省、自治区、直辖市新闻出版行政部门或者新闻出版总署没收违法所得,违法经营额1万元以上的,并处违法经营额5倍以上10倍以下罚款;违法经营额不足1万元的,并处1万元以上5万元以下罚款;情节严重的,责令限期停业整顿或者撤销批准。

《网络出版服务管理规定》第52条

出版、传播含有本规定第二十四条、第二十五条禁止内容的网络出版物的,根据《出版管理条例》第六十二条、《互联网信息服务管理办法》第二十条的规定,由出版行政主管部门责令删除相关内容并限期改正,没收违法所得,违法经营额1万元以上的,并处违法经营额5倍以上10倍以下罚款;违法经营额不足1万元的,可以处5万元以下罚款;情节严重的,责令限期停业整顿或者由国家新闻出版广电总局吊销《网络出版服务许可证》,由电信主管部门依据出版行政主管部门的通知吊销其电信业务经营许可或者责令关闭网站;构成犯罪的,依法追究刑事责任。

为从事本条第一款行为的网络出版服务单位提供人工干预搜索排名、广告、推广等相关服务的,由出版行政主管部门责令其停止提供相关服务。

《互联网等信息网络传播视听节目管理办法》(已废止)第22条

违反本办法,有下列行为之一的单位,由县级以上广播电视行政部门责令停止违法活动,给予警告,可以并处人民币3万元以下的罚款。违反治安管理规定的,由公安机关依法给予治安管理处罚;构成犯罪的,依法追究刑事责任。

(一)未经许可,擅自开办视听节目网络传播业务的;

(二)违反本办法第十七条、第十八条、第十九条的规定传播视听节目的。

《中国互联网络域名管理办法》第43条

违反本办法第二十七条的规定,构成犯罪的,依法追究刑事责任;尚不构成犯罪的,由国家有关机关依照有关法律、行政法规的规定予以处罚。

《互联网新闻信息服务管理规定》第27条

互联网新闻信息服务单位登载、发送的新闻信息含有本规定第十九条禁止内容,或者拒不履行删除义务的,由国务院新闻办公室或者省、自治区、直辖市人民政府新闻办公室给予警告,可以并处1万元以上3万元以下的罚款;情节严重的,由电信主管部门根据有关主管部门的书面认定意见,按照有关互联网信息服务管理的行政法规的规定停止其互联网信息服务或者责令互联网接入服务者停止接入服务。

互联网新闻信息服务单位登载、发送的新闻信息含有违反本规定第三条第一款规定内容的,由国务院新闻办公室或者省、自治区、直辖市人民政府新闻办公室依据各自职权依照前款规定的处罚种类、幅度予以处罚。

《互联网电子邮件服务管理办法》第 23 条

违反本办法第十一条规定的,依据《中华人民共和国电信条例》第六十七条的规定处理。

互联网电子邮件服务提供者等电信业务提供者有本办法第十一条规定的禁止行为的,信息产业部或者通信管理局依据《中华人民共和国电信条例》第七十八条、《互联网信息服务管理办法》第二十条的规定处罚。

《网络游戏管理暂行办法》第 30 条

网络游戏经营单位有下列情形之一的,由县级以上文化行政部门或者文化市场综合执法机构责令改正,没收违法所得,并处 10 000 元以上 30 000 元以下罚款;情节严重的,责令停业整顿直至吊销《网络文化经营许可证》;构成犯罪的,依法追究刑事责任:

(一)提供含有本办法第九条禁止内容的网络游戏产品和服务的;

(二)违反本办法第八条第一款规定的;

(三)违反本办法第十一条的规定,上网运营未获得文化部内容审查批准的进口网络游戏的;

(四)违反本办法第十二条第二款的规定,进口网络游戏变更运营企业未按照要求重新申报的;

(五)违反本办法第十四条第一款的规定,对进口网络游戏内容进行实质性变动未报送审查的。

【国外立法例】

新西兰 2001 年《电信法案》156L 罚金

(1)高等法院可以命令主体向王室支付任何法院认为合适的罚金,当法院根据委员会的申请认为——

（a）该主体无合理的理由不遵守第 2A 部分规定的承诺书；或

（ab）该主体无合理理由不遵守第 4AA 部分规定的承诺书；或

（b）该主体已经构成第 156A 节阐释的违约行为。

（2）高等法院在确定根据本节实施的恰当的补救措施时，应考虑的相关事项包括

（a）所有商业利益的性质和范围；和

（b）如果（1）（ab）条适用，则服务供应商的规模。

（3）针对每个行为或疏忽支付的罚金金额——

（a）对于第（1）（a）节中提及的违约不超过 1 000 万美金；和

（ab）对于第（1）（ab）节（第 4AA 部分承诺书-UFB 和 RBI）中提及的违约金不超过 1 000 万美金；和

（b）对于第 69 节（不遵守或不修订分成安排）中提及的违约不超过 1 000 万美金；和

（ba）对于第 69T 节（业务限制的范围）中提及的违约不超过 1 000 万美金；和

（bb）对于第 69XG 节（Chorus 承诺书）中提及的违约不超过 1 000 万美金；和

（bc）对于第 156A（fa）节（第 69F 节中通知分成安排的义务）中提及的违约不超过 100 万美金；和

（bd）对于第 156A（fb）节（第 69F 节中遵守委员会的调查等权利的义务）中提及的违约不超过 100 万美金。

（c）任何其他情况不超过 300 000 美金。

（4）本节中规定的诉讼证明标准即民事诉讼适用的证明标准。

（5）本节中的诉讼可以在发现或应该合理地已经发现违约所引发的事件后三年内开始。

（6）如果一主体的行为构成违反第（1）条中提及的两项或多项规定，则可以根据本节的规定与该主体开始与其中任意一项或多项违约有关的诉讼。

（7）但是对相同行为的任何主体只承担一项罚金。

第三十六条　违反本法规定，被电信主管部门吊销增值电信业务经营许可证件、

撤销增值电信业务经营许可或者取消备案编号的，由电信主管部门通知相关互联网接入服务提供者和域名解析服务提供者停止为其提供服务。

互联网信息服务提供者受到有关部门吊销许可证件、撤销许可或者取消备案编号处罚的，其主办者、主要负责人及其他直接责任人员3年内不得从事互联网信息服务或者相关服务项目。因利用互联网犯罪受到刑事处罚的人员，自刑罚执行完毕之日起3年内不得从事互联网信息服务或者相关服务项目。

【立法理由】

本条属于在现行《互联网信息服务管理办法》基础上新增的条文。现行《互联网信息服务管理办法》仅规制了互联网信息服务提供者，未将互联网接入服务提供者明确纳入调整范围，导致在互联网信息服务提供者被有关机关吊销增值电信业务经营许可证件、撤销增值电信业务经营许可或者取消备案编号时，由于没有明确的对互联网接入服务提供者的通知机制，因而实践中许多被吊销增值电信业务经营许可证件、撤销增值电信业务经营许可或者取消备案编号的互联网信息服务提供者仍然在接受互联网接入服务提供者的接入服务，本条第1款就对此实践问题作出了明确的回应。本条第2款是在互联网信息服务提供者受到有关部门吊销许可证件、撤销许可或者取消备案编号处罚时，对相关具体责任人员的从业禁止。现行《互联网信息服务管理办法》仅对互联网信息服务提供者给出了责任规范，而对其内部的具体责任人员，则缺乏相应的处罚措施，本款的增加有助于互联网信息服务相关法律责任的体系更加完备，更加有效地促进互联网信息服务健康有序发展。

第1款规定了违反本法规定，被电信主管部门吊销增值电信业务经营许可证件、撤销增值电信业务经营许可或者取消备案编号时，应由电信主管部门通知相关互联网接入服务提供者和域名解析服务提供者停止为其提供服务，进而相关互联网接入服务提供者和域名解析服务提供者负有义务不向该主体提供服务。

第2款规定了互联网信息服务提供者受到有关部门吊销许可证件、撤销许可或者取消备案编号处罚时，相关责任人员的从业禁止。具体来说，责任人员限于主办者、主要负责人、其他直接责任人员以及因利用互联网犯罪受到刑事处罚的人员，具体的从业禁止内容为：3 年内不得从事互联网信息服务或者相关服务项目。

【国内立法例】

《互联网出版服务管理规定》第 59 条

网络出版服务单位违反本规定被处以吊销许可证行政处罚的，其法定代表人或者主要负责人自许可证被吊销之日起 10 年内不得担任网络出版服务单位的法定代表人或者主要负责人。

从事网络出版服务的编辑出版等相关专业技术人员及其负责人违反本规定，情节严重的，由原发证机关吊销其资格证书。

第三十七条 互联网信息内容主管部门、电信主管部门、公安机关以外的其他有关部门履行互联网信息服务监督管理职责，对违法行为进行处罚，法律、行政法规另有规定的，从其规定。

【立法理由】

本条是在现行《互联网信息服务管理办法》基础上新增的条文，属于援引规范。其出发点在于：就互联网信息服务监督管理职责，并非仅由互联网信息内容主管部门、电信主管部门、公安机关三者享有，其他部门机关亦可能有一定的监督管理职责，如国家安全部门。其他监管部门在其职责范围内可以行使执法权，对违法行为进行处罚，对此法律、行政法规可能会另有规定，此时在法律适用上，应从其规定，不同规范有不同的调整分工。

第三十八条 互联网信息内容主管部门、电信主管部门、公安机关和其他有关部门对违反本法行为依法给予的行政处罚，应当记入社会信用档案并予以公布。

【立法理由】

本条是在现行《互联网信息服务管理办法》基础上新增的条文，其设立于我国目前正在全国范围内建立企业征信系统，加强社会信用的进程中。本条属于强制性规范，即互联网信息内容主管部门、电信主管部门、公安机关和其他有关部门有职责将违反本法行为依法给予的行政处罚记入社会信用档案并予以公布。一方面，将违反本法行为依法给予的行政处罚记入社会信用档案并予以公布有助于企业征信系统的加速建立。另一方面，也是对违法者的惩戒。

第三十九条 违反本法规定，对他人造成损害的，依法承担民事责任；构成违反治安管理行为的，依法给予治安管理处罚；构成犯罪的，依法追究刑事责任。

【立法理由】

本条是在现行《互联网信息服务管理办法》基础上新增的条文，主要的规范目的在于明确违反本法的行为，除了承担本法第五章的法律责任以外，还可能满足其他法律责任的构成要件，进而须承担其他行政责任，甚至须承担其他性质的责任。若构成其他行政责任的构成要件，如违反治安管理行为，则应依法给予治安管理处罚；若违反本法的规定，对他人造成损害，则须依法承担民事责任；若情节严重，构成犯罪的，则须依法承担刑事责任。现行《互联网信息服务管理办法》第24条规定，互联网信息服务提供者在其业务活动中，违反其他法律、法规的，由新闻、出版、教育、卫生、药品监督管理和工商行政管理等有关主管部门依照有关法律、法规的规定处罚。其对法律责任的规定，主要限于行政责任，而修正后的规范条文则更进一步融合了民事责任与刑事责任，为当事人提供更佳的全面的救济。

【国内立法例】

《互联网信息服务管理办法》（2011年）第24条

互联网信息服务提供者在其业务活动中，违反其他法律、法规的，由新闻、出版、教育、卫生、药品监督管理和工商行政管理等有关主管部门依照有关法律、法规的规定处罚。

第四十条 互联网信息服务提供者、互联网接入服务提供者、用户以及其他单位和个人，对有关部门根据本法作出的具体行政行为不服的，可以依法申请行政复议或者提起行政诉讼。

【立法理由】

本条是在现行《互联网信息服务管理办法》基础上新增的条文，其主要规范目的在于，确认互联网信息服务提供者、互联网接入服务提供者、用户以及其他单位和个人的行政复议与行政诉讼权，为其提供更为全面的保护。

依据《行政复议法》第 6 条第 3 项之规定，对行政机关作出的有关许可证、执照、资质证、资格证等证书的变更、中止、撤销的决定不服的，可申请行政复议。为进一步明确互联网信息服务参与人的行政复议权利，特此予以规定。

依照《行政诉讼法》，行政机关和行政机关工作人员的行政行为侵犯互联网服务提供者等合法权益的，互联网服务提供者等可以提起行政诉讼。本法专设该条文，对此予以明确，并明确可以援引到《行政诉讼法》。

【国内立法例】

《电信业务经营许可管理办法》第 46 条

当事人对电信管理机构作出的行政许可和行政处罚决定不服的，可以依法申请行政复议或者提起行政诉讼。

当事人逾期不申请行政复议也不提起行政诉讼，又不履行行政处罚决定的，由作出行政处罚决定的电信管理机构申请人民法院强制执行。

第六章 附 则

第四十一条 本法第十条第一款所称从事互联网新闻信息服务，包括通过互联网提供新闻服务，通过设立论坛、博客、微博、微信以及其他形式为用户提供向社会公众发布信息条件的服务，提供互联网信息搜索服务等。

【立法理由】

该条对本法第 10 条第 1 款从事互联网新闻信息服务进行了补充界定。2005 年《互联网新闻信息服务管理规定》第 2 条第 3 款规定："本规定所称互联网新闻信息服务，包括通过互联网登载新闻信息、提供时政类电子公告服务和向公众发送时政类通讯信息。"本条在此基础上对互联网新闻信息服务加以拓展，除上述规定之外，将新兴的博客、微博、微信、公众账号、即时通信工具、网络直播以及互联网信息搜索服务列入规范范围之内，扩大了监管的范围，回应了互联网时代的最新发展。同时又在法条中规定其他形式，从而保持了本条文的开放性，以便适应互联网进一步发展的需求。

【国内立法例】

《互联网新闻信息服务管理规定》第 2 条

在中华人民共和国境内从事互联网新闻信息服务，应当遵守本规定。

本规定所称新闻信息，包括有关政治、经济、军事、外交等社会公共事务的报道、评论，以及有关社会突发事件的报道、评论。

第四十二条 利用互联网专门向电视机终端提供信息服务的，按照国家有关广播电视管理的法律、法规、规章进行管理。

【立法理由】

本条是对互联网电视的特别规定。根据《专网及定向传播视听节目服务管理规定》和广电总局《关于加强以电视机为接收终端的互联网视听节目服务管理有关问题的通知》，通过互联网连接电视机或机顶盒等电子产品，向电视机终端用户提供视听节目服务，属于"专网及定向传播视听节目服务"，应当取得"以电视机为接收终端的视听节目集成运营服务"的《信息网络传播视听节目许可证》，并不属于本法所列的一般互联网信息服务。专网及定向传播视听节目服务,由国务院广播电影电视主管部门负责监督管理工作。

【国内立法例】

《专网及定向传播视听节目服务管理规定》第 2 条、第 3 条

本规定所称专网及定向传播视听节目服务,是指以电视机、各类手持电子设备等为接收终端,通过局域网络及利用互联网架设虚拟专网或者以互联网等信息网络为定向传输通道,向公众定向提供广播电视节目等视听节目服务活动,包括以交互式网络电视(IPTV)、专网手机电视、互联网电视等形式从事内容提供、集成播控、传输分发等活动。

国务院广播电影电视主管部门负责全国专网及定向传播视听节目服务的监督管理工作。县级以上地方人民政府广播电影电视主管部门负责本行政区域内专网及定向传播视听节目服务的监督管理工作。

广电总局《关于加强以电视机为接收终端的互联网视听节目服务管理有关问题的通知》

为规范相关业务管理,现将有关要求重申如下:

一、通过互联网连接电视机或机顶盒等电子产品,向电视机终端用户提供视听节目服务,应当按照《互联网视听节目服务管理规定》(广电总局、信息产业部令第 56 号)、《互联网等信息网络传播视听节目管理办法》(广电总局令第 39 号)的有关规定,取得"以电视机为接收终端的视听节目集成运营服务"的《信息网络传播视听节目许可证》。

二、通过互联网等信息网络向电视机终端用户传播的视听节目,应当符合《广播电视管理条例》《互联网视听节目服务管理规定》《互联网等信息网络传播视听节目管理办法》及《广电总局关于加强互联网视听节目内容管理的通知》的有关规定。传播的影视剧应依法取得广播影视行政部门颁发的《电影片公映许可证》《电视剧发行许可证》或《电视动画片发行许可证》;传播的理论文献影视片须依法取得广播影视行政部门颁发的《理论文献影视片播映许可证》。

【国外立法例】

澳大利亚 2005 年《通信和媒体管理局法》第 10 条

ACMA 的广播、内容及数据传输功能

(1)（f）设计并实施价格机制体系用以分配商业电视广播许可证以及商业电台广播许可证。

第四十三条 本法自　年　月　日起施行。

【立法理由】

考虑到法律适用需要的各项准备时间，建议将施行日期设定为颁布后第 7 个月的首日，也即有 6 个月的时间间隔。

图书在版编目（CIP）数据

数字经济与网络法治研究/申卫星主编．—北京：中国人民大学出版社，2018.5
ISBN 978-7-300-25488-3

Ⅰ．①数… Ⅱ．①申… Ⅲ．①网络经济-关系-计算机网络-科学技术管理法规-研究 Ⅳ．①F49 ②D912.104

中国版本图书馆 CIP 数据核字（2018）第 026983 号

数字经济与网络法治研究
主编 申卫星
副主编 吕艳丰 庞小妹 李小武
Shuzi Jingji yu Wangluo Fazhi Yanjiu

出版发行	中国人民大学出版社			
社　　址	北京中关村大街 31 号	邮政编码	100080	
电　　话	010-62511242（总编室）	010-62511770（质管部）		
	010-82501766（邮购部）	010-62514148（门市部）		
	010-62515195（发行公司）	010-62515275（盗版举报）		
网　　址	http://www.crup.com.cn			
	http://www.ttrnet.com（人大教研网）			
经　　销	新华书店			
印　　刷	北京德富泰印务有限公司			
规　　格	170 mm×230 mm　16 开本	版　次	2018 年 5 月第 1 版	
印　　张	38 插页 3	印　次	2018 年 5 月第 1 次印刷	
字　　数	575 000	定　价	138.00 元	

版权所有　侵权必究　印装差错　负责调换